Informatik aktuell

Herausgeber: W. Brauer
im Auftrag der Gesellschaft für Informatik (GI)

Springer
*Berlin
Heidelberg
New York
Barcelona
Hongkong
London
Mailand
Paris
Singapur
Tokio*

Gerald Sommer   Norbert Krüger
Christian Perwass (Hrsg.)

Mustererkennung 2000

22. DAGM-Symposium
Kiel, 13.-15. September 2000

Herausgeber

Gerald Sommer
Norbert Krüger
Christian Perwass
Institut für Informatik und Praktische Mathematik
Christian-Albrechts Universität Kiel
Preußerstr. 1-9, 24105 Kiel

Die Deutsche Bibliothek - CIP-Einheitsaufnahme

Mustererkennung ... : ... DAGM-Symposium .... - 5. 1983 [?]-. - Berlin ;
Heidelberg ; New York ; Barcelona ; Hongkong ; London ; Mailand ;
Paris ; Singapur ; Tokio : Springer, 1983 [?]-
22. 2000. Kiel, 13. - 15. September 2000. - 2000
  (Informatik aktuell)
  ISBN-13: 978-3-540-67886-1

CR Subject Classification (2000): I.2, I.3, I.4, I.5, I.6, J.3, J.4, J.6

ISBN-13: 978-3-540-67886-1   e-ISBN: 978-3-642-59802-9
DOI: 10.1007/978-3-642-59802-9

Springer-Verlag Berlin Heidelberg New York
ein Unternehmen der BertelsmannSpringer Science+Business Media GmbH

© Springer-Verlag Berlin Heidelberg 2000

Satz: Reproduktionsfertige Vorlage vom Autor/Herausgeber
Druck- u. Bindearbeiten: Weihert-Druck GmbH, Darmstadt
                         SPIN: 10719538   33/3142-543210

Die **Deutsche Arbeitsgemeinschaft für Mustererkennung** veranstaltet
seit 1978 jährlich an verschiedenen Orten ein wissenschaftliches Symposium
mit dem Ziel, Aufgabenstellungen, Denkweisen und Forschungsergebnisse aus
den Gebieten der Mustererkennung vorzustellen, den Erfahrungs- und Ideenaus-
tausch zwischen den Fachleuten anzuregen und den Nachwuchs zu fördern.

Die DAGM e.V. wurde als eingetragener Verein im September 1999 gegründet.
Die bis dahin in der DAGM vereinigten Trägergesellschaften sind seither Ehren-
mitglieder der DAGM e.V.:

Deutsche Gesellschaft für angewandte Optik	**DGaO**
Deutsche Gesellschaft für Medizinische Informatik, Biometrie und Epidemologie	**GMDS**
Gesellschaft für Informatik	**GI**
Informationstechnische Gesellschaft	**ITG**
Deutsche Gesellschaft für Nuklearmedizin	**DGNM**
The Institute for Electrical and Electronic Engineers, Deutsche Sektion	**IEEE**
Deutsche Gesellschaft für Photogrammetrie und Fernerkundung	**DGPF**
Fachabteilung Industrielle Bildverarbeitung / Machine Vision im VDMA	
German Chapter of European Neural Network Society	**GNNS**

Der mit DM 5000,- dotierte
DAGM-Preis 1999
wurde

R. Koch
Multimediale Systeme, Universität Kiel

für die Beiträge

Robust Calibration and 3D Geometric Modeling from Large Collections of Uncalibrated Images
R. Koch, M. Pollefeys and L. van Gool

und

Plenoptic Modeling and Rendering from Image Sequences Taken by Hand-Held Camera
B. Heigl, R. Koch, M. Pollefeys, J. Denzler and L. van Gool

verliehen.

Die mit DM 1000,- dotierten Annerkennungspreise wurden
verliehen an:

D. Fox, W. Burgard, H. Kruppa und S. Thrun
CMU Pittsburgh, USA, Universität Bonn, ETH Zürich, CMU
Pittsburgh
Collaborative Multi-Robot Localization

N. Götze, S. Drüe und G. Hartmann
Universität-GH Paderborn
Invariante Objekterkennung mit lokaler Fast-Fourier Mellin
Transformation

S. Siggelkow und M. Schael
Universität Freiburg
Fast Estimation of Invariant Features

J. Weickert und Ch. Schnörr
Universität Mannheim
Räumlich-zeitliche Berechnung des optischen Flusses mit
nichtlinearen flußabhängigen Glattheitstermen

H. Haußecker
(vergeben für zwei gemeinsame Arbeiten)
Universität Heidelberg
A Total Least Squares Framework for Low-Level Analysis of
Dynamic Scenes and Processes
H. Haußecker, Ch. Garbe, H. Spies und B. Jähne
und
Differential Range Flow Estimation
H. Spies, H. Haußecker, B. Jähne und J. L. Barron

Sponsoren der DAGM 2000:

SUN, Baltic Online

SIEMENS

Förderverein der Technischen Fakultät

Landeshaupstadt Kiel

Christian-Albrechts Universität Kiel

Vorwort

Die 22. Jahrestagung der Deutschen Arbeitsgemeinschaft für Mustererkennung
(DAGM e.V.) findet in diesem Jahr vom 13. bis 15. September 2000 in Kiel statt
und wird vom Lehrstuhl für Kognitive Systeme des Instituts für Informatik und
Praktische Mathematik der Christian–Albrechts–Universität ausgerichtet. Die
DAGM 2000 wird in Verbindung mit dem Zweiten Internationalen Workshop
'Algebraic Frames for the Perception-Action Cycle' AFPAC 2000 vom 10.9. bis
11.9. und den zwei Tutorials 'Vision Based Robotics' und 'Morphological Image
Processing' am 12.9. organisiert.
Von den insgesamt 89 eingereichten Beiträgen konnten 18 Beiträge als Vorträge
und 41 als Poster angenommen werden. Dazu kamen drei eingeladene Vorträge.
Der Reviewprozess erfolgte doppelt blind durch drei Gutachter. Wir wollen uns
an dieser Stelle herzlich bei allen Gutachtern für die schnelle und gründliche
Bearbeitung der Beiträge bedanken.
Der Reviewprozess wurde in diesem Jahr in zwei Punkten anders organisiert
als bei den vorherigen Jahrestagungen der DAGM. Es wurde, um mehr Kollegen
in die Begutachtung einzubeziehen, das Programmkomitee verkleinert und dafür
wurden jedem Komiteemitglied mehrere Gutachter zugeordnet. Weiterhin haben
wir uns dafür entschieden, Gutachten in elektronischer Form über das Internet
zu verwalten. Dieser Prozess wurde allgemein als angenehm empfunden und die
entwickelte Software ist auch für zukünftige DAGM–Symposien verfügbar.
Wir haben für die diesjährige Jahrestagung der DAGM e.V. bewusst auf ein
Motto verzichtet, um den Eindruck einer Einschränkung auf bestimmte Fachge-
biete zu vermeiden. In dem dieses Jahr erstmals durchgeführten Kontaktforum
versuchen wir, unter dem Titel 'Forum Industrie und Wissenschaft' einen Austausch von Industrie und Wissenschaft zu organisieren. Weiterhin hoffen wir,
in dem Kontaktforum unter dem Stichwort 'Forum Junge Wissenschaftler' auch
angehende Absolventen und Industrie miteinander in Kontakt zu bringen.
Unser ganz besonderer Dank richtet sich an Daniel Grest für die Programmierung
der elektronischen Datenbank, der Interneteingabe und für seine Hilfe bei der
Erstellung dieses Tagungsbandes. Bei Bodo Rosenhahn möchten wir uns für
seinen Einsatz bei der lokalen Organisation bedanken. Francoise Maillard und
allen Mitarbeitern und Studenten des Lehrstuhls 'Kognitive Systeme' sei für
ihre Unterstützung gedankt. Den Sponsoren danken wir für die finanzielle und
organisatorische Unterstützung, ohne die eine solche Tagung weitaus schwerer
durchzuführen wäre.
Allen Teilnehmerinnen und Teilnehmern wünschen wir einen angenehmen Auf-
enthalt in Kiel und einen fruchtbaren Erfahrungsaustausch bei der DAGM 2000.

Kiel, im Juni 2000

Gerald Sommer, Norbert Krüger und Christian Perwass

Inhaltsverzeichnis

Session 1: Rekonstruktion und Gruppierung

Session 2: Statistik

Session 3: Anwendungen

Poster Session I

3D-Rekonstruktion

Statistik

Anwendungen

Session 4: Filterdesign

Session 5: Signalverarbeitung

Session 6: Objekterkennung

Poster Session II

Objekterkennung und Lokalisation

Signal– und Bildverarbeitung

Robotik

Bildsequenzen

Session 7: Sprache

Session 8: Suchen und Klassifizieren

Session 9: Bildverarbeitung

Weitere eingeladene Vorträge:

Wavelet-Type and Gabor-Type Representation in Vision and Image Processing
Y. Zeevi

Learning the Appearance of Faces:
A Unifying Approach for the Analysis and Synthesis of Images
T. Vetter

As-Built Reconstruction Using Images and Industrial Drawings

N. Navab[1], M. Appel[2], Y. Genc[1], B. Bascle[1], V. Kumar[1], and M. Neuberger[2]

[1] Imaging & Visualization, Siemens Corporate Research, Princeton NJ, USA
[2] Siemens Power Generation (KWU), 91058 Erlangen, Germany
navab@scr.siemens.com

Abstract

Despite the advanced 3D technology, majority of large industrial sites do not have access to a 3D model of their facilities. These industries often use printed 2D drawings for almost all engineering designs and updates. Here we introduce a new framework to combine different types of images available for an industrial site to recover the 3D structure. In particular, we consider two types of images: industrial drawings and photogrammetric images.

We aim at using these two types of images to infer 3D information about the scene using geometric features such as points, straight lines, cylinders, etc. Here we present a solution to this problem when the available images are an industrial drawing of the scene from the top view and a set of perspective images from arbitrary viewing positions. The perspective images need not all be calibrated. This work not only results in an as-built reconstruction algorithm for large industrial sites, it also suggests a new framework where industrial drawings are fully integrated with images and three dimensional models.

1 Introduction

Recently there has been an increasing interest in using 3D technology within traditional industries. They are also moving towards digital data storage, network based applications, and mobile computing. They would like therefore to create 3D models and integrate them into their routine procedures. This paper presents an integrated industrial system for the 3D reconstruction of full or partial models of large industrial sites. It is oriented towards the 3D reconstruction of environments such as refineries, chemical and power plants, water treatment plants, etc.

In most industrial sites, there are two types of available information to perform 3D reconstruction from: 1) industrial drawings, and 2) photogrammetric images. The images can be calibrated or not. They can also have been taken with or without markers placed in the scene. We propose a system that can use information from all these sources to perform 3D as-built reconstruction.

Our system integrates a mixed approach to as-built 3D reconstruction. If possible, images are calibrated using external markers placed throughout the factory and photogrammetry techniques. If some of the images cannot be calibrated successfully, or additional markerless images are available, these images can be calibrated with a new technique based on the use of metric information from industrial drawings. Once all the images have been calibrated, 3D reconstruction can be performed. In addition, the 3D reconstruction can be used to update some details of the floormap that bay be out of date. This approach has the advantage of integrating in the same framework 3D models, images and industrial drawings.

2 System Overview

Here we present an overview of our system for 3D reconstruction using images and industrial drawings. As shown in Figure 1, our 3D reconstruction system is composed of three distinct parts: 1) 3D reconstruction using calibrated images, 2) calibration of images and further 3D reconstruction, and 3) visualization, update, etc. In all of these steps available floor plans play a crucial role as explained below.

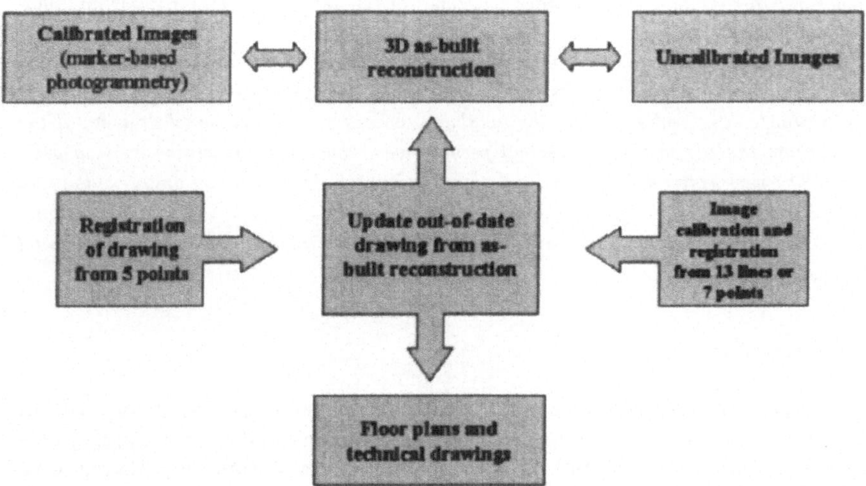

Fig. 1. Overview of the system.

We start with a set of images of a large industrial site. The images with external markers are calibrated using existing photogrammetry techniques. With calibrated images, partial 3D reconstruction is carried out as described in Section 3. Furthermore, at this point the calibrated images are registered to the floor maps.

The second step consists of markerless calibration where we calibrate the rest of images that are not already calibrated by finding the motion of the images (perspective) with respect to the floor plans (orthographic). This is done using point and line correspondences as explained in Section 4. Once this calibration is carried out, more 3D reconstruction can be done using all of the images.

The final step is the visualization of the reconstruction in an augmented reality system. Furthermore, one can add 3D virtual objects to the reconstruction and update the images. The perspective images can be augmented with the virtual objects. The floor plans can be updated or modified as well. Along with a method for as-built reconstruction for large industrial sites, our system provides a new framework where industrial drawings, the main documents used everyday within traditional industries, are fully integrated with images and three dimensional models.

3 Reconstruction from Calibrated Images

Here we present a commercial system mainly for the 3D reconstruction, image augmentation and animation of factory images. The system is dedicated to pipeline environments. It provides the user with simple tools to perform high-precision 3D reconstruction of the factory. Virtual objects can be imported into the 3D factory model through an easy-to-use interface based on the factory floormap. The imported objects can be animated among the existing pipes and the animation can be enacted in the real factory images.

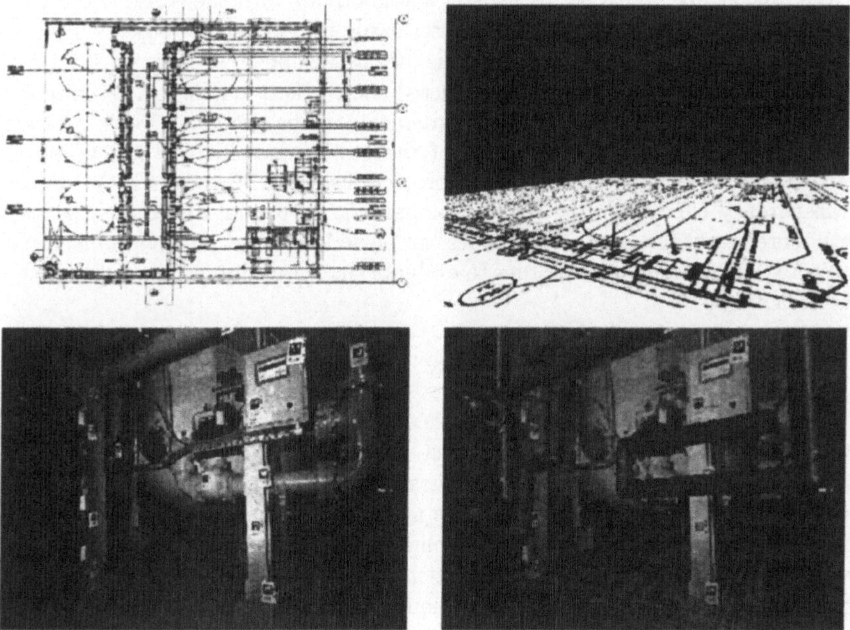

Fig. 2. Real factory images are used to perform the 3D reconstruction of factory pipelines. Image augmentation is then obtained by warping the factory floormap and projecting the reconstructed 3D pipes into each image.

Our system uses images calibrated using external markers. This guarantees a very good precision in reconstruction of models. With these calibrated images, a 3D pipe can be reconstructed within the system by a user by outlining the pipe in at least two images [10]. Greater precision can be achieved by using more images. The system provides tools for automatic contour refinement in order to assist the user. A range of external constraints about the pipe can also be applied. Examples include: known diameter, known direction, co-planarity or parallelism with another pipe, etc. The software also provides a set of connectivity rules to assist the user in adding new segments, elbows and T-junctions to an existing pipe. This helps the user reconstruct long pipelines with many elbows and changes of direction with minimal interaction.

If information about the factory is available through floormaps and industrial drawings, these can be related to the images using homographies (see Figure 2) [9]. The homography between an image and a floormap is determined from point-to-point correspondences given by the user between the drawing and the floor of the factory in the images. A minimum of 4 point correspondences is necessary to determine such an homography, but more points are necessary to achieve precision. This image-floormap relationship can be used to calibrate uncalibrated images [11], since the information from industrial drawings is usually metric. If the same floormap needs to be registered with several images and these images are calibrated, then only 5 point correspondences between the floormap and all of the images are necessary to register the floormap with the world coordinate frame and the cameras. This lets the user easily import virtual objects into the scene for augmented reality applications (see details below).

Once the factory has been reconstructed and the floormap is registered to the images, augmented images of the environment can be produced by the system (see Figure 2). Such augmentations of the real images include the floormap warped to the factory floor and/or the projections of the 3D reconstructed pipes. Transparency effects can be used to compare old or partial 3D reconstructions with more recent images. Virtual pipes can be added to the 3D environment and projected into real images in order to evaluate the feasibility of planned revamps of the factory.

4 Markerless Calibration

We pointed out in the previous section that we have a framework which allows the use of geometric features such as lines and points in a combination of perspective and orthographic views. As a first step towards this we consider a scenario which consists of one orthographic and two perspective cameras. In [11] and [1], we have described a method which uses points and lines to estimate the extrinsic parameters of such a combination of cameras. In the rest of this section we present this method by providing a new derivation of trilinear constraints [12] for the special case of one orthographic and two perspective cameras. For completeness, we give the derivation of trilinear constraints for lines first. In the following we describe the orientation of the two perspective cameras relative to the orthographic camera by the rotation matrices $R \stackrel{\text{def}}{=} (\boldsymbol{R_1}\ \boldsymbol{R_2}\ \boldsymbol{R_3})$ and $S \stackrel{\text{def}}{=} (\boldsymbol{S_1}\ \boldsymbol{S_2}\ \boldsymbol{S_3})$, respectively. The cameras' positions are described by the translation vectors $\boldsymbol{T}$ and $\boldsymbol{U}$.

Lines: Here we consider an orthographic camera and two perspective cameras observing a rigid scene composed of line segments. This section summarizes the derivation outlined in [11]. Without loss of generality, we set the world coordinate frame to be the same as that of the orthographic camera. Additionally, since the orthographic camera does not fully restrict the coordinate frame, we set $\boldsymbol{R_3^T T} = 0$ which implies that the first perspective camera is on the xy plane of the world coordinate system or the orthographic image plane.

Let us consider the planes formed by a line whose images can be represented with four-dimensional vectors:

$$\Pi_0 = \begin{pmatrix} \boldsymbol{n_0} \\ d \end{pmatrix}, \quad \Pi_1 = \begin{pmatrix} \boldsymbol{n_1^T} R \\ \boldsymbol{n_1^T T} \end{pmatrix} \quad \text{and} \quad \Pi_2 = \begin{pmatrix} \boldsymbol{n_2^T} S \\ \boldsymbol{n_2^T U} \end{pmatrix},$$

where $(u\ v\ 1)\boldsymbol{n_0} = 0$, $(u\ v\ 1)\boldsymbol{n_1} = 0$ and $(u\ v\ 1)\boldsymbol{n_2} = 0$ represent the images of the lines in the orthographic and the two perspective views respectively with $\boldsymbol{n_0} = (\alpha, \beta, 0)^T$. Since these planes originate from the same line, a necessary condition for them to meet at a common line is rank $(\Pi_0\ \Pi_1\ \Pi_2) = 2$. In other words, each 3×3 minors of this 4×3 matrix vanishes yielding

$$\begin{pmatrix} \alpha \\ \beta \\ d \end{pmatrix} \times \begin{pmatrix} \boldsymbol{n_1^T} E \boldsymbol{n_2} \\ \boldsymbol{n_1^T} F \boldsymbol{n_2} \\ \boldsymbol{n_1^T} G \boldsymbol{n_2} \end{pmatrix} = \boldsymbol{0} \quad \text{with} \quad \begin{cases} E \stackrel{\text{def}}{=} \boldsymbol{R_3 S_1^T} - \boldsymbol{R_1 S_3^T}, \\ F \stackrel{\text{def}}{=} \boldsymbol{R_3 S_2^T} - \boldsymbol{R_2 S_3^T}, \\ G \stackrel{\text{def}}{=} \boldsymbol{R_3 U^T} - \boldsymbol{T S_3^T}. \end{cases} \tag{1}$$

Like the case of three perspective cameras, the motions between one orthographic and two perspective cameras are defined by three matrices with 27 coefficients in total. This is a special case of the trifocal tensor for the general projective case.

Points: Now we turn our attention to a set of rigidly attached points observed by an orthographic and two perspective cameras. Let us consider the point in three-dimensional space $\boldsymbol{P} = (x, y, z)^T$ and its projections onto three image planes $\boldsymbol{p} = (u, v, 1)^T$, $\boldsymbol{p'} = (u', v', 1)^T$ and $\boldsymbol{p''} = (u'', v'', 1)^T$. As in lines, without loss of generality we assume that the first camera is the orthographic one and that its coordinate system coincides with the world coordinate system. Therefore, for the point P we can write $\boldsymbol{P} = (u, v, z)^T$ where z is the unknown depth. The projections in the two perspective cameras can be defined by

$$R\boldsymbol{P} + \boldsymbol{T} = \rho'(u', v', 1)^T \quad \text{and} \quad S\boldsymbol{P} + \boldsymbol{U} = \rho''(u'', v'', 1)^T, \tag{2}$$

where the rotation R and the translation $\boldsymbol{T}$ describe the motion between the first and third camera and S and $\boldsymbol{U}$ describe the motion between the first and third camera. ρ' and ρ'' are the unknown projective depths. Eliminating z, ρ' and ρ'' yields a set of four trilinear constraints:

$$(0\ {-1}\ v'')\, A\boldsymbol{v} = 0, \quad ({-1}\ 0\ u'')\, A\boldsymbol{u} = 0, \quad ({-1}\ 0\ u'')\, A\boldsymbol{u} = 0 \quad \text{and} \quad (0\ {-1}\ v'')\, A\boldsymbol{v} = 0$$

where $\boldsymbol{u} = (0, -1, u')^T$, $\boldsymbol{v} = (0, -1, v')^T$ and $A^T = uE + vF + G$ with the matrices E, F and G as defined for lines in [11]. These matrices differ from those for the full perspective case originally introduced by Spetsakis and Aloimonos [13] and by Weng *et. al.* [16]. Comparing the two sets reveals that there is, to best of our knowledge, no simple algebraic method to convert one set to the other:

<table>
<tr><td>Three perspective views</td><td>One orthographic, two perspective views</td></tr>
</table>

$$E \stackrel{\text{def}}{=} R_1 U^T - T S_1^T \qquad\qquad E \stackrel{\text{def}}{=} R_3 S_1^T - R_1 S_3^T$$
$$F \stackrel{\text{def}}{=} R_2 U^T - T S_2^T \implies F \stackrel{\text{def}}{=} R_3 S_2^T - R_2 S_3^T$$
$$G \stackrel{\text{def}}{=} R_3 U^T - T S_3^T \qquad\qquad G \stackrel{\text{def}}{=} R_3 U^T - T S_3^T$$

Using this common framework, we can easily incorporate a set of points and lines to recover the motion between an orthographic and two perspective cameras. Given a a set of point and line correspondences, such that $2 \times \{\text{number of points}\} + \{\text{number of lines}\} \geq 13$, we can recover the entries of E, F and G by solving a linear system of equations. If we use the additional constraint, we can also determine the absolute length of the translation between the perspective views. This is the advantage that the orthographic image brings: orthographic image can provide the information for a metric reconstruction.

The motion parameters corresponding to the motion of the two perspective cameras can be recovered by observing that:

$$F^T R_1 = 0, \quad E^T R_2 = 0, \quad F S_1 = 0, \quad \text{and} \quad E S_2 = 0. \tag{3}$$

Hence, the rotations R and S can be recovered by solving a set of linear equations. Once the rotations are recovered, the translations T and U can be computed from the matrix G using the additional constraint that we imposed on the geometry of the camera system: $U = G^T R_3$ and $T = (R_3 U^T - G) S_3$.

5 Preliminary Results

We implemented the method described in Section 4 and tested it on synthetic data. We generated a number of uniformly distributed points in space within a predefined cube. We then connected some of these points pairwise to obtain lines and observe them with three cameras: one orthographic and two perspective.

The first image is obtained by an orthographic projection such that the image dimension is 2×2. The orthographic image plane is the xy-plane of the world coordinate system. The perspective cameras (with unit focal length) are positioned arbitrarily on a sphere centered and looking at the origin of the cube. Furthermore, we translate the cameras arbitrarily on the plane tangential to the sphere to ensure that the center of mass of the projected lines is not always in the center of the image. We limit the relative rotations of the cameras to be in a certain range which corresponds to a maximum rotation of 45 degrees around each axis to ensure that there is an overlap in the field of view of the cameras.

Errors in line and point detection are simulated by perturbing the endpoints of the projected lines with Gaussian noise. We conducted several experiments and considered the following to measure the accuracy of the motion estimation:

- The angle between the real R_{real} and the estimated rotations R_{est}.
- The translation between the perspective views.

In order to study the behavior of the algorithm with respect to noise we conducted 1000 experiments for each noise level. The standard deviation of the Gaussian noise ranged between $\sigma = 0$ and $\sigma = 0.004$ with steps of 0.0002 indicating that our largest σ is 0.2% of our 2×2 image (equivalent to 1 pixel in a 500×500 image). Note that we take completely random configuration for all experiments, i. e. both the data and the camera positions are randomized.

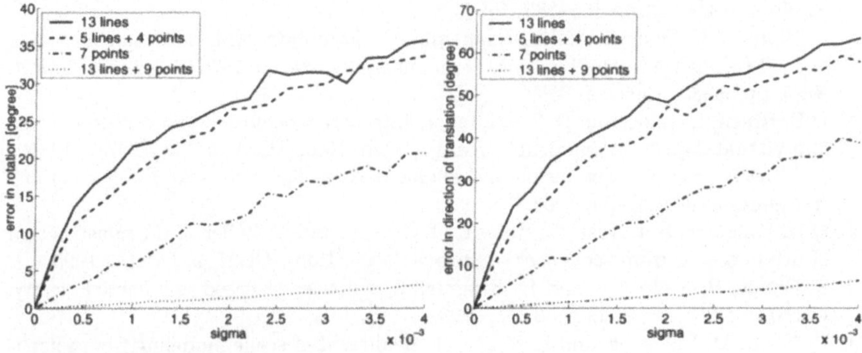

Fig. 3. Errors in camera motion estimation: (left) the average angle between the estimated and the real rotations, (right) the absolute angle between the real and the estimated translations

Figure 3 depicts the errors for motion estimation. As expected, when the minimum required number of features are used, the algorithm is very sensitive to noise. Note that we require a minimum number of 26 equations to estimate the motion, which is the case if only 13 lines or a combination of 5 lines and 4 points are used. The minimum number of 7 points already improves the result since we obtain 28 constraints in this case. Adding points to the minimum number of 13 lines significantly reduces the error in motion estimation. When using 13 lines plus 9 points we obtain approximately the same number of equations as if 30 lines were used. Therefore, the results are consistent with those reported in [11].

6 Conclusion

In this paper we have presented a new framework for 3D reconstruction and visualization of large industrial sites using images and industrial drawings. The reconstruction uses both calibrated and uncalibrated images. Image calibration is performed either using marker-based calibration or a markerless calibration algorithm, which uses floor plans to assist the calibration process. Part of the system that reconstructs pipes from calibrated images and visualizes the reconstruction has been implemented and is commercially available. The work on markerless calibration is still in progress. We plan to fully integrate it in the current system.

References

1. M. Appel, Y. Genc, and N. Navab. Getting into the workflow of traditional industries: As-built reconstruction using images and industrial drawings. Tech. Rep. SCR-00-TR-679, SCR, 2000.
2. R. Azuma. A survey of augmented reality. *Presence: Teleoperators and Virtual Environments 6:4*, pp.355–385, 1997.
3. C. Baillard, C. Schmid, A. Zisserman, and A. Fitzgibbon. Automatic line matching and 3D reconstruction of buildings from multiple views. In *ISPRS 1999, V.32, P.3-2W5*, pp.69–80, 1999.
4. D.E. Breen, E. Rose, and R.T. Whitaker. Interactive occlusion and collision of real and virtual objects in augmented reality. Tech. Rep. ECRC-95-02, ECRC, 1995.
5. D. Drascic. Stereoscopic vision and augmented reality. *Scientific Computing and Automation*, 9(7):31–34, 1993.
6. O.D. Faugeras, S. Laveau, L. Robert, G. Csurka, and C. Zeller. 3-d reconstruction of urban scenes from sequences of images. Tech. Rep. RR-2572, INRIA, 1995.
7. S. Feiner, B. McIntyre, and D. Seligmann. Knowledge-based augmented reality. *Comm. of the ACM*, 36(7):53–62, 1993.
8. R. Koch, M. Pollefeys, and L. VanGool. Realistic 3-d scene modeling from uncalibrated image sequences. In *ICIP99*, 1999.
9. N. Navab, B. Bascle, M. Appel, and E. Cubillo. Scene augmentation via the fusion of industrial drawings and uncalibrated images with a view to marker-less calibration. In *IWAR'99*, San Francisco, CA, 1999.
10. N. Navab, N. Craft, S. Bauer, and A. Bani-Hashemi. CyliCon: A software package for 3D reconstruction of industrial pipelines. In *WACV 1998*, 1998.
11. N. Navab, Y. Genc, and M. Appel. Lines in one orthographic and two perspective views. In *CVPR 2000*, Hilton Head Island, SC, 2000.
12. A. Shashua. Algebraic functions for recognition. *PAMI*, 17(8):779–789, 1995.
13. M.E. Spetsakis and Y. Aloimonos. Structure from motion using line correspondences. *IJCV*, 4(3):171–183, 1990.
14. P.H.S. Torr, A.W. Fitzgibbon, and A. Zisserman. Maintaining multiple motion model hypotheses over many views to recover matching and structure. In *ICCV 1998*, pp.485–491, 1998.
15. M. Tuceryan, D.S. Greer, R.T. Whitaker, D.E. Breen, C. Crampton, E. Rose, and K.H. Ahlers. Calibration requirements and procedures for a monitor-based augmented reality system. *IEEE Trans. on Visualization and Computer Graphics*, 1(3):255–273, 1995.
16. J. Weng, T.S. Huang, and N. Ahuja. Motion and structure from line correspondences: Closed-form solution, uniqueness, and optimization. *PAMI*, 14(3):318–336, 1992.

Stereozuordnung von hierarchischen Konturgruppen mit Markov Random Fields

Denis Williams   Stefan Posch

Institut für Informatik
Martin-Luther-Universität Halle-Wittenberg
Kurt-Mothes Str.1, D-06108 Halle
Email: {williams,posch}@informatik.uni-halle.de

Zusammenfassung In dieser Arbeit wird ein Ansatz zur Detektion von Korrespondenzen in Stereobildern vorgestellt, der nach perzeptiven Gesichtspunkten organisierte Primitiva nutzt. Dabei werden unsichere Eingaben in Form von Primitivahypothesen verarbeitet, von denen auch mehrere den gleichen Bildbereich beschreiben können. Das Korrespondenzproblem wird als Graph modelliert, dessen Knoten die Stereohypothesen repräsentieren. Hierarchische Bestandteilsbeziehungen und andere binäre Einschränkungen gehen als Kanten in den Graph ein. Lokale Bewertungen der Knoten und die durch die Kanten gegebene Nachbarschaft werden in einem Markov Random Field genutzt, um eine globale Bewertung und Selektion jeder Hypothese unter Berücksichtigung des Kontextes zu erstellen.

1 Einleitung

Viele Verfahren zur Lösung des Stereokorrespondenzproblems arbeiten auf einfachen Bildprimitiva. Komplexere Primitiva bieten jedoch bessere Einschränkungen für die Zuordnung, die aus ihrem stärkeren Bezug zum Bildinhalt resultieren und durch die Möglichkeit, weitere Beziehungen durch hierarchisches Gruppieren zu schaffen. Beispielsweise bilden Chung und Nevatia [CN91] eine Hierarchie, in der zunächst ribbons aufgrund von Symmetrie und Kolinearität aus Kanten- und Kurvensegmenten erzeugt werden. Aus ihnen werden dann junctions und branches extrahiert. Die Kontextinformationen werden mit einem modifizierten Hopfield-Netz beschrieben, wobei unäre und binäre Einschränkungen als anregend oder hemmend modelliert werden. Dabei wird die Hierarchie nur unär eingesetzt. Binär kommen die Eindeutigkeit der Zuordnung und die Kontinuität von Figuren (kontinuierliche Änderung der Disparitäten entlang von Objektbegrenzungen) zum Einsatz. Venkateswar und Chellapa [VC95] benutzen Kantensegmente, die sie aufgrund von Kolinearität, Proximität und Parallelität gruppieren. Sie extrahieren daraus Vertices, Kanten und Kantenringe. Kanten verbinden die Vertices und werden selbst in Kantenringen gruppiert. Kontextwissen wird mit einen Assumption-based Truth Maintenance System (ATMS) erfaßt, das einander widersprechende Hypothesen aufgrund von Eindeutigkeit, Ordnung und Verbundenheit ausschließt.

Das von uns vorgestellte Verfahren nutzt stärker hierarchische Beziehungen aus. Es baut auf perzeptiv gruppierten Konturgruppen auf der Basis von Geraden- und Ellipsensegmenten auf, die in einer Hierarchie von Kol- und Kurvilinearitäten, Proximitäten, Parallelitäten und Geschlossenheiten resultieren. Beziehungen zwischen Stereohypothesen zwischen diese Konturgruppen werden in einem Graphen modelliert und bilden die Grundlage für ein Nachbarschaftssystem, das vom Markov Random Field zur globalen Bewertung genutzt wird.

Im nächsten Abschnitt wird zunächst kurz auf die Stereokorrespondenzanalyse eingegangen, um dann in Abschnitt 3 den hierarchischen Ansatz zu beschreiben. Dann folgt die Darstellung von Ergebnissen und ein Ausblick.

2 Stereokorrespondenzanalyse

Das zentrale Problem bei Stereoverfahren ist das Korrespondenzproblem, also die Zuordnung von Bildprimitiva im linken und rechten Teilbild, die Projektionen desselben Objektpunktes bzw. Objektbereichs sind. Die entstehende Mehrdeutigkeit hängt zum einen von der Art der gewählten Bildprimitiva ab und nimmt mit steigender Komplexität der Primitiva ab (vergleiche auch [BF90]). Hierarchisch organisierte Primitiva erlauben durch die zusätzlichen Bezüge eine weitere Reduktion der Mehrdeutigkeit. Die Suche nach korrekten Korrespondenzen wird stets durch einschränkende Bedingungen (constraints) geleitet. Einschränkungen werden *unär* genannt, wenn sie sich isoliert nur auf eine (potentielle) Stereokorrespondenz beziehen. Sie berücksichtigen lokale Eigenschaften der Primitiva und die Epipolargeometrie. Ihnen gegenüber stehen Einschränkungen, welche die Relation von Zuordnungen zueinander betreffen. Als Beispiel sei hier die „Eindeutigkeit der Zuordnung", topologische und hierachische Einschränkungen genannt. Für eine vollständige Diskussion siehe [Wil99,Kos91]. Wenn die Art der Primitiva und die anzuwendenden Einschränkungen gewählt sind, findet eine Suche nach Zuordnungen der Primitiva statt, welche die Einschränkungen erfüllen. Diese Suche kann als Optimierungsproblem aufgefaßt werden, wobei zwei Hauptklassen von Algorithmen unterschieden werden können (vgl. [Jon97]): Die erste arbeitet auf Graphen und detektiert Korrespondenzen durch Subgraphisomorphismen oder Detektion maximaler Cliquen. Unter der zweiten Klasse werden Verfahren zusammengefaßt, die den Stereohypothesen Label unter Berücksichtigung des Kontextes mittels unterschiedlicher Relaxationsverfahren zuordnen. Auch im folgenden kommt ein derartiger Ansatz mittels Markov Random Fields zum Einsatz.

3 Zuordnung von hierarchischen Konturgruppen

Als Primitiva der Stereokorrespondenz kommen in dieser Arbeit hierarchisch strukturierte Konturgruppen zum Einsatz, die im folgenden kurz eingeführt werden. Dann werden die verwendeten unären Einschränkungen und die Generierung von Korrespondenzhypothesen dargestellt. Diese werden abschließend im globalen Kontext bewertet.

3.1 Perzeptive Gruppierungshierarchie

Die verwendete Hierarchie von Bildprimitiva wird nach perzeptiven Gesichtspunkten erzeugt ([MPSS97,AMP$^+$97,Pos99]). Sie ist in drei Ebenen aufgeteilt und basiert auf einer initialen Segmentierung in Linien- und Ellipsensegmenten. In der 1D-Ebene werden diese Segmente aufgrund von Kol- und Kurvilinearität sowie Nähe gruppiert. In der nächst höheren Ebene, der $2 \times$ 1D-Ebene, werden lineare Gruppen (Kol- und Kurvilinearitäten sowie die initialen Kontursegmente) aufgrund von Parallelität zusammengefaßt. Geschlossene Konturzüge bilden die abstrakteste 2D-Ebene. Jede Konturgruppe besitzt seinem Typ entsprechende Eigenschaften (wie beispielsweise Fläche und Exzentrizität bei Geschlossenheiten). Die hierarchischen Beziehungen zwischen den Gruppen werden durch die Bestandteilsrelationen konstituiert. Für jedes Teilbild werden aufgrund lokaler Bildinformation Konturgruppen hypothetisiert und mit Hilfe eines Markov Random Fields im globalen Kontext bewertet. Die resultierenden signifikanten Gruppen bilden als Primitiva die Ausgangsbasis für die Stereokorrespondenzanalyse.

3.2 Unäre Einschränkungen

Jede potentielle Korrespondenz muß entsprechend ihres Typs unäre Einschränkungen erfüllen. Im folgenden führen wir die unären Einschränkungen kurz ein. Für alle Typen von Primitiva kommt die Epipolargeometrie zum Einsatz. Hierzu betrachten wir ein *epipolares Fenster* als Vereinigung aller epipolaren Linien der Punkte eines Primitivums. Bei Standardstereogeometrie ist das die Fläche zwischen den epipolaren Linien des höchsten und niedrigsten Punktes der Konturgruppe.

2D-Ebene (Geschlossenheiten)
Epipolargeometrie: Die Fläche der Geschlossenheit muß jeweils zu einem hohen Prozentsatz innerhalb des epipolaren Fensters der anderen liegen.
Ähnlichkeit von Eigenschaften: Unterschiede in Fläche, Kompaktheit, Exzentrizität, Kontrast, Intensität und Orientierung müssen klein sein.

2x1D-Ebene (Parallelitäten)
Epipolargeometrie: Für alle linearen Untergruppen muß der Überlapp der epipolaren Fenster groß genug sein.
Ähnlichkeit von Eigenschaften: Die Differenz der mittleren Abstände der parallelen Gruppen muß klein sein.

1D-Ebene (Segmente und Kol-/Kurvilinearitäten)
Epipolargeometrie: Der Überlapp der epipolaren Fenster muß groß genug sein.
Ähnlichkeit von Eigenschaften: Unterschiede in *Kontrast, Intensität, Krümmung und Orientierung (nur für lineare Primitiva)* müssen klein sein.
Disparitätslimit: Die Disparität der paarweise zugeordneten Punkte der Primitiva muß nahe an einem vorher global errechneten Wert liegen.
Disparitätsgradient: Der Disparitätsgradient für aufeinanderfolgende Punktepaare darf den Schwellwert $\theta_{dg} = 2$ nicht überschreiten.

Diese unären Einschränkungen werden über geeignete Schwellwerte realisiert, Details sind in [Wil99] beschrieben. Alle Eigenschaften von Primitiva der 1D-Ebene werden auf Punktmengen berechnet, die aus ihrer analytischen Form gewonnen werden. Das ermöglicht eine homogene Behandlung und erlaubt auch Zuordnungen von Primitiva verschiedener Typen. Um die mittlere Disparität und den maximalen Disparitätsgradienten berechnen zu können, werden die Punkte der Primitiva entlang der Epipolarlinien zugeordnet. Da der Disparitätsgradient für kleine Separationen bei der Stereoanalyse am zuverlässigsten ist, benutzen wir nur benachbarte Punktepaare bei der Berechnung. Generell werden für die Eigenschaftsberechnung von 1D-Primitiva hier nur die Teilstücke betrachtet, die innerhalb des epipolaren Fensters liegen. Das hat den Zweck, mehrfache Korrespondenzen einzelner Primitiva zu erlauben, wenn die entstehenden Stereohypothesen unterschiedliche Abschnitte zuordnen. Dieser Aspekt wird bei der Bewertung berücksichtigt und wirkt möglicher Fragmentierung entgegen.

3.3 Stereohypothesen

Für die Hypothetisierung einer linken und rechten Konturgruppe als Stereokorrespondenz werden neben den gerade beschriebenen unären zusätzliche Einschränkungen aus der Hierarchie ausgenutzt um Korrespondenzhypothesen zu generieren. Hierzu erfolgt die Verarbeitung bei der Hypothetisierung entsprechend der Gruppierungshierarchie beginnend auf der höchsten Ebene (siehe Abbildung 1). Aufgrund der Komplexität der Bildprimitiva ist bei der Zuordnung von Geschlossenheiten der Grad an Mehrdeutigkeit am geringsten, da relativ wenige Geschlossenheitshypothesen vorliegen und daher rein kombinatorisch weniger Korrespondenzhypothesen entstehen können. Die Gruppierungshierarchie wird nun ausgenutzt, um eine Reduktion der Hypothesenanzahl auf niedrigeren Hierarchieebenen vorzunehmen. Hierfür wird für jede erzeugte Hypothese die Hypothesengenerierung auch für die Untergruppen angestoßen, wobei potentielle Korrespondenzen durch die Zuordnung auf den höheren Ebene restringiert werden. So entstehen rekursiv auf der $2 \times 1D$- und $1D$-Ebene Hypothesen, die durch potentielle Korrespondenzen auf der höchsten Ebene der Geschlossenheiten induziert werden. Es ist jedoch nicht sinnvoll, ausschließlich solche Zuordnungen zu betrachten, da aufgrund von Fehlsegmentierung und Fehlinterpretation in der Gruppierungshierarchie für einen Teil der konturbasierten Interpretation unnötigerweise keine Zuordnungen und damit keine Tiefeninformation rekonstruiert werden könnte. Daher werden Parallelitäten und lineare Gruppen, die nicht Bestandteil einer komplexeren Gruppe der Hierarchie sind, mit allen Gruppen gleichen Typs im anderen Teilbild verglichen und auf potentielle Korrespondenz hin untersucht.

---

for all G_l, G_r sind Geschlossenheiten im linken bzw. rechten Bild **do**
  if $G_l \sim G_r$ erfüllt unäre Einschränkung **then**
    erzeuge Knoten $G_l \sim G_r$ im Stereographen
    Erzeuge rekursive Korrespondenzen(G_l, G_r)
for all P_l, P_r sind Parallelitäten im linken bzw. rechten Bild UND
    nicht Bestandteil einer Geschlossenheit **do**
  if $P_l \sim P_r$ erfüllt unäre Einschränkung **then**
    Erzeuge rekursive Korrespondenzen(P_l, P_r)
    if P_l, P_r sind nicht Parallelitäten ODER
      für alle Untergruppen konnte Korrespondenz hypothetisiert werden **then**
      erzeuge Knoten $P_l \sim P_r$ im Stereographen
{für lineare Gruppen analoges Vorgehen wie bei Parallelitäten}

Erzeuge rekursive Korrespondenzen(G_l, G_r)
  for all $g_l \in GElem(G_l)$ UND $g_r \in GElem(G_r)$ **do**
  if g_l und g_r haben gleiche Gruppierungsebene UND
    $g_l \sim g_r$ erfüllt unäre Einschränkung **then**
    Erzeuge rekursive Korrespondenzen(g_l, g_r)
    if g_l, g_r sind nicht Parallelitäten ODER
      für alle Untergruppen konnte Korrespondenz hypothetisiert werden **then**
      erzeuge Knoten $g_l \sim g_r$ im Stereographen

Abbildung1. Pseudocode für die Hypothetisierung von potentiellen Korrespondenzen in der Gruppierungshierarchie; $GElem(G)$ bezeichnet alle Bestandteile, also Untergruppen, einer Konturgruppe

3.4 Bewertung

Durch den Einsatz von unären und hierarchischen Einschränkungen bei der Hypothetisierung von Korrespondenzen kann die Mehrdeutigkeit der Stereozuordnung zwar stark verringert, aber in der Regel nicht vollständig beseitigt werden. Deshalb wird in einem weiteren Schritt globalere Information in Form von weiteren Einschränkungen zur Bewertung der Hypothesen eingesetzt, die letztlich zur Selektion von korrekten Zuordnungen genutzt wird. Beispielsweise stellen zwei potentielle Korrespondenzen eine inkonsistente Interpretation dar, wenn dasselbe Bildprimitivum unterschiedliche Korrespondenzen erhält. Umgekehrt unterstützen sich zwei Hypothesen, wenn die zugeordneten Konturgruppen in beiden Bildern als nah gruppiert wurden. Das Ziel ist es nun aus der Menge aller Hypothesen konsistente Korrespondenzen als globale Interpretation des Stereobildes zu selektieren. Die Modellierung erfolgt sehr ähnlich der Bewertung der Konturgruppen zur perzeptiven Gruppierung der Primitiva für die Stereokorrespondenz mit einem Markov Random Field (MRF): Die Stereohypothesen bilden Knoten eines ungerichteten *Stereographen*, die durch unterstützende oder konkurrierende Nachbarschaftsbeziehungen verbunden sind. Jeder Knotenwird mit einer Zufallsvariablen verbunden, deren Wert (oder Label) die diskretisierte Signifikanz der zugehörigen Hypothese im Intervall $[0, 1]$ darstellt. Für jede Clique im Nachbarschaftssystem des so erzeugten Graphen wird ein Clique-Potential definiert, das in Abhängigkeit der Bilddaten und der aktuellen Belegung der Zufallsvariablen der Knoten den Energiebeitrag der Clique modelliert. Zur Minimierung der Gesamtenergie wird das Verfahren *Highest Confidence First* nach [CB90] eingesetzt.

Die Kanten im Graphen resultieren zum einen aus der Hypothetisierung: Über Bestandteilsrelationen verbundene Korrespondenzen unterstützen sich gegenseitig, da sie sich wechselseitig bedingen. Hingegen widersprechen sich zwei Korrespondenzen, wenn sie für dieselbe Gruppierung zwei unterschiedliche Zuordnungen hypothetisieren (Eindeutigkeitseinschränkung). Eine weitere Art der Wechselwirkung aus den Nähegruppierungen des Gruppierungsprozesses: Wenn zwei Primitiva in einem Bild einander nahe sind, sollte das für die korrespondierenden Primitiva ebenso gelten. In diesem Fall wird eine Nähekante zwischen den entsprechenden Hypothesen erzeugt. Die letzte Art der Wechselwirkung wird mit Ordnungskanten modelliert, die eine qualitative Bewertung der Ordnung der Primitiva entlang der Epipolarlinien darstellen. Wir betrachten jeweils die Primitiva zweier Hypothesen. Wenn sie im einen Bild die gleiche Reihenfolge haben wie im anderen , wird eine unterstützende Ordnungskante erzeugt. Ist die Reihenfolge im anderen Bild vertauscht, wird eine konkurrierende Ordnungskante eingetragen.

Die Kanten im Stereograph werden so gewichtet, daß für jede Hypothese die maximale Unterstützung bzw. Konkurrenz den gleichen Beitrag leisten kann. Daher werden Ordnungskanten mit $(\#\text{Hypothesen})^{-1}$, Hierarchiekanten entsprechend mit $(\#\text{mögliche Untergruppenhypothesen})^{-1}$ und Nähe- und Konkurrenzkanten mit 1 gewichtet.

Die Modellierung des a priori Wissens durch die Clique-Potentiale von zweielementigen Cliquen kann unverändert aus dem hierarchischen Gruppieren übernommen werden: Für sich unterstützende Korrespondenzhypothesen stellt eine hohe Signifikanz beider Hypothesen eine konsistente Interpretation dar, während stark differierende Signifikanzen inkonsistent sind und daher ein positives Clique-Potential bedingen. Sind beide Hypothesen als insignifikant bewertet, läßt sich keine Aussage ableiten und es

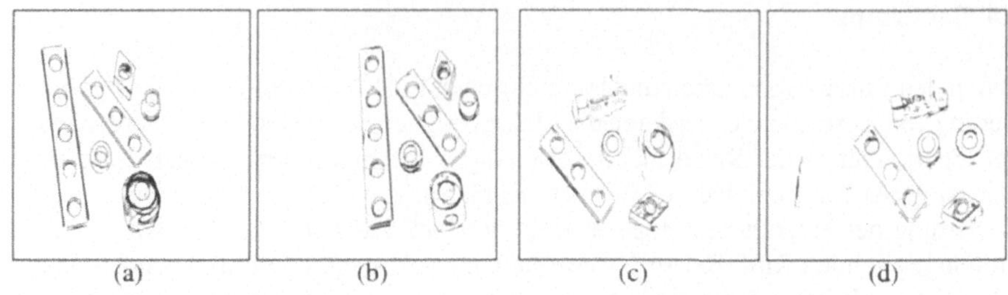

Abbildung2. Signifikante lineare Gruppen der Stereobilder: Bild A links (a) und rechts (b), Bild B links (c) und rechts (d)

wird daher ein neutrales Potential gewählt. Die umgekehrte Argumentation gilt für konkurrierende Hypothesen. Dieses qualitative Verhalten wird durch geeignete Gauß-Funktionen realisiert, wobei an den Übergängen zwischen den Fällen ein glatter Verlauf erzeugt wird. Die Modellierung der Datenabhängigkeit erfolgt wie beim Gruppieren mittels einelementiger Clique-Potentiale. Hierzu wird eine datengetriebene Signifikanz $data\_sig$ definiert, welche die lokale Evidenz der Hypothese beschreibt. Für jede erfüllte Einschränkung werden einfache Gütemaße eingesetzt, die den Grad der Erfüllung abschätzen. $data\_sig$ ist das gewichtete Mittel daraus. Das Potential der einelementigen Cliquen für eine Hypothese h ist dann die Differenz der datengetriebenen Signifikanz und des Labels in der aktuellen Konfiguration des MRF zu $V_{\{h\}} = |sig(h) - data\_sig(h)|$. Für eine genauere Ausführung siehe [Wil99,Pos99].

Mit diesen Angaben ist das Markov Random Field vollständig beschrieben. Die Energieminimierung mit Hilfe des „Highest Confidence First" Algorithmus ergibt jeweils ein Label für jede Hypothese, welches ihre Bewertung im globalen Kontext darstellt.

4 Ergebnisse

Im folgenden werden Ergebnisse anhand zweier Stereobilder diskutiert, für die in Abbildung 2 die signifikanten Gruppierungen abgebildet sind. Die Szenen enthalten Holzspielzeug als Objekte und sind aus unterschiedlichen Blickwinkeln aufgenommen. Wie Tabelle 4 zu entnehmen ist, werden jeweils wenige hundert Gruppierungen erzeugt. Davon können nur solche zugeordnet werden, die eine Entsprechung im anderen Teilbild haben. Es wurden 12 bzw. 16 Geschlossenheiten und 5 bzw. 30 Parallelitäten in den Bildern A und B hypothetisiert.

Für die Beurteilung der Resultate werden zunächst nur die Geschlossenheiten betrachtet und mit manuell bestimmten Korrespondenzen verglichen. In beiden Bildern werden neben den 10 bzw. 14 korrekten Zuordnungen zusätzlich je zwei falsche hypothetisiert, aber anschließend als insignifikant bewertet. Auf dieser Ebene wurden also alle korrekten Zuordnungen hypothetisiert und als gut bewertet.

Diese Analyse für alle Gruppierungstypen durchzuführen, ist sehr aufwendig. Daher wird im folgenden ausgewertet, welche der als signifikant bewerteten Stereokorrespondenzen (Label ≥ 0.8) korrekt bzw. falsch sind, nicht dagegen welche fehlen. Die entsprechenden Ergebnisse sind in Tabelle 2 dargestellt, wobei zusätzlich die Ergebnisse

Gruppierungen	Bild A l	r	Bild B l	r	Gruppierungen	Bild A l	r	Bild B l	r
Geschlossenheiten	19	13	27	28	Kurvilinearitäten	3	4	13	14
Parallelitäten	23	18	38	15	Kollinearitäten	8	2	12	0
Proximitäten	35	28	59	65	Ellipsenbögen	20	15	36	38
Liniensegmente	37	29	35	27	$\sum$ linear Gruppen	68	50	96	79

Tabelle1. Anzahl signifikanter Konturgruppen und hypothetisierter Stereokorrespondenzen in beiden Stereobildern

ohne Ausnutzen der hierarchischen Einschränkungen bei der Hypothesengenerierung wiedergegeben sind. Hier läßt sich erkennen, daß durch die Hierarchie zum einen weniger Zuordnungen hypothetisiert und dadurch insgesamt auch bessere Ergebnisse erzielt werden. Weiterhin haben wir den Einfluß der Ordnungskanten auf die Bewertung

Bild	Hierarchie	Geschlossenheiten	Parallelitäten	lineare Gruppen
A	ja	10/10 (100%)	4/3 (75%)	21/18 (86%)
A	nein	10/10 (100%)	[1]	31/20 (65%)
B	ja	15/15 (100%)	18/18 (100%)	38/32 (84%)
B	nein	14/13 (93%)	[1]	45/38 (84%)

Tabelle2. Anzahl der signifikanten Stereokorrespondenzen, sowie der Anteil der davon korrekten: Anzahl signifikant/korrekt (relativ); Die Ergebnisse sind für die Hypothetisierung mit und ohne hierarchische Einschränkung angegeben.

untersucht. Im Verhältnis zu den übrigen Kanten ist die Anzahl der erzeugten Ordnungskanten sehr groß. In Bild A sind unter den insgesamt 1031 Kanten 962, also 93%, Ordnungskanten. Im Bild B werden von insgesamt 7815 Kanten 94% Ordnungskanten erzeugt. Der Aufwand zur Berechnung der Abhängigkeiten im MRF nimmt mit der Kantenanzahl stark zu, wie der Tabelle 3 zu entnehmen ist. Hingegen ist der Nutzen der Ordnungskanten nicht so hoch wie erwartet. In Bild A werden 2 Fehler behoben aber auch ein neuer erzeugt. In Bild B werden 10 Fehler behoben und 6 neue erzeugt. Zusammen mit der wesentlich höheren Laufzeit rentiert sich der Einsatz der Ordnungskanten in dieser Form also nicht. Eine Möglichkeit sowohl die Ergebnisse als auch die Laufzeit zu verbessern ergibt sich möglicherweise durch folgende Überlegungen: Für eine Hypothese werden Ordnungskanten nur zu denjenigen anderen Hypothesen zugelassen, wenn die epipolaren Fenster der zugehörigen Gruppierungen in beiden Bildern überlappen und deren Disparitäten nicht stark voneinander abweichen. Das gewährleistet, daß nur die Ordnungseinschränkungen berücksichtigt werden, welche entlang von Epipolarlinien gelten. Dies wird Gegenstand weiterer Untersuchungen sein.

---

[1] Ohne hierarchische Einschränkungen werden für Parallelitäten keine Korrespondenzen generiert, da die lokalen Eigenschaften für eine ausreichende Reduktion der Mehrdeutigkeiten nicht genügen und sie daher ganz wesentlich über die potentiellen Korrespondenzen ihrer Untergruppen disambiguiert werden.

Laufzeit(s)	Bild A mit OK	Bild A ohne OK	Bild B mit OK	Bild B ohne OK
gesamt	29,8	2,3	86,8	3,1
nur MRF	27,3	0,2	84,3	0,6

Tabelle3. Laufzeiten für die gesamte Stereokorrespondenz und anteilig davon für die Bewertung im MRF mit und ohne Ordnungskanten (OK) auf einem PentiumIII 500MHz

5 Zusammenfassung und Ausblick

In dieser Arbeit wurde eine Ansatz zur Lösung des Stereokorrespondenzproblems vorgestellt, der als Primitiva hierarchisch strukturierte Konturgruppen verwendet. Durch die Wahl komplexer Primitiva wird die Mehrdeutigkeit der Zuordnungen reduziert, was natürlich zu Lasten eines aufwendigeren Segmentierungsprozesses geht. Bereits die Hypothetisierung potentieller Zuordnungen nutzt die hierarchischen Beziehungen zwischen den Gruppen aus. Die anschließende Bewertung der Hypothesen setzt ein Markov Random Field zur Beschreibung von unterstützenden und konkurrierenden Wechselwirkungen zwischen Korrespondenzen ein, wobei die Modellierung analog der Bewertung der zugrundegelegten perzeptiven Gruppierungen erfolgen kann. Die Ergebnisse zeigen, daß die Ordnungseinschränkung wider Erwarten nur wenig nutzbringend wirken. Die hierarchischen Einschränkungen hingegen können wirkungsvoll eingesetzt werden, um sowohl die Anzahl der hypothetisierten Korrespondenzen zu reduzieren, als auch die Qualität der Bewertung zu erhöhen.

Literatur

[AMP+97] F. Ackermann, A. Maßmann, S. Posch, G. Sagerer, and D. Schlüter. Perceptual grouping of contour segments using markov random fields. *International Journal of Pattern Recognition and Image Analysis*, 7(1):11–17, 1997.

[BF90] Stephen T. Barnard and Martin A. Fischler. Computational and biological models of stereo vision. *Proc. DARPA Image Understanding Workshop*, pages 439–448, 1990.

[CB90] Paul B. Chou and Christopher M. Brown. The theory and practice of bayesian image labeling. *Int. Journal of Computer Vision*, 4:185–210, 1990.

[CN91] R.C.K. Chung and R. Nevatia. Use of monocular groupings and occlusion analysis in a hierarchical stereo system. In *Proc. Computer Vision and Pattern Recognition*, pages 50–56, 1991.

[Jon97] Graeme A. Jones. Constraints, optimization, and hierarchy: Reviewing stereoscopic correspondence of complex features. *Computer Vision and Image Understanding*, 65(1):57–78, 1997.

[Kos91] Andreas Koschan. *Eine Methodenbank zur Evaluierung von Stereo-Vision-Verfahren.* Dissertation, TU Berlin, 1991.

[MPSS97] A. Maßmann, S. Posch, G. Sagerer, and D. Schlüter. Using markov random fields for contour-based grouping. In *Proc. International Conference on Image Processing*, volume II, pages 207–210. IEEE, 1997.

[Pos99] Stefan Posch. *Perzeptives Gruppieren und Bildanalyse.* Deutscher Universitäts Verlag, 1999.

[VC95] V. Venkateswar and R. Chellappa. Hierachical stereo and motion correspondence using feature groupings. *Int. Journal of Computer Vision*, 15:245–269, 1995.

[Wil99] Denis Williams. Stereozuordnungen von konturgruppen mit optionaler top-down verifikation. Diplomarbeit, Universität Bielefeld, Technische Fakultät, AG Angewandte Informatik, 1999.

Statistically Testing Uncertain Geometric Relations

Wolfgang Förstner, Ansgar Brunn and Stephan Heuel

Institut für Photogrammetrie, Universität Bonn
Nussallee 15, D-53115 Bonn
wf/brunn/heuel@ipb.uni-bonn.de

Abstract. This paper integrates statistical reasoning and Grassmann-Cayley algebra for making 2D and 3D geometric reasoning practical. The multi-linearity of the forms allows rigorous error propagation and statistical testing of geometric relations. This is achieved by representing all objects in homogeneous coordinates and expressing all relations using standard matrix calculus.[1]

Keywords. Spatial reasoning, uncertainty of geometric entities, statistical testing, Grassmann-Cayley algebra

1 Motivation

Many Computer Vision tasks involve grouping of geometric elements within one image or in 3D space. This requires testing geometric relations such as identity, incidence, parallelity or orthogonality. Due to uncertainty of the elements, checking these relation requires thresholds which in general are difficult to set.

The goal of this paper is to integrate statistical and geometric reasoning by integrating statistical testing theory and Grassmann-Cayley algebra. Grassmann-Cayley algebra has been introduced by [1] and [2] and showed to be useful for analyzing the geometry of image triplets [3]. Representing geometric entities in projective space, thus using homogeneous coordinates, leads to less singular cases, includes entities at infinity and in most cases leads to multi-linear relations, which itself allows to perform error propagation rigorously. On the other hand there is a profound knowledge about optimal hypothesis testing [9, 7] which is appropriate for checking the validity of geometric relations. The use of statistical testing theory reduces the choice of thresholds to the choice of a single value, the significance level.

What is lacking, is the integration of both concepts. This paper integrates statistical reasoning and Grassmann-Cayley algebra for making 2D and 3D geometric reasoning practical. The multi-linearity of the forms allows rigorous error propagation and statistical testing of geometric relations. This is achieved by representing all objects in homogeneous coordinates and expressing all relations using standard matrix calculus. The goal is to derive a simple rule for testing the basic relations between 2D points and lines, and 3D points, lines and planes, namely identity, incidence, parallelity tend orthogonality.

The solution proposed have been developed parallel to the one given in [6]. They are equivalent to those but much more transparent.

---

[1] part of this research has been funded by the EU (Esprit)

2 Geometric Elements and their Relations

2.1 Representation of Geometric Elements

We deal with points, (infinite) lines and planes in 2D and 3D space and represent them in projective space so that entities at infinity can be used, too. Because we are in projective space, we will use homogeneous vectors, denoted as "$\mathbf{v}$" in upright bold letters, then $\lambda\mathbf{v}$ represents the same element as $\mathbf{v}$. Euclidean vectors will be used with italic bold letters "$\boldsymbol{v}$". Furthermore we will use the convention that homogeneous resp. euclidean matrices are denoted as sans serif letters "S", "S".

Elements in 2D have lowercase letters "$\mathbf{v}$", "$\boldsymbol{v}$"; elements in 3D have uppercase letters "$\mathbf{V}$", "$\boldsymbol{V}$". For points we use the letters "$\mathbf{x}$", "$\mathbf{y}$", "$\mathbf{X}$", "$\mathbf{Y}$", for lines "$\mathbf{l}$", "$\mathbf{m}$", "$\mathbf{L}$", "$\mathbf{M}$" and for planes "$\mathbf{A}$", "$\mathbf{B}$". The notation is shown in table 1.

	2D	3D
point	$\mathbf{x}^{\mathsf{T}} = (u, v; w) = (\boldsymbol{x}_0^{\mathsf{T}}, x)$	$\mathbf{X}^{\mathsf{T}} = (U, V, W; T) = (\boldsymbol{X}_0^{\mathsf{T}}, X)$
line	$\mathbf{l}^{\mathsf{T}} = (a, b; c) = (\boldsymbol{l}^{\mathsf{T}}, l_0)$	$\mathbf{L}^{\mathsf{T}} = (L_1, L_2, L_3; L_4, L_5, L_6) = (\boldsymbol{L}^{\mathsf{T}}, \boldsymbol{L}_0^{\mathsf{T}})$
plane	-	$\mathbf{A}^{\mathsf{T}} = (A, B, C; D) = (\boldsymbol{A}^{\mathsf{T}}, A_0)$

Table 1. *Homogeneous representation of points, lines and planes in 2D and 3D. A line in 3D is represented with Plücker coordinates, see text for details.*

Note that a 3D line $\mathbf{L}$ is represented in *Plücker coordinates* yielding a homogeneous vector $\mathbf{L} = (\boldsymbol{L}^{\mathsf{T}}, \boldsymbol{L}_0^{\mathsf{T}})$ which has to fulfill the *Plücker condition*

$$L_1 L_4 + L_2 L_5 + L_3 L_6 = \boldsymbol{L}^{\mathsf{T}} \boldsymbol{L}_0 = 0 \tag{1}$$

From the construction of a line given two points, cf. sec. 2.2, the interpretation of the line coordinates will be clear: the vector $\boldsymbol{L} = (L_1, L_2, L_3)^{\mathsf{T}}$ is the direction of the line and the vector $\boldsymbol{L}_0 = (L_4, L_5, L_6)^{\mathsf{T}}$ is the normal of the plane through the line and the origin. The Plücker condition expresses the orthogonality condition of these two vectors.

The dual of a geometric entity is overlined, so that e.g. the dual of a line $\mathbf{L}$ is denoted as $\overline{\mathbf{L}}$, which is defined as

$$\overline{\mathbf{L}}^{\mathsf{T}} = (L_4, L_5, L_6; L_1, L_2, L_3) = (\mathsf{Q}\mathbf{L})^{\mathsf{T}} = (\boldsymbol{L}_0^{\mathsf{T}}, \boldsymbol{L}^{\mathsf{T}}) \quad \text{with} \quad \mathsf{Q} \doteq \begin{pmatrix} 0 & I \\ I & 0 \end{pmatrix} \tag{2}$$

The index zero in the definition of the geometric entities in table 1 is chosen such that the distance $d_{\bullet,0}$ of the objects to the origin are:

$$d_{x,0} = \frac{|\boldsymbol{x}_0|}{|x|} \qquad d_{l,0} = \frac{|l_0|}{|\boldsymbol{l}|} \qquad d_{X,0} = \frac{|\boldsymbol{X}_0|}{|X|} \qquad d_{A,0} = \frac{|A_0|}{|\boldsymbol{A}|} \qquad d_{L,0} = \frac{|\boldsymbol{L}_0|}{|\boldsymbol{L}|}$$

2.2 Construction of Geometric Entities

We use two basic operations to construct a new geometric entity $\mathbf{u}$ from two given entities $\mathbf{v}_1$ and $\mathbf{v}_2$: (i) the *join* $\mathbf{u} = \mathbf{v}_1 \wedge \mathbf{v}_2$ yields the minimal linear space containing both entities $\mathbf{v}_1$ and $\mathbf{v}_2$, e. g. a line can be the join of two given points.

(ii) the *intersection* $\mathbf{u} = \mathbf{v}_1 \cap \mathbf{v}_2$ yields the maximal common linear subspace of $\mathbf{v}_1$ ad $\mathbf{v}_2$, e. g. a point can be the intersection of two given lines. Note that join and intersection are dual operators, i. e. $\overline{\mathbf{u} = \mathbf{v}_1 \wedge \mathbf{v}_2} \Leftrightarrow \overline{\mathbf{u}} = \overline{\mathbf{v}}_1 \cap \overline{\mathbf{v}}_2$.

2D Entities. We can construct a 2D line $\mathbf{l}$ as the join of two points $\mathbf{x}$ and $\mathbf{y}$ and a point $\mathbf{x}$ as the intersection of two lines $\mathbf{l}$ and $\mathbf{m}$

$$\mathbf{l} = \mathbf{x} \wedge \mathbf{y} \doteq \mathbf{x} \times \mathbf{y} = \mathsf{S}(\mathbf{x})\mathbf{y} = -\mathsf{S}(\mathbf{y})\mathbf{x} = -\mathbf{y} \wedge \mathbf{x} \tag{3}$$

$$\mathbf{x} = \mathbf{l} \cap \mathbf{m} = \mathbf{l} \times \mathbf{m} = \mathsf{S}(\mathbf{l})\mathbf{m} = -\mathsf{S}(\mathbf{m})\mathbf{l} = -\mathbf{m} \wedge \mathbf{l} \tag{4}$$

with the skew matrix $\mathsf{S}(\mathbf{x})$ of a 3-vector $\mathbf{x}$ and its nullspace $\mathcal{N}(\mathsf{S}(\mathbf{x}))$

$$\mathsf{S}(\mathbf{x}) = \frac{\partial(\mathbf{x} \wedge \mathbf{y})}{\partial \mathbf{y}} = \begin{pmatrix} 0 & -w & v \\ w & 0 & -u \\ -v & u & 0 \end{pmatrix} \qquad \mathcal{N}(\mathsf{S}(\mathbf{x})) = \mathbf{x} \tag{5}$$

Eq. (4) follows from (3), because of duality: $\overline{\mathbf{l} = \mathbf{x} \wedge \mathbf{y}} \Leftrightarrow \overline{\mathbf{l}} = \overline{\mathbf{x}} \cap \overline{\mathbf{y}}$. The matrix $\mathsf{S}(\mathbf{x})$ induces the cross product and at the same time is equal to the Jacobian of the cross product useful for error propagation.

3D Entities. We can construct a 3D line $\mathbf{L}$ as a join of two points or as intersection of two planes with the antisymmetric forms

$$\mathbf{L} = \mathbf{X} \wedge \mathbf{Y} \doteq \qquad \qquad \mathsf{\Pi}(\mathbf{X})\mathbf{Y} = -\mathsf{\Pi}(\mathbf{Y})\mathbf{X} = -\mathbf{Y} \wedge \mathbf{X} \tag{6}$$

$$\mathbf{L} = \mathbf{A} \cap \mathbf{B} = \overline{\mathbf{A} \wedge \mathbf{B}} = \mathsf{Q}(\mathbf{A} \wedge \mathbf{B}) = \overline{\mathsf{\Pi}}(\mathbf{A})\mathbf{B} = -\overline{\mathsf{\Pi}}(\mathbf{B})\mathbf{A} = -\mathbf{B} \cap \mathbf{A} \tag{7}$$

with Q from (2), the Jacobians and the nullspace of its transpose

$$\underbrace{\mathsf{\Pi}(\mathbf{X})}_{6 \times 4} \doteq \frac{\partial(\mathbf{X} \wedge \mathbf{Y})}{\partial \mathbf{Y}} = \begin{pmatrix} X\mathsf{I} & -\mathbf{X}_0 \\ \mathsf{S}(\mathbf{X}_0) & \mathbf{0} \end{pmatrix} \qquad \mathcal{N}(\mathsf{\Pi}(\mathbf{X})^{\mathsf{T}}) = \mathbf{X} \tag{8}$$

$$\overline{\mathsf{\Pi}}(\mathbf{A}) \doteq \frac{\partial(\mathbf{A} \cap \mathbf{B})}{\partial \mathbf{B}} = \mathsf{Q}\mathsf{\Pi}(\mathbf{A}) \qquad \mathcal{N}(\overline{\mathsf{\Pi}}(\mathbf{A})^{\mathsf{T}}) = \mathbf{A} \tag{9}$$

Observe $\mathsf{\Pi}(\mathbf{X})\mathbf{X} = 0, \forall \mathbf{X}$ and $\mathrm{rk}\,\mathsf{\Pi}(\mathbf{X}) = 3$. The line coordinates obviously are bilinear in the homogeneous coordinates for points and for planes. Setting the fourth coordinate of the two homogeneous vectors to 1, we find $L = Y - X$ and $L_0 = X \times Y$ with the Euclidean coordinates X and Y of the two points. Eq. (7) follows from (6) because of duality reasons.

We also obtain the intersection of a line and a plane and the join of a point and a line with anti-symmetric forms

$$\mathbf{X} = \mathbf{A} \cap \mathbf{L} \doteq \mathsf{\Pi}^{\mathsf{T}}(\mathbf{A})\mathbf{L} = -\overline{\mathsf{\Gamma}}(\mathbf{L})\mathbf{A} = \overline{\mathsf{\Gamma}}^{\mathsf{T}}(\mathbf{L})\mathbf{A} = -\mathbf{L} \cap \mathbf{A} \tag{10}$$

$$\mathbf{A} = \mathbf{X} \wedge \mathbf{L} = \overline{\mathsf{\Pi}}^{\mathsf{T}}(\mathbf{X})\mathbf{L} = -\mathsf{\Gamma}(\mathbf{L})\mathbf{X} = \mathsf{\Gamma}^{\mathsf{T}}(\mathbf{L})\mathbf{X} = -\mathbf{L} \wedge \mathbf{X} \tag{11}$$

with the skew symmetric Jacobians and their null space

$$\underbrace{\mathsf{\Gamma}(\mathbf{L})}_{4 \times 4} \doteq \frac{\partial(\mathbf{L} \wedge \mathbf{X})}{\partial \mathbf{X}} = \begin{pmatrix} -\mathsf{S}(L) & -L_0 \\ L_0^{\mathsf{T}} & 0 \end{pmatrix} \qquad \mathcal{N}(\mathsf{\Gamma}(\mathbf{L})) = \begin{pmatrix} L & L \times L_0 \\ 0 & |L|^2 \end{pmatrix} \tag{12}$$

$$\overline{\mathsf{\Gamma}}(\mathbf{L}) \doteq \frac{\partial(\mathbf{L} \cap \mathbf{A})}{\partial \mathbf{A}} = \mathsf{\Gamma}(\mathsf{Q}\mathbf{L}) \qquad \mathcal{N}(\overline{\mathsf{\Gamma}}(\mathbf{L})) = \begin{pmatrix} L_0 & L_0 \times L \\ 0 & |L_0|^2 \end{pmatrix} \tag{13}$$

Again eq. (11) follows from (10) because of duality.

If the line is given by the intersection of two planes $\mathbf{L} = \mathbf{A} \cap \mathbf{B}$ we have the anti-symmetric matrix

$$\Gamma(\mathbf{A} \cap \mathbf{B}) = \mathbf{A}\mathbf{B}^\mathsf{T} - \mathbf{B}\mathbf{A}^\mathsf{T} = -\Gamma(\mathbf{B} \cap \mathbf{A}) \tag{14}$$

which can be easily verified using (7) and (9). Observe the null space of the matrices to be of rank 2, therefore $\mathrm{rk}\Gamma(\mathbf{L}) = \mathrm{rk}\overline{\Gamma}(\mathbf{L}) = 2$, and $\overline{\Gamma}(\mathbf{L})\Gamma(\mathbf{L}) = \mathbf{0}$, due to (1).

Finally we have two constructors using three entities: determining a plane $\mathbf{A}$ from three points $\mathbf{X}$, $\mathbf{Y}$ and $\mathbf{Z}$ resp. a point $\mathbf{X}$ from three planes $\mathbf{A}$, $\mathbf{B}$ and $\mathbf{C}$ leads to the trilinear forms:

$$\mathbf{A} = (\mathbf{Y} \wedge \mathbf{Z}) \wedge \mathbf{X} = \Gamma(\Pi(\mathbf{Y})\mathbf{Z})\,\mathbf{X} = \Gamma(\Pi(\mathbf{Z})\mathbf{X})\,\mathbf{Y} = \Gamma(\Pi(\mathbf{X})\mathbf{Y})\,\mathbf{Z} \tag{15}$$

$$\mathbf{X} = (\mathbf{B} \cap \mathbf{C}) \cap \mathbf{A} = \Gamma(\Pi(\mathbf{B})\mathbf{C})\,\mathbf{A} = \Gamma(\Pi(\mathbf{C})\mathbf{A})\,\mathbf{B} = \Gamma(\Pi(\mathbf{A})\mathbf{B})\,\mathbf{C} \tag{16}$$

Table 2 summarizes the expressions for constructing new geometric entities.

entities	construction	expression	eq.
points $\mathbf{x}, \mathbf{y}$	$\mathbf{l} = \mathbf{x} \wedge \mathbf{y}$	$\mathbf{l} = \mathsf{S}(\mathbf{x})\mathbf{y} = -\mathsf{S}(\mathbf{y})\mathbf{x}$	(3)
lines $\mathbf{l}, \mathbf{m}$	$\mathbf{x} = \mathbf{l} \cap \mathbf{m}$	$\mathbf{x} = \mathsf{S}(\mathbf{l})\mathbf{m} = -\mathsf{S}(\mathbf{m})\mathbf{l}$	(3)
points $\mathbf{X}, \mathbf{Y}$	$\mathbf{L} = \mathbf{X} \wedge \mathbf{Y}$	$\mathbf{L} = \Pi(\mathbf{X})\mathbf{Y} = -\Pi(\mathbf{Y})\mathbf{X}$	(6)
planes $\mathbf{A}, \mathbf{B}$	$\mathbf{L} = \mathbf{A} \cap \mathbf{B}$	$\mathbf{L} = \overline{\Pi}(\mathbf{A})\mathbf{B} = -\overline{\Pi}(\mathbf{B})\mathbf{A}$	(7),(2)
point $\mathbf{X}$, line $\mathbf{L}$	$\mathbf{A} = \mathbf{X} \wedge \mathbf{L}$	$\mathbf{A} = \overline{\Pi}^\mathsf{T}(\mathbf{X})\mathbf{L} = -\Gamma(\mathbf{L})\mathbf{X}$	(11)
plane $\mathbf{A}$, line $\mathbf{L}$	$\mathbf{X} = \mathbf{A} \cap \mathbf{L}$	$\mathbf{X} = \Pi^\mathsf{T}(\mathbf{A})\mathbf{L} = -\overline{\Gamma}(\mathbf{L})\mathbf{A}$	(10)
points $\mathbf{X}, \mathbf{Y}, \mathbf{Z}$	$\mathbf{A} = \mathbf{X} \wedge \mathbf{Y} \wedge \mathbf{Z}$	$\Gamma(\mathbf{X} \wedge \mathbf{Y})\mathbf{Z} = \Gamma(\mathbf{Y} \wedge \mathbf{Z})\mathbf{X} = \Gamma(\mathbf{Z} \wedge \mathbf{X})\mathbf{Y}$	(15)
planes $\mathbf{A}, \mathbf{B}, \mathbf{C}$	$\mathbf{X} = \mathbf{A} \cap \mathbf{B} \cap \mathbf{C}$	$\Gamma(\mathbf{A} \cap \mathbf{B})\mathbf{C} = \Gamma(\mathbf{B} \cap \mathbf{C})\mathbf{A} = \Gamma(\mathbf{C} \cap \mathbf{A})\mathbf{B}$	(16)

Table 2. *Construction of new geometric entities. The matrices S, Π, $\overline{\Pi}$, Γ and $\overline{\Gamma}$ are given in eqs. (5), (8), (9), (12) and (13) resp. All forms are linear in the coordinates of the given entities allowing rigorous error propagation.*

2.3 Geometric Relations between Entities

We explore four types of geometric relationships between entities: identity, incidence, parallelity and orthogonality. Identity can be checked by the difference of the vectors representing the entities, parallelity and orthogonality can be checked easily using the direction vectors of the lines and planes, see table 3. Here we want to focus on possible *incidence* relations.

Incidence of two objects can use the inner products, namely for points and lines in the plane, for points and planes in 3D-space and for pairs of lines

$$< \mathbf{x}, \mathbf{l} > = \mathbf{x}^\mathsf{T}\mathbf{l} = 0 \qquad < \mathbf{X}, \mathbf{A} > = \mathbf{X}^\mathsf{T}\mathbf{A} = 0 \qquad < \mathbf{L}, \mathbf{M} > \doteq \mathbf{L}^\mathsf{T}\overline{\mathbf{M}} = 0 \tag{17}$$

The first two relations directly follow from the Hessian form of the 2D line and the plane. We can prove the last relation $< \mathbf{L}, \mathbf{M} > = 0$ easily: let $\mathbf{L}$ the join $\mathbf{L} = \mathbf{X} \wedge \mathbf{Y} = -\Pi(\mathbf{Y})\mathbf{X}$. Then the intersection condition is equivalent to the condition that the point $\mathbf{X}$ to lie in the plane $\mathbf{A} = \mathbf{Y} \wedge \mathbf{M} = \Pi^\mathsf{T}(\mathbf{Y})\overline{\mathbf{M}}$ which leads to $\mathbf{X}^\mathsf{T}\mathbf{A} = (\mathbf{X}^\mathsf{T}\Pi^\mathsf{T}(\mathbf{Y}))\,\overline{\mathbf{M}} = -\mathbf{L}^\mathsf{T}\overline{\mathbf{M}} = 0$.

Finally we want to test if two lines intersect, in case they are given by two points $\mathbf{X}, \mathbf{Y}$ or two planes $\mathbf{A}, \mathbf{B}$, being 4-linear forms

$$|\mathbf{X}_1, \mathbf{X}_2, \mathbf{X}_3, \mathbf{X}_4| = 0 \qquad |\mathbf{A}_1, \mathbf{A}_2, \mathbf{A}_3, \mathbf{A}_4| = 0 \qquad \mathbf{X}^\mathsf{T}(\mathbf{A}\mathbf{B}^\mathsf{T} - \mathbf{B}\mathbf{A}^\mathsf{T})\mathbf{Y} = 0$$

The first and second condition results from the coplanarity of the points or from the intersection condition for four planes. The last condition uses $\mathbf{X}^\mathsf{T}\mathbf{R} = \mathbf{X}^\mathsf{T}(-\Gamma(\mathbf{L})\mathbf{Y}) = 0$ where the plane $\mathbf{R} = \mathbf{Y} \wedge \mathbf{L}$ is the join of $\mathbf{Y}$ and $\mathbf{L} = \mathbf{A} \cap \mathbf{B}$.

3 Statistical Tests

3.1 Error Propagation

We represent the *uncertainty of a vector* $\underline{x}$ using the second moments of its probability distribution, namely its covariance matrix $\Sigma_{xx} = E[(x - \mu_x)(x - \mu_x)^\mathsf{T}]$ and write its first and second moments as $\underline{x} \sim M(\mu_x, \Sigma_{xx})$.

The covariance matrix contains on its diagonals the variances $\sigma_{x_i}^2 = \Sigma_{x_i x_i}$, with standard deviations σ_{x_i} and covariances $\sigma_{x_i x_j}$ describing the mutual statistical dependencies, observe $\sigma_{x_i}^2 \doteq \sigma_{x_i x_i}$.

We use the standard technique for *error propagation*: Given a stochastical vector with first and second moments $\underline{y} \sim M(\mu_x, \Sigma_{xx})$ and a vector valued function $\underline{y} = f(\underline{x})$ with Jacobian $J = (\partial f(x)/\partial x)$ then the second moments of $\underline{y}$ are $\underline{y} \sim M(f(\mu_x), J\Sigma_{xx}J^\mathsf{T})$ (cf. [7] , eq. 233.2).

Our tests all work on bilinear functions $\underline{z} = \underline{z}(\underline{x}, \underline{y})$ of two stochastical vectors $\underline{x} \sim M(\mu_x, \Sigma_{xx})$ and $\underline{y} \sim M(\mu_y, \Sigma_{yy})$. They can be written in the form

$$\underline{z} = U(\underline{y})\underline{x} = V(\underline{x})\underline{y} \tag{18}$$

and give the Jacobians $U = (\partial z(x, y))/\partial x$ and $V = (\partial z(x, y))/\partial y$ (cf. table 3, column 5). For *uncorrelated* vectors $\underline{x}$ and $\underline{y}$ we therefore have $\Sigma_{zz} = U(\mu_y)\Sigma_{xx}U^\mathsf{T}(\mu_y) + V(\mu_y)\Sigma_{yy}V^\mathsf{T}(\mu_y)$. If the vectors x and y are observed, then these are best estimators for their means μ_x and μ_y, therefore

$$\Sigma_{zz} = U(y)\Sigma_{xx}U^\mathsf{T}(y) + V(x)\Sigma_{yy}V^\mathsf{T}(x) \tag{19}$$

For trilinear forms $\underline{u} = U(\underline{y}, \underline{z})\underline{x} = V(\underline{x}, \underline{z})\underline{y} = W(\underline{x}, \underline{y})\underline{z}$ we obtain by analogy

$$\Sigma_{uu} = U\Sigma_{xx}U^\mathsf{T} + V\Sigma_{yy}V + W\Sigma_{zz}W^\mathsf{T}$$

which can be used to derive the uncertainty of planes from three points or of the point from three planes.

3.2 Uncertainty of Homogeneous Coordinates

Homogeneous vectors x represent the same object if multiplied with an arbitrary factor $\lambda \neq 0$. We do not want to normalize during geometric reasoning. But we need to fix the length of the vector in order the elements not to be uncertain due to scaling. For 3D-lines we in addition have to take the Plücker condition into account. As we need covariances and their inverse we have to solve two tasks: (i) impose restrictions on a given covariance matrix and (ii) impose restrictions on the inverse of a given covariance matrix.

In both cases it is of advantage to know the nullspace H of the matrices in advance. We just assume, that either each given covariance matrix has full rank or its nullspace is contained in the required nullspace. This assumption will be no restriction.

Imposing restrictions onto a covariance matrix: Given a stochastic vector $\underline{x}^{(0)} \sim M(\mu_x^{(0)}, \Sigma_{xx}^{(0)})$ and constraints $g(\underline{x}^{(0)}) = 0$, determine the vector x and its covariance matrix Σ_{xx} fulfilling these constraints

$$\Sigma_{xx} = P_g \Sigma_{xx}^{(0)} P_g, \quad \text{with} \quad P_g = I - H(H^\mathsf{T} H)^{-1} H^\mathsf{T} \quad \text{and} \quad H^\mathsf{T} = \frac{\partial g(x^{(0)})}{\partial x^{(0)}} \tag{20}$$

Obviously Σ_{xx} has null space $\mathcal{N}(\Sigma_{xx}) = H$. The results follow from [7], eq. 355.2, observing that in [7] $\hat{\gamma}$ are the residuals of the estimates.

We use this relation to force a covariance matrix to have the correct nullspace and thus the correct rank, namely for points, planes and lines

$$\mathcal{N}(\Sigma_{xx}) = \mathbf{x}, \ \mathcal{N}(\Sigma_{ll}) = \mathbf{l}, \ \mathcal{N}(\Sigma_{XX}) = \mathbf{X}, \ \mathcal{N}(\Sigma_{AA}) = \mathbf{A}, \ \mathcal{N}(\Sigma_{LL}) = (\mathbf{L}, \overline{\mathbf{L}}) \tag{21}$$

The parts $\mathbf{x}$, $\mathbf{l}$, $\mathbf{X}$, $\mathbf{A}$ and $\mathbf{L}$ in the null spaces result from the constraint $\frac{1}{2}\mathbf{x}^\mathsf{T}\mathbf{x} = c$ with $\partial(\frac{1}{2}\mathbf{x}^\mathsf{T}\mathbf{x})/\partial\mathbf{x} = \mathbf{x}$ etc. The additional part $\overline{\mathbf{L}}$ in the nullspace of Σ_{LL} results from the Plücker condition (1). In our application we only force the length of the vectors to be non-stochastic, thus the vectors are not changed in value, they just obtain the correct stochastic properties, i. e. covariance matrix. We also assume the Plücker condition to hold for a given line vector.

Imposing restrictions onto the inverse of a covariance matrix: Given a stochastic vector $\underline{x} \sim M(\mu_x, \Sigma_{xx})$ fulfilling constraints $\underline{g}(x) = 0$ determine the pseudoinverse Σ_{xx}^+ of its covariance matrix (cf.[7], eq. 155.21):

$$\begin{pmatrix} \Sigma_{xx}^+ & H(H^\mathsf{T} H) \\ (H^\mathsf{T} H)H^\mathsf{T} & 0 \end{pmatrix} = \begin{pmatrix} \Sigma_{xx} & H \\ H^\mathsf{T} & 0 \end{pmatrix}^{-1} \quad \text{with} \quad H^\mathsf{T} = \frac{\partial g(x)}{\partial x} \tag{22}$$

We use this procedure for inverting a singular matrix with known nullspace and for inverting a matrix while imposing the given nullspace and rank condition onto it. I. e. (22) can also be used if Σ_{xx} has full rank and we would like to impose the rank condition with the correct null space onto its pseudo inverse.

3.3 Testing with Singular Covariance Matrices of Known Nullspace

In the follwing we assume all variables to be normally distributed, replacing $M(\mu_x, \Sigma_{xx})$ by $N(\mu_x, \Sigma_{xx})$. This is reasonable as long as the random errors are small and follows from the maximum entropy principle if only the first and second moments are known.

We use the following theorem from statistical testing theory (cf. [7], sect. 272):

Test of $x = \mu$: Given a n-vector x with normal distribution $\underline{x} \sim N(\mu, \Sigma)$, $\mathrm{rk}\Sigma = r \le n$, and known nullspace $\mathcal{N}(\Sigma) = H$, being a $n \times (n - r)$-matrix, the the optimal test statistic for the hypothesis $H_o : x = \mu$ is given by

$$\underline{T} = (\underline{x} - \mu)^\mathsf{T} \Sigma^+ (\underline{x} - \mu) \sim \chi_r^2 \tag{23}$$

where χ_r^2 denotes the χ_r^2-distribution with r degrees of freedom and the pseudo inverse is determined from (22). In the case of full rank the pseudo inverse is to be replaced by the normal inverse. In case of $n = 1$ the test statistic may be replaced by

$$\underline{t} = \frac{\underline{x} - \mu_x}{\sigma_x} \sim N(0, 1)$$

4 Testing Geometric Relations

4.1 The Tests

Tests based on an Inner Product: Tests based on an inner product are used to check incidence or orthogonality of vectors (cf. table 3): no. 2 $\mathbf{x} \in l$, no. 5 $l \perp \mathbf{m}$, no. 8 $\mathbf{X} \in \mathbf{A}$, no. 11 $\mathbf{L} \cap \mathbf{M} \neq \emptyset$, no. 12 $\mathbf{L} \perp \mathbf{M}$, no. 15 $\mathbf{L} \parallel \mathbf{A}$, no. 18 $\mathbf{A} \perp \mathbf{B}$.

Test of the Identity of two Homogeneous Vectors: Identity of two homogeneous n-vectors is equivalent to checking $\mathbf{U} = \lambda \mathbf{V}$ or $\mathbf{U} \wedge \mathbf{V} = \mathbf{0}$ It thus can be based on proportionality or on the outer product of the vectors which should be zero. The outer product has dimension $\binom{n}{2}$ containing all different 2×2 subdeterminants of $(\mathbf{U}, \mathbf{V})$.

(i) In the simplest *case* $n = 2$ of checking the parallelity of two 2D-lines $l \parallel \mathbf{m}$, no. 4 in table 3 we use the determinant of the two not necessarily normalized 2D-directions l and m

$$d = |l, m| = a_l b_m - a_m b_l = (-b_l, a_l)m = -(-b_m, a_m)l = (l^\perp)^\mathsf{T} m = (m^\perp)^\mathsf{T} l$$

inducing the vectors $l^\perp$ and $m^\perp$ being perpendicular to l and m.

(ii) The *case* $n = 3$ occurs when checking the identity of 2D lines and points and when checking the parallelity of 3D vectors. Here we also check the outer product, equivalent to the cross product of the entities, cf. tests no. 1 $\mathbf{x} \equiv \mathbf{y}$, no. 3 $l \equiv \mathbf{m}$, no. 10 $\mathbf{L} \parallel \mathbf{M}$, no. 14 $\mathbf{L} \perp \mathbf{A}$ and no. 17 $\mathbf{A} \parallel \mathbf{B}$ in table 3 using the skew matrix $S(x)$ of a 3-vector from eq. (5).

(iii) The *case* $n > 3$ occurs when checking the identity of 3D points no. 6 $\mathbf{X} \equiv \mathbf{Y}$, 3D planes no. 16 $\mathbf{A} \equiv \mathbf{B}$ and 3D lines no. 9 $\mathbf{L} \equiv \mathbf{M}$. Then we would need to check 6- or 15-vectors of all 2×2 subdeterminants contained in the outer product. But the tests actually have only 3 and 4 degrees of freedom resp., indicating all these determinants to be statistically dependent. We therefore develop a test statistic with lower dimension based on the proportionality but taking all elements of $\mathbf{U}$ and $\mathbf{V}$ into account, in order to obtain a sufficient test statistic (cf. [9]). This way, we gain numerical efficiency at the expense of some symmetry in the test.

We choose an index $i \in (1, ..., n)$ such that $|U_i V_i| >> 0$ and solve for λ yielding $\lambda = U_i / V_i$. Then we determine the bilinear form

$$\mathbf{D} = V_i \mathbf{U} - U_i \mathbf{V} \qquad \text{with} \qquad E(\mathbf{D}) = 0$$

The Jacobians $\partial \mathbf{D}/\partial \mathbf{V} = \mathsf{C}_i(\mathbf{U})$ and $\partial \mathbf{D}/\partial \mathbf{U} = -\mathsf{C}_i(\mathbf{V})$ can be used to write

$$\mathbf{D} = \mathsf{C}_i(\mathbf{U})\mathbf{V} = -\mathsf{C}_i(\mathbf{V})\mathbf{U} \quad \text{with} \; \mathsf{C}_i(\mathbf{U}) = \mathbf{U}e_i^\mathsf{T} - U_i I \quad \text{and} \quad e_i = (0, ..., \underset{i}{1}, ..., 0)$$

The covariance matrix of $\mathbf{D}$ is $\Sigma_{DD} = \mathsf{C}_i(\mathbf{U})\Sigma_{VV}\mathsf{C}_i^{\mathsf{T}}(\mathbf{U}) + \mathsf{C}_i(\mathbf{V})\Sigma_{UU}\mathsf{C}_i^{\mathsf{T}}(\mathbf{V})$ Observe, in general it has null space e_i (cf. table 3, rows 6 and 16) as $e_i^{\mathsf{T}}\mathsf{C}_i(\mathbf{X}) = \mathbf{0}^{\mathsf{T}}$, $\forall\mathbf{X}$ For 3D-lines we in addition have $\overline{\mathbf{L}}^{\mathsf{T}}\mathsf{C}_i(\mathbf{L}) = \overline{\mathbf{M}}^{\mathsf{T}}\mathsf{C}_i(\mathbf{L}) = \lambda_L\mathbf{L}^{\mathsf{T}} = \lambda_M\mathbf{M}^{\mathsf{T}}$, $\forall\mathbf{L}$ if $<\mathbf{L},\mathbf{M}>= 0$, which then are in the null space of Σ_{LL} and Σ_{MM}. Thus we have null space $(e_i, \overline{\mathbf{L}})$ or $(e_i, \overline{\mathbf{M}})$ (cf. table 3, line 9).

1	2	3	4	5	6
No.	entities	relation	dof	test	nullspace of Σ_{dd}
1	points $\mathbf{x},\mathbf{y}$	$\mathbf{x} \equiv \mathbf{y}$	2	$d = S(\mathbf{x})\mathbf{y} = -S(\mathbf{y})\mathbf{x}$	$\mathbf{x}$ or $\mathbf{y}$
2	point $\mathbf{x}$, line $\mathbf{l}$	$\mathbf{x} \in \mathbf{l}$	1	$d = \mathbf{x}^{\mathsf{T}}\mathbf{l} = \mathbf{l}^{\mathsf{T}}\mathbf{x}$	
3	lines $\mathbf{l},\mathbf{m}$	$\mathbf{l} \equiv \mathbf{m}$	2	$d = S(\mathbf{l})\mathbf{m} = -S(\mathbf{m})\mathbf{l}$	$\mathbf{l}$ or $\mathbf{m}$
4		$\mathbf{l} \parallel \mathbf{m}$	1	$d = (l^{\perp})^{\mathsf{T}}m = -(m^{\perp})^{\mathsf{T}}l$	
5		$\mathbf{l} \perp \mathbf{m}$	1	$d = l^{\mathsf{T}}m = m^{\mathsf{T}}l$	
6	points $\mathbf{X},\mathbf{Y}$	$\mathbf{X} \equiv \mathbf{Y}$	3	$\mathbf{D} = \mathsf{C}_i(\mathbf{X})\mathbf{Y} = -\mathsf{C}_i(\mathbf{Y})\mathbf{X}$	e_i
7	point $\mathbf{X}$, line $\mathbf{L}$	$\mathbf{X} \in \mathbf{L}$	2	$\mathbf{D} = \overline{\Pi}^{\mathsf{T}}(\mathbf{X})\mathbf{L} = -\Gamma(\mathbf{L})\mathbf{X}$	$((L^{\mathsf{T}},0)^{\mathsf{T}},\mathbf{X})$
8	point $\mathbf{X}$, line $\mathbf{A}$	$\mathbf{X} \in \mathbf{A}$	1	$d = \mathbf{X}^{\mathsf{T}}\mathbf{A} = \mathbf{A}^{\mathsf{T}}\mathbf{X}$	
9	lines $\mathbf{L},\mathbf{M}$	$\mathbf{L} \equiv \mathbf{M}$	4	$\mathbf{D} = \mathsf{C}_i(\mathbf{L})\mathbf{M} = -\mathsf{C}_i(\mathbf{M})\mathbf{L}$	$(e_i, \overline{\mathbf{L}})$ or $(e_i, \overline{\mathbf{M}})$
10		$\mathbf{L} \parallel \mathbf{M}$	2	$\mathbf{D} = S(L)M = -S(M)L$	L or M
11		$\mathbf{L} \cap \mathbf{M} \neq \emptyset$	1	$d = \overline{\mathbf{L}}^{\mathsf{T}}\mathbf{M} = \overline{\mathbf{M}}^{\mathsf{T}}\mathbf{L}$	
12		$\mathbf{L} \perp \mathbf{M}$	1	$d = L^{\mathsf{T}}M = M^{\mathsf{T}}L$	
13	line $\mathbf{L}$, plane $\mathbf{A}$	$\mathbf{L} \in \mathbf{A}$	2	$\mathbf{D} = \Pi^{\mathsf{T}}(\mathbf{A})\mathbf{L} = -\overline{\Gamma}(\mathbf{L})\mathbf{A}$	$((L_0^{\mathsf{T}},0)^{\mathsf{T}},\mathbf{A})$
14		$\mathbf{L} \perp \mathbf{A}$	2	$\mathbf{D} = S(L)A = -S(A)L$	A or L
15		$\mathbf{L} \parallel \mathbf{A}$	1	$d = L^{\mathsf{T}}A = A^{\mathsf{T}}L$	
16	planes $\mathbf{A},\mathbf{B}$	$\mathbf{A} \equiv \mathbf{B}$	3	$\mathbf{D} = \mathsf{C}_i(\mathbf{A})\mathbf{B} = -\mathsf{C}_i(\mathbf{B})\mathbf{A}$	e_i
17		$\mathbf{A} \parallel \mathbf{B}$	2	$\mathbf{D} = S(A)B = -S(B)A$	A or B
18		$\mathbf{A} \perp \mathbf{B}$	1	$d = A^{\mathsf{T}}B = B^{\mathsf{T}}A$	

Table 3. *shows 18 relationships between points, lines and planes useful for 2D and 3D grouping, together with the degrees of freedom (dof) and the essential part of the test statistic. The index i in the condition $\mathbf{X} \equiv \mathbf{Y}$, $\mathbf{L} \equiv \mathbf{M}$ and $\mathbf{A} \equiv \mathbf{B}$ is to be chosen such that $|X_iY_i| >> 0$ etc. Observe, all tests are bilinear in the coordinates of the involved entities, thus allow rigorous error propagation. Column five implicitly contains the Jacobians of the differences d etc. as all are of the form $z = U(y)x = V(x)y$, cf (18).*

Checking Line-Point and Line-Plane-Incidence: Checking 3D line-point and line-plane incidence (line 7 and 13 in table 3) require some elaboration. The idea is to check whether the join $\mathbf{D}_X = \mathbf{X} \wedge \mathbf{L}$ or the intersection $\mathbf{D}_A = \mathbf{A} \cap \mathbf{L}$ yields an undefined object, plane or point resp., i. e. the resulting entity is $\mathbf{0}$. Both conditions have 2 degrees of freedom. This can be seen if we choose the 3D line to be the X-axis. Then the point needs to have coordinates (1) $Y = 0$ and (2) $Z = 0$, whereas the plane needs (1) to be parallel to the line and (2) have distance 0 to the origin. The nullspaces of $\Sigma_{D_X D_X}$ and $\Sigma_{D_A D_A}$ therefore have dimension 2. We easily can verify that

$$\begin{pmatrix} (L^{\mathsf{T}},0) \\ \mathbf{X}^{\mathsf{T}} \end{pmatrix} \Pi^{\mathsf{T}}(\mathbf{X}) = \begin{pmatrix} (L^{\mathsf{T}},0) \\ \mathbf{X}^{\mathsf{T}} \end{pmatrix} \Gamma(\mathbf{L}) = \mathbf{0}$$

For the point $\mathbf{X}$ we have $\pi(\mathbf{X})\mathbf{X} = \mathbf{0}$ and $\Gamma(\mathbf{L})\mathbf{X} = \mathbf{0}$. This proves $\mathbf{X} \in \mathcal{N}(\Sigma_{D_X D_X})$. On the other hand we have $(\boldsymbol{L}^\mathsf{T},0)\Gamma(\mathbf{L}) = \mathbf{0}$ and – with some intermediate steps – $(\boldsymbol{L}^\mathsf{T},0)\pi(\mathbf{X}) = \overline{\mathbf{L}}$ which is in the nullspace of Σ_{LL} due to (21). A similar reasoning holds for the plane parameters $\mathbf{A}$.

4.2 Performing the Statistical Tests

We are now able to give a general scheme for testing geometric relations. For any test do the following

1. determine the difference d, $\mathbf{d}$, D or $\mathbf{D}$ using one of the two equations in column 5 in table 3.
2. determine the covariance matrices of the two geometric entities by imposing the length and for 3D lines the Plücker constraint following eq. (20) using (21). This is not necessary if the covariance matrix already has the correct rank and nullspace.
3. determine the covariance matrix of the difference d, $\mathbf{d}$, D or $\mathbf{D}$ using eq. (19) and the Jacobians from table 3 in column 5. The Jacobians can be taken from these equations all having the structure of eq. (18).
4. determine the inverse covariance matrix, either by direct inversion of the variance or using eq. (22) and the null space given in column 6 of table 3.
5. determine the test statistic T from eq. (23) being χ_r^2-distributed with the degrees of freedom (dof) r given in column 4 of table 3.
6. choose a significance number α and compare T with the critical value $\chi_{r,\alpha}^2$. If $T > \chi_{r,\alpha}^2$ then the hypothesis that the spatial relation holds can be rejected.

It is advisable to normalize the coordinates of the entities such that the homogenous coordinates are of comparable magnitude, compare the discussion in [4].

5 Example and Conclusions

We are working on reconstructing polyhedral objects from multiple images, cf. [5]. After feature extraction we first determine 3D nodes by stereo analysis, (cf. fig. 1(a),(b)) where nodes are corner points with two or more half lines. Then we start with a 3D grouping process on these nodes to find polyhedral surfaces. We use both the neighborhood relations from the feature extraction and the stereo analysis and the geometric relations of the various involved 3D entities, namely points, lines and planes.

During the grouping process we sequentially perform various geometric tests, which are induced by the known neighborhood relations. We first test the coplanarity of pairs of planes, where each plane is induced by a corner point and two half lines. We then search for additional half lines belonging to such a plane. We finally test for collinearity of half lines belonging to two different 3D nodes in order to merge those half lines to edges of the polyhedral, cf. fig. 1(c).

As the used points and lines are uncertain one needs thresholds for testing. Experiences showed that an adhoc definition of these thresholds gives unsatisfactory results, namely inconsistencies, asymmetries of the decisions and unpredictable dependencies of the results on the choice of the thresholds. Last not least new datasets required new settings.

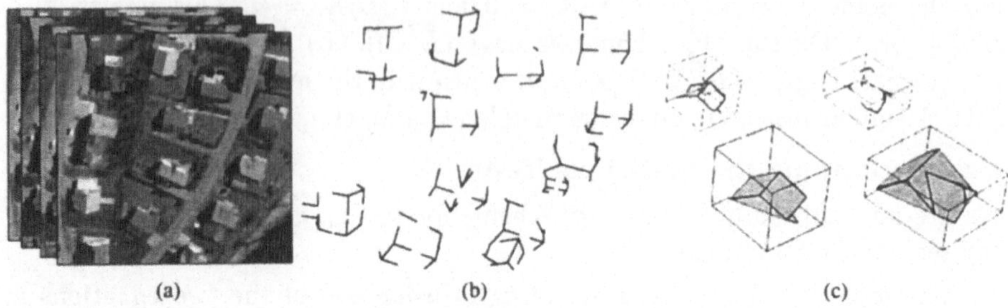

Fig. 1. 3D grouping of 3D nodes (b) extracted from multiple images (a), cf. [8], (c) shows resulting planar surfaces of two buildings.

Using the proposed statistical tests greatly simplifies the control of the grouping process as only the significance level has to be fixed.

Observe, statistical tests in general only answer the question whether the hypotheses should be rejected. Thus we only get objective arguments *against* grouping hypotheses, but no positive confirmation. Thus the function of the statistical tests can be seen as a filter rejecting wrong grouping hypotheses. An example are short nearly collinear line segments which are very far apart: though the statistical test might result in a small, i. e. statistically insignificant test statistic, one might not like to group them to one long straight line. The decision on such two line segments needs to be based on other criteria.

The proposed tools have been implemented in C++ and used within our grouping software. The current version only works on unconstraint geometric entities and in case the coordinate systems of the entities including their covariance matrices are consistent. We are currently extending the software to handle these cases.

References

1. S. Carlsson. The double algebra: An effective tool for computing invariants in computer vision. In J. Mundy, Zisserman A., and D. Forsyth, editors, *Applications of Invariance in Computer Vision*, number 825 in LNCS. Springer, 1994.
2. O. Faugeras and B. Mourrain. On the Geometry and Algebra of the Point and Line Correspondencies between N Images. Technical Report 2665, INRIA, 1995.
3. O. Faugeras and T. Papadopoulo. Grassmann-cayley algebra for modeling systems of cameras and the algebraic equations of the manifold of trifocal tensors. In *Trans. of the ROYAL SOCIETY A, 365*, pages 1123–1152, 1998.
4. R. I. Hartley. In defence of the 8-point algorithm. In *ICCV 1995*, pages 1064–1070. IEEE CS Press, 1995.
5. S. Heuel, F. Lang, and W. Förstner. Topological and geometrical reasoning in 3d grouping for reconstructing polyhedral surfaces. In *Proceedings of the XIXth ISPRS Congress*, volume XXXIII, Amsterdam, 2000. ISPRS.
6. K. Kanatani. *Statistical Optimization for Geometric Computation: Theory and Practice*. Elsevier Science, 1996.
7. K.-R. Koch. *Parameterschätzung und Hypothesentests in linearen Modellen*. Dümmler, Bonn, 1980.
8. F. Lang. *Geometrische und Semantische Rekonstruktion von gebäuden durch Ableitung von 3D Gebäudeecken*. PhD thesis, University of Bonn, 1999.
9. R. C. Rao. *Linear Statistical Inference and Its Applications*. J. Wiley, NY, 1973.

Gaussian Process Regression: Active Data Selection and Test Point Rejection

Sambu Seo, Marko Wallat, Thore Graepel, and Klaus Obermayer

Technische Universität Berlin, FR2-1, Franklinstr. 28-29,
D-10587 Berlin, Germany
sontag@cs.tu-berlin.de

Abstract. We consider active data selection and test point rejection strategies for Gaussian process regression based on the variance of the posterior over target values. Gaussian process regression is viewed as transductive regression that provides target distributions for given points rather than selecting an explicit regression function. Since not only the posterior mean but also the posterior variance are easily calculated we use this additional information to two ends: Active data selection is performed by either querying at points of high estimated posterior variance or at points that minimize the estimated posterior variance averaged over the input distribution of interest or — in a transductive manner — averaged over the test set. Test point rejection is performed using the estimated posterior variance as a confidence measure. We find for both a two-dimensional toy problem and for a real-world benchmark problem that the variance is a reasonable criterion for both active data selection and test point rejection.

1   Introduction

The problem of regression, i.e. function estimation from given data, receives a lot of attention not only in the statistics literature but also in the neural network and machine learning communities. In addition to the task of finding a good regressor for a given data set we may consider two other related questions: i) How can the training data be selected efficiently? ii) What kind of performance guarantees can be given? Question i) is important whenever training data are difficult or expensive to obtain as is the case in many industrial applications where data points may correspond to test runs of plants under certain parameter settings or to expensive drilling operations in mining. Question ii) is relevant when dealing with risk sensitive applications such as medical or financial analysis. Gaussian Process (GP) regression is a flexible method to deal with nonlinear regression problems. The problem of (possibly non-linear) regression can be stated as follows: Assume we are given some noisy data $D = \{(x_i, t_i)\}_{i=1}^{N}, x_i \in \mathcal{X} = \mathbb{R}^L, t_i \in \mathcal{T} = \mathbb{R}$, for all $i \in \{1, \ldots, N\}$, where N is number of data points and L is the dimensionality of input vectors. Let D be drawn iid from a probability density $p(x, t) = p(t|x)p(x)$. Find a regression function $f \in \mathcal{F}, f : \mathcal{X} \mapsto \mathcal{T}$ such that the risk $\mathbf{E}_{\mathcal{X}\mathcal{T}}[l(f(x), t)]$ is minimized, where $l : \mathcal{T} \times \mathcal{T} \mapsto \Re^+$ specifies the pointwise regression loss, in our case the quadratic loss $l(t_1, t_2) = (t_1 - t_2)^2$. Gaussian Process regression deviates subtly from the standard formulation above because it is really a transductive method [3, 6] that does not provide a single regression function $f \in \mathcal{F}$ but a posterior density over target values for the test or working set.

A Gaussian process is a collection of random variables $\mathbf{t} = (t(x_1), t(x_2), \ldots)$ which have a Gaussian joint distribution,

$$P(\mathbf{t}|\mathbf{C}, \mathbf{x_n}) = \frac{1}{Z} \exp\left(-\frac{1}{2}(\mathbf{t} - \mu)^T \mathbf{C}^{-1}(\mathbf{t} - \mu)\right) \tag{1}$$

for any set of inputs $\{\mathbf{x}_n\}$. $\mathbf{C}$ is the covariance matrix defined by the covariance function $C(x_n, x_m; \Theta)$ parameterized by hyperparameters Θ, and μ is the mean function. Gaussian process regression makes a prediction $\tilde{t}$ on the new data point $\tilde{x}$ giving predictive mean and variance of the posterior distribution (for a derivation see [5]).

$$\hat{y}(\tilde{x}) = \mathbf{k}(\tilde{x})\mathbf{C}_N^{-1}\mathbf{t} \tag{2}$$
$$\sigma_{\hat{y}}^2(\tilde{x}) = C(\tilde{x}, \tilde{x}) - \mathbf{k}(\tilde{x})\mathbf{C}_N^{-1}\mathbf{k}(\tilde{x}), \tag{3}$$

where $\mathbf{k}(\tilde{x}) = (C(x_1, \tilde{x}) \ldots, C(x_N, \tilde{x}))$ is the covariance between the training data and $\tilde{x}$, and $\mathbf{C}_N$ is the $N \times N$ covariance matrix of training data points given the covariance function C. The vector $\mathbf{C}_N^{-1}\mathbf{t}$ is independent of the new data and can be understood as representing the model constructed from the covariance function and the training data. Thus the simple Gaussian Process prior over functions makes a fully Bayesian analysis possible that results in the calculation of the mean and variance of the posterior density over target values, a procedure that may be called Bayesian Transduction [3]. It turns out that the posterior variance can be used in two useful ways: As a criterion for active data selection and as a measure of confidence in the prediction that may serve to reject test data.

2   Active Learning with Gaussian Processes

Regression learning is usually based on the assumption that the data is provided in advance and that the learner is only a passive recipient (see e.g. [6]). In contrast, in the active learning scenario the learner may choose to query data points based on previously seen training data so as to incorporate as much new information into the model as possible [1]. Let us consider two criteria for active data selection which are both based on the assumption that the given model (i.e. in our case the covariance function and noise model) is correct. The first method suggested by McKay [4] aims at maximizing the expected information gain about the parameter values of the model by selecting the data where the predictor exhibits maximum variance. We will refer to this active learning method as ALM. The idea can be applied to Gaussian Processes in a straight forward manner because the variance estimate $\sigma_{\hat{y}}^2(\tilde{x})$ for a query candidate $\tilde{x}$ is easily obtained using (3). Thus, in the query selection scenario one can use this criterion to

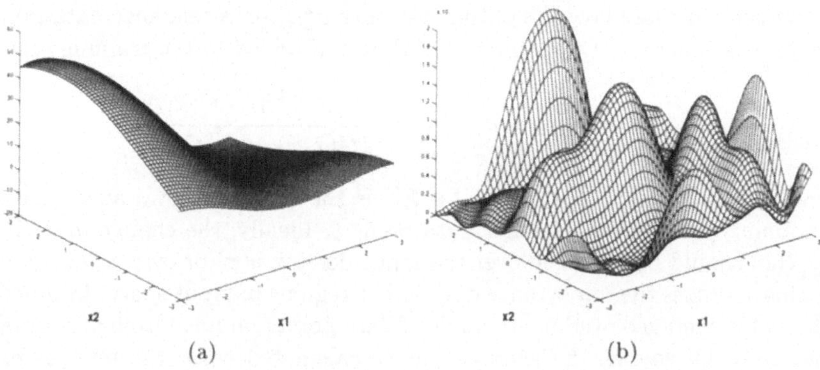

Fig. 1. Illustration of Cohn's criterion (ALC) for active data selection. (a) Target function drawn from Gaussian prior with covariance function $C(x_n, x_m) = \exp\left(-\frac{1}{2}\sum_{i=1}^{2}\frac{(x_n^i - x_m^i)^2}{r_i^2}\right) + 0.01\, x_n x_m$, $r_1 = 3$, $r_2 = 2$. (b) Expected change of average variance as a function of query candidates $\tilde{x}$ averaged over 100 random reference data points ξ. 100 training data points and additive Gaussian noise ($\sigma^2 = 1$).

choose the most promising candidate from a set of available points. Alternatively, one can perform an optimization on $\sigma_{\hat{y}}^2(\tilde{x})$, e.g., gradient ascent.

The second method suggested by Cohn [1] is motivated from the goal of minimizing the generalization error and will be refered to as ALC. To this end let us decompose the mean-square error (MSE) into a variance and a bias term.

$$E_{\mathrm{MSE}} = \underbrace{\sigma_{\hat{y}}^2}_{\text{variance}} + \underbrace{\mathbf{E}_{\mathcal{X}}\left[(\mathbf{E}_{\mathcal{T}}[\hat{y}(x)] - y(x))^2\right]}_{\text{bias}^2}. \tag{4}$$

Assuming that the model is correct we expect the bias to be small compared to the variance contribution. Thus in order to minimize the MSE we should aim at choosing our query $\tilde{x}$ such that the overall variance of the estimator is minimized. For Gaussian Processes the variance of the output at a single point is given by (3). The effect of a query candidate $\tilde{x}$ on the overall variance can be estimated using the resulting $(N + 1) \times (N + 1)$ covariance matrix $\mathbf{C}_{N+1}$

$$\mathbf{C}_{N+1} = \begin{bmatrix} \mathbf{C}_N & \mathbf{m} \\ \mathbf{m}^{\mathbf{T}} & C(\tilde{x}, \tilde{x}) \end{bmatrix} \quad \mathbf{C}_{N+1}^{-1} = \begin{bmatrix} \left[\mathbf{C}_N^{-1} + \frac{1}{\mu}\mathbf{g}\mathbf{g}^T\right] & \mathbf{g} \\ \mathbf{g}^{\mathbf{T}} & \mu \end{bmatrix} \tag{5}$$

where $\mathbf{m} = [C(x_1, \tilde{x}) \dots C(x_N, \tilde{x})] \in \mathbb{R}^N$ is the N-vector of covariances between the present training data points and the query candidate $\tilde{x}$. We used the partitioned inverse equations for the inverse of $\mathbf{C}_{N+1}$ [5], and

$$\mathbf{g} = -\mu \mathbf{C}_N^{-1}\mathbf{m}, \, \mu = \left(C(\tilde{x}, \tilde{x}) - \mathbf{m}^T \mathbf{C}_N^{-1}\mathbf{m}\right)^{-1}.$$

Now we can calculate how the output variance $\sigma^2_{\hat{y}(\xi)}$ on a reference data point ξ changes as a function of the query candidate $\tilde{x}$ if added to the training set.

$$\triangle\sigma^2_{\hat{y}(\xi)}(\tilde{x}) = \sigma^2_{\hat{y}(\xi)} - \sigma^2_{\hat{y}(\xi)}(\tilde{x}) = \frac{\left(\mathbf{k}_N \mathbf{C}_N^{-1}\mathbf{m} - C(\tilde{x},\xi)\right)^2}{\left(C(\tilde{x},\tilde{x}) - \mathbf{m}^T\mathbf{C}_N^{-1}\mathbf{m}\right)}$$

where $\mathbf{k}_N = [C(x_1,\xi),\ldots,C(x_N,\xi)] \in \mathbb{R}^N$ is the vector of covariances between the training data and a reference data point ξ. Ideally, the change in variance $\triangle\sigma^2_{\hat{y}(\xi)}(\tilde{x})$ should be averaged over the input density $p(x)$ or over a density $q(x)$ that characterizes the importance of different regions in input space. In practice, $\triangle\sigma^2_{\hat{y}(\xi)}(\tilde{x})$ is averaged over an ensemble of data points sampled from $p(x)$ or $q(x)$, respectively. Of course, the average can be calculated w.r.t. the test set to be labeled in the spirit of transduction. Again, for the case of active data selection the gradient of $\triangle\sigma^2_{\hat{y}(\xi)}(\tilde{x})$ is easily calculated and can be used for optimization. For an illustration of the change of variance criterion, consider Figure 1. Note, that the averaged change of variance can be a multi-modal function of the query candidates, thus limiting the usefulness of greedy optimization algorithms.

With regard to both methods presented one should note that the target values that result from the queries do not enter the decision about which data point is queried next. This is a peculiarity of Gaussian Process regression and is a consequence of their linearity in the reproducing kernel Hilbert space spanned by the eigenfunctions of the covariance kernel. On the one hand, this feature makes active learning with Gaussian processes somewhat boring, because the optimum query strategy can be found in advance without seeing any of the target values of the training data. On the other hand, the query strategy depends on both the covariance function and the input data already present and — in the case of ALC — on the "distribution of interest" $q(x)$, thus making the task sufficiently interesting.

3   Test Point Rejection for Gaussian Processes

According to Vapnik [6] transduction is a less ambitious task than induction because it aims at target values only at a finite number of given points instead of predictions on the whole of input space. It has been argued that this restriction may be able to improve the generalization ability of the method. However, another interesting feature of transduction is that a confidence measure can be given for individual predictions instead of predictors. How useful this kind of predictionwise confidence is, can be appreciated on as simple an example as weather forecasting. If you were to plan a hiking trip, would you be interested in a general evaluation of the quality of your weather station or would you rather know how good their actual prediction is in your case? The posterior variance given in (3) provides a confidence measure for estimated target values, given a correct model. This posterior variance is small if the covariance between the training data and the test data point is large. Intuitively, the covariance function acts as a similarity measure on the data space. High confidence, i.e. small posterior variance, is achieved when many of the training data are located near the

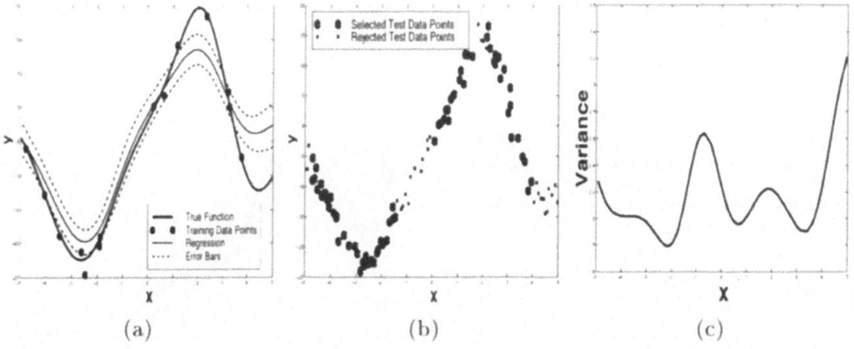

Fig. 2. Illustration of test point rejection. Given the true function and the GP regression (see (a)) points from the test set are accepted or rejected (see (b)) according to the variance criterion (see(c)). The covariance function was given by $C(x_n, x_m) = \exp\left(-\frac{(x_n - x_m)^2}{2}\right)$. 15 data points were used for training and the rejection rate for the 100 test points was 0.3. Decrease in generalization error from 15.13 to 8.64.

test data point w.r.t. the covariance function. For an illustration of this effect consider Figure 2. Clearly, areas with few training examples exibit the highest variance and thus the lowest confidence. Unfortunately, it is not clear, how exactly this confidence measure is related to the generalization error, especially, when the model is not exactly correct. However, we can use the variance in order to select, which test points we would like to reject at a given rejection rate. If the variance is predictive w.r.t. the generalization error, the error is expected to be a monotonically decreasing function of the rejection rate, a behaviour that is indeed observed and will be demonstrated in the experimental section.

4 Experimental Results

4.1 Active Data Selection

We performed numerical simulations in order to investigate inhowfar active data selection can be used in Gaussian Process regression. Furthermore we compared the two methods ALM and ALC based on the principles outlined by MacKay and Cohn, respectively. The generalization error as a function of the number of training data points serves as the measure of effectiveness and is calculated on held-out data. First, we tested the two schemes in a controlled experiment on a regression toy data set. Second, we applied the two methods to a real-world benchmark data set, were the exact form of the generating process was unknown. The toy example we used is illustrated in Figure 1. The key feature of this experiment lies in the fact that we generate the data from a Gaussian process of known parameters and a prespecified noise model. The first data point was chosen randomly while the subsequent 150 data points were actively selected using the ALM

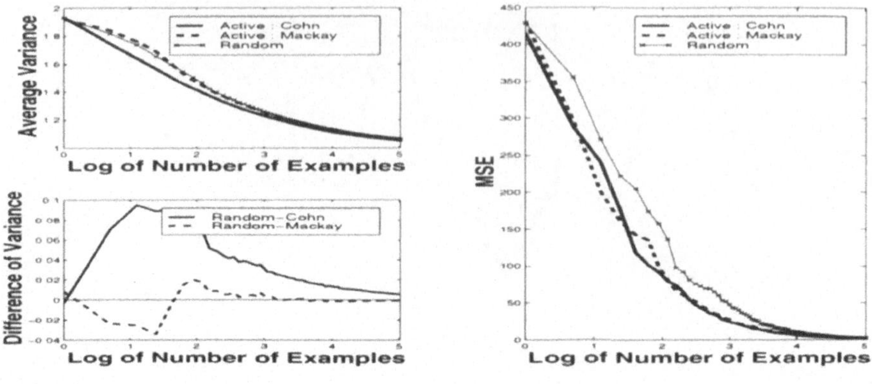

Fig. 3. Learning curves for the 2d regression toy problem from Figure 1. Shown are the average variance (left) and MSE (right) for ALM, ALC and random selection. The plots show the average of 20 runs.

and the ALC methods. 500 reference data points were used for the evaluation of the average change in variance for ALC and were drawn from the uniform distribution over $[-3, +3] \times [-3, +3]$. The optimum query was found by evaluating the ALM and ALC criteria for 300 randomly drawn data points. Figure 3 shows the results averaged over 20 runs. Shown are both the variance and the MSE as a function of the number of data points — both quantities evaluated at 500 randomly drawn points. With regard to the MSE both ALC and ALM perform better than random selection, in particular in the beginning with few data points available. It should be noted, however, that ALC — as expected — decreases the variance more than both ALM and random selection do. As a more realistic example we used the data set **pumadyn-8nm** from the family of "pumadyn" data sets, which were generated synthetically from a realistic simulation of the dynamics of a Puma 560 robot arm.[1] We chose a covariance function of the form

$$C(x^m, x^n) = \theta_2 + \theta_1 \exp\left[-\tfrac{1}{2}\sum_{i=1}^{D} w_i(x_i^m - x_i^n)^2\right] + \theta_4 \sum_{i=1}^{D} x_i^m x_i^n + \theta_3\delta(m,n),$$

as suggested by [7] and determined suitable settings for the hyperparameters by the method of evidence maximization using cojugate gradient [7]. After a randomly drawn seed data point, 250 data points were queried according to the ALM and ALC criteria for 400 randomly drawn data points, and using random selection. Due to the size of the data set the criteria were applied only to a subset of the whole data set. The estimation of the generalization error was done on a hold-out set of size 500. Figure 4 shows average variance and MSE as a function of the number of training data points. ALC performs consistently better than both ALM and random selection. As expected also the average variance is consistently lower for ALC. Interestingly, ALM performs worse than random selection for very few examples $N < 10$, at which point it becomes better than

---

[1] The data set and more information about it is available from: "http://www.cs.toronto.edu/ delve/data/pumadyn/desc.html"

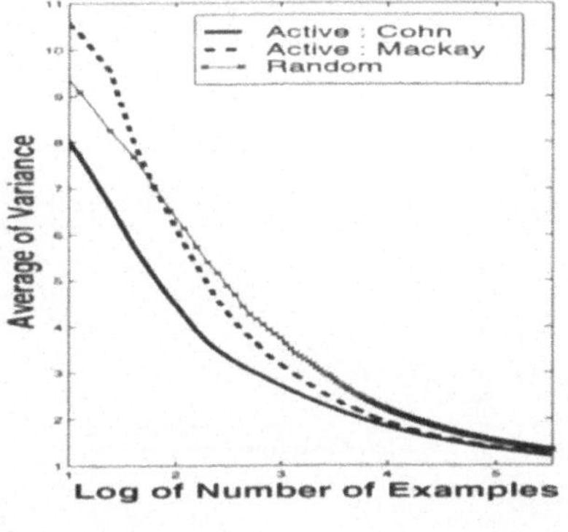
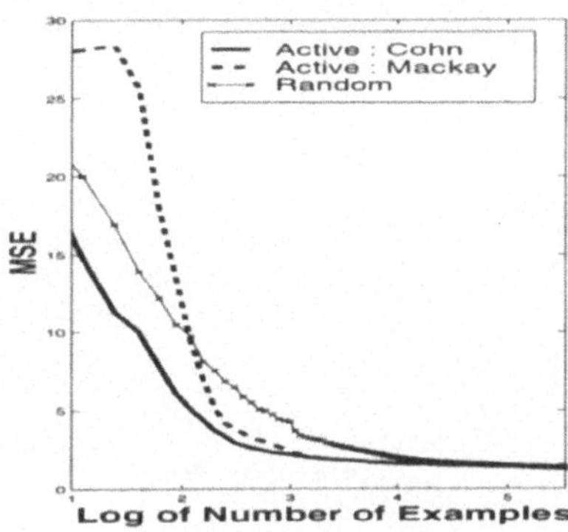

Fig. 4. Learning curves for GP regression on pumadyn-8nm. Shown are the average variance (left) and MSE (right) for ALM, ALC and random selection. Plotted is the average over 26 runs for ALC and random selection and over 22 runs for ALM.

random selection. Apparently with very little information available the variance is not a good criterion for query selection. It should be noted, however, that the ALM criterion is much easier to evaluate than the ALC criterion and may thus be preferable in practical applications.

4.2   Test Point Rejection

On the same two data sets we explored if the variance is a suitable criterion for test point rejection in which case the generalization error is expected to be a monotonically decreasing function of the rejection rate. From the toy problem we randomly generated 150 training data points and 1000 test data points for each of the 10 runs used for averaging. Figure 5 (left) shows the behaviour of the MSE as a function of rejection rate. The decrease in generalization error clearly indicates that the variance based rejection is a good strategy. The curve is steepest at low rejection rates and it is thus possible to achieve a good reduction in generalization error by rejecting only a small number of critical points. A similar experiment was performed on the pumadyn-8nm data set using the same parameter settings as for the active learning experiments. We used 250 data points for training and averaged over 50 runs. The remaining 7942 data points were held out for testing. Figure 5 (right) shows the MSE as a function of the rejection rate. The curve also shows a monotonic decrease in generalization error, however not as pronounced as in the toy example. This result can be explained by considering the model mismatch that is present in the real-world example and was avoided in the toy example, where the parameters of the underlying Gaussian process were known beforehand. Still, the variance appears to be a good predictor of generalization performance even in the real-world example.

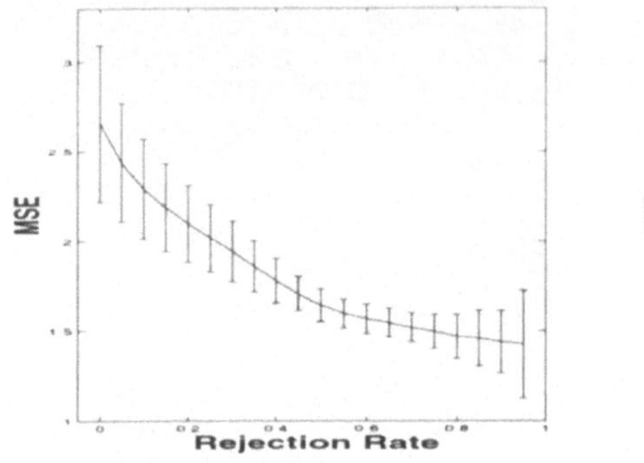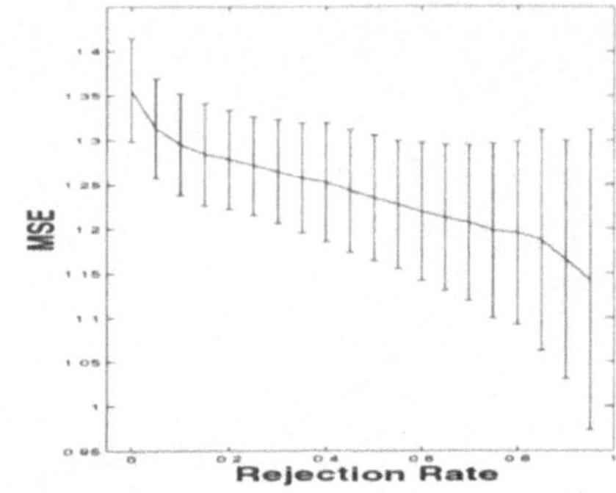

Fig. 5. Generalization error as a function of rejection rate for the 2d toy data (left) and the `pumadyn-8nm` data (right). Shown are average and standard deviation over 50 runs. Parameters see text.

4.3   Conclusion

Gaussian Process Regression — viewed as a transductive algorithm — lead us to criteria for active data selection and test point rejection. Cohn's criterion (ALC) of minimizing the average variance could be shown to perform well in the transductive mode where the variance is estimated and minimized at the test points. Mackay's criterion (ALM) for active data selection and the variance-based test point rejection were also demonstrated to accelerate and improve learning, respectively. These strategies exhibit a certain duality that can also be found in classification and is appears to be an interesting direction for future research to further explore and exploit this duality. Furthermore, from a learning theoretical point of view it would be desireable to be able to give bounds on the generalization error based on the variance, so as to establish a clear theoretical basis for the herein proposed methods.

References

1. Cohn, D.A., *Neural networks exploration using optimal experiment design.* Neural Networks 6(9) ,1996.
2. Gibbs, M.N., *Bayesian Gaussian processes for regression and classification.* PhD thesis, Cambridge University, 1997.
3. Graepel,T., Herbrich R., and Obermayer, K., *Bayesian Transduction.* Advances in Neural Information Processing Systems 11, MIT Press, 1999.
4. Mackay, D.J.C., *Information-based objective functions for active data selection,* Neural Computation, 4(4):589-603, 1992.
5. Mackay, D.J.C., *Gaussian processes,* Tutorial at NIPS 10, 1998.
6. Vapnik, V., *Statistical Learning Theory.* New York, John Wiley and Sons, 1998.
7. Rasmussen, C.E. and Williams, C.K.I. *Gaussian processes for regression* Advances in Neural Information Processing Systems 8, MIT press,1996.

Robuste Erkennung von Straßenfahrzeugen im Rückraumbereich eines Straßenfahrzeuges

Carsten Knöppel [1], Uwe Regensburger [1], Alexander Schanz[1], Bernd Michaelis [2]

[1] DaimlerChrysler, Forschung, Abteilung FT3/AA - Fahrerassistenzsysteme,
D-70546 Stuttgart e-mail: Carsten.Knoeppel@DaimlerChrysler.com,
Uwe.Regensburger@DaimlerChrysler.com,
Alexander.Schanz@DaimlerChrysler.com

[2] Otto-von-Guericke-Universität Magdeburg, Institut für Prozeßmeßtechnik und
Elektronik, PF 4120, D-39016 Magdeburg
e-mail: Bernd.Michaelis@e-technik.uni-magdeburg.de

Zusammenfassung

In diesem Beitrag wird ein Verfahren zur spurgenauen Objekterkennung und Abstandsbestimmung von Straßenfahrzeugen im Rückraumbereich eines Straßenfahrzeuges vorgestellt. Zur Erkennung von Straßenfahrzeugen wird das Bewegungsverhalten von Objekthypothesen, die ein Stereokamerasystem aufgrund einer 3D Vermessung des Rückraumes liefert, bewertet. Zur Unterdrückung von fehlerhaften Detektionen werden die Objekthypothesen mit einem Kalman-Filter gestützten Trackingalgorithmus über die Zeit verfolgt. Die resultierenden Objekte sowie der gefahrene Weg des eigenen Fahrzeuges werden in eine lokale Karte eingetragen. Die Relevanz erkannter Objekte kann mit Hilfe dieser Karte ermittelt werden.

Einleitung

Ein Ziel von Fahrerassistenzsystemen ist es, vorausschauend gefährliche Situationen im Straßenverkehr zu erkennen und je nach Verhalten des Fahrers diesen entweder zu warnen oder in die Fahrzeugführung einzugreifen. Neben diesen sicherheitserhöhenden Systemen können sie den Fahrer auch von monotonen Fahraufgaben entlasten und auf diese Weise zum Komfort beim Fahren beitragen.

Zukünftigere Fahrerassistenzsysteme sollen die umgebende Verkehrssituation in immer stärkerem Maße erfassen und berücksichtigen. Eine Herausforderung hierbei stellt die spurgenaue Erkennung von Fahrzeugen in großer Entfernung sowohl in als auch entgegen der eigenen Fahrtrichtung dar. Der optische Sensor erscheint für diese Aufgabe am geeignetsten, da fahrzeugtaugliche Radarsysteme keine ausreichende laterale Auflösung für eine Spurzuordnung bieten, Infrarotsysteme Auflösungs- und Reichweitenprobleme besitzen und Ultraschall generell nur für den Nahbereich einsetzbar ist.

Zur echtzeitfähigen Erkennung von Objekten in Bildfolgen sind in der Literatur eine Vielzahl von Ansätzen bekannt. Anfangs wurden Objekte durch Vergleich mit einfachen geometrischen Modellen detektiert [Regensburger 93]. Eine Steigerung der Robustheit erzielt [Werner v. Seelen et al. 98] durch die bewertete Fusion verschiedener Verfahren. U.a. nutzt er zur Erkennung von Fahrzeugen deren unterschiedliche Textur im Vergleich zur Fahrbahn. Für große Entfernungen sind derartige Ansätze z.B. wegen der geringen Größe der abgebildeten Objekte fehleranfällig.

Die ständig wachsende Rechenleistung, die in Fahrzeugen verfügbar ist, erlaubt heutzutage die echtzeitfähige Analyse von Stereobildpaaren. Eine zuverlässige Erkennung von Objekten wird jedoch bisher nur im Nahbereich erzielt, da dort die Unterscheidung zwischen erhabenen und flachen Objekten eine Auswahl des relevanten Objekts voraus erlaubt [Franke et al. 97]. Im Fernbereich werden mit dieser einfachen Unterscheidung aber auch Bildbereiche extrahiert, die neben Straßenfahrzeugen erhabene Objekte, wie z.B. Büsche, Leitplanken oder Brückenpfeiler, kennzeichnen.

Das hier vorgestellte Verfahren zur Erkennung von Straßenfahrzeugen besteht aus einer stereobasierten Bildsegmentierung und einem Objekttracking mit Kalmanfilter (Abbildung 1). Durch Clusterung, der mit dem Stereokamerasystem ermittelten 3D Punkte, werden erhabene Objekte detektiert. Diese Objekthypothesen werden zur Steigerung der Erkennungsrate mit einem Kalman-Tracking-Filter über die Zeit verfolgt.

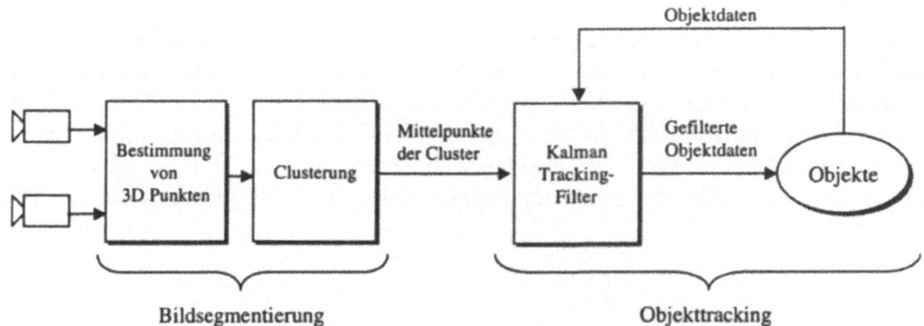

Abbildung 1: *Schematische Darstellung der Verarbeitungsschritte*

Durch Vergleich der Relativgeschwindigkeit verfolgter Objekte und der Geschwindigkeit des eigenen Fahrzeuges wird eine Unterscheidung zwischen relativ zur Straße stehenden und bewegten Objekten durchgeführt. Straßenfahrzeuge im Rückraum können somit von stehende Objekte wie z.B. Brückenpfeiler, Büsche, usw. nur aufgrund ihres Bewegungsverhaltens unterschieden werden.

Zur spurgenauen Positionsbestimmung detektierter Fahrzeuge wird deren Position in eine lokale Karte eingetragen. Ihre Relevanz für das eigene Fahrzeug kann aus der Relativgeschwindigkeit und der zugeordneten Spur bestimmt werden.

Die nachfolgenden drei Kapitel beschreiben die Realisierung der einzelnen Verarbeitungsstufen.

Bildsegmentierung

Die Eigenschaft der Erhabenheit von Straßenfahrzeugen gegenüber der flachen Straße dient dem hier vorgestellten Verfahren zur Bildsegmentierung. Finden sich im Bild vertikal ausgedehnte Bereiche mit Punkten gleicher Entfernung zum eigenen Fahrzeug, so werden diese geclustert und kennzeichnen Bildbereiche erhabener Objekte im Raum. Zur Entfernungsbestimmung wird ein Stereokamerasystem eingesetzt, mit dem es möglich ist, Entfernungen signifikanter Merkmale, wie Ecken oder Kanten zu bestimmen [Knöppel 99].

Um korrespondierende Merkmale zu bestimmen, wird im linken Stereobild nach Merkmalen, wie z.B. Kanten, gesucht [Regensburger 93], [Brandes 95][Wahl 84]. Jedes Merkmal definiert einen rechteckigen Bildbereich (Abbildung 2) zu dem der korrespondierende Bildausschnitt im anderen Stereobild gesucht wird.

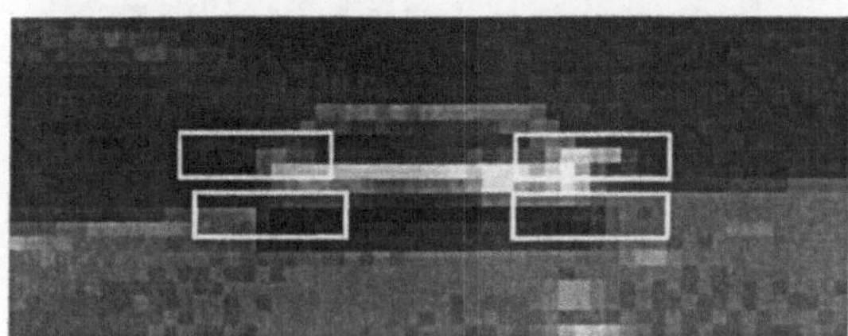

Abbildung 2:
Bildausschnitt mit markierten Bildbereichen von signifkanten Grauwertverläufen

Zur Reduzierung der Rechenzeit werden die Bildbereiche nur in einem plausiblen Bildbereich im korrespondierenden Bild gesucht. Dieser verläuft auf der epipolaren von der Disparität 0 (Entfernung unendlich) bis zur maximal möglichen Disparität am Bildrand [Knöppel 99].

Im realen Straßenverkehr aufgenommene Stereobilder weisen aufgrund der unterschiedlichen Beleuchtungsverhältnisse der Umgebung, z.B. Sonneneinstrahlung, unterschiedliche mittlere Helligkeiten auf. Eine Korrespondenzsuche mit beispielsweise der SAD (Sum of Absolute Differences) oder der SSD (Sum of Square Differences) als Korrelationsfunktion liefert keine aussagekräftige Ergebnisse. Die KKFMF (lokale mittelwertfreie, normierte Kreuzkorrelationsfunktion) weist jedoch eine sehr robuste Korrespondenzsuche bei Straßenverkehrszenen auf. Grund hierfür ist die Invarianz der KKFMF gegenüber additiven sowie multiplikativen mittleren Grauwertunterschieden in den Bildbereichen [Aschwanden 93]. Gleichung 3 zeigt die Berechnung des Korrelationskoeffizienten, die Werte $\overline{F(i,j)}$ und $\overline{P_r(x+i,y+j)}$ repräsentieren die mittelwertfreien Grauwerte der Bildbereiche F(i,j) und P_r(x+i,y+j).

$$KKFMF(x,y) = \frac{\sum_{j=0}^{n-1} \sum_{i=0}^{m-1} \left(\overline{F(i,j)} \cdot \overline{P_r(x+i,y+j)} \right)}{\sqrt{\sum_{j=0}^{n-1} \sum_{i=0}^{m-1} \overline{F(i,j)}^2 \cdot \sum_{j=0}^{n-1} \sum_{i=0}^{m-1} \overline{P_r(x+i,y+j)}^2}} \tag{1}$$

Sind den signifikanten Merkmalen durch Stereobildauswertung Entfernungswerte zugewiesen, so ist ein 3D Punkt im Bild bestimmt. Zur Fahrzeugerkennung werden vertikal ausgedehnte 3D Punkthäufungen mit ähnlicher Entfernung zu Objekthypothesen geclustert. Um Störungen bei der Clusterung zu reduzieren, wird in einem vorherigen Verarbeitungsschritt nach 3D Punkten gesucht, die auf flachen Objekten liegen, z.B. an Straßenmarkierungen oder Leitplanken. Diese werden für die Clusterung ausgeschlossen.

Die Clusterung wird in zwei Verarbeitungsschritten durchgeführt. In der Initialisierungsphase werden 3D Punkte mit ähnlichem Abstand zu Clustern zusammengefaßt. Um zu prüfen ob ein Cluster erhaben ist, wird die Höhe mit einem festen Schwellwert verglichen. Die Mittelpunkte der resultierenden Cluster werden zur Weiterverarbeitung an den Kalmantrackingalgorithmuns weitergeleitet. Im zweiten Verarbeitungsschritt des Clusteralgorithmus wird an den Orten getrackter Objekte nach 3D Punkten zur Clusterung gesucht.

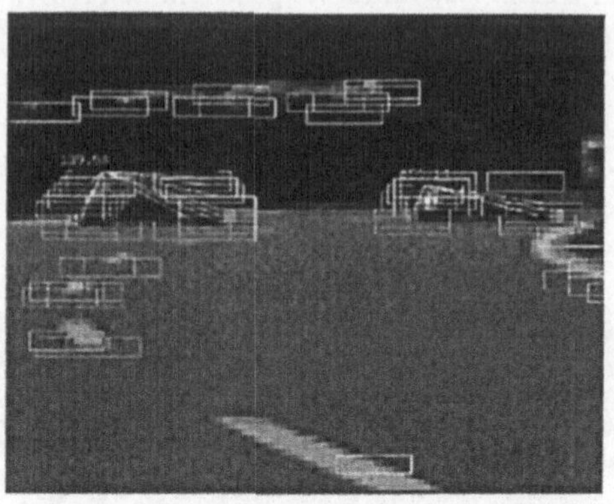

Abbildung 3: *Detektierte Fahrzeuge mit geclusterten Bildbereichen.*

Tracking

Die Bestimmung der Geschwindigkeit und Beschleunigung der Objekte im Rückraum erfolgt durch eine modellbasierte Beobachtung mittels Kalman-Filtern. Hierzu werden für jedes Objekt zwei Bewegungsrichtungen, longitudinal (z) und lateral (y) (Abbildung 4) relativ zum eigenen Fahrzeug betrachtet. Als Meßgrößen dienen die Mittelpunkte der Cluster (y, z Koordinate) aus der Stereobildverarbeitung.

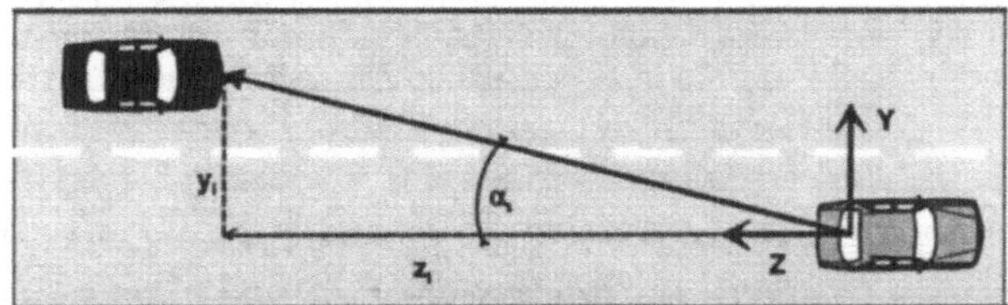

Abbildung 4:
Prinzipielle Darstellung des Betrachtenden Koordinatensystems.

Bei der Zuordnung der Messungen zu den Objekten sind generell drei Fälle zu unterscheiden. Im ersten Fall kann eine Objekthypothese zu keinem bestehenden Objekt zugewiesen werden. In diesem Fall wird ein neues Objekt generiert, das mit den Parametern der Objekthypothese (Position in y und z Richtung) initialisiert wird. Im zweiten Fall kann eine Objekthypothese einem Objekt zugewiesen werden. In diesem Fall durchläuft das Kalman-Filter die Updatephase und liefert die korrigierte Objektposition. Im dritten Fall kann zu einem Objekt keine passende Objekthypothese gefunden werden. Hier kann die aktuelle Objektposition mittels des Kalman Filters geschätzt werden.

Um das Kalman-Filter eines neuen Objektes zu initialisieren, steht nur der Abstand der Clusterbox zur Verfügung. Um ein schnelles Einschwingen der eingesetzten Kalman-Filter zu gewährleisten, wird die Geschwindigkeit eines neuen Objektes mit der Geschwindigkeit des eigenen Fahrzeugs initialisiert. Zusätzlich wird während der ersten drei Abtastzyklen eine Objektgeschwindigkeit berechnet und als weitere Meßgröße dem Filter übergeben. Objekthypothesen werden in dieser Phase den

Objekten zugewiesen wenn sie innerhalb eines zulässigen räumlichen Bereiches liegen. Befinden sich mehrere Objekthypothesen in diesem Bereich, wird das mit dem kleinsten euklidischen Abstand dem Objekt zugewiesen. Die Grenzen des räumlichen Bereiches ($s_{x1,2}$ in x-Richtung und $s_{z1,2}$ in z-Richtung) ergeben sich aus folgenden Gleichungen:

$$s_{y1,2} = \pm(3\sqrt{R_y(y_i(t_{k-1}))} + v_{y,max}(\Delta t)) \tag{2}$$

$$s_{z1,2} = \pm(3\sqrt{R_z(z_i(t_{k-1}))} + (v_{z,max} - v_e)(\Delta t)) \tag{3}$$

R_y:	Varianz in y-Richtung	$[m^2]$
R_z:	Varianz in z-Richtung	$[m^2]$
v_e:	Geschwindigkeit des eigenen Fahrzeuges	$[m/s]$
$v_{y,max}$:	Maximale Geschwindigkeit in y Richtung	$[m/s]$
$v_{z,max}$:	Maximale Geschwindigkeit in z Richtung	$[m/s]$

Tests im realen Verkehr haben gezeigt, daß die Zustandsgrößen der verwendeten Kalman-Filter nach vier Abtastzyklen eine ausreichend genaue Aussage über das Bewegungsverhalten der Objekte zulassen. Die weitere Zuweisung der Objekthypothesen zu den Objekten kann deshalb mit einem 3 Sigma Test erfolgen. Aus der Innovationskovarianz des Kalman-Filters wird ein 3 Sigma Bereich bestimmt. In diesem Bereich ist die Wahrscheinlichkeit für das Auftreten einer passenden Objekthypothese zum Objekt 99.2%. Befinden sich mehrere Objekte in diesem Bereich, so wird die wahrscheinlichste Objekthypothese mittels eines Hypothesetests mit Likelihood-Funktion bestimmt und dem Filterpaar zugewiesen.

Aus dem Bewegungsverhalten der Objekte wird deren Relevanz gegenüber dem eigenen Fahrzeug ermittelt. Dazu wird die Geschwindigkeit des eigenen Fahrzeuges mit der Geschwindigkeit der Objekte verglichen. Objekte, die sich relativ zur Straße nicht oder entgegengesetzt der eigenen Fahrtrichtung bewegen, wie z.B. Brückenpfeiler, Leitpfosten oder Gegenverkehr, werden für die Weiterverarbeitung ausgeschlossen. Die resultierenden Objekte werden somit aufgrund ihres Bewegungsverhaltens als Fahrzeug erkannt.

Spurzuordnung der Objekte

Zur spurgenauen Positionsbestimmung von detektierten Fahrzeugen werden die Objekte mit dem zurückgelegten Weg des eigenen Fahrzeuges in eine lokale Karte eingetragen. Zur Ermittlung des zurückgelegten Wegs wird die Geschwindigkeit des eigenen Fahrzeuges und der Lenkwinkel sowie Objektpositionen ausgewertet. Der Straßenverlauf wird bei diesem Verfahren nicht detektiert. Deshalb beschränkt sich die Spurzuordnung auf den Fall, daß das eigene Fahrzeug keinen Spurwechsel durchführt.

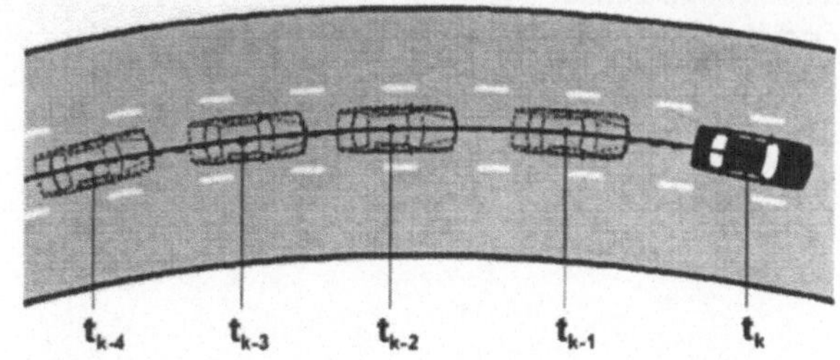

Abbildung 5: *Zurückgelegter Weg des eigenen Fahrzeuges.*

Ist das Bewegungsverhalten des eigenen Fahrzeugs bekannt, kann daraus der zurückgelegte Weg berechnet werden (Abbildung 5). Unter der Voraussetzung, daß das eigene Fahrzeug die Fahrspur nicht wechselt, ist es somit möglich auf die eigene und die benachbarten Fahrspuren zu schließen. Dadurch können die getrackten Objekte Fahrspuren zugeordnet werden. Die Berechnung des eigenen zurückgelegten Wegs erfolgt mit einem Einspurfahrzeugmodell nach [Zomotor 87]. Zusätzlich wird die Gierrate aus detektierten stehenden Objekten im Fahrzeugrückraum ermittelt. Nach Gleichung 4 berechnet sich der Winkel $\alpha_i(t_{k-1})$ zu jedem i-ten stehenden Objekt zum Zeitpunkt t_{k-1}:

$$\alpha_i(t_{k-1}) = \arctan\left(\frac{x_i(t_{k-1})}{z_i(t_{k-1})}\right) \tag{4}$$

Da sich die getrackten Objekte relativ zum eigenen Fahrzeug bewegen, muß die Position der Objekte zum aktuellen Zeitpunkt nach Gleichung 5 korrigiert werden.

$$z_i^c = z_i(t_k) - (v_e)(\Delta t) \tag{5}$$

Anschließend wird der Winkel $\alpha_i^c(t_k)$ nach Gleichung 6 ermittelt.

$$\alpha_i^c(t_k) = \arctan\left(\frac{x_i(t_k)}{z_i^c(t_k)}\right) \tag{6}$$

Die Gierrate $\dot{\psi}(t_k)$ wird aus der Winkeländerung aller stehenden Objekte (Gleichung 7) berechnet.

$$\dot{\psi}(t_k) = \frac{1}{n}\sum_{i=1}^{n}(\alpha_i^c(t_k) - \alpha_i(t_{k-1})) \tag{7}$$

In den Abbildungen 6 und 7 ist eine Beispielszene dargestellt, die zeigt, daß eine ausreichend genaue Positionsbestimmung der Objekte relativ zum abgefahrenen Weg erreicht wird.

Abbildung 6:
Beispielszene mit zwei im Rückraum detektierten Fahrzeugen a und b.

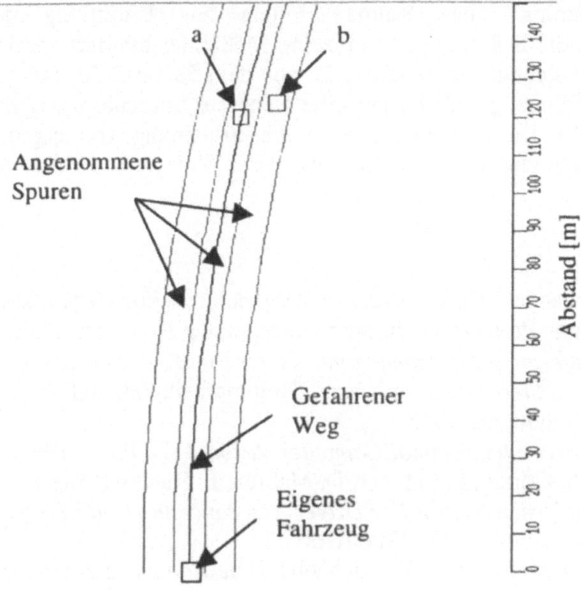

Abbildung 7:
Vogelperspektive der in Abbildung 6 dargestellten Szene mit den detektierten Fahrzeugen a und b sowie der zurückgelegte Weg des eigenen Fahrzeuges.

Ergebnisse

Das System wurde in realen Straßenszenen auf einem Pentium II PC mit 400MHz evaluiert. Bei Tagfahrten unter normalen Witterungsverhältnissen detektiert das System Fahrzeuge bis zu 150m Entfernung (Abbildung 3 u. 7). Probleme bei der Fahrzeugdetektion treten generell bei Regen und Blendlicht auf. Regentropfen auf der Heckscheibe verursachen hierbei fehlerhafte Korrespondenzen.

Blendlicht durch Scheinwerferlicht bei Nacht oder starke Sonneneinstrahlung führen bei den eingesetzten CCD Kameras zum blooming Effekt. Der Einsatz von neuartigen CMOS Kameras läßt hier eine Steigerung der Erkennungsleistung erwarten.

Die Entfernungsauflösung des Stereokamerasystems beträgt weniger als 50cm in einem Entfernungsbereich von ca. 100m. Testfahrten im realen Straßenverkehr zeigen, daß der Trackingalgorithmus mit dieser Genauigkeit Fahrzeuge bis in eine

Entfernung von über 150m verfolgen kann. Problematisch für den Trackingalgorithmus sind jedoch Objekthypothesen die in der Welt in engen regelmäßigen Abständen vorkommen, wie z.B. Leitplankenpfosten. Dort werden Phantomobjekte aufgrund des aliasing Effektes generiert.

Ausblicke

Wesentlich für den beschriebenen Ansatz ist ein sicheres Erkennen aller relevanten Fahrzeuge und eine ausreichend genaue Spurzuordnung. Die Erweiterung der Algorithmen zur Fahrzeugdetektion in Nachtszenen erhöht die Einsatzfähigkeit des Systems. Die Implementierung eines Kalman Filters zur Ermittlung des zurückgelegten Wegs erhöht die Robustheit, da einzelne Meßfehler toleriert werden können. Durch Fusion einer Fahrspurerkennung z.B. aus dem Kamerabild und des ermittelten Wegs aus dem Fahrzeugmodell kann eine sicherere Spurzuordnung der Objekte durchgeführt werden. Darüber hinaus führt die Erkennung von eigenen Spurwechseln zu einer Steigerung bei der Ermittlung der Relevanz detektierter Fahrzeuge.

Literatur

[Aschwanden 93] P. F. Aschwanden. *Experimenteller Vergleich von Korrelationskriterien in der Bildanalyse*. Promotion, Hartung-Gorre Verlag Konstanz, 1993.

[Brandes 95] M. Brandes. *Entfernungsbestimmung markanter Punkte aus einem Fahrzeug mit Hilfe eines Stereokamerasystems*. Diplomarbeit, Fakultät Informatik, Universität Stuttgart, 1995.

[Faugeras 93] O. Faugeras. *Three-Dimensional Computer Vision*. MIT-Press, 1993.

[Franke et al. 97] U. Franke, S. Görzig, F. Lindner, D. Mehren, F. Paetzold. *Steps Towards An Intelligent Vision System For Driver Assistance In Urban Traffic*. Intelligent Transortation Systems, (1997) 601-606.

[Knöppel 99] C. Knöppel, U. Regensburger, B. Michaelis. *Detektion und Bestimmung des Abstandes von Straßenfahrzeugen in großer Entfernung*. DAGM Symposium 1999.

[Regensburger 93] U. Regensburger. *Zur Erkennung von Hindernissen in der Bahn eines Straßenfahrzeuges durch maschinelles Echtzeitsehen*. Promotion, Universität der Bundeswehr München, 1993

[Wahl 84] F.M. Wahl. *Digitale Bildsignalverarbeitung*. Springer Verlag, Berlin etc., (1984) 159-161.

[Werner v. Seelen et al. 98] W. v. Seelen, U. Handmann, T. Kalinke, C. Tzomakas, M. Werner. *Image Processing for Driver Assistance*. DAGM Symp. (1998) 11-22.

[Zomotor 87] A. Zomotor. *Fahrwerktechnik: Fahrverhalten*. Vogel Buchverlag, Würzburg, 1987.

Beseitigung von Flecken in digitalen Filmsequenzen

O. Kao, J. Engehausen

Institut für Informatik, Technische Universität Clausthal
Julius-Albert-Strasse 4, D-38678 Clausthal-Zellerfeld
e-mail: okao@informatik.tu-clausthal.de

Zusammenfassung Viele Filme sind durch Verfall, chemische Veränderungen und Abnutzung beschädigt. Der Erhalt dieser Filme ist eine wichtige Aufgabe aus kultureller und geschichtlicher Sicht. Eine manuelle Restauration ist jedoch wegen der riesigen Datenmengen oft zu aufwendig und zu teuer. In diesem Artikel werden Verfahren zur Detektion von Flecken, eine häufig vorkommende Art von Filmdefekten, sowie Verfahren zur Restauration der zerstörten Bildbereiche betrachtet und miteinander verglichen. Da Flecken Diskontinuitäten im Bildverlauf darstellen, werden diese mittels Methoden zur Bewegungsschätzung ermittelt. Die Rekonstruktionsmethoden zur Beseitigung der gefundenen Störungen verwenden Informationen aus den Vorgänger- und Nachfolgebildern.

1 Einleitung

Seit mehr als hundert Jahren können bewegte Bilder aufgezeichnet und wiedergegeben werden. Die ersten Filme wurden auf Nitrozelluloid, einem leicht entzündbaren und verfallendem Material, aufgenommen. Auch Filme der neueren Zeit sind trotz besserer Materialeigenschaften durch Verfall, chemische Veränderungen und Abnutzung durch die Vorführmechanik unterschiedlich stark beschädigt. Ein großer Teil ist auch schon unrettbar zerstört. Aus kultureller und geschichtlicher Sicht ist es eine wichtige Aufgabe, alte und beschädigte Filme vor dem Verfall zu schützen. Gerade in Anbetracht der riesigen Datenmengen ist eine manuelle Restauration oft zu aufwendig und zu teuer. Somit bleiben nur noch die (semi-) automatischen Methoden der Bildverarbeitung übrig.

Unter einem Defekt wird das Fehlen der ursprünglichen Bildinformation in einem beschränkten Bereich verstanden. Die Störungen sind bis auf die Ausnahme permanenter vertikaler Kratzer impulsartig. In der Regel sind nicht nur einzelne Pixel, sondern *ganze Bereiche* betroffen. Die auftretenden Defekte können hinsichtlich ihrer Form, Farbe, Größe und Zeitdauer eingeteilt werden in

- Kratzer (eng. *scratches* oder *streaks*),
- Flecken (eng. *blotches* oder *dirt and sparkle*),
- Ausfall eines gesamten Bildes oder eines Bildbereichs,
- globale Veränderungen (Farbe, Helligkeit, Kontrast).

In diesem Artikel werden Verfahren zur Detektion und Rekonstruktion von Flecken betrachtet. Einblicke in weitere Bereiche geben u.a. [1, 2, 4, 6].

2   Detektion von Flecken und kurzlebigen Kratzern

Flecken entstehen durch das Absplittern des Filmmaterials oder durch das Auftragen fremder Stoffe. Entsprechend der Größe wird bei Flecken in englischsprachigen Literatur zwischen *blotches* (größer und weniger häufig) und *dirt and sparkle* unterschieden; die letzte Art äußert sich durch Funkeln im Bild, es gibt dann viele kleine dunkle und helle Flecken (häufig durch Staub verursacht). Die größeren Flecken besitzen gelegentlich eine interne Struktur, d.h. sie sind nicht nur einfarbig. Flecken bestehen aus "nahezu" unbunten Farben – ihre Farbgebung ist immer nahe an Grauwerten. Es läßt sich feststellen, daß die Grauwertverteilung innerhalb der Flecken eine geringe Streuung besitzt. Für die Auftrittsdauer einer Störung durch Flecken gilt, daß sie kurz sind. Diese Störungen können unter Umständen also in mehr als einem Einzelbild auftreten. Dies kann daran liegen, daß sich die Störung tatsächlich über längere Zeit am gleichen Ort befindet oder daß bei der Konvertierung zwischen verschiedenen Filmformaten die Bildfrequenz geändert wurde.

Abbildung1. Beispiele für Flecken

Abbildung 1 zeigt einige Beispiele für Flecken. Sie zeigt jeweils einen Bildausschnitt vor und mit der Störung. In Bild 1 ist ein heller Fleck im unteren Bereich des Ausschnitts zu sehen; Bild 2 und 3 zeigen Beispiele für schwarze Flecken. Bild 4 zeigt, wie sich der Funkeleffekt auf schwarzem Hintergrund äußert. Dieser ähnelt einem Impulsrauschen, wobei sich die Impulseigenschaft sowohl auf die räumliche als auch auf die zeitliche Komponente der Bilder auswirkt.

Flecken und kurzlebige Kratzer sind Diskontinuitäten im Bildverlauf. Der Bildinhalt ändert sich von Bild zu Bild meist nicht stark (abgesehen von Szenenwechseln). Die Defekte sollten sich durch größere Differenzen vom Bildinhalt unterscheiden. Dies veranschaulicht Abbildung 2.

Im linken Bild ist in der linken Bildhälfte ein Kratzer zu sehen; in der rechten Bildhälfte treten einige kleine Flecken auf. Bei dem sich anschließenden Bild ist

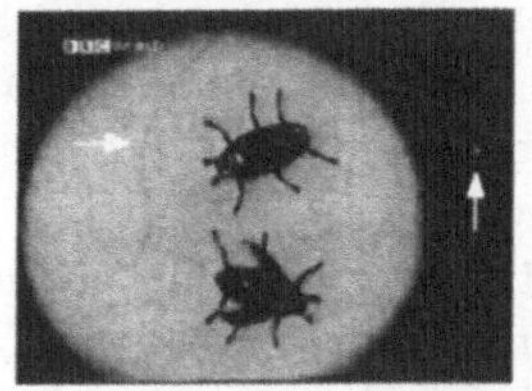 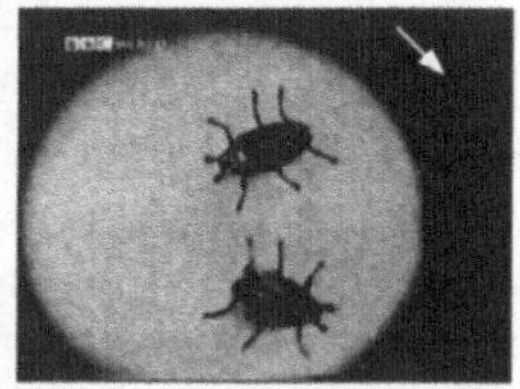 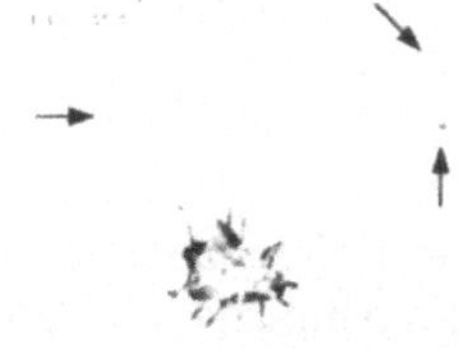

Abbildung2. Differenzbild einer mit Defekten behafteten Bildsequenz

der Kratzer verschwunden und es treten in der rechten Bildhälfte an anderer Stelle kleine Flecken auf; der untere Käfer hat seine Flügel und Beine bewegt. Rechts ist das invertierte Differenzbild zu sehen. Die auffälligsten Unterschiede sind durch die Bewegung des unteren Käfers ausgelöst. Der Rand des Lichtkegels sowie der Kratzer auf der linken und die Flecken auf der rechten Seite werden deutlich. Wie aus diesem Beispiel ersichtlich reicht eine Differenzbildung zur Detektion von Defekten nicht aus. Starke Ausschläge können von Defekten oder Bewegungen verursacht werden; außerdem läßt sich nicht unmittelbar feststellen, in welchem der beiden Bilder der Defekt auftritt.

Zur Detektion von Diskontinuitäten im Bildverlauf können Methoden der Bewegungsschätzung verwendet werden. Das allgemeine der Bewegungsschätzung zugrundeliegende Bildsequenzmodell lautet:

$$b(\boldsymbol{x}, n) = b(F(\boldsymbol{x}), n - 1).\tag{1}$$

F ist dabei eine Funktion, welche die Koordinaten des Vorgängerbildes in das aktuelle Bild abbildet. Damit ist jede denkbare Bewegung (Rotation, Translation, Vergrößerung) möglich. Bestehende Verfahren benutzen zur Bewegungsschätzung jedoch Vereinfachungen und gehen meist davon aus, daß sich die gesamte Bewegung durch Translation beschreiben läßt. Die Bewegung des Bildinhaltes erfolgt entlang von (zum Teil komplexen) Bewegungspfaden.

Als Bezugsposition dient das Bild b mit dem Index n. Der Pixel wird beschrieben durch $b(x, y, n)$. Der Bewegungspfad ist nun relativ zu den restlichen Bildern der Sequenz gegeben. Die horizontalen und vertikalen Verschiebungen definieren über alle Pixel betrachtet das Bewegungsvektorfeld (h, v):

$$\begin{aligned}
h(x,y,n) &= (\ldots, h^{-2}(x,y,n), h^{-1}(x,y,n), 0, h^{1}(x,y,n), h^{2}(x,y,n), \ldots)^{T} \\
v(x,y,n) &= (\ldots, v^{-2}(x,y,n), v^{-1}(x,y,n), 0, v^{1}(x,y,n), v^{2}(x,y,n), \ldots)^{T}
\end{aligned}\tag{2}$$

Auf zeitlich zurückliegende Bilder wird mit positivem hochgestellten Index verwiesen, auf zukünftige Bilder mit negativem Index.

Die Bestimmung des Bewegungsvektorfeldes und der durch Flecken und Kratzer ausgelösten Diskontinuitäten kann auf vielfältige Weisen erfolgen. Das Gradientenprinzip basiert auf der Berechnung des sog. *optischen Flusses* [2]. Die Bewegungsschätzung arbeitet korrekt nur für kleine Bewegungen. Das Verfahren ist darüber hinaus rauschempfindlich und bei einheitlichen Flächen schlecht konditioniert. Bei den sog. Matching-Verfahren wird dagegen die Bewegung von

Bildbereichen untersucht. Ein Vorteil ist, daß Matching-Verfahren robust gegen Helligkeitsänderungen von Umgebungen sind und daß große Bewegungen erlaubt sind. Als Ähnlichkeitsmaße werden häufig die (absolute oder quadratische) Bilddifferenz oder die normierte Kreuzkorrelation verwendet.

Der Referenzbereich ist der Bereich im aktuellen Bild $b(x, y, n)$, für den mittels des Ähnlichkeitsmaßes eine optimale Übereinstimmung im Vorgängerbild gefunden werden soll. Der Einfluß auf die Zuverlässigkeit der Bewegungsschätzung hängt von der verwendeten Größe des Referenzbereiches ab. Speziell bei zu kleinen Referenzbereichen wirkt sich das Bildfensterproblem aus. Unter dem Suchbereich versteht man den Bereich im Vorgängerbild $b(x, y, n - 1)$ innerhalb dessen nach einer maximalen Übereinstimmung gesucht wird. Für Block-Matching-Verfahren werden dabei maximal zulässige Verschiebungen $k_{\max}$ und $l_{\max}$ festgelegt. Die Zuverlässigkeit der Bewegungsschätzung ist auch vom Suchbereich abhängig – schnelle Bewegungen erfordern einen größeren Suchbereich als langsame.

Ein weiterer Parameter von Matching-Verfahren ist die Suchweite. Sie gibt mittels k_s und l_s an, wie die Parameter der Verschiebung (k und l) während der Suche inkrementiert werden sollen. Bei sogenannter *sub-pixel*-Genauigkeit sind $k_s < 1, l_s < 1$; in diesem Fall muß das Bild mittels Interpolation um die fehlenden (Sub-)Pixel ergänzt werden. Die Suchweite definiert das Suchfenster über die zu testenden Verschiebungsvektoren Π. Die Suche bei Differenzmaßen erfolgt für einen Block mit den Anfangskoordinaten (x_b, y_b) und der Größe $M_b \times N_b$ mittels

$$\begin{pmatrix} k \\ l \end{pmatrix}_{\text{opt}} = \arg \min_{(k,l)^T \in \Pi} \sum_{x=x_b}^{m_b+M_b-1} \sum_{y=y_b}^{n_b+N_b-1} |b(x, y, n) - b(x + k, y + l, n - 1)|^p \quad (3)$$

und liefert den optimalen Bewegungsvektor $(k, l)_{\text{opt}}^T$ (für $p = 1$ oder $p = 2$). Der Rechenaufwand ist groß, insbesondere wenn exhaustive Suche (Test aller möglichen Positionen) durchgeführt wird.

Die Idee der Differenzbilder aufgreifend, kann eine *bewegungskompensierte* Detektion durchgeführt werden. Eine eventuelle Fehldetektion von Störungen, die durch Bewegung verursacht werden können, wird unterdrückt. Je besser das Modell für die Bewegung ist, desto weniger Kompensationsfehler treten auf. Das translatorische Modell für eine ungestörte Bildsequenz kann folgendermaßen beschrieben werden:

$$b(x, n) = b(x + d_{n,n-1}(x), n - 1) + e(x), \quad (4)$$

wobei e normalverteiltes Rauschen darstellt und $d_{n,n-1}$ die Verschiebung des Bildinhaltes vom $(n - 1)$-ten in das n-te Bild beschreibt. Unter der Annahme, daß das Rauschen gering ist folgt, daß die verschobene Pixeldifferenz (DPD, *Displaced Pixel Difference*) $b(x, n) - b(x + d_{n,n-1}(x), n - 1)$ klein ist. Ist die verschobene Pixeldifferenz hoch, kann eine Störung vorliegen. Dies kann aber auch bei normalen Bewegungsdiskontinuitäten auftreten. Dieses Wissen führt zum Detektor SDI (*Spike Detection Index*) [3]. Werden mit

$$\begin{aligned} E_b &= b(x, n) - b(x + d_{n,n-1}(x), n - 1) \\ E_f &= b(x, n) - b(x + d_{n,n+1}(x), n + 1) \end{aligned} \quad (5)$$

die gerichteten verschobenen Pixeldifferenzen bezeichnet, dann ergibt sich der Detektor mit einer vom Benutzer festzulegenden Schranke E_t durch

$$b_{\mathrm{SDI}_1} = \begin{cases} 1 \text{ falls } \ |E_b| > E_t \wedge |E_f| > E_t \\ 0 \text{ sonst} \end{cases}. \tag{6}$$

Das Detektionsfeld b_{SDI_1} wird bei x auf 1 gesetzt, falls eine Störung vermutet wird, sonst auf 0. Flecken weichen von der Helligkeit der Umgebung ab. Das bedeutet, daß die Pixeldifferenzen nicht nur groß sind, sondern auch das gleiche Vorzeichen besitzen, falls ein Fleck auftritt. Die Bewegungsschätzung muß nicht zwingend die korrekte Bewegung angeben, wie dies etwa bei der Bildcodierung nötig ist. Sofern die berechnete Translation das nächste Bild "gut" wiedergibt, kann die Diskontinuitätsdetektion durchgeführt werden – unabhängig davon, ob die Bewegung in der Szene tatsächlich diesem Pfad folgt oder nicht.

Ein weiterer Detektor ist der *Rank Order Detector* (ROD) [5], der räumliche und zeitliche Information verwendet. Neben den zu testenden Pixel I_c werden noch weitere festgelegte Pixel p_1 bis p_6 herangezogen. Diese werden gemäß ihrer Größe in aufsteigender Reihenfolge so sortiert, daß sich eine Liste $(r_1 \ldots r_6)$ ergibt. Anschließend wird ein Mittelwert $M = \frac{r_3 + r_4}{2}$ berechnet und in Abhängigkeit von diesem drei bewegungskompensierte Pixeldifferenzen:

$$I_c > M \ : \ \begin{aligned} e_1 &= I_c - r_6 \\ e_2 &= I_c - r_5 \\ e_3 &= I_c - r_4 \end{aligned} \quad \text{oder} \quad I_c \leq M \ : \ \begin{aligned} e_1 &= r_1 - I_c \\ e_2 &= r_2 - I_c \\ e_3 &= r_3 - I_c \end{aligned}. \tag{7}$$

Es werden nun mehrere Grenzwerte festgelegt. Damit wird festgestellt, wie "abgelegen" der betrachtete Pixel von seinen (räumlichen und zeitlichen) Nachbarn ist. Bei der Überschreitung der Schwellen wird ein Pixel als korrupt identifiziert.

3 Beseitigung von Flecken und kurzlebigen Kratzern

Eine einfache Rekonstruktionsmethode zur Beseitigung der gefundenen Störungen basiert auf einer Mittelwertbildung. Die gemittelte Bildinformation des Vorgänger- und Nachfolgebildes wird an die Stelle der korrupten Fläche gesetzt. Es sei $b(x, n)$ das zu bearbeitende Bild und $b_d(x, n)$ das Bild, welches angibt, ob ein Pixel gestört ist oder nicht. Dann ist das rekonstruierte Bild $b_{\mathrm{neu}}(x, n)$ definiert durch:

$$b_{\mathrm{neu}}(x, n) = \begin{cases} \dfrac{1}{2m} \displaystyle\sum_{\substack{i = n - m \\ i \neq n}}^{n + m} b(x, i) \text{ falls } \ b_d(x, n) = 1 \\ b(x, n) \qquad\qquad \text{sonst} \end{cases}, \tag{8}$$

wobei m jeweils die Anzahl der Vorgänger- und Nachfolgebilder angibt. Für die Bearbeitung von Farbbildern muß die Mittelung über jeden Farbkanal getrennt erfolgen. Die erzielten Resultate werden in Abbildung 3 gezeigt. Ein Problem bei diesem Ansatz ist, daß bei fehlerhafter Detektion, wie sie bei Bewegungen eintreten kann, die Rekonstruktion ein bewegtes Objekt etwas "verwischt".

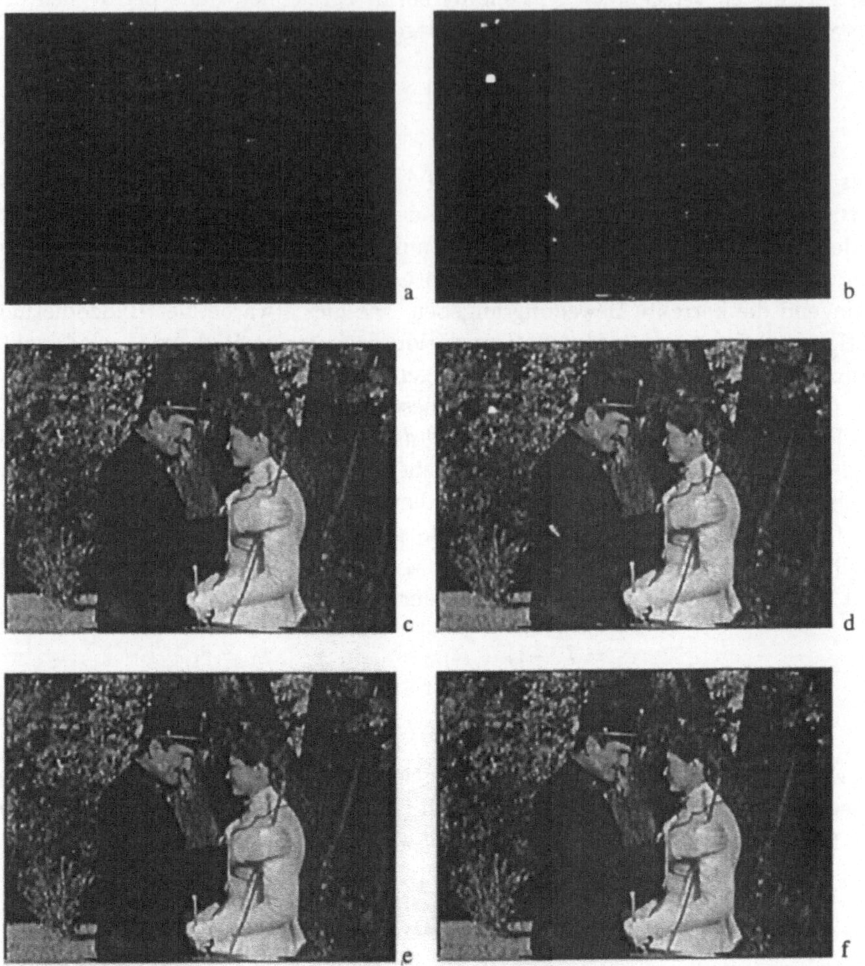

Abbildung3. Ausschnitt aus einer rekonstruierten Bildsequenz: in einer Zeile stehen jeweils zwei aufeinanderfolgende Bilder der Sequenz: Detektion mittels ROD (a und b), Originalbilder (c und d) und mittels Mittelwertbildung rekonstruierte Bilder (e und f).

Eine weitere Methode zur Rekonstruktion ist der zeitliche Medianfilter. Im Gegensatz zum räumlichen Medianfilter, bei dem die Elemente des Fensterbereiches räumlich gesammelt werden, werden diese beim zeitlichen Medianfilter aus aufeinanderfolgenden Bildern gebildet:

$$\mathcal{A}(\boldsymbol{x}) = \{b(\boldsymbol{x},i) \mid i \in \{n-m,\dots,n-1,n+1,\dots,n+m\}\} \qquad (9)$$

für $b_d(\boldsymbol{x},n) = 1$. Dieser Fensterbereich wird mit der Funktion s sortiert ($s(\mathcal{A}(\boldsymbol{x})) = (a_{i_1},\dots,a_{i_{2m}})$) und das Element in der Mitte $m(\mathcal{A}(\boldsymbol{x})) = a_{i_m}$ ist die Ausgabe des Filters. Somit ergibt sich die Rekonstruktion durch den Medianfilter zu:

$$b_{\text{neu}}(\boldsymbol{x}, n) = \begin{cases} m(\mathcal{A}(\boldsymbol{x})) \text{ falls } b_d(\boldsymbol{x}, n) = 1 \\ b(\boldsymbol{x}, n) \quad \text{sonst} \end{cases} \tag{10}$$

Mit dem Medianfilter wird keine "neue" Bildinformation in das Bild eingeführt, wie dies bei der Mittelwertbildung der Fall ist. Aus diesem Grund wird der Verwischungseffekt bei Bewegung weitgehend unterbunden.

Im folgenden wird eine Zusatzinformation über die Bewegung in die Rekonstruktion integriert. $F_n(\boldsymbol{x})$ bezeichne das zum Bild $b(\boldsymbol{x}, n)$ gehörige Bewegungsvektorfeld so, daß $b(\boldsymbol{x}, n) = b(F_n(\boldsymbol{x}), n - 1)$. $\tilde{F}_n(\boldsymbol{x})$ ist das umgekehrte Bewegungsvektorfeld so, daß $b(\boldsymbol{x}, n) = b(\tilde{F}_{n+1}(\boldsymbol{x}), n + 1)$. Somit ergibt sich die bewegungskompensierte Mittelwertbildung für beschädigte Bereiche:

$$b_{\text{neu}}(\boldsymbol{x}, n) = \frac{1}{m} \sum_{i=n-m}^{n-1} b(\sum_{j=i+1}^{n} F_j(\boldsymbol{x}), i) + \frac{1}{m} \sum_{i=n+1}^{n+m} b(\sum_{j=n+1}^{i} \tilde{F}_j(\boldsymbol{x}), i), \tag{11}$$

wobei m wieder jeweils die Anzahl der Vorgänger- und Nachfolgebilder angibt. Die Medianfilterung ergibt sich analog, wenn man die Elemente des Fensterbereiches bewegungskompensiert sammelt, also

$$\mathcal{A}(\boldsymbol{x}) = \{b(\sum_{i=n-m}^{n} F_i(\boldsymbol{x}), n - m), \ldots, b(F_n(\boldsymbol{x}), n - 1)\} \tag{12}$$

$$\cup \{b(\tilde{F}_{n+1}(\boldsymbol{x}), n + 1), \ldots, b(\sum_{i=n+1}^{n+m} \tilde{F}_i(\boldsymbol{x}), n + m)\}$$

Damit entspricht – wie auch in Gleichung (11) die einzelnen Summanden – jedes Element von $\mathcal{A}(\boldsymbol{x})$ dem Bildinhalt an der Stelle $b(\boldsymbol{x}, n)$, berechnet aus den verschobenen Bildinhalten der Vorgänger- und Nachfolgebilder. Generell kann gesagt werden, daß die Rekonstruktion ungenauer wird, wenn mehr Bilder verwendet werden, da die Bewegungsschätzung über mehrere Bilder ungenauer ist als über einzelne. Dies hängt auch mit dem verwendeten Modell (rein translatorische Bildbewegung) zusammen.

4 Bewertung der Rekonstruktionsmethoden

Die Bewertung der Qualität eines Bildes durch ein objektives Maß ist schwierig, da die Aussagen der verschiedenen Maße oft nicht dem subjektiven Bildeindruck entsprechen. Häufig verwendete Maße sind *Mittlerer quadratischer Fehler* (MSE) und *Höchstes Signal-Rauschverhältnis* (PSNR) [2]. Zur Berechnung der PSNR mußten künstliche Defekte in einer ungestörten Sequenz erzeugt werden. Bild 4a) zeigt das unbeschädigte Originalbild, Bild 4b) das beschädigte Bild mit zwei großen Kratzern und mehreren Flecken. Bild 4c) zeigt das Resultat der Anwendung eines Medianfilters und Bild 4d) das Resultat des Mittelwertfilters. Die besten Ergebnisse liefern bewegungskompensierte Detektoren und eine bewegungskompensierte Rekonstruktion mit dem Vektormedian-Filter. Die Verwendung des Mittelwertfilters führt teilweise zu verwischten Bewegungen.

Abbildung4. Kurzzeitige künstliche Störungen und Resultate der Filter

5 Zusammenfassung

In diesem Artikel werden Verfahren zur Detektion von Flecken zur Restauration der zerstörten Bildbereiche diskutiert. Flecken stellen Diskontinuitäten im Bildverlauf dar, so daß zur Detektion von Flecken Verfahren zur Bewegungsschätzung wie das Gradientenprinzip, Matching, SDI und ROD verwendet werden. Die Rekonstruktionsmethoden zur Beseitigung der gefundenen Störungen stützen sich auf die Vorgänger- und Nachfolgebilder. Ansätze wie die Mittelwertbildung oder der zeitliche Medianfilter werden um eine bewegungskompensierende Komponente erweitert und für den Einsatz in digitalisierten Filmsequenzen angepaßt. Die Bewertung der Methoden zeigte, daß die besten Ergebnisse bei einer bewegungskompensierten Rekonstruktion mit dem Vektormedian-Filter erzielt werden.

Literatur

[1] E. ABREU, S.K. MITRA. A simple algorithm for restoration of images corrupted by streaks. In *ISCAS 96*, pages 730–733. IEEE, 1996.

[2] J. ENGEHAUSEN. Defektbeseitigung in digitalen Filmsequenzen. Diplomarbeit, TU Clausthal, September 1999.

[3] A. KOKARAM, R. MORRIS, W. FITZGERALD, P. RAYNER. Interpolation of missing data in image sequences. In *IEEE Image Processing*, 1496-1508, 1995.

[4] A. KOKARAM. Detection and removal of line scratches in degraded motion picture sequences. *Signal Processing VIII*, 1:5–8, September 1996.

[5] S.K. MITRA, M.J. NADENAU. Blotch and scratch detection in image sequences based on rank ordered differences. *Workshop Time-Varying Image Processing*, 1996.

[6] L. ROSENTHALER, A. WITTMANN, A. GÜNZL, R. GSCHWIND. Restoration of old movie films by digital image processing. In *IMAGECOM 96 Conference*, 1996.

Winkelbestimmung mittels Fluchtpunkten in projektiv verzerrten Einzelbildern

Christian Bräuer-Burchardt und Klaus Voss
FSU Jena, Institut für Informatik, Lehrstuhl Digitale Bildverarbeitung
Ernst-Abbe-Platz 1-4, 07743 Jena
email: cbb@pandora.inf.uni-jena.de

Zusammenfassung Es wird ein monokulares Verfahren zur Rekonstruktion von Winkeln einer 3D-Szene, speziell Winkeln zwischen aneinandergrenzenden planaren Flächen wie z.B. Hausfassaden vorgestellt. Die Winkelbestimmung beruht auf den Beziehungen zwischen den Fluchtpunkten der Normalenrichtungen der Flächen und dem Bildhauptpunkt, der unter Verwendung von A-priori-Informationen über bekannte Längen oder Winkel oder gleiche Längen- oder Winkelverhältnisse in unterschiedlichen Ebenen bestimmt wird. Durch experimentelle Untersuchungen wird die Robustheit verschiedener Methoden der Hauptpunkt-Bestimmung ermittelt. Je nach zusätzlich vorhandener A-priori-Information beträgt die Abweichung des bestimmten vom wahren Winkelwert etwa ±1° bei bekanntem Hauptpunkt und ca. ±2° bei bekanntem Winkel oder Seitenverhältnis. Dies bedeutet für Anwendungen der Rekonstruktion von Architektur-Objekten eine akzeptable Genauigkeit.

1 Einleitung

Bei Restaurationsaufgaben in der Architektur sind exakte Pläne von Gebäuden oft nicht mehr verfügbar. Sind die Gebäude zerstört, kann die Rekonstruktion ausschließlich anhand von Fotodokumenten durchgeführt werden. In der Regel sind jedoch auch bei Vorhandensein von Fotos keine Information mehr über die Parameter der aufnehmenden Kamera verfügbar. Annahmen über die Einhaltung architektonischer Konstruktionsvorschriften sind neben eventuell noch bekannten metrischen Informationen über die Gebäude (zB. bestimmte Längenmaße, Seitenverhältnisse) die einzige Zusatzinformationen, mit deren Hilfe die Rekonstruktionsaufgabe gelöst werden muß. Diese Annahmen betreffen in erster Linie Eigenschaften wie Geradlinigkeit von Kanten und Linien, Parallelität von Linien, Planarität von Flächen, sowie Orthogonalitäts- und Symmetrie-Eigenschaften.

In der Regel stoßen die benachbarten Fassaden von Häusern im rechten Winkel aneinander. In diesem Fall kann durch die Bestimmung von drei Fluchtpunkten paarweise orthogonaler Richtungen die Kalibrierung der inneren Kameraparameter erreicht und damit die 3D-Rekonstruktion des Gebäudes aus einem Einzelbild durchgeführt werden [1,4]. Es gibt jedoch auch eine Reihe von Gebäuden, bei denen dieser Winkel ungleich 90° ist (siehe Abb.1). Besonders im Fall der Rekonstruktion zerstörter Gebäude, muß dieser Winkel ausschließlich aus der vorhandenen A-priori- und der Bildinformation gewonnen werden.

Abb.1. Gebäude mit Fassaden, die in unbekanntem Winkel aneinanderstoßen

In der Vergangenheit gab es verschiedene Ansätze zur monokularen Winkelbestimmung. Petsa et al [9] ermittelten die Normalenwinkel von Hausfassaden mit Fluchtpunkten unter der Annahme der Hauptpunktlage im Bildzentrum. Bei Fotos zerstörter Gebäude ist dies jedoch mit einem hohen Fehlerrisiko verbunden, wenn man die Hauptpunktlage nicht aus den Bilddaten selbst ermitteln kann, da man nicht weiß, ob das Bild nur ein Ausschnitt eines Fotos ist. In [6] wird die Winkelbestimmung durch ein spezielles Aufnahmeverfahren erreicht, das die Beweglichkeit der Kamera voraussetzt.

Unser Ausgangsmaterial soll jedoch ein Einzelbild eines Architektur-Objektes sein. Es seien ausreichend viele Linien im Bild detektierbar, die den senkrechten Fluchtpunkt Q_1 repräsentieren. Der zu berechnende Winkel kann z.B. durch die Normalen von zwei planaren Hausfassaden bestimmt sein, oder in einer zur senkrechten Richtung orthogonalen Ebene, z.B. der Grundebene verlaufen.

Neben dem senkrechten Fluchtpunkt Q_1 seien die beiden horizontalen Fluchtpunkte Q_2 und Q_3 der beiden Fassaden-Ebenen E_2 und E_3 bestimmbar.

2 Modell und Lösungsansätze

Für das vorliegende Bild wird von der Gültigkeit des zentralprojektiven Kameramodells ausgegangen. Das heißt, tangentiale und radialsymmetrische Linsenverzeichnungen werden entweder vernachlässigt oder korrigiert [2]. Es seien mit $P=(X,Y)$ der Bildhauptpunkt und mit f die Kammerkonstante (Brennweite) bezeichnet. Alle Formeln werden so abgeleitet, daß sie sich unmittelbar auf Bildkoordinaten beziehen.

In der Literatur sind eine Reihe von Verfahren zur Fluchtpunkt-Bestimmung beschrieben, z.B. in [3,8,10]. Nach automatischer Zuordnung von im Bild erkannten Geradensegmenten zu interaktiv vorgegebenen Fluchtpunkt-Richtungen verwenden wir das in [3] beschriebene Verfahren zur Fluchtpunkt-Berechnung.

2.1 Orientierungswinkel

In der Photogrammetrie wird die äußere Orientierung der Kamera bzgl. des Weltkoordinatensystems durch die drei Rotationswinkel κ (Drehung), ω (Neigung) und φ (Schwenkung) beschrieben [9,11]. Dabei ist ω die Drehung der Kamera um die X-Achse, φ die Drehung um die Y-Achse und κ die Drehung um die Z-Achse des Weltkoordinatensystems. Wir definieren den Schwenkungwinkel φ_i einer Ebene E_i im 3D-

Raum und den Neigungswinkel ω jeweils bezüglich der optischen Achse des abbildenden Systems, und zwar ω als Rotationswinkel um die X- und φ als Rotationswinkel um die Y-Achse des Bild-Koordinatensystems. Der Winkel κ beschreibt dann die Rotation des Bildes um die optische Achse selbst (siehe Abb.2).

Wir betrachten nun die drei Fluchtpunkte $Q_1=(x_1,y_1)$, $Q_2=(x_2,y_2)$, und $Q_3=(x_3,y_3)$, wobei die Ebene E_2 durch die Fluchtpunkte Q_1 und Q_2 und die Ebene E_3 durch die Fluchtpunkte Q_1 und Q_3 charakterisiert sind. Zwischen den Fluchtpunkten Q_1, Q_2, und Q_3, dem Hauptpunkt $P=(X,Y)$, der Brennweite f und den Winkeln κ, ω, φ_2 und φ_3 gelten die Beziehungen

$$\kappa = \arctan \frac{X - x_1}{Y - y_1} \tag{1}$$

$$\omega = \arctan \frac{f \cos(\kappa)}{Y - y_1} \tag{2}$$

$$\varphi_i = \arctan \frac{(x_i - X)\cos(\omega)}{f \cos(\kappa)} \qquad , i = 2, 3 \tag{3}$$

Ist der Hauptpunkt P bekannt, können φ_2 und φ_3 durch Einsetzen der bestimmten Fluchtpunktkoordinaten direkt aus den Gleichungen (1) bis (3) bestimmt werden. Der Winkel φ zwischen den Fassaden beträgt dann $\varphi = \varphi_2 - \varphi_3$. Bei unbekannten Hauptpunktkoordinaten muß zunächst P bestimmt werden (siehe Abschnitt 3).

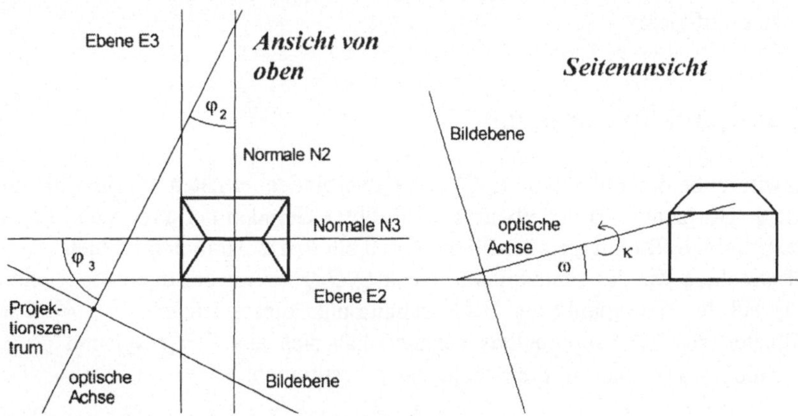

Abb.2. Zur Definition der Orientierungswinkel φ, ω und κ

2.2 Kanatani'sche Hauptpunkt-Transformation

Eine Ähnlichkeitsabbildung der Ebene E kann durch Anwendung der Kanatani'schen Hauptpunkt-Transformation (KHT) [1,5] erreicht werden. Dabei wird der Fluchtpunkt $Q=(\xi_q,\eta_q)$ der Normalenrichtung zur Ebene E in den Bildhauptpunkt P so transformiert, daß der Sehstrahl s durch Q in die optische Achse gedreht wird. Die 2D$\rightarrow$2D-Transformation der Bildpunkte (ξ, η) (in homogenen 2D-Koordinaten) wird durch

$$(\xi', \eta', 1)^T = \mathbf{T} \, (\xi, \eta, 1)^T \tag{4}$$

mit der Transformationsmatrix

$$\mathbf{T} = \mathbf{C}^{-1} \, \mathbf{R} \, \mathbf{C},$$

erreicht. $\mathbf{C} = \begin{pmatrix} 1 & 0 & -X \\ 0 & 1 & -Y \\ 0 & 0 & 1 \end{pmatrix}$ realisiert die Translation von $P=(X,Y)$ in den Koordina-

tenursprung, wobei die Brennweite f hier nicht eingeht. Die Rotationsmatrix ist durch

$$\mathbf{R} = \begin{pmatrix} r_{11} & r_{12} & r_{13} \\ r_{21} & r_{22} & r_{23} \\ r_{31} & r_{32} & r_{33} \end{pmatrix} = (1 - \cos\alpha) \begin{pmatrix} s_x \\ s_y \\ s_z \end{pmatrix} (s_x, s_y, s_z) + \begin{pmatrix} \cos\alpha & -s_z \sin\alpha & s_y \sin\alpha \\ s_z \sin\alpha & \cos\alpha & -s_x \sin\alpha \\ -s_y \sin\alpha & s_x \sin\alpha & \cos\alpha \end{pmatrix}$$

mit
$$\alpha = \arctan \frac{\sqrt{(X - \xi_q)^2 + (Y - \eta_q)^2}}{f},$$

$$\mathbf{v_s} = (\mathbf{v_t} \times \mathbf{v_c}), \quad \mathbf{v_t} = (X - \xi_q, Y - \eta_q, -f)^T, \quad \mathbf{v_c} = (0, 0, -f)^T \text{ und } (s_x, s_y, s_z)^T = \mathbf{v_s} / |\mathbf{v_s}|$$

gegeben [5]. Wir werden diese Transformation anwenden, um die beiden Fassadene-
benen zu rektifizieren.

3 Hauptpunktbestimmung

Wenn wir die beiden Fluchtpunkte Q_2 und Q_3 verbinden, erhalten wir die Fluchtpunkt-
Gerade g (Horizontlinie) der Ebene E. Auf dieser Geraden befinden sich alle Fluchtpunkte beliebiger Richtungen der Ebene E und aller zu E parallelen Ebenen.

Betrachten wir das Fluchtpunktdreieck $Q_1 Q_2 Q'$ dreier orthogonaler Richtungen,
so gilt, daß der Hauptpunkt der Höhenschnittpunkt dieses Dreiecks ist [4]. Sind die
Koordinaten des Bildhauptpunktes bekannt, läßt sich aus $Q_1=(x_1,y_1)$ und $Q_2=(x_2,y_2)$
(oder analog aus Q_1 und Q_3) die Brennweite f bestimmen:

$$f = \sqrt{-(X - x_1)(X - x_2) - (Y - y_1)(Y - y_2)} \, . \tag{5}$$

Damit lassen sich die Koordinaten des Fluchtpunktes Q' der entsprechenden
dritten orthogonalen Richtung berechnen. Wenn wir nun Q_1 und Q_2 oder Q_1 und Q_3
und als dritten Fluchtpunkt Q' betrachten, so folgt, daß Q' auch auf g liegen muß.
Wiederum daraus folgt, daß P auf der Strecke $Q_1 F$ liegen muß, wobei F der Lotfuß-
punkt von Q_1 auf g ist (siehe Abb.3).

Wie im folgenden gezeigt wird, genügt unter diesen Bedingungen eine der folgenden Voraussetzungen zur Hauptpunktbestimmung:

– eine der zu E senkrechten Ebenen E_2 oder E_3 ist aufgrund der Erfüllung weiterer Voraussetzungen maßstabsgerecht rektifizierbar
– das Seitenverhältnis zweier nichtparalleler Strecken aus E_2 oder E_3 ist bekannt
– ein durch drei oder vier Punkte aus E_2 oder E_3 bestimmter Winkel ist bekannt
– das Seitenverhältnis von je zwei nichtparallelen Strecken aus E_2 oder E_3 ist gleich
– jeweils zwei Winkel aus E_2 oder E_3 sind gleich

Die Bedingungen, unter denen aus einem Einzelbild eine Ebene maßstabsgerecht entzerrt werden, sind u.a. in [1] und [6] beschrieben. Ist die Ebene rektifiziert, kann z.B. das Seitenverhältnis nichtparalleler Strecken entnommen und $P=(X,Y)$ mit der unten angegebenen Methode H1 bestimmt werden.

Die im folgenden beschriebenen Methoden (H1, H2, H3, H4) beruhen alle auf derselben Grundidee. Durch die Bestimmung der drei Fluchtpunkte Q_1, Q_2 und Q_3 und die Annahmen über die Ebenenlagen ist die Strecke $\overline{Q_1 F}$ bekannt, auf welcher sich der Hauptpunkt P befindet. Es werden nun Funktionen $h(x,y,P_1,P_2,\ldots)$ mit den Parametern (x,y) als Hauptpunktkandidaten aus dem Definitionsbereich $\overline{Q_1 F}$ und den aus dem Bild extrahierten Punkten $P_1,P_2,\ldots$ konstruiert, für die $h(X,Y,P_1,P_2,\ldots)=0$ gilt. Dabei wird ausgenutzt, daß durch die KHT eine Ähnlichkeitsabbildung der Ebene E erreicht wird, in der die Urbilder $P_i^{\,\circ}$ der Punkte P_i liegen, falls die wahren Werte für Q, P und f als Parameter der KHT verwendet werden. Bei der Durchführung der KHT wird neben den aktuellen Koordinaten (x,y) des Hauptpunktkandidaten und dem gemäß (5) resultierenden Wert für die Brennweite f jeweils der der Normalenrichtung der betrachteten Ebene entsprechende und aus Q_1 und Q_2 bzw. Q_1 und Q_3 berechnete Fluchtpunkt Q' als Parameter verwendet.

Die Nullstellenbestimmung erfolgt durch Intervallschachtelung mit den Startwerten Q_1 und F für (x,y). Dabei sind $P_i'=(x',y')_i$ die durch KHT gemäß Gleichung (4) aus $P_i=(x,y)_i$ transformierten Punkte.

3.1 Hauptpunktbestimmung bei bekanntem Seitenverhältnis (H1)

Sei das Verhältnis $V=A/B$ der Strecken $A=\overline{P_1^{\,\circ} P_2^{\,\circ}}$ und $B=\overline{P_3^{\,\circ} P_4^{\,\circ}}$ bekannt. Die Strecken A und B seien durch die koplanaren 3D-Punkte $P_1^{\,\circ}$, $P_2^{\,\circ}$, $P_3^{\,\circ}$ und $P_4^{\,\circ}$ mit den Abbildern P_1 und P_2 bzw. P_3 und P_4 festgelegt. Wir betrachten nun die Transformation der Punkte P_1, P_2, P_3 und P_4 durch die KHT nach P'_1, P'_2, P'_3 und P'_4. Die Funktion h ergibt sich zu

$$h(x,y,P_1,P_2,P_3,P_4) = \frac{\overline{P_1' P_2'}}{\overline{P_3' P_4'}} - V \, .$$

3.2 Hauptpunktbestimmung bei bekanntem Winkel (H2)

Sei der durch die Strecken $A=\overline{P_1^{\,\circ} P_2^{\,\circ}}$ und $B=\overline{P_3^{\,\circ} P_4^{\,\circ}}$ bestimmte Winkel φ bekannt. ($P_1^{\,\circ}$, $P_2^{\,\circ}$, $P_3^{\,\circ}$, $P_4^{\,\circ}$ sind koplanar). Analog zu 3.1 definieren wir die Funktion h durch

$$h(x, y, P_1, P_2, P_3, P_4) = \omega(P'_1, P'_2, P'_3, P'_4) - \varphi,$$

wobei $\omega(P'_1, P'_2, P'_3, P'_4)$ der Winkel zwischen den Strecken $\overline{P'_1 P'_2}$ und $\overline{P'_3 P'_4}$ ist.

3.3 Hauptpunktbestimmung bei gleichem unbekanntem Seitenverhältnis (H3)

Es sei von den Verhältnissen $V_2 = A/B$ der Strecken $A = \overline{P_1{}^\circ P_2{}^\circ}$ und $B = \overline{P_3{}^\circ P_4{}^\circ}$ aus E_2 und $V_3 = C/D$ der Strecken $C = \overline{P_5{}^\circ P_6{}^\circ}$ und $D = \overline{P_7{}^\circ P_8{}^\circ}$ aus E_3 die Gleichheit bekannt: $V_2 = V_3$. Die Funktion h ergibt sich zu

$$h(x, y, P_1, P_2, P_3, P_4, P_5, P_6, P_7, P_8) = \frac{\overline{P_1' P_2'}}{\overline{P_3' P_4'}} - \frac{\overline{P_5' P_6'}}{\overline{P_7' P_8'}}.$$

3.4 Hauptpunktbestimmung bei gleichem unbekanntem Winkel (H4)

Seien die durch die Strecken $\overline{P_1{}^\circ P_2{}^\circ}$ und $\overline{P_3{}^\circ P_4{}^\circ}$ und $\overline{P_5{}^\circ P_6{}^\circ}$ und $\overline{P_7{}^\circ P_8{}^\circ}$ der koplanaren Punkte $P_1{}^\circ$, $P_2{}^\circ$, $P_3{}^\circ$, $P_4{}^\circ$ aus E_2 und $P_5{}^\circ$, $P_6{}^\circ$, $P_7{}^\circ$, $P_8{}^\circ$ aus E_3 bestimmten Winkel φ_2 aus E_2 und φ_3 aus E_3 gleich. Die Funktion h ergibt sich zu

$$h(x, y, P_1, P_2, P_3, P_4, P_5, P_6, P_7, P_8) = \omega(P'_1, P'_2, P'_3, P'_4) - \omega(P'_5, P'_6, P'_7, P'_8).$$

Zur Erhöhung der Robustheit können für die Punkte-Tupel mehrere Beobachtungsdaten verwendet und die Ausgleichung mit der Methode der kleinsten Fehlerquadrate realisiert werden. Eine Fehlerreduzierung kann weiterhin durch Kombination der Methoden bei Erfüllung der Voraussetzungen erreicht werden.

4 Experimentelle Ergebnisse

Zur Evaluierung des vorgestellten Verfahrens wurden experimentelle Untersuchungen durchgeführt. Um eine Kontrolle der gemessenen Winkel zu ermöglichen, wurde ein "Fassadenmodell" mit variablem Winkel zwischen den Fassaden gefertigt (siehe Abb.4). Jede der beiden Fassaden enthält Rechtecke mit bekannten Linienlängen.

Es wurden Innen- und Außenwinkel zwischen 70 und 140° zwischen den Fassaden erzeugt und die entsprechenden Bilder aufgenommen. Außerdem wurden Bilder von Gebäuden mit unbekannten Fassadenwinkeln ungleich 90° untersucht.

In jedem Bild wurden die radialsymmetrischen Verzeichnungen korrigiert. Aus detektierten Liniensegmenten wurden jeweils drei Fluchtpunkte (FP) im Bild bestimmt (senkrechter Fluchtpunkt Q_1, waagerechter FP Q_2 der einen Fassade und waagerechter FP Q_3 der anderen Fassade). Der Winkel zwischen den beiden Fassaden wurde aus den Koordinaten der drei Fluchtpunkte und des Hauptpunktes gemäß (3) berechnet. Der Bildhauptpunkt wurde mit den vier (Fassadenmodell) bzw. zwei (H3 und H4 -

reale Gebäude) vorgeschlagenen Methoden ermittelt. Zur Kontrolle wurde zusätzlich der (durch Kalibrierung) bekannte wahre Hauptpunkt für die Berechnungen benutzt.

Bei 20 Testfassaden-Bildern wurde die Abweichung $\Delta\varphi=\varphi_c-\varphi$ zwischen dem mit bekanntem Hauptpunkt berechneten (φ_c) und dem vorgegebenen Winkel (φ) bestimmt und eine mittlerer Wert für $\Delta\varphi$ von -0.15 ± 1.06 erhalten. Dieser Fehler dürfte in erster Line jedoch durch eine ungenaue Winkeleinstellung am Testobjekt verursacht sein.

Bei den Testfassaden-Bildern wurden pro Fassade jeweils drei Streckenpaare zur Seitenverhältnis-Bestimmung und drei Winkel in die Berechnungen einbezogen.

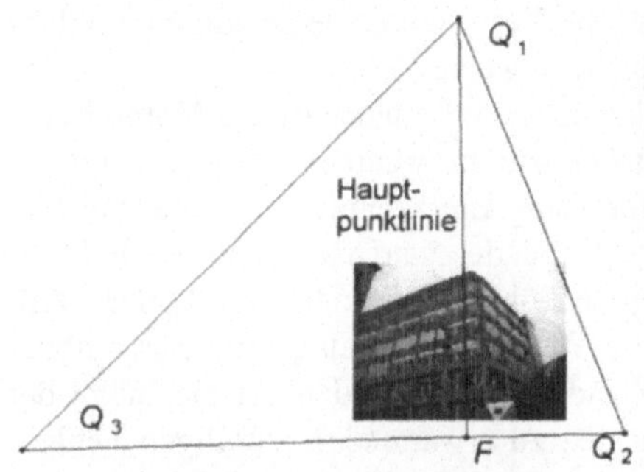

Abb.3. Fluchtpunkte Q_1, Q_2 und Q_3, Horizontlinie Q_2Q_3 und Hauptpunktlinie FQ_1

Abb.4. Testfassaden

In Tabelle 1 sind die Ergebnisse für acht Testbilder und zwei Bilder realer Gebäude (Bildgröße: 1152x864) zusammengefaßt. Als wahrer Winkel wurde der aus dem bekannten Hauptpunkt berechnete Wert verwendet. Für jede Methode ist der mittlere Winkelfehler $E_w = \frac{1}{n}\sum\Delta\varphi$ und die Standardabweichung (SD) des Winkelfehlers angegeben, weiterhin Mittelwert und SD der berechneten Hauptpunktkoordinaten X, Y (in Pixeln) und die Anzahl n der Bilder.

	H1	H2	H3	H4
E_W	0.56 ± 1.60°	0.67 ± 1.50°	-2.17 ± 6.80°	-2.65 ± 4.72°
X	592 ± 27	592 ± 27	593 ± 26	588 ± 30
Y	432 ± 24	416 ± 31	373 ± 87	551 ± 59
n	8	8	10	10

Tab.1. Experimentelle Ergebnisse der Winkelbestimmung (Mittelwert ± Standardabweichung)

5 Diskussion und Ausblick

Bei bekanntem Hauptpunkt P hängt die Genauigkeit der Winkel-Berechnung von der Qualität der Fluchtpunkt-Bestimmung ab. Ist P a-priori nicht bekannt, ist im allgemeinen eine gute Winkelapproximation möglich, wenn ein Seitenverhältnis oder ein nichtrechter Winkel bekannt ist. Wesentlich fehleranfälliger sind die Methoden H3 und H4, auf die man im Normalfall angewiesen ist, wenn keine zusätzliche metrische Information über die Fassaden vorliegt. Der relativ große Fehler dieser beiden Methoden resultiert aus der ungenauen Bestimmung der Y-Koordinate des Hauptpunktes. Jedoch können auch in diesem Fall zufriedenstellende Resultate erzielt werden, falls erstens eine ausreichend hohe Bildauflösung eine exakte Lokalisation der Punkte ermöglicht, und zweitens die beiden Fluchtpunkte Q_2 und Q_3 nicht annähernd gleich weit vom Hauptpunkt entfernt sind. Ansonsten wird nämlich bei H3 und H4 der Anstieg der Funktion h annähernd Null, wodurch die Nullstellenbestimmung instabil wird.

Aufgrund dieser Überlegung ist zu vermuten, daß die Abhängigkeit des Fehlers vom Distanzverhältnis quantitativ experimentell ermittelt werden kann, was in kommenden Untersuchungen durchgeführt werden soll. Kann ausgeschlossen werden, daß es sich um einen Bildausschnitt handelt, liefert die Verwendung des Bildmittelpunktes als geschätzter Hauptpunkt in der Regel ausreichend genaue Resultate.

Das Verfahren bietet sich erstens für eine schnelle berührungslose Methode zur Winkelbestimmung existierender Architektur-Objekte an, wenn eine Kamera mit bekannten inneren Parametern verwendet werden kann. Ein zweites Anwendungsgebiet ist die Rekonstruktion zerstörter historischer Gebäude, von denen nur noch Fotos vorhanden sind. Liegen metrische Informationen über bestimmte Teilobjekte (z.B. Seitenverhältnisse bei Fenstern) vor, kann die Winkelbestimmung mit relativ hoher Genauigkeit und mittlerem interaktiven Aufwand realisiert werden. Ist dies nicht der Fall, müssen die Methoden H3 oder H4 mit den zu erwartenden zufälligen Fehlern verwendet werden.

Gegenstand zukünftiger theoretischer und experimenteller Untersuchungen werden u.a. die Einflußgrößen auf den Winkelfehler sein. Desweiteren sollen die Fehler der Methoden H3 und H4 unter Einbeziehung einer größeren Zahl von Bildern realer Gebäude in Zukunft noch genauer analysiert werden.

Literatur

1. C.Bräuer-Burchardt, K.Voss: Monokulare Rekonstruktion unter Orthogonalitätsvoraussetzungen. In: Mustererkennung 1999, Springer, 197-204
2. C.Bräuer-Burchardt, K.Voss: A new method for determination and correction of weak radial lens distortion using single views. In: Girod B, Niemann H and Seidel HP (eds.): VMV'99, Infix 1999, 27-34
3. C.Bräuer-Burchardt and K.Voss: Robust vanishing point determination in noisy images. Accepted paper at 15th ICPR, 03.09.-08.09.2000, Barcelona
4. B.Caprile and V.Torre: Using vanishing points for camera calibration. IJCV 1990, 127-140
5. K.Kanatani: Constraints on length and angle. CVGIP 41 (1988), 28-42
6. D.Liebowitz and A.Zisserman: Metric rectification for perspective images of planes. Proc CCVPR 1998, 482-488
7. C.B.Madsen, H.I.Christensen: Determining angles with a moveable observer. Proc ICPR 1994, (Vol 1), 280-285
8. P.L.Palmer, A.T.Tai: An optimised vanishing point detector, BMVC93, 529-538
9. E.Petsa, G.Karras, G.Aperghis: Zur Fassadenentzerrung aus Amateurbildern abgerissener Altstadtviertel. Vermessungswesen und Raumordnung 55/8, 1993, 431-436
10. F.A.van den Heuvel: Vanishing point detection for architectural photogrammetry. IAPRS, Vol.32, part 5, 1998, 652-659
11. P.R.Wolf: Elements of Photogrammetry. McGraw-Hill, 1983, 588ff

Disparitätsanalyse konvergenter und rektifizierter Stereoansichten: Eine vergleichende Untersuchung

O. Schreer, N. Brandenburg, P. Kauff

Heinrich-Hertz-Institut für Nachrichtentechnik Berlin GmbH,
Einsteinufer 37, D-10587 Berlin
schreer@hhi.de, brandenburg@hhi.de, kauff@hhi.de

Zusammenfassung In diesem Beitrag werden Ergebnisse einer vergleichenden Untersuchung zur Disparitätsanalyse von konvergenten Stereosystemen vorgestellt. Bei bekannter Epipolargeometrie kann die Disparitätsanalyse auf den Originalansichten durch Schätzung entlang der Epipolarlinie durchgeführt werden. Wendet man jedoch auf diese Originalansichten eine Rektifikation an, so ergeben sich achsparallele Ansichten und eine Schätzung entlang der horizontalen Scan-Linie ist möglich. Bei der Bewertung beider Verfahren wird der jeweils notwendige Rechenaufwand und die Güte der Disparitätsschätzung anhand verschiedener Kriterien analysiert.

1   Einleitung

Auf dem Gebiet der Stereoanalyse konzentrierte sich die Entwicklung von Disparitätsanalyseverfahren zuerst auf achsparallele Stereosysteme, da hier aufgrund der Kamerageometrie sehr einfache Verhältnisse vorliegen. So gilt für korrespondierende Punkte in zwei Ansichten, die Abbildungen eines 3D Punktes sind, dass sie auf der gleichen Scan-Linie liegen müssen. Diese Anordnung ermöglichte die Entwicklung von sehr schnellen Verfahren, die besonders in Echtzeitanwendungen wie der mobilen Robotik, aber zunehmend auch im Bereich von Multimediaanwendungen von Bedeutung sind [1][2][3]. Durch die rasante Weiterentwicklung von Anwendungen, die auf einer bildbasierten 3D Analyse beruhen, ist aufgrund von bestimmtem Systemeigenschaften eine achsparallele Stereokonfiguration entweder nicht möglich oder nicht praktikabel. So sind zum Beispiel in Videokonferenzanwendungen aufgrund des geringen Objektabstandes konvergente Systeme wesentlich günstiger, da hier der Konvergenzpunkt beider optischen Achsen in das Objektzentrum gelegt werden sollte.

In den genannten Fällen können jedoch durch eine 2D Transformation, der Rektifikation, bei bekannter Epipolargeometrie des Stereosystems aus den konvergenten Ansichten achsparallele Ansichten gewonnen werden [4][5]. Für diese transformierten Ansichten ist dann eine achsparallele Disparitätsanalyse möglich. Bei der 2D Transformation werden jedoch abhängig von der Kamerageometrie bestimmte Bildbereiche gestaucht oder gestreckt, d.h. es entstehen unterschiedlich starke Verzerrungen, die bei zunehmender Konvergenz zwischen den Kameras größer werden und die Disparitätsanalyse beeinflussen. Desweiteren weist die Rektifikation einen zusätzlichen Rechenaufwand auf, der für jedes Stereobild anfällt. Deshalb erscheint es sinnvoll, unter Ausnutzung der bekannten Epipolargeometrie eine Disparitätsanalyse entlang der Epipolarlinie direkt auf den Originalbildern durchzuführen.

In diesem Beitrag wird eine vergleichende Untersuchung beider Verfahren vorgestellt, wobei als Bewertungskriterien die Güte der Disparitätsanalyse und der jeweils erforderliche Rechenaufwand dienen, der eine zentrale Rolle einnimmt, weil die entwickelten Verfahren in echtzeitrelevanten Anwendungen eingesetzt werden sollen. Im folgenden Abschnitt wird kurz auf die Epipolargeometrie für konvergente Stereosysteme eingegangen und das hier verwendete Verfahren der Rektifikation dargestellt. Anschließend folgt eine Beschreibung der realisierten Disparitätsanalyse. Daran schließt sich eine Darstellung des Szenarios, das die Grundlage unserer Untersuchung bildet und zu dem zu analysierendem Bildmaterial führt. Wir stellen dann experimentelle Ergebnisse für beide Ansätze hinsichtlich des Rechenaufwandes bei beiden Verfahren sowie die Güte der Disparitätsanalyse dar und schließen mit einer Zusammenfassung.

2 Die Epipolargeometrie eines konvergenten Stereosystems und die Rektifikation

Die geometrische Beziehung zwischen zwei Kameras wird durch die bekannte Fundamental-Matrix beschrieben [6][7].

$$\mathbf{F} = \mathbf{A}_1^{-T}\mathbf{E}\mathbf{A}_2^{-1} \qquad \text{mit} \quad \mathbf{E} = [\mathbf{t}]_\times \mathbf{R} \tag{1}$$

Ein 3D Punkt M liefert in den beiden Bildebenen I_1 und I_2 die Abbildungen $\mathbf{m}_1$ und $\mathbf{m}_2$. Die Epipolargeometrie besagt nun, dass für jeden Punkt auf dem optischen Strahl von $\mathbf{m}_1$ nach M der korrespondierende Bildpunkt auf der Epipolarlinie $\mathbf{l}_2$ liegen muss. Dieser Zusammenhang drückt sich durch die bekannte Epipolargleichung aus.

$$\tilde{\mathbf{m}}_1^{\,T}\mathbf{F}\tilde{\mathbf{m}}_2 = 0 \qquad \text{mit} \quad \tilde{\mathbf{m}}_1^{T} = (\mathbf{m}_1^{T},1) \tag{2}$$

Dadurch reduziert sich die Suche nach korrespondierenden Punkten auf eine 1D-Suche entlang der Epipolarlinie, wobei die resultierende Epipolarlinie für jeden Punkt wie folgt ermittelt wird:

$$\mathbf{l}_1 = \mathbf{F}\tilde{\mathbf{m}}_2 \quad \text{und} \quad \mathbf{l}_2 = \mathbf{F}^T\tilde{\mathbf{m}}_1 \tag{3}$$

Dies ermöglicht die Berechnung eines dichten Disparitätsfeldes für eine beliebige Stereogeometrie, wobei auch hier alle Probleme des parallelen Stereos, wie Verdeckungen und Tiefensprünge, zu lösen sind.

Für die Rektifikation ist zuerst die Bestimmung der Transformationsmatrizen $\mathbf{T}_1$ und $\mathbf{T}_2$ notwendig, die eine virtuelle Drehung der Bildebenen beider Kameras vom konvergenten zum achsparallelen System ermöglicht. Obwohl, wie in [8] gezeigt, die Rektifikation auch bei schwach kalibrierten Systemen möglich ist, wird in dem hier verwendeten Verfahren von bekannten Projektionsmatrizen ausgegangen [9]. Zur Bestimmung der Transformationsvorschrift werden eine Reihe von Bedingungen angenommen, welche zur Lösung eines linearen homogenen Gleichungssystems führen. Mit den daraus erhaltenen Transformationsmatrizen lassen sich die Bildpunkte aus den Originalansichten auf die beiden rektifizierten Bildebenen transformieren.

$$\tilde{m}_{1r} = T_1 \cdot \tilde{m}_1 \qquad \text{bzw.} \qquad \tilde{m}_{2r} = T_2 \cdot \tilde{m}_2 \tag{4}$$

Da jedoch die Grauwerte für das rektifizierte Raster notwendig sind, wird die inverse Transformation T_1^{-1} und T_2^{-1} von diskreten Pixelpositionen im rektifizierten Bild auf Float-Positionen im Originalbild vorgenommen. Dann kann mittels bilinearer Interpolation der entsprechende Grauwert ermittelt werden.

3 Disparitätsanalyse unter Berücksichtigung der Epipolargeometrie

Für diese Untersuchung wurde ein hierarchischer Blockmatching-Ansatz verwendet, der eine genügend genaue Lokalisierung der Disparitäten bei gleichzeitig hoher Disparitätsauflösung liefert [3]. Als Ähnlichkeitsmaß wird die MAD (*mean of absolute differences*) verwendet. Das Verfahren unterteilt sich in drei Verarbeitungsschritte:

- Bestimmung von Merkmalspunkten hoher Relevanz mittels Moravec-Operator [10]
- Globales Block-Matching der interessanten Punkte mit großer Fenstergröße zur Bestimmung von Korrespondenzen hoher Zuverlässigkeit
- Lokales Block-Matching mit reduzierter Fenstergröße basierend auf dem Disparitätsfeld der vorangegangenen Stufe zur Erzeugung eines dichten Disparitätsfeldes

Um die Zuverlässigkeit der Disparitätsanalyse zu erhöhen, wird unter Berücksichtigung der Eindeutigkeitsbedingung eine Links-Rechts-Konsistenzprüfung durchgeführt. Im optimalen Fall sollte die Disparität der Rechts-Links- und der Links-Rechts-Schätzung identisch sein. Je größer der Unterschied Δ zwischen den geschätzten Disparitäten ist, desto unzuverlässiger ist das Ergebnis.

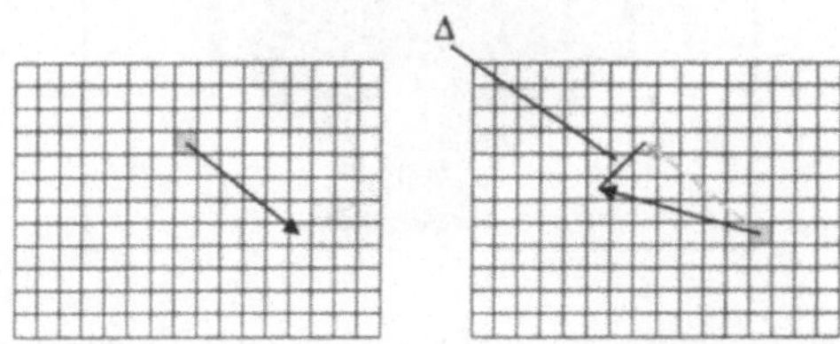

Abb. 1. Konsistenzprüfung: Rechts- Links-Schätzung (links), Links-Rechts-Schätzung (rechts)

Der wesentliche Unterschied zwischen einer Schätzung entlang der horizontalen Scan-Linie und entlang einer beliebig orientierten Epipolarlinie ergibt sich bei der Berechnung der Position des Vergleichsfensters. Sie ist abhängig von dem betrachteten Bildpunkt im Messfenster und der Epipolargeometrie (siehe Gl.(3)). Aufgrund der beliebigen Orientierung der Epipolarlinie und dem diskreten Abtastraster in der Bildebene kann diese Linie jedoch nur approximiert werden. Um die Verwendung von Fließkomma-Arithmetik bei der Berechnung der Pixelpositionen aus den Geradenparametern zu vermeiden, wird der Bresenham-Algorithmus verwendet [11].

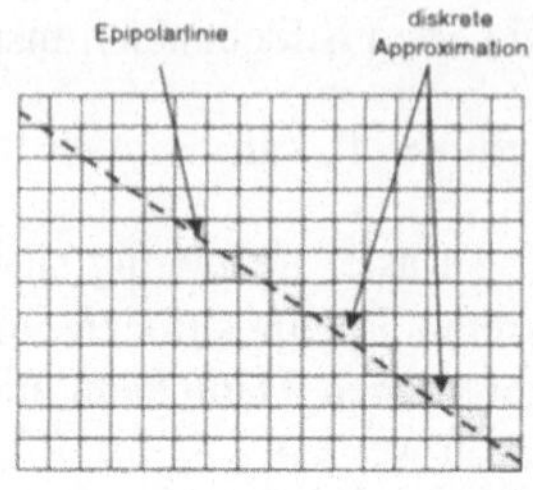

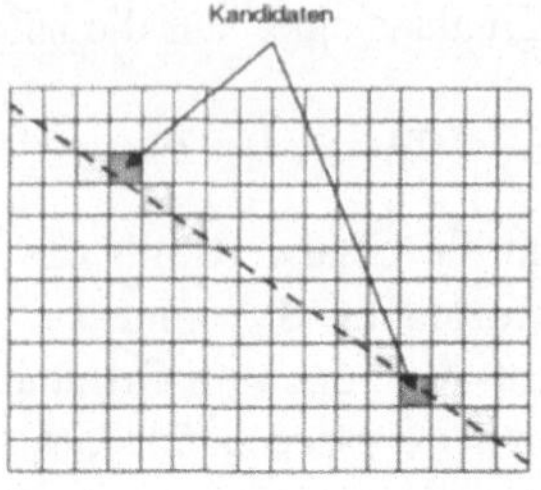

Abb. 2. Diskrete Approximation der Epipolarlinie (links) und Verwendung von Kandidaten in der lokalen Stufe (rechts)

Während die globale Stufe in einem größeren Bereich entlang der Epipolarlinie sucht, verwendet die lokale Stufe nur noch ausgewählte Kandidaten und testet diese in einem begrenzten Suchbereich hinsichtlich der Ähnlichkeit und der Zuverlässigkeit.

4 Das betrachtete Szenario

Die Motivation für diese Untersuchung liegt in der Anwendung der Disparitätsanalyse in einem virtuellen Videokonferenzsystem hoher Telepräsenz, das blickwinkelabhängige Zwischenansichten realisiert. Aufgrund der geometrischen Abmessungen des Displays ergibt sich eine Anordnung der Kameras, wie folgt:

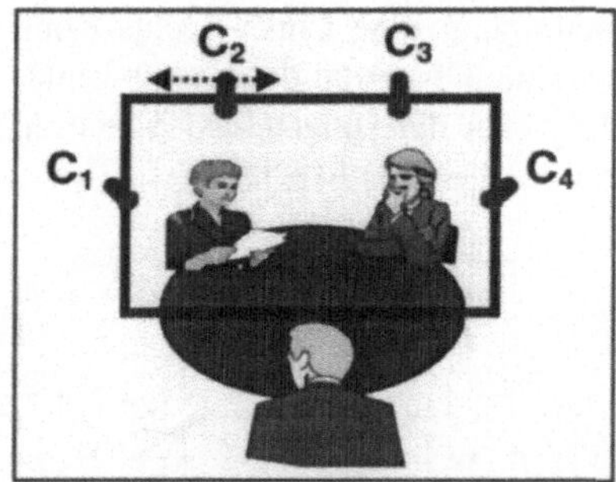

Abb. 3. Multi-View Kamerakonfiguration für eine virtuelle Videokonferenz

In dieser Untersuchung wurden verschiedene Stereoansichten betrachtet, wobei als linkes Bild die Ansicht der Kamera C_1 und als rechtes Bild verschiedene Positionen der Kamera C_2 gewählt wurden. Da die Kamera C_2 bei einer Positionsänderung von Links nach Rechts jeweils auf den gleichen Konvergenzpunkt ausgerichtet wurde, ergibt sich ein ansteigender Konvergenzwinkel. In **Abb. 4** und **Abb. 5** ist exemplarisch ein Stereopaar und das Ergebnis der Rektifikation zu sehen. Wesentliche Eigenschaft der resultierenden Stereoansichten ist, dass sich das zu analysierende Objekt in der Bildmitte befindet. Damit ergeben sich nur geringe Stauchungen und Streckungen des Objektes, da diese vornehmlich an den Bildrändern auftreten.

Abb. 4. Konvergente Ansichten von Kamera C_1 und Kamera C_2 mit Epipolarlinien

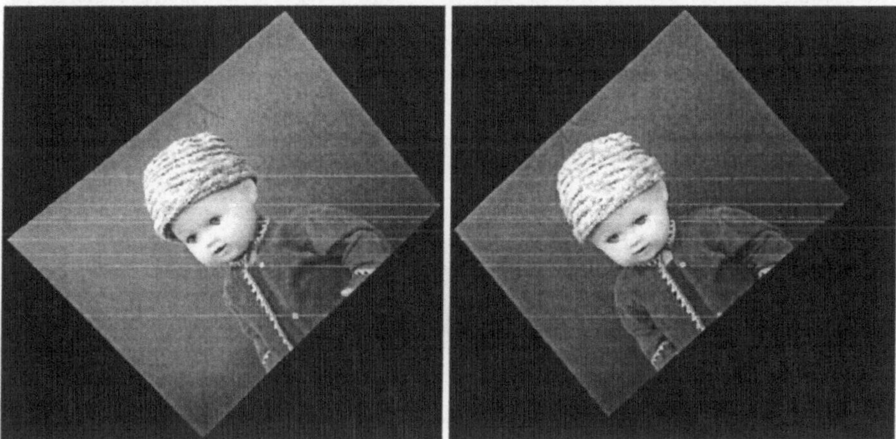

Abb. 5. Rektifizierte Ansichten mit Epipolarlinien

5 Experimentelle Ergebnisse

Bei der Beurteilung der beiden Verfahren ist aufgrund der angestrebten Echtzeitan-
wendung der Rechenaufwand von Bedeutung. Desweiteren wurde die Güte der Disparitätsanalyse mit der disparitätskompensierten Bilddifferenz und dem Konsistenzmaß
bewertet. Aufgrund der statischen Kamerakonfiguration können in beiden Ansätzen
gewisse Berechnungen offline vorgenommen werden und brauchen deshalb nicht in
die Betrachtung mit einbezogen werden. Als Beispiele seien hier genannt, die Berechnung der Epipolarlinienparameter im konvergenten Fall, bzw. die Berechnung der
Transformationsmatrizen und die Zuordnung der Pixelpositionen im Original- und
rektifizierten Bildraster bei der Rektifikation. Zusätzlich zum Rechenaufwand, der für
den Fenstervergleich benötigt wird, kommt bei der Disparitätsschätzung entlang der
Epipolarlinie die Berechnung der Position des Vergleichsfensters hinzu. Bei der Disparitätsschätzung mit Rektifikation resultiert der Rechenaufwand aus dem Fenstervergleich und den Berechnungen innerhalb der Rektifikation.

	Mul	Add	Inkr
Rektifikation	8,00	20,00	0,00
Fenstervergleich	0,00	15750,89	0,00
Gesamt : mit Rektifikation	8,00	15770,89	0,00

	Mul	Add	Inkr
Berechnung der Fensterposition	18,00	43,12	12,05
Fenstervergleich	0,00	15750,89	0,00
Gesamt : konvergenter Fall	18,00	15794,01	12,05

Tab. 1. Gegenüberstellung des Rechenaufwandes

Die **Tab. 1** macht deutlich, dass bei dem hier verwendeten Algorithmus zur Disparitätsschätzung der Rechenaufwand im wesentlichen durch den Fenstervergleich bestimmt wird. Die Berechnung der Fensterpositionen ist zwar aufwendiger als die Rektifikation, im Verhältnis zum Gesamtrechenaufwand ist dieser Unterschied aber vernachlässigbar.

Disparitätskompensierte Bilddifferenz und Zuverlässigkeitsmaß

Mit dem Ergebnis der Links-Rechts-Schätzung wird basierend auf den Grauwerten des rechten Bildes das linke Bild generiert und die Differenz zum Originalbild ermittelt.

$$I_{diff}(x, y) = \left| I_L(x, y) - I_R(x + d_{x,L \to R}, y + d_{y,L \to R}) \right| \tag{5}$$

Bei der Analyse auf den Originalbildern werden die ermittelten Disparitäten direkt verwendet. Im rektifizierten Fall werden die horizontalen Disparitäten de-rektifiziert, auf das Originalraster gerundet und die Bilddifferenz dann basierend auf den Originalansichten berechnet.

In **Abb. 6** sind die Ergebnisse für die disparitätskompensierte Bilddifferenz und das Maß Δ aus der Konsistenzprüfung bei verschiedenen Konvergenzwinkeln angegeben.

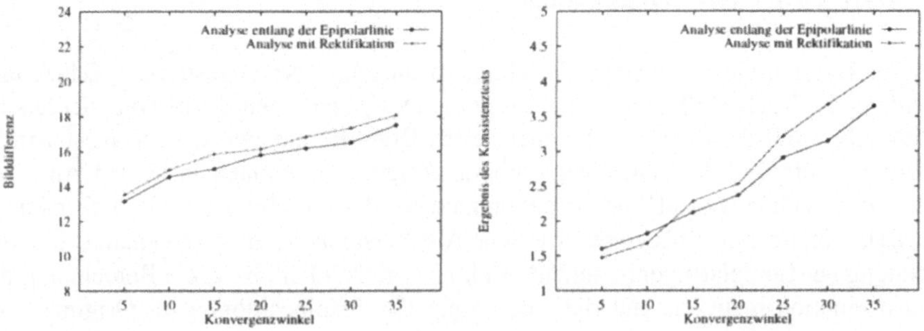

Abb. 6. Disparitätskompensierte Bilddifferenz und Konsistenzmaß Δ (Puppe)

Beide Kriterien wurden nur für die nicht verdeckten Bereiche im Bild ausgewertet. Der Unterschied bei der Bilddifferenz ist bei diesem Bildmaterial nur sehr gering. Allerdings kann für das Konsistenzmaß bei großen Konvergenzwinkeln eine kleinere Zuverlässigkeit der Disparitäten bei der Schätzung mit Rektifikation festgestellt werden, da sich die geometrische Verzerrung aufgrund der größeren Konvergenz der Ansichten durch die Rektifikation vergrößert.

Die Untersuchung wurde nun auch für Bildmaterial vorgenommen, das den gesamten Bildbereich ausfüllt, um den Einfluss der Rektifikation an den Bildrändern zu analysieren (**Abb. 7**). Die Konvergenzwinkel zwischen den Ansichten sind in **Tab. 2** angegeben.

Abb. 7. Originalansichten (Rennbahn): linke Kamera (links), 1. und 2. Position der rechten Kamera (mitte und rechts) mit entsprechenden Epipolarlinien

Konvergenzwinkel	φ_x	φ_y
Position 1	+2°	-18°
Position 2	-10°	-19°

Tab. 2. Konvergenzwinkel um die x- und y-Achse (Rennbahn)

Wie die folgenden Ergebnisse für die disparitätskompensierte Bilddifferenz und das Konsistenzmaß Δ zeigen, ergibt sich hier ein wesentlich größerer Unterschied, wobei die Schätzung auf den Originalbildern zu besseren Ergebnissen führt.

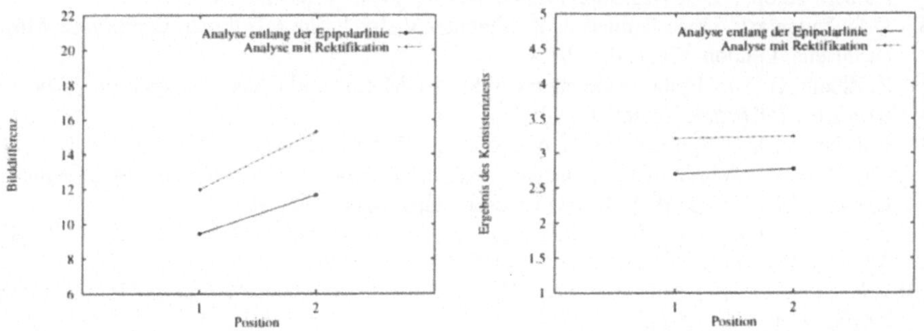

Abb. 8. Disparitätskompensierte Bilddifferenz und Konsistenzmaß Δ (Rennbahn)

6 Zusammenfassung

In diesem Beitrag wurde anhand eines konvergenten Stereoaufbaus die Disparitätsschätzung entlang der Epipolarlinie in Originalansichten und die achsparallele Disparitätsanalyse in den rektifizierten Ansichten untersucht. Dabei wurde von einer bekannten Epipolargeometrie ausgegangen. Die Untersuchungen haben gezeigt, dass der Rechenaufwand bei beiden Verfahren annähernd gleich ist. Obwohl sich im Falle der Schätzung entlang der Epipolarlinie bei der Bestimmung der Fensterposition ein deutlich erhöhter Rechenaufwand ergibt, kann dieser im Verhältnis zum Gesamtrechenaufwand vernachlässigt werden. Hinsichtlich der Güte der Disparitätsanalyse zeigt sich im Videokonferenz-Szenario, dass vor allem bei großen Konvergenzwinkeln die Schätzung auf den Originalansichten bessere Ergebnisse liefert, da mit steigendem Konvergenzwinkel die Verzerrung durch die Rektifikation zunimmt. Dieser Effekt verstärkt sich bei den bildfüllenden Stereoansichten (Rennbahn), wo deutliche Unterschiede in der Bilddifferenz und dem Konsistenzmaß Δ zu Gunsten der Schätzung entlang der Epipolarlinie festgestellt werden können.

Als Entscheidungskriterium für die Auswahl eines der Verfahren ergeben sich aus dieser Untersuchung der Grad der Konvergenz der Stereoansichten und der zu analysierende Bildbereich, da die verzerrende Wirkung der Rektifikation an den Bildrändern am größten ist.

Literatur

[1] Bertozzi M., Broggi A.: „GOLD: A Parallel Real-Time Stereo Vision System for Generic Obstacle and Lane Detection", *Trans. on Image Processing*, Vol.7, No.1, January 1998.

[2] N. Grammalidis, M.G. Strintzis: „Disparity and Occlusion Estimation in Multiocular Systems and Their Coding for the Communication of Multiview Image Sequences", *IEEE Trans. On Circuits and Sys. for Video Technology*, Vol.8, No. 3, pp.328-343, June 1998.

[3] J.-R. Ohm et al: "A Realtime Hardware System for Stereoscopic Videoconferencing With Viewpoint Adaptation" *Signal Processing: Image Communication*, Jan. 1998.

[4] D. Scharstein: "Stereo Vision for View Synthesis", *IEEE Conf. On Computer Vision and Pattern Recognition*, San Francisco, pp. 852-858, June 1996.

[5] L. Falkenhagen : "Block-Based Depth Estimation from Image Triples with Unrestricted Camera Setup," *IEEE Workshop Multimedia Sig. Proc.*, Princeton, NJ, June 1997.

[6] O.D. Faugeras: "Three-Dimensional Computer Vision", *The MIT Press*, Cambridge, Massachusetts, London, England, 1993.

[7] Z. Zhang, G. Xu: "Epipolar Geometry in Stereo, Motion and Object Recognition", *Kluwer Academic Publisher*, Netherlands, 1996.

[8] L.Robert et al: „Applications of Non-Metric Vision to Some Visually-Guided Robotic Tasks" in Y. Aloimonos (ed.), *Visual Navigation: From iological Systems to Unmanned Ground Vehicles*, pp.-89-134, Lawrence Erlbaum Associates, 1997.

[9] Fusiello, E. Trucco, A. Verri: „Rectification with unconstrained stereo geometry", *British Machine Vision Conference*, Essex, pp.400-409, Sept.1997.

[10] H.P. Moravec: „Towards Automatic Visual Obstacle Avoidance", *Proc. of Int. Conf. on Artificial Intelligence*, pp.584, 1977.

[11] W.D. Fellner: *Computer Grafik*, Reihe Informatik, Band 58, BI Wissenschaftsverlag, pp.95-98, 1988.

Stereobasierte Videosensorik unter Verwendung einer stochastischen Zuverlässigkeitsanalyse

A. Suppes, S. Niehe, M. Hötter, E. Kunze

Fachhochschule Hannover, Fachbereich Elektrotechnik, Projekt AMIS,
Ricklinger Stadtweg 120, D-30459 Hannover
`alexander.suppes@etech.fh-hannover.de`

Abstract. The new stereo-based computer vision system presented here enables a robot to automatically navigate in an unknown environment by detecting obstructions. Development is aiming at a cheap, robust sensor which, apart from measuring object distance and direction, has the ability to judge and verify the validity of estimated data. Based on the assumption of planar robot motion, stochastical disparity measurement techniques are applied to make it insensitive to changes of illumination and contrast as well as to reflections and shadows. The software based technique runs on a standard PC in real time (about 5 Hz) and shows promising results.

1   Einleitung

Die fortschreitende Automatisierung in der heutigen Arbeitswelt erfordert von den eingesetzten Maschinen und Robotern im zunehmenden Maße autonomes Handeln.

Im Bereich der automatisierten Fördertechnik werden immer mehr Transportaufgaben durch autonome mobile Roboter ausgeführt. Für eine automatische Navigation erfaßt und vermißt eine leistungsfähige Sensorik die aktuelle Umgebung, um so eine Positionsbestimmung und Hinderniserkennung vornehmen und daraus den Fahrweg bestimmen zu können. Anwendung finden hierbei im wesentlichen Radarsysteme, Laserscanner, Ultraschallsysteme und optische Kameras mit Videoauswertung [8].

Die Videosensorik besitzt dabei wichtige Vorteile:

- keine künstlichen Landmarken notwendig,
- rein passive Sensorik ohne gegenseitige, störende Beeinflußung bei mehreren mit diesen Systemen ausgerüsteten mobilen Robotern,
- sehr preisgünstige Realisierung durch Standardkomponenten,
- leichte Überwachungsmöglichkeit durch Übertragung der Kamerabilder.

Das hier vorgestellte System ist eine stereobasierte Videosensorik, die eine Szene mit zwei Kameras aus unterschiedlichen Blickwinkeln aufnimmt und mit Hilfe der Triangulation eine Vermessung von relevanten Objekten ermöglicht, siehe z.B. [4]. Bei der 3D-Vermessung wird ein stochastisches Verfahren zur Disparitätsschätzung [6] verwendet, welches sich robust gegen Störgrößen wie Helligkeitsänderungen, Schattenwürfe oder Spiegelungen verhält. Weiterhin erlaubt der Ansatz eine automatische Überprüfung sowohl der Zuverlässigkeit der ermittelten

Meßwerte als auch der Genauigkeit des gesamten Meßverfahrens beim Durchfahren und Vermessen bekannter 3D-Geometrie.

Es wird im folgenden das Gesamtkonzept der Videosensorik mit dem Schwerpunkt der Zuverlässigkeitsanalyse bei der Meßwerterfassung vorgestellt.

In Kapitel 2 wird zunächst das Gesamtsystem der Videosensorik kurz präsentiert, deren Komponenten in Kapitel 3 im Einzelnen beschrieben und diskutiert werden. In Kapitel 4 werden einige erste Ergebnisse der Leistungsfähigkeit der Videosensorik vorgestellt und weitere Arbeiten motiviert, um die bereits erzielte Robustheit und Zuverlässigkeit weiter zu erhöhen. Zusammenfassung und Ausblick finden sich in Kapitel 5.

2   Gesamtkonzept

Das Blockdiagramm der Videosensorik ist im Bild 1 dargestellt. Die analogen Videodaten zweier synchronisierter Schwarz-Weiß-CCD-Kameras werden über eine Framegrabberkarte digitalisiert und im Hauptspeicher eines Rechners abgelegt. Aus je einem Bildpaar wird in der Videoverarbeitung durch Rektifizierung, Texturanalyse, Disparitätsschätzung, 3D-Rekonstruktion und Segmentierung ein 3D-Modell der aufgenommen Szene berechnet.

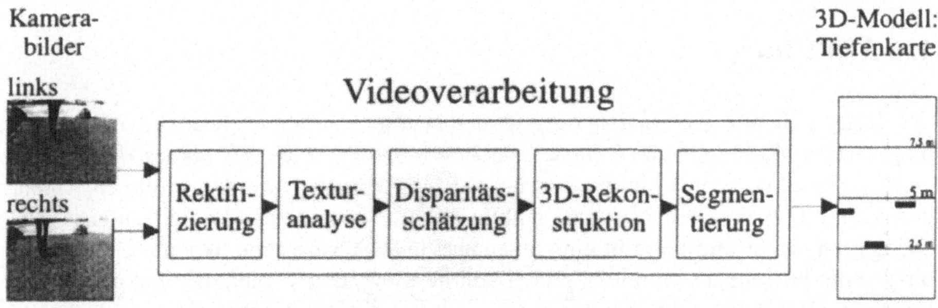

Bild 1 : Gesamtkonzept einer stereobasierten Videosensorik

Bei der Rektifizierung werden die digitalen Bilder der Kamera auf eine normierte Darstellung umgerechnet, welche die Meßwertverarbeitung von der tatsächlichen Kameraanordnung entkoppelt und dabei eine möglichst stabile und effiziente Berechnung des 3D-Modells ermöglicht.

Im nächsten Verarbeitungsschritt werden unter Verwendung einer Texturanalyse die Bildbereiche markiert, die ausreichende lokale Grauwertänderungen beinhalten und damit eine robuste und zuverlässige Disparitätsschätzung ermöglichen.

Die Disparitätsschätzung sucht korrespondierende Bildpunkte im Stereobildpaar. Ein Punkt aus der dreidimensionalen Szene wird aufgrund der unterschiedlichen Blickwinkel der beiden Kameras auf unterschiedliche Bildkoordinaten im rechten und linken Bild, die Punktkorrespondenzen, abgebildet. Diese Punktkorrespondenzen werden durch einen blockbasierten Vergleich lokaler Intensitätsverteilungen zwischen den Bildern berechnet. Für den Vergleich wird hier ein Ähnlichkeitsmaß benutzt, welches unter Verwendung wahrscheinlichkeitstheoretischer Interpretationen auch Aussagen über die Zuverlässigkeit und Güte der gefundenen Punktkorrespondenzen erlaubt.

Unter Verwendung der Disparitätsschätzung wird aus den Grauwertbildern der beiden Kameras ein Disparitätsvektorfeld ermittelt. Die Punktkorrespondenzen beschreiben dabei die Differenz der Bildpunktkoordinaten eines abgebildeten 3D-Punktes auf das rechte und linke Kamerabild als einen Vektor, den sogenannten Disparitätsvektor. Im Weiteren werden für die 3D-Rekonstruktion ausschließlich das berechnete Disparitätsvektorfeld und dessen Zuverlässigkeitsanalyse verwendet.

Ausgehend von dem Disparitätsvektorfeld und der bekannten Kameraanordnung erfolgt durch Triangulation eine 3D-Rekonstruktion. Für jeden sicher geschätzten Disparitätsvektor, d.h. für jede zuverlässige Punktkorrespondenz, werden die Koordinaten des zugehörigen Punktes in der dreidimensionalen Szene zurückgerechnet.

Die Segmentierung faßt die berechneten 3D-Punkte mit Hilfe eines Abstandsmaßes zu Objekten zusammen und stellt diese Objekte in einer Tiefenkarte dar.

Im Folgenden werden die einzelnen Verarbeitungsschritte, die aus den beiden Kamerabildern ein 3D-Modell der Szene generieren, ausführlich dargestellt.

3 Systembeschreibung

3.1 Rektifizierung

Der Stereosensor besteht aus zwei Kameras, die so ausgerichtet sind, daß sie einen möglichst großen gemeinsamen Blickbereich haben (Bild 2a). Jede einzelne Kamera wird durch das Lochkameramodell angenähert, wobei die Abbildung jedes 3D-Punktes auf die Chipebene durch die Zentralperspektive erfolgt. Dieses Modell wird um eine radialsymmetrische Verzerrung erweitert, damit die nichtidealen Abbildungseigenschaften der Optik kompensiert werden können. Ausgehend von diesem Modell wird ein Verfahren zur Kamerakalibrierung verwendet [7], das sich aufgrund seiner hohen Stabilität und Robustheit für unterschiedliche Kameratypen bewährt hat.

Die so kalibrierte Kameraanordnung wird auf die sog. Standardanordnung gemäß Bild 2b umgerechnet. Punktkorrespondenzen liegen dann in den umgerechneten Bildern auf einer horizontalen Linie, der Epipolarlinie [3], d.h. der Disparitätsvektor enthält nur eine horizontale Komponente. Damit wird durch die Rektifizierung eine robuste und schnelle Disparitätsschätzung unterstützt (s. Kap. 3.3).

Bild 2 : Rektifizierung: a) reale Kameraanordnung   b) Standardanordnung

3.2 Texturdetektion

Textur wird hier durch den örtlichen Grauwertgradienten beschrieben. Um eine zuverlässige Disparitätsschätzung zu ermöglichen, sind lokale Gradienten erforderlich. Da die Disparitätsschätzung ausschließlich in horizontaler Richtung (entlang der Epipolarlinie) erfolgt, wird das Vorhandensein vertikaler Strukturen durch einen Schwellwerttest für einen horizontalen Gradienten $T(X_L, Y_L)$ innerhalb eines Meßfensters überprüft. Für diesen gilt:

$$T(X_L, Y_L) = \frac{1}{N} \sum_{i,j} \left(s(X_L + i - 1, Y_L + j) - s(X_L + i + 1, Y_L + j) \right)^2 \tag{1}$$

$$(i, j) \in \textit{Meßfenster}$$

mit N : Anzahl der Pixel im Meßfenster,

    $s(i, j)$: Grauwert an der Pixelposition (i, j).

Unterschreitet der lokale Gradient $T(X_L, Y_L)$ eine vorgegebene Schwelle, wird der untersuchte Bildpunkt (X_L, Y_L) von der weiteren Verarbeitung ausgeschlossen, anderenfalls eine Disparitätsschätzung durchgeführt.

3.3 Disparitätsschätzung

Zur Disparitätsschätzung werden blockbasierte Verfahren eingesetzt, bei denen die Grauwertverteilung in rektifizierten Bildern direkt zur Bestimmung der Punktkorrespondenzen herangezogen wird.

Da die Disparitätsschätzung auf den rektifizierten Bildern durchgeführt wird, beschränkt sich die Suche von Punktkorrespondenzen auf die Suche entlang der horizontalen Epipolarlinie (Bild 3a, b). Den Arbeitspunkt, um den gesucht wird, bildet dabei die Disparität, die entstehen würde, wenn der betrachtete Bildpunkt auf der Ebene, auf der sich der Roboter bewegt, liegt und die aufgrund der bekannten Kamerageometrie für jeden Bildpunkt bekannt ist. Die eindimensionale Suche innerhalb eines begrenzten Bereiches der Epipolarlinie um den Arbeitspunkt spart erheblich Rechenzeit und eliminiert Mehrdeutigkeiten, was zur Erhöhung der Stabilität und Robustheit des Gesamtsystems führt.

Bei der hier eingesetzten blockbasierten Disparitätsschätzung wird ein rechteckiger Bildausschnitt (Meßfenster) an der Position $\vec{X}_L = (X_L, Y_L)^T$ im Referenzbild (linkes Bild) mit Bildausschnitten an jeder Position $\vec{X}_R = (X_R, Y_R = Y_L)^T$ im Suchbereich innerhalb des rechten Bildes durch Berechnung eines Gütemaßes verglichen (siehe Bild 3a, b). Einen Überblick über die im Bereich "Maschinelles Sehen" eingesetzten Gütemaße findet man z.B. in [2].

Bei den meisten für die Disparitätsschätzung benutzten Verfahren wird die Position $X_{R,\min}$, an der das Gütemaß die beste Übereinstimmung der Bildausschnitte zeigt, als der "wahre" zu X_L korrespondierende Punkt angenommen [2]. Weil aber die beiden Kameras der Stereoanordnung die Szene aus unterschiedlichen Blickwinkeln betrachten, kann diese Methode zu Fehlschätzungen in bestimmten Bildbereichen

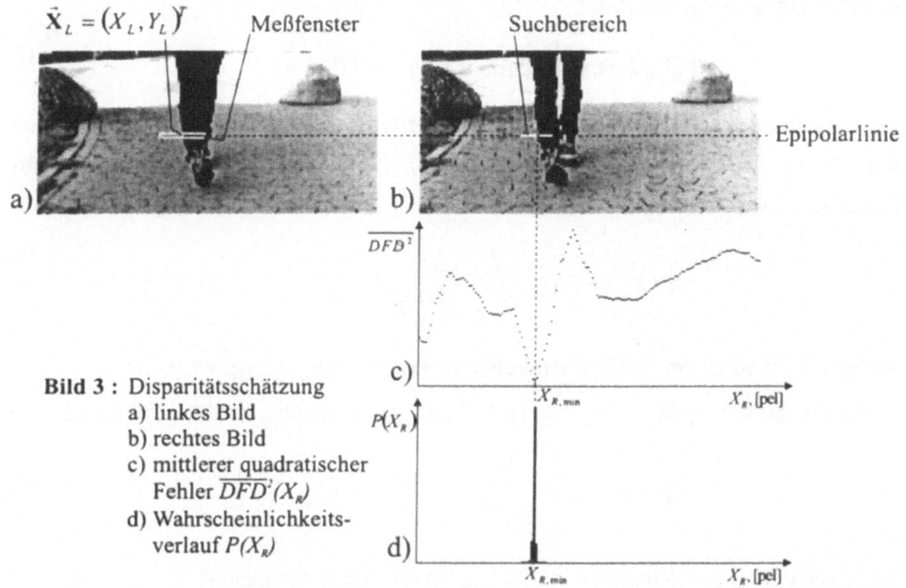

Bild 3 : Disparitätsschätzung
a) linkes Bild
b) rechtes Bild
c) mittlerer quadratischer Fehler $\overline{DFD^2}(X_R)$
d) Wahrscheinlichkeitsverlauf $P(X_R)$

führen, wie z.B. bei Verdeckungen. Durch die Anwendung eines stochastischen Verfahrens zur Disparitätsschätzung [6] ist es möglich, neben der Disparität noch eine Aussage darüber zu erhalten, wie sicher die Disparität geschätzt werden konnte. Somit lassen sich die unsicher geschätzten Punktkorrespondenzen von der weiteren Auswertung ausschließen, was die Stabilität des Gesamtsystems erhöht. Dieses Verfahren wird im Folgenden am Beispiel des mittleren quadratischen Fehlers $\overline{DFD^2}(X_R)$ als Gütemaß skizziert, der für jede Position X_R innerhalb des Suchbereiches wie folgt berechnet wird:

$$\overline{DFD^2}(X_R) = \frac{1}{N}\sum_{i,j}\left(s_L(X_L+i, Y_L+j) - s_R(X_R+i, Y_L+j)\right)^2 ; \quad (i,j)\in Me\beta fenster, \tag{2}$$

mit $\quad N$: Anzahl der Pixel im Meßfenster,

$\quad s_L(i,j)$: Grauwert an der Pixelposition (i,j) im linken Bild,

$\quad s_R(i,j)$: Grauwert an der Pixelposition (i,j) im rechten Bild.

Im Bild 3c ist ein typischer Verlauf von $\overline{DFD^2}(X_R)$ dargestellt. Das Hauptminimum mit dem kleinsten quadratischen Fehler $\overline{DFD^2}_{\min}$ tritt an der Stelle $X_{R,\min}$ auf. Um kleinere Nebenminima, die z.B. aufgrund von periodischen Strukturen im Bild auftreten können und leicht zu Fehlinterpretationen führen, von der weiteren statistischen Analyse auszuschließen, wird im Folgenden nur noch ein kleiner symmetrischer Ausschnitt $[X_{R,\min}-b,\ X_{R,\min}+b]$, $b\in N$, des Suchbereiches um $X_{R,\min}$ betrachtet.

Nach [6] läßt sich der Ausdruck

$$P'(X_R) = \exp\left(-\overline{DFD^2}(X_R)\middle/\overline{DFD^2}_{min}\right) \tag{3}$$

als ein Maß für die Wahrscheinlichkeit auffassen, mit welcher der Punkt X_R aus dem betrachteten Ausschnitt den "wahren" zu X_L korrespondierenden Punkt darstellt. Aus $P'(X_R)$ wird die Wahrscheinlichkeit $P(X_R)$ durch die Normierung berechnet:

$$P(X_R) = P'(X_R)\middle/ \sum_{X_R=X_{R,min}-b}^{X_{R,min}+b} P'(X_R). \tag{4}$$

Auf dem Bild 3d ist der Wahrscheinlichkeitsverlauf $P(X_R)$ dargestellt.

Für den Erwartungswert $\hat{X}_R$ des zu X_L korrespondierenden Punktes gilt dann:

$$\hat{X}_R = E[X_R] = \sum_{X_R=X_{R,min}-b}^{X_{R,min}+b} X_R \cdot P(X_R). \tag{5}$$

Die Unsicherheit der Schätzung von $\hat{X}_R$ wird als Varianz berechnet:

$$\sigma_{\hat{X}_R}^2 = E\left[(X_R-\hat{X}_R)^2\right] = E[X_R^2] - E^2[X_R] = \sum_{X_R=X_{R,min}-b}^{X_{R,min}+b} X_R^2 \cdot P(X_R) - \hat{X}_R^2. \tag{6}$$

Durch eine einfache Schwellwertbetrachtung werden nur Punkte mit einer Schätzvarianz unterhalb eines vorgegebenen Schwellwertes als sichere Schätzungen erkannt und bei der 3D-Rekonstruktion berücksichtigt.

3.4   3D–Rekonstruktion und –Segmentierung

Aus den Punktkorrespondenzen der sicheren Schätzungen läßt sich der entsprechende 3D-Punkt mittels Triangulation bestimmen [3], [5], wodurch jeder sicher geschätzten Disparität ein Objektpunkt im 3D-Raum zugeordnet wird. Die Aufgabe der Segmentierung besteht nun darin, diese Objektpunkte zu Objekten zusammenzufassen. Punkte, deren dreidimensionale Abstände unterhalb eines vorgegebenen Schwellwertes liegen, werden zu einem Objekt zusammengefaßt.

Für die Navigation von Fahrzeugen werden hier die Vorderkanten der detektierten Objekte als Hindernisse in einer Tiefenkarte dargestellt.

4   Experimentelle Ergebnisse

Das hier vorgestellte Verfahren wurde unter unterschiedlichen Bedingungen erprobt. Der Abstand zwischen den Kameras betrug ca. 60 cm, die Brennweite 4 mm bei einem 1/4"-Chip.

In einem vorab vermessenen Testfeld wurde die bei der Objektvermessung erzielte 3D-Genauigkeit überprüft. Bild 4a zeigt ein Bildpaar vom Testfeld sowie die vom Algorithmus errechnete Tiefenkarte mit Objekten. Ein Vergleich zwischen gemessenen und berechneten Objektkoordinaten zeigt eine Genauigkeit der 3D-Rekonstruktion von unter 3% bis zu einer Entfernung von 10 m.

Bild 4b zeigt ein in natürlicher Umgebung aufgenommenes Bildpaar sowie die daraus resultierende Tiefenkarke mit vermessenen Objekten. Die statischen und dynamischen Objekte wurden robust erfaßt und mit einer Genauigkeit <3% vermessen. Die Verarbeitungsrate beträgt auf einem PentiumII Rechner mit 500 MHz bei einer Bildgröße 186x137 pel (QCIF) etwa 5 Hz, was die Eignung des hier vorgestellten Stereosensors zur Roboternavigation zeigt.

Fehldetektionen treten z.B. bei Verdeckungen aufgrund der unterschiedlichen Blickwinkel der beiden Kameras auf. Durch die zeitliche Verküpfung von Informationen aufeinander folgender Bildpaare (Objektverfolgung), lassen sich diese Fehldetektionen vermeiden.

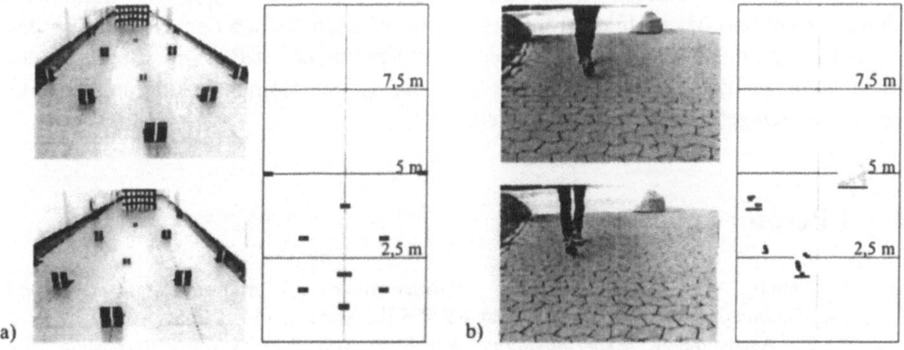

Bild 4 : Tiefenkarte für a) Testfeld und b) natürliche Umgebung

5 Zusammenfassung und Ausblick

Die vorgestellte stereobasierte Videosensorik ermöglicht es mobilen Robotern, ihre Umgebung automatisch zu erfassen und zu vermessen, um so eine Positionsbestimmung und Hinderniserkennung vornehmen und Transportaufgaben z.B. in Fertigungsstätten und im Servicebereich autonom ausführen zu können.

Durch den Einsatz von Standardkomponenten aus dem PC- und Multimediabereich wird ein kostengünstiges Sensorsystem realisiert. Eine einfache Adaption an verschiedene Anwendungen wird durch den rein softwarebasierten Ansatz ermöglicht.

Der hier vorgestellte Ansatz zeigt bei den Ergebnissen eine robuste Detektion und Vermessung von Objekten auch bei Störeinflüssen wie Helligkeitsänderungen, Schattenwürfe oder Spiegelungen. Durch stochastische Methoden erfolgt automatisch eine Überprüfung der Zuverlässigkeit für jeden erzielten Meßwert und damit auch des gesamten Sensorsystems, was eine Früherkennung von Fehlfunktionen, wie z.B. zeitliche Veränderungen der Kameranordnung o.ä., erlaubt.

Zur Zeit werden drei weitere Entwicklungen zur Verbesserung bzw. Erweiterung der bestehenden Videosensorik verfolgt.

Zur Detektion von Objekten wird die Kenntnis der relativen Lage der Stereokameraanordnung zur Fahrebene benutzt. Im laufenden Betrieb kann sich diese Zuordnung z.B. beim Anfahren auf eine Rampe oder beim Fahren über kleinere Unebenheiten ändern. Um hier fehlerhafte Detektionen zu verhindern, wird die Bewegung der Stereokameraanordnung relativ zur Fahrebene in weiteren Arbeiten mitberücksichtigt.

Der hier vorgestellte Ansatz wertet immer nur ein Stereobildpaar aus. Durch Ausnutzen der Information aus der zeitlichen Abfolge der Stereobildpaare können Vorhersagen für das aktuell zu untersuchende Bildpaar getroffen werden. Damit wird das Meßverfahren schneller und die Meßwerterfassung bei Störeinflüssen und Mehrdeutigkeiten noch stabiler und robuster.

Ein weiterer Schwerpunkt künftiger Aktivitäten wird die Integration komprimierender Videoübertragungsverfahren und die Anbindung zu einer Schaltzentrale über Standardnetze (GSM, ISDN) sein. Der Empfänger kann dann direkt das Umfeld des mobilen Roboters visuell erfassen. Neben dem Monitoring des Roboters erschließt dies völlig neue Anwendungen z.B. im Bereich der Überwachungs- und Sicherheitstechnik oder bei der autonomen Erkundung von für den Menschen gefährlichen Umgebungen.

6 Literaturverzeichnis

[1]   T. Aach, *Bayes-Methoden zur Bildsegmentierung, Änderungsdetektion und Verschiebungsvektorschätzung*, Diss. an der RWTH Aachen, VDI-Verlag, 1993.

[2]   P. F. Aschwanden, *Experimenteller Vergleich von Korrelationskriterien in der Bildanalyse*, Diss. an der ETH Zürich, 1993.

[3]   N. Ayache, *Artificial Vision for Mobile Robots: Stereo Vision and Multisensory Perception*, MIT Press, 1991.

[4]   O. Faugeras, *Three-dimensional computer vision: a geometric viewpoint*, MIT Press, 1993.

[5]   R. Koch, *Automatische Oberfläfenmodellierung starrer dreidimensionaler Objekte aus stereoskopischen Rundum-Ansichten*, Diss. an der Universität Hannover, VDI-Verlag, 1997.

[6]   R. Mester, M. Hötter, „Robust Displacement Vector Estimation Including a Statistical Error Analysis", in *Image Processing and its Applications*, 4-6 July, 1995, Conference Publication, pp 168-172.

[7]   R.Y. Tsai, „A Versatile Camera Calibration Technique for High-Accuracy 3D Machine Vision Metrology Using off-the-Shelf TV Cameras and Lenses" in *IEEE Journal of Robotics and Automation*, Vol. RA-3, No.4, August 1987, pp. 323-344.

[8]   *Automatisierung mit Augenmaß*, Tagungsband der Dritten Duisburger FTS – Fachtagung, 9. März 1995, Gerhard-Mercator-Universität Duisburg, Fertigungstechnisches Labor.

A New Framework
for Multi-camera Structure from Motion

Jan Neumann, Cornelia Fermüller and Yiannis Aloimonos
(jneumann,fer,yiannis)@cfar.umd.edu

Center for Automation Research
University of Maryland
College Park, MD 20742-3275, USA

Abstract. Models of real-world objects and actions for use in graphics, virtual and augmented reality and related fields can only be obtained automatically through the use of visual data and particularly video. This paper introduces a new framework for integrating multiple synchronized videos of an object or a scene captured by a calibrated configuration of cameras into a unified space-time description. Given videos of a rigidly-moving object, it is a first step for dynamic descriptions and model building to recover the three-dimensional (3D) motion of the object which consists of a rotation and a translation at each instant. In this paper we extend the structure-from-motion framework for moving cameras in a static world to static multi-camera configurations consisting of large numbers of cameras observing a moving world. This new framework integrates the information from all the cameras into a single model. Using all the given motion constraints at once, it does not suffer from the intrinsic ambiguities of single-camera approaches. We show this by arguments based on the distribution of camera locations in space. Finally, we present a new algorithm that implements this new framework and computes the motion and structure of a rigidly moving object observed by 50 calibrated cameras.

1 Introduction

An important problem in virtual reality and the associated areas of augmented reality, telereality, tele-immersion, graphics and visualization is to create models of the environment, i.e., models of space-time. These are descriptions of objects and scenes and descriptions of changes of space over time, that is, events and actions. Availability of such models allows one to insert them in specific settings for the purpose of creating a particular, realistic impression. A lot of progress has been achieved by using synthetic models but real world objects and events are not well generated in this manner. There is a growing sense that this problem will be solved by taking advantage of real images but it is not yet clear how this can be achieved. In computer vision many cues can be utilized in images to recover models of the depicted scene. But the most successful cues are based on motion because these cues have a geometric character whose basics are more or less understood (see [4] for a review). Alternative approaches to the model-building problem have been image-based approaches (e.g. as combination with structure from motion [6]) and volumetric methods which determine the space occupancy function of the object based on cues like stereo [8], color constancy [9] or silhouettes from background subtraction [10], [11]. Although these approaches are able to reconstruct accurate snap shots of actions, structure-from-motion seems to best suited for the construction of true 4D-spatio-temporal descriptions, because the temporal relations of the observed space are inherent in the formulation. So far structure-from-motion approaches have made use of very few cameras at a time (and if so usually to incorporate stereo information). We will introduce a new framework for multi-camera structure-from-motion that is able to incorporate information from an arbitrary number of cameras. In the following sections, we will formulate the multiple camera differential motion equations, before we show the superiority of using multiple cameras based on arguments in the space of motion parameters. We will show how the robustness and uniqueness of the motion estimation is dependent on the distribution of cameras in space. Finally, we describe an algorithm that uses the new framework to determine the structure and motion of a rigidly moving object.

2 Problem Formulation

Given a video of a rigidly moving object taken by many calibrated, static cameras, we would like to extract a description of the object's spatial extent and motion from the data. Since the interframe motion is small, we can model the motion of the object using the differential formulation. Every point $\mathbf{P}$ on the object moves with the instantaneous velocity $\dot{\mathbf{P}} = \mathbf{t} + \omega \times \mathbf{P}$ where the fiducial coordinate system is centered at the object center and we denote the instantaneous translation and rotation by $\mathbf{t} = (U, V, W)$ and $\omega = (\alpha, \beta, \gamma)$ respectively. In the usual structure-from-motion framework, the whole image contains information about the motion of the camera. Depending on the size of the object it might cover only a very small region of the image corresponding to a very small field of view of the camera. Since most of the ambiguity problems are due to small field of view, as for example shown in [2], we will use many (50-60) synchronized calibrated cameras that are observing the scene simultaneously to get closer to ideal field of view, that of a spherical camera.

The novel aspect of this paper is that we model the whole camera assembly as one single "eye" and transform the motion of the object into a single instantaneous translation and rotation of the whole camera configuration around the object. We choose the center of the object as origin of our fiducial coordinate system and parameterize the configuration by the camera positions $\mathbf{D_k}$ in fiducial coordinates, the rotation matrices R_k ,relating the camera coordinate system to the fiducial system, and intrinsic parameters that calibrate the camera setup (in the following we assume normalized image coordinates). In the camera coordinate system $\mathbf{P}$ is represented as $\mathbf{P_k} = R_k \cdot (\mathbf{P} - \mathbf{D_k})$. Replacing $\mathbf{P}$ with $\mathbf{P_k}$, we get the following description of the object motion as a motion of camera k around its optical center.

$$\dot{\mathbf{P}}_{\mathbf{k}} = -R_k(\mathbf{t} + \boldsymbol{\omega} \times (R_k^\top \mathbf{P}_k + \mathbf{D}_{\mathbf{k}})$$
$$= -\underbrace{R_k \cdot (\mathbf{t} + \boldsymbol{\omega} \times \mathbf{D}_{\mathbf{k}})}_{t_k} - \underbrace{(R_k \cdot \boldsymbol{\omega})}_{\omega_k} \times \mathbf{P}_k \tag{1}$$

Now we can use the standard pinhole model to decribe the image flow on the image plane for each camera, where images are formed by central projection on the image plane. Image points in camera k are represented as vectors $\mathbf{p}_k = [x, y, f]^\mathrm{T}$, where f is the focal length in pixels. A scene point $\mathbf{P}$ is projected onto the image point $\mathbf{p}_k = f \frac{\mathbf{P_k}}{\mathbf{P_k} \cdot \hat{\mathbf{z}}}$ where $\hat{\mathbf{z}}$ is the unit vector in the direction of the optical axis. Then the image motion field for camera k is given by the following equation (see [5])

$$\dot{\mathbf{p}_k} = -\frac{1}{Z_k}(\hat{\mathbf{z}} \times (\mathbf{t}_k \times \mathbf{p}_k)) + \frac{1}{f}\hat{\mathbf{z}} \times (\mathbf{p}_k \times (\boldsymbol{\omega}_k \times \mathbf{p}_k)) \tag{2}$$

where $Z_k = \mathbf{P}_k \cdot \hat{\mathbf{z}}$. If we want to use this single camera image flow equation to integrate measurements from different cameras, we have to take into account that the translation $\mathbf{t}_k$ is containing a rotation and depth dependent part that is different for each camera. This is due to moving the axis of rotation from the object center (origin of the fiducial coordinate system) to the optical center of each respective camera ($\mathbf{D_k}$). Thus for multiple cameras the scene depth and the rotational parameters are no longer decoupled.

To relate the motion and structure to the image measurements, one often uses the *Image Brightness Constancy Constraint* $I_t + (I_x, I_y, 0) \cdot \dot{\mathbf{p_k}} = 0$. In the further analysis we will only consider the projection of the flow on the brightness gradient normal $\mathbf{n} = (I_x, I_y, 0)/\sqrt{I_x^2 + I_y^2}$, because of the aperture problem it is the only component of the flow we can reliably compute without specific assumptions about the flow. Enforcing particular smoothness assumptions gives algorithms that can recover the camera motion and scene structure (e.g. [3]). Despite the success there are inherent ambiguities and sensitivity problems in the single camera case as we will point out later. To ease the analysis we split up the normal flow into the three components that we have described above.

$$u_{n_k} = \mathbf{p_k} \cdot \mathbf{n} = -\frac{1}{Z_k}(\mathbf{p_k} \times (\mathbf{n} \times \hat{\mathbf{z}}))^\top R_k \mathbf{t}$$
$$-\left(\left(\frac{\mathbf{p_k}}{f} + \frac{\mathbf{D_k}}{Z_k}\right) \times (\mathbf{p_k} \times (\mathbf{n} \times \hat{\mathbf{z}}))\right)^\top R_k \cdot \boldsymbol{\omega} = M_t r \cdot \mathbf{t} + M_{rot} \boldsymbol{\omega} \tag{3}$$

We will now use this decomposition to understand the geometry that is relating the distribution of camera paramers ($\mathbf{D_k}, R_k$) to the uniqueness and robustness of the motion estimation.

3 Global Integration of Measurements across Cameras Removes Ambiguities

In the structure from motion literature the existence of ambiguities has been studied intensively and it has been proven that that most of them are intrinsic to the problem because they are due to the limited field of view of planar cameras (see [1], [7], [2]). In our problem the object only covers a small part of the image thus these problems are very apparent.

A very important example is the confusion between rotation and translation for a small field of view. We can rewrite equation (2) as follows:

$$\dot{\mathbf{p}}_{\mathbf{k}} = -(\mathbf{p}_{\mathbf{k}} \times (\mathbf{n} \times \hat{\mathbf{z}}) \cdot (\frac{\omega_k}{f} \times \mathbf{p}_{\mathbf{k}} + \frac{\mathbf{t}_k}{Z_k}) \tag{4}$$

We see, that if ω_k ,$\mathbf{t}_k$ and $\mathbf{p}_k$ are mutually perpendicular to each other, then $\omega_k \times \mathbf{p}_k$ and $\mathbf{t}_k$ are parallel. Thus assuming a small depth variation any error in ω_k can be compensated by an orthogonal error in $\mathbf{t}_k$. This results in the well know inability to differentiate between a rotation around the y-axis and a translation parallel to the x-axis for a small field of view. It seems that this is a rather arbitrary choice of motion directions, but it occurs quite often in camera setups because most natural translations happen in the horizontal plane (e.g. walking) and most rotations are around the vertical axis (e.g. turning, doors opening). The multi-camera case does not suffer from this ambiguity, because we can distribute the cameras in space such that even when $\mathbf{t}$ and ω are perpendicular, they will never be perpendicular to the vectors $R_k^\mathsf{T} \mathbf{p}_{\mathbf{k}}$ for all k. This enables us always to differentiate between translation and rotation, a definite advantage over the single camera case where the set of $\mathbf{p}_{\mathbf{k}}$ is clustered around $\mathbf{D}_{\mathbf{k}}$ (the object center) and is only covering a small patch of the sphere of directions.

In addition to the annihilation of ambiguities, the multi-camera setup also enables us to estimate the motion from flow much more accurately and robustly. It is a well know fact that if we minimize the instantaneous epipolar constraint for a camera k

$$E_{ep} = \iint\limits_{\text{image}} [(\mathbf{t}_k \times \mathbf{p}_{\mathbf{k}}) \cdot (\dot{\mathbf{p}}_k + \omega_k \times \mathbf{p}_{\mathbf{k}})]^2 \, d\mathbf{p}_{\mathbf{k}} \tag{5}$$

that the solution for the direction of translation $\mathbf{t}_k/(\hat{\mathbf{z}} \cdot \mathbf{t}_k)$ lies along a valley in FOE-space that connects the centroid of the data with the projection of $\mathbf{t}_k$ onto the image, the so called line constraint [2]. When we write the translational flow component of equation (3) as $(\mathbf{n} \times \hat{\mathbf{z}}) \cdot (\mathbf{t}_k \times \mathbf{p}_k)$, we can easily see that any change of $\mathbf{t}_k$ along $\mathbf{p}_k$ does not change the flow. Thus it is very hard to estimate $\mathbf{t}_k$ reliably along this line. Again, the multi-camera case does not suffer from the same sensitivity, because by distributing the optical axis of our cameras equidistantly in the space of viewing directions, a change in $\mathbf{t}$ will cause different changes in $\mathbf{t}_k$ for different k and thus always result in a change of flow in at least one camera. This will cause the minimization to be much better conditioned.

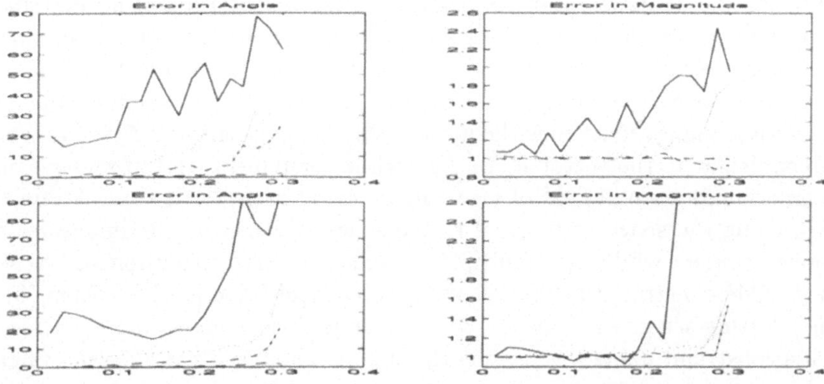

Fig. 1. (top) Motion Error for varying Error in Depth (x-axis: std.dev. of noise with respect to distance camera-object),
(bottom) Motion Error for varying Error in Normalflow (x-axis: std. dev. of noise with respect to median flow magnitude)
Legend: solid 1, dotted 4, dot-dashed 10, dashed 100 cameras

To validate the relationship between camera distribution and the conditioning of the motion estimation problem, we did the following experiments with synthetic data. The results are shown in figure (1). For varying amounts of gaussian random noise in the normal flow measurements and the depth estimate , we used the measurements of all cameras and solve equation (3) for the motion parameters using least-squares. We recorded the error in angle and magnitude of the estimated motion compared to the known correct motion for varying number of cameras that were equidistantly distributed in space. To make sure that only the distribution and number of cameras was influencing the result, we kept the number of measurements in the minimization constant. We can see that the robustness of the motion estimation correlates very strongly with the number of cameras we use and especially the direction of the motion is estimated much more accurately.

4　Constraint Planes in Motion Space

We can interpret the least-squares minimzation as computing the point in motion space that is closest to a plane defined by each measurement. If we write equation (3) as

$$\left(((\frac{\mathbf{p_k}}{f} + \frac{\mathbf{D_k}}{Z_k}) \times (\mathbf{p_k} \times (\mathbf{n} \times \hat{\mathbf{z}})))^\top R_k, \frac{(\mathbf{p_k} \times (\mathbf{n} \times \hat{\mathbf{z}}))^\top R_k}{Z_k}, u_{n_k} \right) \cdot \begin{pmatrix} \omega \\ \mathbf{t} \\ 1 \end{pmatrix} = 0$$

$$(6)$$

we see that the distribution of R_k determines the distribution of normal direction of these constraint planes, since the image vectors with good measurements will be clustered closely around the viewing direction (determined by $\mathbf{D_k}$) and are constant for each camera (assuming similar fields of view for the cameras). Each of these planes constrains the motion only along its normal direction which is perpendicular to the vector $R_k^\mathsf{T} \mathbf{p_k}$ for each measurement, thus if we have only one camera and a small field of view, all we could hope for is to constrain the motion along the space orthogonal to the space spanned by the image vectors of a given camera while with multiple cameras the correct solution will be well defined as demonstrated in the following experiments. We used equation (6) to define a voting scheme in motion space where each motion estimate received a vote if a constraint plane was passing through it. The result can be seen in figure (2) where we show the results of the voting for synthetically generated measurements coming from 1 camera or 20 cameras and real measurements coming from sequences we took with 18 cameras.

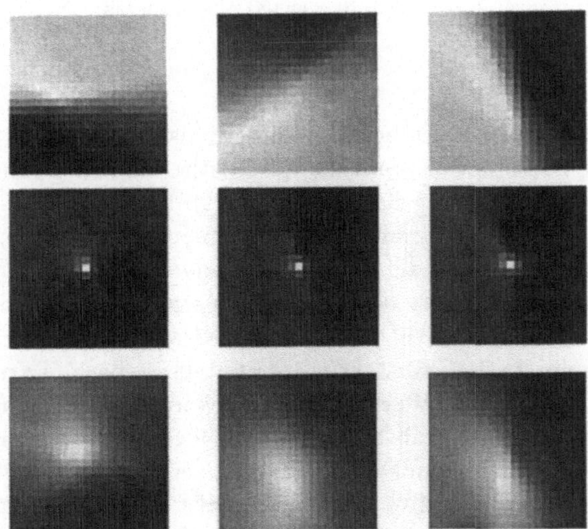

Fig. 2. Constraint Plane Voting in Translation Subspace
(top-down) 1, 20 synthetic and 18 real cameras
cuts are parallel to VW,UV,UW-planes in translation space, centered around correct
translation t= [U V W] = [1,0,0]

The examples demonstrate how the single camera case suffers from great instabilities because the solution space is very flat, while in contrast even for reasonable amounts of noise (the synthetic data was generated assuming 10 percent random gaussian noise with respect to normal flow magnitudes u_n and the distance of camera to the object in depth) the solution space contains a sharp and well defined minima if we use a larger number of cameras. The relationship between the distribution of camera view directions and the quality of motion estimation will be characterized analytically in future work.

5 Structure and Motion Estimation

As mentioned before all the flow components are dependent on the depth structure of the scene, thus we do the motion and depth estimation in two seperate steps. To compute an initial depth estimate, we make use of the fact that the observed object is the only moving entity in the scene, thus by thresholding the temporal derivatives we are able to compute the silhouette of the object in all views. Since our setup is calibrated we use these silhouettes to bound the spatial extent of the object in space. To compute a motion estimate from these bounds, we determine the lower bounds for each pixel with a simple z-buffer method. We substitute these depth values into equation (3) for Z_k and solve for the 6 motion parameters using recursively re-weighted least-squares. Having computed

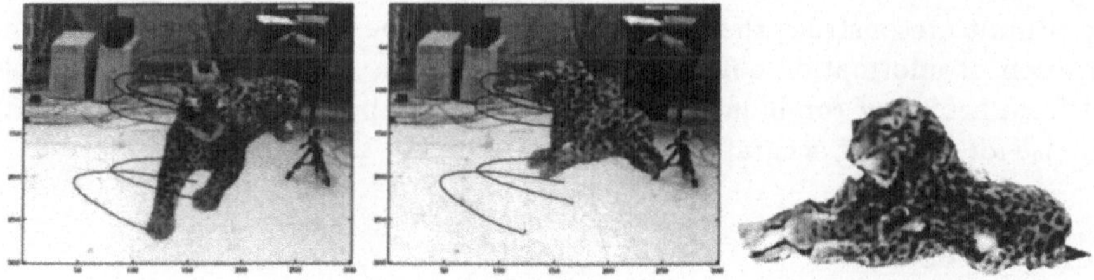

Fig. 3. Tracking of Feature Points by Motion and Reconstruction

the motion, we refine our depth estimates by solving equation (3) for the depth using the motion estimate, while at the same time constraining the spatial extent of the object by the silhouettes. A major problem for interpreting the experimental results of the algorithm lie in the absence of tested ground truth data for synchronized multiple videos and the calibration of the cameras taking these videos. In the single-camera case often the quality of the structure-reconstruction is used as a measure for the accuracy of the motion estimation. The problem with this metric in the multi-camera case is that the objects we look at have a much smaller variation in depth, than the scenes used for single-camera SFM, thus it is harder to estimate the relative depth relations which are important for the visual impression. The accuracy of the reconstruction can be seen in in figure (3) where we show a view of the reconstructed leopard. To demonstrate the quality of the motion estimate we also determined the world coordinates of feature points on the object through ray-intersection in space and then used the computed motions to propagate these coordinates. One of the sequences used shows a leopard that is hanging on wires from the ceiling and is spinning around the vertical axis while translating along an elliptical path. As shown in figure (3) the motion of the object is recovered well.

6 Conclusion and Future Work

To summarize, the novel contribution of this paper is its description of a new framework of modeling multi-camera setups. Instead of modeling the cameras as a "collection of images" we model the configuration as one single inward-looking "eye" which enables us to use the structure-from-motion paradigm without falling victim to the ambiguities inherent in the one-camera formulation. The integration of measurements from all images overcomes these problems, as long as the cameras are well spread out. This intuitive notion will be further explored in future research, when we will use a geometrical-statistical analysis of the problem under certain bounds on the distribution of motions during a sequence (e.g. human locomotion). To improve the recovery of the 3D-object structure, we will make use of the rigidity of the object across frames and use the recovered object motion to relate image regions observed by differen cameras at different times with eachother, thus enabling us to employ a multi-baseline multi-frame stereo algorithm to reconstruct the three-dimensional shape of the object. Explicit integration of information not just from images taken at the same time instant, but from arbitrary combinations of spatial and temporal relations shows great promise for building accurate models of objects and the environment.

References

1. K. Daniilidis and M. Spetsakis. Understanding noise sensitivity in structure from motion. In Y. Aloimonos, editor, *Visual Navigation: From Biological Systems to Unmanned Ground Vehicles*, chapter 4. Lawrence Erlbaum, 1996.
2. C. Fermüller and Y. Aloimonos. Ambiguity in structure from motion: Sphere versus plane. *Int. Journal of Computer Vision*, 28(2):137–154, 1998.
3. K. Hanna. Direct multi-resolution estimation of ego-motion and structure from motion. In *MOTION91*, pages 156–162, 1991.
4. R. Hartley and A. Zisserman. *Multiple View Geometry*. Cambridge University Press, 2000.
5. B. K. P. Horn and E. J. Weldon, Jr. Direct methods for recovering motion. *Int. Journal of Computer Vision*, 2:51–76, 1988.
6. R. Koch, M. Pollefeys, B. Heigl, L. VanGool, and H. Niemann. Calibration of hand-held camera sequences for plenoptic modeling. In *ICCV99*, pages 585–591, 1999.
7. S. J. Maybank. *Theory of Reconstruction from Image Motion*. Springer, 1993.
8. P. Rander, P. Narayanan, and T. Kanade. Recovery of dynamic scene structure from multiple image sequences. In *MSFIIS96*, pages 305–312, 1996.
9. S. Seitz and C. Dyer. Photorealistic scene reconstruction by voxel coloring. *IJCV*, 35(2):1–23, November 1999.
10. L. Tai and R. Jain. 3d video generation with multiple perspective camera views. In *ICIP97*, pages I:9–xx, 1997.
11. S. Weik, J. Wingbermühle, and W. Niem. Automatic creation of flexible antropomorphic models for 3d videoconferencing. In *Proceedings of Computer Graphics International CGI*, Hanover, Germany, June 1998.

3D-Interpretation of Junctions from 2D-Correspondences in a Calibrated Stereo System

Marco Hahn, Norbert Krüger

Lehrstuhl für kognitive Systeme
Institut für Informatik
Christian–Albrechts–Universität zu Kiel
Preusserstrasse 1-9, 24105 Kiel, Germany
marco.hahn@elac-nautik.com, nkr@ks.informatik.uni-kiel.de

Abstract. We present a method for 3D junction interpretation. The interpretations include location, number of edges, and their orientations. Prerequisites are 2D interpretations of junctions in a general format found in stereo pairs. These junctions must be sets of intersecting edges and not occlusion events. We give a method for matching such 2D junctions that uses the semantics of the junctions. Using calibrated cameras we further show how to determine 3D junction location and 3D edge orientation. The final 3D interpretations allow for ambiguities.

1   Introduction

We present a system for matching 2D junctions and for interpreting the resulting 3D junctions. The interpretation consists of determining the location of the junction, the number of edges, and their orientations. Our methods allow for ambiguous junctions, i. e. junctions having edges with different degrees of certainty. The methods are described in the order of their application to images. Using sets of junctions derived from two images taken with calibrated cameras, we show how 3D junctions and edges can be obtained. Thereafter the results of experiments are given. Finally we discuss the results and possible extensions of the presented methods.

In [5] we describe our methods for the generation, filtering, and merging of 2D junction hypotheses. The preprocessing steps yield 2D junctions $\mathbf{j} = (\mathbf{x}; \{(\phi_1, c_1), ..., (\phi_n, c_n)\})$ that consist of a location $\mathbf{x}$ and an arbitrary number of edges (see figure 1). Each edge is described by its orientation ϕ and the confidence c. A confidence is always in the unit interval $[0, 1]$, with 1 for a certain edge and 0 for a non-existing edge. Any other method that produces junctions with such a structure can be used for detecting and evaluating 2D junctions. There exists a big variety of algorithms for 2D junction detection and 2D junction interpretation. Junction detection methods were proposed by Kitchen and Rosenfeld [6], Moravec [9], Felsberg and Sommer [3], among others. Junction

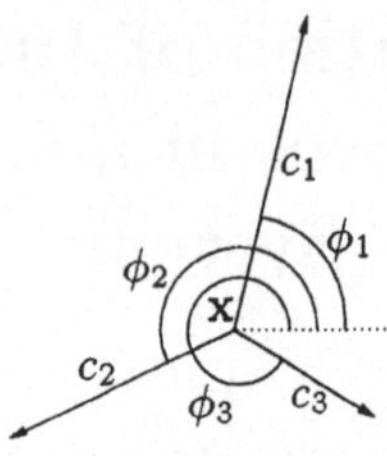

Fig. 1. General junction model for our method. Edge lengths are proportional to confidences.

classification methods have been proposed by Rohr [11], Michaelis and Sommer [8], Parida, Geiger and Hummel [10], and others. However, for 3D junction interpretation we have not found any work in the literature.

2 Generating 3D Junction Hypotheses and Analysis of Depth and Orientation

If two edges in two images are known to be images of the same real world edge, this can be sufficient to determine the orientation of the real world image. Under certain circumstances, which will be explained later, it is not fully possible to determine the orientation, but only the plane that contains the real world edge.

The first step to determine 3D location and orientation is to find corresponding features, in our case junction hypotheses and their edges, in at least two images. This correspondence problem involves a search within all used images and can be simplified, especially if the projection matrices are known. For example the epipolar line [7] gives information about the part of an image where the corresponding feature must be. After the correspondence problem is solved, the 3D location can be determined using standard methods [2].

To solve the correspondence problem, we developed two methods that use the semantic information as yielded above. The semantic 2D information is necessary to achieve a 3D interpretation. Other matching methods like template matching do often only evaluate gray scale information without assigning any semantics to it, so they cannot find edge correspondences. Thus it is not possible to derive edge orientations. Nevertheless, it can be shown that the use of gray scale information is advantageous for matching 2D junctions.

2.1 Edge-Based Junction Matching

To match a junction in a first image with another one in a second image, we compare the confidence and orientations of the edges of both junctions. Under the assumption that both cameras are close together, have similar orientations, and the imaged junction is in a sufficient distance from both cameras, it follows that corresponding edges will have similar appearance in both images, thus having

similar orientations and confidences. The junction matching process involves
several steps. The first one is to match the edges. Thereafter, the similarity of
the edge characterizations is determined and the effect of unmatched edges is
assessed. If the epipolar geometry was established, we check the distance of the
junction from the epipolar line. The weighted distance and the edge set similarity
yield a measure for the probability of a junction match.

To match the edges of two junctions, we process only the orientations (see
figure 2). For this we use a matrix. Each row of this matrix represents an edge of
the first junction, and each column represents to an edge of the second junction.
The elements of the matrix are the angular differences between the orientations
of the edges denoted by row and column. The minimal entry of this matrix gives
the first edge correspondence. The used columns and rows are discarded and
a new minimal element is selected, yielding another edge correspondence. This
process is repeated until the matrix becomes fully marked. Note that this scheme
also handles junctions with different numbers of edges.

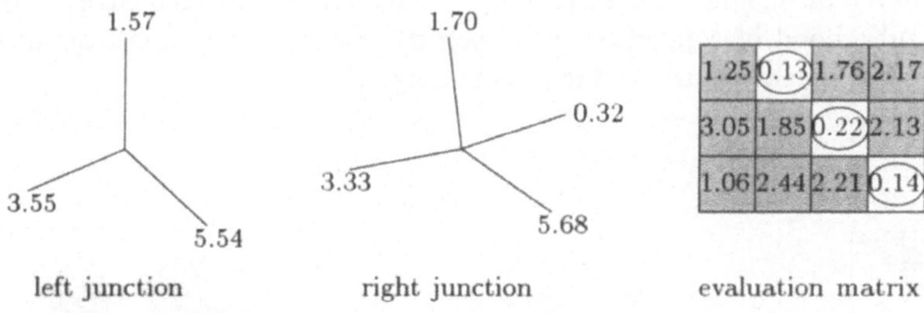

Fig. 2. Sample of a edge matching: The orientations of the edges are given in radians.
The matches, in order of their finding, are (1.57, 1.70), (5.54, 5.68), and (3.55, 3.33).
(Rows 1, 3, and 2.)

Thereafter we assess the edge matches and mismatches. The assessment of a
given edge correspondence should be high, if both orientation and confidence of
the edges are similar. This criterium is implemented using a simple heuristic. On
all assessments, we apply an ordered weighting averaging (OWA) operator [12].
OWA operators can be steered to behave like the minimum or the maximum
function, or any weighted average in between. In this case, we set it to behave
almost like the minimum function. The rationale behind this reasoning is that
all correspondences should be good, thus yielding high assessments.

If the junctions had different numbers of edges, the assessments of the edges
for which no correspondences were established is combined with a maximum-like
OWA operator. Finally, we subtract the second value from the first one. A high
positive value represents a good match.

If the epipolar geometry was established, the distance of the junction location
to the epipolar line is also computed. This distance is weighted by a Gaussian
bell curve. Thus only junctions that are within a few pixels distance to the

epipolar line yield a significant weighting. The distance assessment and the edge correspondence assessment are of different nature. Therefore we use a weighted sum to combine both for the final evaluation of the match.

This method is much faster than template matching. Template matching requires roughly as many neighborhood comparisons as the image diameter is in pixels, while there are usually only up to two dozen junctions found in an image. Furthermore, this method does not have significant runtime penalties if epipolar geometry cannot be established due to uncalibrated cameras. In such a case, however, more mismatches will be made. In the following section we extend our method to incorporate gray scale information, which can be advantageous in determining junction matches.

2.2 Feature-Based Junction Matching Using Gray Scale Information

The method given above does not make any use of the underlying gray scale information. However, this information may be very useful in distinguishing between match or mismatch, see figure 3(a). Therefore we use the edges to divide the neighborhood of a junction into 'sectors'. We do not evaluate small areas close to the edge orientations due to smearing effects.

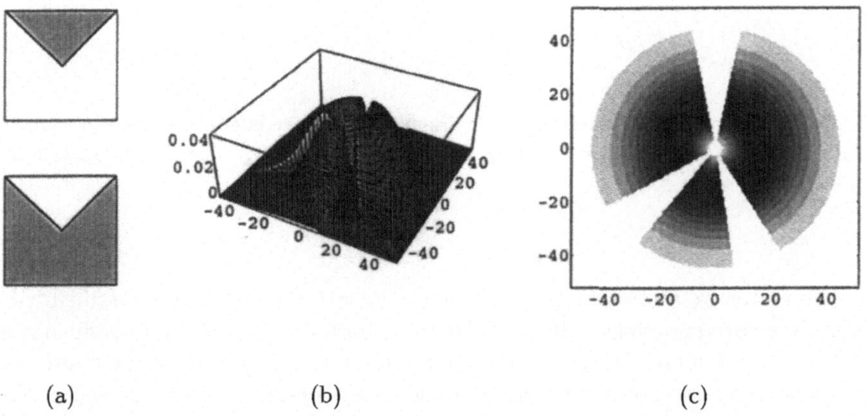

(a)   (b)   (c)

Fig. 3. (a) Two junctions with similar edges, but very different gray scale information between the edges. Usually real world junctions do not yield such different images under the given assumptions. (b) Example of the weighting function for a junction with three edges with orienations of 90°, 220° and 290°, a border area of 11.5° to both sides of the edges and parameters $b = 3$ and $c = 5$ as a 3D plot; (c) As gray scale coded (small values: light, high values: dark). The distance is measured in pixels.

For each sector a weighted average gray level is computed. The weighting factor depends on the distance to the location of the junction and is a generalized, rotated form of Planck's formula (see figure 3(b), (c) for an example of the weighting function for a junction with three edges). Planck's formula originates from physics [1]; our use is motivated by its general shape, which is close to zero near the origin, thereafter rises sharply, and finally decreasing slowly to zero. This takes into account the smearing effects of differently colored areas close to the junction and the decreasing likelihood of distant regions contributing to the description of a junction.

We establish correspondences between the set of sectors using the same technique as in the previous section. Furthermore we check whether the sectors have the same order around both junctions. Finally we correlate the average gray scale levels of the matched sectors of the junctions. Since this correlation constitutes a refinement of the first matching method, its assessment is only factored into the semantic evaluation of the edges, not into the locational match derived from the distance of the 2D junctions from the epipolar line.

2.3 Computing the Orientation of Edges

Once a match is established using the methods of the previous subsection, we use the calibration information from the cameras to compute the location of the junction in 3D. This is done with standard methods [2]. If two corresponding edges are found, their location in the image, together with the optical center of the camera, allow the computation of the 3D orientation of the 3D edge. The edges of the corresponding junction must all meet in one 3D point, junctions that arise from occlusion events cannot be handled by our method. Each imaged edge plus the optical center of the camera spans a plane that contains the real world edge. The intersection of these planes is parallel to the real world edge (see figure 4(a)). If by coincidence both planes are parallel, it is not possible to determine the orientation exactly, but only the plane that contains the edge. Translations of the cameras or the real world junction do not change the setup. The orientation of the cameras has to be taken into account. We assume that the pixels are quadratic, otherwise a simple correction has to be applied [4].

The retinal plane of the camera has to be embedded into the 3D world coordinate system. For this the retinal plane becomes the xy-plane of the 3D world coordinate system and the optical center is on the positive z-axis. Note that the world coordinate system is right-handed while the embedded camera coordinate system is left-handed. Thus the sign of the y component has to be changed.

To define the orientation of a plane we need either a normal vector or two vectors $\mathbf{v}$ and $\mathbf{w}$ that span the plane (see figure 4(b)). We choose $\mathbf{v}$ to be in the direction of the imaged edge and $\mathbf{w}$ to be in the direction of the optical center from the location of the junction in the image. These vectors can be computed with the intrinsic parameters of the camera. The vector $\mathbf{v}$ is easily computed from the orientation ϕ of the imaged edge.

The second vector $\mathbf{w}'$ is the vector from the location of the junction to the intersection of the optical axis with the retinal plane. The components of this vector are measured in pixel. Since the third component is the focal length,

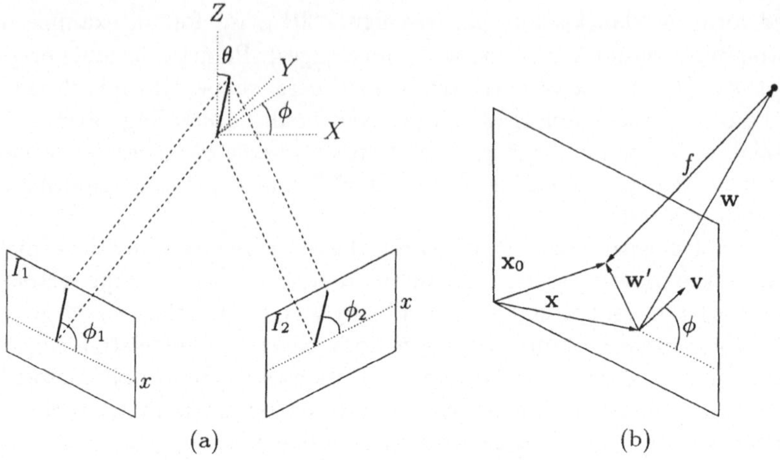

Fig. 4. (a): Setup for computing the orientation of an 3D edge; (b): The plane as spanned by the two vectors $\mathbf{v}, \mathbf{w}$

which is measured in meter, we correct it by the number of pixels per meter to yield the focal length in pixels. The second vector $\mathbf{w}$ is the sum of the focal length and $\mathbf{w}'$. The vectors $\mathbf{v}$ and $\mathbf{w}$ define the plane normal vector to which the the inverse camera rotation has to be applied. These steps have to be done for both planes. Finally, the edge orientation vector $\mathbf{r}$ is the intersection of two planes. The transformation of the resulting unit direction vector into spherical coordinates gives the angles θ and ϕ. Thus a 3D edge is given as $E = (\phi, \theta; c)$. The confidence is computed as the mean of the confidences of the corresponding 2D edges.

We already mentioned that this method does not work if both planes are parallel. This is the case if the real world edge is located in the plane that contains the real world junction and the optical centers of both involved cameras (see figure 5). We call this plane the critical plane. Due to measurement and rounding errors it can happen that the orientation vector is below the projection of the critical plane in one image and above it in the other, if the angle between the planes becomes very small. In such cases we can only give the orientation of the critical plane and not the full edge orientation as a result.

2.4 Semantic Interpretation of the Found Junction Hypotheses

The edge information of the merged junction hypotheses can be used to characterize the junction hypotheses. It may be that one or more of the edges are artifacts and do not correspond to real edges. To allow for such uncertainties, our assessment uses the following strategy:

We divide the edge set into all possible pairs of subsets. For each set of pro-edges $\mathbf{E}_p$ (those supposed to be real edges supporting a certain assessment), we apply a minimum-like OWA operator to the confidences of the edges in the set,

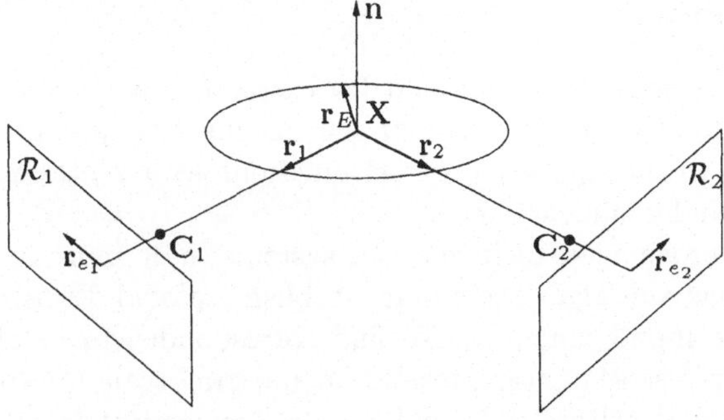

Fig. 5. Configuration of the critical plane

thus ensuring that all confidences are rather high. For each set of contra-edges $\mathbf{E}_c$ (those supposed to be artifacts) we apply a maximum-like OWA operator. For a good assessment, the first value will be high and the second will be low. Thus the difference $c(\mathbf{E}_p, \mathbf{E}_c)$ will be a good measure of the quality of an assessment. Again, each junction hypothesis must have at least two pro-edges.

The full assessment a contains the location $\mathbf{x}$ of the junction hypothesis, the set of pro-edges $\mathbf{E}_p$, and a confidence c derived from both pro-edges $\mathbf{E}_p$ and contra-edges $\mathbf{E}_c$: $a = (\mathbf{x}, \mathbf{E}_p, c(\mathbf{E}_p, \mathbf{E}_c))$. We discard assessments with very low confidences. In most cases there is only one assessment with a high confidence, however ambiguous cases may yield two or more assessments with significant confidences.

3 Experimental Results

We took stereo pairs of many objects, among them our calibration object (a cube with rectangular markers). The matching methods were evaluated on this object. We compared the found correspondences with the hand-determined correspondences. Our feature-based matching found the correct match in 89.4% of the cases, and in every case the correct match was among the first 8 proposed matches. The feature- and gray-scale-based matching was correct in 86.4% of the cases; again the correct match was among the first 8 proposed matches. There were 265 junctions evaluated.

Since the sides of the rectangles on our calibration cube are parallel to the axes of the world coordinate system, we can easily determine the orientational errors by evaluating the value of the largest component of the unit vector in the direction of an edge. We noted that the orientational error of the edges depends on the locational error of the junction: If the location was determined with an error of less than 5 mm, the angular error was 10.1 degree. The angular error of the edges rose to about 30 degree for junctions where the location was determined with an error of 65 to 70 mm.

4 Conclusion

In this paper we presented a method for extracting and modelling junctions in 3D. The method is independent of the 2D junction preprocessing as long as it allows for an interpretation of 2D junctions as a center x with edges of orientations ϕ_i and confidences c_i.

Potential improvements include active systems to do more thorough surveys of single junctions and algorithms that establish a global description of a given scene out of the found junctions. To find correspondences of 2D junctions in stereo images, we use semantic information and gray scale information in separate stages of the algorithm. It would be more convenient to apply both kinds of information in one scheme. Structured multivectors [3] could be a suitable framework for this kind of integration.

4.1 Acknowledgements

We would like to thank Marcus Ackermann and Bodo Rosenhahn whose work at the software library KiViGraP was very helpful for our experiments. For technical support we would like to thank Henrik Schmidt.

References

1. Marcelo Alonso and Edward J. Finn. *Physics*. Addison-Wesley, 1970.
2. Olivier D. Faugeras. *Three-Dimensional Computer Vision*. MIT Press, 1993.
3. Michael Felsberg and Gerald Sommer. Structure multivector for local analysis of images. Technical Report 2001, Christian-Albrechts-Universität, Kiel, 2000.
4. Marco Hahn. Semiglobale Verfahren zur Generierung von Eckpunkthypothesen in 2D und 3D. Master's thesis, Institut für Informatik und Praktische Mathematik, Christian-Albrechts-Universität, Kiel, 1999.
5. Marco Hahn and Norbert Krüger. Junction detection and semantic interpretation using hough lines. In *EIS*, 2000.
6. L. Kitchen and A. Rosenfeld. Gray-level corner detection. *Pattern Recognition Letters*, pages 95–102, 1982.
7. H. C. Longuet-Higgins. A computer algorithm for reconstructing a scene from two projections. *Nature*, 293:133–135, 1981.
8. Markus Michaelis and Gerald Sommer. Junction classification by multiple orientation detection. In Jan-Olof Eklundh, editor, *European Conference on Computer Vision*, number 801 in Lecture Notes in Computer Science, pages 101–108. Springer-Verlag, 1994.
9. Hans P. Moravec. Towards automatic visual obstacle avoidance. In *Proceedings 5th International Joint Conference on Artificial Intelligence*, page 584, 1977.
10. Laxmi Parida, Davi Geiger, and Robert Hummel. Junctions: Detection, classification, and reconstruction. *IEEE Transactions on Pattern Analysis and Machine Intelligence*, 20(7):687–698, 1998.
11. Karl Rohr. Recognizing corners by fitting parametric models. *International Journal of Computer Vision*, 9(3):213–230, 1992.
12. Ronald R. Yager. Ordered weighted averaging aggregation operators in multi-criteria decision making. *IEEE Transactions on Systems, Man and Cybernetics*, 18:183–190, 1988.

Blind Signal Separation from Optical Imaging Data

Ingo Schießl[1], Martin Stetter[1], John E.W. Mayhew[2],
Niall McLoughlin[3], Jenny S. Lund[3], and Klaus Obermayer[1]

[1] Technische Universität Berlin, FR2-1, Franklinstr. 28-29, 10587 Berlin, Germany,
ingos@cs.tu-berlin.de,
[2] AIVRU Sheffield, Dept. of Psychology, University of Sheffield S10 2TP, UK
[3] Dept. of Visual Science, Institute of Ophthalmology, UCL, London EC1V 9EL, UK

Abstract. Optical imaging is the video recording of two-dimensional patterns of changes in light reflectance from cortical tissue evoked by stimulation. We derived a method, called extended spatial decorrelation (ESD), that uses second order statistics in space for separating the intrinsic signals into the stimulus related components and the nonspecific variations. The performance of ESD on model data is compared to independent component analysis (ICA) algorithms using statistics of 4th and higher order. Robustness against sensor noise is scored. When applied to optical images, ESD separates the stimulus specific signal well from biological noise and artifacts.
Keywords: ESD, ICA, optical imaging

1 Introduction

Optical imaging of intrinsic signals is an extremely powerful method that can be used to obtain high resolution spatial maps of functional properties from many cortical areas [1]. Changes in the reflectance of light from the cortex are mainly due to variations in the light scattering properties of the tissue and to variations in the local concentrations of deoxygenated and oxygenated hemoglobin. These changes occur spontaneously (background signal) and in response to stimulation. The later include spatially distributed components, global signals, that are only loosely related to local neuronal activity, and more specific components, mapping signals, that are spatially correlated with local neuronal activity. These changes do typically not exceed 0.1 % of the reflected light [2]. We asssume that since the individual intrinsic signal components are of such very small intensities we can treat their superposition as a linear mixture.

The aim is to separate the specific mapping signal from the other components in the two dimensional activation patterns. In our spatial analysis each image frame is treated as sensor and the pixel time series within a frame as the data points. As the perfect stimulus response is unknown we have to use model data for a quantitative performance analysis between different ICA algorithms. Based on the result of these benchmarks, that were designed to meet the optical imaging data properties, the best algorithm is applied to the real data.

The basic assumption behind the standard analysis methods used in optical imaging, like difference images [2], is that there are no changes in the biological noise between different stimulus conditions. This is often not achieved completely.

Using the spatial smoothness properties of the cortical response and the light scattering, the ESD algorithm assumes nonzero auto correlations of the sources, and vanishing cross correlations between the sources and shifted versions. As shown in the examples, these assumptions for calculating the demixing matrix for optical images give good separations results in single condition and difference stacks.

2 Data Structure of Optical Recording

In an optical imaging experiment, the cortical area of interest is illuminated with monochromatic light of wavelengths usually between 500nm - 800nm.

A sensitive video - or CCD camera is focused at the illuminated region of interest and takes a series of video frames while an response evoking external stimulus is applied. A stimulus of a given type is referred to as stimulus condition whereas the presentation of a single stimulus together with the data collection is denoted as a trial. If two stimulus conditions are designed to evoke response in disjunct cell populations, they are called orthogonal. In the data processing the analysis of the image stack from a single stimulus condition is called single trial, whereas the frame wise subtraction of stacks from orthogonal stimuli forms the difference stack. First frame analysis denotes the subtraction of a pre stimulus frame from the image stack for removal of time-independent patterns. All stacks used in the analysis are frame wise summations of all trials obtained for a given stimulus condition.

Figure 1top) illustrates the data acquisition for a single trial. At time t = 1 the camera starts with the recording of images $x_t(\mathbf{r}), t = 1, ..., N$, ($t$ labels the frame and $\mathbf{r}$ specifies the locations of the P pixels within that frame), integrating over equidistant time steps Δt. The external stimulus presentation starts at time t_1, after a number of reference frames were captured. When the stimulus is turned off at time t_2 the camera continues recording until N frames are saved. The individual trials are separated by a recovery period. In our experiments we typically started the stimulus two seconds after the beginning of the recording ($t_1 = 2s$) and turned it off 4 seconds later ($t_2 = 6s$). The recovery period was between 6 seconds and 12 seconds.

The described changes in reflectance each give rise to a characteristic pattern $S_j(\mathbf{r}, t)$, $j = 1, ..., N$ in the data stack.

Under the assumption that the signal components are spatio/temporally separable, these patterns can be written as

$$S_j(\mathbf{r}, t) = a_{t,j} s_j(\mathbf{r}), \quad j = 1, ..., N. \tag{1}$$

Because of small intensities we regard the overall recorded intrinsic signal as an instantaneous linear superposition of this set of spatial prototype patterns. Figure 1bottom) shows the frames of a difference stack after first frame analysis with ocular dominance as the stimulus condition. It can be seen, how the vessel protype pattern and the mapping signal pop up and vanish over time with different time courses.

If we include the presence of sensor noise $n_t(\mathbf{r})$ during data collection we arrive at the following model for the optical imaging data set:

$$x_t(\mathbf{r}) = \sum_j a_{t,j}\, s_j(\mathbf{r}) + n_t(\mathbf{r}),\ t = 1, ..., N, \tag{2}$$

where $a_{t,j}$ denotes the time course of the j-th spatial prototype pattern during the measurement [3].Note that sensor noise is added after the mixture and therefore is different

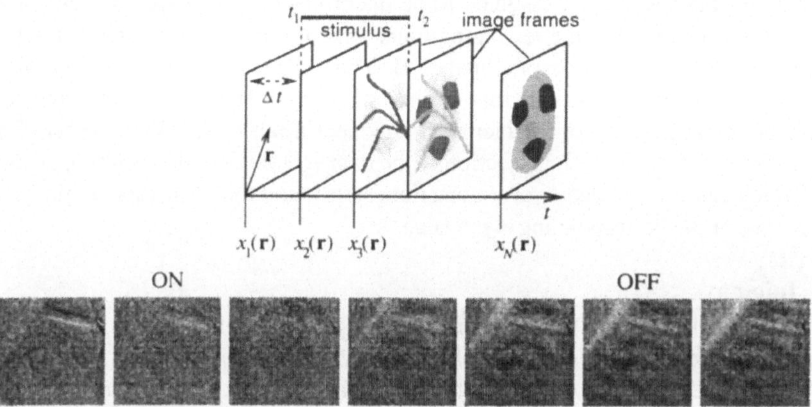

Fig. 1. top) Outline of the data collection procedure for a single stimulus presentation: A stimulus is presented between times t_1 and t_2, while a camera takes a sequence of N images $x_t(\mathbf{r}), t = 1, ..., N$ before, during, and after stimulation. The shaded patterns sketch the changes in reflectance over time, which are assumed to be made up of different spatial prototype patterns. Bottom) The consecutive frames of a difference stack for ocular dominance from macaque monkey. It shows the spatio temporal development of the prototype patterns. $t_1 = 2s, t_2 = 6s$.

for each sensor and can not be regarded as a further signal source. If we identify the images recorded at the different times t with signal mixtures measured by a set of N sensors, the spatial prototype patterns s_j with unknown signal sources, and the matrix $\mathbf{A} = (a_{t,j})$ as the unknown mixing matrix, we arrive at the statistical data model

$$\mathbf{x}(\mathbf{r}) = \mathbf{A}\,\mathbf{s}(\mathbf{r}) + \mathbf{n}(\mathbf{r}),\tag{3}$$

where $\mathbf{x}(\mathbf{r})$ is a pixel time series and represents a single data point in the mixture space, and $\mathbf{s}(\mathbf{r})$ is a single data vector in the source space. $\mathbf{n}(\mathbf{r})$ is referred to as sensor noise.

3 Overview over the Considered Algorithms

Here we briefly review the three algorithms for blind source separation, which we considered for the performance test on the toy data. All three algorithms aim in estimating the demixing matrix $\mathbf{W}$, which optimally reconstructs the sources from their noisy mixtures, i.e. $\hat{\mathbf{s}}(\mathbf{r}) = \mathbf{W}\mathbf{x}(\mathbf{r})$, from an independence criterion on the original sources. In the absence of noise, the optimal demixing matrix would be $\mathbf{W} = \mathbf{\Lambda}\mathbf{P}\mathbf{A}^{-1}$, where $\mathbf{\Lambda}$ is a diagonal matrix containing the undetermined variances of the sources, and $\mathbf{P}$ is a permutation matrix that accounts for the likewise undetermined order of the signal sources. Note, however, that in the presence of sensor noise the optimal demixing matrix may deviate from the optimum in the noiseless case due to its efforts to compensate for the noise.

3.1 Sphering

As shown by Oja [4], the problem of estimating the demixing matrix can be considerably simplified by sphering the data sets before application of the blind source separation algorithm.

If the signal sources are assumed to be uncorrelated, and if we fix their undetermined variances to unity, the remaining transformation between the sphered data and the sources must be an orthogonal matrix $\mathbf{B}$. Thus, sphering reduces the task of finding a general demixing matrix to that of finding an orthogonal matrix. Sphering can be carried out by application of a Principal Component Analysis (PCA) to the set of pixel time series $\mathbf{x} = (x_1, ..., x_N)$, projection of the data vectors onto the resulting eigenvectors (which can be regarded as prototype time series) and multiplication by the inverse square root of the corresponding eigenvalue.

3.2 Infomax

The Infomax-algorithm [5] is based on the principle of maximizing the information of the data set after restriction to a unit hypercube by a transfer function. This principle has been extended by Amari et al. [6] to include the concept of the natural gradient and to keep the variance of the estimated sources fixed yielding the learning rule for the matrix elements of $\mathbf{B}$

$$\mathbf{B}(k + 1) = \mathbf{B}(k) - \mathbf{F}(\mathbf{y})\mathbf{B}(k) \tag{4}$$

$$f_{t,s} = \phi_t(y_t)y_s, \ t \neq s; f_{s,s} = 0, \tag{5}$$

where y is the output of the neural network and s,t=1, ... , N. $\phi_t(y)$ is a nonlinearity (here $\phi_t(y) = \tanh(y)$) , which can be determined as $\dot{p}_t/p_t$ from the estimate of the source densities, p_t.

3.3 Kurtosis optimization

The principle of maximization or minimization of the kurtosis of the estimated sources has been shown by Hyvaerinen and Oja [7] to provide a fast fixed point algorithm for ICA.The kurtosis or fourth-order cumulant for a zero-mean random variable v is $kurt(v) = E\{v^4\} - 3(E\{v^2\})^2$. The method yields the rows of the demixing matrix $\mathbf{B}$ one at a time. The first row $\mathbf{b}_1^T$ of $\mathbf{B}$ is obtained by the fixed point iteration

$$\mathbf{b}_1(k + 1) = < \mathbf{y}(\mathbf{b}_1^T(k)\mathbf{y})^3 >_r -3\mathbf{b}_1(k), \tag{6}$$

while for the remaining rows, after each application of Eq. (6) the resulting vector $\mathbf{b}_i$ has to be projected into the subspace orthogonal to $b_1, ..., b_{i-1}$.

3.4 Extended spatial decorrelation

This method [8] is based on the assumption, that (i) the original spatial prototype patterns are mutually uncorrelated but autocorrelated, and (ii) that correlations also vanish between sources, that are shifted by any non zero vector $\Delta\mathbf{r}$ with respect to each other. Thus in contrast to the previous ICA algorithms, this method uses an assumption about the spatial structure within and between the sources in order to find the demixing matrix. If

$$\mathbf{C}(\Delta\mathbf{r}) = < \mathbf{y}(\mathbf{r})\mathbf{y}^T(\mathbf{r} + \Delta\mathbf{r}) >_r \tag{7}$$

denotes the correlations of the shifted versions of the sphered data, the demixing matrix $\mathbf{B}$ must obey

$$\mathbf{C}(\Delta\mathbf{r})\mathbf{B}^{-1} = \Lambda\mathbf{B}^{-1} \tag{8}$$

where Λ is the diagonal matrix of eigenvalues.

4 Performance Test on Toy Data

The success of the separation performance among different blind source separation (BSS) algorithms strongly depends on the statistical properties of the data set [9].
In optical imaging of intrinsic signals, the signal to noise ratio is estimated to be close to one (0 db). It is also not completely clear, how far the prototype patterns fulfill the independence assumptions. We created a set of artificial source images, which where designed to yield spatially smooth components with small yet nonzero cross-correlation functions (see figure2 left column). The three sources where then normalized to zero

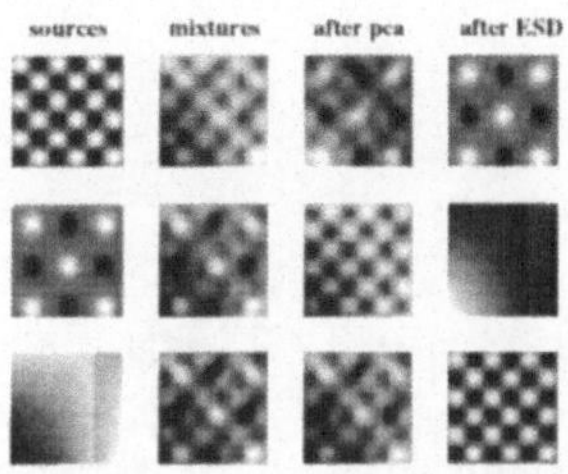

Fig. 2. Reconstruction of spatially smooth signal sources from a noiseless mixture Eq (9) using the extended spatial decorrelation algorithm. From left to right: The three sources, their mixture, separation after sphering, and reconstruction after extended spatial decorrelation.

mean and unit variance and mixed using the random matrix

$$\mathbf{A} = \begin{pmatrix} 0.39 & -0.56 & 0.78 \\ 0.08 & 0.44 & 0.57 \\ -0.64 & -0.95 & -0.82 \end{pmatrix} \tag{9}$$

To each of the resulting mixtures different Gaussian white noise with variance σ_n^2 was added. The individual source separation algorithms were then applied to the noisy mixtures resulting in the source estimates $\hat{s}_i, i = 1, 2, 3$. Figure 2 shows the separation result of temporal PCA on a noiseless mixture (third column), that performs poorly compared to the ESD result (right column).
The quality of reconstruction was scored by calculating the covariance matrix $G_{i,j} =< \hat{s}_i s_j >_r$ between the true sources and the estimates. In the ideal case the result would be a permutation matrix, that is one component within each row and column. For judging this, the maximal component of each row of G was determined and the arrangement of these components was compared to the permutation criteria. If this was not a permutation matrix, i.e. two or more maximum elements in one row or column, the trial was scored as failed. Otherwise the mean error was scored using the performance index as suggested by Koehler and Orglmeister [10] in the following way:

$$RE = \frac{1}{N} \sum_{i=1}^{N} \frac{1}{N-1} \left(\sum_{j=1}^{N} \frac{|G_{i,j}|}{max_k |G_{i,k}|} - 1 \right) \tag{10}$$

where $G_{i,j}$ are the matrix elements and k denotes a row of the matrix.
Figure 3 shows the dependence of the mean error on the signal to noise ratio for a)

Infomax, b) kurtosis optimization and c) ESD. The signal to noise ratio is the ratio between the largest variance of the three mixtures and the variance of the added noise in db. For each ratio 25 trials with different sensor noise have been carried out (circles). The solid line indicates the percentage of successful separations, the dashed line marks the percentage of permutations matrixes counted in a set of 3x3 random matrices for comparison. The small dependencies of the smooth sources have a strong impact on the performance of the Infomax and kurtosis optimization algorithm. Even in the noiseless case (signal/noise $\approx$ 25 db) the variance of the quality in the separation performance is poor compared to the ESD results (figure 3 c and d). With declining signal to noise ratio also the percentage of successful separations decreases drastically. In the case of ESD

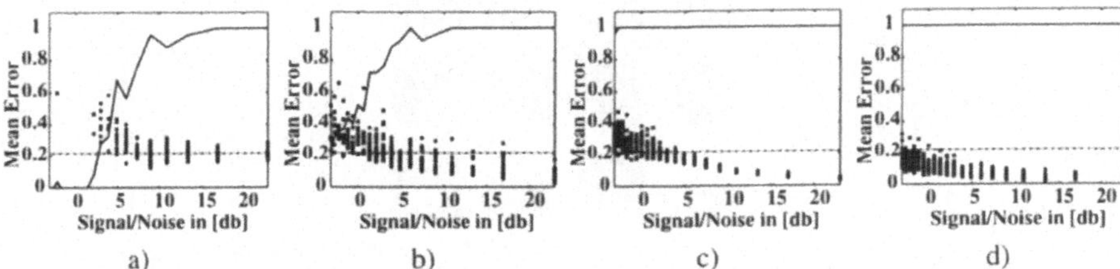

Fig. 3. Mean reconstruction error as a function of the signal to noise ratio in db (25 trials per noise level), (a) Infomax, (b) kurtosis optimization and (c) extended spatial decorrelation (shift vector $\Delta\mathbf{r} = (5, 5)$ pixels). Data were the smooth sources shown in figure 2 (left).(d) Performance of ESD after lowpass filtering of the mixtures (cutoff-frequency = 25 cycles / 256 pixels). Circles: individual trials. Solid line: percentage of successful trials. Dashed line:percentage of permutation matrices by random generation of 3x3 matrices.

100% of the trials are successfully separated, even in worse noise cases than estimated in the real optical imaging scenario (signal/noise $<$ 0 db). In all cases, the average quality of the separation and the variance of reconstruction errors get worse with rising noise. Compared on the individual noise levels ESD outperforms the other two ICA algorithms on the model dataset with optical imaging properties.

Due to the scattering and reflectance properties of cortical tissue, high spatial frequency components in the signals can not emerge from the neural activation [11]. This justifies spatial low pass filtering, that furthermore enhances the performance of the ESD algorithm (figure 3 d). Due to the presented results and the work shown in [9] the further analysis of the optical imaging recordings was done with the ESD algorithm after lowpass filtering.

5   Application of ESD to Optical Recordings

The optical imaging recordings we are analyzing were taken from the primary visual cortex of a macaque monkey. The visual cortex was stimulated by the presentation of grid patterns in the focal plane of the animal.

The frames of the resulting image stacks were lowpass-filtered with a cutoff-frequency of 25 cycles / (256 pixels) (corresponding to $\approx$ 6.75 cycles/mm) and masked with a region of interest.

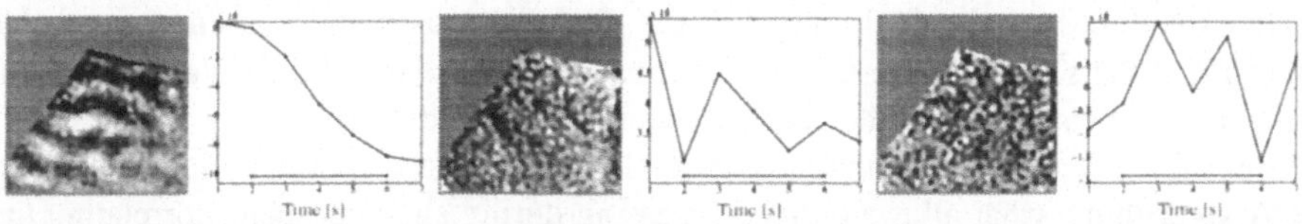

Fig. 4. Three reconstructed sources of the difference stack shown in figure 1. To the right of each estimate is a plot of the time course of this component as obtained from the back projection of the corresponding spatial pattern onto the data stack. The bottom bar in each plot shows the stimulus duration.

Figure 4 shows the separation result of the difference stack shown in figure 1bottom) with ESD. To the right of the spatial patterns the projections on the original stack are plotted. These time courses are used for correlation of the individual components with the stimulus presentation.

The advantage of the ESD becomes even more obvious if applied to a single condition stack. In figure 5 the result of the blind separation of a single condition stack and the time course of the separated sources is shown. In contrast to the difference stack the single condition stack does not show the emerging stimulus response pattern. A separation of the stimulus related signal with first frame analysis gave no result. The ESD algorithm separates the changes in the capillary bed of a large vessel (first image) from the monocular stimulus related pattern (second image) and vessel or noise artifacts.

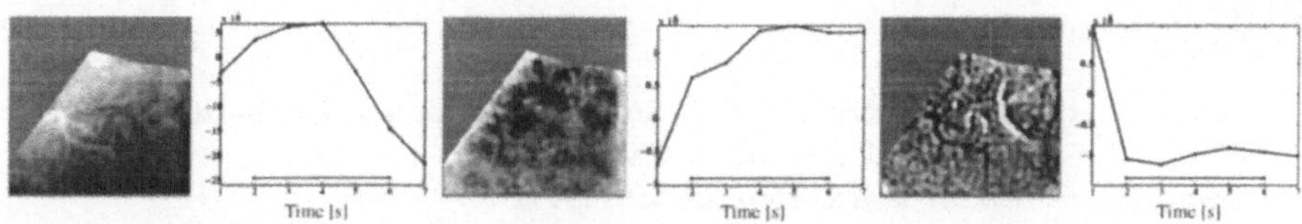

Fig. 5. Three reconstructed sources of the single condition ocular dominance stack. To the right of each estimate is a plot of the time course of this component. The bottom bar in each plot shows the stimulus duration.

6 Summary and Conclusions

Using a model dataset with properties similar to optical imaging recordings we have shown, that standard ICA algorithms like Infomax or kurtosis optimization are out performed by the ESD algorithm, that uses only second order statistics. On high noise levels that are common in optical imaging the rate of successful separations stays constant, whereas the percentage of successful separations of the other two ICA algorithms strongly decreases. The poor performance of the Infomax and kurtosis optimization algorithm might be explained by the incomplete independence of the original sources and the increased noise-sensitivity of estimation of higher order statistics.

Our proposed separation algorithm is based on the assumption that intrinsic signal consist of spatially uncorrelated prototype patterns, that appear as different linear combinations within the individual images of the stack. This assumption seems reasonable because of the scattering properties of cortical tissue.Note that the ESD algorithm implies no hard constraint on the cutoff frequencies in the data processing. Furthermore the extended spatial decorrelation is about 100 times faster than the other two tested ICA algorithms, what allows online processing during an experiment.Correlating the individual time courses of the separated sources to the stimulus onset and duration allows a judgment about the separation result. The time course of the ocular dominance map in figure 4 has a good correlation with the stimulus, whereas the other components have merely random time courses.

Reduction in the biological noise between different stimulus conditions will certainly improve the performance for all three analysis methods and is therefore desirable. However it is not always possible to completely remove differences in the spatial distribution of biological noise between different stimulus conditions as they activate distinct cell populations.

Even more important is the performance of the ESD algorithm on single condition stacks. In the example shown we get a stimulus correlated signal from an experiment, that showed no result after first frame analysis. Hence the ESD algorithm increases the number of results obtained from animals that produce only weak optical responses and enables us to investigate results from stimuli that have no orthogonal representation within the cortex.

Acknowledgments

This work was supported by DFG OB102/3-1 and Wellcome Trust 050080/Z/97

References

1. Ts'o, D. Y., Frostig, R. D., Lieke, E. E. & Grinvald, A. *Science* **249**, 417–420 (1990).
2. Blasdel, G. G. & Salama, G. *Nature* **321**, 579–585 (1986).
3. Stetter, M. *et al. Soc. Neurosci. Abstr.* **23**, 455 (1997).
4. Oja, E. *Neurocomputing* **17**, 25–45 (1997).
5. Bell, A. J. & Sejnowski, T. J. *Neural Comput.* **7**, 1129–1159 (1995).
6. Amari, S. in *Advances in Neural Information Processing Systems,* (Mozer, M. C., Jordan, M. I. & Petsche, T., eds), volume 9, (1996).
7. Hyvärinen, A. & Oja, E. *Neural Comput.* **9**, 1483–1492 (1997).
8. Molgedey, L. & Schuster, H. G. *Phys. Rev. Lett.* **72**, 3634–3637 (1994).
9. Schießl, I. *et al.* in *Proceedings of the 1. ICA99 Workshop, Aussois,* (Cardoso, J.-F., Jutten, C. & Loubaton, P., eds), volume 1, 179–184, (1999).
10. Koehler, B.-U. & Orglmeister, R. in *Proceedings of the ICA99 workshop,* (Cardoso, J.-F., Jutten, C. & Loubaton, P., eds), volume 1, 359–363, (1999).
11. Stetter, M. & Obermayer, K. *J. Opt. Soc. Am. A* **16**, in press (1999).

Structured Covariance Matrices for Statistical Image Object Recognition

J. Dahmen, D. Keysers, M. Pitz, H. Ney

Lehrstuhl für Informatik VI, Computer Science Department
RWTH Aachen - University of Technology
D-52056 Aachen, Germany
{dahmen, keysers, pitz, ney}@informatik.rwth-aachen.de

Abstract. In this paper we present different approaches to structuring covariance matrices within statistical classifiers. This is motivated by the fact that the use of full covariance matrices is infeasible in many applications. On the one hand, this is due to the high number of model parameters that have to be estimated, on the other hand the computational complexity of a classifier based on full covariance matrices is very high. We propose the use of diagonal and band-matrices to replace full covariance matrices and we also show that computation of tangent distance is equivalent to using a structured covariance matrix within a statistical classifier.

1 Introduction

In the last few years, the use of Bayesian classifiers based on Gaussian mixture densities or kernel densities proved to be very efficient for many pattern recognition tasks, among them speech recognition, machine translation and object recognition in images [1, 2, 3, 7]. One drawback of this approach is the fact that the number of model parameters for such a classifier is extremely high, requiring a very large amount of training data (which is not always available) for reliable parameter estimation. A common approach to overcome this difficulty is the use of diagonal instead of full covariance matrices, i.e. the use of variance vectors. In this paper we investigate other possibilities to structure covariance matrices (the variance vector being a very simple structuring approach). On the one hand, we will do so by assuming that the grayvalue of a certain pixel only depends on the grayvalues of the neighbouring pixels. We will also show that computation of SIMARD's tangent distance [14] can be interpreted as a special structure of covariance matrices within a statistical classifier.

In the next Section, we will briefly describe the US Postal Service database (USPS) which we used to carry out our experiments. Before discussing possible approaches to structuring covariance matrices in Section 4, we will describe the statistical classifier used in our experiments in Section 3. After presenting experimental results in Section 5 (as well as a comparison of our results with those reported by other international research groups), we will conclude the paper in Section 6.

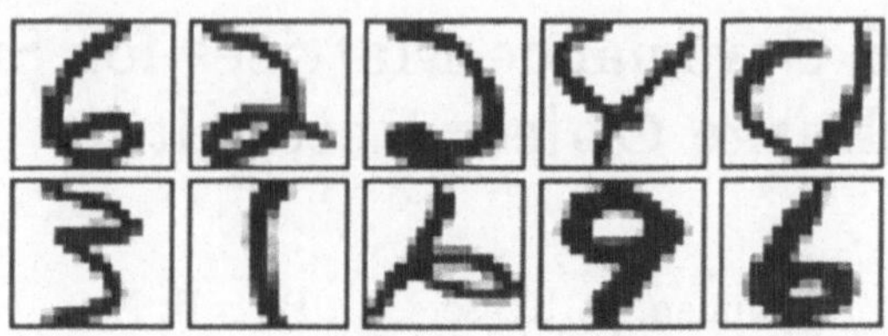

Fig. 1. Example images taken from the USPS database

2 The US Postal Service Database

The USPS database (`ftp://ftp.kyb.tuebingen.mpg.de/pub/bs/data/`) is a well known handwritten digit recognition database. It contains 7291 training objects and 2007 test objects. The digits are isolated and represented by a 16×16 pixels sized grayscale image (see Figure 1). Making use of *appearance based pattern recognition* in our experiments, we interpret each pixel as a feature, obtaining a 256-dimensional feature vector. The USPS recognition task is known to be very hard, with a human error rate of about 2.5% on the testing data [14]. An advantage of the USPS task is the availability of many recognition results reported by international research groups, allowing for a fair comparison of results.

3 The Statistical Classifier

To classify an observation $x \in \mathbb{R}^D$ we use the Bayesian decision rule [6, pp. 10-39]

$$x \longmapsto r(x) = \operatorname*{argmax}_{k} \{p(k)p(x|k)\} \tag{1}$$

where $p(k)$ is the prior probability of class k, $p(x|k)$ is the class conditional probability for the observation x given class k and $r(x)$ is the decision of the classifier. As neither $p(k)$ nor $p(x|k)$ are known, we have to choose models for the respective distributions and estimate their parameters using the training data.

3.1 Gaussian Mixture Densities

In our experiments, we set $p(k) = \frac{1}{K}$ for each class k (as it is not obvious why a certain digit should have a higher prior probability than another) and model $p(x|k)$ by using Gaussian mixture densities or kernel densities respectively. A Gaussian mixture is defined as a linear combination of Gaussian component densities $\mathcal{N}(x|\mu_{ki}, \Sigma_{ki})$, leading to the following expression for the class conditional probabilities:

$$p(x|k) = \sum_{i=1}^{I_k} c_{ki} \cdot \mathcal{N}(x|\mu_{ki}, \Sigma_{ki}) \tag{2}$$

where I_k is the number of component densities used to model class k, c_{ki} are weight coefficients (with $c_{ki} > 0$ and $\sum_{i=1}^{I_k} c_{ki} = 1$, which is necessary to ensure that $p(x|k)$ is a probability density function), μ_{ki} is the mean vector and Σ_{ki} is the covariance matrix of component density i of class k.

Maximum-likelihood parameter estimation can now be done using the Expectation-Maximization algorithm [4] in combination with a Linde-Buzo-Gray based clustering procedure [10]. More information on that topic (for diagonal covariance matrices) can be found in [2] or [1] respectively.

3.2 Kernel Densities

In the case of kernel densities (also called parzen windows or parzen densities) [5, pp. 147-153], each training sample x_n defines a Gaussian single density $\mathcal{N}(x|x_n, \Sigma_{x_n})$ with an estimated covariance matrix Σ_{x_n}, that is the sample itself is interpreted as mean vector. Thus, kernel densities might be interpreted as an extreme case of a mixture density model.

To classify an observation x, we now use the decision function

$$x \longmapsto r(x) = \operatorname*{argmax}_{k} \left\{ p_{KD}(x|k) \right\}, \quad \text{where} \tag{3}$$

$$p_{KD}(x|k) = \frac{1}{N_k} \sum_{n=1}^{N_k} \mathcal{N}(x|x_n, \Sigma_{x_n}) \tag{4}$$

and N_k is the number of training samples belonging to class k.

A typical problem for statistical classifiers based on the models described above is the estimation of covariance matrices. In case of the USPS task, with feature vectors $x \in \mathbb{R}^{256}$, a single covariance matrix requires (due to symmetries) the estimation of $256 \cdot (256+1)/2 = 32.896$ parameters. Given only 7.291 training samples, this is infeasible. A common approach to overcome this difficulty is the use of variance pooling

- *class specific variance pooling* :
  estimate only a single Σ_k for each class k, i.e. $\Sigma_{ki} = \Sigma_k \ \forall\, i = 1, ..., I_k$
- *global variance pooling* :
  estimate only a single Σ, i.e. $\Sigma_{ki} = \Sigma \ \forall\, k = 1, ..., K$ and $\forall\, i = 1, ..., I_k$

in combination with diagonal covariance matrices, i.e. variance vectors. In our kernel density experiments, we made use of class specific variance pooling, that is we computed the empirical covariance matrix Σ_k for each class k and set $\Sigma_{x_n} := \Sigma_k$ for each observation x_n of class k. In contrast to this, our mixture density based experiments were conducted using globally pooled variances, as this proved to be the best choice.

Note that the use of a diagonal covariance matrix can be interpreted as a very simple approach to structuring covariance matrices, where a rather harsh approximation of a full covariance matrix is used in order to reduce the number of free model parameters. In the following Section, we will present alternative, more sophisticated approaches to this problem.

Fig. 2. Neigbourhoods N_1 **(1),** N_2 **(1, 2) used (left). Resulting band structure of the inverse covariance matrix** Σ^{-1} **for** N_1 **and** 4×4 **pixels sized images (right). Black pixels represent non-zero entries in** Σ^{-1}**.**

4 Structuring Covariance Matrices

In this section we will present two approaches to estimating structured covariance matrices for image object recognition. The first is based on pixel neighbourhoods and their influence on the covariance matrix Σ, the second is derived from a probabilistic interpretation of tangent distance.

4.1 Structures based on Pixel Neighbourhoods

Using full covariance matrices for object recognition implies the possibility that any two pixels within an image are correlated. On the other hand, using diagonal covariance matrices, we assume that there is no correlation between different pixels at all. Both such approaches are somewhat extreme: the first suffers from a large amount of parameters, whereas the latter may be an unrealistic model in some applications. As a compromise, one could use a full covariance matrix with the restriction that the grayvalue of a given pixel only depends on the grayvalues of its neighbours. Thus, the number of non-zero entries in the respective inverse covariance matrix can be significantly reduced.

Regarding the neighbourhoods N_1 and N_2 as shown in Figure 2 and assuming that the grayvalue of a pixel x_{ij} only depends on its neighbouring pixels, the respective inverse covariance matrix Σ^{-1} has a band structure (this can be shown using Markov random field theory [9]), with the number of bands increasing as the regarded neighbourhood grows (four bands for N_1, eight for N_2). Thus, any entry of Σ^{-1} that does not lie on the diagonal or the bands is zero. Note that some entries on the first band are zero, too (cp. Figure 2). This is due to the fact that wrap-around is not considered, e.g. a pixel at the left border of an image is not a neighbour of the corresponding pixel at the right border.

Considering this, a maximum-likelihood estimation of Σ_k (i.e. maximization of $\prod_{n=1}^{N_k} p(x_{nk}|k)$ with respect to Σ_k, given the training observations x_{nk}, $n = 1, ..., N_k$) yields the interesting result, that we can only give estimations for those entries in Σ_k that lie on the diagonal or the bands. Thus, we know each entry in Σ_k that we do not know in Σ_k^{-1} (where we have knowledge about the occurences of zeros) and vice versa. Hence, an estimation for Σ_k^{-1} (under the constraint that only neighbouring pixel depend on each other) can be found by solving the bilinear equation system

$$\Sigma_k \cdot \Sigma_k^{-1} = I \tag{5}$$

where I is the matrix of identity. With $\Sigma_k, \Sigma_k^{-1} \in \mathbb{R}^{D \times D}$, this yields D^2 equations with D^2 unknowns. In our experiments, the solution of this equation system is obtained by applying the Gauss-Seidel algorithm [11, pp. 864-869].

4.2 A Structure based on Tangent Distance

In 1993, SIMARD et al. proposed an invariant distance measure called *tangent distance*, which proved to be especially effective for optical character recognition [14]. The authors observed that reasonably small transformations of certain objects (like digits) do not affect class-membership. Simple distance measures like the Euclidean distance do not account for this, instead they are very sensitive to transformations like scaling, translation, rotation or axis deformations. When an image x of size $I \times J$ is transformed (e.g. scaled and rotated) with a transformation $t(x, \alpha)$ which depends on L parameters $\alpha \in \mathbb{R}^L$ (e.g. the scaling factor and the rotation angle), the set of all transformed images

$$M_x = \{t(x, \alpha) : \alpha \in \mathbb{R}^L\} \subset \mathbb{R}^{I \times J} \tag{6}$$

is a manifold of at most L dimensions. The distance between two images can now be defined as the minimum distance between their according manifolds, being truly invariant with respect to the L transformations regarded. Unfortunately, computation of this distance is a hard optimization problem and the manifolds needed have no analytic expression in general. Therefore, small transformations of an image x are approximated by a tangent subspace $\hat{M}_x$ to the manifold M_x at the point x. Those transformations can be obtained by adding to x a linear combination of the vectors $T_l(x), l = 1, ..., L$ that span the tangent subspace. Thus, we obtain as a first-order approximation of M_x:

$$\hat{M}_x = \{x + \sum_{l=1}^{L} \alpha_l \cdot T_l(x) : \alpha \in \mathbb{R}^L\} \subset \mathbb{R}^{I \times J} \tag{7}$$

Now, the single sided tangent distance $D_T(x, \mu)$ between an image x and a reference image μ is defined as

$$D_T(x, \mu) = \min_{\alpha}\{\|x + \sum_{l=1}^{L} \alpha_l \cdot T_l(x) - \mu\|^2\} \tag{8}$$

The *tangent vectors* $T_l(x)$ can be computed using finite differences between the original image x and a small transformation of x [14]. A double sided TD can also be defined by approximating M_x and M_μ and minimizing the distance over all possible combinations of the respective parameters. In our experiments, we computed the seven tangent vectors for translations (2), rotation, scaling, axis deformations (2) and line thickness, as proposed by Simard. Assuming that the

Table 1. Error rates on USPS for varying image sizes and structures of Σ.

Image Size	Structure	Error Rate [%]
	Diagonal	5.7
	Band using N_1	5.5
8×8	Band using N_2	5.1
	full	4.6
	tangent structure	4.6
16×16	diagonal + tangent, GMD	2.7
	diagonal + tangent, KD	2.2

tangent vectors are orthogonal (which can be achieved using a singular value decomposition), Eq. (8) can be solved efficiently by computing

$$D_T(x, \mu) = \|x - \mu\|^2 - \sum_{l=1}^{L} \frac{[(x - \mu)^t \cdot T_l(x)]^2}{\|T_l(x)\|^2} \tag{9}$$

Conceptionally, tangent variations of the references can be incorporated into a statistical classifier by modeling Gaussian normal distributions via $\mathcal{N}(x|\mu + \sum_{l=1}^{L} \alpha_l \cdot T_l(\mu), \Sigma)$ with unknown α_l. If we further assume a Gaussian distribution for the parameter set α with zero mean and variance approaching infinity, one can show that this probability can be computed using the following structured covariance matrix:

$$\hat{\Sigma} := \lim_{\kappa \to \infty} \left(\Sigma + \kappa \sum_{l=1}^{L} \frac{T_l(\mu)T_l(\mu)^t}{T_l(\mu)^t \Sigma^{-1} T_l(\mu)} \right) \tag{10}$$

where Σ is the empirical covariance matrix of the data. With κ approaching infinity, variances along the directions in feature space defined by the tangent vectors approach infinity, too. Thus, variations of the reference images along these directions are not considered. Note that the matrix $\hat{\Sigma}$ cannot be used explicitly (as it does not exist for $\kappa \to \infty$), yet calculating single-sided tangent distance is equivalent to using $\hat{\Sigma}$. As the required calculations to prove this statement are rather lengthy, they are omitted here. A detailed discussion of this topic can be found in [8].

5   Results

We started our experiments by applying the kernel density based classifier to the USPS task. As the solution of the bilinear equation system (5) is very time consuming, the USPS images were scaled down to a size of 8×8 pixels. Experiments were done using the following structures for the (class specifically pooled) covariance matrices: (a) diagonal, (b) band structure using N_1 or N_2 respectively, (c) structure via tangent distance as shown in Eq. (10) and (d) full covariance matrix. The results obtained are shown in Table 1. As one would have expected, estimation of a band structured covariance matrix reduces the error rate as compared to a diagonal structure. Best results are obtained using a full covariance

Table 2. Results reported on USPS

Author	Method	Error [%]
Simard et al., 1993	Human Performance	2.5
Vapnik, 1995	Decision Tree C4.5	16.2
Vapnik, 1995	Two-Layer Neural Net	5.9
Simard et al., 1998	Five-Layer Neural Net	4.2
Schölkopf, 1997	Support Vectors	4.0
Schölkopf et al., 1998	Invariant Support Vectors	3.0
Simard et al., 1993	Tangent Distance	*2.6
This work:	Gaussian Mixtures + tangents	2.7
	Kernel Densities + tangents	2.2

*: 2400 machine printed digits were added to the training set

matrix, which is not surprising, since we only estimated a single covariance matrix per class, using downscaled USPS images. Interestingly, using the tangent distance based structure yields the same results as compared to a full covariance matrix, but - at the same time - reduces the computational complexity significantly. Using the original 16×16 pixels sized USPS data, the tangent structure (3.3%) significantly outperforms a full covariance matrix (6.3%, as the number of free parameters increases by a factor of 16).

We therefore embedded tangent distance into a Gaussian mixture density based classifier, based on diagonal, globally pooled covariance matrices. On the original 16×16 pixels sized USPS images, this yields an excellent error rate of 2.7% using double-sided tangent distance. Using a bagged kernel density based classifier, this error rate could be further reduced to 2.2%. These experiments were conducted on virtually augmented USPS data, where each image was shifted into the directions of the N_2-neighbourhood, yielding $9 \cdot 7291 = 65619$ training samples (using other transformations to create virtual data did not improve the error rate any further). A similar approach was used on the testing data, where the final decision for the original test sample was achieved by using the sum rule. Detailed information on the use of virtual data within statistical classifiers and its impact on the classification error rate can be found in [1, 7]. Note that using virtual data in combination with tangent distance is useful, as the shifted images lead to a better approximation of the true manifolds (tangent distance only approximates image shifts). A comparison of our results with that reported by other groups can be found in Table 2, proving them to be state-of the art.

6 Conclusions

In this paper we presented a novel approach to using structured covariance matrices for image object recognition within a statistical classifier. The structures we proposed are based on a neighbourhood concept (only neighbouring pixels depend on each other) and on a probabilistic interpretation of Simard's tangent distance. Using such structures, the number of model parameters that have to be estimated can be considerably reduced. The advantage of this reduction is twofold: On the one hand, parameter estimation is more reliable, on the other hand the computational complexity of the classifier is reduced. We obtained excellent results on the US Postal Service handwritten digit recognition task, especially when using tangent distance to structure the respective covariance matrices (2.2% error rate using a kernel density based classifier and virtual data).

References

1. J. Dahmen, D. Keysers, M. Güld, H. Ney, "Invariant Image Object Recognition using Gaussian Mixture Densities", Proceedings of the 15th International Conference on Pattern Recognition, Barcelona, Spain, September 2000, in press.
2. J. Dahmen, K. Beulen, M. Güld, H. Ney, "A Mixture Density Based Approach to Object Recognition for Image Retrieval", Proceedings of the 6th International RIAO Conference on Content-Based Multimedia Information Access, Paris, France, April 2000, in press.
3. J. Dahmen, R. Schlüter, H. Ney, "Discriminative Training of Gaussian Mixtures for Image Object Recognition", in W. Förstner, J. Buhmann, A. Faber, P. Faber (eds.): Proceedings of the 21. Symposium of the German Association for Pattern Recognition (DAGM), Bonn, Germany, pp. 205-212, September 1999.
4. A.P. Dempster, N.M. Laird, D.B. Rubin, "Maximum Likelihood from Incomplete Data via the EM Algorithm," *Journal of the Royal Statistical Society*, 39(B), pp. 1-38, 1977.
5. L. Devroye, L. Györfi, G. Lugosi, *A Probabilistic Theory of Pattern Recognition*, Springer, New York, 1996.
6. R. O. Duda, P. E. Hart, *Pattern Classification and Scene Analysis*, John Wiley & Sons, 1973.
7. D. Keysers, J. Dahmen, T. Theiner, H. Ney, "Experiments with an Extended Tangent Distance", Proceedings of the 15th International Conference on Pattern Recognition, Barcelona, Spain, September 2000, in press.
8. D. Keysers, J. Dahmen, H. Ney, "A Probabilistic View on Tangent Distance", Proceedings of the 22. Symposium of the German Association for Pattern Recognition (DAGM), Kiel, Germany, September 2000, this volume.
9. S. Z. Li, Markow Random Field Modelling in Computer Vision, Springer, Tokyo, Japan, 1995.
10. Y. Linde, A. Buzo und R. M. Gray, "An Algorithm for Vector Quantizer Design," *IEEE Transactions on Communications*, Vol. 28, No. 1, pp. 84-95, 1980.
11. W.H. Press, S.A. Teukolsky, W.T. Vetterling, B.P. Flannery, *Numerical Recipes in C*, University Press, Cambridge, 1992.
12. B. Schölkopf, *Support Vector Learning*, Oldenbourg Verlag, Munich, 1997.
13. B. Schölkopf, P. Simard, A. Smola, V. Vapnik, "Prior Knowledge in Support Vector Kernels," M. Jordan, M. Kearns, S. Solla (eds.): *Advances in Neural Information Processing Systems 10*, MIT Press, pp. 640-646, 1998.
14. P. Simard, Y. Le Cun, J. Denker, "Efficient Pattern Recognition Using a New Transformation Distance," S.J. Hanson, J.D. Cowan, C.L. Giles (eds.): *Advances in Neural Information Processing Systems 5*, Morgan Kaufmann, San Mateo CA, pp. 50-58, 1993.
15. V. Vapnik, *The Nature of Statistical Learning Theory*, Springer, New York, pp.142-143, 1995.

A Probabilistic View on Tangent Distance

D. Keysers, J. Dahmen, H. Ney

Lehrstuhl für Informatik VI, Computer Science Department
RWTH Aachen - University of Technology
D-52056 Aachen, Germany
{keysers, dahmen, ney}@informatik.rwth-aachen.de

Abstract. In this paper we present a new probabilistic interpretation of tangent distance, which proved to be very effective in modeling image transformations in object recognition. Descriptions of the resulting distributions in pattern space are given for different possible models of variation, leading to a natural derivation of tangent distance. Furthermore, a possible generalization is presented and experimental results on the well known US Postal Service database are presented.

1   Introduction

Invariance of classification algorithms with respect to certain transformations plays an important role in pattern recognition. For example, in recognition of image objects like handwritten digits, invariance with respect to (small) affine variations is desired. One method which can achieve such invariance by using first order approximation of the manifolds generated by the considered transformations is known as tangent distance (TD). It was introduced by SIMARD et al. [14, 13] and successfully used for pattern recognition. TD and related approaches are usually seen in the context of distance based classifiers, but can as well be used in parametric classifiers [1]. For those cases, a theoretical model may be helpful, where the focus on distances can be related to the focus on distributions using the negative logarithm:

$$-\log p(x|\mu) \;=\; -\log \frac{1}{\mathrm{norm}} \exp\left(-\frac{1}{2}d(x,\mu)\right) \;=\; \frac{1}{2}d(x,\mu) + \mathrm{const}$$

This paper presents a novel description of the relation between a distribution respecting pattern variation and TD. In [10], a probabilistic view on subspace methods is considered, but it is only derived that the distribution of distances from the subspace has the form of a gamma distribution.

The following Section gives an overview of TD, whereas Section 3 deals with variations of the references μ respectively of the observations x and distinguishes between known derivatives of variation and cases where this information is not available. After a view on a combination of the described approaches, Section 5 gives some results and the last Section concludes the paper.

Fig. 1. Examples for tangent approximation (affine transformations and line thickness)

2 Overview of tangent distance

In 1993 SIMARD et al. proposed an invariant distance measure called *tangent distance*, which proved to be especially effective in the domain of digit recognition [14]. The authors observed that reasonably small transformations of certain image objects do not affect class-membership. When an image $x \in \mathbb{R}^D$ (seen as a one-dimensional vector here) is transformed (e.g. scaled and rotated) by a transformation $t(x, \alpha)$ which depends on L parameters $\alpha \in \mathbb{R}^L$ (e.g. the scaling factor and rotation angle), the set of all transformed patterns

$$M_x = \{t(x, \alpha) : \alpha \in \mathbb{R}^L\} \subset \mathbb{R}^D$$

is a manifold of at most dimension L in pattern space. The distance between two patterns can now be defined as the minimum distance between their respective manifolds, being truly invariant with respect to the L regarded transformations. As computation of this distance is a hard non-linear optimization problem and the manifolds concerned do not have an analytic expression in general, small transformations of the pattern x are approximated by a tangent subspace to the manifold M_x at the point x. This subspace is obtained by adding to x a linear combination of the vectors x_l, $l = 1, \ldots, L$ called *tangent vectors* that span the tangent subspace. The tangent vectors are the partial derivatives of $t(x, \alpha)$ with respect to α_l (therefore 'derivative' and 'direction' of variation are regarded as synonymous here). We obtain a first-order approximation of M_x, which is the subspace containing all $x_\alpha = x + \sum_l \alpha_l x_l$ for $\alpha \in \mathbb{R}^L$. The (squared) single-sided TD with tangents in x is then defined as

$$d(x, \mu) = \min_\alpha \left\{ \|x + \sum_l \alpha_l x_l - \mu\|^2 \right\}$$

The tangent vectors x_l can be computed using finite differences between the original image x and a reasonably small transformation of x [14]. Example images that were computed using tangent approximation are shown in Fig. 1 (with the original image on the left). Similarly, we can define TD using an approximation of the manifold generated by μ and a double-sided TD, where both manifolds are approximated and the distance is minimized over possible combinations of the respective parameters.

3 Probabilistic interpretation of variation

In this Section we will consider the different cases where each reference vector μ or each observation x may be subject to variations.

3.1 Known derivatives of variation in the reference

We first assume presence of a-priori knowledge about these transformations, e.g. affine transformations for images, such that the directions of variation μ_l are known. Consider a Gaussian distribution of the references with covariance matrix Σ and the first order approximation of the transformed reference

$$p(x|\mu, \alpha) = \mathcal{N}(x|\mu + \sum_l \alpha_l \mu_l, \Sigma)$$

$$= \frac{1}{\sqrt{(2\pi)^D|\Sigma|}} \exp\left(-\frac{1}{2}\left(\mu + \sum_l \alpha_l \mu_l - x\right)^T \Sigma^{-1} \left(\mu + \sum_l \alpha_l \mu_l - x\right)\right)$$

Assuming independent Gaussian distribution for the α_l, $p(\alpha|\mu) = \mathcal{N}(\alpha|0,\gamma^2 I)$ (which can be justified by the central limit theorem [10]) yields

$$p(x|\mu) = \int p(x,\alpha|\mu)\,d\alpha = \int p(\alpha|\mu)\,p(x|\alpha,\mu)\,d\alpha$$

$$\approx \max_\alpha \left\{\mathcal{N}(\alpha|0,\gamma^2 I)\,\mathcal{N}(x|\mu_\alpha,\Sigma)\right\} \tag{1}$$

$$= \max_\alpha \left\{\frac{1}{\sqrt{2\pi\gamma^2}^L} \exp\left(-\frac{1}{2\gamma^2}\sum_l \alpha_l^2\right) \cdot \right.$$

$$\left. \frac{1}{\sqrt{(2\pi)^D|\Sigma|}} \exp\left(-\frac{1}{2}\left(\mu + \sum_l \alpha_l \mu_l - x\right)^T \Sigma^{-1}\left(\mu + \sum_l \alpha_l \mu_l - x\right)\right)\right\} \tag{2}$$

The use of maximum approximation in (1) is not essential. The same results (except for some constant terms) can be obtained without its application, but the calculations are somewhat more complex [8]. Expression (2) is maximized when the (double) negative logarithm is minimized, which can now be interpreted as the distance between x and μ, thus deriving an invariant distance measure (constant terms have been dropped).

$$d(x,\mu) := -2\,\log p(x|\mu)$$

$$\approx \min_\alpha \left\{\frac{1}{\gamma^2}\sum_l \alpha_l^2 + \left(\mu + \sum_l \alpha_l\mu_l - x\right)^T \Sigma^{-1}\left(\mu + \sum_l \alpha_l\mu_l - x\right)\right\}$$

$$= \min_\alpha \left\{\frac{1}{\gamma^2}\sum_l \alpha_l^2 + (\mu - x)^T \Sigma^{-1}(\mu - x) + (\mu - x)^T \Sigma^{-1}\left(\sum_l \alpha_l\mu_l\right)\right.$$

$$\left. + \left(\sum_l \alpha_l\mu_l\right)^T \Sigma^{-1}(\mu - x) + \left(\sum_l \alpha_l\mu_l\right)^T \Sigma^{-1}\left(\sum_l \alpha_l\mu_l\right)\right\}$$

Assuming orthogonality of the μ_l with respect to Σ^{-1}, that is $\mu_l^T \Sigma^{-1}\mu_{l'} = 0$ for $l \neq l'$ (which can be achieved without altering the spanned subspace using an SVD), it follows that $(\sum_l \alpha_l\mu_l)^T \Sigma^{-1}(\sum_l \alpha_l\mu_l) = \sum_l \alpha_l^2 \mu_l^T \Sigma^{-1}\mu_l$. Furthermore the third and fourth term of the above sum are identical and the second term is independent of α. Therefore the expression reduces to

$$d(x,\mu) \approx (\mu - x)^T \Sigma^{-1}(\mu - x)$$

$$+ \min_\alpha \left\{\sum_l \alpha_l^2\left(\frac{1}{\gamma^2} + \mu_l^T \Sigma^{-1}\mu_l\right) + 2(\mu - x)^T \Sigma^{-1}\left(\sum_l \alpha_l\mu_l\right)\right\}$$

$$= (\mu - x)^T \Sigma^{-1}(\mu - x) - \sum_l \frac{((\mu - x)^T \Sigma^{-1}\mu_l)^2}{\frac{1}{\gamma^2} + \mu_l^T \Sigma^{-1}\mu_l}$$

$$+ \min_\alpha \left\{\sum_l \left(\frac{1}{\gamma^2} + \mu_l^T \Sigma^{-1}\mu_l\right)\left(\alpha_l + \frac{(\mu - x)^T \Sigma^{-1}\mu_l}{\frac{1}{\gamma^2} + \mu_l^T \Sigma^{-1}\mu_l}\right)^2\right\} \tag{3}$$

$$= (\mu - x)^T \Sigma^{-1}(\mu - x) - \sum_l \frac{((\mu - x)^T \Sigma^{-1}\mu_l)^2}{\frac{1}{\gamma^2} + \mu_l^T \Sigma^{-1}\mu_l}$$

where the minimization in (3) is equal to zero since it is a minimization of a sum of weighted squares. At the boundaries of the considered range for γ, $[0; \infty)$ this yields Mahalanobis distance for $\gamma \to 0$ and TD with tangents μ_l for $\gamma \to \infty$. (No gain could be obtained by restricting the value of γ.) Using the relation

$$x^T(A^{-1} + bb^T)x = x^T A^{-1} x + x^T bb^T x = x^T A^{-1} x + (b^T x)^2$$

and assuming $\gamma \to \infty$ this can be rewritten as

$$d(x,\mu) \approx (\mu - x)^T \left(\Sigma^{-1} - \sum_l \frac{(\mu_l^T \Sigma^{-1})^T (\mu_l^T \Sigma^{-1})}{\mu_l^T \Sigma^{-1} \mu_l} \right) (\mu - x) \tag{4}$$

Eq. (4) can be regarded as assuming 'infinite' variance in the directions of the μ_l, as the inverse of the central matrix can be interpreted as covariance matrix:

$$\left(\Sigma^{-1} - \lambda \sum_l \frac{(\mu_l^T \Sigma^{-1})^T (\mu_l^T \Sigma^{-1})}{\mu_l^T \Sigma^{-1} \mu_l} \right) \left(\Sigma + \kappa \sum_l \frac{\mu_l \mu_l^T}{\mu_l^T \Sigma^{-1} \mu_l} \right)$$

$$= I - (\lambda - \kappa + \lambda\kappa) \sum_l \frac{\Sigma^{-1} \mu_l \mu_l^T}{\mu_l^T \Sigma^{-1} \mu_l}$$

The latter becomes the identity matrix I if $\lambda - \kappa + \lambda\kappa = 0$ or $\kappa = \frac{\lambda}{1-\lambda}$. Thus, as λ approaches 1 as in TD (4), κ goes to infinity, so that we can write (being aware of the fact that the inverse does not exist in $\mathbb{R}^{D \times D}$):

$$p(x|\mu) = \mathcal{N}(x|\mu, \Sigma') \quad \text{with} \quad \Sigma' = \lim_{\kappa \to \infty} \left(\Sigma + \kappa \sum_l \frac{\mu_l \mu_l^T}{\mu_l^T \Sigma^{-1} \mu_l} \right)$$

The resulting distribution can be considered as a degenerate case of the normal distribution or as a normal distribution in the reduced vector space that results from the projection along the directions of the μ_l. Such a model is generally called a *linear model*, which brings about some normalization problems for the case where $\gamma \to \infty$. HINTON et al. state that such a model "is not properly normalizable", yet very useful, and refer to factor analysis as a resort [6]. This problem can be circumvented by regarding the distribution in the space originating from projection along the subspace. Note that the presented considerations can be interpreted as imposing a certain structure on the covariance matrix due to tangent distance [2].

3.2 Estimating derivatives of variation in the reference

In some cases there is no a-priori information available about the *directions* of variation of the data to be modeled, but it is known that there exists class specific variability in the data. In this case one needs to estimate the derivatives of variation for each class to be able to use the methods described above.

Given data $x_1, \ldots, x_N$, a reference μ and a covariance matrix Σ, we can apply a maximum likelihood approach to estimate the directions μ_l, assuming knowledge of the number of dimensions L to be sought for. One can show that maximizing the likelihood $\prod_n p(x_n|\mu)$ is equivalent to the maximization of the following expression with respect to the μ_l:

$$\sum_l \frac{\mu_l^T \Sigma^{-1} S \Sigma^{-1} \mu_l}{\frac{1}{\gamma^2} + \mu_l^T \Sigma^{-1} \mu_l} \stackrel{!}{=} \max_{\mu_1, \ldots, \mu_l}$$

with $S = \sum_n (\mu - x_n)(\mu - x_n)^T$. This is maximized when the vectors $(\Sigma^{-\frac{1}{2}})^T \mu_l$ correspond to the L eigenvectors with the largest eigenvalues of the matrix $(\Sigma^{-\frac{1}{2}})^T S \Sigma^{-\frac{1}{2}}$, its principal components. For example, assuming $\Sigma = I$ this implies using the directions of largest intra-class variance of the data. In a more general case we might consider using the global covariance matrix for Σ and the class specific covariance matrix for S, which is equivalent to performing a global whitening transformation as transformation of parameter space and then employing the L principal components of the class specific empirical covariance matrix as tangent vectors. This leads to an algorithm similar to that presented in [4], respectively within a mixture density based classifier it leads to local PCA learning [11]. Note that due to the distinction between global and class specific covariance matrix the approach we present here is inherently discriminative.

In nearest neighbor or kernel density classifiers we may be interested in a local estimation of the derivatives of variation, that is for each element x_n of the training set. Then, one approach is to use the first L principal components of the matrix $\sum_{x' \in U(x_n)} \beta(\|x' - x_n\|) \cdot (x' - x_n)(x' - x_n)^T$ where $U(x_n)$ is the set containing the vectors closest to x_n of the same class and $\beta(\cdot)$ is a weighting function depending on the distance of the two vectors. If $\beta(\cdot)$ is constant this yields the local subspace classifier [10]. Note that this method may not be useful for the estimation of variation in the observation during the recognition process, because then the directions need to be calculated once for every class that is hypothesized and furthermore in nearest neighbor based classifiers it leads to zero distance for all classes, if used in the straightforward manner. Therefore the following considerations deal with known variations in the observations.

3.3 Known derivatives of variation in the observation during recognition

Similar to the case of transformed references we can now consider for a given x all variations $x_\alpha = x + \sum_l \alpha_l x_l$. Since the only difference in the calculations is the replacement of the term '$+ \sum_l \alpha_l \mu_l$' by '$- \sum_l \alpha_l x_l$' in Section 3.1, we can perform exactly the same calculations, substituting μ_l with $-x_l$ and obtain (as the negation cancels out in all places)

$$d(x,\mu) = (\mu - x)^T \left(\Sigma^{-1} - \sum_l \frac{(x_l^T \Sigma^{-1})^T (x_l^T \Sigma^{-1})}{\frac{1}{\gamma^2} + x_l^T \Sigma^{-1} x_l} \right) (\mu - x) \tag{5}$$

Note that the resulting form of the distribution cannot be expressed as a (degenerate) Gaussian here, as the matrix depends on the value of x.

3.4 Known derivatives of variation in the observation during training

One can also look at the a-priori knowledge about the data from another point of view, namely during parameter estimation, e.g. when training a Gaussian (mixture) density for recognition. In that case we might be interested in using the additional knowledge only during training for a more reliable estimation of parameters. Consider a Gaussian distribution $\mathcal{N}(x|\mu, \Sigma)$ with parameters μ and Σ to be estimated and training data $x_1, \ldots, x_N \in \mathrm{I\!R}^D$. Furthermore, we assume that the tangents $x_{n1}, \ldots, x_{nL} \in \mathrm{I\!R}^D$ are given. We can now modify the maximum likelihood estimates for the parameters by distributing the weight one of each training vector x_n over "infinitely many" variations $x_{n\alpha}$ with weight $p(\alpha) = \mathcal{N}(\alpha|0, \Sigma_\alpha)$.

One can show that this has no effect on the new mean [8], i.e. $\mu_T = \mu$. Yet, the new covariance matrix does change and assuming independence and equal variance σ_α^2 for the components of α one obtains

$$\Sigma_T = \int \frac{1}{N} p(\alpha) \sum_n (x_{n\alpha} - \mu)(x_{n\alpha} - \mu)^T \, d\alpha = \Sigma + \sigma_\alpha^2 \sum_l \frac{1}{N} \sum_n x_{nl} x_{nl}^T \quad (6)$$

If the resulting probabilistic models are interpreted as generative models for images, the obtained results are similar to those of HINTON et al. [7], who infer them from a variant of the neural net inspired tangent prop algorithm [13]. A similar result has also been described in [3] and for support vector machines in [12], and it is presented in a wider framework here. The estimation of parameters changes in a fundamental way, if it is assumed that TD will also be used during recognition. This has consequences for the references as well as the covariance matrix [4].

4   Combination

It is possible to combine the different approaches mentioned, e.g. combining (4) and (5) yields double-sided TD. This may be combined with (6) giving

$$d(x, \mu) = (\mu - x)^T \left(\Sigma_T^{-1} - \sum_{l=1}^{2L} \frac{(u_l^T \Sigma_T^{-1})^T (u_l^T \Sigma_T^{-1})}{u_l^T \Sigma_T^{-1} u_l} \right) (\mu - x)$$

With $\{u_1, \ldots u_{2L}\}$ being a set of vectors spanning the same subspace as the set $\{x_1, \ldots x_L, \mu_1, \ldots \mu_L\}$ with the condition $u_l^T \Sigma_T^{-1} u_{l'} = 0$ for $l \neq l'$. Since the x_l and the μ_l play essentially the same role here, and this is in turn the same as for the differences $x' - x_n$ from the Section 3.2, we might construct an even more general case, in which the first principal components of the matrix

$$\sum_{x' \in U(x_n)} \beta_1 (\|x' - x_n\|)(x' - x_n)(x' - x_n)^T$$
$$+ \sum_l \beta_2 x_{nl} x_{nl}^T + \beta_3 \mu_l \mu_l^T + \beta_4 \sum_{n'} x_{n'l} x_{n'l}^T$$

are used as tangent vectors for the calculation of the distance $d(x_n, \mu)$. Different settings of the coefficients $\beta_1(\cdot), \beta_2, \beta_3, \beta_4$ allow to reproduce each special case considered before, thus arriving at a valid generalization.

5   Results

All results presented here were obtained on the well known US Postal Service handwritten digits recognition task (USPS). It contains normalized greyscale images of size 16×16, divided into a training set of 7291 patterns and a test

Table 1. Summary of results for USPS
*: obtained with a training set extended by 2,400 machine-printed digits

Method	ER [%]	Method	ER [%]
Human Performance [14, 13]	2.5	Neural Net (LeNet1/4) [13]	4.2
1-NN Classifier	5.6	Support Vectors [12]	3.0
This work: TD, 1-NN	3.3	Boosting [13]	*2.6
TD, KD, virtual data	2.2	Tangent Distance [13]	*2.5

set of 2007 patterns. Reported results for this database are summarized in Table 1. Best results reported so far were obtained with an extended training set augmented with about 2,400 machine printed digits, using a nearest neighbor classifier implementing TD and a boosted neural network. In our experiments we were not able to obtain better results than 3.3% error rate with the original training set employing a 1-NN classifier with TD (affine transformations and line thickness). Using a bagged kernel density based classifier and virtual training and testing data (by shifting the images 1 pixel into 8 directions, keeping training and test set nevertheless separated), where different test results were combined using the sum rule, we were able to reduce the error rate further to 2.2%, showing the effectivity of the TD approach [9].

We also experimented with classifiers using only a single reference per class. Here, the estimation of tangent vectors in μ yielded an error rate of 6.4% for $L = 7$ (which compares favorably to 11.8% for the tangents calculated using a-priori knowledge and 18.6% for a NN without tangents) and 5.5% for $L = 12$.

To obtain results for patterns for which the derivatives of variation within each class are not known a-priori, we also carried out experiments with a reduced feature space. The patterns were transformed performing an LDA using 40 clusters of the data, yielding 39 features [1]. These features reduce the error rate without tangents from 18.6% to 12.5%. Using the estimated directions of variation this result can be improved to 8.6%. The computational complexity of the algorithms was not the key issue in the experiments but it does not impose problems, as the classification of a single observation using TD requires about one second of CPU time using all 7291 USPS training samples as references.

6 Conclusions

In this paper we presented a new probabilistic interpretation of tangent distance, deriving it from the assumption of intra-class variance. We examined different possible settings and inferred the corresponding distance measures as well as a combined representation. Tangent distance can be regarded as a structuring method for covariance matrices, assuming infinite variance in the directions of variation. Estimating the derivatives of variation amounts to local PCA if the global covariance matrix is white. The derived distance measures may be helpful in the design of classification algorithms when the considered type of variation is present in the data. The experiments carried out support our theoretical results.

Due to space limitations, some calculations were abbreviated respectively omitted. An in-depth discussion can be found in [8]. The considerations in this paper are mostly based on maximum likelihood estimation. Future work includes further investigation of the possibilities of discriminative training, taking into account the information of competing classes. One such approach that may be combined with local tangent information was presented in [5].

References

1. J. Dahmen, D. Keysers, M. O. Güld, and H. Ney. Invariant Image Object Recognition using Mixture Densities. In *Proceedings 15th International Conference on Pattern Recognition*, Barcelona, Spain, September 2000. In press.
2. J. Dahmen, D. Keysers, M. Pitz, and H. Ney. Structured Covariance Matrices for Statistical Image Object Recognition. In *22. DAGM Symposium Mustererkennung 2000*, Springer, Kiel, Germany, September 2000. This volume.
3. T. Hastie and P. Simard. Metrics and Models for Handwritten Character Recognition. *Statistical Science*, 13(1):54–65, January 1998.
4. T. Hastie, P. Simard, and E. Säckinger. Learning Prototype Models for Tangent Distance. In G. Tesauro, D. Touretzky, and T. Leen, editors, *Advances in Neural Inf. Proc. Systems*, volume 7. MIT Press, pages 999–1006, 1995.
5. T. Hastie and R. Tibshirani. Discriminative Adaptive Nearest Neighbor Classification. *IEEE Transactions on Pattern Analysis and Machine Intelligence*, 18(6):607–616, June 1996.
6. G. E. Hinton, P. Dayan, and M. Revow. Modeling the Manifolds of Images of Handwritten Digits. *IEEE Trans. on Neural Networks*, 8(1):65–74, January 1997.
7. G. E. Hinton, M. Revow, and P. Dayan. Recognizing Handwritten Digits Using Mixtures of Linear Models. In G. Tesauro, D. Touretzky, and T. Leen, editors, *Adv. in Neural Inf. Proc. Systems*, volume 7. MIT Press, pages 1015–1022, 1995.
8. D. Keysers. Approaches to Invariant Image Object Recognition. Diploma thesis, Lehrstuhl für Informatik VI, RWTH Aachen, Aachen, June 2000.
9. D. Keysers, J. Dahmen, T. Theiner, and H. Ney. Experiments with an Extended Tangent Distance. In *Proceedings 15th International Conference on Pattern Recognition*, Barcelona, Spain, September 2000. In press.
10. J. Laaksonen. Subspace Classifiers in Recognition of Handwritten Digits. *Acta Polytechnica Scandinavica, Mathematics, Computing and Management in Engineering Series, No. 84*, 1997. Dr. Tech. Thesis, Helsinki University of Technology.
11. P. Meinicke and H. Ritter. Local PCA Learning with Resolution-Dependent Mixtures of Gaussians. In *Proc. of ICANN'99, 9th Intl. Conf. on Artificial Neural Networks, Edinburgh, UK*, London, UK, pages 497–502, 1999.
12. B. Schölkopf, P. Simard, A. Smola, and V. Vapnik. Prior Knowledge in Support Vector Kernels. In M. I. Jordan, M. J. Kearns, and S. A. Solla, editors, *Advances in Neural Inf. Proc. Systems*, volume 10. MIT Press, pages 640–646, 1998.
13. P. Simard, Y. Le Cun, J. Denker, and B. Victorri. Transformation Invariance in Pattern Recognition — Tangent Distance and Tangent Propagation. In G. Orr and K.-R. Müller, editors, *Neural networks: tricks of the trade*, volume 1524 of *Lecture Notes in Computer Science*, Springer, Heidelberg, pages 239–274, 1998.
14. P. Simard, Y. Le Cun, and J. Denker. Efficient Pattern Recognition Using a New Transformation Distance. In S. Hanson, J. Cowan, and C. Giles, editors, *Advances in Neural Inf. Proc. Systems*, volume 5, Morgan Kaufmann, San Mateo CA, pages 50–58, 1993.

Pencil Mouse: Real-Time Estimation of 6-D Pose, Position, and Motion Parameters from a Monocular Views Using a Fast Line Search

I. Shdaifat and R.-R. Grigat

TU Hamburg Harburg, Vision Systems 4-08/1
Harburger Schlossstr. 20
D-21071 Hamburg, Germany
{shdaifat,grigat}@tu-harburg.de
http://www.ti1.tu-harburg.de/

Abstract. The Pencil Mouse is a six degrees of freedom input device that uses only a monocular camera. A camera egomotion detection algorithm based on a checker-pattern planar surface and its implementation are described. We have developed a precise and fast method for line search depending on line candidate generation. This method enables the real-time features extraction and parameter estimation of the Pencil Mouse, where the estimated parameters were accurate. On a 266 MHz Pentium II system up to 28 frame per second are evaluated. Mesurements are given.

Key Words:
6D motion, line search, camera calibration, pencil mouse, real-time, human-computer interfacing.

1 Introduction

Today's computer mouse is severely limited. An important input and control device would cover several applications like a virtual pen, extended by virtual joystick functionality. Micro cameras are already commercially used as a computer input device, e.g. the Microsoft IntelliMouse [3], which approximates the translational 2D motion, Logitech Magellan Space Control Mouse [1, 2] which uses LEDs with linear array sensors distributed in 3D, as well as The Rockin' Mouse [4], which is an integral 3D manipulation on a plane.

In this work, we present a 3D mouse input device with 6 degrees of freedom, using only a monocular camera (the mouse) directed towards a planar surface with a checker pattern (the pad). To drive the mouse online, we have developed a method using a look-up-table for fast and robust features extraction.

Camera calibration using an object with known features has been widely treated in the field of computer vision [7–10]. Zhang [7] introduced a method for camera calibration implemented in the EasyCalib program[12]. This method is based on multiple views of a planar object.

Using the results of the calibration procedure, the mouse pointer shape and size on the computer monitor are changed to reflect the camera orientation and distance from the plane. The pointer motion is estimated by tracking the feature points of two or more successive frames.

The whole procedure runs online at frame rates between 15 to 26 fps (frames per second). Using an image size of 160×120 pixels on a 266 MHz Pentium II, the mouse motion was smooth and stable. Comparing the estimated motion with the actual one, we found that the estimated motion is accurate and precise. Fig. 1 shows one of the potential mouse forms.

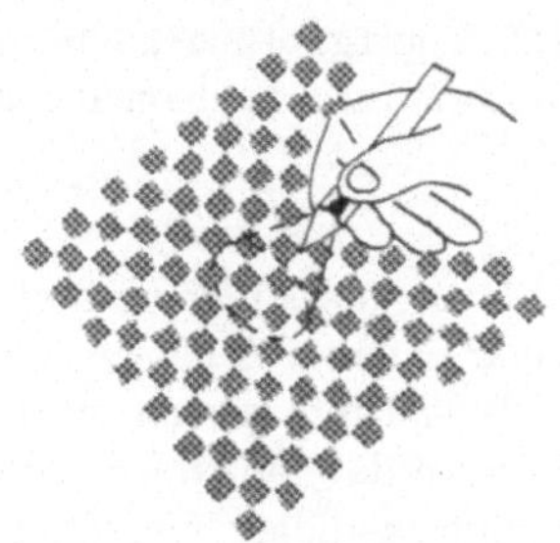

Fig. 1. A potential future mouse

2 The Camera Model

The camera is usually modeled by the pinhole model [5]. If the camera is directed towards a planar surface, we can write the relation between the augmented coordinate vector $\tilde{\mathbf{m}} = [u \ v \ 1]^T$ on the camera plane i.e. the image and the corresponding vector $\tilde{\mathbf{M}} = [X \ Y \ 1]^T$ on the 2-D planar object as

$$s\tilde{\mathbf{m}} = \mathbf{H}\tilde{\mathbf{M}}, \tag{1}$$

where $\mathbf{H}$ is 3×3 matrix defined up to a scale factor s [5–7]. This matrix is related to the camera geometric parameters and the camera position and orientation as following

$$\mathbf{H} = [\mathbf{h}_1 \ \mathbf{h}_2 \ \mathbf{h}_3] = \lambda \mathbf{A} [\mathbf{r}_1 \ \mathbf{r}_2 \ \mathbf{t}], \tag{2}$$

where λ is an arbitrary scale factor, and $\mathbf{r}_1$, $\mathbf{r}_2$, $\mathbf{t}$ are the extrinsic parameters representing the rotation and translation of the camera coordinate system with respect to the planar surface coordinate system. The rotation matrix is computed by $\mathbf{R} = [\mathbf{r}_1 \ \mathbf{r}_2 \ (\mathbf{r}_1 \times \mathbf{r}_2)]$. The matrix $\mathbf{A}$ is the camera intrinsic matrix and given by

$$\mathbf{A} = \begin{bmatrix} \alpha_u & \gamma & u_0 \\ 0 & \alpha_v & v_0 \\ 0 & 0 & 1 \end{bmatrix},$$

where (u_0, v_0) is the principal point, α_u and α_v are the scale factors in image coordinates u and v, γ is a parameter describing the skewness between the axes of u and v. A reasonable assumption is that the principal point (u_0, v_0) is the same as the image center [8], and the γ factor is zero [5,7].

After features extraction, we get two sets of n points for image and object coordinates $m_i = (u_i, v_i)$ and $M_i = (X_i, Y_i)$, where $i = 1, ..., n$. Let $\mathbf{x} = [h_{11}\ h_{12}\ h_{13}\ h_{21}\ h_{22}\ h_{23}\ h_{31}\ h_{32}\ h_{33}]^T$. Then (1) can be reformulated for all the points as

$$\begin{bmatrix} \tilde{\mathbf{M}}_1^T & \mathbf{0}^T & -u_1\tilde{\mathbf{M}}_1^T \\ \mathbf{0}^T & \tilde{\mathbf{M}}_1^T & -v_1\tilde{\mathbf{M}}_1^T \\ \vdots & \vdots & \vdots \\ \tilde{\mathbf{M}}_n^T & \mathbf{0}^T & -u_n\tilde{\mathbf{M}}_n^T \\ \mathbf{0}^T & \tilde{\mathbf{M}}_n^T & -v_n\tilde{\mathbf{M}}_n^T \end{bmatrix} \mathbf{x} = \mathbf{0},$$

or simply $\mathbf{L}\mathbf{x} = \mathbf{0}$. The solution of $\mathbf{x}$ is well known to be the right singular vector of $\mathbf{L}$ associated with the smallest singular value. This method is known as the linear method [5]. This problem can be also written as a nonlinear minimization task to get a better solution. To speed up the computation we use only the linear method which is sufficient [11].

Using multiple views of a planar object [7], the intrinsic parameters matrix $\mathbf{A}$ can be determined. Once $\mathbf{H}$ and $\mathbf{A}$ are known, we can calculate the position and orientation. From (2) we have $\mathbf{r}_1 = \lambda\mathbf{A}^{-1}\mathbf{h}_1$, $\mathbf{r}_2 = \lambda\mathbf{A}^{-1}\mathbf{h}_2$, $\mathbf{r}_3 = \mathbf{r}_1 \times \mathbf{r}_2$, and $\mathbf{t} = \lambda\mathbf{A}^{-1}\mathbf{h}_3$, where $\lambda = 1/\parallel \mathbf{A}^{-1}\mathbf{h}_1 \parallel = 1/\parallel \mathbf{A}^{-1}\mathbf{h}_2 \parallel$.

3 Implementation

In this section we describe the implementation of the Pencil Mouse in more detail. For edges, we use the SUSAN edge detector [13]. SUSAN algorithm detects edges accurately and the connectivity of edges and lines at junctions is always preserved. For radial distortion correction, a method presented in [15] is used. The correction is only applied to the edge points using a look-up-table.

Line Detection:
We developed a new method for line search that was basically presented in the Connective and Dynamic Hough Transform algorithm [14]. First, we generate a look-up-table (LUT) containing n (x, y) points for m lines. The slope of each line defines the search index of the line in the LUT. The number of lines m in the LUT are defined by the window size and the required accuracy.

A window is centered on an edge point. If two points on the window sides are symmetric around the window center, then we expect to have a line between the two points. Using the slope of the expected line as an index for the LUT, the patterns in the LUT, that are close to the index, are compared with those inside the window. If there is sufficient similarity between the two, a line is registered and deleted from the edge image (see Fig. 2).

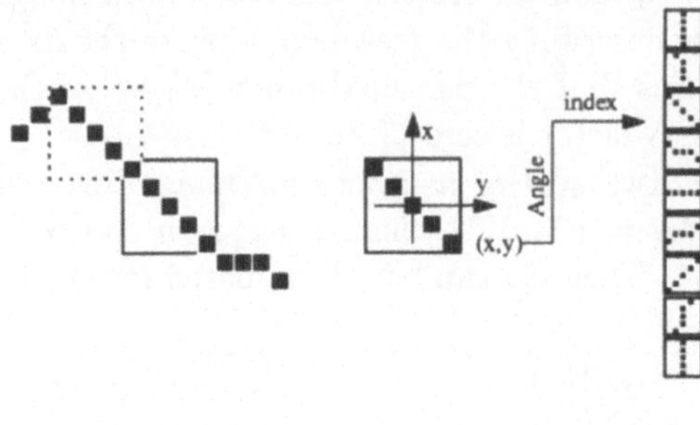
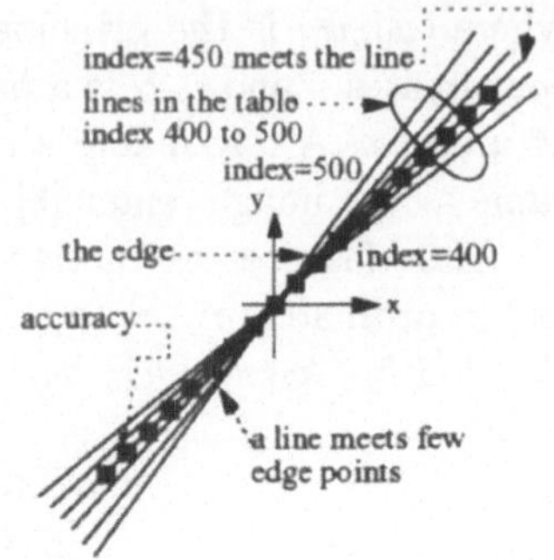

Fig. 2. Line search based on a look up table   **Fig. 3.** Inside the line search

Again we locate the window center on the previous window side, where the line and the previous window intersected, and search for a line in the same direction. If we have a longer line, we can go through the whole line in one shoot. Only integer comparisons are used in this method making it very fast and efficient.

After finishing line search, we write each line in ρ, θ form, i.e. $u\cos(\theta) + v\sin(\theta) = \rho$. Using θ the lines are separated into two lists, each list corresponds to the X or Y direction in the object plane. Again we sort each list with respect to ρ, which produces the other coordinate. Once we have sorted the lines, we find the intersection points of the two lists. An example is given in Fig. 4. These points are used to find **H** as described in Section 2.

Mouse Pointer Drawing and Control:
We assume a virtual arrow in the object plane. Using **H**, we transfer this arrow to the camera plane. The arrow image on the camera plane is exactly the mouse pointer that we need. The pointer reflects the rotation by its orientation, and the distance from the pad by its size as shown in Fig. 5.

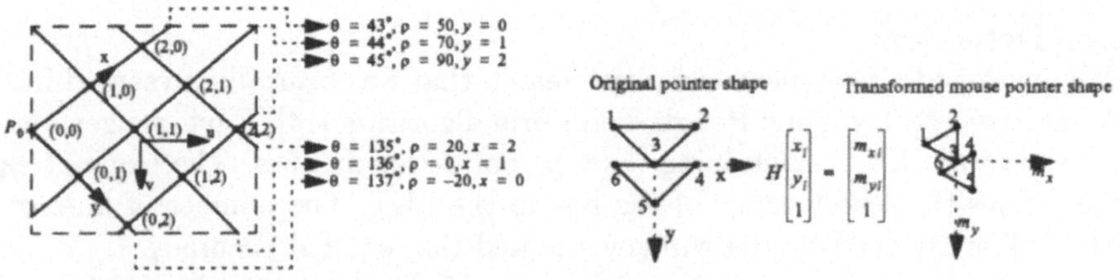

Fig. 4. Ordering of points   **Fig. 5.** Pointer drawing

For a translation in the X and Y directions, we observe the feature points in two successive frames. The translation is the difference between the X and Y

coordinates of this points. This can be obtained by $\mathbf{H}_2^{-1}\tilde{\mathbf{m}}_{fp2} - \mathbf{H}_1^{-1}\tilde{\mathbf{m}}_{fp1}$. The translation error can not propagate to more than one square. At each transition between two squares the error will be reset to zero.

If the intrinsic parameters matrix $\mathbf{A}$ is known, we can calculate the motion parameters and use them for various applications, e.g. CAD-tools and games.

4   Results and Evaluation

For the mouse simulation we use a desktop camera connected to a Pentium II 266 PC via the USB port. The maximum throughput of the camera is 30 frames per second. The pad pattern was printed using a high resolution printer and attached to a hard cover. The side length of each square is 1 cm. The estimation of the mouse motion is stable and smooth, and with image size 160×120 the mean processing speed is 20 fps. The processing speed varies between 10-25 fps depending on the number of the feature points.

Fig. 6 illustrates the whole procedure obtained by the program for one frame. We can see that the mouse shape imitates the perspicive projection of the lines in the image (Fig. 6 right).

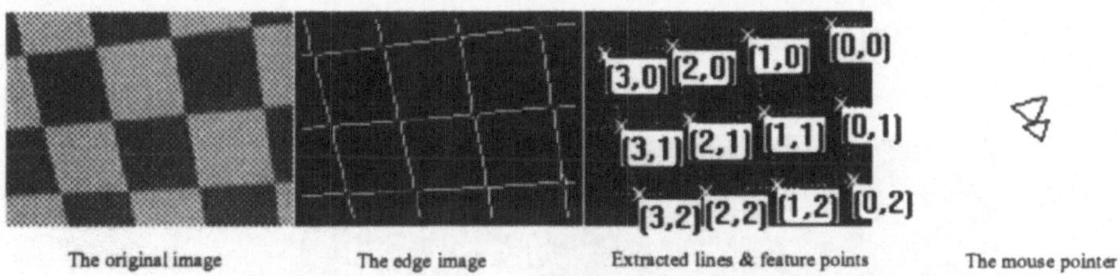

Fig. 6. From image grabbing to mouse drawing

Increasing the image size will increase the accuracy, but decrease the processing speed. Table 1 shows the processing speed vs. image size. The computational complexity is $O(N)$, where N is the number of the pixels.

Table 1. Image size vs. speed

Image size	128×96	160×120	176×144	320×240	352×288	640×480
Speed (fps)	25-28	17-26	13-17	3-5	2-4	1

Limitations:
Some limitations of the mouse are the range of focus, the illumination, the camera tilt angle, and the processing speed variation with the distance between the camera and the pad.

We solved the range of focus and illumination problem by using a high threshold for the SUSAN edge detector [13]. Thus, even if the camera is defocused or the lighting is nonuniform, the mouse will still detect the features.

If one of the following exceptional cases is detected, the mouse will alert the user and freeze: (i) if the mouse dose not detect at least 4 feature points, (ii) if the mouse moves out of the pad range, (iii) if the tilt angle is very large, such that the mouse is unable to separate the extracted lines into two lists, and (iv) if the processing speed is below a certain minimum speed defined by the user. This happens when the camera is far away from the pad such that too many feature points exist. These cases are easily detected by the mouse, because the mouse searches for an exact and well known pattern. Figures 7, 8, and 9 show examples of these cases, the images are directly taken from the application (see Fig. 9.)

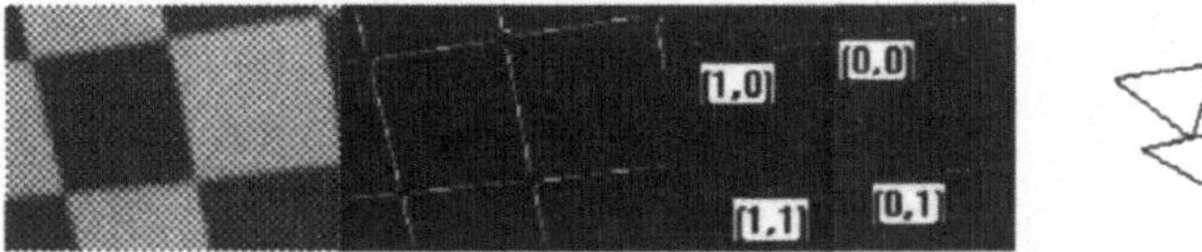

Fig. 7. Defocused image with minimum feature points

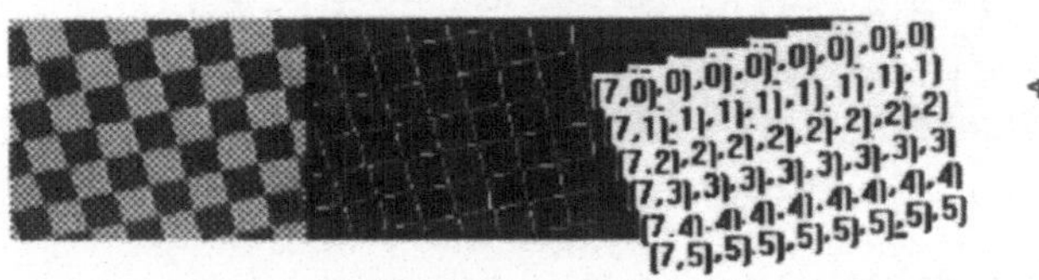

Fig. 8. The maximum distance from the pad

The Motion Parameters:
We use an image of 640×480 size with EasyCalib [12]. We found the intrinsic parameters: $\alpha_u = 913$, $\alpha_v = 908$, and the camera center $u_0 = 322$, and $v_0 = 234$, the radial distortion correction coefficients $k_1 = -0.231$, $k_2 = 0.163$, and then we generated the radial distortion correction table for this camera. If we feed the program with these parameters, it will return the motion parameters.

Table 2 shows a sample of the difference of the estimated pose and position when the camera is not moving. The image size is 160×120, n is the number

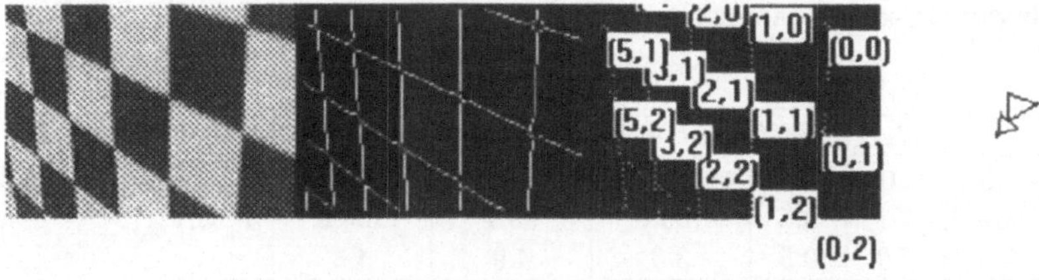

Fig. 9. An image with max tilt angle

of feature points, fps is the calculation speed in frames per second, t_x, t_y, t_z are in mm, and θ_x, θ_y are in degrees. We can see that increasing the number of feature points will increase the accuracy but decrease the speed. The program will not react to motion or rotation less than the noise level.

Table 2. Difference between two measurements of the same pose and position as a function of the number of feature points

n	fps	$\Delta\theta_x/^\circ$	$\Delta\theta_y/^\circ$	$\Delta\theta_z/^\circ$	$\Delta t_x/(mm)$	$\Delta t_y/(mm)$	$\Delta t_z/(mm)$
4	25.3	1.7	1.5	1.4	3.2	2.9	1.3
9	22.6	1.1	1.3	0.8	2.4	2.5	0.9
16	18.7	0.9	1.1	0.4	2.3	2.2	0.6
25	14.3	0.8	0.5	0.3	2.1	1.9	0.5

Table 3 shows actual motions of the camera between two points, the corresponding motion values calculated by the program, and the difference Δ between the two. The motion was performed using an accurate positioning system with 5 degree of freedom. We can see that the measured values are very close to the actual ones, and accurate enough for home application.

5 Summary and Conclusions

We have shown that the classical camera calibration methods can be used to calibrate a monocular desktop camera online, which is applied to the 6 dof mouse. We have developed a new, precise, and fast method for line search. The calibration is carried out automatically using a planar pad with a checker pattern. The mean processing speed is about 20 fps. The motion parameters can be obtained online and accurately, which proves the usefulness of the system. In the first version of the pencil mouse we used USB-Webcamera as a mouse, but a special camera with a pencil like housing can be built for a more handy use. The next step, useing an arbitrary planar surface insted of the checker pad, is currently under investigation.

Table 3. Measured motion parameters and errors for three translation and rotation examples

	$\Delta\theta_x/^\circ$	$\Delta\theta_z/^\circ$	$\Delta t_x/(mm)$	$\Delta t_y/(mm)$	$\Delta t_z/(mm)$	n	fps
Actual	10	10	100	100	100		
Measured	7.1	9.5	103.6	95.1	104.3	4	25.7
Δ	2.9	0.5	3.6	4.9	4.3		
Actual	30	45	50	50	150		
Measured	32.8	45.6	48.1	47.8	147.3	9	21.1
Δ	2.8	0.6	1.9	2.2	2.7		
Actual	0	0	10	10	0		
Measured	0.9	0.7	11.6	9.3	1.5	16	17.4
Δ	0.9	0.7	1.6	0.7	1.5		

References

1. Logitech Magellan Space Control Mouse. Product Information. Logitech Inc. Fremont, CA. (http://www.logitech.com).
2. Logitech 3D/6D Mouse. Product Information, Logitech Inc. Fremont, CA. (http://www.logitech.com).
3. Microsoft IntelliMouse. Product Information. Microsoft Corp. Redmond, WA. (http://www.microsoft.com/products/hardware).
4. The Rockin' Mouse: Integral 3D Manipulation on a Plane (http://reality.sgi.com/gordo_tor/papers/rockmouse/)
5. O. Faugeras. Three Dimensional Computer Vision, a Geometric Viewpoint. The MIT Press, 1996
6. J.G. Semple and G.T. Kneebone. Algebraic Projective Geometry. Oxford University Press, 1952
7. Zhengyou Zhang. A Flexible New Technique for Camera Calibration. Technical Report, Microsoft Corp. Redmond, WA., 1998.
8. R. Y. Tsai. An Efficient and Accurate Camera Calibration Technique for 3D Machine Vision. In Proc. IEEE CVPR., 1986.
9. O.D.Faugeras and F.Lustman. Motion and Structure from Motion in a Piecewise Planar Environment. International Journal of Pattern Recognition and Artificial Intelligence, pp. 485-507, 1988.
10. B. Triggs. Autocalibration from Planar Scenes. In Proceedings of the 5th European Conference on Computer Vision, pages 89-105, Freiburg, Germany, June 1998.
11. R. Hartley. In Defence of the 8-point Algorithm. In Proceedings of the 5th International Conference on Computer Vision, pages 1064-1070, Boston, MA, June 1995. IEE Computer Society Press.
12. Microsoft Easy Camera Calibration Tool, Microsoft Corp. Redmond, WA. (ftp://ftp.research.microsoft.com/users/easycalib/EasyCalib.zip)
13. Smith, S.M. and Brady, J.M., A New Approach to Low Level Image Processing, Int. Journal of Computer Vision, pp. 45 - 78, Vol. 23, May 1997.
14. Shiu Yin K.Yuen. Connective Hough Transform. British Machine Vision Conference, pp. 127-133, 1991.
15. C.C. Slama, editor. Manual of Photogrammetry, Fourth Edition. American Society of Photogrammetry and Remote Sensing, Falls Church, Virginia, USA, 1980.

Beschleunigung und Bewertung blockbasierter Bewegungsschätzmethoden für die Röntgenfluoroskopie

Claudia Mayntz, Jan-Michael Frahm[1], Til Aach, Georg Schmitz[2]

Institut für Signalverarbeitung und Prozeßrechentechnik,
Medizinische Universität zu Lübeck
[1] Institut für Informatik und Praktische Mathematik,
Christian-Albrechts-Universität zu Kiel
[2] Philips GmbH Forschungslaboratorien, Aachen
`mayntz@isip.mu-luebeck.de`

Zusammenfassung Ausgehend von einem für die Röntgenfluoroskopie entwickelten blockbasierten Bewegungsschätzer mit voller Suche werden verschiedene Beschleunigungsverfahren vorgestellt und bewertet. Die Verfahren werden für synthetisch erzeugte Bewegungen einer Fluoroskopiesequenz bezüglich diverser Maße verglichen, wie der Anzahl reduzierter Suchpositionen, dem mittleren Aufwand zur Berechnung des Fehlermaßes und dem Fehler zum bekannten Vektorfeld. Durch die Reduktion von Suchpositionen anhand einer gewichteten Blocknormabschätzung in Kombination mit einer effizienten Berechnung des Fehlermaßes kann der Aufwand der Bewegungsschätzung erheblich reduziert werden, ohne die Qualität der Vektorfelder maßgeblich zu beeinträchtigen.

1   Motivation und Einleitung

Bewegungsschätzung spielt für zahlreiche Anwendungen eine zentrale Rolle, z.B. zur Bewegtbildcodierung oder zur zeitlichen Filterung. Die von uns betrachtete Bildgebungsmodalität ist die *Röntgenfluoroskopie*, ein Echtzeit-Bildgebungsverfahren zur direkten Überwachung dynamischer Vorgänge im Körper des Patienten auf einem Bildschirm (z.B. Legen eines Katheters). Um die Strahlenbelastung trotz langer Untersuchungszeiten und hoher Bildwiederholraten gering zu halten, wird mit möglichst niedrigen Dosisraten gearbeitet, was eine starke Beeinträchtigung der Bildqualität durch *Quantenrauschen* zur Folge hat. Zur Reduktion des Rauschens kann zeitlich rekursive Filterung eingesetzt werden, die - um Bewegungsunschärfe zu vermeiden - entlang zuvor geschätzter Bewegungstrajektorien erfolgen sollte. Das macht eine lokale Bewegungsschätzung erforderlich.

Da in den stark verrauschten Fluoroskopiesequenzen zudem oft abrupte und schnelle Bewegungen auftreten, haben wir einen *Block-Matching*-Ansatz (BM) verwendet. Blockbasierte Methoden sind zur Erfassung größerer Bewegungen besser geeignet als die sogenannten gradientenbasierten „Optischen-Fluß" Verfahren. Beim BM wird das aktuelle Bild zur Zeit t in Blöcke zerlegt. Für jeden dieser „Referenzblöcke" wird der „Kandidatenblock" im Vorgängerbild ermittelt, der den Abstand zum Referenzblock minimiert. Als Abstandsmaß wird das MSE

(Mean Square Error) verwendet. Aus Effizienzgründen beschränkt man sich bei der Suche auf Blöcke innerhalb eines *Suchfensters*. Werden in dem Fenster alle möglichen Positionen überprüft, spricht man von *voller Suche*. Block–Matching hat zwei wesentliche Nachteile: zum einen ist es sehr rauschempfindlich [1], zum anderen ist die volle Suche sehr aufwendig. Möglichkeiten zur Beschleunigung sind z.B. die gezielte Reduktion von Suchpositionen; die Reduktion der Bildpositionen, für die das Abstandsmaß pro Suchposition ausgewertet wird oder die Verwendung hierarchischer Ansätze, wobei letztere mit einer Reduktion von Such- und Bildpositionen kombiniert werden können.

2 Grundlagen des verwendeten Block–Matchers

2.1 Fehlerkriterium

Der Grauwert zur Zeit t an der Stelle $\mathbf{x} = (x,y)^T \in \Omega = \{0,\ldots,W-1\} \times \{0,\ldots,H-1\}$ ist mit $b_t(\mathbf{x})$ bezeichnet, wobei $b_t(\mathbf{x}) \geq 0 \; \forall (\mathbf{x},t)$ gelten soll. Mit $b_t^{\mathbf{z}}$ wird der Grauwertblock der Größe $B \times B$ mit Mittelpunkt $\mathbf{z} \in \Omega$ notiert, mit $\mathbf{d}$ der betrachtete Verschiebungsvektor. Für das als Fehlerkriterium verwendete MSE (Mean Square Error) gilt:

$$\frac{1}{B^2} \sum_{\substack{\mathbf{x} \in \; \{0,\cdots,B-1\} \\ \times \; \{0,\cdots,B-1\}}} \left(b_t(\mathbf{x}) - b_{t-1}(\mathbf{x}+\mathbf{d}) \right)^2 = \| \, b_t^{\mathbf{z}} - b_{t-1}^{\mathbf{z}+\mathbf{d}} \|_2^2 := MSE(\mathbf{z},\mathbf{d}) \quad . \quad (1)$$

Ein zweites, häufig verwendetes Fehlermaß, im folgenden allerdings nur zur Abschätzung des MSE verwendet, ist das MAD (Mean Absolute Difference):

$$\sum_{\substack{\mathbf{x} \in \; \{0,\cdots,B-1\} \\ \times \; \{0,\cdots,B-1\}}} \left| b_t(\mathbf{x}) - b_{t-1}(\mathbf{x}+\mathbf{d}) \right| = \| \, b_t^{\mathbf{z}} - b_{t-1}^{\mathbf{z}+\mathbf{d}} \|_1 := MAD(\mathbf{z},\mathbf{d}) \quad . \quad (2)$$

2.2 Regularisierung

Reines BM liefert für stark verrauschte Sequenzen ungenügende Ergebnisse [1]. Die Regularisierung des schlecht–gestellten Bewegungsschätzproblems bzw. die Glättung der durch BM gewonnenen, stark verrauschten Vektorfelder erfolgt über einen Maximum-a-posteriori-Ansatz, den wir in einem früheren Beitrag schon zur Bildrestauration verwendet haben [2,1]. Neben einem Datenterm, der das blockweise MSE minimiert, wird die örtliche und zeitliche Glättung durch Verwendung *verallgemeinerter Gauß-Markov-Felder* erreicht. Die Initialisierung durch BM ist wesentlich aufwendiger als die nachfolgende Regularisierung (über 80 % der Rechenzeit), so daß nur die Beschleunigung des BM betrachtet wird.

3 Beschleunigung des Block–Matching

Die Suche kann sowohl durch Reduktion von Suchpositionen als auch durch Reduktion der Anzahl der Pixel, die in die Berechnung des Abstandsmaßes eingehen, beschleunigt werden. Bei einigen Methoden ist das erzielte Ergebnis u.U. nur suboptimal bezüglich des Abstandsmaßes.

Hier soll zunächst der *Successive Elimination Algorithm* (SEA) von Li und Salari [3] betrachtet werden, der zahlreiche Suchpositionen durch Abschätzung des Abstandsmaßes ausläßt und dieses dennoch minimiert.

3.1 Elimination von Suchpositionen bei garantiert optimaler Lösung

Zur Reduktion von Suchpositionen wird eine Ungleichung eingeführt, die den Abstand vom Kandidaten- zum Referenzblock abschätzt. Aufgrund der Abschätzung wird entschieden, ob der aktuelle Kandidat das bisherige Minimum unterbieten kann und das Abstandsmaß (bei Li et. al. das MAD) berechnet werden muß.

Blocknormkriterium: Um zu einer Abschätzung für das MSE zu gelangen, verwenden wir folgende Beziehung zwischen dem Betrag des arithmetischen und des quadratischen Mittelwertes $\frac{1}{B^2}\left(\sum_{i=1..B^2} a_i\right)^2 \leq \sum_{i=1..B^2} a_i^2$, die nach entsprechendem Einsetzen lautet:

$$\frac{1}{B^2}\left(\; \|\, b_t^z \|_1 - \|\, b_{t-1}^{z+d} \|_1 \right)^2 \leq \|\, b_t^z - b_{t-1}^{z+d} \|_2^2 =: MSE(z, d) \quad . \tag{3}$$

Mit (3) ergibt sich folgendes Vorgehen: Die linke Seite wird für jeden Kandidaten ausgewertet, und nur wenn das Resultat kleiner als das bisher minimale MSE ist, wird das MSE für den Kandidaten berechnet.

Subblocknormkriterium: Durch Einteilung der Blöcke in Subblöcke kann eine engere Abschätzung erreicht werden. In [4] wird für das MAD folgende Abschätzung mit Subblocknormen hergeleitet:

$$|\|u_t^z\|_1 - \|u_{t-1}^{z+d}\|_1 \;|\; + \;|\|v_t^z\|_1 - \|v_{t-1}^{z+d}\|_1 \;| \;\leq MAD(\mathbf{z}, \mathbf{d}) \quad , \tag{4}$$

wobei u_t^z und v_t^z die 2 Subblöcke sind, in die b_t^z zerlegt wird. Diese Formel haben wir durch Nutzen der Äquivalenz der Normen im Banachraum [5] zur Abschätzung des MSE erweitert. Die Verallgemeinerung für n Subblöcke erhält man, wenn jeder Subblock sukzessive als Block in (4) eingesetzt wird ($u_{t,i}^z$ ist der i-te Subblock des Blocks b_t^z):

$$\left(\sum_{i=0}^{n-1} |\|u_{t,i}^z\|_1 - \|u_{t-1,i}^{z+d}\|_1|\right)^2 \leq MAD^2(\mathbf{z}, \mathbf{d}) \leq B^2 \cdot MSE(\mathbf{z}, \mathbf{d}) \quad . \tag{5}$$

3.2 Erweiterte Elimination von Suchpositionen

Wie die Auswertung zeigen wird, werden trotz Verwendung der Ungleichungen (3) bzw. (5) sehr viele Blöcke geprüft, von denen nur wenige das bestehende Minimum verringern. Aufgrund dieser Beobachtung haben wir die Ungleichung durch einen Faktor verschärft, der die Differenz zwischen den L_1-Normen des Referenz- und des Kandidatenblocks wichtet. Damit lautet die *Entscheidungsregel* für (3): berechne das MSE für den Kandidaten b_{t-1}^{z+d} genau dann, wenn

$$\mu \cdot \frac{1}{B^2}\left(\; \|\, b_t^z \|_1 - \|\, b_{t-1}^{z+d} \|_1 \right)^2 \;\leq MSE_{min}(z) \quad \mu \geq 1 \quad , \tag{6}$$

wobei $MSE_{min}(z)$ das aktuelle Minimum ist (analog für (5)). Mit $\mu = 1$ erhält man wie bisher das Vektorfeld, das identisch zum Resultat des BM mit voller Suche ist. Je größer μ gewählt wird, desto schwerer ist es für einen untersuchten Block, den bisher besten Kandidaten zu unterbieten. Insbesondere wird erschwert, den Startwert erstmals zu unterschreiten, so daß der initiale Vektor implizit bevorzugt wird. Da die Initialisierung mit dem zeitlich zuletzt geschätzten, regularisierten Vektor erfolgt, entspricht dies einer stärkeren zeitlichen Glättung.

Zudem kann durch μ reguliert werden, wie nahe die Summe der Intensitäten des untersuchten Blocks an der des Referenzblocks liegen muß. Mit wachsendem μ steigt der Einfluß der mittleren Helligkeit, das Verfahren wird rauschunempfindlicher. Mit $\mu > 1$ erhält man allerdings nicht mehr garantiert den bezüglich des MSE optimalen Vektor. Die Ergebnisse zeigen aber, daß eine erhebliche Beschleunigung bei sehr guter Schätzqualität erreicht wird.

3.3 Partitionierung des Abstandsmaßes

Die Berechnung des Abstandsmaßes (1) macht einen wesentlichen Anteil des Rechenaufwandes aus. Daher wird während der Berechnung des MSE nach jeder Zeile eines Blocks geprüft, ob der berechnete Teilabstand größer ist als das bisherige Minimum. Ist dies der Fall, wird die Berechnung abgebrochen. Schon dieser vorzeitige Abbruch verringert die Rechenzeit um fast 40%.

Wir stellen nun eine weitere Beschleunigung der MSE-Berechnung vor, die auf einer Zerlegung des Blocks in p Partitionen basiert. Die Partitionen entstehen durch Abtastung des Blocks, z.B. bei $p = 2$ ist die Einteilung gemäß der eines Schachbrettes, bei $p = 4$ ist jeder zweite Wert in x- und y Richtung in derselben Partition. Für jede Partition wird ein eigenes MSE verwaltet. Unter gewissen Annahmen minimiert das Minimum des *erwarteten* Block-MSE gleichzeitig auch jedes *erwartete* partitionsbasierte MSE. Die Beschleunigung beruht darauf, daß die Berechnung abgebrochen werden kann, sobald ein abschnittsweises Abstandsmaß größer als das aktuelle Minimum der Partition ist. Dies wird im folgenden erläutert. Für den durch BM bestimmten Vektor gilt nach (1):

$$\hat{\mathbf{v}} = \arg\min_{\mathbf{d}\in S}\left\{MSE(\mathbf{z},\mathbf{d})\right\} = \arg\min_{\mathbf{d}\in S}\left\{\sum_{k=0}^{p-1} MSE_k(\mathbf{z},\mathbf{d})\right\} \quad, \tag{7}$$

wobei MSE_k das in Partition k berechnete MSE ist und S der Suchbereich.

Unter den auch implizit für das BM getroffenen Annahmen, daß keine Verdeckung oder Elimination von Objekten auftritt, und daß Grauwertvariationen entlang der Bewegungstrajektorie durch Rauschen verursacht sind, gilt bei weißem, signalunabhängigem Rauschen [1]

$$E\left\{MSE_k(\hat{\mathbf{v}})\right\} \leq E\left\{MSE_k(\mathbf{d})\right\} \quad \text{für } \mathbf{d}\in S \quad \text{und } k \in \{0,\cdots,p-1\}\,. \tag{8}$$

Nach (8) minimiert $\hat{\mathbf{v}}$ den Erwartungswert von jedem partitionsweisen MSE_k und damit auch von jedem Summanden der rechten Seite in (7). Daher bleibt der Erwartungswert des Block-Matchers erhalten, wenn die Berechnung des MSE abgebrochen wird, sobald in einer Partition während der Berechnung das aktuelle Minimum überschritten wird. Das Verfahren wird allerdings rauschempfindlicher mit steigendem p, da sich die Varianz des Schätzers erhöht. Die theoretische Abschätzung der veränderten Varianz ist Teil der weiteren Arbeit. Da das MSE nur im Erwartungswert minimiert wird, ist das Verfahren suboptimal bzgl. des MSE-Kriteriums, liefert aber gute Ergebnisse.

---

[1] Die Poissonverteilung des Quantenrauschens kann durch eine Gaußverteilung mit signalabhängiger Varianz approximiert werden [1], die Signalabhängigkeit kann durch eine Punktoperation in Signalunabhängigkeit transformiert werden.

4 Datenmaterial

Ein Einzelbild der für die weitere Auswertung verwendeten Referenzsequenz ist in Abb. 1 dargestellt. Diese *Phantomsequenz* wurde mit einem echten Fluo-System unter realen Bedingungen aufgenommen. Das enthaltene Rauschen ist daher typisch für Fluoroskopie-Anwendungen[1] (poissonverteilt, signalabhängig, mittlere Varianz von ca. 25 bei einem Grauwert von 100). Ausgehend von diesem Referenzbild wurden verschiedene Bewegungen simuliert.

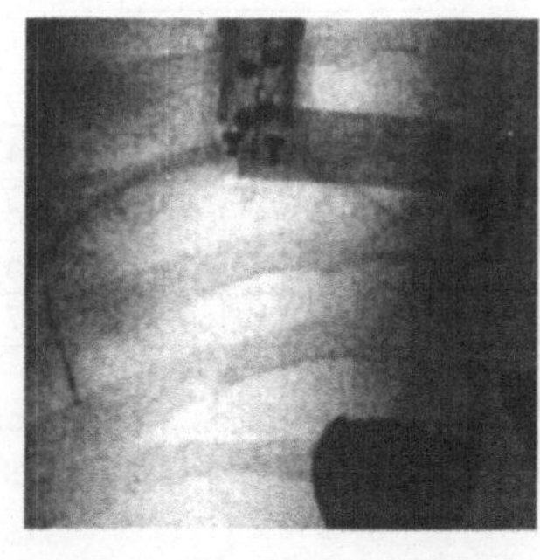

Abb 1. Referenzbild (Ausschnitt)

Die erste erzeugte Bewegung ist eine globale, beschleunigte *Translation* entlang der Diagonalen und simuliert beispielsweise Bewegung des Patiententisches inklusive abruptem Stop. Die Komponenten des Bewegungsvektors lauten für die verschiedenen Frames: $v_x = v_y = (-1, -1, -2, -3, -3, -4, -5,$
$-5, -6, -6, -7, -8, -8, -10, -10, -11, -11, 0, 0, 1, 2, 1, 3, 3, 3)$.

Da in natürlichen Sequenzen verschiedene Bewegungen auftreten, haben wir weiterhin eine *Rotation* um den Bildmittelpunkt modelliert, obwohl der BM-Ansatz für diese Art von Bewegung weniger gut geeignet ist:

$$\begin{pmatrix} x_{t-1} = x_t \cos\alpha + y_t \sin\alpha \\ y_{t-1} = y_t \cos\alpha - x_t \sin\alpha \end{pmatrix} \quad \text{mit } \alpha = \alpha_{\max} \cdot \sin\left(\frac{2\pi}{\#\text{frames}} \cdot t\right) \quad \alpha_{\max} = 0,06.$$

Die dritte synthetisierte Sequenz enthält eine *lokale Ausdehnung* mit anschließender *Kompression* in x-Richtung. Dies simuliert örtliche Organbewegungen, z.B. Herzmuskelkontraktionen und wird modelliert durch die Transformation

$$k(x) = A \cdot (x - \tfrac{W}{2})^3 \cdot \exp\left(-\frac{x - \frac{W}{2}}{\sigma_y^2 \sqrt{2}}\right)^2 \quad \text{mit } A = 0,7 \cdot 10^{-5} \text{ und } \sigma_y^2 = 60.$$

5 Auswertung

Für jeden Algorithmus und jede Bewegung geben wir den Anteil der Kandidatenblöcke an, für die das MSE berechnet wird (**A**). Referenzwert (100%) ist die Anzahl der Suchpositionen bei voller Suche. Diese läßt sich aus der Größe des Suchbereichs $S_W \times S_H$, der Bildgröße $W \times H$ und den Samplingraten S_x, S_y für die Verschiebung der Referenzblöcke berechnen. Die Berechnungen wurden mit nichtüberlappenden Blöcken der Größe 16×16 Pixel durchgeführt, der Suchbereich betrug 33×33 Pixel und die Bildgröße war 512×512 Pixel. Damit ergibt sich für die Anzahl der Suchpositionen bzw. der Kandidaten bei Vernachlässigung von Randeffekten: $K = \frac{WH}{S_x S_y} S_W S_H = \frac{512^2}{16^2} \cdot 33^2 = 1115136$.

Zudem ist der Anteil der Blöcke angeben, die zu einem Austausch des Minimums führen (**B**) (auch hier entspricht K 100%). Die mittlere Anzahl von Operationen zur Berechnung des MSE pro Suchposition wird mit OPS_{MSE} bezeichnet. Abhängig davon, ob das aktuelle Minimum früh oder spät überschritten wird, kann dieser Wert erheblich variieren und die Rechenzeit stark beeinflussen.

Bewegung	$+\,\sigma^2$	A: getestet (in %)		B: getauscht (in %)	OPS_{MSE}		Fehler	Overhead $O_{B\&S}$
		$n=1$	$n=2$		$n=1$	$n=2$		
Translation	0	7,7	7,6	0,23	31,6	32,1	0,02	0,46
Rotation	0	15,7	12,0	0,39	38,8	36,2	0,50	0,94
Ausdehnung	0	14,7	10,8	0,11	19,7	18,1	0,16	0,88
Translation	25	68,9	68,6	0,45	343,0	343,1	0,95	4,13
Rotation	25	65,6	65,2	0,48	354,4	354,4	7,47	3,93
Ausdehnung	25	67,2	66,8	0,28	343,6	343,4	1,69	4,03

Tabelle 1. Vergleich blocknorm- und subblocknormbasiertes Verfahren (die nicht für $n=1$ bzw. $n=2$ extra aufgeführten Werte sind für beide Methoden identisch)

Als Maß für die Güte der ermittelten Vektorfelder wird die mittlere quadratische Abweichung zum bekannten Vektorfeld angegeben (Fehler). Um die Auswirkung von Rauschen zu untersuchen, wurde für einige Sequenzen zusätzlich (!) zu dem immer enthaltenen starken Quantenrauschen normalverteiltes Rauschen der Varianz 25 addiert ($+\sigma^2 = 25$). Alle Werte beziehen sich auf BM mit anschließender Regularisierung (3 Regularisierungsschritte).

5.1 Block- und Subblockabschätzung

In Tab. 1 sind das block- ($n=1$) und das subblocknormbasierte ($n=2$) Verfahren gegenübergestellt. Beide Abschätzungen verringern die Anzahl untersuchter Kandidaten erheblich (**A**). Im Vergleich zu voller Suche reduziert sich die Rechenzeit um ca. 40%. Dabei ist der Gewinn für sehr starkes Rauschen geringer, da hier das MSE größer ist und mehr Blöcke getestet werden. Die schärfere Subblock-Abschätzung eliminiert etwas mehr Suchpositionen, insgesamt werden aber kaum MSE-Operationen gespart, da die Anzahl der Operationen pro getestetem Kandidat steigt. Der Fehler entspricht dem der vollen Suche.

Im folgenden wird der Overhead für das subblockbasierte Verfahren betrachtet. Für die Berechnung der Blocknormen ist in [3] eine effiziente Implementierung mit nahezu vernachlässigbarem Aufwand beschrieben. Für die Subblocknormberechnung haben wir ein effizientes Berechnungsschema mit asymptotisch gleichem Aufwand implementiert, bei dem am linken Bildrand jeweils für $\frac{B}{n}$ viele Blöcke alle Subblocknormen berechnet werden. Bis auf den letzten Subblock jedes weiteren Blocks ergeben sich die restlichen Normen aus den Subblöcken des um $\frac{B}{n}$ verschobenen Blocks. Betrachten wir den Aufwand für die Abschätzungen, erfordert die Auswertung von (3) 2 Operationen pro Position, die von (5) erfordert $3n$ Operationen (Additionen, Beträge, Multiplikationen), womit sich durch (5) pro Suchposition ($3n-2$) zusätzliche Operationen ergeben. Durch Vergleich der mittleren Anzahl von MSE-Operationen für $n=1$ und $n=2$ wird deutlich, daß die schärfere Abschätzung nicht genug Blöcke spart, um den Mehraufwand von 6 Operationen pro Suchposition (bei $n=2$) auszugleichen. Mehr Subblöcke verschlechtern dieses Verhältnis noch weiter.

Durch **Kombination von Block- und Subblockabschätzung** kann der Mehraufwand verringert werden. Dazu werden anfangs Block- und Subblocknormen berechnet. Während des BM wird für jeden Kandidaten erst Ungleichung

(3) getestet, wenn diese erfüllt ist, wird (5) getestet. Der Mehraufwand durch Auswertung von (5) ergibt $3 \cdot n \cdot C$ Operationen pro Suchposition, wobei C die Anzahl der Blöcke ist, die (3) erfüllen. Durch $O_{B\&S}$ ist der so berechnete Overhead gegeben. Man sieht durch Vergleich mit OPS_{MSE}, daß bei normalem Rauschen Operationen gegenüber dem blockbasierten Verfahren eingespart werden können, bei starkem Rauschen durch die höhere Anzahl Blöcke, die beide Abschätzungen durchlaufen, jedoch nicht.

Man sollte beachten, daß sich die Ergebnisse bei anderem Bildmaterial stark unterscheiden können. Neben den obigen Sequenzen haben wir *Videodaten* mit lokaler Bewegung eines Autos untersucht. Hier spart die subblockbasierte Abschätzung durch bessere Initialisierung, sowie niedrigere und weniger stark variierende MSE-Werte (glattere Fehleroberfläche) insgesamt deutlich mehr Operationen ein als die blockbasierte. Dies belegt, daß medizinische Bilddaten eigene Untersuchungen erfordern.

5.2 Verschärfte Abschätzung

Die Ergebnisse bei Verwendung der gewichteten Blocknormabschätzung nach (6) sind für $\mu = 50$ in Tab. 2 aufgeführt (für $\sigma^2 = 25$ nur für die Translation, da sich die Werte der anderen Bewegungen ähnlich verhalten). Die Anzahl der *getesteten* Blöcke verringert sich prozentual wesentlich stärker als die Anzahl der Blöcke, die einen *Austausch* des Minimums bewirken. Die schärfere Ungleichung sortiert also vor allem Blöcke aus, die ohnehin nicht gewählt würden. Das zeigt sich auch an dem Fehler, der höchstens leicht ansteigt, im Vergleich zu Tab. 1 teilweise aber sogar sinkt. Dies galt selbst für $\mu = 100$ (bei anderer Blockgröße muß μ entsprechend angepaßt werden). Obwohl die MSE-Operationen pro Kandidat zunehmen, da die getesteten Blöcke „besser" sind und der Abbruch im Schnitt erst später erfolgt, werden sowohl für Blöcke als auch für Subblöcke im Schnitt sehr viele MSE-Operationen gespart. Im Vergleich zu voller Suche reduziert sich die Anzahl der Operationen teilweise um mehr als 70%.

Bewegung	$+\,\sigma^2$	A: getestet (in %)		B: getauscht (in %)		OPS_{MSE}		Fehler	
		$n=1$	$n=2$	$n=1$	$n=2$	$n=1$	$n=2$	$n=1$	$n=2$
Translation	0	2,8	2,1	0,18	0,17	12,9	11,0	0,02	0,02
Rotation	0	3,0	1,1	0,26	0,20	10,5	6,5	0,52	0,54
Ausdehnung	0	2,7	0,7	0,08	0,07	5,3	3,6	0,14	0,15
Translation	25	28,4	24,0	0,41	0,39	170,7	149,7	0,99	0,85

Tabelle 2. Ergebnisse bei gewichteter Blocknormabschätzung ($\mu = 50$)

Weiterhin wurde untersucht, μ abhängig vom Verhältnis der aktuellen zur erwarteten Blockvarianz zu wählen. Auch die geringere Wichtung des MSE einzelner Vektoren, wie des initialen Vektors, wurde betrachtet. Beide Verfahren haben sich als weniger effizient und als fehleranfälliger erwiesen. Die gleichmäßig verschärfte Blocknormabschätzung ist die beste Methode, da so eine erhebliche Reduktion der Rechenzeit erreicht wird und das Verfahren sehr rauschrobust ist.

5.3 Partitionierung des Abstandsmaßes

In Tab. 3 sind die Ergebnisse bei Partitionierung der MSE-Berechnung in 2 und 4 Partitionen ausgewertet ($\mu = 1$). Die Suchpositionen werden anhand der blocknormbasierten Abschätzung (3) geprüft. Durch die unterschiedlichen resultierenden MSE-Werte ändert sich auch die Anzahl getesteter und getauschter Blöcke. Wie erwartet, reduziert sich die Anzahl von MSE-Operationen pro Suchposition deutlich. Auch hier wird der Fehler nur wenig höher, teilweise sogar geringer. Für höhere μ-Werte reduzieren sich die Operationen entsprechend

Bewegung	$+\,\sigma^2$	A: getestet (in %)		B: getauscht (in %)		OPS_{MSE}		Fehler	
		$p=2$	$p=4$	$p=2$	$p=4$	$p=2$	$p=4$	$p=2$	$p=4$
Translation	0	7,9	8,0	0,18	0,15	17,8	10,8	0,02	0,02
Rotation	0	16,7	16,9	0,35	0,32	22,5	14,2	0,50	0,52
Ausdehnung	0	15,4	15,5	0,10	0,09	11,4	8,1	0,16	0,15
Translation	25	70,0	70,1	0,30	0,22	172,2	92,1	0,91	0,89

Tabelle 3. Ergebnisse bei partitionierter MSE-Berechnung

6 Zusammenfassung

Es wurden unterschiedliche Verfahren zur schnellen Bewegungsschätzung in Fluoroskopiedaten charakterisiert und ausgewertet. Durch die gewichtete, blocknormbasierte Abschätzung läßt sich die Anzahl der Suchpositionen und der MSE-Operationen stark verringern (Reduktion von MSE-Operationen bis zu 70%), wobei die Schätzung sogar rauschrobuster wird. Die Verwendung von Subblöcken kann in Abhängigkeit von Rauschen und Bewegung zusätzliche Operationen einsparen. Die Reduktion von Suchpositionen kann mit einer effizienten Berechnung des Abstandsmaßes kombiniert werden, indem dieses in Partitionen zerlegt wird (bei $p = 4$ können ungefähr weitere 60% der Operationen gespart werden).

Literatur

1. T. Aach und D. Kunz. Bayesian Motion Estimation for Temporally Recursive Noise Reduction in X-Ray Fluoroscopy. *Philips Journal of Research*, 51(2):231–251, 1998.
2. C. Mayntz und T. Aach. Nichtlineare Bayes-Restauration mittels eines verallgemeinerten Gauss-Markov-Modells. In *Mustererkennung 1999*, 21. DAGM-Symposium, 15.–17. September 1999. Springer Verlag, Berlin.
3. W. Li und E. Salari. Successive elimination algorithm for motion estimation. In *IEEE Transactions on Image Processing*, volume 4, pages 105–107, 1995.
4. M. Brünig und W. Niehsen. A Fast Full Search Block Matching Algorithm Using Subblocks. *Proc. European Signal Processing Conf. EUSIPCO '98*, 2:909–912, 1998.
5. K. A. Semendjajew und I. N. Bronstein. *Taschenbuch der Mathematik*, Kap. 11. Verlag Nauka, Moskau und BSB B. G. Teubner, Leipzig, 24. Ausgabe, 1989.

Restaurierung optischer Tonspuren auf Kinofilmen

D. Richter[*], D. Poetsch[‡], I.-H. Kurreck[*], J. Hügel[‡]

Fachhochschule Wiesbaden, Kurt-Schumacher-Ring 18, D - 65197 Wiesbaden

[*]Fachbereich Informatik, [‡]Fachbereich Elektrotechnik,
Telefon : +49 - 611 - 9495 - 201 / FAX : +49 - 611 - 9495 - 210
`richter@informatik.fh-wiesbaden.de`
`poetsch@e-technik.fh-wiesbaden.de`

Abstract. Die Schichtträger vieler Kinofilme erreichen aus chemischen und physikalischen Gründen das Ende ihrer Haltbarkeit und beginnen zu zerfallen. Die Konservierung der Toninformation auf andere Datenträger bei gleichzeitiger Restaurierung vielfältiger, nach der Originaltonaufnahme aufgetretener Fehler wird untersucht. Dabei sind unterschiedliche Lösungsansätze für die verschiedenen optischen Tonspuraufzeichnungen notwendig. Untersucht werden Restaurierungsmöglichkeiten unterschiedlicher Fehlerklassen für die Sprossenschrift und für die doppelseitige Zackenschrift durch den Einsatz von Methoden der digitalen Bildverarbeitung.

1. Darstellung der Problematik und Ziel der Arbeit

In nationalen und internationalen Filmarchiven lagern ca. 2,2 Milliarden Meter Nitrozellulose-Filme. Allein im Archiv des Deutschen Museums in München lagern ca. 3.000 Filme, die zum Teil noch aus der Frühzeit der Tonfilmtechnik ab 1930 stammen. Die Schichtträger der Filme haben das Ende ihrer Lebensdauer erreicht und beginnen, sich unter dem Einfluß von Feuchtigkeit, Schimmel, mechanischen Beschädigungen oder durch chemisch bedingte Schichtauflösung zu zersetzen. Speziell Nitrozellulose-Filme sind leicht entflammbar und stellen daher ein Gefährdungspotential für andere archivierte Filme dar. Die Filme, im wesentlichen Kinofilme, Wissenschaftsfilme, Filme mit technik-historischem Bezug, Industriefilme oder Dokumentarfilme, werden als wichtiges kulturelles Erbe angesehen. Die Konservierung und Restaurierung der vorhandenen Bild- und Toninformation stellen daher wichtige, nicht aufschiebbare Aufgaben dar.

Eine konventionelle Konservierung, d. h. das Umkopieren der Tonspuren auf neue Schichtträger, konserviert die schon vorhandenen Fehler wie beispielsweise Verschmutzungen, Kratzer oder Ausbleichungen und fügt durch den Kopiervorgang neue Fehler hinzu. Eine Restaurierung mit Hilfe elektronischer Filter beeinflußt das Frequenzspektrum auch in denjenigen Bereichen, in denen keine Tonfehler vorhanden sind. Eine neue Methode der Tonspur-Restaurierung bietet die digitale Bildverarbeitung.

Ungeklärt ist, wie weitgehend eine Tonspur-Restaurierung durchgeführt werden soll. Man kann die Tonqualität an heutige Standards mit einem Verlust der historischen Klang-Authentizität anzupassen versuchen oder den historischen Klang entsprechend dem technischen Stand der damaligen Aufnahme- und Wiedergabegeräte unter Eliminierung nachträglicher Fehler als sogenannte Erstaufnahmequalität beibehalten.

Das Ziel der vorliegenden Arbeit ist die Konservierung des authentischen Tons mit einer Restaurierung der nachträglich aufgetretenen Fehler und die Aufzeichnung als digitale Datei mit 16 Bit Auflösung.

2. Spezifikationen optischer Tonspuren

Optische Tonspuren auf 35 mm Kinofilmen haben eine Spurbreite von 2,5 mm und liegen auf einer Seite zwischen der 22 mm breiten Bildinformation und der Perforation (Fig. 1). Der Film bewegt sich mit einer Projektionsgeschwindigkeit von 24 Bildern pro Sekunde. Der Ton wird mit einem durch einen Lichtspalt und durch die Tonspur transmittierten Lichtstrahl und mit einem lichtempfindlichen Sensor abgetastet. Hierfür gibt es unterschiedliche Tonaufzeichnungsverfahren wie beispielsweise die Sprossenschrift (Fig. 2) mit einer über die Tonspurbreite konstanten, aber längs der Tonspur modulierten Lichtdurchlässigkeit, oder die Doppelzackenschrift (Fig. 3) mit einem variablen, zur Tonspur symmetrischen lichtundurchlässigen Flächenanteil. Beide Tonspurarten sind für die Wiedergabeeinrichtung kompatibel. 1939 wurde der Wiedergabefrequenzgang durch den *Research Council of the Academy of Motion Picture Arts and Sciences* standardisiert.

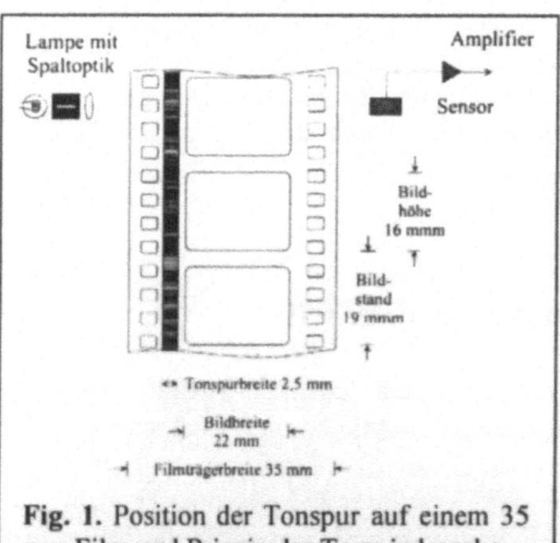

Fig. 1. Position der Tonspur auf einem 35 mm Film und Prinzip der Tonwiedergabe

Fig. 2. Sprossenschrift mit Kratzer in Filmlaufrichtung und fehlender Modulation am Rand

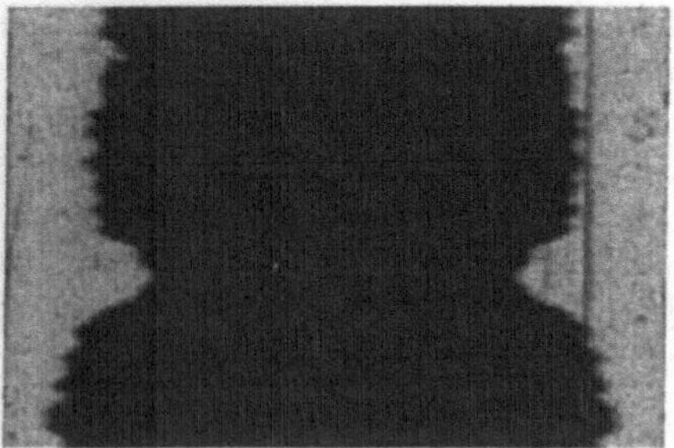

Fig. 3. Doppelzackenschrift mit Kratzer in Filmlaufrichtung

3. Digitalisierung der optischen Tonspur

Die Tonspur wird mit einem Filmscanner, bei dem der Abtastkopf für Bild und Ton durch eine Zeilenkamera mit 512 Pixeln ersetzt wurde, aufgenommen. Die einzelnen Pixel werden mit einer Auflösung von 8 Bit digitalisiert und über einen Frame Grabber auf einem Plattenspeicher eines PC im *.RAW-Datenformat abgespeichert. Wegen der begrenzten Datenübertragungsrate wird die Abtastfrequenz von 24 Bildern pro Sekunde auf 6 Bilder pro Sekunde reduziert. Die Auflösung der Tonspur erfolgt mit 2000 Zeilen pro Filmbild und entspricht damit einer Nyquistfrequenz von 24 kHz bezogen auf die Abtastfrequenz von 24 Bildern pro Sekunde. Die notwendige Speicherkapazität für eine Sekunde digitalisierten Tons beträgt 24 MByte.

4. Die Sprossenschrift

4.1 Modellierung der auftretenden Fehler.

Idealerweise sollten innerhalb der Bildzeilen der Sprossenschrift bis auf das Filmkornrauschen weitgehend homogene Grauwerte enthalten sein. Die Tonmodulation ist durch den sich ändernden Grauwert in Filmlaufrichtung kodiert. Durch wiederholtes Kopieren der Filmspur auf neue Schichtträger kommt es bei ungenauer Positionierung des Films und der optischen Einrichtung zu einem Shading der homogenen Grauwerte. Staubpartikel auf dem Filmnegativ oder -positiv resultieren in dunklen oder hellen Flecken auf der Tonspur. Durch wiederholtes Abspielen der Filme kommt es zu mechanischen Beschädigungen in Richtung der Filmbewegung bis hin zu Rissen in der Tonspur. Klebestellen werden durch sogenannte Tonspurfliegen in Form eines Dreiecks überdeckt. Einfallendes Licht an Stellen der Perforation oder des Filmbildes während des Kopiervorgangs erzeugt periodische Helligkeitsschwankungen, die sich in einem 24 Hz- bzw. 96 Hz-Brumm äußern. Bei der Durchführung einer Tonspur-Restaurierung muß der ursprünglich homogene Grauwert der betreffenden Bildzeile wieder hergestellt werden.

4.2 Restaurierungsmöglichkeit

Als erstes erfolgt eine Fixed-Pattern-Korrektur der digitalisierten Tonspurdaten bezüglich der Sensitivität der Pixel der Zeilenkamera. Diese wird aus den Bildsignalen der Zeilenkamera durch spaltenweise Mittelung der Grauwerte über 2048 Zeilen gewonnen, wobei während dieser Aufnahmen kein Filmmaterial in dem Filmscanner eingelegt ist. Anschließend wird das Shading der Grauwerte aus 20 000 Zeilen des Films jeweils am Anfang, in der Mitte und am Ende einer Tonspur durch spaltenweise Mittelung der Grauwerte in den einzelnen Pixeln gewonnen. Das Shading-Profil wird durch ein Polynom 3. Grades angenähert. Durch die Mittelung des Shadings über viele Zeilen und durch die Modellierung des Shadings mit einem

Polynom niedriger Ordnung werden lokale Bildfehler der Tonspur nicht nachgebildet. Die zeilenweise Korrektur der Tonspur mit dem Filmshading rekonstruiert eine weitgehend homogene Grauwertverteilung innerhalb der Zeile, die noch die lokalen Tonspurfehler enthält. Aus einem zeilenweisen Grauwerthistogramm (Fig. 4) wird nunmehr das Maximum der Grauwertverteilung gesucht. Von diesem Maximum ausgehend wird die Anzahl der Pixel bis zur jeweils ersten rechten bzw. linken Nullstelle der Verteilung bestimmt. Ein wählbarer Anteil der Anzahl dieser Pixel, wobei in der vorliegenden Arbeit 5 % gewählt wurde, definiert von den beiden gefundenen Nullstellen hin zum Maximum der Verteilung zwei

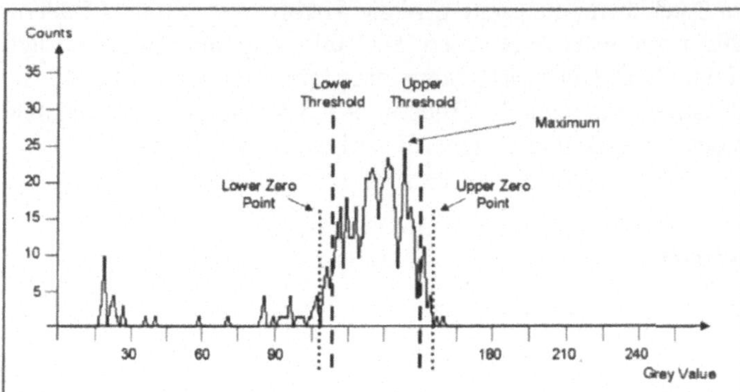

Fig. 4. Auswertung des Grauwerthistogramms nach der Fixed-Pattern Korrektur und Shadingkorrektur

Schwellwerte. Die zwischen diesen beiden Schwellwerten liegenden Grauwerte können als korrekte Grauwerte der betreffenden Zeile angesehen werden, sofern diese Zeile durch eine hinreichende Anzahl ungestörter Pixel repräsentiert wird. Die Grauwerte aller anderen Pixel werden durch den Mittelwert der korrekten Grauwerte ersetzt.

4.3 Ergebnisse der Restaurierung

Das Verfahren wurde unter anderem an der Tonspur einer Rede Albert Einsteins, anläßlich der Eröffnung der Funkausstellung in Berlin 1930, getestet. Fig. 5 zeigt einen Ausschnitt der Tonspur mit einigen Fehlern, die durch das Kopieren einer Faser, einigen Kratzern in Filmlaufrichtung und einigen weiteren kleinen Flecken entstanden sind. Außerdem ist deutlich das Shading mit ansteigenden Grauwerten zum rechten Rand und ein Fehlen der Modulation am linken Rand zu sehen. Die Restaurierungsverfahren zeigen eine erfolgreiche Erkennung und Beseitigung der Fehler, wobei der rechte und linke Rand von der Restaurierung ausgenommen wurde (Fig. 6). Die Kratzer in Tonspurmitte sind deutlich vermindert. Eine stärkere Verminderung dieser Kratzer kann man durch eine weitere Einschränkung der ohne Korrektur zugelassenen Grauwertverteilung, z. B. bei einer Erhöhung von 5 % auf 8 % erreichen.

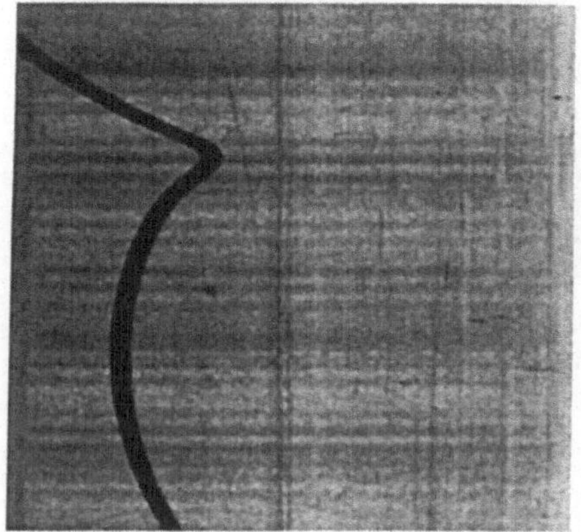

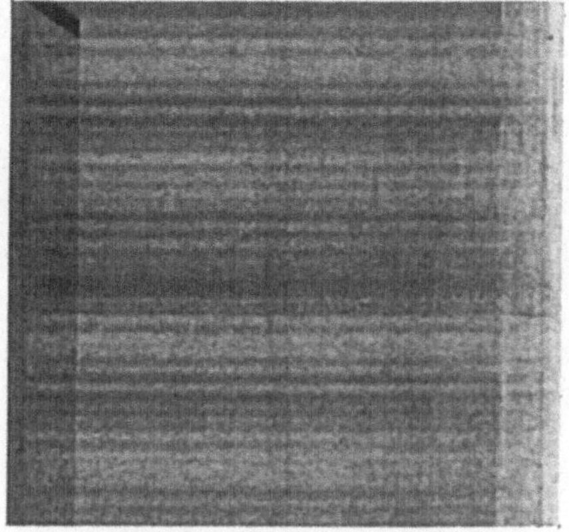

Fig. 5. Tonspur mit Kopie einer Faser, Kratzer in Filmlaufrichtung, Shading der Grauwerte und fehlende Modulation am Rand

Fig. 6. Restaurierung der Tonspur mit Ausnahme des Randes, Beseitigung des Shadings der Grauwerte und Beseitigung der Faser

5. Die Doppelzackenschrift

5.1 Modellierung der auftretenden Fehler.

Die Tonkodierung erfolgt bei der Doppelzackenschrift durch einen zur Mitte der Tonspur symmetrischen lichtundurchlässigen und lichtdurchlässigen Flächenanteil. Fehler treten wie bei der Sprossenschrift durch Staubpartikel als dunkle Flecken auf hellem Untergrund (Fig. 7) bzw. nach Kopieren des Films als helle Flecken auf dunklem Untergrund auf (Fig. 8). Diese Fehler können mit Methoden der Bildverarbeitung leicht detektiert und behoben werden. Anders ist die Situation, wenn helle oder dunkle Flecken die Kante zwischen lichtundurchlässigen und lichtdurchlässigen Flächenanteil bedecken. Ebenso kommt es durch wiederholtes Abspielen der Filme zu mechanischen Beschädigungen in Richtung der Filmbewegung. Diese Kratzer mit beliebigem Grauwert können ebenfalls durch die Kante zwischen beiden Flächenanteilen verlaufen (Fig. 9). Weiterhin ist bei einer Klebestelle die Tonspur vollständig bedeckt. Bei der Restaurierung der Tonspur muß die ursprüngliche Kante zwischen lichtundurchlässiger und lichtdurchlässiger Fläche wiederhergestellt werden. Häufig wird bei der Doppelzackenschrift der weiße Rand bei der Tonaufnahme durch eine sogenannte Klartonblende abgedeckt. Die Breite der Klartonblende folgt mit niedriger Frequenz der Amplitudenmodulation und hat den Zweck, das durch dunkle Flecken auf den lichtdurchlässigen Flächen hervorgerufene Rauschen zu unterdrücken. Es kann vorkommen, daß bei schneller Änderung der Amplitudenmodulation der Kantenverlauf einzelner Maxima durch die Klartonblende verdeckt ist.

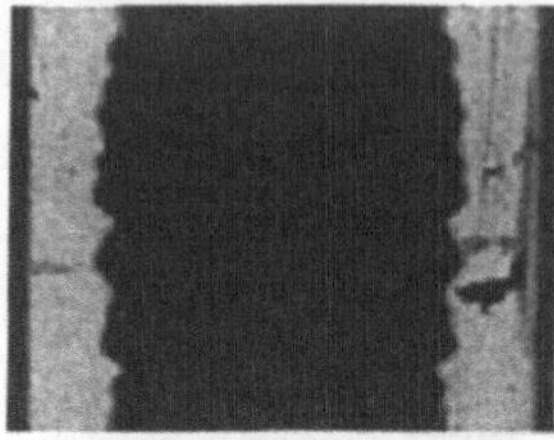

Fig. 7. Dunkle Flecken auf hellem Untergrund

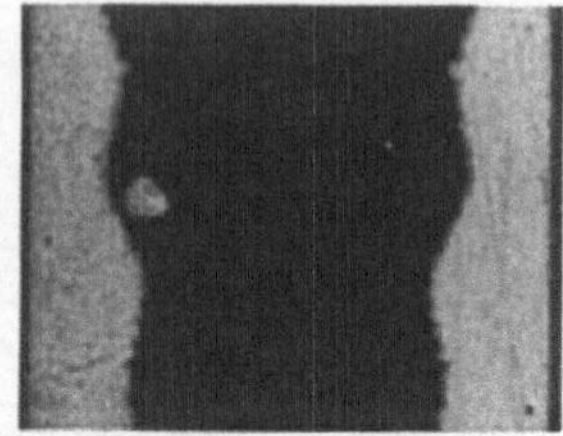

Fig. 8. Helle Flecken auf dunklem Untergrund

Fig. 9. Kratzer in Filmlaufrichtung an der Modulationskante

5.2 Restaurierungsverfahren

Wie bei der Sprossenschrift erfolgt als erstes eine Fixed-Pattern-Korrektur der digitalsierten Tonspurdaten bezüglich der Sensitivität der Pixel der Zeilenkamera. Der Grauwerteverlauf einer ungestörten Zeile sollte von der Tonspurmitte zum Rand hin einen positiven Grauwertgradienten beim Übergang von der lichtundurchlässigen zur lichtdurchlässigen Fläche und einen negativen Gradienten beim Übergang von der lichtdurchlässigen Fläche zur Klartonblende aufweisen. Während die beiden positiven Grauwertgradienten symmetrisch zum lichtundurchlässigen Bereich liegen müssen und die Tonmodulation definieren, sind die beiden negativen Grauwertgradienten zwar ohne Informationsgehalt für die Tonmodulation, werden aber zur Fehler-lokalisation mit ausgewertet, wenn in einer Zeile mehr als die zulässige Anzahl an Gradienten auftritt. Dadurch können weiße [schwarze] Flecken, die vollständig im lichtundurchlässigen [lichtdurchlässigen] Teil der Tonspur liegen, eindeutig lokalisiert und behoben werden. Liegen die Flecken oder Kratzer jedoch auf einer Kante, wird die Fehlererkennung und -behebung komplexer. Die Position der Symmetrielinie der Tonspur ändert sich nur langsam. Daher kann aus den vorhergehenden Zeilen für die aktuelle Zeile eine Sollposition für den Symmetriepunkt bestimmt werden. Setzt man voraus, daß eine Störung der Kante nur einseitig vorliegt, weist eine Abweichung des aktuellen Symmetriepunktes vom Sollsymmetriepunkt automatisch auf eine Störung auf dem Kantenverlauf hin. Jedoch äußert sich beispielsweise ein weißer Fleck auf der linken Tonspurkante mit einer Symmetrie-abweichung genauso wie ein schwarzer Fleck auf der rechten Kante, so daß aus der Richtung der Abweichung noch nicht auf die korrekte und auf die gestörte Kante geschlossen werden kann. An dieser Stelle bedarf es noch einer Korrelation des Kantenverlaufs mit den vorhergehenden Zeilen. Anschließend kann der korrekte Kantenverlauf einer Seite der Tonspur auf die zu korrigierende Kante der anderen Seite an der Symmetrielinie gespiegelt werden.

5.3 Ergebnisse der Restaurierung

Die Kanten der Doppelzackenschrift können mit ausreichender Genauigkeit sub-pixelgenau erkannt und daraus die Symmetrielinie berechnet werden. Fig. 10 zeigt ein Beispiel, bei dem aus dem Mittelwert der Symmetriepunkte der 50 vorhergehenden

Zeilen die Symmetrielinie bestimmt und eingezeichnet wurde. Gleichzeitig wurde die subpixelgenaue Abweichung des aktuellen Symmetriepunktes von der Symmetrielinie, gestreckt um den Faktor 10, eingezeichnet. Die beiden seitlichen Geraden von der Symmetrielinie markieren also eine Abweichung um ein Pixel. Die Korrektur der Tonspur erfolgt zur Zeit unter visueller Kontrolle, bis die Algorithmen zur Entscheidung der Kantengegebenheiten [helle / dunkle Störung auf der rechten / linken Kante, einseitige oder doppelseitige Störung] ausreichend getestet wurden. Fig. 11 und Fig. 12 zeigen die Abweichungen der aktuellen Symmetriepunkte bei auftretenden Fehlern. An diesen Stellen wurde die Modulationskante der jeweils anderen Seite kopiert und so die gestörte Kante wieder rekonstruiert.

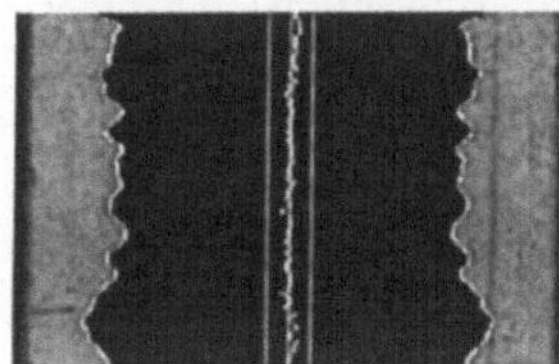

Fig. 10. Darstellung einer subpixelgenauen Symmetrielinie bei der Doppelzackenschrift

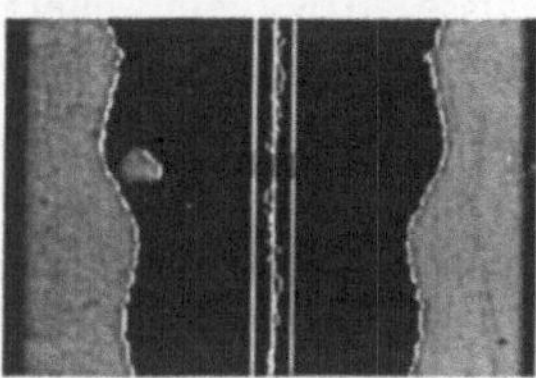

Fig. 11. Erkennung und Restaurierung eines hellen Flecks auf lichtundurchlässigem Untergrund

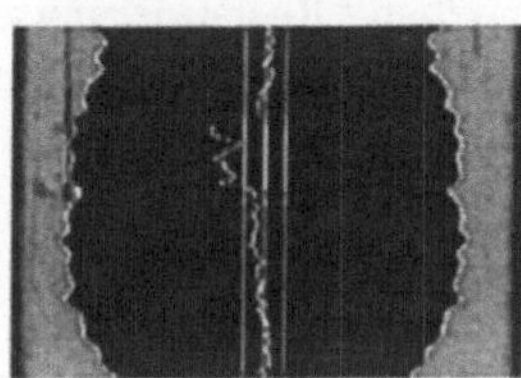

Fig. 12. Erkennung und Restaurierung eines Kratzers an der Modulationskante

6. Einsatzmöglichkeiten spezieller mathematischer Verfahren zur Restaurierung

Mit Hilfe einer vom Rand der Tonspur aus spaltenweise durchgeführten Fourier-Transformation ist es bei der Sprossenschrift möglich, den Abfall der Modulationstiefe am Rand der Spur, so wie er beispielsweise in Fig. 2 zu sehen ist, zu bestimmen. Ebenso sind periodische Helligkeitsschwankungen, wie in sie in Abschnitt 4.1 beschrieben sind, feststellbar. So sollen bei einer Weiterentwicklung des Verfahrens die von einer Restaurierung auszunehmenden Randbereiche, wie in Fig. 6 ausgewiesen, nicht mehr interaktiv definiert, sondern während des Restaurierungsvorgangs automatisch gefunden werden.

Ebenfalls bei der Sprossenschrift bereitet die Restaurierung einer Tonspur an denjenigen Stellen Schwierigkeiten, an denen sie über die Breite der Spur größtenteils verdeckt ist. Dieses ist beispielsweise bei dicken, senkrecht zur Filmlaufrichtung verlaufenden Fehlern oder bei Klebestellen der Fall. An diesen Stellen kann man mit Hilfe der Autokorrelationsfunktion die prägende Periodizität vor und hinter dem fehlerhaften Tonspurbereich feststellen und einen gleitenden Übergang der Tonspur rekonstruieren.

Diese Verfahren befinden sich zur Zeit in der Erprobung.

7. Ergebnisse

Die genannten Restaurierungsverfahren wurden bzw. werden gegenwärtig entwickelt. Die Restaurierung der Sprossenschrift wurde bereits sorgfältig getestet und zeigte gute Ergebnisse, sofern die Störungen noch eine ausreichende Anzahl an ungestörten Pixeln innerhalb einer Zeile übrig ließen. Dieses war beispielsweise nicht der Fall, wenn dicke Fasern quer zur Filmlaufrichtung die Tonspur verdeckten. Bei den bis jetzt restaurierten Tonspuren waren Fehler dieser Art selten. Eine automatisierte Kontrolle dieser Problemfälle ist anzustreben, um gezielte interaktive Unterstützung anzufordern. Bei der Doppelzackenschrift ist noch eine visuelle Kontrolle der erzielten Restaurierungsergebnisse bzw. ein interaktives Eingreifen bei den geschilderten Problemfällen notwendig.

8. Technische Ausrüstung

Für die digitale Abtastung der Tonspuren wurde ein - wie oben beschrieben - modifizierter Filmscanner, Typ FDL 90 der Firma Philips BTS, verwendet. Zur Abtastung der Tonspur diente eine extern synchronisierte Zeilenkamera vom Typ DALSA CCD 512. Die Grauwerte der Kamera werden parallel zum Frame Grabber in einem 200 MHz Pentium II MMX PC übertragen. Die Restaurierungsprogramme sind in Visual C++ unter Windows NT entwickelt und in einem Tool implementiert, das die Behandlung von entsprechend großen speicherbasierten Dateien erlaubt.

9. Literatur

1. Poetsch, D. : Lichtton-Restaurierung mit zweidimensionaler Fehlerkorrektur (Optical Sound Track Restoration by Two-dimensional Fault Correction). In : Tagungsband der FKTG-Tagung 1998, p. 281 - 291, 1998
2. Webers, J. : 100 Jahre Schallaufzeichnung und Wiedergabe (100 Years of Sound Recording and Play Back). In : Tagungsband der FKTG-Tagung 1977, p. 233 - 254, 1977
3. Yonge, M., : *Feature Film Sound for Television.* In : The BKSTS Journal, March 1986
4. Kurreck, I-H. : Untersuchung zur Möglichkeit der Detektion von Fehlerklassen auf Lichttonspuren mit Hilfe der digitalen Bildverarbeitung (Study of the Detection of Fault Classes on Optical Sound Tracks by Means of Digital Image Processing) Diploma Thesis, University of Applied Sciences Wiesbaden, 1999
5. Richter, D., Poetsch, D., Kurreck, I.-H., : Restoring of Optical Variable Density Sound Tracks on Motion Picture Films by Digital Image Processing, In : Proceedings OPTIM 2000, Brasov, p. 793 – 798, 2000

Gestensteuerung für Fahrzeugbordsysteme

Suat Akyol*, Ulrich Canzler*, Klaus Bengler[+], Wolfgang Hahn[+]

* Lehrstuhl für Technische Informatik, RWTH-Aachen
{akyol,canzler}@techinfo.rwth-aachen.de

[+] BMW AG, München
{klaus.bengler,wolfgang.hahn}@bmw.de

Gestenbedienung gewinnt für die Mensch-Maschine Kommunikation zunehmend an Bedeutung. Damit wird eine intuitivere Interaktion zwischen Benutzer und Maschine angestrebt. Diese Arbeit beschreibt einen videobasierten Echtzeit-Gestenerkenner für den Einsatz in Kraftfahrzeugen. Als Anwendung wurde dazu die Interaktion mit Nachrichtenspeichern für Verkehrsfunk und Email implementiert. Spezielle, an die hohen Anforderungen angepasste Methoden der Bildverarbeitung und der Mustererkennung bilden die Grundlage des Systems.

1. Einleitung

Die Übersicht [10] von Pavlovic et al. stellt einige Applikationen vor, die über eine videobasierte Schnittstelle zur Gesteneingabe verfügen. Demnach wird die meiste Aufmerksamkeit der Erkennung von Gebärdensprache gewidmet [4][7][14]. Trotz ständiger Verbesserungen ist die Gebärdenspracherkennung jedoch noch nicht praktisch nutzbar, was insbesondere an Einschränkungen bezüglich Benutzer, Umgebung und Vokabular liegt. Anwendungen mit technischem Hintergrund sind motiviert durch den Wunsch nach natürlichen, intuitiven und dadurch effizienteren Schnittstellen zwischen Mensch und Maschine. In der Literatur werden diverse Ideen formuliert, z.B. die Mensch-Roboter Interaktion [15], die Dateneingabe am Computer [11][16] oder die Steuerung eines Krans [9] per Gesten. Dennoch ist bislang nur ein einziges kommerzielles Produkt bekannt, nämlich der Siemens Virtual Touchscreen (SiVit [12]). Dieser wird als "Informationskiosk" eingesetzt, an dem der Benutzer durch Zeigen mit dem Finger Bereiche auf einer Projektionsfläche referenzieren kann.

Eine Gestensteuerung im Kraftfahrzeug ist bisher nicht realisiert worden, bietet aber zunächst hypothetisch eine Reihe von Vorteilen: eine reduzierte visuelle und mentale Ablenkung gegenüber herkömmlichen Bedienelementen, eine teilweise Ersparnis von mechanischen Eingabegeräten und eine komfortable natürlichere Eingabemöglichkeit. Deshalb wurde hier erstmals prototypisch ein videobasierter Echtzeiterkenner für die Bedienung eines Nachrichtenspeichers im Fahrzeug via Gesten entwickelt. Der Demonstrator existiert als Laborversion und in einem Versuchsfahrzeug.

Abschnitt 2 bis 4 beschreiben die technischen Anforderungen und die Komponenten des Demonstrators. Anschließend wird die Systemleistung präsentiert. Abschnitt 6 erläutert die gewählte Anwendung und Abschnitt 7 gibt einen bewertenden Ausblick.

2. Anforderungen und Systemüberblick

Im Fahrzeug stellen intensive Beleuchtungsschwankungen, wechselnde Benutzer und unstrukturierte Hintergründe besondere Schwierigkeiten dar. Zudem ist die Akzeptanz dieser neuartigen Bedienform durch den Benutzer ein wesentlicher Faktor, der sichtbare Beleuchtung, Bekleidungsvorschriften oder besonderen Kalibrierungs- und Lernaufwand ausschließt. Daher werden die folgenden Kriterien für ein im Fahrzeug angemessen benutzbares, videobasiertes Gestenerkennungssystem festgelegt:

- Die Erkennung ist robust gegen Störungen in der Umgebung
- Die Beleuchtung ist für den Benutzer nicht wahrnehmbar
- Das System arbeitet benutzerunabhängig
- Es ist keine Kalibrierung durch den Benutzer erforderlich
- Das Gestenvokabular ist klein und intuitiv verständlich
- Das System reagiert mit minimaler Latenzzeit

Der entwickelte Demonstrator ist ausgelegt für die Erkennung von Einhand-Gesten, die horizontal über der Mittelkonsole auszuführen sind. Dies mag zunächst als Einschränkung erscheinen, ist aber gerade für den Fahrbetrieb aus zweierlei Gründen erforderlich und auch sinnvoll. Zum einen muss der Fahrer mindestens eine Hand am Steuer halten, weswegen die Erkennung von Zweihand-Gesten nicht praktikabel ist, zum anderen sollte aus Gründen der Verkehrssicherheit die Ausführungsstelle der Gesten von anderen Verkehrsteilnehmern nicht gesehen werden können. Der Bereich über der Mittelkonsole, wie er in der Beispielansicht in Abbildung 1 zu sehen ist, erweist sich als geeigneter Gestenraum.

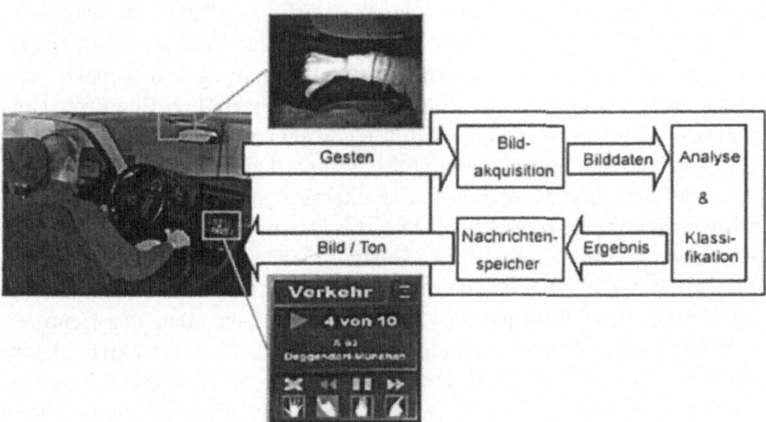

Abb. 1. Überblick über den Demonstrator

3. Bildakquisition

Die Erfassung der Handstellung mittels einer Kamera erfordert ausreichende Kontraste zwischen Hand und Hintergrund. Ein konstantes Beleuchtungsniveau ist unter

Fahrbedingungen i.A. nicht gegeben. Neben tageszeitlichen Helligkeitsunterschieden beeinflussen u.a. die Wetterlage aber auch Schlagschatten die Beleuchtung. Die hierdurch auftretenden absoluten und zeitlich variierenden Helligkeitsunterschiede können von einer CCD-Kamera nur unzureichend verarbeitet werden. Aus diesen Gründen muss für die Sicherung eines geeigneten Beleuchtungsniveaus eine Beleuchtungsquelle bereitgestellt werden. Diese Zusatzbeleuchtung darf die Fahrzeuginsassen nicht stören oder gar den Fahrer in seiner Fahraufgabe behindern. Zur Beleuchtung wurde daher ein LED-Array gewählt, das Licht im Nahen Infrarot (NIR) bei einer Wellenlänge von 950nm emittiert. Diese Wellenlänge ist für den Menschen nicht sichtbar, aber von leicht modifizierten handelsüblichen CCD-Kameras nutzbar. Da der visuelle Spektralbereich in der vorliegenden Anwendung nicht benötigt wird, verhindert ein zusätzlicher Tageslichtfilter vor dem Objektiv dessen Transmission. Mit einer automatischen Blendenweitenregulierung werden die praktisch auftretenden Intensitätsschwankungen ausgeglichen. Nachteilig ist das Fehlen von Farbinformationen bedingt durch die verwendete Lichtquelle. Die gemessenen Intensitäten werden als Grauwertbilder dargestellt. Sowohl Beleuchtungsquelle als auch Kamera sind im Fahrzeughimmel integriert und ermöglichen die Aufzeichnung einer Fläche von ca. 60 cm x 50 cm. Die Digitalisierung der Bilder übernimmt eine Framegrabberkarte in einem Pentium II 333MHz Rechner.

4. Analyse und Klassifikation

Den Normalfall mit einer gestikulierenden Hand im Bild stellt die Szene in Abbildung 1 dar. Daneben existieren diverse Sonderfälle, von denen die im Betrieb am häufigsten zu erwartenden in Abbildung 2 dargestellt sind.

Abb. 2. Zu erwartende Sonderfälle im Gestenraum

Abbildung 2(a) zeigt den Fall einer ruhenden Hand und einen Teil des Benutzerbeins, das ins Bild ragt. In (b) ist keine Benutzerhand enthalten. In beiden Fällen darf vom Erkennungssystem kein Kommando interpretiert werden. Die Präsenz mehrerer Hände im Gestenraum bedarf ebenfalls einer besonderen Behandlung. Versucht z.B. der Beifahrer wie in (c) an die Mittelkonsole zu fassen oder wie in (d) selbst ein Gestenkommando einzugeben, so ist dies entsprechend zu berücksichtigen.

Grundlegend gilt, dass die Anzahl der Objekte im Bild unbekannt ist. Eine Entscheidung darüber ob und welches Objekt zu beachten ist setzt die Erfassung der einzelnen räumlichen Regionen voraus, die ein Objekt repräsentieren können. Zudem sind Informationen über die Dynamik der Objekte notwendig, damit eine ruhende Hand wie in (a) als ruhend erkannt oder eine Rangfolge und Relevanzprüfung für mehrere Objekte wie in (c) und (d) festgelegt werden kann.

Unter Berücksichtigung der oben genannten Fälle ist die in Abbildung 3 skizzierte Verarbeitungsfolge entstanden. Visualisierungen von Zwischenergebnissen sind ebenfalls in Abbildung 3 enthalten.

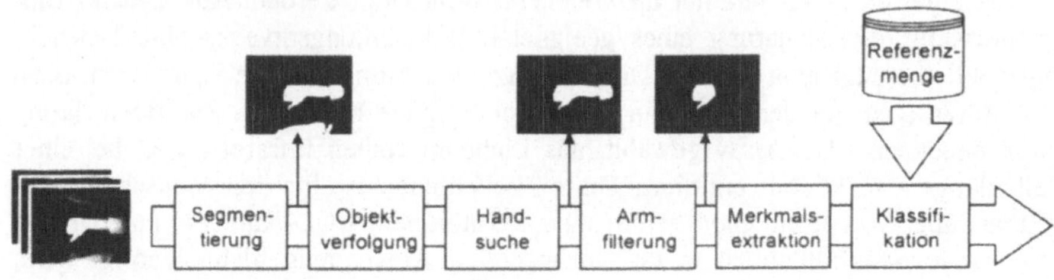

Abb. 3. Blockschema der Verarbeitungsfolge

Zur Segmentierung wird wegen der Berechnungseffizienz zunächst eine Binarisierung mit globalem Schwellwert angewendet [3]. Simultan werden die Randkurven von allen zusammenhängenden Regionen erfasst und jeweils die primären Merkmale Fläche, Umfang und Schwerpunkt sowie die nach Hu [5] benannten statistischen Momente berechnet. Damit sind auch die Trägheitsachsen und die Orientierung einer Region bestimmbar [13].

Innerhalb einer Bildsequenz vorgegebener Dauer werden dann korrespondierende Regionen, im folgenden auch Objekte genannt, ermittelt. Dies geschieht, wie in [2] erläutert, anhand der Trajektorie der Schwerpunkte, wobei Objekte geringer Größe als Rauschen interpretiert werden und daher unberücksichtigt bleiben. Über die Bildsequenz lassen sich bewegungsbeschreibende Merkmale, wie zum Beispiel Geschwindigkeit, Beschleunigung, etc. für jedes Objekt mitteln und Aufenthaltsbereiche sowie Sichtbarkeitsdauer im Gestenraum protokollieren. Die Objekte können somit in Dynamikklassen eingeteilt werden.

Um eine Reduktion des Berechnungsaufwands in den folgenden Verarbeitungsstufen zu erreichen, werden einige Objekte durch eine Vorauswahl von der weiteren Betrachtung ausgeschlossen. Die Auswahl basiert auf Scores, die durch Fuzzy-Sets für die beobachteten Merkmale vergeben werden. Als Referenz dienen die typischen Wertebereiche der Merkmale, die für die Hände einer Testpersonengruppe ermittelt wurden. Die Inferenzbildung liefert für jedes Objekt das Attribut "ist mit Wahrscheinlichkeit p eine Hand".

Zur Eliminierung des für die Handformerkennung irrelevanten Armanteils, der abhängig von Kleidung und Position der Hand variiert, wird der in [1] beschriebene Algorithmus angewendet. Dabei handelt es sich um ein iteratives Verfahren zur Filterung des Arms in der 2D Projektion einer Hand-Arm Konstellation.

Für die derart bearbeiteten Objekte wird ein Vektor aus zuvor berechneten rotations-, translations- und skalierungsunabhängigen Merkmalen zusammengesetzt. Jeder Merkmalsvektor entspricht einer Beobachtung zum jeweiligen Zeitpunkt und wird an die nachfolgende Klassifikation übergeben. Der Gewinner der Klassifikation erhält bei eindeutiger Zuordnung zu einer bekannten Referenz einen zusätzlichen Bonusscore für die Vorauswahl zum nächsten Zeitpunkt. Dies entspricht einem Bias zugunsten eines erkannten Objekts und verhindert in uneindeutigen Entscheidungssituationen den ständigen Wechsel der Aufmerksamkeit zwischen zwei Objekten.

Die Klassifikation selbst erfolgt nach dem Maximum-Likelihood Verfahren. In einer Trainingsphase werden dem Klassifikator pro Referenzgeste mehrere Muster präsentiert. Die daraus gewonnenen Stichproben erlauben die Schätzung von Verteilungsfunktionen für jedes Merkmal. Grundsätzlich müssen dabei die Abhängigkeiten aller Merkmale untereinander berücksichtigt und mit einer multivariaten Verteilungsfunktion modelliert werden. Unter Vernachlässigung dieser Abhängigkeiten ist es zulässig univariate Verteilungsfunktionen zu verwenden.

In der Erkennungsphase wird die aktuelle Beobachtung dann durch alle Referenzen bewertet, indem die Gesamtwahrscheinlichkeit über alle Merkmale berechnet und anschließend das Objekt mit der höchsten Bewertung zum Gewinner bestimmt wird. Um dabei Fehlklassifikationen zu vermeiden ist eine vorgegebene Mindestbewertung zu überschreiten. Wenn die Objektdynamik zu niedrig erscheint, muss das Ergebnis außerdem durch einen zweiten auf Randkurvenkorrelation basierenden Klassifikator verifiziert werden. Dies verschärft die Anforderungen bei Objekten die sich wenig bewegen und beruht auf der Aussage von Kittler et al. [8], denen zufolge zwei verschiedene Klassifikatoren zugleich sehr wahrscheinlich nicht den selben Fehler machen. Die Erkennungsraten des Korrelationsklassifikators sind dabei etwas niedriger als bei dem beschriebenen Maximum-Likelihood Verfahren, dennoch hat sich diese Methodik für die Behandlung uneindeutiger Situationen bewährt, da Fehlerraten weit unter 1% erreicht werden. Das Ergebnis der Klassifikation steuert schließlich die entsprechende Funktionalität der Anwendung an, wenn es für eine vordefinierte Zeit konstant bleibt.

5. Systemleistung

Zur Zeit erreicht das System eine Verarbeitungsrate von 25 Bildern pro Sekunde bei einer Auflösung von 192 x 144 Bildpunkten. Zur Untersuchung der Klassifikationsleistung wurden die in Abbildung 4 gezeigten Handformen von 12 Personen je 10 mal ausgeführt. Danach wurden zwei Referenzmengen gebildet, wobei die eine Menge alle 20 und die zweite Menge sechs Gesten (hervorgehoben) umfasst.

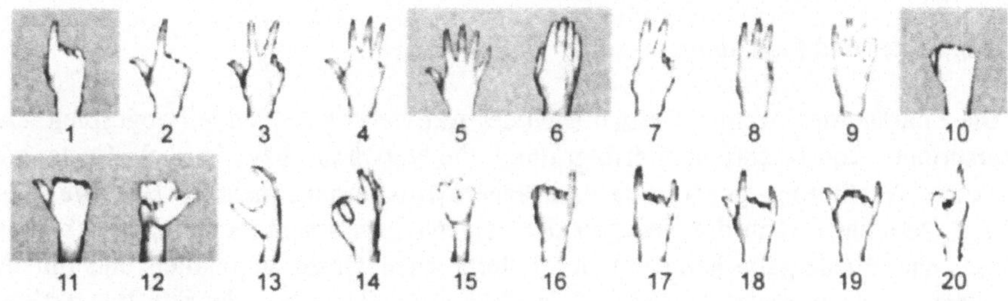

Abb. 4. Referenzgesten

Die durchgeführten Tests mit univariaten und multivariaten Normalverteilungen ergeben die Erkennungsraten in Tabelle 1. Demnach sind multivariate Verteilungen erst bei größeren Referenzmengen sinnvoll, da mit ihnen ein erhöhter Berechnungsaufwand verbunden ist. Dieser ist bei den hier verwendeten 17 Merkmalen noch vertretbar, wächst aber quadratisch mit der Anzahl der Merkmale an, weswegen für eine signifikant größere Menge an Merkmalen Mischverteilungen unter Vernachlässigung stochastischer Abhängigkeiten vorzuziehen sind [6].

Referenz-	Erkennungsrate	
menge	Univariat	Multivariat
20 Gesten	80,16	90,3
6 Gesten	98,05	97,7

Tabelle 1. Erkennungsraten

6. Gestengesteuerter Nachrichtenspeicher

Die Anzahl der diversen Informationssysteme im Fahrzeug nimmt zu. Beispiele sind Verkehrsnachrichtenspeicher in Radiogeräten, die vom Fahrer zu beliebigen Zeitpunkten ausgelesen werden können und andere Telematiksysteme. Gestenerkennung stellt eine mögliche Art der Bedienung für diese Systeme dar.

Bei der hier entwickelten Anwendung handelt es sich um einen gestengesteuerten Speicher für akustische Nachrichten. Eingehende Nachrichten diverser Kategorien, wie beispielsweise Verkehr, Anrufbeantworter, Email etc. werden archiviert. Der Fahrer kann die Wiedergabe dieser Archiveinträge in Form von Sprachausgaben und Schriftzeilen mit vorgegebenen Handgesten steuern. Das Benutzungskonzept ist dabei an das allgemein bekannte Konzept eines Radiogeräts angelehnt, weil dieses intuitiv verstanden wird. Abbildung 5 gibt einen Überblick über die verwendeten Handformen und die zugewiesenen Funktionen.

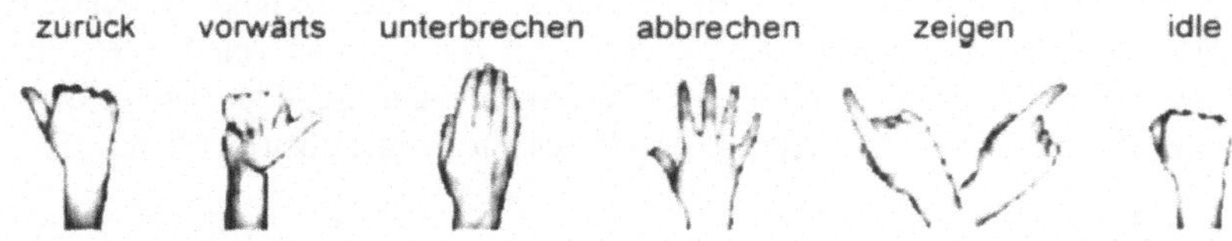

Abb. 5. Gesten und Funktionen

Die Einträge des Archivs werden nach der Aktivierung sequentiell abgespielt. Das Überspringen von Nachrichten erfolgt durch die 'vorwärts'- bzw. 'zurück'-Geste, wobei kurze Ausführung genau eine und längere Ausführung mehrere Einträge überspringt. Alternativ kann der Benutzer die 'zeigen'-Geste (nach rechts oder links) einsetzen. Die Wiedergabe kann mit der 'unterbrechen'-Geste angehalten und mit der 'vorwärts'-Geste fortgesetzt werden. Die 'abbrechen'-Geste beendet den Interaktionsmodus. Als Garbage-Modell gilt die 'idle'-Geste, d.h. sie wird erkannt, löst aber keine Reaktion der Anwendung aus.

Das System läßt sich ohne Blickkontakt bedienen. Zur Orientierung wird per Sprachausgabe neben dem Nachrichtentext die Positionsnummer der Nachricht im Archiv ausgegeben. Die zusätzliche graphische Information auf dem Fahrzeugbildschirm dient kurzen Kontrollblicken und der Eingewöhnung des Erstbenutzers. Abbildung 6 zeigt den Ausgabebildschirm. Darin ist zu sehen: eine Titelzeile ein Positionsindikator, der den Aufenthaltsbereich der Hand im Gestenraum angibt, Positionsnummer, Absender und Betreff der Nachricht sowie die zustandsabhängige Einblendung der ausführbaren Gesten. Ist die Wiedergabe beispielsweise angehalten, so wird das Symbol für 'unterbrechen' ausgeblendet. Wird eine Geste erkannt, so wird auch das entsprechende Symbol als Bestätigung durch ein highlighting für 500 msec graphisch hervorgehoben.

Abb. 6. Visuelle Ausgabe

7. Bewertung und Ausblick

Die beschriebene Bildakquisitionseinheit hat sich in der Praxis bewährt. Experimente im Versuchsfahrzeug zeigen eine durchgehende nutzerunabhängige Funktionsfähigkeit bei wechselnden Beleuchtungsbedingungen wie Tag- und Nachtfahrt sowie Tunnelfahrten. Fehlklassifikationen treten praktisch nicht auf. Nachteilig wirken sich bisher noch Fehlsegmentierungen verursacht durch direkte Sonneneinstrahlung und Objektüberlappungen aus. Außerdem ist zu beachten, dass die im Fahrzeug verwendeten Materialien, die den Bildhintergrund bilden, das zur Beleuchtung gewählte Licht nicht reflektieren dürfen. Die beschriebenen Schwierigkeiten ließen sich z.B. durch die Verwendung von Distanzbildern beheben, die mit Laserscannern oder strukturiertem Licht konstruiert werden können.

Die Interaktion mit dem System wird von den Testpersonen als sehr natürlich eingestuft. Dies liegt zum einen an der Kombination der gewählten Merkmale mit einem statistischen Klassifikationsverfahren, das dem Benutzer ein breites Variationsspektrum bei der Ausführung einer Geste erlaubt. Zum anderen wirkt die unmittelbare Systemreaktion aufgrund der hohen Verarbeitungsgeschwindigkeit sehr positiv. Eine zusätzliche Steigerung der Natürlichkeit würde die Erkennung dynamischer Gesten gegenüber statischen Handformen erbringen. Hierzu werden Hidden Markov Modelle vorbereitet, deren Eignung zu diesem Zweck bereits in anderen Arbeiten [4][9][14] bestätigt worden ist.

Abschließend läßt sich zusammenfassen, dass der entwickelte Demonstrator den Nutzen einer Gestensteuerung im Fahrzeug überzeugend dokumentiert. Benutzertests zur Ermittlung von Akzeptanz und Effizienz können jetzt durchgeführt werden und stellen den nächsten Schritt in Richtung Fahrzeugeinsatz dar.

Literaturangaben

[1]   U. Bröckl-Fox. Untersuchung neuer, gestenbasierter Verfahren für die 3D-Interaktion. PhD thesis, Verlag Shaker, 1995.

[2]   C. Cedras, M. Shah. Motion-Based Recognition: A Survey. Image and Vision Computing, vol. 13, pp. 135-145, 1995.

[3]   C. Glasbey. An Analysis of Histogram-Based Thresholding Algorithms. Graphical Models and Image Processing, vol. 55, no. 6, pp. 532-537, 1993.

[4]   H. Hienz, K.-F. Kraiss, B. Bauer. Continuous Sign Language Recognition using Hidden Markov Models. Proceedings of the Second International Conference on Multimodal Interfaces, Hong Kong - China, pp.IV10-IV15, 1999.

[5]   M.-K. Hu. Visual Pattern Recognition by Moment Invariants. IRE Transactions on Information Theory, vol. IT-8, pp. 179-187, Feb. 1962.

[6]   X.-D. Huang, Y.Ariki, M. Jack. Hidden Markov Models for Speech Recognition. Edinburgh University Press, 1990.

[7]   K. Imagawa, S. Lu., S. Igi. Color-Based Hands Tracking System for Sign Language Recognition. Proceedings of the Third International Conference on Automatic Face and Gesture Recognition, Nara - Japan , pp. 462-467, 1998.

[8]   J. Kittler, M. Hatef, R.P.W. Duin, J. Matas. On Combining Classifiers. IEEE Transactions on Pattern Analysis and Machine Intelligence, Vol.20, No.3, pp. 226-239, 1998.

[9]   S. Müller, S. Eickeler, G. Rigoll. Crane Gesture Recognition Using Pseudo 3-D Hidden Markov Models. Proceedings of the Fourth International Conference on Automatic Face and Gesture Recognition, Grenoble - France , pp. 398-402, 2000.

[10] V. Pavlovic, R. Sharma, T. Huang. Visual Interpretation of Hand Gestures for Human-Computer Interaction: A Review. IEEE Transactions on Pattern Analysis and Machine Intelligence, vol. 19, no. 7, pp. 677-695, 1997.

[11] Y. Sato, Y. Kobayashi. Fast Tracking of Hands and Fingertips in Infrared Images for Augmented Desk Interface. Proceedings of the Fourth International Conference on Automatic Face and Gesture Recognition, Grenoble - France , pp. 462-467, 2000.

[12] Fa. Siemens. Product Information for Siemens Virtual Touchscreen - SiVit: http://www.atd.siemens.de/td_electronic/produkte/sivit/sivit.htm

[13] M. Sonka, V. Hlavac, R. Boyle. Image Processing, Analysis, and Machine Vision. Brooks/Cole Publishing Company, 2nd Edition, 1999.

[14] T. Starner, A. Pentland. Visual Recognition of American Sign Language Using Hidden Markov Models. International Workshop on Automatic Face and Gesture Recognition, Zürich - Switzerland, pp. 189-194, 1995.

[15] J. Triesch, C.v.d. Malsburg. A Gesture Interface for Human-Robot-Interaction. Proceedings of the Third International Conference on Automatic Face and Gesture Recognition, Nara - Japan , pp. 546-551, 1998.

[16] Y. Zhu, H. Ren, G. Xu, X. Lin. Toward Real-time Human-Computer Intertaction with Continuous Dynamic Hand Gestures. Proceedings of the Fourth International Conference on Automatic Face and Gesture Recognition, Grenoble - France , pp. 544-549, 2000.

Analyse von HDRC-Bildern des Werkstoffübergangs des MSG-Schweißprozesses

S. Nordbruch, P. Tschirner, A. Gräser
Universität Bremen, Institut für Automatisierungstechnik
Kufsteiner Str. NW1, D-28359 Bremen

Abstract. In diesem Beitrag wird die visuelle Analyse von Bildern des Werkstoffübergangs des MSG-Schweißprozesses vorgestellt. Ziel der Analyse ist die vollständig automatische Detektion, Vermessung und Klassifikation der Tropfen der stark variierenden Werkstoffübergänge des Schweißprozesses.

1 Einleitung

Moderne Metallschutzgas-Schweißgeräte (MSG) verfügen über eine große Anzahl von einstellbaren Schweißparametern, wie z.B. den Schweißstrom. Für eine Verbesserung der Fertigungsqualität und Wirtschaftlichkeit, sowie für eine zunehmende Automatisierung des Schweißprozesses in den Produktionslinien, werden verstärkt visuelle Informationen des Werkstoffübergangs des Schweißprozesses verwendet.

Im allgemeinen wird der Werkstoffübergang aufgrund der schnellen Vorgänge und der hohen Helligkeitsdynamik des Schweißprozesses von ungefähr 10^6:1 mit CCD-Hochgeschwindigkeitskameras in Verbindung mit Lasern als Gegenlichtquelle beobachtet. Diese Systeme liefern einfach analysierbare Schattenbilder, weisen allerdings eine Reihe von Nachteilen auf. Ein gravierender ist z.B., dass aufgrund der Gegenlichtbeleuchtung nur eine geringe Anzahl von Schweißaufgaben beobachtbar ist.

Ein neuer Ansatz zur Beobachtung ist das von *Nordbruch et al.* [1] vorgestellte System, das eine High-Dynamic-Range-CMOS Kamera (HDRC) verwendet. Diese Kamera benötigt aufgrund ihrer Eigenschaften keine zusätzliche Lichtquelle und bildet die extreme Helligkeitsdynamik des Schweißprozesses auf 256 Grauwerte ab.

Für eine Optimierung des Schweißprozesses müssen die Bilder der Werkstoffübergänge analysiert werden. D.h., die Tropfen und gegebenenfalls Spritzer der Werkstoffübergänge müssen automatisch detektiert, vermessen und klassifiziert werden.

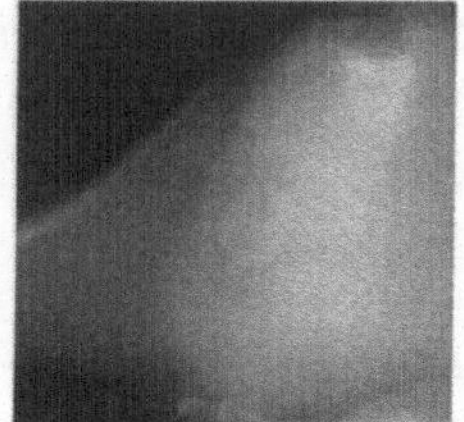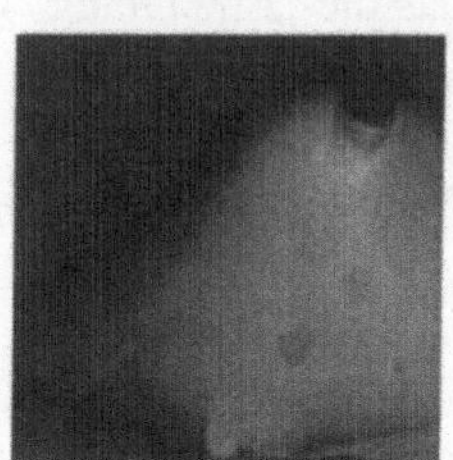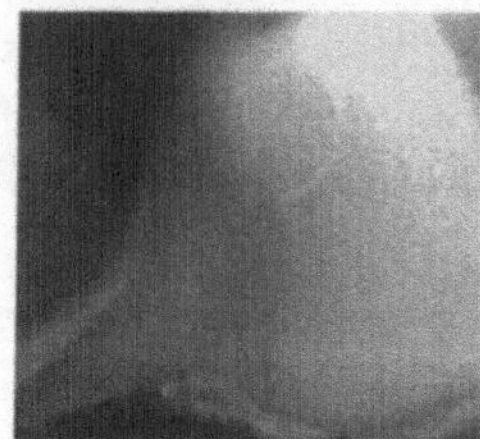

Bild 1. Verschiedene Werkstoffübergänge des MSG-Schweißprozesses

2 Bildverarbeitungssystem

Für die Entwicklung des Bildverarbeitungssystems waren folgende Vorgaben zu beachten:

➤ Es sollte eine vorhandene Bildverarbeitungslibrary verwendet werden. Damit waren eine bereichsorientierte Segmentierung mit einer Grauwertschwelle und eine Merkmalsextraktion auf der Basis der Lauflängencodierung festgelegt.

➤ Das Bildverarbeitungssystem sollte verschiedene Werkstoffübergänge, die aufgrund der unterschiedlichen Verfahren des MSG-Schweißens, unterschiedlichen Schweißaufgaben und Schweißzusätzen existieren, analysieren können.

➤ Eine Modifikation und Erweiterung der Klassifikation (z.B. Aufteilung von „Tropfen" in „Runder Tropfen", „Länglicher Tropfen", usw.) sollte ohne eine Veränderung des Implementationcodes möglich sein.

➤ Im Hinblick auf eine spätere Regelung des MSG-Schweißprozesses auf der Basis der Bilddaten sollte der Ablauf der Bildverarbeitung automatisch erfolgen.

Beeinflußt durch die Vorgaben gliedert sich das Bildverarbeitungssystem und der Abschnitt in die klassischen Bereiche Vorverarbeitung, Segmentierung, Merkmalsextraktion und Klassifikation der digitalen Bildverarbeitung.

2.1 Vorverarbeitung

Ziel der Vorverarbeitung ist es, die Bilder so zu verbessern, dass eine bereichsorientierte Segmentierung mit einer Grauwertschwelle durchführbar ist. Bedingt durch die extremen Helligkeitsbedingungen und die Eigenschaften der Kamera weisen die Bilder nur geringe und zusätzlich stark variierende Grauwertabstufungen zwischen den einzelnen Bildbereichen auf. Aufgrund des daraus resultierenden geringen Kontrastes sind viele Bilder mit „Standardverfahren" der Bildverarbeitung nicht analysierbar. Objekte innerhalb des Lichtbogens unterscheiden sich z.B. nur durch wenige Graustufen vom Hintergrund. In diesen Bildbereichen ist eine Kontrastverstärkung erforderlich. In Bereichen mit ausreichendem Kontrast dagegen kann eine Kontrastverstärkung, z.B. durch Überschreitung des Wertebereiches der Grauwertbilder, zu einer Verschlechterung der Qualität und somit zu einer fehlerhaften Segmentierung, Vermessung und Klassifikation führen. Zudem werden durch eine konventionelle Kontrastverstärkung, wie sie z.B. mit einem Hochpaßfilter möglich ist, Störungen hervorgehoben. Für die Vorverarbeitung ist somit ein Verfahren erforderlich, das robust gegenüber variierenden Bildinhalten (z.B. Lichtbogenhelligkeit) ist. Daher wurde ein adaptives Verfahren entwickelt, das die „Erkennung" der zu erhaltenden kontrastreichen und zu verbessernden kontrastarmen Bereiche ermöglicht und zudem keine Hervorhebung von Störungen verursacht. Desweiteren wurde eine Kompensation der örtlich variierenden Beleuchtungseinflüsse hinzugefügt.

2.1.1 Adaptive Kontrastverstärkung

Für die Kontrastverstärkung wurde das Verfahren *Contrast Enhancement Using the Laplacian-of-a-Gaussian Filter* von *Neycenssac* [2] an die Problemstellung angepasst. Bei dem Verfahren ergibt sich die Kontrastverstärkung aus der Differenz eines Bildes mit dem Vielfachen seines Laplacian-of-Gaussian-gefilterten Bildes. Weil der Laplacian-of-Gaussian-Filter (LoG-Filter) in einem Verarbeitungsschritt sowohl das Bild glättet als auch die Kanten hervorhebt, ermöglicht diese Vorgehensweise sowohl Rauschunterdrückung als auch Kontrastaufbesserung. Das Verfahren gliedert sich in die folgenden grundlegenden Schritte:

1. Berechnung des LoG-Filters mit der Standardabweichung σ.

$$\mathrm{LoG}(x,y) = -\frac{1}{\pi\sigma^4}\left(1 - \frac{x^2 + y^2}{2\sigma^2}\right)e^{-\frac{x^2+y^2}{2\sigma^2}} \tag{1}$$

2. Berechnung des Bildes g'(x,y), das aus der Faltung des Originalbildes f(x,y) mit dem Filter LoG(x,y) resultiert:

$$g'(x,y) = f(x,y) * \mathrm{LoG}(x,y) \tag{2}$$

3. Multiplikation von g'(x,y) mit einem Faktor $\beta \geq 1$ und Berechnung von $\beta \cdot$g'(x,y).
4. Subtraktion von $\beta \cdot$g'(x,y) vom Originalbild f(x,y):

$$g(x,y) = f(x,y) - \beta \cdot f(x,y) * \mathrm{LoG}(x,y) \tag{3}$$

Die Wirkungsweise der Schritte 1 bis 4 zeigt Bild 2. Dargestellt ist eine Grauwertkante und das zugehörige Grauwertprofil entlang einer horizontalen Linie.

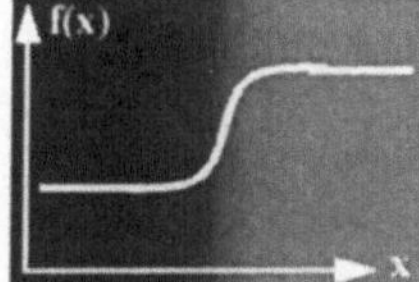

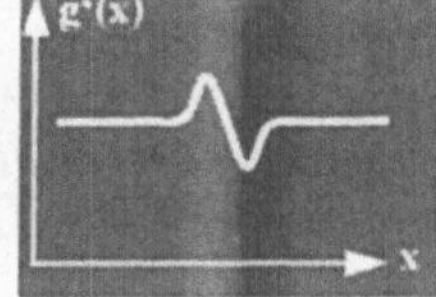

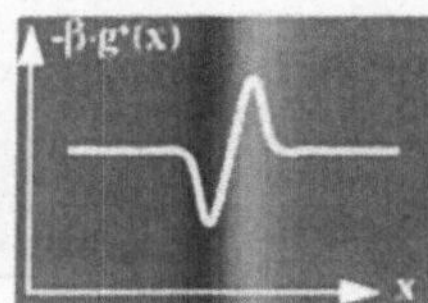

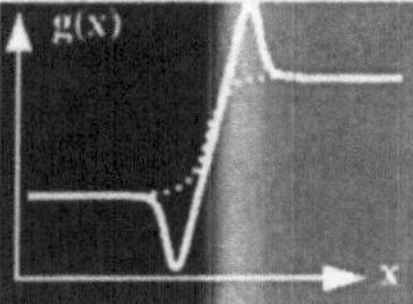

Bild 2. Prinzip der Kontrastverstärkung nach *Neycenssac* [2]

In diesem Verfahren ist nach *Neycenssac* [2] der Grad der Kontrastverstärkung proportional zur Größe des Faktors β.
Zur Realisierung einer adaptiven Kontrastverstärkung wird das Verfahren modifiziert, indem der Kontrastfaktor β an den Bildinhalt angepasst wird. Zur Erzeugung einer Wichtungsfunktion für β wird auf das Originalbild der Sobel-Operator angewendet und auf das entstandene Gradientenbild eine Tiefpassfilterung durchgeführt.
Durch Anwendung des Sobel-Operator wird die Qualität der Bildbereiche bestimmt. Die Tiefpaßfilterung schafft einen kontinuierlichen Übergang zwischen den Bereichen. In kontrastreichen Bereichen, in denen große Intensitätsunterschiede zwischen den Objekten und ihrer Umgebung bestehen, detektiert der Kantenoperator stark ausgeprägte Kanten, was hohen Werten im tiefpassgefilterten Gradientenbild entspricht. In diesen Bereichen muss β kleine Werte annehmen, um den Kontrast zu erhalten. In kontrastarmen Bereichen nimmt das tiefpassgefilterte Gradientenbild niedrige Werte an, da die Intensitätsunterschiede zwischen den Objekten und ihrer Umgebung gering sind. Hier muss β hohe Werte annehmen, um den Kontrast zu verstärken.
Für die Problemstellung wurde für β folgende Beziehung experimentell ermittelt:

$$\beta = 200 - 40 \cdot \ln[f_{\mathrm{Sob,TP}}(x,y)] \tag{4}$$

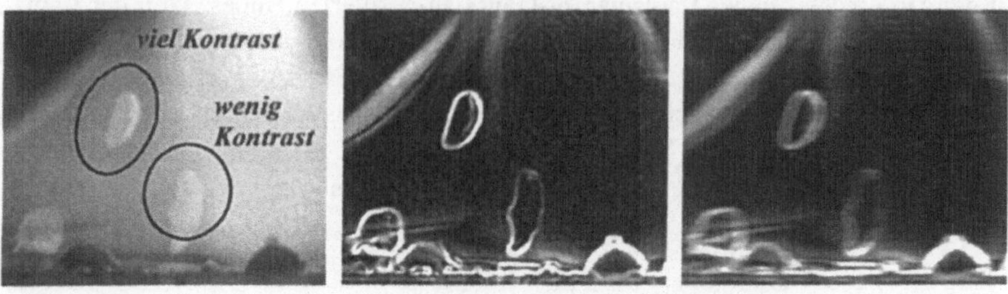

Bild 3. Originalbild, Gradientenbild und tiefpassgefiltertes Gradientenbild

Bild 4 zeigt den Ablauf des Verfahrens. Zuerst werden die Koeffizienten des LoG-Operators berechnet und die Faltung des Originalbildes $f(x,y)$ mit dem LoG-Filter vorgenommen. Auf das Originalbild $f(x,y)$ wird der Sobel-Operator angewendet. Das Ergebnis ist das Gradientenbild $f_{Sob}(x,y)$. Aus dem Gradientenbild wird durch eine Tiefpaßfilterung die Wichtungsfunktion $f_{Sob,TP}(x,y)$ für den Kontrastfaktor β bestimmt.

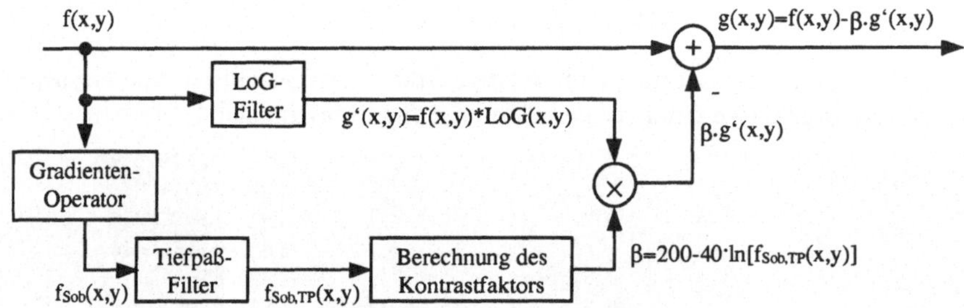

Bild 4. Ablauf des adaptiven Kontrastverstärkungsverfahrens

Das Ergebnisbild $g'(x,y)$ der LoG-Filterung wird pixelweise mit dem gewichteten Kontrastfaktor β multipliziert und vom Originalbild $f(x,y)$ subtrahiert. Ein Beispiel für die Vorverarbeitung mit gleichmäßigen Kontrast in allen Bildbereichen zeigt Bild 5.

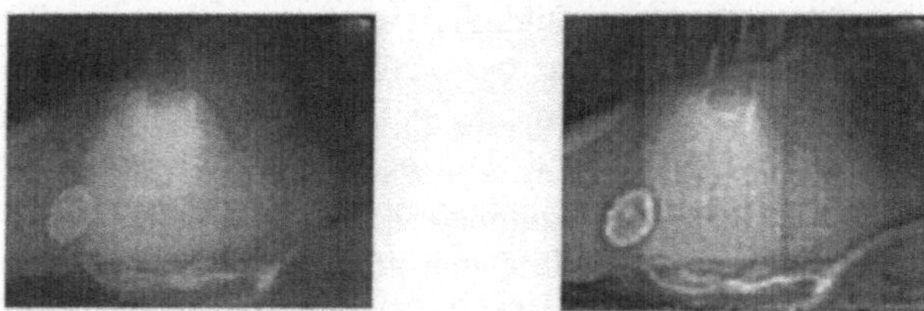

Bild 5. Originalbild und Ergebnis der adaptiven Kontrastverstärkung

2.1.2 Kompensation örtlich variierender Beleuchtungseinflüsse

Der Lichtbogen verursacht eine örtlich variierende Ausleuchtung der Szene. Zusätzlich entstehen auf dem Tropfen Reflexionen. Eine Segmentierung mit einer festen Grauwertschwelle ist ohne die Kompensation der örtlich variierenden Beleuchtungseinflüsse nicht möglich.

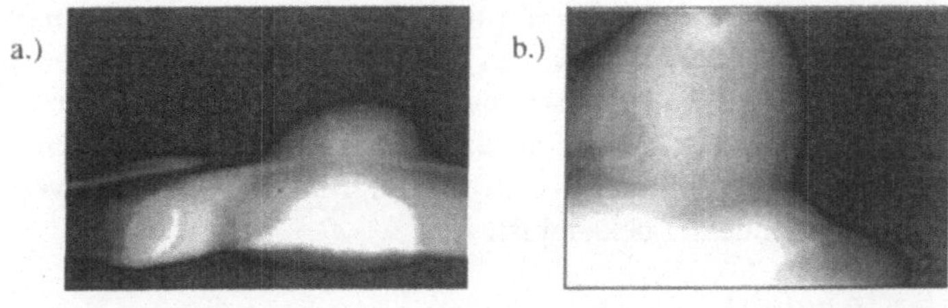

Bild 6. (a) Tropfen mit **Reflexionen** (b) ungleichmäßig ausgeleuchteter Tropfen

Da es sich bei der HDRC-Kamera um ein Bildaufnahmesystem mit logarithmischer Kennlinie handelt, wird eine Korrektur von additiven Inhomogenitäten vorgenommen. Dazu wird ein Referenzbild, in dem nur die Beleuchtungskomponente enthalten ist, vom Ergebnisbild der Kontrastverstärkung subtrahiert, so dass im Ergebnisbild der Hintergrundkompensation nur die Kontraste mit den interessierenden Bildinformationen erhalten bleiben. Das Referenzbild wird durch Tiefpassfilterung des Originalbildes erzeugt, wodurch feine Bilddetails unterdrückt werden, so dass das Referenzbild nur noch die hellen und dunklen Bereiche enthält.

2.2 Segmentierung

Aufgrund der variierenden Bildinhalte ist eine bereichsorientierte Segmentierung mit einer konstanten Grauwertschwelle nicht sinnvoll. Es muss für jedes Bild automatisch eine optimale Schwelle ermittelt werden. Bedingt durch die Hintergrundkompensation weisen alle Bilder nach der Vorverarbeitung etwa die gleiche unimodale Histogrammverteilung auf, weshalb die Schwelle an der Flanke des Histogramms liegen muß. Ein Verfahren für die Berechnung einer optimalen Schwelle für unimodale Histogramme ist das *Anisotropie-Koeffizienten*-Verfahren von *Pun* [3]. Es berücksichtigt die geometrische Form des Histogramms und ist daher besonders geeignet für Bilder, in denen die relevanten Informationen in den Konturen enthalten sind.

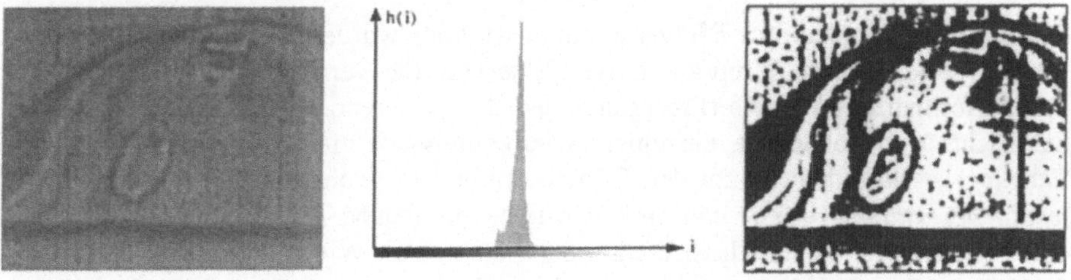

Bild 7. (a) Typisches Bild nach der Vorverarbeitung (b) zugehöriges Histogramm (c) Bild nach der Segmentierung mit dem *Anisotropie-Koeffizienten*-Verfahren nach *Pun* [3]

2.3 Merkmalsextraktion

Die Detektion der Bildobjekte und die Berechnung der geometrischen Objektmerkmale werden entsprechend der Vorgaben mit der Library *CVC Blob* [4] durchgeführt.

Die Library verwendet für die Detektion und Berechnung der Objektmerkmale die sogenannte *Lauflängencodierung* bzw. den *Run Length Code*. Berechnet werden die geometrischen Merkmale *Objektfläche, -umfang, -breite* und *-höhe*. Für die Berechnung der Objektmerkmale ist der Bildmaßstab erforderlich. Als Referenzobjekt zur automatischen Maßstabsbestimmung wird die im Bild sichtbare Schweißelektrode verwendet, deren Durchmesser bekannt ist.

2.4 Klassifikation

Ziel der Klassifikation ist, dass sowohl der bzw. die Tropfen als auch eventuell auftretende Spritzer als solche erkannt werden sollen. Zusätzlich sind in den segmentierten Bildern unbekannte Objekte enthalten, wie z.B. durch Störungen hervorgerufene Fragmente. Die Aufgabe der Klassifikation ist, aus der Menge aller im Bild enthaltenen Objekte die bekannten Objekte „Tropfen" und „Spritzer" zu identifizieren. Objekte, die den Bildrand berühren oder eine bestimmte Größe über- bzw. unterschreiten, werden nicht berücksichtigt. Die Klassifikation erfolgt sowohl mit dem festdimensionierten als auch mit dem lernenden überwachten *Maximum-Likelihood-Klassifikator*, der z.B. in [5] beschrieben ist. Dieses Verfahren beschreibt die Objektklassen im Merkmalsraum durch Verteilungsfunktionen, die aus Stichproben ermittelt werden. Die Zuweisung eines Bildobjektes zu einer Objektklasse erfolgt nach dem Kriterium der maximalen Wahrscheinlichkeit anhand vorher festgelegter Merkmale. Im beschriebenen Anwendungsfall wurden die Merkmale *Objektfläche* und *-umfang* verwendet. Das Verfahren wurde so implementiert, dass eine Modifikation und Erweiterung der Klassifikation (z.B. Aufteilung von „Tropfen" in „Runder Tropfen", „Länglicher Tropfen", usw.) durch eine einfache Veränderung einer Konfigurationsdatei und ohne eine Veränderung des Implementationcodes möglich ist.

3 Ergebnis, Bewertung und Schlußfolgerung

Die Leistungsfähigkeit des Bildverarbeitungssystems wurde anhand von 100 Bildern getestet. Bild 8 zeigt 3 repräsentative Bilder für die verschiedenen Tropfen- und Spritzerformen des Werkstoffübergangs und die variierenden Helligkeitsverhältnisse der Lichtbögen sowie die einzelnen Verarbeitungsschritte der visuellen Analyse. Tabelle 1 stellt zudem die zu den Bildern ermittelten geometrischen Merkmale *Objektfläche, -umfang, -breite* und *-höhe* sowie die mit den Merkmalen *Objektfläche* und *-umfang* vorgenommene Klassifikation der Objekte dar. Wie zu erkennen ist, können durch das Bildverarbeitungssystem sowohl Bilder mit hohem als auch Bilder mit nur sehr geringem Kontrast einwandfrei analysiert werden.
Durch das Bildverarbeitungssystem konnten 70% der Objekte in den Testbildern korrekt klassifiziert werden. Bei den verbleibenden Bildern wurden die Objekte zwar einwandfrei detektiert, aber nicht korrekt klassifiziert. Aufgrund Störungen durch den Schweißprozess waren die Abweichungen der Tropfengeometrie (z.B. bei extrem länglichen Tropfen) so groß, dass eine Zuordnung zu den vorgegebenen Objektklassen nicht mehr möglich war. Für eine Erhöhung der Klassifikationsrate wird im weiteren Projektverlauf die Objektklasse *Tropfen* in mehrere Klassen (*länglicher Tropfen*

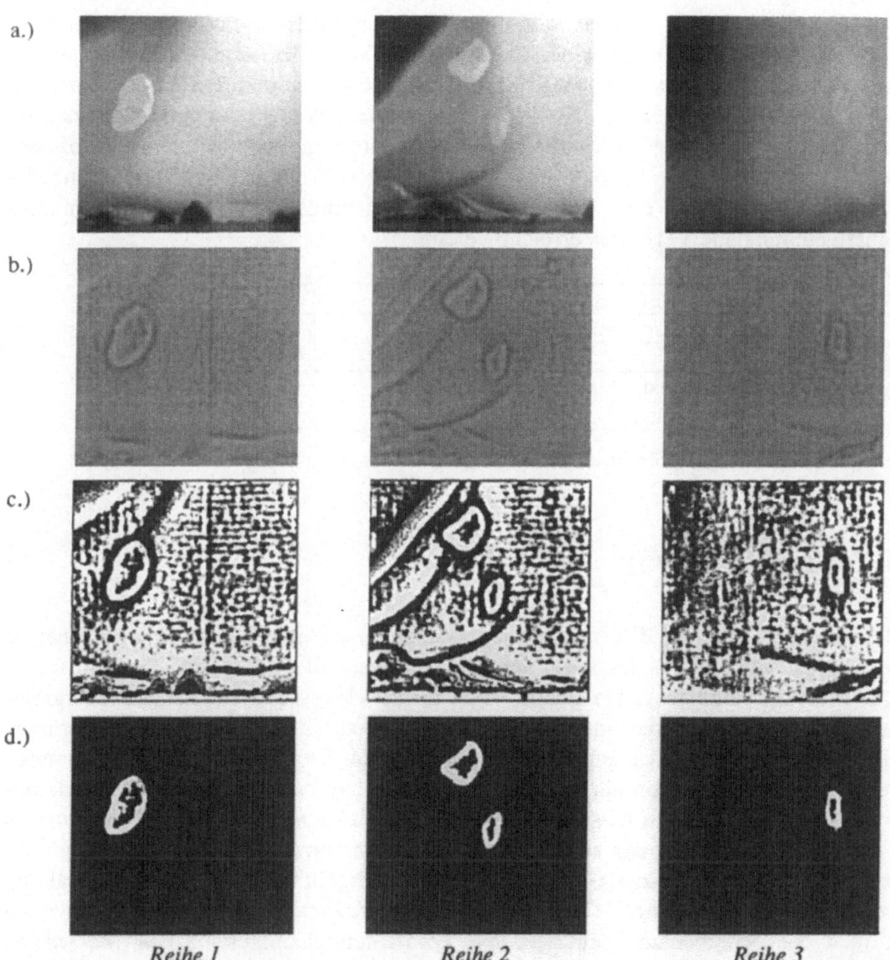

Bild 8. Bildbeispiele zur Demonstration der visuellen Analyse: a.) Originalbilder b.) Bilder nach der Vorverarbeitung c.) Bilder nach der Segmentierung mit der automatisch bestimmten Grauwertschwelle d.) Ergebnisbilder mit dem detektierten, vermessenen und klassifizierten Objekt

	Reihe 1	**Reihe 2**	**Reihe 2**	**Reihe 3**
Objektklasse	Tropfen	Tropfen	Spritzer	Spritzer
Fläche [mm^2]	2,30	1,62	0,73	0,70
Umfang [mm]	6,02	5,05	3,47	3,75
Breite [mm]	1,52	1,56	0,76	0,64
Höhe [mm]	2,16	1,64	1,36	1,48

Tabelle 1. Ergebnisse der Vermessung und Klassifikation der Beispiele aus Bild 8

Tropfen, kleiner runder Tropfen, großer runder Tropfen, usw.) unterteilt.

Zur Vervollständigung der Bewertung des Bildverarbeitungssystems sind in Tabelle 2 die Rechenzeiten für die einzelnen Schritte des Bildverarbeitungssystems dargestellt. Alle Zeiten beziehen sich auf ein Bild mit 256x256 Pixeln und wurden auf einen PC mit einem Pentium III 500 Prozessor berechnet. Diese Werte zeigen, dass die Zeit für die Bildvorverarbeitung im Hinblick auf eine spätere Regelung des Schweißprozesses noch verringert werden muß. Diese Verringerung soll durch eine Optimierung des Implementationscodes, eine Verwendung eines leistungsfähigeren PCs und gegebenenfalls durch neue Verfahren erreicht werden.

Stufen der Bildverarbeitung	Zeit in ms
Bildvorverarbeitung	140
Segmentierung	
Merkmalsextraktion	16
Klassifikation	

Tabelle 2. Rechenzeiten für die einzelnen Schritte der visuellen Analyse

4 Zusammenfassung

Beschrieben wurde ein Bildverarbeitungssystem zur automatischen visuellen Analyse des Werkstoffübergangs des MSG-Schweißprozesses mit einer HDRC-Kamera.

Das Bildverarbeitungssystem gliedert sich in die klassischen Bereiche Vorverarbeitung, Segmentierung, Merkmalsextraktion und Klassifikation. Aufgrund der geringen Grauwertübergänge zwischen den Tropfen und dem Lichtbogen kam der Vorverarbeitung eine große Bedeutung zu. Verwendet wird hier neben einer Hintergrundkompensation das Verfahren *Contrast Enhancement Using the Laplacian-of-a-Gaussian Filter* von *Neycenssac*, das an die Bilder angepasst wurde. Die Segmentierung wird bereichsorientiert mit einer Grauwertschwelle durchgeführt. Die Merkmalsextraktion verwendet den *Run Length Code*. Mit Hilfe des *Maximum-Likelihood-Klassifikators* werden die berechneten Merkmale mit ermittelten charakteristischen Merkmalen verglichen und so die Objekte vorgegebenen Objektklassen („Tropfen", „Spritzer" oder „Unbekannt") zugeordnet.

Literaturverzeichnis

[1] Nordbruch, S., Gräser, A.: *On-Line Beobachtung des MSG-Werkstoffübergangs ohne zusätzliches Beleuchtungssystem*, DFMRS Jahrestagung 1999, 11.-12. November 1999, Bremen, S. 41-53.

[2] Neycenssac, F.: *Contrast Enhancement Using the Laplacian-of-a-Gaussian-Filter*, Computer Vision, Graphics, and Image Processing, Band 55, S. 447-463, 1993.

[3] Pun, T.: *Entropic thresholding: a new approach*, Computer Graphics and Image Processing, Band 16, S. 210-239, 1981.

[4] Stemmer Imaging GmbH: *CVC Blob DLL – Version 1.0*, 1998.

[5] Haberäcker, P.: *Praxis der digitalen Bildverarbeitung und Mustererkennung*, Carl Hanser Verlag, München, Wien, 1995.

Symmetriedetektion -
eine robuste, signalbasierte Methode

Torsten Baumbach, Klaus Voss

Friedrich-Schiller-Universität Jena
Fakultät für Mathematik und Informatik
Lehrstuhl für Digitale Bildverarbeitung
07740 Jena
http://pandora.inf.uni-jena.de

0 Motivation und Einordnung

Als Symmetrie bezeichnet man Selbstkongruenz oder Selbstähnlichkeit eines Objektes unter einer Klasse von Transformationen. Häufig werden dabei die drei linearen Transformationen (Rotation, Verschiebung und Spiegelung) in der euklidischen Ebene angenommen. Übliche euklidische Symmetrien sind die Rotationssymmetrie n-ter Ordnung, die Spiegelsymmetrie, Zentral-, Radial- und Verschiebungssymmetrie.

Symmetrie kommt in fast allen Bereichen unseres Lebens und in der Wissenschaft vor. Damit ist Symmetriedetektion (Bestimmung von Typ und Parametern) ein wichtiges Instrument für die Objekterkennung. Symmetrieeigenschaften werden benötigt für Merkmalsberechnungen, Bildverbesserungen, Datenreduktion, effektivere Objektbeschreibungen und Qualitätskontrolle. In fast allen Bereichen der digitalen Bildverarbeitung wird Symmetrie jedoch als analoges Merkmal und nicht nur als binäre Entscheidung (vorhanden/nicht vorhanden) benötigt. Des weiteren dürfen typische Störungen, wie Pixelrauschen, Digitalisierungs- und Quantisierungseffekte die Erkennung einer Symmetrie nicht wesentlich beeinflussen. Oftmals wird zusätzlich gefordert, ein Objekt auch dann als symmetrisch zu erkennen, wenn es im Bild nur teilweise sichtbar ist, beispielsweise durch partielle Verdeckungen. Probleme in der automatischen Symmetriedetektion entstehen zusätzlich durch das Fehlen exakter Symmetrien (kein Gesicht ist exakt symmetrisch!). Teilweise sind Symmetrien auch nur statistischer Natur (Texturen). Aus diesen Überlegungen wird ersichtlich, daß mathematische Definitionen nicht unverändert in die Praxis der Bildanalyse übernommen werden können.

Existierende Verfahren lassen sich unterteilen in:

- *signalbasierte Verfahren*
  Es erfolgt eine Suche nach Symmetrien direkt in den Bildsignalen.
- *low-level-merkmalsbasierte Verfahren*
  Zur Symmetriedetektion werden extrahierte Bildmerkmale
  (z.B. Referenzpunkte) verwendet.
- *high-level-merkmalsbasierte Verfahren*
  Die Symmetrieanalyse verwendet die segmentierten Objekte, Konturen oder Punktmengen.

Ebenso ist eine Unterteilung nach den Ergebnissen möglich:

- Bestimmung der *Parameter einer Symmetrie* (z.B. Lage und Richtung der Symmetrieachse)
- Bestimmung des *Typs einer Symmetrie*
- Berechnung eines *Symmetriemaßes* (Stärke der Symmetrie)

Bezüglich dieser Übersicht reiht sich die vorliegende Arbeit in die signalbasierte Parameterbestimmung ein, das heißt, ohne Objekte aus dem Bild extrahieren zu müssen werden die Symmetrieparameter eventuell vorhandener symmetrischer Bildteile gefunden.

Ein praxisrelevantes und häufig eingesetztes Verfahren zur Detektion von (Spiegel-)Symmetrien ist die Verwendung von Gradientenrichtungs-Histogrammen (z.B. beschrieben in [Su97]). Damit kann eine 2D-Spiegelsymmetrie auf eine leichter zu detektierende 1D-Spiegelsymmetrie reduziert werden. Schon hier wird jedoch ein Problem vieler signal- und low-level-merkmalsbasierter Methoden deutlich: Im allgemeinen dürfen nicht mehrere Objekte gleichzeitig im Bild vorliegen und die symmetrischen Strukturen müssen zudem dominant aus dem Bildhintergrund hervortreten. Um ein gewisses Maß an Robustheit zu erreichen, sind relevante Algorithmen darum häufig sehr rechenaufwendig, speziell auf eine konkrete Aufgabenstellung zugeschnitten oder benötigen schon extrahierte Objekte. Deswegen sind wesentlich mehr Detektionsverfahren im Bereich der high-level-Analysen angesiedelt. Mit diesen läßt sich die vorliegende Arbeit aufgrund der unterschiedlichen Ausgangsbedingungen jedoch nicht vergleichen. Stellvertretend für umfangreiche Arbeiten zur Symmetriedetektion seien [Ch95], [Du94], [Sa93], [Ka96], [Ve92, [He89] und [Da98] genannt..

Da sich die Symmetrieeigenschaft auch über Verschiebungsinvarianzen definieren läßt, wird die Lagebestimmung der Symmetrieachsen/-punkte im folgenden auf ein Verschiebungsproblem reduziert. Ein ähnlicher Ansatz ist schon bei Masuda [Ma93] zu finden. Masudas Arbeit ist jedoch auf Radialsymmetrien, bei denen nur der Ort des Symmetriezentrums bestimmt werden muß, beschränkt und er verwendet ein weniger robustes Matchingverfahren. Gerade bei signalorientierter Symmetriedetektion kommt es aber auf die Robustheit des Matchings an, da das Bild nur partiell symmetrisch ist und sämtliche anderen Bildteile als zusätzliche Störung zu werten sind. Hierfür soll eine neue Methode eingesetzt werden, die speziell für die Verschiebungsdetektion innerhalb von Bildpaaren entwickelt wurde (nachzulesen u.a. in [Vo98], [Vo99a], [Vo99b], [Sü99], [Ba99]). Diese hat sich als äußerst robust gegenüber vielfältigen Störungen herausgestellt und wird somit zu einer robusten Symmetriedetektion führen. Aus dem verwendeten Modell der Verschiebung kann außerdem ein statistisches Symmetriemodell abgeleitet werden, was zu einer direkten Parameterschätzung führt.

1 Grundlagen - SDR (Shift Detection by Restoration)

Hier soll kurz die SDR-Methode erläutert werden, auf der die Symmetriedetektion aufbaut. SDR beruht auf dem Modell einer zyklischen Verschiebung, in das zusätzlich vielfältige Grauwertstörungen durch einen additiven Störungsterm integriert wurden:

$$I' = I * S_{u,v}\delta + N \tag{1}$$

I und I' seien die zu matchenden Bilder, $S_{u,v}$ ist der Verschiebungsoperator für die ganzzahlige Verschiebung *(u,v)*, δ sei das Bild des Einheitsimpulses und * der Faltungsoperator. Damit ist jede zyklische Verschiebung auf die Faltung mit dem verschobenen Einheitsimpuls zurückgeführt. Mit den bekannten Bildrestaurationstechniken der *Restauration unter Zwang* oder der *Wiener Theorie* ergibt sich mit Rücktransformation die Schätzung G von $S_d\delta$ aus

$$\alpha_{k,l}(G) = \frac{\alpha_{k,l}{}^*(I)\cdot\alpha_{k,l}(I')}{|\alpha_{k,l}(I)|^2 + \beta} \ . \tag{2}$$

Die Lösung erfolgt aus Effektivitätsgründen im Fourierraum ($\alpha_{k,l}$ seien die Fourierkoeffizienten und $\alpha_{k,l}{}^*$ deren komplexe Konjugation). In Gleichung (2) bedeutet β einen geeignet zu wählenden Regularisierungsparameter, dessen Wahl sich jedoch als unkritisch herausgestellt hat.

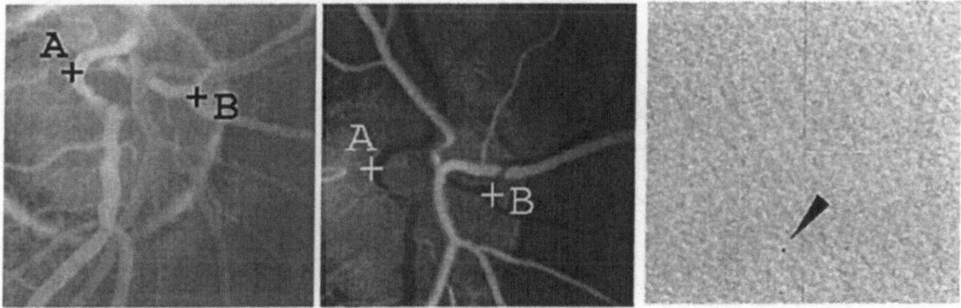

Fig. 1. Zwei Aufnahmen eines sich verändernden Augenhintergrundes und der restaurierte Einheitsimpuls. Die Verschiebung entspricht dem Vektor vom Bildzentrum zum Ort des Peaks. Die Referenzpunkte dienen nur zur Veranschaulichung.

2 Aufgabe und Lösung

Eine Spiegelung M_d an einer beliebigen zur y-Achse parallelen Geraden x=*d* läßt sich zusammensetzen aus einer Spiegelung M_0 an der y-Achse und einer Verschiebung:

$$\mathbf{M_d} = \mathbf{M_0}\cdot\mathbf{S_{2d}} = \begin{pmatrix} -1 & 0 & 0 \\ 0 & 1 & 0 \\ 0 & 0 & 1 \end{pmatrix} \cdot \begin{pmatrix} 1 & 0 & 2d \\ 0 & 1 & 0 \\ 0 & 0 & 1 \end{pmatrix} = \begin{pmatrix} -1 & 0 & 2d \\ 0 & 1 & 0 \\ 0 & 0 & 1 \end{pmatrix} \tag{3}$$

Für ein x-symmetrisches Objekt F mit der Symmetrieachse $x=d$ gilt $M_dF=F$ bzw. $M_0F=S_{-2d}F$. Das Objekt F und sein an der y-Achse gespiegeltes Duplikat lassen sich somit durch eine Verschiebung wieder ineinander überführen. Diese unbekannte Verschiebung kann mit SDR bestimmt werden (Abbildung 2). Aus dem mit (2) rekonstruierten Bild wird dann mit geeigneten Methoden die Position des Peaks bestimmt. Die damit detektierte Verschiebung $(k,0)$ zwischen Original und der gespiegelten Kopie legt durch den Zusammenhang $d=-k/2$ eindeutig die Lage der Symmetrieachse fest.

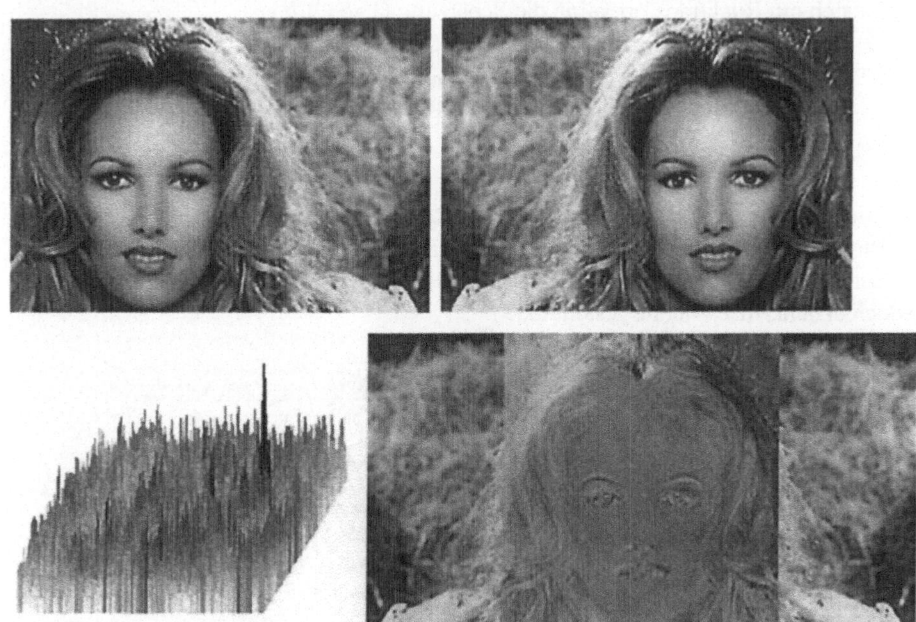

Fig. 2. Ein spiegelsymmetrisches Objekt, das an der zentralen y-Achse gespiegelte Duplikat, der mit SDR rekonstruierte verschobene δ-Impuls und die Grauwertdifferenzen im Überlappungsbereich nach der Verschiebung

Im Normalfall muß dafür die Richtung der Symmetrieachse bekannt sein. Neben der Verwendung der schon erwähnten Gradientenrichtungs-Histogramme kann auch für die direkte Detektion der Richtung wieder die SDR-Methode eingesetzt werden.

Die Amplitudenspektren von 2D-Signalen sind invariant bezüglich Translationen und equivariant bezüglich Rotationen. Der vom symmetrischen Objekt stammende Anteil in den Amplitudenspektren von Original und gespiegeltem Abbild läßt sich deshalb durch Drehung in sich selbst überführen. Durch eine Polardarstellung der Spektren (ähnlich Fourier-Mellin-Transformation) ist die Suche nach dem Rotationswinkel wieder auf ein Verschiebungsproblem reduziert (Abbildung 3). Da auch die Amplitudenspektren eine zusätzliche Symmetrie in Richtung der Symmetrieachse des Objektes im Bildraum aufweisen, ist mit der Verschiebung auch die Richtung der Symmetrieachse festgelegt.

Für die Erkennung eines radial- oder kreissymmetrischen Objektes F (bezüglich des Symmetriezentrums (u,v)) führen ähnliche Überlegungen zum Ziel. Wenn $\mathbf{R}_{x,y}$ den Operator für eine 180°-Rotation um den Punkt (x,y) darstellt, so gilt, $\mathbf{R}_{u,v}=\mathbf{R}_{0,0}\mathbf{S}_{-2u,-2v}$ und da F bezüglich dieser Rotation invariant ist, gilt außerdem $\mathbf{R}_{0,0}F=\mathbf{S}_{2u,2v}F$. Nach einer Rotation des Bildes um einen beliebigen Punkt muß demzufolge nur noch eine Verschiebung bestimmt werden, aus der sich die Lage des Symmetriezentrums ableiten läßt.

Ähnliche Überlegungen ergeben sich für alle weiteren Symmetrietypen.

Fig. 3.a Ausgangsbilder mit einem schrägliegenden spiegelsymmetrischen Objekt und die zugehörigen Amplitudenspektren

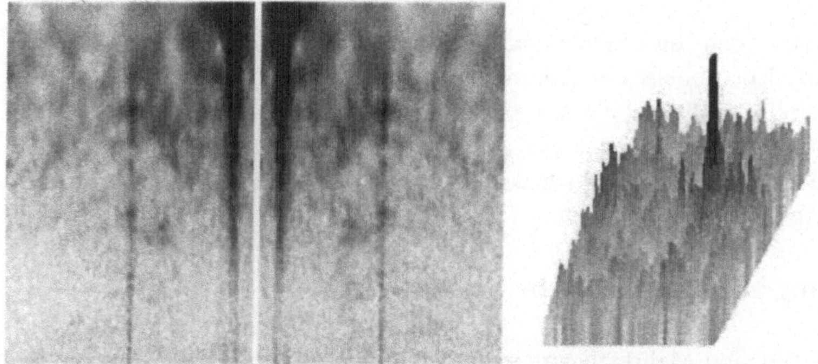

Fig. 3.b Die beiden Polar-Darstellungen der Amplitudenspektren aus Abbildung 3.a und der daraus rekonstruierte δ-Impuls, aus dem der Rotationswinkel bestimmt werden kann. Damit kann die Symmetrieachse senkrecht ausgerichtet werden.

Mehrfache Symmetrien führen in den SDR-Outputs zu überlagerten, verschobenen Einheitsimpulsen. Erweiterungen bezüglich hierarchischen Symmetrien ist der Abschnitt 3 gewidmet.

Zur Optimierung der Symmetriedetektion kann auch das Modell der SDR-Methode (Gleichung 1) an diesen speziellen Fall angepaßt werden. Dadurch ist der Verzicht auf die Erstellung eines gespiegelten Duplikates möglich und die Verschiebung kann direkt aus dem Originalbild bestimmt werden. Außer der in (3) dargestellten Zerlegung läßt sich eine Spiegelung an einer zur y-Achse parallelen

Symmetrieachse auch darstellen als Hintereinanderausführung von einer Verschiebung der Symmetrieachse auf die y-Achse, einer Spiegelung und einer Rückverschiebung:

$$\mathbf{M}_d = \mathbf{S}_d \cdot \mathbf{M}_0 \cdot \mathbf{S}_{-d} = \begin{pmatrix} 1 & 0 & d \\ 0 & 1 & 0 \\ 0 & 0 & 1 \end{pmatrix} \cdot \begin{pmatrix} -1 & 0 & 0 \\ 0 & 1 & 0 \\ 0 & 0 & 1 \end{pmatrix} \cdot \begin{pmatrix} 1 & 0 & -d \\ 0 & 1 & 0 \\ 0 & 0 & 1 \end{pmatrix} = \begin{pmatrix} -1 & 0 & 2d \\ 0 & 1 & 0 \\ 0 & 0 & 1 \end{pmatrix}$$

Da ein x-symmetrisches Objekt invariant bezüglich dieser Transformation ist, kann (in Analogie zu 1) folgendes Modell aufgestellt werden:

$$I = (I * S_{-u,0}\delta)^S * S_{u,0}\delta + N$$

$$= I^S * S_{2u,0}\delta + N \tag{4}$$

und daraus ergibt sich mit *Restauration unter Zwang* die neue Gleichung zu

$$\alpha_{k,l}(G) = \frac{\alpha_{k,l}(I) \cdot \alpha_{-k,l}(I)}{|\alpha_{-k,l}(I)|^2 + \beta} . \tag{5}$$

Analog lassen sich die SDR-Gleichungen für Spiegelung an der x-Achse beziehungsweise Rotation um den Koordinatenursprung herleiten.

Zu beachten ist, daß die hiermit bestimmte Verschiebung nicht die gleiche Verschiebung ist, die mit der aus (3) abgeleiteten Lösung detektiert wird. Beide Verschiebungen verhalten sich jedoch wie 1:2, womit die Lage der Symmetrieachse ebenso eindeutig bestimmt ist.

3 Erweiterung auf hierarchische Symmetrien

Im allgemeinen sind Mehrfachsymmetrien eines Bildes durch das Auftreten von akkumulierten, verschobenen Einheitsimpulsen gekennzeichnet. Insbesondere bei hierarchischen Symmetrien unterscheiden sich die Höhen (und damit die Detektierbarkeit) der einzelnen Peaks sehr stark, so daß häufig nur die Hauptsymmetrie bestimmt werden kann. Ein Ausweg ist die Detektion lokaler Symmetrien. Die Akkumulation der lokal gewonnenen Symmetrieparameter mit einer durch eine Peakbewertung bestimmten Wichtung führt zu Häufungspunkten im Parameterraum, aus denen dann die wahre Lage der Parameter bestimmt werden kann. Das sei in den Abbildungen (4a/b/c) an dem einfachen Beispiel hierarchischer Spiegelsymmetrien demonstriert, bei denen alle Symmetrieachsen die gleiche Richtung aufweisen. Der eindimensionale Parameterraum ist die Menge der x-Koordinaten aller möglichen Symmetrie-Achsen.

Welche Symmetrien dabei gefunden werden, hängt maßgeblich von der verwendeten Blockgröße ab. Bilden diese lokalen Symmetrien selbst wieder eine symmetrische Struktur, so kann diese durch Symmetriedetektion im Parameterraum gefunden werden. Die Fortsetzung dieses Verfahrens zur Symmetriedetektion in weiteren Hierarchieebenen ist theoretisch unbegrenzt, stößt aber je nach Störungen und Objektgröße nach einer gewissen Anzahl von Schritten an praktische Grenzen.

Für weitergehende Analysen sei an dieser Stelle auf die bekannten Skalenraum-Techniken ([Wi83]) und rekursive Bildaufteilung verwiesen.

Fig. 4.a Die lokale Restauration eines Einheitsimpulses für eine kleine Umgebung aus dem Originalbild in Abbildung 2

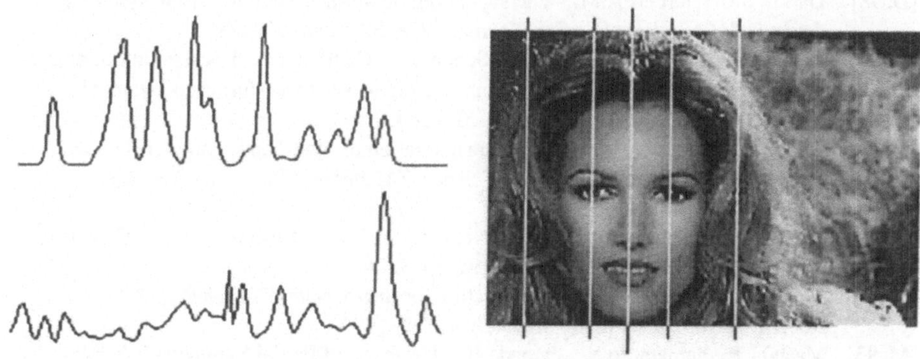

Fig. 4.b Links oben: Die gewichtete Akkumulation aller lokal detektierten x-Koordinaten. Die daraus resultierenden Symmetrieachsen sind in der rechten Abbildung gekennzeichnet. Links unten: 1D-SDR-Ergebnis der Symmetriedetektion im oberen Histogramm. Die aus dem Ort des Peaks resultierende Symmetrieachse entspricht der mittleren Linie in der rechten Abbildung.

4 Ergebnisse und Ausblick

Mit dem vorgestellten Verfahren können Symmetrien ohne Vorverarbeitung der Bilder und ohne vorherige Bildsegmentierung oder Merkmalsextraktion sicher detektiert werden. In sämtlichen Beispielen wurde bewußt auf die sonst üblichen Fensterfunktionen und Bandpaßfilter verzichtet und es wurde direkt mit den originalen Grauwerten gerechnet. Im Mittel reichte eine Objektgröße von 10% der

Gesamtbildfläche aus, um die Symmetrieparameter sicher zu detektieren. Die Wahl des Regularisierungsparameters ist dabei unkritisch. Im Fall hierarchischer Symmetrien konnte bis zur zweiten Hierarchieebene ohne Einschränkungen gearbeitet werden.

Es sei explizit darauf hingewiesen, daß mit dem beschriebenen Verfahren die Symmetrieparameter detektiert werden, jedoch keine Bildsegmentierung erfolgt, das heißt die zum symmetrischen Objekt gehörende Bildregion ist danach weiterhin unbestimmt. Ausgehend vom gefundenen Ort der Symmetrieachse/-punkte kann jedoch eine schnellere Objektdetektion erfolgen. Da dafür trotzdem häufig zusätzliches A-priori-Wissen notwendig ist, soll dieses Thema hier unbehandelt bleiben. Weitergehende Betrachtungen dazu können in [La91] gefunden werden.

5 Literatur

[Ba99]   Baumbach T., Ortmann W., "Shift Detection by Restoration - a new signal based method for Point Pattern Matching", *Proc. 10th ICIAP, Venedig 1999, pp. 310-315*

[Ch95]   Chetverikov D., "Pattern Orientation and Texture Symmetry", *Computer Analysis of Images and Patterns, Lecture Notes in Computer Science vol.970, Springer Verlag 1995, pp. 222-229*

[Da98]   Darkin S.C., Herbert A.M., "The spatial region of integration for visual symmetry detection", *Proc. Royal Society London 1998, B265, pp. 659-664*

[Du94]   Ducottet C., Daniere J., Moine M., Schon J.P., Courbon M., "Localization of objects with circular symmetry in a noisy image using wavelet transforms and adapted correlation", *PR(27) Vol.3 1994, pp. 351-364.*

[He89]   Hel-Or Y., Peleg S., Avnir D., "Characterization of right-handed and left-handed objects", *Department of Computer Science, The Hebrew University Jerusalem, Technical Report 89-4, 1989*

[Ka96]   Kalinke Th., Seelen W., "A Neural Network for Symmetry-Based Object Detection and Tracking", *Mustererkennung 1996, pp. 37-44*

[La91]   Laird A., Miller J., "Symmetry Detection for Segmentation", *Technical Report No. RR-91-56, University of Strathclyde, UK, 1991.*

[Ma93]   Masuda T., Yamamoto K., Yamada H., "Detection of Partial Symmetry", *PR(26), 1993, pp. 1245-1253*

[Sa93]   Saint-Marc P., Rom H., Medioni G., "B-Spline Contour Representation And Symmetry Detection", *PAMI(15), 1993, pp. 1191-1197*

[Su97]   Sun C., "Fast recovery of rotational symmetry parameters using gradient orientation", *SPIE Journal of Optical Engineering 1997; Vol 36 No 4 pp. 1073-1077*

[Sü99]   Süße H., Voss K., Ortmann W., Baumbach T., "Shift Detection by Restoration", *Proc. CAIP, Ljubljana 1999, pp. 33-40, Springer 1999*

[Ve92]   Verbeek P.W., Vliet L.J., "Line and edge detection by symmetry filters", *Proc .11th IAPR Int. Conf. on Pattern Recognition 1992, V III, pp. 749- 753*

[Vo98]   Voss K., Ortmann W., Süße H., "Bildmatching und Bewegungskompensation bei Fundus-Bildern", *Proc. 20. DAGM, Stuttgart 1998, pp 439-446*

[Vo99a]   Voss K., Süße H., Ortmann W., Baumbach T., "Shift Detection by Restoration", *PR(32), 1999, pp. 2067-2068*

[Vo99b]   Voss K., Ortmann W., Süße H., "Apareamiento afín de parejas de imágenes", *Proc. IV SIARP99, Habana/Cuba März 1999, pp.35-44*

[Wi83]   Witkin A., "Scale space filtering", *Proc. Intl. Joint Conference on Artificial Intelligence, Karlsruhe, 1983*

Text Localization and Text Segmentation in Images, Videos and Web Pages

Axel Wernicke and Rainer Lienhart

Microprocessor Research Lab, Intel Corporation
2200 Mission College Blvd.
Santa Clara, CA 95052-8119, USA

Axel.Wernicke@gmx.de
Rainer.Lienhart@intel.com

Abstract

Multimedia data is the fastest growing media type in many areas and especially on the Internet. The text in videos is one powerful high-level index for retrieval. Efficient indexing and retrieval of digital video is an important aspect of multimedia databases. Detecting, extracting and recognizing text can build such an index. Segmenting and recognizing text in the non-text parts of web pages is also a very important issue. More and more web pages present text in images. Existing text segmentation and text recognition algorithms cannot extract the text. Thus, all existing search engines cannot index the content of image-rich web pages properly!A new, robust, and true multi-resolution approach to localizing and segmenting text in videos and images is proposed in this paper. It has been tested extensively on large variety of video sizes such 352x240 up to 1920x1280 and a large representative set of video sequences such as home videos, newscast, title sequences and commercials as well as images.

1. Introduction

Text localization, text segmentation and text recognition enables many useful applications For instance, the recognized text can be used to search for specific video sequences such as jumping to news stories about a specific topic, since captions in newscasts often provide a condensation of the underlying news story. Or is can be used to identify commercials based on product names. It may also be used to enable later object-based video encoding of standard video if the text segmentation step is able to determine all text pixels of one text line over time such as our approach can do.

RELATES WORK. For an exhausting treatment of related work (22 papers) see http://www.lien-hart.de/VCAHome/Research_Topics/research_topics.html

CONTRIBUTIONS. The main contributions of this paper are:

- Our new text localization and segmentation approach is true multi-resolution and works from MPEG-1 up to HDTV MPEG-2 video sequences (1980x1280) without any parameter adjustment. Character sizes can vary between 8 pixels and half the frame height. Only [5] and [9] addresses the problem of multi-resolution. However, they are still limited to some character size corridor which is not true for our approach.
- Our system contains a truly multimedia text detector end text segmenter. The proposed system can localize and segment text in images, web pages and videos.
- Unlike all existing work, our approach is capable of estimating the text color reliable by using vector quantization. [7,7] just assume that text is brighter over time than anything else.
- A new scheme to perfectly register moving text lines over time. This allow to use the temporal segmentation scheme first proposed by [7,7]. All other previous work that reports text tracking such as [3,4,5] do is more on a qualitative basis in order to identify false alarms. Text is not tracked with pixel accuracy.
- Unlike all existing work detected text lines are scaled to an aspect-ratio preserving fixed height of 100 pixels during text segmentation. This scaling improves the segmentation of smaller font sizes and reduces complexity of larger ones.

2. Text Localization

The text localization step is supposed to find the locations of text in individual video frames or images and mark them by tight text bounding boxes. These bounding boxes should only consist of one text line of one text column.

2.1 Image Feature

Artificial text occurrences have been commonly characterized in the research community as regions of high contrast and high frequencies [4,7]. There are many different ways to amplify this feature. We chose to use the directional as well as the overall edge strength images as our feature images for text localization

Figure 1. Localized text boxes

$[2]: E_x = \sum_{b=1}^{B} |D_x^b|, \ E_y = \sum_{b=1}^{B} |D_y^b|$ and $E = 1/B \cdot \sum_{b=1}^{B} \sqrt{(D_x^b)^2 + (D_y^b)^2}$. D_x^b and D_y^b denote the directional

derivation of image band b. The feature image related to the video frame in Figure 1 is shown in Figure 2.

2.2 Fixed Scale Text Detector

The fixed scale text detector is supposed to classify each pixel in the overall edge strength image E based on its local neighborhood whether it is part of a text region with character heights of 8 to 12 pixels. There are many different techniques for developing a classifier, however, we decided to use a neural feed-forward network due to its proven good generalization capability.The input layer consists of 20x10 neurons fed by the image region centered around the pixel under consideration. It is connected to 50 neurons in one hidden layer. The hidden layer is aggregated into one output neuron. The network was trained with the backpropagation algorithm, using a 'bootstrap' method proposed by Sung in [8]. Our network needed seven training cycles. The final training set consisted of 374 text and 4601 non-text samples.

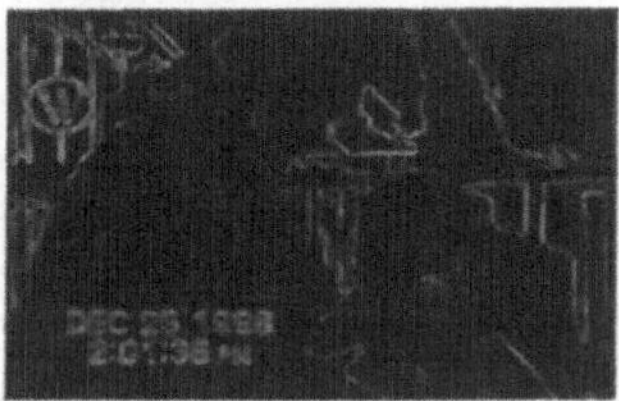
Figure 2. Feature image E

The trained NN is used to classify an input feature image E. A 20x10 pixel window slides over the feature image E from left to right and top to bottom, evaluating the network at each position and collecting the response of the NN in a so-called response image. If the output of the NN exceeds $th_{network}=0.85$, a box of 20x10 filled by the NN's output value is added to the associated position in the response image. Since a step size of one is computationally prohibitive for large images or frames, we used a step factor of 3/2 in x/y direction. Experiments have shown, that this subsampling causes no decrease in accuracy but reduces computational complexity by 83%.

2.3 Scale Integration

.The raw fixed-scale text detection results at all scales must be integrated into one saliency map of text in order to construct initial text bounding boxes. As you can observe from Figure 3 column 4, text locations identify themselves as correct hits at multiple scales, while false alarms appear less consistent over multiple scales. Similar experience have been observed by Rowley et. al for their NN-based face detector [6]. Therefore, a salience map is created by projection the confidence of being text (here: the NN output) back to the original scale of the image. Hereto, the salience map is initialized by zero. For each detected bounding box at each scale its confidence value of being text is added to the saliency map over the size of the bounding box at the original image scale. Figure 3 column 5 gives an example

2.4 Extraction of Text Bounding Boxes

INITIAL TEXT BOUNDING BOXES. The algorithm starts with searching for the next not yet processed pixel in the saliency map with a value larger then $th_{core}=5.0$. The choice of the threshold's value is determined by the goal to avoid the creation of text boxes for non-text regions. Non-text regions should be less salient. Once such a pixel is found, it is taken as a seed for a new text box of height and width 1. This new text box is then expanded iteratively.

The average intensity of the pixels of the adjacent row above the total width of the box in the overall edge strength image is taken as the criterion for growing in that direction. If the average intensity is larger than $th_{region}=4.5$, the row is added to the box. Next, the same criterion is used to expand the box to the left, bottom, and right. This iterative box expansion repeats as long as the bounding box keeps growing. The algorithm finishes if all pixel of the saliency map are treated.

REVISED TEXT BOUNDING BOXES. The initial bounding boxes often do not optimally frame the

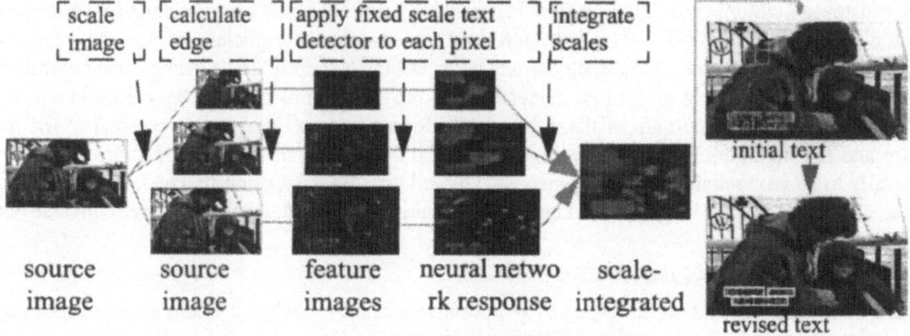

Figure 3. Overview over the text localization step

text in the image: Some boxes contain no text; others span more than one line and/or column of text, and in many the background make up a large portion of the pixels. Fortunately, these shortcomings can be overcome by an iterative post-processing procedure utilizing the information contained in so-called projection profiles [7].

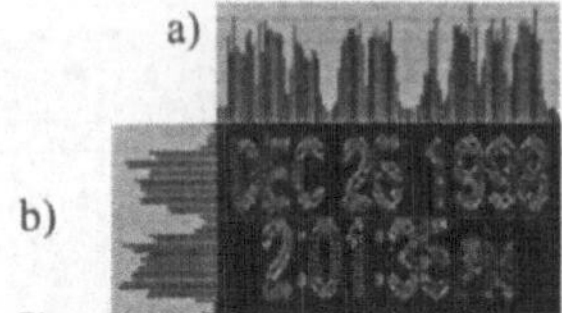

Figure 4. a) horizontal profile ; b) vertical projection profile

A horizontal/vertical projection profile of an image region is defined as the vector of the sums of the pixel intensities over each column/row. Upper/lower boundaries of text lines can be identified by steep rises/falls in the vertical projection profile. Similarly, the right and left boundaries of text objects are indicated by steep rises and falls in the horizontal projection profile. These steep rises and falls are identified as locations where the profile graph crosses $th_{text} = min_{profile} + 0.18 * (max_{profile}, - min_{profile})$ where $max_{profile} / min_{profile}$ are the maximum/minimum values in the profile. The factor of 0.18 was chosen experimentally. Every line with a vertical profile value exceeding th_{text} is classified as containing text. Once the vertical projection profile is calculated for a text box, the box is split up if it contains more than one line of text. Additionally the upper and lower boundary of the text box is realigned to the top and bottom of the contained text.

Similarly, a horizontal segmentation algorithm is applied to ensure that text in one line which does not belong together is separated. However, there are two minor but important differences:

1. A factor of 0.25 instead of 0.18 is used. Experimentally this value has proven to be better for the horizontal segmentation.

2. Individual words in the same column should not be split up due to small gaps between them. Therefore, if a gap between two contiguous pairs of down-up and up-down transitions is smaller than th_{gap}, the two transitions in the middle are ignored.

Many times one pass of vertical and horizontal segmentation cannot resolve complex layouts. Thus, a few cycles of vertical and horizontal segmentations are applied to each text box.

Next, boxes with $height<8pixels$ or $height>image_{height}/2$ are regarded as non-text regions and thus discarded. Boxes with $height>width$ are also discarded, since horizontal segmentation assures that each text box contains whole words (not single characters), of only one text line. Finally, text boxes with a very similar upper and lower boundaries and which touch or overlap each other are joined into one text box. The result of applying the vertical and horizontal segmentation and the removal of boxes that don't contain any text is shown in Figure 1.

Text and Background Color Estimates of the text and background color for each text box are needed later to determine whether a text bounding box contains normal (i.e., dark text on bright background) or inverse text (i.e., bright text on dark background). Given that images are colorful and that even a visually single-colored region like a character in a video frame consists of pixels of many different but similar colors, the complexity of the color distribution in each text bounding box is reduced by quantizing the colors to the four most dominating colors using the fast vector quantizer proposed by Wu [10].

Next, two color histograms are calculated: One describing the four center rows of the text box and another one describing two rows directly above and underneath the text box (four rows together). The latter histogram describes an image region that contains no or only little text while the first histogram should be dominated by the text color. Unfortunately sometimes, especially if the characters are styled very thin of the spacing between them is large, not the text color, but a background color dominates the histogram made of the four center rows. To overcome this problem we calculate a difference histogram. The maximum of the difference histogram is very likely to correspond to the text color and the minimum to the dominating background color. This methodology has proved experimentally to be very reliable for homogeneously colored text. We assume normal text, if the grayscale value of the text color is lower than the one of the dominant background color, otherwise inverse text.

3. Information Redundancy

Video distinguishes itself from images by temporal redundancy. Each text line appears over several contiguous frames. This temporal redundancy can be exploited to

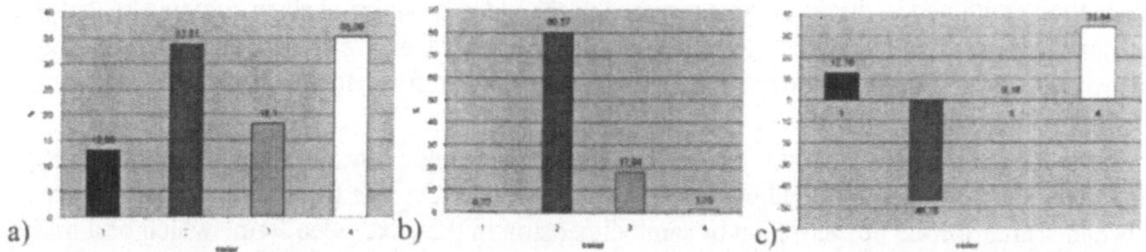

Figure 5. a) histogram for center rows; b) histogram for non-text rows;c) difference histogram

- increase the chance of localizing text since the same text may appear under varying conditions from frame to frame,
- remove false text alarms in individual frames since they are usually not stable throughout time,
- interpolate the locations of 'accidentally' missed text lines in individual frames, and
- enhance text segmentation by bitmap integration over time.

Complete text objects, which describe text lines over time by their text bitmaps, sizes and positions in the various frames as well as their temporal range of occurrence, are extracted in a two-stage process in order to reduce computational complexity. This process is schematic shown in Figure 6.

3.1 Stage 1: Video Monitoring For Text Occurrences

Video is monitored for text occurrences at a coarse temporal resolution. For this purpose, the image-

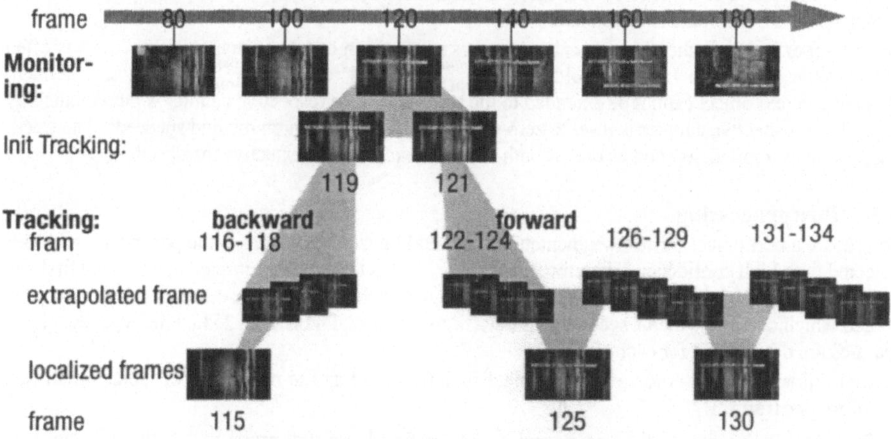

Figure 6. Overview of the relation between monitoring and tracking process

based text localizer is only applied to an evenly spaced frame subset of the video. The maximal possible step size is given by the minimal assumed temporal duration of text lines occurrences, which we assume to be one second. Thus, it seems reasonable to assume that text should appear clearly for at least 2/3 of a second in order to be easily readable.

If the image-based text localizer does not find any text line in $frame_t$, the monitor process continues with $frame_{t+20}$. If, however, at least one text line is found, the image-based text localizer will be applied to $frame_{t-1}$ and $frame_{t+1}$. Next, for each text line in $frame_t$ the algorithm searches for a corresponding text line in $frame_{t-1}$ and $frame_{t+1}$. Correspondence between to text lines is defined as an area overlap of at least 80% of their respective bounding boxes at their frame locations. If corresponding boxes in $frame_{t-1}$ and $frame_{t+1}$ are found for a text box in $frame_t$, a new text object comprising these text boxes is created and marked for tracking in time.

3.2 Stage 2: Fast and Precise Text Tracking

Each text object must now be extended to all frames containing the respective text line based on the information contained in the text objects created in the video monitoring stage. Obviously, text tracking must be performed backwards and forwards in time. However, we restrict our description to forward tracking only since backward tracking does not differ from forward tracking except in the direction you go through the video.

The basic idea behind our fast text tracker is to take the text line in the current video frame, calculate a characteristic signature which allows us to distinguish this text line from text lines with other contents and search for the image region of same dimension in the next video frame which best matches the reference signature.

The vertical and horizontal projection profile serve as a compact and characteristic reference signature, and the center of a signature is defined as the center of the associated text bounding box. Similarity between two signatures is measured by signature intersection, i.e., by the sum of the minimum between respective elements in the signatures. To find the precise position of a text line in the next frame, all signatures whose centers fall into a search window around the center of the reference signature, are calculated and compared to the reference signature. If the best match exceeds a minimal required similarity, the text line is declared to be found and added to the text object. If the best match does not exceed a minimal required similarity, a signature-based drop-out is declared. The size of the search radius depends on the maximal assumed velocity of text. In our experiments we assumed that text needs at least 2 seconds to move from left to right in the video.

The signature-based text line search can track zooming text only over a very short period of time. To overcome these limitations, the signature-based search is replaced every 5-th frame by the image-based text localizer in order to re-calibrate locations and sizes of the text lines. Newly detected text boxes, however, are not considered here.

Due to imperfection in the video signal continuous recognition of text objects in every frame is often not possible. Therefore two thresholds $max_{DropOut}^{signature\text{-}based}=4$ and $max_{DropOut}^{image\text{-}based}=3$ are defined. Whenever a text object cannot be extended to the next frame, the respective counter is incremented by one. These respective counter is reset to zero whenever its related search method succeeds. The tracking process is aborted, as soon as one of both counters exceeds its respective threshold.

3.3 Postprocessing

To prepare a text object for text segmentation, it should be trimmed down to the part which has been detected with high confidence. Therefore, each text object is temporally trimmed down to the first and last frame in which the image-based text localizer detected the text line. Next, all text objects are discarded which occur less than a second or show a drop-out rate of more than 25%. Finally, a few global features are determined for each text object:

1. Text color: The text color of a text object is determined as the median of all determined text colors per frame.

2. Text size: If the size of the text bounding box is fixed, we determine its width and height by means of the median over the set of widths and heights.

3. Text position: A text line is regarded as static in the x and/or y direction if the average movement per frame is less than 0.75 pixels. If the text line is static, we replace all text bounding boxes by the median text bounding box. The median text bounding box is the box which left/right/top/bottom border is the median over all left/right/top/bottom borders. If the position is only fixed in one direction, the left and right or the top and bottom are replaced by the median value, respectively.

4. Text Segmentation

4.1 Resolution Adjustment

All subsequent text segmentation steps are performed on rescaled images (by cubic interpolation) such that the text height in the bitmaps of the text object under consideration is 100 pixel and the aspect ratio is preserved. The reasons are:

1. Resolution enhancements of small font sizes for better segmentation results since it a) enables sub-pixel precise text alignment for small text occurrences and b) the usage of standard OCR software for recognition.

2. Computational savings for large font sizes (e.g. for HDTV video sequences at 1920x1280). A text height larger than 100 pixels does not improve segmentation nor OCR performance.

4.2 Removing Complex Backgrounds

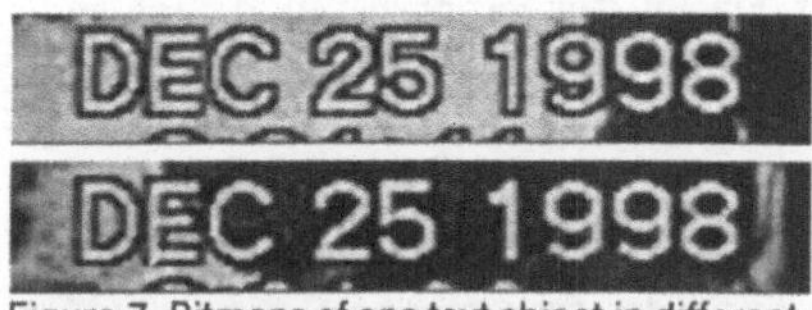

Figure 7. Bitmaps of one text object in different frames of a video stream

The temporal redundancy is exploited to remove complex backgrounds surrounding the actual characters. The method applied here was first proposed by [7] for static text. In our work, it is also applied to moving text since we solved the problem of sub-pixel accurate text line alignment. The basic idea works as follows: A text object's bitmaps are piled up such that the characters are aligned perfectly to each other. Looking now though a specific pixel in time, you may notice that pixels belonging to text vary only slightly through time, while pixels belonging to non-text often change vastly through time. Since the text's location is static due to the alignment its pixels are not supposed to change. Contrary background pixels are likely to change due to motion in the background or motion of the text line.

Figure 8. Minimum operator applied

Given the pile of perfectly aligned bitmaps, the maximum/minimum operator is applied through time on the grayscale images for normal/inverse text [7]. The only serious problem we have to solve is perfect alignment of the bitmaps: All bounding text boxes of a text object are extended horizontally by 20% and vertically by 40%. Next, all bitmaps are converted to grayscale since grayscale is more stable to color compression artefacts. Let $B_0(x,y),...,B_T(x,y)$ denote the $T+1$ bitmaps under consideration and $B^r(x,y)$ the representative bitmap which is to be derived and initialized to $B_0^r(x,y)=B_0(x,y)$. Then, for each bitmap $B_i(x,y)$, $i \in \{1,...,T\}$, we search for the best displacement (dx,dy) which minimizes the difference between $B^r(x,y)$ and $B_i(x,y)$ with respect to the text color, i.e.,

$$(dx_t^{opt},dy_t^{opt}) = \arg\!\min_{\substack{(x,y)\in B^r \\ B_{i-1}^r(x,y)\subseteq textColor}} \sum \left| B_{i-1}^r(x,y)-B_i(x+dx,y+dy) \right|$$

This kind of block matching search works because only pixels with text color are taken into account. A pixel is defined to have text color if it does not differ more than a certain amount from the text color determined for the text object. The color distance is calculated based on the RGB values. At each iteration $B^r(x,y)$ is updated to $B_i^r(x,y)=max(B_{i-1}^r(x,y),B_i(x+dx_t^{opt},y+dy_t^{opt}))$ for normal text. For inverse text *max* is replaced by *min*. If a text object has been identified to be static in Section 2.4, we do not have to search for the perfect translations. Instead, the translations between the various bitmaps are all set to zero.

Next, each pixel on the boundary of a text bounding box is taken as a seed to fill all pixels with the background color (black for inverse text and white for normal text) which do not differ more than $th_{seedfill}$ from the seed color. The seed fill algorithm uses a 4-neighborhood [1]. Since the pixels on the boundary do not belong to the text and the text contrasts with its background, the seed-fill algorithm will never remove any character pixel. We call this newly constructed bitmap $B^r(x,y)$ again.

This procedure might not delete all background pixels, Therefore, each non-background pixel is taken as a seed pixel for a 8-neighborhood seed-fill. The algorithm is only applied hypothetically to $B^r(x,y)$ in order to determine the dimension of the region that could be filled. All hypothetical regions with a height less than min_{height} pixels and a width less than min_{width} or larger than max_{width} pixels are set to the background color

4.3 Binarization

Figure 9. Bitmap after binarization

The text bitmap $B^r(x,y)$ is now prepared for recognition by standard OCR software. Hereto, the grayscale text bitmaps must be converted to black on white background. From Section 2.4 we know the text color, the dominant background color and whether we have to deal with normal or inverse text. A good binarization threshold is to choose the average between the intensity of the text and the background color. Each pixel in the text bitmap which is higher than the binarization threshold is set to white for normal text and black for inverse text. Each pixel in the text bitmap which is lower or equal than the binarization threshold is set to black for normal text and white for inverse text. Finally, it is recommended to clean-up the binary bitmap by discarding small regions.

5. Results

The algorithms have been tested extensively on a large variety of video sizes (from 352x240 up to 1920x1280) and a large representative and difficult set of video sequences such as home videos, newscasts, title sequences and commercials (10 minutes together). Additional they have been tested on web pages.

Applied on still images like single video frames or web pages the text detection system missed approximately 38% of all text boxes containing 15% of all text pixel. If applied on video sequences where the temporal redundancy is exploited only 5% of the text was missing. In the character segmentation stage still 80% of all characters in the test video sequences (including the ones lost in earlier stages) were binarized correctly. Additional 7.8% were damaged, which means they were still recognizable for human but not completely binarized. If one considers that about 5% of the text was not even detected, less than 8% characters were lost in the segmentation stage.

In our tests we used a standard OCR software to evaluate the overall performance of the system. In the recognition stage 90% of the correct segmented characters were recognized. Over all stages 70% of all characters were recognized correctly. Since often single characters within words were missing, a higher recognition rate could be achieved if the character based recognition would be supported by a content specific dictionary.

At all our tests have figured out, that the detection, segmentation and recognition performance significantly correlates with the quality of the analyzed video sequence. Especially the high resolution streams and sequences which are digitalized using high professional equipment have shown better results than the average numbers mentioned above.

These performance numbers are above the ones reported for existing systems.

ACKNOWLEDGEMENT. We would like to thank Boon-Lock Yeo and NSTL for the wonderful MPEG Library that made this work possible and which decodes MPEG videos incredibly fast.

References

[1]   J. D. Foley, A. Dam, S. K. Feiner und J. F. Hughes. Computer Graphics: Principles and Practice. Addison-Wesley, Reading, MA, USA, 1990.

[2]   Bernd Jaehne. Practical Handbook on Image Processing for Scientific Applications. CRC Press, Boca Raton, 1997.

[3]   R. Lienhart. Automatic Text Recognition for Video Indexing. Proc. ACM Multimedia, Bosten, MA, Nov. 1996, pp. 11-20.

[4]   R. Lienhart and W. Effelsberg. Automatic Text Segmentation and Text Recognition for Video Indexing. ACM/Springer Multimedia Systems Magazine. to appear.

[5]   H. Li, D. Doermann, and O. Kia. Automatic Text Detection and Tracking in Digital Video. IEEE Trans. on Image Processing. to appear.

[6]   H. A. Rowley, S. Baluja, and T. Kanade. Neural Network-Based Face Detection. IEEE PAMI, vol. 20, no. 1, pp. 23-38, January 1998.

[7]   T. Sato, T. Kanade, E. K. Hughes, M. A. Smith. Video OCR for Digital News Archives. IEEE Int. Workshop on Content-Based Access of Image and Video Database, 1998.

[8]   K.-K. Sung. Learning and Example Selection for Object and Pattern Detection. PhD Thesis, MIT AI Lab, January 1996.

[9]   V. Wu, R. Manmatha and E. M. Riseman. Finding Text in Images. In Proc. of Second ACM International Conference on Digital Libraries, Philadelphia, PA, pp. 23-26, July 1997.

[10] X. Wu. YIQ Vector Quantization in a New Color Palette Architecture. IEEE Trans. on Image Processing, vol. 5. no. 2, p. 321-329, 1996.

Automatisierung der Erkennung von Schadstellen auf infizierten Tabakpflanzen

C. Zeitler, M. Eberius, O. Ziermann, D. Meyer-Ebrecht

Lehrstuhl für Messtechnik in Kooperation mit LemnaTec GmbH
Rheinisch-Westfälische Technische Hochschule (RWTH) 52056 Aachen
Email: czeitler@gmx.de

Zusammenfassung: In einigen pflanzenphysiologischen Fragestellungen ist es notwendig, auf den Blattoberflächen von Grünpflanzen geschädigte und intakte Bereiche voneinander zu trennen, um sie jeweils genauer zu untersuchen. Die Ergebnisse werden benötigt, um z.B. Aussagen zur Umgebungstoxizität, der eine Pflanze ausgesetzt war, bzw. zu ihrer Robustheit dagegen, zu treffen. Im Rahmen der Automatisierung dieser Aufgabe wurde ein Bildverarbeitungsprogramm entwickelt, das dazu grundlegende Eigenschaften der Farbwertentstehung verwendet. Die Trennung zwischen grün und braun bzw. gelb wird dabei mit dem Modell eines Zweifarbensystems durchgeführt. Die Farbstoffe sind Chlorophyll und Pheophytin, das grundlegende Prinzip ist das Lambert-Beersche Gesetz.

1 Einleitung

Die Tabakpflanze ist in der Biologie eine Modellpflanze für zahlreiche Fragestellungen. So wird z.B. die Pflanze selbst über Genmodifikationen oder Vorbehandlungen verändert oder eine gesunde Pflanze zu untersuchenden (potentiell toxischen) Umgebungsverhältnissen ausgesetzt, die sie schwächen. In beiden Fällen wird sich eine veränderte Reaktion auf eine definierte Virenbehandlung mit dem Tabakmosaikvirus (TMV) einstellen. Bei diesem Verfahren wird die Blattoberfläche mit einem Besen oder Pinsel überstrichen, der mit einem Gemisch aus Sand und TMV versehen ist. Der Sand verletzt die Oberfläche, die Viren dringen ein und verursachen so bekannte Formen von Befallstellen. Deren Anzahl, Größenverteilung und Gesamtfläche sind die Messwerte, die zu quantitativen Aussagen über den Schädigungsgrad benötigt werden. Bisher werden dazu von Experten stichprobenartig Befallstellen vermessen und über Zählungen auf den Gesamtbefall geschlossen. Aufgabenstellung einer Diplomarbeit in Zusammenarbeit des Lehrstuhls für Messtechnik und Bildverarbeitung an der RWTH Aachen und der Biotechnologiefirma LemnaTec war es, diese drei Parameter mit einer objektiveren und genaueren Automatik zu bestimmen. Die Ergebnisse der Entwicklung werden hier vorgestellt.
Es wurde eine effektive Methode entwickelt, um die statistischen Eigenschaften der Farbwerte des Blattes als ein sehr simples Prinzip der Farbwertentstehung zu

interpretieren. Dieses Verfahren lässt sich auch auf zahlreiche andere Grünpflanzen im Durchlicht anwenden.

Durch das Modell einer subtraktiven Farbentstehung definierbare Farb-Schadklassen werden als Masken unter Verwendung morphologischer Operationen wie Bereichswachstum und Wasserscheidentransformation weiter verarbeitet um die gewünschten Analysewerte zu ermitteln.

Das Verfahren ist für die pflanzliche Aufgabenstellung optimiert und benötigt nur wenige Parameter, die im Normalfall als Defaultwerte vorliegen. Um die notwendige Akzeptanz in den Benutzerkreisen zu fördern, ist der Zugriff auf die Parameter von allen Automatismen abkoppel- und manuell wählbar.

Die so gewonnenen Ergebnisse bedürfen nur noch vereinzelt der Nachbesserung durch den Benutzer und können so zu Verbesserungen an Objektivität, Genauigkeit und Zuverlässigkeit der entsprechenden ökotoxikologischen Verfahren verhelfen.

2 Das verwendete Farbmodell

Farbwertentstehung

In den Gleichungen zur spektralen Entstehung von Farbwerten gibt es im Fall einer transparenten Filterung für die drei üblichen Farbkanäle R, G und B die Einflüsse von Lichtquelle, Filterverhalten und Rezeptorempfindlichkeit:

$$R = \int_\lambda S(\lambda) \cdot \tau(\lambda) \cdot \varphi_R(\lambda) \cdot d\lambda$$

$$G = \int_\lambda S(\lambda) \cdot \tau(\lambda) \cdot \varphi_G(\lambda) \cdot d\lambda$$

$$B = \int_\lambda S(\lambda) \cdot \tau(\lambda) \cdot \varphi_B(\lambda) \cdot d\lambda$$

mit $S(\lambda)$: spektrale Lichtleistung der Lichtquelle,

        $\tau(\lambda)$: spektrale Transmission der filternden Substanzen im Lichtweg,

        $\varphi_x(\lambda)$: Rezeptorempfindlichkeit Kanal x.

In diesen Gleichungen versteht sich die Transmission $\tau(\lambda)$ als Eigenschaft der Filter (im speziellen Fall einer Substanz variabler Konzentration) bei einer Konzentration c_0. Für das weitere Verfahren wird das Lambert-Beersche Gesetz benötigt, das den Zusammenhang zwischen $\tau_c(\lambda)$, der Transparenz bei Konzentration $c \neq c_0$, und $\tau_{c0}(\lambda)$ für klare Flüssigkeiten beschreibt:

$$\tau_c(\lambda) = \tau_{c_0}^{c/c_0}(\lambda)$$

Im vorgestellten Verfahren wird für organische Farbstoffe wie z.B. Chlorophyll angenommen, dass sich diese im Spektralbereich eines Farbkanals ausreichend geeignet (gem. [1]) verhalten, um durch einen Effektivwert mit akzeptablem Fehler angenähert werden zu können. Mit dieser Annahme lässt sich der Effektivwert der Transparenz jedes Kanals vor dessen Integral ziehen. Es entwickelt sich ein System von drei Gleichungen, die nur auf den Farbwerten der ungefilterten Lichtquelle [R_W, G_W, B_W] und dem Filtermedium mit seiner Konzentration beruht. Setzt man dabei c_0 als Referenzwert zu 1, so gewinnt man den folgenden Zusammenhang:

$$R = \int_\lambda S(\lambda) \cdot \tau^c(\lambda) \cdot \varphi_R(\lambda) \cdot d\lambda \approx \bar{\tau}_R^c \cdot \int_\lambda S(\lambda) \cdot \varphi_R(\lambda) \cdot d\lambda = \bar{\tau}_R^c \cdot R_W$$

$$G = \int_\lambda S(\lambda) \cdot \tau^c(\lambda) \cdot \varphi_G(\lambda) \cdot d\lambda \approx \bar{\tau}_G^c \cdot \int_\lambda S(\lambda) \cdot \varphi_G(\lambda) \cdot d\lambda = \bar{\tau}_G^c \cdot G_W$$

$$B = \int_\lambda S(\lambda) \cdot \tau^c(\lambda) \cdot \varphi_B(\lambda) \cdot d\lambda \approx \bar{\tau}_B^c \cdot \int_\lambda S(\lambda) \cdot \varphi_B(\lambda) \cdot d\lambda = \bar{\tau}_B^c \cdot B_W$$

[R_W, G_W, B_W], der sog. Weißpunkt, ist das Farbtripel des Beleuchtungsweiß, wie es von den Kamerarezeptoren ermittelt würde. In der vorliegenden Aufgabe ist die Beleuchtung durch einen Leuchttisch mit ausreichend homogener Helligkeitsverteilung gegeben. Auf diesem wird jeweils ein Tabakblatt fixiert und mittels einer 3-CCD-Kamera als Reproeinheit aufgenommen. Im Normalfall ist [R_W, G_W, B_W] weit jenseits der Wertebereichsgrenzen und wird auf diese projiziert (i.d.R. [255,255,255]). Für eine auf den durch die Aufgabe definierten Einsatz kalibrierte Einheit kann gefordert werden, dass der Weißpunkt auf der Unbuntachse liegt, d.h. $R_W=G_W=B_W$. Gleiches gilt für den Schwarzpunkt, der [0,0,0] betragen sollte.

Einsatz von Farbkarten

Nun soll in einer zweidimensionalen Karte von $r=R/R_W$ und $g=G/G_W$ aufgezeichnet werden, wie sich die Farborte eines Farbstoffs bei Konzentrationsvariation bewegen. Dessen Farbwerte kennt man für eine Konzentration. Verdünnt oder konzentriert man diese, so lässt sich der Verlauf der Farbwerte wie folgt errechnen (Fig 1 zeigt die Kurven):

$$r = \frac{R}{R_W} = \bar{\tau}_R^c$$

$$g = \frac{G}{G_W} = \bar{\tau}_G^c$$

$$\Rightarrow r = \bar{\tau}_R^{\frac{\log(g)}{\log\left(\bar{\tau}_G\right)}}$$

$$\Rightarrow \log(r) = \log(g) \cdot \frac{\log\left(\bar{\tau}_R\right)}{\log\left(\bar{\tau}_G\right)}$$

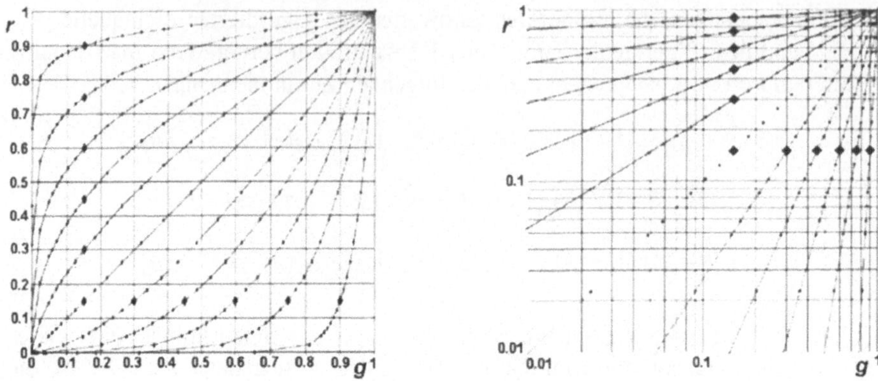

Fig. 1. Farborte verschiedener Farbstoffe bei Konzentrationsvariation

Somit zeigt sich das theoretische Verhalten eines Farbstoffes unter den gemachten Annahmen als definierte Kurve zwischen einem Weißpunkt, der bei völliger Verdünnung erreicht wird und einem Schwarzpunkt, dem man sich bei unendlicher Konzentration annähert. Die doppelt logarithmische Darstellung vereinfacht die Kurve zu einem Strahl aus dem Weißpunkt, dessen Steigung eine Funktion der Farbwerte bei beliebiger Konzentration ist. In beiden Diagrammen aufeinander liegend ist, Kalibration vorausgesetzt, lediglich die Unbuntachse, also z.B. ein neutraler Graukeil.

Verifikation des Modells
Diese Vorhersagen gilt es im Hinblick auf den praktischen Einsatz an den biologischen Farbstoffen Chlorophyll und Pheophytin zu verifizieren. Dazu wurde ein Versuch durchgeführt, in dem ein Aquarium mit schrägem Boden gebaut und mit in Alkohol gelöstem Chlorophyll gefüllt wurde. Die Wirkung entspricht vom „Strand" der Flüssigkeit bis zur tiefsten Stelle einem kontinuierlichen Konzentrationskeil des Farbstoffs. Unter Zugabe von Salzsäure wird das Chlorophyllmolekül umgewandelt in Pheophytin, einen braunen Farbstoff. Die folgenden Abbildungen zeigen die Farbkarten für annähernd reines Chlorophyll bzw. Pheophytin (dito). Zusätzlich enthalten ist eine Kurve für den Übergang der Farbstoffe ineinander, wobei die Summe der färbenden Moleküle mit $c_{Chlorophyll} + c_{Pheophytin} = const = c_{max}/2$ konstant gehalten ist.

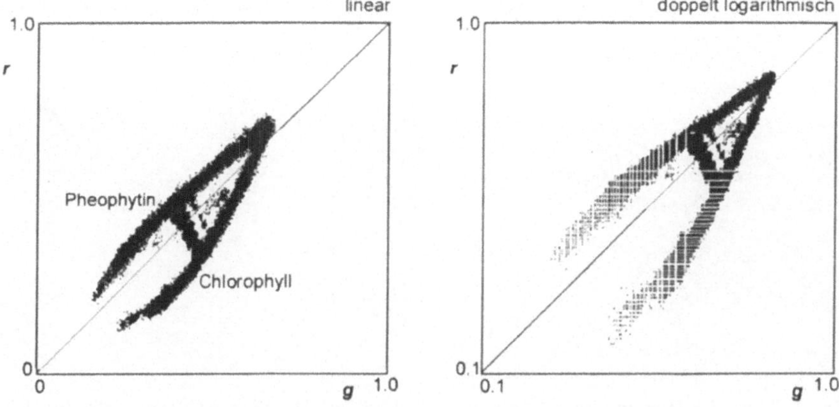

Fig. 2. Scatterplot von Konzentrationskeilen färbender Pflanzenanteile

Anzumerken ist, dass in Fig. 2 die Belichtung so abgestimmt wurde, dass der Weißpunkt im Messbereich verbleibt. Durch das Glas des Behälters verließen leider sowohl Weiß-, als auch Schwarzpunkt die Unbuntachse. Wie gem. Fig. 1 zu erwarten kann beobachtet werden, dass von der Unbuntachse aus betrachtet jeweils eine konkave Form der Konzentrationskeil-Farbortverteilung zu finden ist. Die Annähehrung an den Schwarzpunkt wird durch die Endlichkeit der maximalen Konzentration begrenzt. Diese Ergebnisse trugen u.A. dazu bei, die Eignung des Farbstoffmodells für die Aufgabenlösung anzunehmen.

3 Anwendung auf die Problemstellung

In der praktischen Umsetzung finden sich zwei nacheinander zu lösende Aufgaben, um die hergeleiteten Erkenntnisse einsetzen zu können. Zuerst muss der Weißpunkt außerhalb des Wertebereichs gefunden werden, damit danach über Weißpunktstrahlen aus ihm eine Einteilung der Schadklassen und letztlich das Erkennen der Schadstellen mit Nachbearbeitungen möglich wird.

Weißpunktschätzung

Es wurde bereits festgestellt, dass in der doppelt logarithmischen Farbtafel jeder einzelne Farbstoff, der in einer gewissen Konzentrationsspanne vorliegt, Farbwerte in einer bestimmten statistischen Verteilung erzeugt. Diese liegt näherungsweise auf einem Strahl aus dem Weißpunkt. Versuchsvorgaben ermöglichen es zu fordern, dass in der Aufnahme der Grossteil des Blattes minder geschädigt, also „grün" vorliegt. Fig. 3 zeigt mit dem Histogramm eines typischen auszuwertenden Blattes, dass diese Annahme durchaus gerechtfertigt ist.

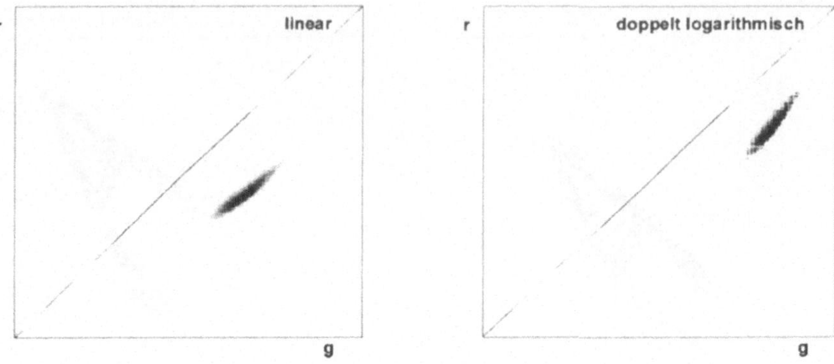

Fig. 3. Typische Histogramme befallener Tabakblätter. Deutlich ist der statistische Berg der Grünverteilung („Grünberg") zu erkennen, da die Schadstellen nur relativ geringen Flächenanteil besitzen (üblicherweise <25%).

In der Applikation wird der Weißpunkt (unter der Vorraussetzung erfolgter Kalibration) als Schnittpunkt der Hauptachse des Grünbergs mit der Unbuntachse im doppelt logarithmischen Histogramm bestimmt (Fig. 4). Dazu wird eine Abgrenzung des Grünbergs aus seinen Höhenlinien auf verschiedenen Niveaus ermittelt.

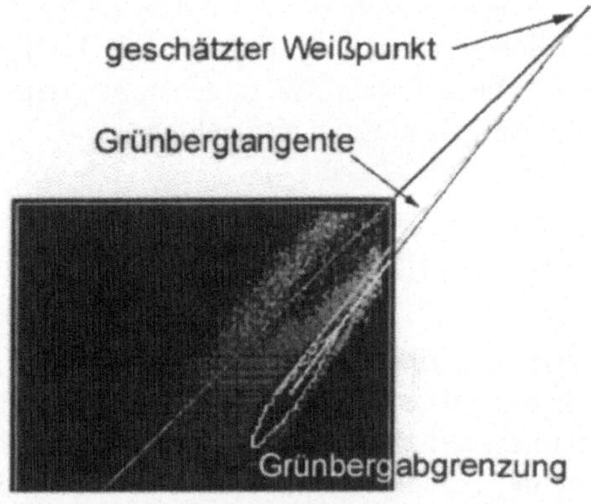

Fig. 4. Schätzung des Weißpunkts aus der Topographie des Grünbergs und der Unbuntgeraden

Schadklassenfestlegung

Mit dem Weißpunkt und der parametrierten Bestimmung des Grünbergs ist das Handwerkszeug vorhanden, über die Strahlen des Weißpunkts alle Farbwerte außerhalb des Grünbergs mit einem Schadhaftigkeitswert („Ungrünheit") zu versehen. Dies sei der Winkel zwischen den beiden Geraden [Weißpunkt;Klassifikationsfarbe] und der nächsten Tangente an den Grünberg (vom Weißpunkt aus) (Fig. 4). Durch Definition von drei Schadklassen (krank und sehr bzw. wenig geschädigt) werden die

Befallstellen gefunden und mit sehr geringer Fehlerrate von grünen Arealen abgetrennt. (Fig. 5 Mitte).

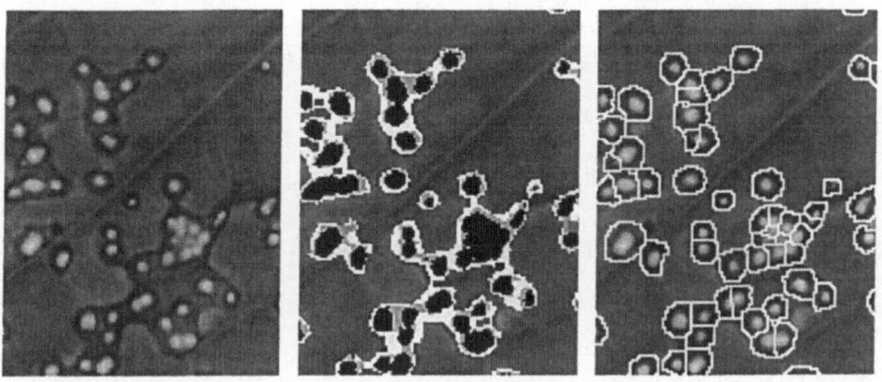

Fig. 5. Blattausschnitt Vorlage, mit Schadklassenmasken und nach Auswertung

Nachverarbeitung
Für die abschließende Gewinnung der Schadstellenanzahl und deren Größenverteilung wird aus den Masken der Schadklassen (über einen Bereichs-Wachstumsprozess) mit einer Wasserscheidentransformation (auf dem Intensitätsbild der invertierten Farbvektorlänge ‖RGB‖ aller Befallpixel) eine Bestimmung sämtlicher Befallstellen mit ihren Einflussgebieten durchgeführt. Ein typisches Ergebnisbild zeigt Fig. 5.

4 Ergebnisausgabe

Die so gefundenen Stellen werden noch einer weiteren Untersuchung unterzogen, in der frei liegende Nekrosen von solchen in Nachbarschaft von Clustern und Rändern getrennt werden. Der Ökotoxikologe benötigt insbesondere die Größenstatistik der freien Befallstellen, alle anderen wurden möglicherweise in ihrer Ausbreitung behindert. Die Ergebnisse werden als File in Tabellenkalkulations-Format ausgegeben (Fig. 6). Zusätzlich zum Originalbild werden auch das Bild mit den Auswertungsergebnissen sowie die Parameter dazu archiviert.

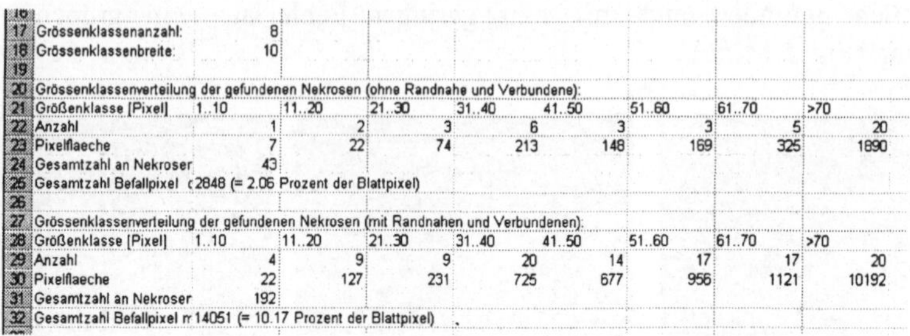

16									
17	Grössenklassenanzahl:	8							
18	Grössenklassenbreite:	10							
19									
20	Grössenklassenverteilung der gefundenen Nekrosen (ohne Randnahe und Verbundene):								
21	Größenklasse [Pixel]	1..10	11..20	21..30	31..40	41..50	51..60	61..70	>70
22	Anzahl	1	2	3	6	3	3	5	20
23	Pixelflaeche	7	22	74	213	148	169	325	1890
24	Gesamtzahl an Nekroser	43							
25	Gesamtzahl Befallpixel ε 2848 (= 2.06 Prozent der Blattpixel)								
26									
27	Grössenklassenverteilung der gefundenen Nekrosen (mit Randnahen und Verbundenen):								
28	Größenklasse [Pixel]	1..10	11..20	21..30	31..40	41..50	51..60	61..70	>70
29	Anzahl	4	9	9	20	14	17	17	20
30	Pixelflaeche	22	127	231	725	677	956	1121	10192
31	Gesamtzahl an Nekroser	192							
32	Gesamtzahl Befallpixel ɱ 14051 (= 10.17 Prozent der Blattpixel)								

Fig. 6. Ergebnisfile, importiert in Tabellenkalkulation

5 Ausblick

Das hier vorgestellte Verfahren der Farbklassifizierung im Bereich der biologischen Pflanzenauswertung lässt sich auch auf die Anwendung in anderen Aufgaben adaptieren, in denen Grünpflanzenbereiche, die von einem „normalen" Grün abweichen, in Durchlichtaufnahmen zu finden sind. Für Auflichtaufnahmen, wie sie z.B. bei oberflächlichem Pilzbefall notwendig sind, ist dieses Verfahren noch nicht geeignet. Vorgesehen ist auch die Weiterentwicklung für eine sinnvolle Unterteilung der Grüntöne in Korrelation zum modellgemäßen Chlorophyllgehalt und adaptiv für das untersuchte Bildmaterial. Weitere Untersuchungen sollen die Korrelation mit dem tatsächlichen Chlorophyllgehalt analysieren. Gegebenenfalls böte sich die Möglichkeit, zerstörungsfrei den Chlorophyllgehalt in Blättern und Pflanzen abzuschätzen.

6 Literatur

[1]   C. Zeitler „Automatisierung der Schadstellenerkennung von infizierten Tabakpflanzen", Diplomarbeit, Lehrstuhl für Messtechnik und Bildverarbeitung, , RWTH Aachen 2000
[2]   Pierre Soille „Morphologische Bildverarbeitung", Springer Verlag Berlin Heidelberg 1998
[3]   W. Nultsch „Allgemeine Botanik", Thieme Verlag Stuttgart 1982
[4]   B. Jähne „Digitale Bildverarbeitung", Springer Verlag Berlin Heidelberg 1997

Local Analysis of Inhomogeneous Sea Surfaces in Coastal Waters Using Nautical Radar Image Sequences

Jörg Seemann, Christian M. Senet, and Friedwart Ziemer

GKSS Research Center, Max-Planck-Strasse, D-21502 Geesthacht, Germany
seemann@gkss.de, senet@gkss.de, and ziemer@gkss.de

Abstract. The radar backscatter from the ocean surface (sea clutter) is modulated by the surface wave field. From the spatio-temporal sea clutter pattern, which is recorded by a nautical radar, surface wave spectra, the near-surface current, and in shallow waters the bottom depth can be retrieved. In coastal waters the sea surface is inhomogeneous. Changing water depths induce horizontal gradients of the tidal current. Wave refraction occurs due to the spatial variability of the current and water depth. Currents and the sea state act as forces which induce morphodynamic changes and damage on the shore. Therefore, there is urgent need for a cost-effective, remote-sensing monitoring method. Local image sequence processing algorithms were developed which provide hydrographic parameter maps with a high spatial resolution. The analysis is based on spectral filter and regression techniques which themselves are based on the dispersion relation of water surface waves (inverse modeling). The method is outlined by an example image sequence, which was acquired during a recent storm surge on the seaward side of the island of Sylt.

1   Introduction

A combined hardware/software system called WaMoS (<u>Wa</u>ve <u>M</u>onitoring <u>S</u>ystem) was developed at the GKSS Research Center to measure the sea state using a standard nautical radar [2]. The implemented algorithms are based on the analysis of the three-dimensional frequency-wavenumber variance spectrum of the radar image sequence, which is calculated using a <u>F</u>ast <u>F</u>ourier <u>T</u>ransformation (FFT) algorithm. A regression algorithm was developed which uses the dispersion relation as a physical model to retrieve the near-surface current [12], and in shallow waters the bottom depth as well [8]. Calibrated surface wave spectra with full directional information are retrieved from the signal-to-noise ratio of the image spectrum, using the dispersion relation as a spectral filter [6, 16]. This procedure, which is now in operational use [9], presumes homogeneity of the analyzed sea surface on large spatial scales. Changing water depths in shallow waters induce horizontal gradients of the tidal current. Wave refraction occurs due to the spatial variability of the current and water depth [14]. These inhomogeneous sea surfaces cannot be investigated by the standard method. The spatial inhomogeneity requires the retrieval of information about the sea state with a high spatial resolution, which conflicts with the wavenumber resolution limit of the FFT algorithm. Recently, depth maps have been calculated using measurements taken from a radar installation on the island Heligoland in the German Bight [4]. The applied method, which uses one-dimensional FFTs for a frequency decomposition of the imaged wave field, avoids the wavenumber resolution limit of the spatial FFT. It's limitation is that it cannot be applied to sea surfaces containing several wave packages with the same frequency but different wave travel directions. Here a new method is presented which is based on an analysis of the complex-valued three-dimensional image spectrum. The phase information of the Fourier coefficients allows the reconstruction of the local image structure [7]. A spectral filter method, which is used to separate the multi-component wave field into several individual components, was developed [13]. Local wavenumbers are retrieved out of the single component images with a high spatial resolution. The regression algorithm is robust with regard to noise. Algorithms which were already available for the analysis of homogeneous sea surfaces have been adapted for use in the retrieval of hydrographic parameter maps. The analysis of inhomogeneous sea surfaces is exemplified by a radar image sequence which was recorded during a recent storm surge in coastal waters.

2   Experimental Setup

The radar was mounted near the lighthouse List West on the island of Sylt in the German Bight. The presented radar images show List West, the Lister Landtief, and parts of the Lister Tief. The coastal area at Sylt was observed because of its high morphodynamical activity. A sand bar between the Lister Landtief and the Lister Tief is in the process of breaking, which would change the flood stream situation dramatically. The instrument used for the observation is a ground-based nautical X-band radar with horizontal polarization [1]. The radar was mounted from February to June 1997 and from December 1998 to April 1999. Morphodynamic changes were detected by analyzing the static radar signatures [15]. Using the method presented here, in addition the processes which cause the morphodynamic changes, e.g., the sea state and the current pattern, can be retrieved out of the dynamic radar signature caused by the surface waves. During the storm surge from 4 to 5 February 1999, sequences which consisted of 256 single images were taken within a time interval of approximately 2 s, which is equal to the antenna rotation time. Thus, the total sampling time was approximately 10 min. The polar images, which cover a radius of approximately 2 km, were interpolated onto a Cartesian grid with a cell size of 7 m × 7 m, which corresponds to the spatial resolution of the radar. The number of pixel amounted to 576 × 576. For the observed time period the tidal gauge, the wind direction and the wind speed at Westerland (Sylt) were also recorded. A data set of the bathymetry of the observed area was taken by an echo sounder in summer 1997. The image sequence which is presented as an example here was taken on

4 February 1999, 20:00 h UTC. The tidal current was ebbing (last slackwater high 15:27 h UTC, next slackwater low 21:41 h UTC).

3 Methods and Results

A flow chart of the method is presented in Fig. 1, and the steps of the analysis of the example measurement are shown in Fig. 2. The first image of the sequence, which is presented in Fig. 2a, indicates that the sea state is composed of a superposition of partial waves with different wavelengths and travel directions. During travel in shallow areas, the period of the waves is preserved (stationarity), whereas the wavelength and travel direction are changing (inhomogeneity). The wavenumber vector (k_x, k_y) and the frequency ω (the spatial and temporal frequencies) of linear surface waves are connected by a dispersion relation. The dispersion relation allows the decomposion of the multi-component images (locally composed of several interfering partial waves) into single-component (locally composed of one partial wave) images using a spectral filter method (Dispersion-Direction-Frequency Separation, DDFS). The single-component images are gaged with a high spatial resolution. Finally, the hydrographic parameters (current, water depth and wave spectra) are estimated.

In preparation for the spectral filtering, the image sequence $g(x, y, t)$ is transformed to the complex-valued frequency-wavenumber spectrum $\hat{G}(k_x, k_y, \omega)$ using a three-dimensional FFT. The Fourier transformation over the time coordinate leads to the separation of the frequency components of the imaged wave field. The complex-valued image spectrum contains information on the grey-level variance $\mathbf{G}$ and the phase Φ. The image spectrum displays the following structure [10]: The dispersion relation

$$\varpi(k_x, k_y; U_x, U_y, d) = \sqrt{gk \cdot \tanh(kd)} + k_x \cdot U_x + k_y \cdot U_y \qquad (1)$$

(g indicates the earth's gravitational acceleration, and k denote the modulus of the wavenumber vector) specifies a surface in the frequency-wavenumber space which is termed a "dispersion shell" (see Fig. 3). Due to the Doppler effect, the shape of the dispersion shell is influenced by the near-surface current (U_x, U_y), and in shallow waters by the bottom depth d. The linear modulation signal of the imaged waves is localized at the dispersion shell. Further, a significant part of the total variance of the image spectrum is due to the background noise component, which is caused by speckle [3].

The localization of the modulation signal at the dispersion shell allows the separation of the signal from the background noise component (dispersion separation) and the segmentation of the image sequence into single-component images. After the estimation of the current vector and the water depth, the dispersion shell is used as a spectral filter. The combination with a directional filter allows the separation of the complex-valued image spectrum into DDFS bins which correspond to single-component images in the spatial domain. The principle of the dispersion-direction-frequency separation (DDFS) is sketched in Fig. 4. Using an inverse two-dimensional FFT, complex-valued single-component

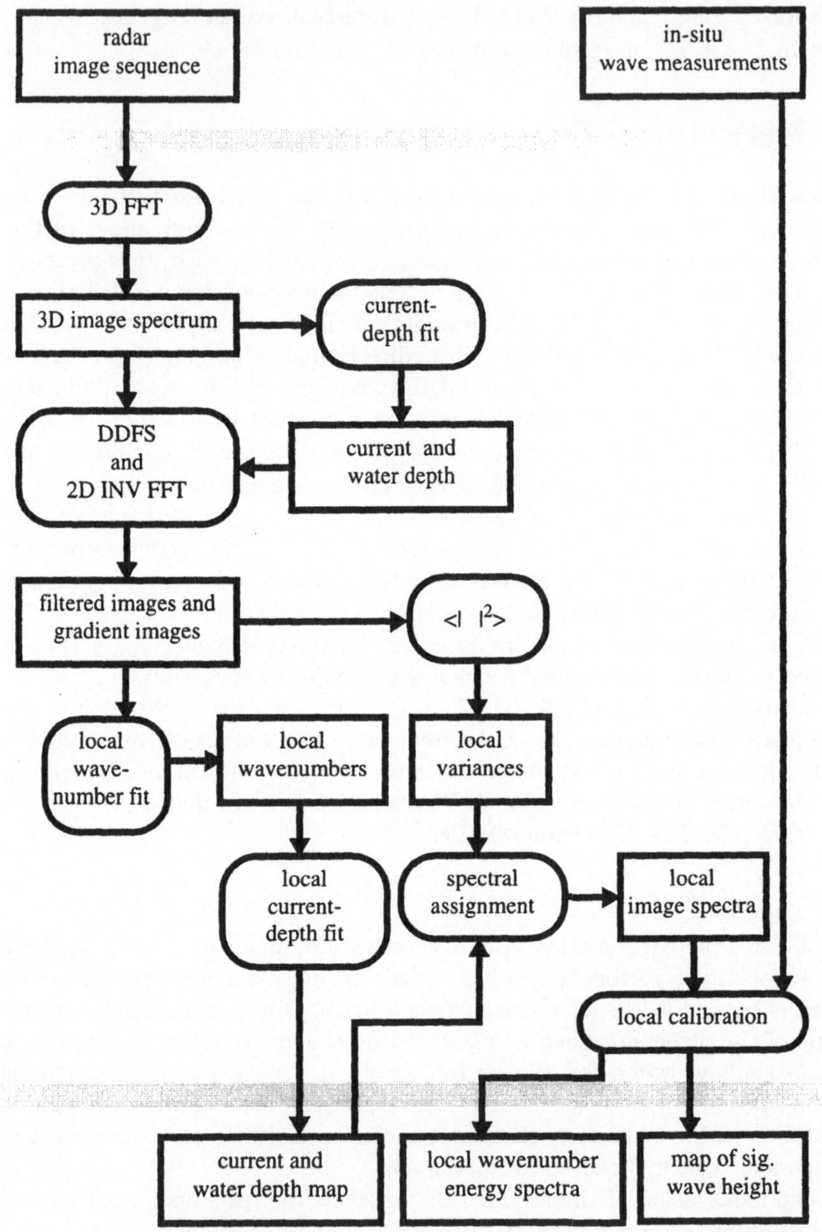

Fig. 1. Flow chart of the method developed for the analysis of radar image sequences taken from inhomogeneous sea surfaces.

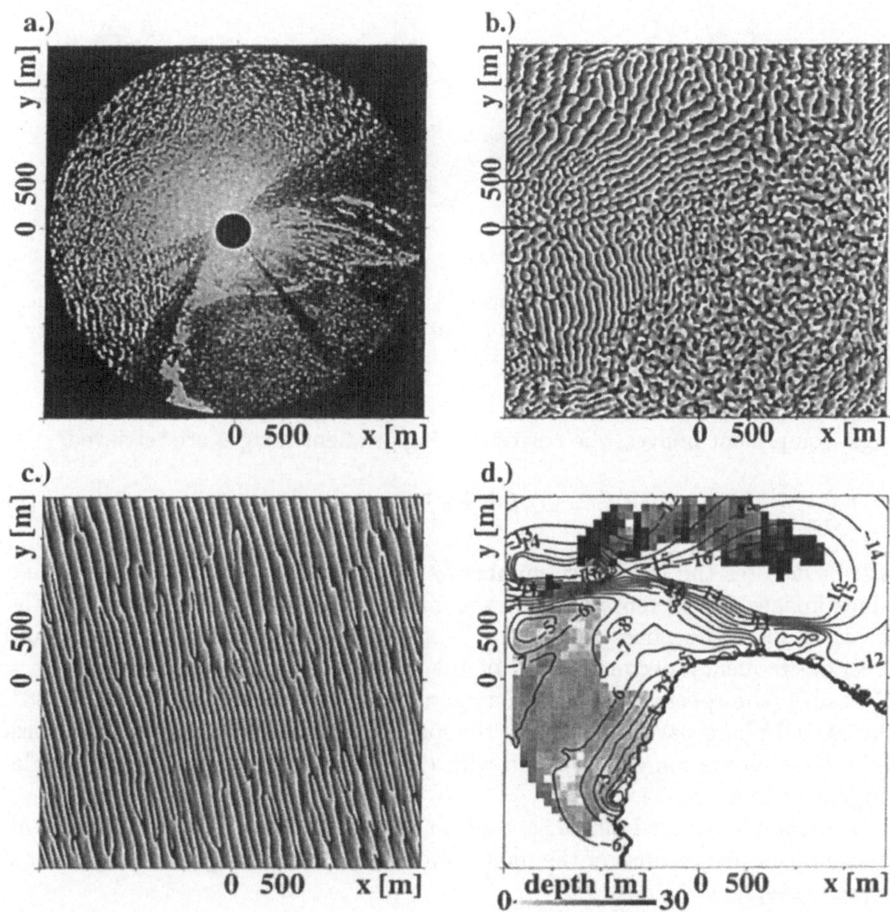

Fig. 2. Analysis of a radar image sequence taken at the light house List West on the island of Sylt during the storm surge on 4 February 1999: **(a)** First image of the sequence. Phase images of **(b)** the dispersion-frequency and **(c)** the dispersion-direction-frequency separated modulation signal of the imaged waves, with the frequency and filter pass direction of $\omega = 0.55$ rad/s and $\phi = 258°$. **(d)** Comparison of the depth maps which were retrieved from the radar image sequence (grey levels) and those from echo soundings (contour lines).

from the DDFS bins:

$$\hat{g}_{\{s,n\}}(x,y|\omega,\phi) = 2\text{D INVFFT}\left[\hat{G}_{\{s,n\}}(k_x,k_y|\omega,\phi)\right], \tag{2}$$

where ω and ϕ indicate the frequency and the pass direction of the DDFS, respectively. For the purpose of gaging the partial waves in addition to the images of the signal (s) and the background noise (n) component are retrieved

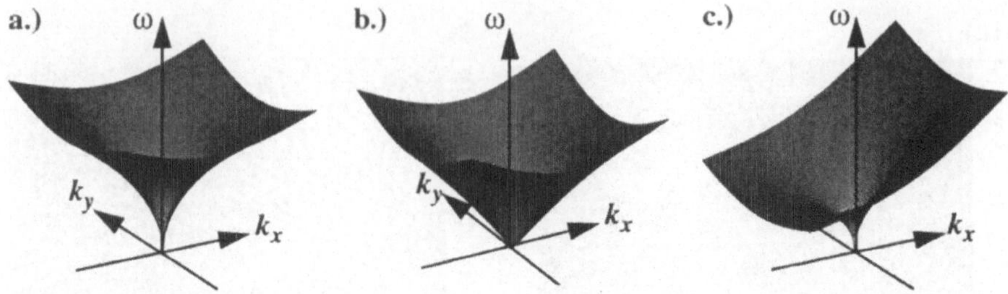

Fig. 3. Dispersion relation of linear surface waves: **(a)** deep-water dispersion shell, **(b)** shallow-water dispersion shell, and **(c)** deep-water dispersion shell influenced by a near-surface current.

single-component images, the corresponding gradient images are retrieved:

$$\left(\frac{\partial}{\partial x}, \frac{\partial}{\partial y}\right) \hat{g}_s(x, y|\omega, \phi) = 2\mathrm{D}\ \mathrm{INVFFT}\left[i \cdot (k_x, k_y) \cdot \hat{G}_s(k_x, k_y|\omega, \phi)\right], \qquad (3)$$

where i denotes the imaginary number $\sqrt{-1}$. The information of the complex-valued images can be represented in the form of phase and variance images. Fig. 2b and c show the phase images for a dispersion-frequency and a dispersion-direction-frequency decomposition of the wave field, with the frequency $\omega = 0.55$ rad/s (the spectral peak frequency) and the filter pass direction $\phi = 258°$. The spatial phase pattern indicates the local wavelengths and travel directions. Only the combination of dispersion with directional filtering results in a single-component image.

The complex-valued single-component images can be gaged as follows [5]: The complex pixel values of the image and the gradient image are proportional to each others,

$$\left(\frac{\partial}{\partial x}, \frac{\partial}{\partial y}\right) \hat{g}_s(x, y|\omega, \phi) = i \cdot (\hat{k}_x, \hat{k}_y) \cdot \hat{g}_s(x, y|\omega, \phi), \qquad (4)$$

where $(\hat{k}_x, \hat{k}_y)$ indicates a complex-valued wavenumber vector. The local wavenumber, which equals the gradient of the spatial phase pattern, is given by

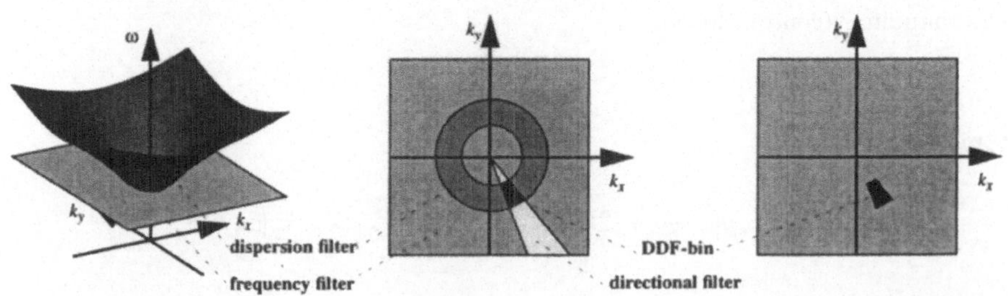

Fig. 4. Scheme of the dispersion-direction-frequency separation (DDFS).

the real part of the complex wavenumber. The portion of the background-noise component which is located in the bandwidth of the dispersion filter is relocated in the single-component images of the signal. The robustness of the local wavenumber determination with regard to spatially uncorrelated noise is increased by a blockwise instead of a pixelwise analysis of the images. Using a regression method, the components of the blockwise-estimated, complex-valued wavenumber vector are given by

$$\hat{k}_x = -i \cdot \frac{v^+ \cdot v_x}{||v||^2} \qquad \text{and} \qquad \hat{k}_y = -i \cdot \frac{v^+ \cdot v_y}{||v||^2}. \tag{5}$$

The vectors v, v_x, and v_y are obtained by line-scanning the blocks of the image and the gradient images. The norm and the adjoint of a vector are denoted by $||...||$ and a superscript $+$ sign. The accuracy of the regression algorithm depends on the correlation of the images with their corresponding gradient images.

Maps of the near surface current are retrieved by fitting the dispersion relation (1) to the local wavenumbers and frequencies. This algorithm was developed originally for the analysis of frequency-wavenumber variance spectra of large homogeneous offshore sea surfaces [8, 12]. The assignment of the blockwise-averaged variances to the locally estimated wavenumbers from all single-component images containing signal results in a map of local image spectra.

One result of the local analysis, the depth map, was compared with echo soundings taken in summer 1997 by the Amt für ländliche Räume (ALR), and both are shown in Fig. 2d. The pattern of the tidal current and a local image spectrum are published in [11].

4   Summary and Outlook

The work outlined in this paper consists of the development of a method that allows the extraction of hydrographical information on a local spatial scale. The presented image sequence processing algorithms benefit from physical information about the spatio-temporal evolution of the sea surface in the form of the dispersion relation. The near-surface current, water depth, and local image spectra were retrieved with high spatial resolution. The results emphasize the potential of WaMoS, along with the presented algorithms, as a cost-effective coastal monitoring system. The method may be used operationally because of its computing time effectiveness. The algorithms have already been transferred to optical image sequences [13], which is especially valuable for coastal engineering model experiments in hydraulic wave tanks.

Acknowledgments

The authors would like to thank B. Jähne and the members of his research group for continuous fruitful discussions. G. Schymura participated in the installation of and measurements with the WaMoS system. J. Dittmer gave technical advice. The echo soundings were provided by the Amt für ländliche Räume, Husum.

References

1. J. Croney, "Civil Marine Radar", in: M.I. Skolnik (Ed.): Radar Handbook, Chapter 31, 1970.
2. J. Dittmer, "Use of Marine Radars for Real Time Wave Field Survey and Speeding Up the Transmission / Processing", Proceedings of the WMO/IOC Workshop on Operational Ocean Monitoring using Surface Based Radars, Geneva, Report No. 32, pp. 133-137, 1995.
3. J.W. Goodman, "Some Fundamental Properties of Speckle", *J. Opt. Soc. Am.*, **66**, pp. 1145-1150, 1976.
4. K. Hessner, K. Reichert, and W. Rosenthal, "Mapping of sea bottom topography in shallow seas by using a nautical radar", *ITC'99 Conference Proceedings*, Enschede, Netherlands, 1999.
5. Havlicek, J.P., D.S. Harding, and A.C. Bovik, "The Multicomponent AM-FM Image Representation", *IEEE Trans. Image Processing*, **5**, pp. 1094-1100, 1996.
6. J.C. Nieto Borge, K. Hessner, and K. Reichert, "Estimation of the Significant Wave Height with X-Band Nautical Radars", OMAE99/OSU-3063, 1999.
7. A.V. Oppenheim, and J.S. Lim, "The Importance of Phase in Signals", Proc. IEEE, **69**, pp. 529-541, 1981.
8. O. Outzen, "Bestimmung der Wassertiefe und der oberflächennahen Strömung mit einem nautischen Radar", Diplomarbeit, Universität Hamburg and GKSS Forschungszentrum, GKSS Report GKSS 98/E/60, 1998.
9. K. Reichert, J.C. Nieto Borge, and J. Dittmer, "WaMoS II: An operational Wave Monitoring System", Proceedings - Oceanology International'98, Brighton, 1998.
10. J. Seemann, "Interpretation der Struktur des Wellenzahl-Frequenzspektrums von Radar-Bildsequenzen", Doktorarbeit, Universität Hamburg and GKSS Forschungszentrum, GKSS-Report 97/E/68, 1997.
11. J. Seemann, C.M. Senet, H. Dankert, H. Hatten, and F. Ziemer, "Radar Image Sequence Analysis of Inhomogeneous Water Surfaces", 2nd International Symposium on Operationalization of Remote Sensing, ITC, 16-20 Aug. 1999, Enschede, Netherlands, 1999.
12. C.M. Senet, "Untersuchungen zur Bestimmung der oberflächennahen Strömungsgeschwindigkeit mit einem nautischen Radar", Diplomarbeit, Universität Hamburg and GKSS Forschungszentrum, GKSS-Report 97/E/3, 1996.
13. C.M. Senet, N. Braun, P.A. Lange, J. Seemann, H. Dankert, and F. Ziemer, "Image Sequence Analysis of Water Surface Waves in a Hydraulic Wind Wave Tank", Proceedings of SPIE, **3804**, pp. 148-158, 1999.
14. H.L. Tolman, "The Influence of Unsteady Depths and Currents of Tides on Wind-Wave Propagation in Shelf Seas", J. Phys. Oceanogr., **20**, pp. 1166-1174, 1990.
15. U. Wolff, J. Seemann, C.M. Senet, and F. Ziemer, "Analysis of Morphodynamical Processes with a Nautical X-Band Radar", DAGM'99, Bonn, 1999.
16. F. Ziemer, "An Instrument for the Survey of the Directionality of the Ocean Wave Field", Proceedings of the WMO/IOC Workshop on Operational Ocean Monitoring using Surface Based Radars, Geneva, Report No. 32, pp. 81-87, 1995.

Automatic Lens Distortion Calibration
Using Single Views

Christian Bräuer-Burchardt and Klaus Voss
Friedrich Schiller University Jena, Institute for Computer Science,
Digital Image Processing Group, D-07740 Jena, Germany
Email: cbb@pandora.inf.uni-jena.de

Abstract. We present a new robust method to determine the distortion function of camera systems suffering from radial lens distortion. It is based on single images and uses the distorted positions of collinear points. Neither information about the intrinsic camera parameters nor 3D-point-correspondences are required. The algorithm works without user interaction. The actual radial lens distortion of the most wide-angle and low-cost camera systems fits the used distortion model with two distortion coefficients sufficiently. The algorithm iteratively determines the distortion coefficients and the unknown co-ordinates of the principal point which is assumed to be identical with the symmetry point of the radial distortion. The results of experimental measurements of two different camera systems are presented and discussed.

1 Introduction

Photographs or digital images are used in many fields of computer vision, e.g. in architectural photogrammetry, to obtain quantitative measurements. Especially in the fields of architecture, surveying, and archaeology the use of super-wide-angle lenses provides a number of advantages. Only few photographs are necessary, because a very wide field of view is imaged. These tasks should be solved by use of camera systems without lens distortion. However, this is not always possible.

A number of methods was published which obtain the parameters of the radial distortion function and correct the images [1-3,5-10,12,13,15]. Usually the determination of the distortion function is done in the context of camera calibration. This requires considerable effort. Moreover, the camera must be available.

Methods to correct radial lens distortion based on the use of distorted straight lines are proposed in [1,6,8]. Stein [12] and Sawhney [9] present methods using point correspondences from multiple images. In [8] least-squares linear regression is used for line fitting. The monocular method we proposed in [1] is based on an optimization task simultaneously estimating the distortion coefficients and the parameters of the straight lines. The big disadvantage of this method is the separated processing of different straight lines and the need of averaging the results. Therefore this method is error sensitive. The method we will present here is more robust.

Let a single image be given, e.g. as shown in Fig.1. The symmetry point as the centre of radial distortion is assumed to be unknown. We suppose an isotropic pixel scaling and neglect decentering distortion. A sufficient number of distorted points with undistorted original points on straight lines should be extractable. The aim is to calculate the distortion parameters and, subsequently, to correct the distorted image.

Fig.1. Image suffering from weak radial distortion

Fig.2. Calibration grid image taken by the same camera

2 Model and approach

Let (x',y') be the measurable co-ordinates of the distorted image points, (x,y) the co-ordinates of the undistorted image points, $P=(X,Y)$ the principal point, r' the distance of the distorted and r the distance of the undistorted points to the principal point. We assume that the principal point is identical to the distortion centre. Thus $P=P'$. We use

$$r = \frac{r'}{1+d_2 r'^2 + d_4 r'^4} \tag{1}$$

as our distortion model according to the typical modelling of the radial lens distortion [2,5,7,12,13]. Thus for the image co-ordinates it holds

$$x = X + \frac{x'-X}{1+d_2 r'^2 + d_4 r'^4}, \qquad y = Y + \frac{y'-Y}{1+d_2 r'^2 + d_4 r'^4} \tag{2}$$

with $r'^2 = (x'-X)^2 + (y'-Y)^2$. First we suppose that the principal point co-ordinates $P=(X,Y)$ are known. In order to simplify the equations we identify the origin of the image co-ordinate system with the principal point, i.e. $X=0$, $Y=0$ and consider all points with respect to these new co-ordinates. In the following we consider collinear points and their distorted images. When we use our model (1) we get

$$x' = x\frac{r'}{r}, \qquad y' = y\frac{r'}{r}, \qquad \frac{r'}{r} = 1 + d_2 r'^2 + d_4 r'^4.$$

Assuming that $d_2=0$ and $d_4=0$ does not hold. Now we consider triples (p'_1, p'_2, p'_3) of distorted points $p'_i=(x'_i, y'_i)$ with undistorted collinear original points $p_i=(x_i, y_i)$ not equal to P. Hence $r'_i > 0$ and $r_i > 0$. For the area A_{123} of the triangle $p_1 p_2 p_3$ it holds

$$0 = A_{123} = \frac{1}{2} \begin{vmatrix} x_1 & y_1 & 1 \\ x_2 & y_2 & 1 \\ x_3 & y_3 & 1 \end{vmatrix} = \frac{1}{2} \begin{vmatrix} x'_1 & y'_1 & \dfrac{r'_1}{r_1} \\ x'_2 & y'_2 & \dfrac{r'_2}{r_2} \\ x'_3 & y'_3 & \dfrac{r'_3}{r_3} \end{vmatrix} \cdot \frac{1}{\dfrac{r'_1\, r'_2\, r'_3}{r_1\, r_2\, r_3}} .$$

From $\quad 0 \neq \dfrac{1}{\dfrac{r'_1\, r'_2\, r'_3}{r_1\, r_2\, r_3}} \quad$ it follows $\quad 0 = \begin{vmatrix} x'_1 & y'_1 & 1+d_2 r_1'^2 + d_4 r_1'^4 \\ x'_2 & y'_2 & 1+d_2 r_2'^2 + d_4 r_2'^4 \\ x'_3 & y'_3 & 1+d_2 r_3'^2 + d_4 r_3'^4 \end{vmatrix} .$

After reformulation we get

$$0 = d_4\,[r_1'^4\, s_1 + r_2'^4\, s_2 + r_3'^4\, s_3] + d_2\,[r_1'^2\, s_1 + r_2'^2\, s_2 + r_3'^2\, s_3] + s_1 + s_2 + s_3 = \delta_{123}$$

with

$$s_1 = x'_2\, y'_3 - x'_3\, y'_2 ,$$
$$s_2 = x'_3\, y'_1 - x'_1\, y'_3 ,$$
$$s_3 = x'_1\, y'_2 - x'_2\, y'_1 .$$

Hence we get the optimization task

$$\sum_{i=1}^{z} \left[\delta_{123}^{(i)} \right]^2 = f(d_2, d_4) \to \min \tag{3}$$

for a number of z point triples. The solution of this task is obtained by least squares optimization [14] with a sufficient large number of observations. That means, we get the coefficients d_2 and d_4 with known values of X and Y.

3 Calibration procedure

3.1 Straight line construction and point assign

The problem of the automatic extraction will be reduced to the problem of extracting line segments from images. This has been treated in a number of publications, e.g. [4], and we do not deal with this topic. We first applied an edge detection algorithm to the image to get a number of line segments. These segments may represent bright or dark line segments and edges from dark to bright and bright to dark. In order to assign the points accurately to the several straight lines this kind of crossing is taken into account. The orientation information of the line segments will be used, too. The number of the points extracted from one segment can be controlled by the user. Fig.3 shows extracted segments from Fig.1.

The input of the straight line construction algorithm is the line segment list. The segments are sorted by length. The longest segment determines the first straight line. Then all other segments will be tested by regarding their end points whether they belong to an already considered straight line. Otherwise they define a new straight line. The result of this procedure is a list of straight lines with assigned segments. The length of the segments and their maximal distance may define a weight evaluating the importance of the straight line concerning the task of finding long lines.

The straight lines with the highest weights are selected and the points are constructed using a constant distance and having their position on the segment line. Figure 4 shows an example for the automatically extracted points of five straight lines. The point lists may be supplemented by interactive point selection.

Fig.3. Detected line segments of Fig.1   **Fig.4.** Extracted points on five straight lines

3.2 Point localization with subpixel-accuracy

For the sufficiently exact determination of the distortion function it is necessary to locate the point positions with subpixel-accuracy. We leave out the description of our method to obtain subpixel-accuracy because other methods known from the literature can be used, e.g. [4] or [11].

3.3 Quality measure

Because of the general assumption, that the principal point co-ordinates are unknown, the determination of the distortion coefficients as well as the calculation of the principal point co-ordinates will be obtained using an iterative algorithm. In order to evaluate whether an improvement could be obtained in a new iteration step or not, a suitable quality criterion should be defined. As it should describe the quality of the distortion correction, we measure the deviation of the corrected points from straight lines. These straight lines we estimate by least squares linear regression. When we consider k straight lines g_i, $i=1,\ldots,k$ we define the deviation measure M as the averaged perpendicular distance of all the corrected points to their corresponding straight line g_i. The best quality is reached when the value for the measure M becomes minimal.

3.4 Iteration process

Let $L = \left(p_{11}, p_{12}, \ldots, p_{1m_1}, p_{21}, p_{22}, \ldots, p_{2m_2}, p_{k1}, p_{k2}, \ldots, p_{km_k}\right)$ a set of distorted points assigned to the k straight lines g_i. That means, to every g_i there belong m_i points p_{ij} and every point p_{ij} belongs to one straight line g_i.

There are $z = \dfrac{1}{6}\displaystyle\sum_{i=1}^{k} m_i(m_i - 1)(m_i - 2)$ possibilities to form a set of point triples.

Having a large number of points, the number of triples should be limited to a reasonable value in order to restrict the calculation time.

Starting the iteration process we use the image centre as the principal point $P^{[0]}$. Now we insert the co-ordinates of the extracted distorted points into the triples and solve the optimization task according to (3) and get the values $d_2^{[1]}$ and $d_4^{[1]}$. The next step is to improve the values for the principal point co-ordinates. We assume, that the distortion coefficients calculated so far are true and test a number of new candidates for P in a suitable grid point environment around P. The position with the minimal value of the measure M becomes our new principal point $P^{[i+1]}$. Now the iteration process starts anew and new distortion coefficients are calculated. The iteration stops when the finishing criterion is fulfilled, i.e. the value for M does not improve or the calculated quantities (d_2, d_4 and P) do not longer change significantly.

The whole iterative algorithm works as follows:

1. Straight line construction and point assign
2. Choose the starting value for P (e.g. the image centre)
3. Calculate d_2 and d_4 according to (3)
4. Improve the co-ordinates of P using M
5. Test the finishing criterion and goto 3) or 6)
6. End of the algorithm

4 Experiments and results

4.1 Image correction

After obtaining the parameters d_2, d_4, X and Y the distorted image can be corrected. In order to avoid digitization effects the distortion function equation (2) should not be simply used to calculate the positions of the undistorted points from the known distorted point co-ordinates. Instead of this we calculate for every pixel in the undistorted image the origin with subpixel-accuracy. In order to invert the distortion function we use the iterative Newton-method and get the value for r' by:

$$r'^{[0]} = r, \qquad r'^{[i+1]} = r\left(1 + d_2 r'^{[i]^2} + d_4 r'^{[i]^4}\right).$$

Usually after four or five iterations a sufficiently exact value for r' is obtained. The corresponding grey value is obtained by bilinear interpolation.

4.2 Experiments

We have determined the distortion function by the presented method using a number of images of man-made structures like house facades, windows, corridors, etc., and additionally using an calibration grid. We conducted the experiments using two different optical systems. The first one was a digital camera Kodak DC 210 with fix focus, and the other one a wide-angle zoom lens (Canon EF 17-35) mounted on a common SLR-camera (Canon EOS 500). We exclusively used the widest angle of the zoom lenses, i.e. focal length 29mm (adapted to 35mm-SLR-cameras) with DC210 (K29) and 17mm with Canon 17-35 (C17). We analysed 13 and 14 pictures, respectively, of urban scenes using both cameras, and 12 images of a calibration grid with guaranteed linearity of imaged lines by DC210 (K29g).

Every image was analysed with the presented algorithm, and the principal point co-ordinates X and Y, the distortion coefficients d_2 and d_4, and the minimal value for M were determined. Because d_2 and d_4 are coefficients of the same polynomial, mean value and standard deviation are no meaningful quantities for the reproducibility of the distortion coefficients. In order to compare the distortion functions the "mean distortion function" (MDF) was calculated by means of least squares methods. We considered a sufficient number of representatives r'_j for the radius r, i.e. $r'_j = 1,2,...,r_{max}$ and determined the mean radius r_j on every position using all different experimental values for the distortion coefficients $d_2^{[i]}$ and $d_4^{[i]}$ by (3): $\quad r_j = \dfrac{1}{k}\sum\limits_{i=1}^{k}\dfrac{r'_j}{1 + d_2^{[i]} r'^2_j + d_4^{[i]} r'^4_j}$.

From $r_j \overset{!}{=} \dfrac{r'_j}{1 + \overline{d_2} r'^2_j + \overline{d_4} r'^4_j}$ it follows $\quad 0 = r_j\left(1 + \overline{d_2} r'^2_j + \overline{d_4} r'^4_j\right) - r'_j$. Thus solving

$$S = \sum_{j=1}^{m}\left(r'^4_j\, r_j \overline{d_4} + r'^2_j\, r_j \overline{d_2} + r_j - r'_j\right)^2 \to \min \qquad (4)$$

by least squares optimization [14] the MDF marked by $\overline{d_2}$ and $\overline{d_4}$ is obtained.

Table 1 shows the results of the measurements using typical images of building facades, windows, indoor scenes (C17 and K29) and calibration grid (K29g). Comparing the results for different cameras, the different image size has to be taken into account. Changing the image size by a pixel-scale-factor s results in a change of the distortion coefficients, too, namely $d_2' = d_2 / s^2$ and $d_4' = d_4 / s^4$, respectively. Therefore the graphics shown in Fig.5 is normalized to be independent of the image size. The radius r' of the distance of the distorted image points to the principal point is divided by the length of the image diagonal l getting $relrad = r' / l$, and the distortion function *reldist* is expressed as percentile difference between the undistorted and the distorted radius: $reldist = 100\,(r - r') / r'$. For every camera there is shown the course of the distortion function obtained from every single image (grey curves) and also the course of the MDF (black curve).

Camera	image size	$\overline{X} \pm$ SD	$\overline{Y} \pm$ SD	$\overline{d_2} \times 10^{-7}$	$\overline{d_4} \times 10^{-13}$	$\overline{M_{min}} \pm$ SD	n
C17	868x 595	441 ± 17	299 ± 16	-4.16	10.30	0.15 ± 0.03	14
K29	1152x 864	585 ± 15	428 ± 24	-1.84	2.94	0.21 ± 0.04	13
K29g	1152x 864	588 ± 7	420 ± 6	-1.68	2.43	0.10 ± 0.03	12

Table 1. Results of the distortion function determination

In principal, for DC210 the same results using images of urban scenes (K29) and calibration grid images (K29g), respectively, are obtained. However, the use of the calibration grid leads to lower random errors of the determined quantities marked by a lower standard deviation of the principal point co-ordinates (see Tab.1) and a weaker spreading of the distortion function curves (see Fig.5).

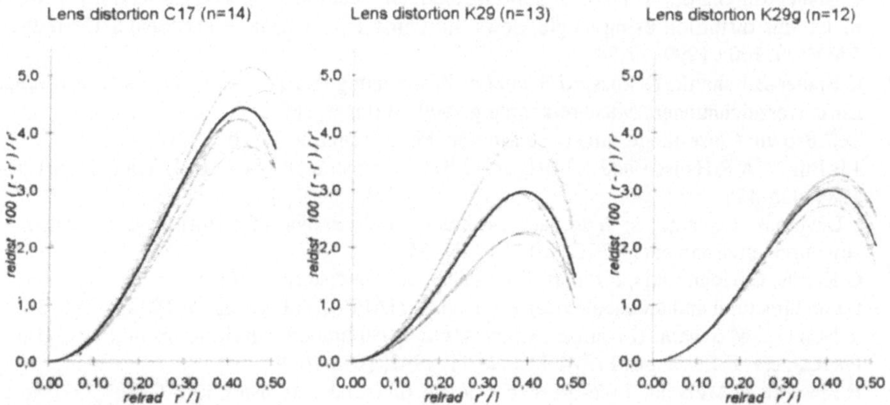

Fig.5. Distortion function *reldist* of C17 (left) and K29 using images with architectural objects (middle) and calibration grid (right)

5 Discussion and outlook

The obtained result show, that the radial distortion of an available camera can be quickly and automatically determined with high accuracy using a calibration grid. Knowing the distortion function, the images can be easily corrected. The accuracy mainly depends on the number of extracted points and the quality of their localization. Furthermore, a homogeneous distribution of the point distances r' is necessary for an accurate solution of (3). It should be noted that the distortion depends on the distance from the focused object (except using fix-focus cameras). That means close range photos must be differently treated than views taken from a longer distance.

A big advantage of the presented method is the fact, that it works on single images of man-made structures with the property of linearity. However, the accuracy becomes higher when a calibration grid is used. Nevertheless, good results can be obtained, when the imaged objects give the possibility to extract many points with collinear undistorted originals. Applying the presented method to single images one should expect remaining errors as resulted in our experiments. The weaker the distortion the higher the uncertainty of the principal point determination.

The presented method is suitable to correct distorted images of digital cameras. Lenses with fix focal length are extremely easy to process but zoom lenses can be considered, too. However, the distortion function changes depending on the focal length f. Thus for a sufficient number of discrete values the distortion function has to be determined and for the other values of f the distortion function has to be approximated by interpolation.

The future work should contain comparing experiments to other known methods.

References

1. C.Bräuer-Burchardt, K.Voss: A new method for determination and correction of weak radial lens distortion using single views. In: Girod B, Niemann H and Seidel HP (edts.): VMV '99, Infix 1999, 27-34
2. C.Bräuer-Burchardt, K.Voss, M.Schubert: Bestimmung und Korrektur radialsymmetrischer Linsenverzeichnungen. Mustererkennung 1999, Springer, 389-396
3. D.C.Brown: Close-range camera calibration. Photogram.Eng. 37(8), 1971, 855-866
4. J.B.Burns, A.R.Hansen and E.MRiseman: Extracting straight lines. IEEE Trans PAMI (8), 1986, 425-455
5. F.Devernay, O.Faugeras: Automatic calibration and removal of distortion from scenes of structured environments. SPIE (2567), 1995, 62-72
6. G.Karras, G.Mountrakis, P.Patias, E.Petsa: Modelling distortion of super-wide-angle lenses for architectural and archaeological applications. IAPRS, Vol.32, part 5, 1998, 570-573
7. Y.Nomura, M.Sagara, H.Naruse, A.Ide: A simple calibration algorithm for high-distortion-lens camera. IEEE Trans. PAMI(14), No 11, 1992, 1095-1099
8. B.Prescott, G.McLean: Line-based correction of radial lens distortion. GMIP(59), No.1, 1997, 39-47
9. H.S.Sawhney, R.Kumar: True multi-image alignment and its application to mosaicing and lens distortion correction, IEEE Trans PAMI(14), No 3, 1999, 235-243.
10. S.Shih, Y.Hung, W.Lin: When should we consider lens distortion in camera calibration. PR(28), No 3, 1995, 447-461
11. C.Steger: Evaluation of subpixel line and edge detection precition and accuracy. IAPRS (1998) Volume XXXII, Part 3/1, 256-264
12. G.P.Stein: Lens distortion calibration using point correspondences. Proc CVPR 1997, 602-608
13. R.Tsai: An efficient and accurate camera calibration technique for 3-D machine vision. IEEE Proc CCVPR, 1986, 364-74
14. K.Voss, H.Suesse: Adaptive Modell und Invarianten für zweidimensionale Bilder. Shaker, Aachen, 1995, 22ff
15. J.Weng, P.Cohen, M.Herniou: Camera calibration with distortion models and accuracy evaluation. PAMI(14), No 11, 1992, pp. 965-980

A New Extension of Linear Signal Processing for Estimating Local Properties and Detecting Features*

Michael Felsberg and Gerald Sommer

Christian-Albrechts-University of Kiel
Institute of Computer Science and Applied Mathematics
Cognitive Systems
Preußerstraße 1-9, 24105 Kiel, Germany
Tel: +49 431 560433, Fax: +49 431 560481
{mfe,gs}@ks.informatik.uni-kiel.de

Abstract. The analytic signal is one of the most capable approaches in one-dimensional signal processing. Two-dimensional signal theory suffers from the absence of an isotropic extension of the analytic signal. Accepting the fact that there is no odd filter with isotropic energy in higher dimensions, one tried to circumvent this drawback using the one-dimensional quadrature filters with respect to several preference directions. Disadvantages of these methods are an increased complexity, the loss of linearity and a lot of different heuristic approaches. In this paper we present a filter that is isotropic and odd, which means that the whole theory of local phase and amplitude can directly be applied to images. Additionally, a third local property is obtained which is the local orientation. The advantages of our approach are demonstrated by a stable orientation detection algorithm and an adaption of the phase congruency method which yields a superior edge detector with very low complexity.

1 Introduction

The analytic signal and the corresponding filters (quadrature filters) are well suited for detecting local properties and features of signals. The so called split of identity is the fundamental property of quadrature filters. The local amplitude of the filter response corresponds to a quantitative measure of a structure (including the contrast) and the local phase corresponds to a qualitative measure of a structure (step, peak, etc.).

Unfortunately, the analytic signal is only defined for one-dimensional signals. Quadrature filters consist of two filters: an even and an odd bandpass filter. For images, the fundamental problem is to find an odd filter with an isotropic energy distribution. Up to now, it has been commonly accepted that no such filter exists [10]. In the frequency domain, the corresponding problem is to find positive

* This work has been supported by German National Merit Foundation and by DFG Graduiertenkolleg No. 357 (M. Felsberg) and by DFG So-320-2-2 (G. Sommer).

and negative frequencies in a two-dimensional domain which is also impossible according to [6].

Both statements are true if the odd filter is constrained to be scalar valued. Whereas if the filter is allowed to be vector valued, one can find an odd filter with isotropic energy. The corresponding (vector valued) transfer function is also odd and has unit magnitude. It is therefore a multidimensional generalization of the sign-function. This approach is straightforward in the framework of geometric algebra [3]. Furthermore, it is related to the structure tensor, but without being nonlinear [4].

Using this 'real' two-dimensional analytic signal (the monogenic signal), it is easy to apply approaches based on the one-dimensional analytic signal to two-dimensional signals without sampling the orientation or using adaptive filtering (e.g. [7]). As an example, we applied the phase congruency [10, 11] in order to obtain an edge detector which is independent of the local contrast.

Additionally to the information of local amplitude and local phase, the monogenic signal includes geometric properties, e.g. the orientation of an intrinsically one-dimensional structure in the two-dimensional plane. In this paper, we also present a stable algorithm which estimates the local orientation of a signal.

Throughout this paper, we avoid to use terms of geometric algebra, because it is not very widely spread in the community, yet.

2 Theoretic Framework

As we pointed out in the introduction, no odd isotropic filter can be constructed for two dimensions if we are restricted to scalar valued filters. For vector valued filters, however, it is possible. Without going into theoretic details, we introduce the following filters in frequency domain:

$$H_1(u_1, u_2) = i\frac{u_1}{\sqrt{u_1^2 + u_2^2}} \quad \text{and} \quad H_2(u_1, u_2) = i\frac{u_2}{\sqrt{u_1^2 + u_2^2}} \ . \tag{1}$$

The vector $\boldsymbol{H} = (H_1, H_2)$ has unit length in any direction (i.e. it is isotropic) because $|(H_1, H_2)| = \sqrt{|H_1|^2 + |H_2|^2} = 1$ and it is odd[1] because a reflection through the origin yields $\boldsymbol{H}(-u_1, -u_2) = -\boldsymbol{H}(u_1, u_2)$.

If we reduce $\boldsymbol{H}$ to one dimension, we obtain $H(u) = i\frac{u}{|u|} = i\,\text{sign}(u)$ which is the transfer function of the Hilbert transform (e.g. [8, 9]). The vector $\boldsymbol{H}(u_1, u_2)$ is the transfer function of a transform which is called the *Riesz transform* [15, 14]. The spatial representation of $\boldsymbol{H}$ is the convolution kernel of the Riesz transform and it reads

$$(h_1(x_1, x_2), h_2(x_1, x_2)) = \left(-\frac{x_1}{2\pi(x_1^2 + x_2^2)^{\frac{3}{2}}}, -\frac{x_2}{2\pi(x_1^2 + x_2^2)^{\frac{3}{2}}}\right) \ . \tag{2}$$

---

[1] At this point, one has to define which signals are odd. If only one constraint of oddness should exist, the only possibility in 2D is the oddness with respect to a reflection through the origin. Oddness with respect to reflections in arbitrary lines can only be handled using spherical harmonics.

If we combine a signal f with its Riesz transform according to

$$f_M(x_1, x_2) = (\, f(x_1, x_2)\,,\, (h_1 * f)(x_1, x_2)\,,\, (h_2 * f)(x_1, x_2)\,) \qquad (3)$$

we obtain the multi-dimensional generalization of the analytic signal which is called the *monogenic signal*.
The local amplitude of the monogenic signal is the vector norm of f_M:

$$A_f = \sqrt{f^2 + (h_1 * f)^2 + (h_2 * f)^2} \; , \qquad (4)$$

as in the case of the analytic signal. The next thing to be redefined is the phase. Obviously, for a triple we need two phases instead of one. Using the standard spherical coordinates, we obtain the equations

$$f = A_f \cos(\varphi) \qquad (5)$$
$$(h_1 * f) = A_f \sin(\varphi) \cos(\theta) \qquad (6)$$
$$(h_2 * f) = A_f \sin(\varphi) \sin(\theta) \; , \qquad (7)$$

where $\varphi \in [0; 2\pi)$ and $\theta \in [0; \pi)$.

For an intrinsically one-dimensional signal[2] (i.e. $f(x_1, x_2) = g(x_1 n_1 + x_2 n_2)$, see [12]), one can prove that φ is identical to the local phase of $g(x)$ and that θ is the orientation[3] of the vector (n_1, n_2). Therefore, φ and θ are called the local phase and local orientation, respectively. The spherical coordinates are illustrated in Fig. 1.

In practical applications, the infinite impulse response of the Hilbert kernel is reduced to a local filter mask by use of a bandpass filter. The resulting filters (the bandpass filter and the bandpass filtered Hilbert kernel) are called (a pair of)

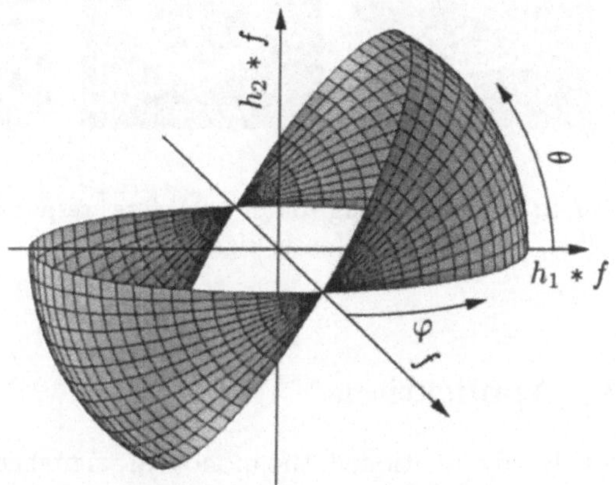

Fig. 1. Spherical coordinates

quadrature filters (see e.g. [9]). The same idea can be applied for the Riesz transform. The resulting filters form a triple of spherical quadrature filters (SQF): the radial bandpass filter and the radial bandpass filtered kernels h_1 and h_2.

---

[2] Basically, it is sufficient to discuss the behavior of a linear approach wrt. intrinsically one-dimensional signals, because every signal can be decomposed in i1D functions (e.g. Fourier transform).

[3] Note the difference between direction and orientation (e.g. [5]). If the *direction* of (n_1, n_2) is greater than π, we can replace it by $(-n_1, -n_2)$ and simultaneously replace $g(x)$ by $g(-x)$. The latter yields a negation of the local phase, which is consistent with spherical coordinates.

A good choice for the bandpass filter is a lognormal filter (which is a Gaussian filter if considered in logarithmic scale). For the applications in the following section we always used the radial bandpass filter with the transfer function

$$B(u_1, u_2) = \exp\left(-\frac{(\log(\sqrt{u_1^2 + u_2^2}/2^k))^2}{2(\log(w))^2}\right) \, , \tag{8}$$

where k indicates the octave (the center frequency) and the bandwidth-parameter w is either 0.55 or 0.41 (about two and three octaves). The lognormal filter possesses an crucial advantage compared to the Gaussian bandpass filter: one can construct filters of arbitrary bandwidth without introducing a DC component [10]. Therefore, we use the following triple of SQF: (B, $H_1 B$, $H_2 B$).

In Fig. 2, the bandpass characteristic and the isotropy of these spherical quadrature filters is illustrated (for isotropy of filters see [1, 13]). The modulated ring is a typical image for testing the isotropy of an operator. So is the Siemens star, but additionally, the latter gives information about the passbands.

Fig. 2. Modulated ring (outer left), filter response (middle left), Siemens star (middle right), filter response (outer right)

3 Applications

As already mentioned, the monogenic signal contains information about the local orientation of an image. It can be obtained by

$$\theta = \mathrm{atan1}\left(\frac{h_2 * f}{h_1 * f}\right) \, , \tag{9}$$

where atan1 is the modified arc tangent which results in angles in $[0; \pi)$.

Though the analytic and the monogenic signal are both very stable approaches, the estimation of the local orientation by use of (9) becomes ill-conditioned if the local phase is nearly zero (or 2π, see (5)-(7)). The confidence to the measurement of θ is approximated by $\sin^2(\varphi)$. Therefore, singular values of θ can be eliminated by the following non-linear filter:

$$\theta_s = \arg(\,\mathrm{box}_k * (f_1 + if_2)^2)/2 = \arg(\,\mathrm{box}_k * (\sin^2(\varphi)\exp(i2\theta)))/2 \, , \tag{10}$$

where box_k is the $k \times k$ box-filter ($k = 3$ is sufficient) and $f_j = (h_j * f)/A_f$.

The images in Fig. 4 illustrate the results of the described algorithm. The image of a circle (Fig. 3) is good for testing the performance of orientation estimating operators because all orientations are included and the correctness can easily be verified by evaluating the orientation on the circle, which must be a (piecewise) linear function. While the arc tangent of the partial derivatives (obtained from an optimized Sobel operator [9]) and the direct estimation of θ according to (9) show a similar quantitative error, the result of (10) is nearly perfect (error less than 0.3°).

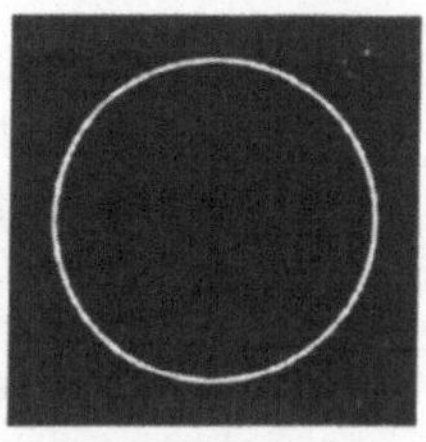

Fig. 3. circle

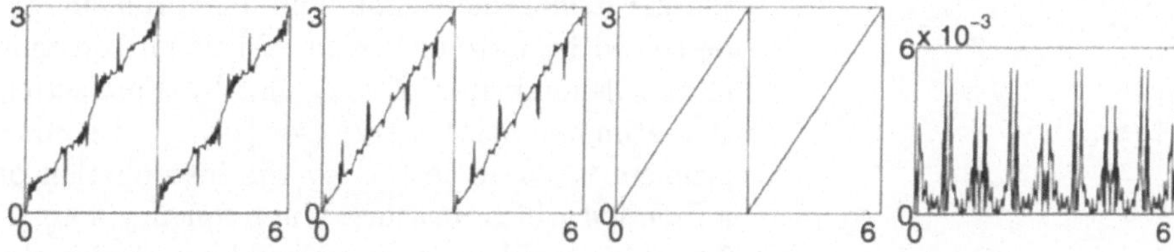

Fig. 4. Orientation estimation (from left to right): response of optimized Sobel operator, orientation of SQF, response of (10), error of (10)

Another application for the spherical quadrature filters is the detection of edges and lines. For this application, we have to distinguish between two cases:

1. the images have uniform contrast, e.g. binary images, hand writing, or
2. the images have arbitrary local contrast (and we want also to detect edges of low contrast).

In the first case, we can simply take the local amplitude as a measure for edges and lines. Since the contrast is constant, we can take a fixed value for thresholding, e.g. 50% of the maximal contrast.

The second case is much more difficult. If we take the local amplitude as a measurement, the problem is how to fix the threshold – if it is too low, we get a lot of false-positives, if it is too high, we miss the edges with low local contrast.

Since the phase information is independent of the local amplitude, one can use the so called *phase congruency* for detecting edges independently of the local contrast (see e.g. [10]). The idea is the following (1D): quadrature filters are applied for different scales. The responses of the filters are drawn head to tail. The quotient of the length of the resulting vector and the length of the path is a value between zero and one and it is called the phase congruency.

$$PC = \max_{\bar{\varphi}} \frac{\sum_n A_n \cos(\varphi_n - \bar{\varphi})}{\sum_n A_n} \tag{11}$$

A phase congruency of value one means that there is an edge (or a line), a phase congruency of value zero means that there is no structure.

The phase congruency approach has several problems:

1. if the local amplitude is nearly zero for all scales, the phase congruency becomes unstable (noise and numerical errors),
2. if the local amplitude of one scale is much higher than in the other scales, the congruency is always close to one (missing frequency spread),
3. the phase congruency is a function proportional to the sum of cosines of the phase differences and the cosine function is (nearly) one for a relatively wide range of angles (nonlinearity wrt. the phase), and
4. the approach becomes much more complicated and numerically more complex for the 2D case (sampling of orientations).

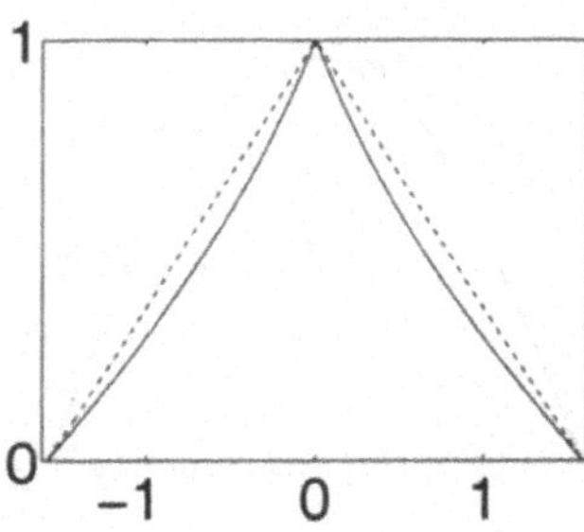

Fig. 5. Approximation of a linear function with cosine and sine function, cosine: dotted, linear function: dashed, approximation: solid

The last problem is solved by our approach of the 2D monogenic signal. The first problem can be solved by introducing an additional constant in the denominator of (11) and by subtracting the estimated noise energy (see [10]). The second problem is solved in [11] by the introduction of a function which measures the frequency spread. The third problem can be solved by replacing the cosine function with some function of the cosine and the absolute value of the sine (12), which is nearly linear in wide range of angles (see Fig. 5).

If we take the spherical quadrature filter responses of two different scales we can calculate the cosine of the angle between these vectors by the scalar product and the absolute value of the sine by the magnitude of the cross product. If the first SQF response is denoted by f_1 and the second one is denoted by f_2, we obtain

$$PC = \frac{\cos(\Delta\varphi)}{|\sin(\Delta\varphi)| + 1} = \frac{f_1 \cdot f_2}{|f_1 \times f_2| + |f_1||f_2|} , \tag{12}$$

which also takes into account the frequency spread because of the products.

Since our bandpass filter covers three octaves, we can cover six octaves with two filters. In our opinion, this is enough for detecting structures which can be called edges or lines. Therefore, we can replace the sums in (11) by (12). The resulting measurement responds to nearly all edges and lines in an images with values close to one.

The images in Fig. 6 show the results of the algorithm of Kovesi (which is much better than conventional edge detectors e.g. the Canny detector [11]) and of our method (upper threshold: 0.75, lower threshold: 0.35). Our results are similar to those of the Kovesi approach. There are three main differences: first, our approach uses only a rough estimation of the noise energy. Therefore, a few structures with very low energy are missed by our method. Nevertheless, some edges are only found by our detector (e.g. in the first column, the left roof).

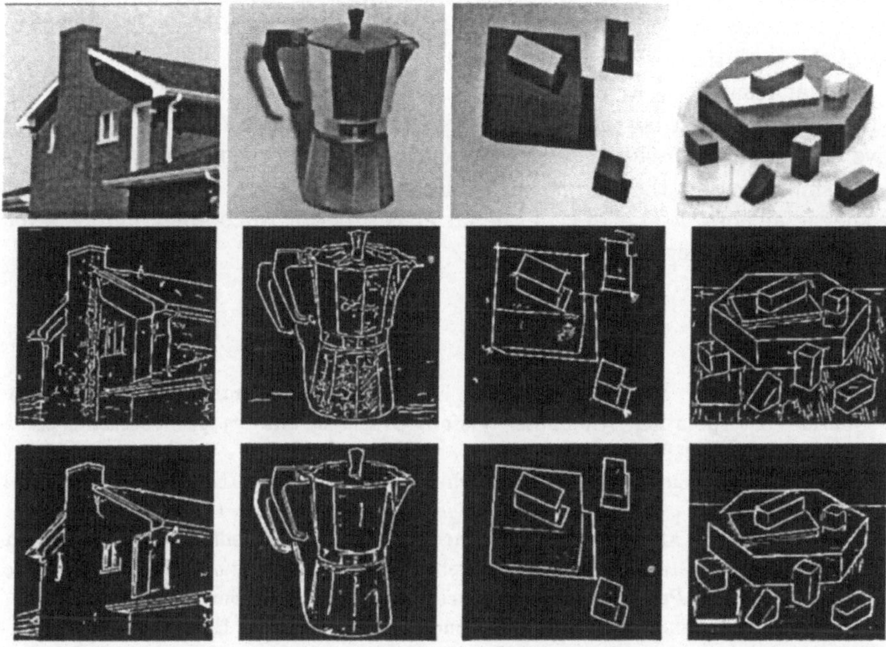

Fig. 6. Upper row: original images, middle row: phase congruency (Kovesi), bottom row: phase congruency (SQF), 2nd and 3rd image from INRIA-Syntim ©

On the other hand, our algorithm responds less to noise. Secondly: the amount of artifacts. Our algorithm produces less artificial edges and no 'double corners' (e.g. top of chimney). In this context, note that an edge detector which does not make use of semantic information or high level knowledge can only detect edges which are present in the local gray value information. Finally, our algorithm is more than sixteen times faster[4].

4   Conclusion

We have shown that the monogenic signal and the spherical quadrature filters can be used to apply the approach of phase congruency to images without sampling the orientation. The resulting algorithm is an edge detector with very low complexity and which is independent of the local contrast. The approach has been compared to others in a qualitative way, a quantitative investigation [2] will follow.

Furthermore, we have presented a simple and stable algorithm which evaluates the local orientation of an image using the monogenic signal. Since the

---

[4] Elapsed times on PII, 233MHz, MatLab, 256x256 without thresholding: 60 s (Kovesi), 3.7 s (our approach).

monogenic signal posses all the properties of the analytic signal and since it is linear, it is easy to convert the known one-dimensional approaches which make use of the analytic signal, to two dimensions.

Similar results can be obtained for example for texture analysis and corner detection which will be topics of our further investigations. We hope that we have convinced the reader of the capability of the monogenic signal. Furthermore, since the new theory can be seamlessly embedded into the framework of geometric algebra, we belief that the latter is superior to complex numbers for multi-dimensional signal processing.

References

[1] BRADY, J. M., AND HORN, B. M. P. Rotationally symmetric operators for surface interpolation. *Computer Vision, Graphics, and Image Processing 22*, 1 (April 1983), 70–94.

[2] CANNY, J. A computational approach to edge detection. *IEEE Transactions on Pattern Analysis and Machine Intelligence 8*, 6 (November 1986), 679–698.

[3] FELSBERG, M., AND SOMMER, G. The multidimensional isotropic generalization of quadrature filters in geometric algebra. In *Proc. Int. Workshop on Algebraic Frames for the Perception-Action Cycle, Kiel* (2000), G. Sommer and Y. Zeevi, Eds., Lecture Notes in Computer Science, Springer-Verlag, Heidelberg. accepted.

[4] FELSBERG, M., AND SOMMER, G. Structure multivector for local analysis of images. Tech. Rep. 2001, Institute of Computer Science and Applied Mathematics, Christian-Albrechts-University of Kiel, Germany, February 2000.

[5] GRANLUND, G. H. Hierarchical computer vision. In *Proc. of EUSIPCO-90, Fifth European Signal Processing Conference, Barcelona* (1990), L. Torres, E. Masgrau, and M. A. Lagunas, Eds., pp. 73–84.

[6] GRANLUND, G. H., AND KNUTSSON, H. *Signal Processing for Computer Vision*. Kluwer Academic Publishers, Dordrecht, 1995.

[7] HAGLUND, L. *Adaptive Multidimensional Filtering*. PhD thesis, Linköping University, 1992.

[8] HAHN, S. L. *Hilbert Transforms in Signal Processing*. Artech House, Boston, London, 1996.

[9] JÄHNE, B. *Digitale Bildverarbeitung*. Springer, Berlin, 1997.

[10] KOVESI, P. *Invariant Measures of Image Features from Phase Information*. PhD thesis, University of Western Australia, 1996.

[11] KOVESI, P. Image features from phase information. *Videre: Journal of Computer Vision Research 1*, 3 (1999).

[12] KRIEGER, G., AND ZETZSCHE, C. Nonlinear image operators for the evaluation of local intrinsic dimensionality. *IEEE Transactions on Image Processing 5*, 6 (June 1996), 1026–1041.

[13] MERRON, J., AND BRADY, M. Isotropic gradient estimation. In *IEEE Computer Vision and Pattern Recognition* (1996), pp. 652–659.

[14] NABIGHIAN, M. N. Toward a three-dimensional automatic interpretation of potential field data via generalized Hilbert transforms: Fundamental relations. *Geophysics 49*, 6 (June 1984), 780–786.

[15] STEIN, E., AND WEISS, G. *Introduction to Fourier Analysis on Euclidean Spaces*. Princeton University Press, New Jersey, 1971.

A New 3D Orientation Steerable Filter

Weichuan Yu[1], Kostas Daniilidis[2], Gerald Sommer[1]

[1]Institut für Informatik
Christian-Albrechts-Universität
Preußerstraße 1–9
D-24105 Kiel, Germany
{wy,gs}@ks.informatik.uni-kiel.de

[2]GRASP Laboratory
University of Pennsylvania
3401 Walnut Street
Philadelphia, PA 19104-6228, USA
kostas@grip.cis.upenn.edu

Abstract. *In this paper we present a new filter based on Gaussian functions for the extraction of local 3D orientation information. Compared with current 3D steerability approaches our method achieves higher orientation resolution with lower complexity. This property enables us to solve challenging problems like complex surface analysis and multiple motion estimation. This new method decomposes a sphere with a set of overlapping basis filters which are isotropic in the feature space. We study the problem of non-uniform distribution of the spherical coordinates and discuss the application of a weighting compensation function in the computation of the 3D orientation signature. Comparisons show that our method is more efficient and robust than the 3D Hough transform.*

1 Introduction

In general filtering there is a conflict between performance and complexity. For example, in the orientation analysis we prefer filters having fine orientation resolution. But for this fine orientation resolution we have to consider the enormous computational complexity while constructing or rotating such filters. In order to attenuate this conflict the concept of steerability was introduced [5]. A filter $F(\boldsymbol{x})$ with $\boldsymbol{x} \in I\!\!R^n$ is referred to as a steerable filter if its deformed versions $F_\psi(\boldsymbol{x})$ can be expressed as [9]

$$F_\psi(\boldsymbol{x}) = \sum_{k=1}^{N} b_k(\psi) A_k(\boldsymbol{x}), \tag{1}$$

where ψ denotes the deformation parameter. Here we refer to $A_k(\boldsymbol{x})$ and $b_k(\psi)$ as basis filters and interpolation functions, respectively. By using steerable filters, the responses of a given family of filters $F_\psi(\boldsymbol{x})$ with $\psi \in I\!\!R$ are expressed as a linear combination of *only* N basis filter responses.

While many 2D steerable filters have been applied in image processing and low level computer vision (e.g. [10, 14]), there were only a few approaches studying 3D steerability [5, 2]. Freeman and Adelson [5] were the first who introduced the concept of steerability into 3D filtering. They interpolated derivatives of 3D Gaussian functions with a set of basis filters. These basis filters are rotated copies of the original filter. The corresponding interpolation functions are trigonometric functions of orientation parameters. Andersson designed another 3D steerable filter in the frequency domain, whose basis filters are rotated copies of the steered filter as well [2]. The drawback of both approaches is that they do not provide fine orientation resolution due to large spatial support along the angular direction.

We may overcome this drawback using filters with elongated shape [10]. One possible solution is to generalize the steerable wedge filter [14] from 2D space to 3D space, which is not yet implemented according to current literature. But current steerability is based on the global decomposition principle [16], which suffers from the consequences of the uncertainty principle. For example, we usually use $b_k(\psi) = e^{j\omega_k \psi}$ in current steerability approaches (equation (1)). This is equivalent to sampling the angular frequency with Dirac functions. According to the well known uncertainty principle, we cannot localize one signal both in the spatial domain and in the spectral domain exactly at the same time. If we use one Dirac sampling function to localize one spectral component of the signal exactly in the frequency domain, we will no more be able to localize this component in the spatial domain. As a compensation, we need a lot of spectral Dirac impulses to increase the spatial localization ability. Correspondingly, we need a huge number of basis filters to achieve high orientation resolution, while these basis filters usually have wide supports which accentuate the computational burden.

The trade-off between spatial- and spectral-localization can be optimized only by using functions with Gaussian shape, since they achieve the lower bound in the uncertainty principle [4]. Based on this motivation, we present in this paper a new 3D steerable filter using angular Gaussian functions to achieve high orientation resolution.

Before the steerability was introduced, Bigün *et al.* connected the orientation analysis with symmetry detection using the principal axis analysis (PAA) in the mechanical engineering [6]. But their method is only suitable to detect *one* dominant orientation, since PAA only provides a set of basis vectors which are **always** orthogonal. In other words, the orientation resolution of PAA is not sufficient to solve non-orthogonal multiple orientation problem. Actually, this is the reason why we introduce steerable filters.

This paper is organized as follows: In section 2 we present the new filter and its responses of 3D planes in detail. Then we compare our filter with current 3D steerable filters and the 3D Hough transform in section 3. In section 4 we display synthetic and real application examples. In the end we conclude this paper with some discussions.

2 Local 3D Orientation Analysis

2.1 Filter Shape

In order to analyze 3D orientation naturally, we first compute a spherical mapping: $I(x, y, z) \rightarrow I(r, \theta, \phi)$, where $r = \sqrt{x^2 + y^2 + z^2}$, $\theta = \arctan(\frac{y}{x})$, $\phi = \arctan(\frac{z}{\sqrt{x^2+y^2}})$ (see figure 1). Since we are interested in orientation information, we build an orientation signature $S(\theta, \phi)$ from $I(r, \theta, \phi)$. In order to have fine orientation resolution, we introduce *conic kernels* as basis filters in our steerable filter. A conic kernel centered at (θ_i, ϕ_j) reads

$$B_{(\theta_i,\phi_j)}(r,\theta,\phi) := \frac{1}{\mathcal{N}^{(\theta_i,\phi_j)}_{R_{\min},R_{\max}}(r)} G_0^{(\theta_i,\phi_j)}(\theta,\phi), \tag{2}$$

where $\mathcal{N}^{(\theta_i,\phi_j)}_{R_{\min},R_{\max}}(r)$ is a weighting function along the radial direction and it is independent of the angular part of the filter. We will come back to the design of $\mathcal{N}$ later. The angular part of this basis filter is a 2D Gaussian function in the orientation space coordinated with (θ,ϕ)

$$G_0^{(\theta_i,\phi_j)}(\theta,\phi) := \frac{1}{2\pi\sigma^2} e^{-\frac{(\mathcal{D}(\theta,\theta_i))^2+(\phi-\phi_j)^2}{2\sigma^2}}, \tag{3}$$

with σ denotes the scale of the 2D Gaussian function. Since the angles along the θ direction are periodic, we define a $\mathcal{D}(\cdot)$ to represent the minimal circular difference between θ and θ_i $(\theta, \theta_i \in [0, 2\pi])$

$$\mathcal{D}(\theta,\theta_i) := \min(|\theta-\theta_i|, |\theta-\theta_i-2\pi|, |\theta-\theta_i+2\pi|). \tag{4}$$

Theoretically, a Gaussian function is not compactly supported. In practice we only consider the part of $G_0^{(\theta_i,\phi_j)}(\theta,\phi)$ inside the circular mask with a diameter W, as shown in figure 1.

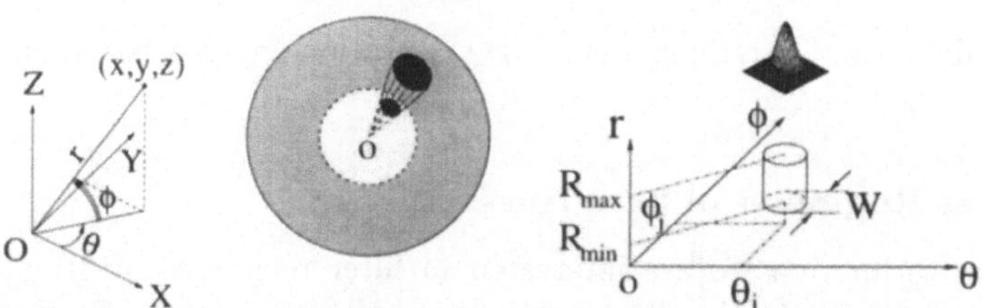

Fig. 1. A conic kernel centered at (θ_i, ϕ_j) with radial boundaries $R_{\min}$ and $R_{\max}$. **Left:** The definition of the spherical coordinates. **Middle:** The filter kernel in the 3D Cartesian coordinates. **Right:** The filter kernel with θ, ϕ and r as coordinates. It turns into a cylinder. In the (θ, ϕ) plane the circular mask with a diameter W is weighted by a 2D Gaussian function, as shown above the cylinder.

After applying this conic kernel on $I(r,\theta,\phi)$, we obtain a basis filter response as a local sample located at (θ_i, ϕ_j)

$$A_{(\theta_i,\phi_j)} := \sum_{\{(\theta,\phi)|\sqrt{(\theta-\theta_i)^2+(\phi-\phi_j)^2}\le\frac{W}{2}\}} G_0^{(\theta_i,\phi_j)}(\theta,\phi) \sum_{r=R_{\min}}^{R_{\max}} \frac{I(r,\theta,\phi)}{\mathcal{N}^{(\theta_i,\phi_j)}_{R_{\min},R_{\max}}(r)}. \tag{5}$$

Now let us consider the distribution of basis kernels in the (θ, ϕ) plane. It is known that a spherical surface forms a rectangular region in the (θ, ϕ) plane. For this rectangular region it is impossible to have a tessellation with circular cells. Instead, we may overlap neighboring basis kernels to cover the whole rectangular region, as shown in figure 2. In this arrangement we observe that this rectangular region is periodic along the θ direction and is mirror-symmetric about the boundary along the ϕ direction. These periodic and mirror-symmetric properties help to solve the boundary problem.

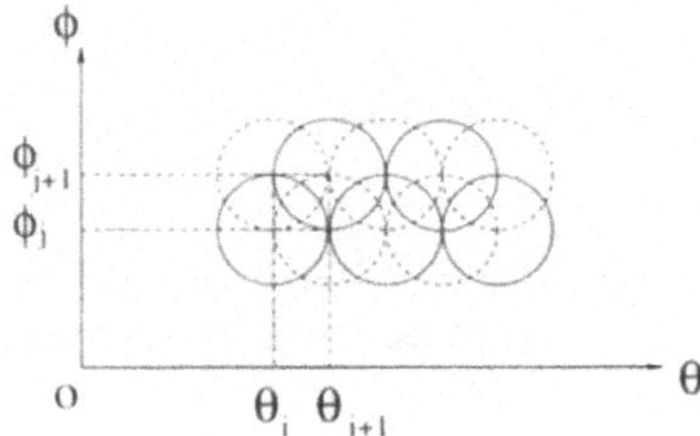

Fig. 2. The distribution of conic kernels in the (θ, ϕ) plane. The horizontal or vertical distance between two neighboring masks is equal to the radius of one mask.

In order to obtain the orientation signature $S(\theta, \phi)$ from a set of samples $A_{(\theta_i, \phi_j)}$, we use 2D Gaussian functions with local support $G_0^{(\theta_i, \phi_j)}(\theta, \phi)$ again as interpolation functions. Thus, the orientation signature reads

$$S(\theta, \phi) := \sum_{\theta_i} \sum_{\phi_j} A_{(\theta_i, \phi_j)} G_0^{(\theta_i, \phi_j)}(\theta, \phi). \tag{6}$$

So far, we define an analytic model of 3D orientation analysis based on Gaussian functions.

2.2 Filter Responses of 3D Planes

For motion estimation we are interested in filter responses of 3D planes (see section 4 for detail). In the 3D Cartesian coordinates a plane passing through the origin with a unit normal vector $n = (n_1, n_2, n_3)^T$ reads

$$xn_1 + yn_2 + zn_3 = 0. \tag{7}$$

After converting the equation into spherical coordinates we obtain an equation with variables θ and ϕ

$$\cos(\phi)\cos(\phi_n)\cos(\theta - \theta_n) + \sin(\phi)\sin(\phi_n) = 0, \tag{8}$$

where θ_n and ϕ_n denote the desired orientation parameters of the normal vector n. This equation describes a periodic curve in the (θ, ϕ) space (figure 4). In practice, we obtain a set of points in the (θ, ϕ) space. Extracting the parameters (θ_n, ϕ_n) from these points is a standard regression problem. We may apply the least square estimation (LSE) algorithm for a single plane or the the expectation-maximization (EM) algorithm [15] for multiple planes.

3   Comparisons

3.1   Comparisons with Current 3D Steerable Filters

Current 3D steerability approaches are based on the global decomposition principle using Dirac functions. In contrast, our method is based on the local decomposition principle using Gaussian functions with narrow support. This difference leads our approach to have higher orientation resolution. In figure 3 we show the first derivative of 3D Gaussian function G_3 [5], Andersson's filter [2], and our filter, respectively. Since the orientation resolution of a filter is inversely proportional to the angular support of this filter, we display the angular supports in figure 3 as well for resolution comparison. We observe that G_3 has a so large angular support that only the gap between its two lobes may be useful. Andersson's filter has smaller support than G_3. But the resolution is not yet sufficient. Compared with these two steerable filters our filter has much higher orientation resolution. This claim is confirmed in figure 5 as well.

Our filter needs a little bit more computation than the filter G_3 but much less computation than Andersson's filter (see [16] for detail due to space limitation). At first sight, our filter is less efficient than G_3. But it should be noticed that a complexity comparison is only fair, when the corresponding filters have the same orientation resolution. Since G_3 cannot achieve the same orientation resolution that our filter provides, its low complexity does not make sense here.

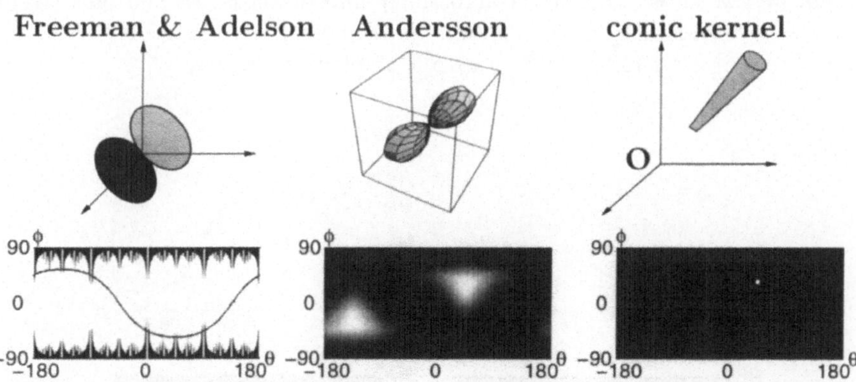

Fig. 3. Top Left: The filter G_3 (redrawn from [8]). **Top Middle:** Andersson's filter in the frequency domain (redrawn from [2]). Note that the angular support of a filter in the spatial domain is the same as that in the frequency domain, since Fourier transform is an isometric mapping. **Top Right:** Our filter. **Bottom:** The corresponding filter supports in the (θ, ϕ) space. The irregularity in the support of G_3 with $\theta \in [-180°, 180°]$, $|\phi| > 40°$ is caused by the discrete representation of the filter kernel.

3.2 Comparisons with the 3D Hough Transform

The Hough Transform is a sampling and searching method for parameter extraction. Concretely, for each point (I_{ix}, I_{iy}, I_{it}) we draw all possible planes in the (n_1, n_2, n_3) space which pass through the origin and satisfy the equation

$$| I_{ix}n_{1j} + I_{iy}n_{2j} + I_{it}n_{3j} | \leq \varepsilon, \tag{9}$$

where ε denotes a positive tolerant parameter and (n_{1j}, n_{2j}, n_{3j}) denotes the j-th plane. After going through all points $(i = 1, \cdots, N)$ we search in the (n_1, n_2, n_3) space the position with maximal intersection to obtain the desired parameters.

The 3D Hough transform based on equation (9) is equivalent to a 3D filter centered at the origin of the 3D space with the concave disk shape. Correspondingly, the Hough image of a point (I_{ix}, I_{iy}, I_{it}) is equivalent to impulse response of the concave disk filter in 3D space, as shown in figure 4. We observe that the Hough image of a point is similar to our steerable filter response of a 3D plane except that Hough image has no negative ϕ values since we use only normal vectors with $n_3 > 0$. Taking into account that our filter response of a plane is composed of a set of filter responses of different points, the Hough image has much larger support than our filter response of a point (figure 3). In other words, our filter samples the orientation space more efficiently than the 3D Hough transform.

Besides, in the Hough transform the search of the second maximal position is generally problematic, since we do not know how to get rid of the neighbors of the first global maximum. This problem is easier to solve in our filter response using zero-crossing analysis on the θ axis, since the curves in the (θ, ϕ) space are periodic and we know that the zero-crossing points on the θ axis and the extreme points with maximal ϕ values contain the desired parameters. The reader is referred to [16] for details of this trick due to place limitation.

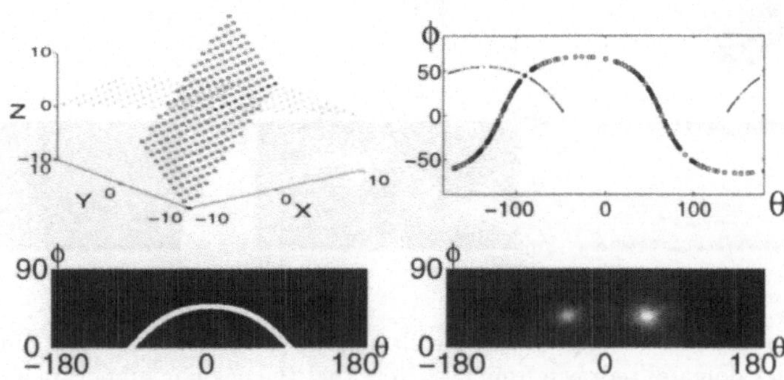

Fig. 4. Top: Two planes and their corresponding curves in the (θ, ϕ) space applying our filter. **Bottom Left:** Hough image of a point. It is similar to our filter response of a plane. **Bottom Right:** The Hough image of two planes disturbed with noise. We observe two mono-modal distributions. In general we do not know how to search the second maximal position automatically.

4 Applications

4.1 Compensation Issue

Before we present examples, we discuss the design of $\mathcal{N}$ in equation (2). It is known that the horizontal angle θ and the vertical angle ϕ are defined differently in the spherical coordinates. For example, all points with the same θ on a spherical surface lie on a great circle of this spherical surface, whereas all points with the same ϕ lie on a small circle. If we divide the whole (θ, ϕ) space into a grid with equal interval, it turns out that the higher the latitude value is, the denser grid points we have on the spherical surface. This kind of non-uniform distribution was addressed in [7] in detail.

We may compensate this non-uniform distribution by designing $\mathcal{N}$ as a *normalizing factor* so that the filter response is relatively insensitive to the non-uniform distribution. But this normalizing factor $\mathcal{N}$ "strengthens" then the outputs of filters with a few points and "suppresses" the outputs of filters with many points. As a result, we are no more able to know the real distribution density of points in the (θ, ϕ) space, while this density information is desirable in some applications. For example, we use the EM algorithm for multiple motion estimation. The philosophy behind the EM algorithm is that there are more "normal" points than noise and "incorrect" samples and the distribution density works as a weighting function in the parameter regression procedure. If we lose such density information, the estimation result will be much worse. For this reason, we would like to study experimentally the susceptibility of the filter response without normalizing compensation to the non-uniform distribution.

4.2 3D Junction Characterization

We begin with an example of 3D junction characterization. In figure 5 we have a cubic with one of its vertices as keypoint. For comparison we apply the steerable filter G_3, Andersson's filter, our filter with compensation (setting $\mathcal{N}$ as the sum of discrete weights in the filter mask), and our filter without compensation (setting $\mathcal{N}$ as a constant). In the response of G_3, the location of the maximal value does not have geometrical meaning since the angular support of G_3 is too large to interpret this 3D junction. Andersson's filter has higher orientation resolution than G_3. Though the edges of the cubic are blurred, the location of maximal value in the response corresponds to the center of the cubic. Compared with these two steerable filters, our approach provides evidently higher orientation resolution. Besides, a comparison shows that the response of our filter without compensation $S(\theta, \phi)$ is more sensitive to the non-uniform distribution than that with compensation $S_a(\theta, \phi)$. But this susceptibility does not obstruct us from obtaining main structure information in the orientation signature. Thus, we still can use $S(\theta, \phi)$ for 3D junction characterization.

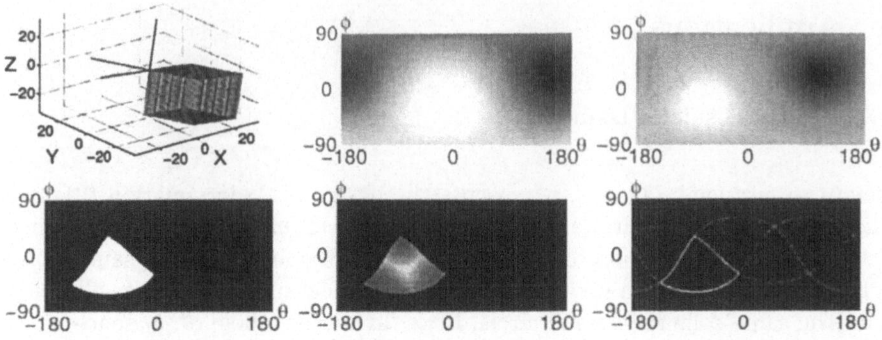

Fig. 5. Top Left: 3D plot of a cubic with its three normal vectors at one vertex. **Top Middle:** The response of G_3. **Top Right:** The response of Andersson's filter. **Bottom Left:** Orientation signature with averaging $S_a(\theta, \phi)$. Three surfaces turn out to be three edges in the (θ, ϕ) space. **Bottom Middle:** Orientation signature without averaging $S(\theta, \phi)$. Compared with $S_a(\theta, \phi)$ it is more sensitive to the non-uniform distribution of points in the (θ, ϕ) space. However, the edges are still clearly represented. **Bottom Right:** We can extract edge information from $S(\theta, \phi)$ applying morphological operations. For comparison we also display three surfaces connected with the keypoint using dotted curves. They are consistent with the extracted edges.

4.3 Multiple Motion Estimation

It is proven that a single translational motion corresponds to a single plane [1, 8] and multiple motions correspond to multiple planes [13, 3] passing through the origin in the derivative space coordinated with (I_x, I_y, I_t) or in the frequency space. In both cases, the normal vectors of planes contain the desired motion parameters. Thus, motion estimation turns out to be orientation analysis of planes [1, 6]. For occlusion we have not only multiple planes in the (I_x, I_y, I_t) space, but also distortions which disturb the orientation estimation [3]. In general the number of distortion points is much less than that of plane components. We can therefore reduce the disturbance of distortions by using the distribution density as weighting function in the estimation, i.e. by using $S(\theta, \phi)$.

Figure 6 shows a real example. The flower garden sequence contains a left moving trunk occluding a left moving background. This can be observed as two curves in the orientation signature $S(\theta, \phi)$. After applying the EM algorithm based on equation (8) we obtain parameters of two motions. Before our approach, Huang and Chen used the gap of G_3 (see figure 3) to fix the orientation of *one* plane [8]. This was the single one approach using 3D steerable filter for motion estimation. But this method works only for single motion estimation due to the coarse resolution. Observing the spatial coherence on either side of the occlusion boundary, we further use the "warp-and-subtract" technique [11, 3] to segment two motions. The result is shown in figure 6 as well.

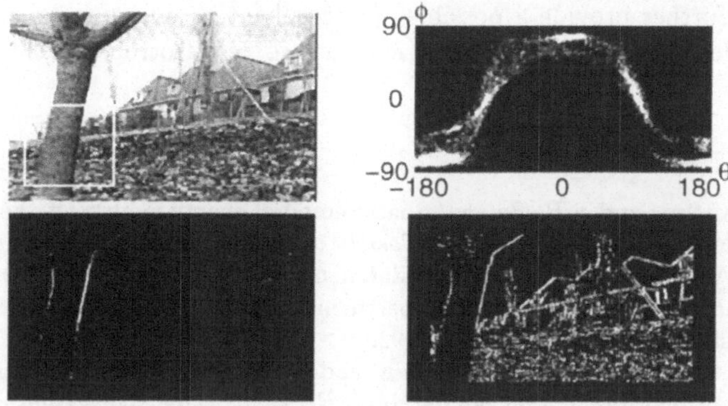

Fig. 6. Top Left: One frame from the flower garden sequence. The white box shows us the window for motion estimation. **Top Right:** Two curves in the $S(\theta, \phi)$. **Bottom:** The segmentation results using the "warp-and-subtract" technique [11, 3]. Here we do not consider the boundary problem in warping. Since there is no difference inside the regions with the aperture problem before and after the warping, we observe only the boundaries of the trunk.

5 Discussion

Our original motivation is to improve the orientation resolution of current 3D steerable filters. It is interesting to observe that our approach is related to the 3D orientation histogram (OH). Both methods achieve high orientation resolution and both methods decompose the sphere locally. But there are still differences between them.

- The 3D OH is a discrete approximation of the extended Gaussian image [7]. Our approach provides an analytic model for 3D orientation analysis.
- The 3D OH works on a unit spherical surface. Our approach projects the sphere onto the (θ, ϕ) space. Though after this non-isometric mapping we lose the rotational symmetry, we gain easier structure representation and post-processing as compensation. For example, on the surface of this paper sheet, using 3D OH we cannot display all parts of a great circle of a sphere, while using our approach we can, though with some deformations.
- The 3D OH is applied for surface analysis of convex objects and it is shift- and scale-invariant. Our 3D filter can be applied not only for surface analysis, but also for volume data analysis. It treats both convex and concave objects. But we must fix the keypoint and the radial boundaries at first.
- The basis cells in the 3D OH are not *isotropic*. Besides, they have either the same round shape or high resolution, but not both simultaneously [7]. Our approach provides *isotropic* cells in the feature space satisfying both criteria simultaneously. But we have to overlap our basis cells to have this property.

For further research we may explore if there exists a dual basis of our non-orthogonal basis filters. The lifting scheme [12] may be helpful in this study.

This may further provide a possible cue to solve the still open problem of tessellation/decomposition of the spherical surface with isotropic cells.

References

1. E. H. Adelson and J. R. Bergen. Spatiotemporal energy models for the perception of motion. *Journal of the Optical Society of America*, 1(2):284–299, 1985.
2. M. T. Andersson. *Controllable Multidimensional Filters and Models in Low Level Computer Vision*. PhD thesis, Department of Electrical Engineering, Linkoeping University, Linkoeping, Sweden, 1992.
3. W. Yu, K. Daniilidis, S. Beauchemin, and G. Sommer. Detection and characterization of multiple motion points. In *IEEE Conf. Computer Vision and Pattern Recognition*, volume I, pages 171–177, Fort Collins, CO, June 23-25, 1999.
4. J. G. Daugman. Uncertainty relation for resolution in space, spatial frequency and orientation optimized by two-dimensional visual cortical filters. *Journal of the Optical Society of America*, 2(7):1160–1169, 1985.
5. W.T. Freeman and E.H. Adelson. The design and use of steerable filters. *IEEE Trans. Pattern Analysis and Machine Intelligence*, 13:891–906, 1991.
6. J. Bigün , G. H. Granlund and J. Wiklund. Multidimensional orientation estimation with application to texture analysis and optical flow. *IEEE Trans. Pattern Analysis and Machine Intelligence*, 13(8):775–790, 1991.
7. B. K. P. Horn. *Robot Vision*. MIT Press, 1986.
8. Chung-Lin Huang and Yng-Tsang Chen. Motion estimation method using a 3d steerable filter. *Image and Vision Computing*, 13:21–32, 1995.
9. M. Michaelis and G. Sommer. A Lie group approach to steerable filters. *Pattern Recognition Letters*, 16:1165–1174, 1995.
10. P. Perona. Deformable kernels for early vision. *IEEE Trans. Pattern Analysis and Machine Intelligence*, 17(5):488–499, 1995.
11. M. Irani, B. Rousso, and S. Peleg. Computing occluding and transparent motions. *International Journal of Computer Vision*, 12:5–16, 1994.
12. P. Schröder and W. Sweldens. Spherical wavelets: Efficiently representing functions on the sphere. *Computer Graphics Proceedings (SIGGRAPH 95)*, pages 161–172, 1995.
13. M. Shizawa and K. Mase. A unified computational theory for motion transparency and motion boundaries based on eigenenergy analysis. In *IEEE Conf. Computer Vision and Pattern Recognition*, pages 289–295, Maui, Hawaii, June 3-6, 1991.
14. E. P. Simoncelli and H. Farid. Steerable wedge filters for local orientation analysis. *IEEE Trans. Image Processing*, 5(9):1377–1382, 1996.
15. Y. Weiss and E. H. Adelson. A unified mixture framework for motion segmentation: Incorporating spatial coherence and estimating the number of models. In *IEEE Conf. Computer Vision and Pattern Recognition*, pages 321–326, San Fransisco, CA, June 18-20, 1996.
16. W. Yu. *Local Orientation Analysis in Images and Image Sequences Using Steerable Filters*. PhD thesis, Institute of Computer Science, University Kiel, Germany, 2000.

Ein generalisiertes Verfahren zur Berechnung von translationsinvarianten Zirkulartransformationen für die Anwendung in der Signal- und Bildverarbeitung

Volker Lohweg, Dietmar Müller[*]

Linnenstr. 35, D-33699 Bielefeld
E-mail: v.lohweg@owl-online.de
[*]Professur Schaltungs- und Systementwurf
Technische Universität Chemnitz, D-09107 Chemnitz

Kurzfassung. Mit Hilfe schneller nichtlinearer Spektraltransformationen ist eine translationsinvariante Merkmalgewinnung möglich. Basierend auf dem Konzept der charakteristischen Matrizen wird ein generalisiertes Verfahren zur Berechnung von Zirkulartransformationen vorgestellt. Durch unterschiedliche Berechnungsstrukturen können die Trenneigenschaften aufgabenspezifisch verändert werden. Die in dieser Arbeit vorgestellten Zirkulartransformationen sind in den praktisch erprobten Trenneigenschaften denen der bekannten $\mathbb{C}T$-Transformation und dem Betragsspektrum der Fourier-Transformation überlegen. Dabei werden keine schwach kommutativen Abbildungen im Eingang benötigt. Anhand von Beispielen wird das Verhalten der Zirkulartransformation demonstriert.

Schlüsselwörter: Translationsinvariante Transformation, Mustererkennung, Betragsspektrum, Zirkulartransformation.

1 Einführung

Nichtlineare ein- und zweidimensionale Spektraltransformationen sind eingeführte Werkzeuge in der Bildverarbeitung und Mustererkennung. Es sind verschiedene Transformationen bekannt, deren translationsinvariante Spektren (mit Berücksichtigung auf ihre Trenneigenschaften), zu einer Merkmalgewinnung herangezogen werden können. Zu nennen sind hier die Arbeiten u.a. von Reitboeck und Brody [17], Wagh und Kanetkar ($\mathbb{C}T$-Transformation) [20] und Burkhardt [4]. Die bekannte R(Rapid)- bzw. B(Binär)-Transformation gehört zu der o.g. Klasse der translationsinvarianten $\mathbb{C}T$-Transformation. Schnelle translationsinvariante Transformationen sind i.a. nicht vollständig, deshalb sind Verfahren zur Verbesserung der Klassentrennbarkeit erarbeitet und angewendet worden, z.B. [19][16][9][7]. In [5] und [18] wurden sogenannte *schwach kommutative Abbildungen* (SKA) beschrieben, die einer nichtlinearen Transformation vorgeschaltet, zu einer Erhöhung der Musterunterscheidbarkeit führen. Es ist mit einer endlichen Anzahl von Vorverarbeitungsschritten möglich, die Separierbarkeit auf 100 % zu steigern. Motiviert durch den effektiven Einsatz verschiedener Spektraltransformationen wurde von Lohweg und

Müller ein Ansatz zur einfachen Bestimmung von translationsinvarianten Spektral-koeffizienten mittels sogenannter zirkularer Transformationen vorgeschlagen [11]. Ebenso konnte ein generalisiertes Positionsspektrum hergeleitet werden [12]. Es handelt sich um Transformationen, die eine schnelle Berechnung translationsinvari-anter Merkmale mit einem rechentechnischen Aufwand von $O(N)$ bis $O(N\mathrm{ld}(N))$ erlauben (N ist die Länge eines Dateneingangsvektors). Die Transformationen haben alle die Eigenschaft, dass ein *Betragsspektrum* G mit $\mathrm{ld}(N)+1$ Koeffizienten definiert werden kann, welches mit absoluten Beträgen operiert und invariant bezüg-lich zyklischer Verschiebungen eines Eingangsvektors ist [11][13]. Erwähnenswert ist, dass auch die modifizierte Walsh-Hadamard-Transformation (MWHT) [3] und auch eine vom Pender und Covey vorgeschlagene *Square Wave Transform* (SWT) [6] ebenfalls zu der Klasse der Zirkulartransformationen gehören. Diese Eigenschaft ist von der WHT und generalisierten Transformationen (GT, bzw. MGT) [2][3] nicht bekannt. In diesem Beitrag wird ein generalisiertes Verfahren zur Erzeugung von Zirkulartransformationen vorgestellt. Die Transformationen können ein- oder zwei-dimensional ausgeführt sein. Der methodische Ansatz bietet dem Anwender Frei-heitsgrade in der Festlegung der Spektralkoeffizienten. Dieses führt dazu, dass z. B. der rechentechnischen Aufwand oder die Klassentrennbarkeit von Merkmalen opti-miert werden kann. Ebenso ist ein Entwurf von orthogonalen Transformationen möglich. In Kapitel vier dieses Berichts wird anhand von drei Beispielen das Verhal-ten der Zirkulartransformation in Bezug auf ihre Trenneigenschaften demonstriert.

2 Grundlagen

Ausgehend von einem Eingangsdatenvektor $x^T = \{x_0, x_1, ..., x_{N-1}\}$ der ohne Ein-schränkung für $x_i \in \mathbb{R}$ gelte und einem transformierten Datenvektor $X^T = \{X_0, X_1, ..., X_{N-1}\}$, sind die Transformationen sowie ihre Inversen gegeben durch (A und B sind quadratische (N x N)-Transformationsmatrizen):

$$X = A_N \cdot x \quad \text{und} \quad x = \frac{1}{N} \cdot B_N^T \cdot x \tag{1}$$

Es gilt für sie: $A_N \cdot B_N^T = B_N^T \cdot A_N = A_N^T \cdot B_N = B_N \cdot A_N^T = N \cdot I_N.$ $\tag{2}$

Ausgehend von einer (2x2)-Hadamard-Matrix $K = \begin{bmatrix} +1 & -1 \\ +1 & +1 \end{bmatrix}$ [1] werden die Trans-formationsmatrizen rekursiv erzeugt.

$$A_N = diag(^fT_{\frac{N}{2}}, A_{\frac{N}{2}}) \cdot \left[K \otimes I_{\frac{N}{2}} \right] \text{ und } B_N = diag(^rT_{\frac{N}{2}}, B_{\frac{N}{2}}) \cdot \left[K \otimes I_{\frac{N}{2}} \right]. \tag{3}$$

Die *charakteristischen Matrizen* ^fT und ^rT besitzen die Dimension ($\frac{N}{2} x \frac{N}{2}$). Je nach Definition der Transformationskerne werden verschiedene Transformationen mit unterschiedlichen Eigenschaften möglich. Alle Transformationen besitzen die Eigen-schaft eines nach Perioden geordneten Spektrums. Beginnend mit den ersten $N/2$

Basisvektoren mit der Periode N, folgen $N/4$ Basisvektoren mit der Periode $N/2$, bis hin zu dem Basisvektor mit der kürzesten mögliche Periode zwei und einem Basisvektor der Periode Null. Er stellt den Mittelwert der Eingangsfolge dar. Die Transformationsmatrix besteht aus $N/2$ ungeraden und $N/2$ geraden Basisvektoren.

2.1 Betragsspektrum G

Das translationsinvariante Betragsspektrum G ist im Gegensatz zum Leistungsspektrum der DFT durch die Bildung von Periodengruppen, ähnlich dem Leistungsspektrum der WHT, definiert. Mit Hilfe des bekannten Verfahrens der Berechnung einer Shiftmatrix $^sS_N := \frac{1}{N} \cdot A_N \cdot {}^sI_N \cdot B_N^T$ [1] mit $-(N-1) \le s \le (N-1)$ [2], lässt sich für alle Zirkulartransformationen zeigen, dass durch eine Summation der Beträge der Spektralkoeffizienten (jeweils innerhalb einer Periodengruppe) ein translationsinvariantes Spektrum mit $\mathrm{ld}(N)+1$ Koeffizienten entsteht, dass als Merkmalvektor verwendet werden kann [11].

3 Das generalisierte Verfahren

Der allgemeine Zugang des generalisierten Verfahrens wird über die Definition der Shiftmatrix gewonnen. Es sind die Koeffizienten der Transformationsmatrix A zu bestimmen, wobei die Eigenschaften der Shiftmatrix beibehalten werden müssen. Dieser Grundgedanke führt auf die Lösung der Matrixgleichungen

$$^sS_N \cdot A_N - A_N \cdot {}^sI_N = 0 \text{ mit } -(N-1) \le s \le (N-1) \ . \tag{4}$$

Hierzu wird der $vec(\circ)$-Operator [8] eingeführt, welcher ein zweidimensionales Datenfeld in ein eindimensionales umwandelt. Der mathematische Ansatz geht vermutlich auf die Veröffentlichung von B. E. Roth aus dem Jahre 1934 zurück [siehe 8]. Die grundlegende Ansatz soll o. B. d. A. kurz skizziert werden. A, B, C und X sind Matrizen mit der Dimension $(N \times N)$ und es gilt die Matrixgleichung $C = AXB$. Dann ist $vec(C) = (B^T \otimes A) \cdot vec(X)$. Der Operator $vec(\circ)$ beschreibt die Stapelung von Matrixspalten zu einem einzigen Vektor der Länge N^2.

$$vec(X) = \{X_{0,0}, X_{1,0}, ..., X_{N-1,0}, X_{0,1}, X_{1,1}, ..., X_{N-1,1}, ..., X_{N-1,N-1}\}^T . \tag{5}$$

Die Matrixgleichungen (4) können, um die Koeffizienten von A zu gewinnen, durch

$$\underbrace{[(I_N \otimes {}^sS_N) - ({}^sI_N^T \otimes I_N)]}_{^sF_{NN}} \cdot vec(A_N) = vec(0) \tag{6}$$

---

[1] Mit ^sI_m wird eine $(m \times m)$-Einheitsmatrix bezeichnet, deren Spalten um s Stellen zyklisch verschoben werden. Hierbei gilt für $s \ge 0$, dass die Spalten um s Stellen nach rechts verschoben und für $s < 0$, dass die Spalten um s Stellen nach links verschoben sind.

ausgedrückt werden; d. h. es sind *homogene* Gleichungssysteme für s zu lösen. Eine eingehende Analyse der Matrix ${}^sF_{NN}$ und der erweiterten Matrix ${}^sF^a_{NN} = [{}^sF_{NN}, \mathbf{0}]$ zeigt [21], dass neben der trivialen Lösung $vec(A_N) = 0$ erstens unendlich viele Lösungen existieren und es zweitens genügt, nur ein Gleichungssystem ($s = 1$) zu lösen, da alle Lösungsmengen $\mathcal{L}({}^sF_{NN})$ Teilmengen der Lösungsmenge $\mathcal{L}({}^1F_{NN})$ sind. Die Lösung des Gleichungssystems erfolgt nach dem Verfahren der *reihen-reduzierte-Staffel-Form* (row reduced echelon form, RREF) [21]. Es ergibt sich somit eine methodisch einfache Vorgehensweise bei der Bestimmung der Transformationskoeffizienten, die an verschiedene Applikationen adaptiert werden können. Die Lösungsmatrix $E_{NN} = \mathrm{RREF}({}^1F_{NN})$ besitzt folgende einfache Struktur:

$$
E_{NN} = \begin{bmatrix} 1 & & & -{}^{N-1}S_N & 0 \\ & 1 & & -{}^{N-2}S_N & 0 \\ & & \ddots & \vdots & \vdots \\ & & \ddots & \vdots & \\ & & 1 & -{}^1S_N & 0 \\ 0 & \cdots & & 0 & \\ \vdots & & & \vdots & \\ 0 & \cdots & & 0 & \end{bmatrix}
\quad \begin{array}{l} \text{Rang: } rg({}^1F^a_{NN}) \\[2em] \\ \text{Nullraum: } N^2 - rg({}^1F^a_{NN}) \end{array}
\tag{7}
$$

Die Koeffizienten von A werden, da sie im Nullraum frei gewählt werden können, als beliebig angenommen. Die Anzahl der frei wählbaren Koeffizienten ist bei ${}^1F_{NN}$ am geringsten (N), während sie bei ${}^{N/2}F_{NN}$ am größten ist ($N^2/2$). Die Lösung von ${}^1F_{NN}$ ist jedoch konsistent für alle ${}^sF_{NN}$. Es ergibt sich somit folgendes Lösungsschema:

1. Der frei wählbare Lösungsvektor werde durch

$$
v_\beta := \{\beta_0, \beta_1, ..., \beta_{N-1}\}^T
\tag{8}
$$

definiert. Das erste Vektorelement β_0 ist der ersten Zeile des Nullraums von E_{NN} zugeordnet.

2. Die Koeffizienten der Matrix A werden durch

$$
diag(a_{0,j}, a_{1,j}, ..., a_{N-1,j}) = {}^{N-1-j}S_N \cdot v_\beta \text{ mit } j \in \{0, 1, ..., N-2\}
\tag{9}
$$

bestimmt.

3. Die Koeffizienten $a_{i,j}$ werden wiederum spaltenweise angeordnet, so dass die Transformationsmatrix $A_N = [a_{i,j}]$, $i,j \in \{0, 1, ..., N-1\}$ gebildet wird.

Die Schritte 1. bis 3. führen zu einer *generalisierten charakteristischen Matrix:*

$$
{}^f T_{\frac{N}{2}} = \begin{bmatrix} -\beta_{\frac{N}{2}-1} & -\beta_{\frac{N}{2}-2} & \cdots & -\beta_0 \\ \beta_0 & -\beta_{\frac{N}{2}-1} & \cdots & -\beta_1 \\ & & \vdots & \\ \beta_{\frac{N}{2}-2} & \beta_{\frac{N}{2}-3} & \cdots & -\beta_{\frac{N}{2}-1} \end{bmatrix}, \tag{10}
$$

die durch das Hadamard-Produkt [8] einer Zirkulante $Z(\xi)$ mit $\xi = \left\{ \beta_{\frac{N}{2}-1}, \ldots, \beta_0 \right\}^T$ und dem Produkt von Zirkularmatrizen $\tilde{C}^T$ [12] gebildet wird. Die Koeffizientenmatrix A kann in einer spärlich besetzten Matrizenform

$$
A_N = \begin{bmatrix} {}^f T_{\frac{N}{2}} & & & 0 \\ & {}^f T_{\frac{N}{4}} & & \\ & & \ddots & \\ 0 & & & 1 \end{bmatrix} \cdot \left[\prod_{i=1}^{\mathrm{ld}(N)-1} diag(I_{N-2^i}, K \otimes I_{2^{i-1}}) \right] \cdot \left[K \otimes I_{\frac{N}{2}} \right] \tag{11}
$$

aufgeschrieben werden. Anzumerken ist, dass die hinteren beiden Ausdrücke die rationalisierte MWHT [11] repräsentieren. Durch die Struktur der generalisierten charakteristischen Matrix und einer entsprechenden Zerlegung der Transformationsmatrix A, können die Zirkulartransformationen mit den o. g. Eigenschaften durch den charakteristischen Koeffizientenvektor

$$
c_\beta = \left\{ \beta_{\frac{N}{2}-1}, \beta_{\frac{N}{2}-2}, \ldots, \beta_0, \beta_{\frac{3 \cdot N}{4}-1}, \ldots, \beta_{\frac{N}{2}}, \ldots, \beta_{N-2}, \beta_{N-1} \right\}^T \tag{12}
$$

vollständig beschrieben werden.

3.1 Generalisierte Zirkularmatrizen

Unterschiedliche Transformationen, die mit einem rechentechnischen Aufwand von $O(N)$ bis $O(N\mathrm{ld}(N))$ berechnet werden können, werden mit Hilfe *generalisierter Zirkularmatrizen gC* aufgebaut. Sie erzeugen die charakteristischen Matrizen T. Es sollen einige Eigenschaften aufgezeigt werden, die zum Verständnis des Konzepts der generalisierten Zirkularmatrizen dienen. Mit Hilfe des Kronecker-Symbols

$$
\delta_{mn} := \begin{cases} 1 & \text{für } m = n \\ 0 & \text{für } m \neq n \end{cases} \quad \text{mit } n, m \in \mathbb{N}_0 \tag{13}
$$

werde bei einer festen ganzen Zahl $l \in \mathbb{N}_0$ die $(m \times m)$-Matrix ${}^l J_m := (\delta_{j,k+l})$ mit den Zeilen- und Spaltenindizes $j, k \in \{0, 1, \ldots, m-1\}$ gebildet. I_m ist eine $(m \times m)$-Einheitsmatrix. Die generalisierte Zirkularmatrix ist wie folgt definiert:

$$
{}^l g\tilde{C}_m := \gamma \cdot I_m + \lambda \cdot ({}^l J_m - {}^{m-l} J_m^T), \ 0 \leq l \leq m-1, \ \gamma, \lambda \in \mathbb{R}_0. \tag{14}
$$

Mit Hilfe der o.g. Definition wird eine charakteristische Matrix erzeugt. Dieser Vorgang soll exemplarisch für $^{f}T_{\frac{N}{2}}$ aufgezeigt werden. Es ist

$$^{f}T_{\frac{N}{2}} = - \prod_{i=0}^{\mathrm{ld}(\frac{N}{2})-1} (2^{i}g\tilde{C}_{\frac{N}{2}})^{T} . \tag{15}$$

Ebenso werden $^{f}T_{\frac{N}{4}}, ^{f}T_{\frac{N}{8}}$, usw. erzeugt. Es entsteht eine Matrixtopologie spärlicher Matrizen, deren Hauptdiagonalen jeweils mit γ- Koeffizienten und deren Nebendiagonalen mit entsprechenden λ- Koeffizienten besetzt sind. Die Koeffizienten β der charakteristischen Matrix können als Monome in γ und λ dargestellt werden. So sind z. B. die Monome für $^{f}T_{\frac{N}{2}}$ durch $\beta_{\frac{N}{2}-1} = \gamma_{0} \cdot \gamma_{1} \cdot \ldots \cdot \gamma_{\mathrm{ld}(\frac{N}{2})-1}$ bis $\beta_{0} = \lambda_{0} \cdot \ldots \cdot \lambda_{\mathrm{ld}(\frac{N}{2})-1}$ darstellbar. Interpretiert man die γ_{i} und λ_{i} jeweils als logische **I** und als logische **O**, können alle Monome einfach gebildet werden; z.B.: $\beta_{5} = \gamma_{0} \cdot \lambda_{1} \cdot \gamma_{2}$. Dieser Ansatz erzeugt eine Klasse von Zirkulartransformationen wie sie auch in [11] und [13] vorgestellt wurden. Es handelt sich hierbei um eine Untermenge aller Zirkulartransformationen; die Gesamtheit aller Lösungsmengen kann nicht über den Ansatz der Monomgleichungen dargestellt werden. Vorteilhaft zu werten ist der rechentechnische Aufwand von $O(N)$ bis $O(N\mathrm{ld}(N))$, der sich aus diesem Ansatz ergibt.

4 Experimentelle Ergebnisse

Beispielhaft wurden drei Zirkulartransfomationen auf ihre Trenneigenschaften bezüglich des Sonderfalls binärer Muster hin untersucht, um die Ergebnisse mit denen anderer Transformationen vergleichen zu können [4][5][9][18]. Es ist als bekannt vorauszusetzen, dass eine bessere Klassentrennbarkeit mit Erhöhung des Berechnungsaufwands einhergeht. Deshalb wurden die drei Zirkulartransformationen hinsichtlich des jeweils steigenden Rechenaufwands ausgewählt. In Anlehnung an [11] wurden keine schwach kommutativen Abbildungen im Eingang benutzt. Folgende Zirkularvektoren c_{β} wurden für den Aufbau der Transformationen benutzt (es werden hier der Übersicht halber nur die Zirkularvektoren für $N = 16$ angegeben):

1.   ZT1: $c_{\beta 1} = \{2^{7}, 2^{6}, \ldots, 2^{0}, 2^{3}, 2^{2}, \ldots, 2^{0}, 0, -1, -1, 1\}^{T}$.

Dieser Vektor erzeugt eine Transformation, die mit einem rechentechnischen Aufwand von $N\mathrm{ld}(N)$ Additionen/Subtraktionen berechnet werden kann. Darüber hinaus bestehen Freiheitsgrade in der Bestimmung von λ-Werten, so dass die spärlich besetzten Matrizen (Radix-2-Struktur) im Integer-Format berechnet werden können.

2.   ZT2: $c_{\beta 2} = -k \cdot \cos(\frac{\pi \cdot (i+\frac{1}{2})}{N})$ mit $i = 1, 2, \ldots, N-1$.

Eine einfache Radix-2-Zerlegung mit Hilfe der oben angegebenen Monome ist hier nicht möglich, so dass der Rechenaufwand steigt. Der Faktor k wurde derart gewählt, dass der Basisvektor der Transformation gerade den Mittelwert des Eingangssignals berechnet.

3.   ZT3: $c_{\beta 3} = \{r_0, r_1, ..., r_{N-1}\}^T$.

Hier wurde ein ad hoc gewähltes mittelwertfreies Rauschsignal mit den Rauschamplituden r_i und der Varianz $\sigma = 1$ verwendet. Die Amplitudenwerte waren gaussverteilt. Auch hier ist eine einfache Radix-2-Zerlegung mit Hilfe der oben angegebenen Monome nicht möglich, so dass der Rechenaufwand steigt.

Die Leistungsfähigkeit der mit den o.g. Transformationen ermittelten Invarianten wurde bezogen auf ihre Separierbarkeit von binären Mustern hin untersucht. Interpretiert man Zahlen zwischen 0 und 2^N-1 als binäre Muster, ist festzustellen, dass mehrere Zahlen durch zyklische Permutation einer einzelnen Zahl im Binärraum erzeugt werden können. Es entsteht somit eine Anzahl separierbarer Muster, die in ihrer Gesamtheit klassifiziert werden können.
Zunächst wurden alle Binärmuster einer vorgegebenen Länge transformiert und die Ergebnisse der Transformationen mit denen der R-Transformation und dem Betrag des Fourier-Amplitudenspektrums verglichen. Die Anzahl der Binärmuster, die über ihre Invarianten getrennt werden konnten, sind in Tabelle 1 dargestellt. Es wurden keine schwach kommutativen Abbildungen (SKA) verwendet.

N	2^N	Anzahl sep. Muster	R-Transf.	Betrag des Fourier-spektrums	ZT1	ZT2	ZT3	RMWHT [11]	SWT [6]
2	4	3	3	3	3	3	3	3	3
4	16	6	6	6	6	6	6	6	6
8	256	36	21	31	31	31	33	21	29
16	65536	4116	225	1876	3245	3496	3527	208	668

Tabelle 1. Anzahl unterscheidbarer Binärmuster ohne SKA

Aus der Tabelle 1 ist ersichtlich, dass die aufgeführten Transformationen ZT1, ZT2 und ZT3 mit ihrer Berechnungsstruktur in der Trennbarkeit der Binärmuster der R-Transformation, RMWHT, SWT und dem Betrag des Fourierspektrums für $N > 4$ ebenbürtig oder überlegen sind. Im Hinblick auf die in [11] vorgestellten Transformationen A1 bis A4 ist festzustellen, dass die o.g. Klassentrennbarkeit mit einem Mehraufwand an Berechnungen erkauft wird.

5 Zusammenfassung und Ausblick

Es wurde ein generalisiertes Verfahren zur Bestimmung von Zirkulartransformationen vorgestellt. Die Klasse der Transformationen wurde auf ein einheitliches Konzept zurückgeführt, dass auf sogenannten *charakteristischen* und *zirkularen*

Matrizen basiert. Dabei werden die nützlichen Eigenschaften nach [11] beibehalten. Anhand von drei Transformationen wurde exemplarisch gezeigt, wie die Trenneigenschaften gegenüber anderen bekannten Transformationen gesteigert werden können. Ebenso können Transformationen mit anderen Eigenschaften auf einfache Weise konstruiert werden, da ein parametrierbares Grundgerüst für alle Transformationen vorliegt, dass einfache hardware-basierte Implementationen zulässt [14][15].

6 Literatur

[1] Agaian, S.S.: Lecture Notes in Mathematics: Hadamard Matrices and theirApplications, Springer Verlag, Berlin 1985

[2] Ahmed, N.; Rao, K. R.: Bifore or Hadamard-Transform, IEEE Audio Electroac. Trans., AU-19, pp. 225-234, 1971

[3] Ahmed, N.; Rao, K. R.: Orthogonal Trans. for Dig. Signal Proc., Springer-Verlag, 1975

[4] Burkhardt, H.: Transformationen zur lageinvarianten Merkmalgewinnung, Fortchrittsbericht (Reihe 10, Nr. 7) der VDI-Zeitschriften, VDI-Verlag, 1979

[5] Burkhardt, H.; Fenske, A.; Schulz-Mirbach, H.: Invariants for the recognition of planar contour and grayscale images, Technisches Messen 59, Nr.10, 1992

[6] Covey, D.; Pender, J.: New Square Wave Transform for Digital Signal Processing, IEEE Trans. On Signal Processing, Vol. 40, No. 8, pp. 2095-2097, 1992

[7] Fang, M.; Häusler, G.: Modified rapid transform, Applied Optics, Vol.28, Nr.6, 1989

[8] Horn, R.A.; Johnson, Ch.R.: Topics in Matrix Analysis, Cambridge Univ. Press, 1991

[9] Kröner, S. : Neuronale Netze zur lageinvarianten Mustererkennung, VDI Fortschrittsbericht, Reihe 10, Nr. 516, 1997

[10] Lohweg, V.: Opt. Inspektionssysteme in der Druckindustrie, FLEXOPRINT, Okt. 1997

[11] Lohweg, V.: Anwendung schneller diskreter Spektraltransf. zur translationsinv. Merkmalgewinnung, 21.DAGM-Symposium, Bonn, 15.-17.Sept.1999, Springer-Verlag, 1999

[12] Lohweg, V.: Das generalisierte Positionsspektrum der Zirkulartransformationen, BVM 2000, München, 12.-14. März 2000, Springer-Verlag, 2000

[13] Lohweg, V.: Circular Transforms, ICIP 2000, Vancouver, 10.-13. Sept. 2000, zur Veröffentlichung vorgelegt.

[14] Mauersberger, H.; Müller, D.: VLSI-Implementierung von Algorithmen für die Bildverarbeitung, Technische Universität Chemnitz, Lehrstuhl Schaltungs- und Systementwurf, Fachtagung Informations- und Systemtechnik, Magdeburg, 25.3. - 27.3.1998

[15] Mauersberger, H.; Müller, D.: Effektive Entwurfsmethodik für leistungsfähige Bildverarbeitungssysteme, Technische Universität Chemnitz, Lehrstuhl Schaltungs- und Systementwurf, DASS'99, Dresden, 19.5. - 20.5.1999

[16] Müller, X.: Schnelle translationsinvariante Transformationen zur Bearbeitung digitaler Grauwertbilder, VDI Fortschrittsbericht, Reihe 10, Nr. 17, 1982

[17] Reitboeck, H.; Brody T. P.: A Transformation with Invariance under Cyclic Permutations for Applications in Pattern Recognition, Inf. Control 15, S.130,1969

[18] Schulz-Mirbach, H.: Anwendung von Invarianzprinzipien zur Merkmalgewinnung in der Musterekennung, VDI Fortschrittsbericht, Reihe 10, 1995

[19] Turan, J.: A novel system for 3D acoustic object recognition on the MRT, Elektrotechniky Casopis Bratislava, Vol. 46, pp. 265-269, 1995

[20] Wagh, M. D.; Kanetkar, S.V.: A Class of Translation Invariant Transforms, IEEE Transactions Acoustic, Speech, Signal Processing, ASSP-25, 1977

[21] Zurmühl, R.; Falk, S.: Matrizen und ihre Anw.1, 6.üb. Auflage, Springer-Verlag, 1992

The Minors of the Structure Tensor

Erhardt Barth

Institute for Signal Processing
University of Lübeck, Ratzeburger Allee 160, 23538 Lübeck
`barth@isip.mu-luebeck.de` `http://www.isip.mu-luebeck.de`

Abstract. A novel method for motion estimation from first order derivatives is presented. First estimates are obtained by evaluating the minors of the so-called structure tensor that contains blurred products of first order derivatives. The minors yield four different estimates that are equal in case of translation but differ for other spatio-temporal patterns. The mean yields a robust motion estimate and the difference is used as an indicator of discontinuous motions, occlusions, and noise. This procedure leads to a flow field with small errors and low density. An additional change detection is performed to obtain a mask that is filled with the previously computed (correct but sparse) motion vectors. The superior performance of the algorithm is demonstrated on synthetic and real sequences by comparison with other methods.

Keywords: image-sequence analysis, motion, flow field, curvature, dynamic features, change detection

1 Introduction

We consider image sequences defined by intensity $f(x, y, t)$ and construct the following matrix from the first-order derivatives of f:

$$\mathbf{D}(x, y, t) = (f_x, f_y, f_t)^T (f_x, f_y, f_t) = \begin{pmatrix} f_x^2 & f_x f_y & f_x f_t \\ f_x f_y & f_y^2 & f_y f_t \\ f_x f_t & f_y f_t & f_t^2 \end{pmatrix}. \tag{1}$$

Since this matrix obviously does not contain more information than the gradient (f_x, f_y, f_t) itself, a different matrix, obtained from $\mathbf{D}$ by convolution with a smoothing kernel $h(x, y)$ (or $h(x, y, t)$), i.e.

$$\mathbf{J}(x, y, t) = h(x, y) * \mathbf{D}(x, y, t), \tag{2}$$

can be used to characterize the structure of $f(x, y, t)$. Accordingly, $\mathbf{J}$ has been called "the structure tensor". In the context of motion estimation, it has been shown how the eigenvectors of $\mathbf{J}$ can be used to estimate the optical flow. The benefit of using $\mathbf{J}$ is that useful measures, which indicate confidence in the motion estimate, can be defined based on the eigenvalues of $\mathbf{J}$ - see [6, 7] for a review.

Related methods have been proposed that are based on the geometry of the hypersurface $\boldsymbol{S} = (x, y, t, f(x, y, t))$, e.g. for the purpose of motion detection [8].

Further, it has been shown that the Gaussian curvature of this hypersurface can be used to detect motion discontinuities [14] and that the Riemann curvature tensor $\mathbf{R}$ can be used to estimate motion parameters [3]. Four different expressions, based on second order partial derivatives of f, for the motion vector have been derived from $\mathbf{R}$ and differences among these vectors have been used as confidence measures. The expressions derived for the components of $\mathbf{R}$, also hold for the minors of the 3D Hessian of f. In this paper we will derive similar expressions for the minors of the matrix $\mathbf{J}$.

Covariance-based methods have been proposed as alternatives to differential methods [5]. $\mathbf{J}$ approximates the covariance matrix $\mathbf{C}_g$ of the gradient (f_x, f_y, f_t) and it is argued that, in 2D, $\mathbf{C}_g$ should be computed as the Hessian of the autocovariance of f [10]. From this perspective, methods based on $\mathbf{R}$ versus $\mathbf{J}$ differ in that they are based on the Hessian of f, and of the autocovariance of f, respectively. Similarly, one could use the Hessian of local-energy band-pass filter outputs or other representations of f. In [3] it had been suggested to estimate motion from the 3D Hessian of a ratio-of-Gaussians filter output.

Various methods for motion estimation are known and comprehensive reviews can be found, e.g. in [2, 7, 12]. The comparative analysis presented here, however, is limited to the methods by Lukas and Kanade (L&K) [9], Uras et. al. (Uras) [13], the structure-tensor method (ST), the new method based on the minors of the structure tensor (MST), and an extended version thereof f (filled MST).

2 Theory

We now consider the minors of $\mathbf{J}$, i.e. the matrix

$$\mathbf{M} = \text{Minors}(\mathbf{J}). \tag{3}$$

The elements $M_{ij}, (i, j = 1, 2, 3)$ of $\mathbf{M}$ are the determinants of the matrices obtained from $\mathbf{J}$ by eliminating the row $4 - i$ and the column $4 - j$, e.g., $M_{11} = (h * f_x^2)(h * f_y^2) - (h * (f_x f_y))^2$. The results presented in this section were obtained with the following analytical expression for $\mathbf{J}$:

$$\mathbf{J}(x, y, t) = \sum_{i,j=0}^{N-1} w_{ij} \mathbf{D}(x + i, y + j, t), \tag{4}$$

i.e., sums of functions $\mathbf{D}(x, y, t)$ shifted with integer (for simplicity) amounts in x and y have been simplified. The results do not depend on the weights w_{ij} (they cancel out) and not on N (note, however, that for $N = 1$, i.e. $\mathbf{J} = \mathbf{D}$ all the minors are zero).

2.1 Translation with constant velocity

If the image sequence $f(x, y, t)$ results from any spatial pattern moving with constant velocity $v = (v_x, v_y)$, f is supposed to satisfy the constraint

$$f(x, y, t) = f(x - v_x t, y - v_y t). \tag{5}$$

Under this constraint we obtain the following relations for the minors of $\mathbf{J}$:

$$
\begin{aligned}
(M_{31}, -M_{21})/M_{11} &= \mathbf{v}_1 \\
(M_{23}, -M_{22})/M_{12} &= \mathbf{v}_2 \\
(M_{33}, -M_{23})/M_{13} &= \mathbf{v}_3 \\
(M_{33}, -M_{22})/M_{11} &= (v_{4x}^2, v_{4y}^2).
\end{aligned}
\tag{6}
$$

Indices $i = 1, ..., 4$ simply denote the fact that we obtain different expressions for $\mathbf{v}$. All representations $\mathbf{v}_i$ were obtained by assuming the constraint in Eq. 5 and by performing the simplification of all possible ratios of $\mathbf{M}$ components. [1]

Obviously, $\mathbf{v}_4$ can be computed as $(\text{sign}(\mathbf{v}_{1x})\sqrt{M_{33}}, \text{sign}(\mathbf{v}_{1y})\sqrt{-M_{22}})/\sqrt{M_{11}}$ to account for the sign of motion. To summarize, we found four different combinations of minors that are equal and equal to the motion vector in case that Eq. 5 holds ($\mathbf{v} = \mathbf{v}_1 = \mathbf{v}_2 = \mathbf{v}_3 = \mathbf{v}_4$).

2.2 Translation with time-dependent velocity

We now consider the more general case where the image shift contains higher-order terms, i.e., the motion can be accelerated:

$$
f(x, y, t) = f(x - d_1(t), y - d_2(t)).
\tag{7}
$$

For the minors of $\mathbf{J}$ under the constraint (7) we obtain the same results as in Eq. 6 with $\mathbf{v}_i = (d_1'(t), d_2'(t))$. This is an interesting result since it cannot be obtained for the minors of the Hessian.

2.3 On- and offset of spatial patterns

Here we consider the cases: $f(x, y, t) \to f(x, y)\gamma(t)$ and $f(x, y, t) \to f(x, y)\delta(t)$ with the step function $\gamma(t)$ and the Dirac-delta distribution $\delta(t)$. In these cases, we do not obtain any meaningful simplifications. However, the results differ for the four expressions $\mathbf{v}_i$ obtained for the motion vector $\mathbf{v}$ in the previous sections. Therefore the difference can be used as an indicator of pattern on- and offset that typically occurs with occlusions - see Section 3.3.

3 Algorithms

3.1 Traditional differential methods

The algorithms by Uras et.al. [13] and Lukas and Kanade [9] were implemented by using the code provided by the authors of [2] and were applied with the original parameter settings (temporal filtering with a sigma of 1.5 pixels in both cases and spatial filtering with a sigma of 3 pixels and 1 pixel, respectively).

---

[1] These and the following simplifications have been performed with the aid of the software *Mathematica*; a formal proof will be given in a forthcoming paper.

3.2 Structure tensor (ST algorithm)

Here we used our own implementation to enable a direct comparison with the MST method (see below), i.e., the computation of $\mathbf{J}$ was a common block in both the ST and the MST algorithm. The sequence was first low-pass filtered with a spatio-temporal Gaussian filter (cutoff frequencies 0.33 in spatial frequency and 0.75 in temporal frequency - both values given in fractions of the maximal frequency). Subsequently, the components of $\mathbf{J}$ were computed by convolution with discrete kernels (-1,0,1), multiplication, and subsequent convolution with a Gaussian smoothing kernel $h(x,y)$ (Eq. 2) with a sigma of 2 pixels. The computation of $\mathbf{J}$ can be further optimized [7] but we were interested in a simple implementation (that offers the possibility of a straightforward and optimal multi-scale extension) and a performance analysis relative to the MST algorithm. The following operations were performed only in regions were the minor $M_{11} > T_{M_{11}}$ with $T_{M_{11}}$ set to one percent of the maximum of M_{11} in each frame (the MST algorithm uses this confidence measure to avoid division by zero). We then computed the eigenvalues λ_i of $\mathbf{J}$ and sorted them $\lambda_1 > \lambda_2 > \lambda_3$. In cases where λ_3 was larger than a threshold T_λ, and the confidence measure $c_c = ((\lambda_1 - \lambda_3)/(\lambda_1 + \lambda_3))^2 - ((\lambda_1 - \lambda_2)/(\lambda_1 + \lambda_2))^2$ greater than T_c, we computed the eigenvector $r_3 = (r_{3,1}, r_{3,2}, r_{3,3})$ corresponding to λ_3. In these cases, the motion vector was set to $v_{ST} = h_v(x,y) * ((r_{3,1}, r_{3,2})/r_{3,3})$. The thresholds were chosen $T_\lambda = 20$ and $T_c = 0.4$ such as to optimize the tradeoff between density and noise behavior, and to obtain a comparable density for the two methods ST and MST. The Gaussian smoothing kernel h_v had a sigma of 2 pixels.

3.3 Minors of the structure tensor (MST algorithm)

Starting with $\mathbf{J}$ as defined above, the vectors v_i were computed according to Eq. 6 at those locations, where the respective denominators were larger than one percent of their maximum value at that frame. If $v_{ix}^2 + v_{iy}^2 > T_m^2$ and the angular deviation among the four vectors v_i less than T_θ degrees, the spatially blurred mean of the four was taken as the final result, i.e., $v_{MST} = h_v(x,y) * (v_1 + v_2 + v_3 + v_4)/4$. Otherwise v_{MST} was set to zero. The value of T_m was 5 percent of the maximum length of the motion-vector v_1 (at each frame) in case of the synthetic sequence and 1 percent for the traffic scene (this criterion could not be used with the ST algorithm because it eliminated correct vectors due to large maxima). The values of T_θ where 4 and 15 degree, and the Gaussian smoothing kernel h_v had a sigma of 2 (as for ST) and 4 pixels, respectively.

3.4 Change-detection and filling (filled-MST algorithm)

We used a change-detection algorithm based on a Bayesian decision criterion [1]. The absolute difference of two consecutive frames is summed in a 5×5 neighborhood and normalized by the noise standard deviation in stationary regions. Pixels where this normalized sum is above a threshold are set to one and indicate the regions with temporal change. The other pixels are set to zero. In addition, the threshold is changed adaptively such as to increase the probability for label "1" by the number of spatial neighbors that have already been labeled "1".

The above mask is then filled with the initially obtained motion vectors as follows. If a pixel has (i) a mask value of one, (ii) a zero motion vector, and (iii) neighbors with non-zero motion vectors, it is assigned the mean vector of the (non-zero) neighbors. All other pixels remain unchanged. This procedure is repeated until the mask is filled (the number of iterations was 30 for the square and 22 for the taxi). Since all the displayed flow fields were sub sampled for graphical reasons (by factors 6 in Fig. 2 and 4 in Fig. 3) after low-pass filtering to avoid aliasing, they contain an additional smoothing (that introduces some errors). The error analysis, however, was computed without smoothing.

4 Results

4.1 Synthetic sequence with noise

We used an image sequence of size 256×256 pixels that was 64 frames long. In this sequence, a gray square (intensity 128) of size 64×64 pixels appears against a darker background (intensity 64) at frame 23, moves 2 pixels right and one pixel up in each frame and then disappears at frame 44. To this sequence, uniformly distributed noise with a low variance of 7 was added. In addition, to randomly chosen blocks of size $4 \times 4 \times 4$ pixels in space and time the value of 54 was added or subtracted. This procedure is supposed to simulate the appearance and disappearance of light and dark blobs. We have chosen this input to test the algorithms with local discontinuities (occlusions) and aperture problems.

Comparative results obtained for this input are shown in Fig. 1. The top left plot shows the angular errors (standard deviation of estimated motion direction compared to the true motion evaluated for the pixels that belong to the moving square) as a function of frame number. Note that the errors are lowest for the MST algorithms (continuous lines). The top right plot illustrates the relative number of pixels in the background for which motion vectors were estimated (incorrectly since the background does not move). Note that in this plot the continuous curve (MST) hardly deviates from zero and that the ST algorithm produces similarly good results. The bottom left graph plots (on a log scale) the density of the flow field (the relative number of pixels for which a motion vector was estimated). A similar plot that shows the density obtained by counting only the vectors with an angular error of less than 8 degree is shown bottom right. Note that the ST and MST methods obtain the higher acuity at the expense of a lower density. Also note, however, that for all methods other than filled MST the density is low, reflecting the fact that reliable estimates can be obtained only at the corners of the square. For the filled MST method the increased density is obtained at the expense of a somewhat higher number of erroneous motion vectors (due to filling a noisy mask). Sample flow fields of the synthetic sequence are shown in Fig. 2. The left panel displays results for frame number 23, when the square appears. Note that for the MST-based algorithms all vectors are zero

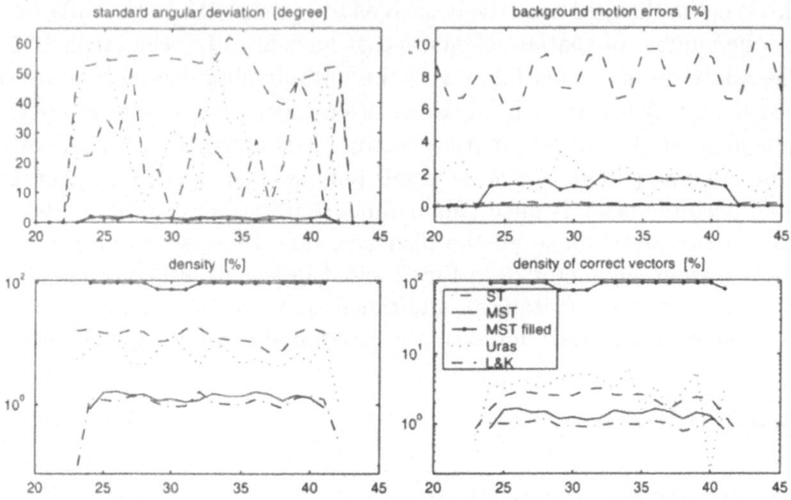

Fig. 1. Results for the synthetic sequence - see text.

(as the motion is). The other algorithms (especially Uras and L&K) compute false motion vectors induced by the popping square and the noise.

The same type of results are shown in in the right panel of Fig. 2 for frame number 34 when the square translates. Note that in this case the ST and MST algorithms yield a certain number of correct motion vectors at the corners of the square and minimize the effect of the noise. Note also that the filled-MST algorithm produces a much higher density (at the expense of some additional errors). Of course, the filling algorithm could be applied to other methods also, but it is crucial that all incorrect motion vectors are eliminated prior to filling.

4.2　Traffic scene

Results obtained with the filled-MST algorithm for a real video sequence are shown in Fig. 3. Note the high density obtained by change detection and filling. Also note, that the pedestrian is detected correctly in the top left corner. This example illustrates that the filled MST algorithm performs well on real sequences; a more comprehensive analysis is desirable but beyond the scope and size of this paper.

Since different implementations have been used, a direct comparison of computation time is only meaningful for the ST and MST algorithms. In our implementations (MATLAB) the ST algorithm took $0.52 msec$ ($244 flops$) per pixel and the MST algorithm $0.04 msec$ ($43 flops$). The filled MST algorithm is much slower but the speed of change detection can be improved. Also, filling will be replaced by more efficient reconstruction algorithms: since it has been shown [4] and proved [11] that images can be reconstructed from curved regions only, the aperture and density problems do (theoretically) not exist.

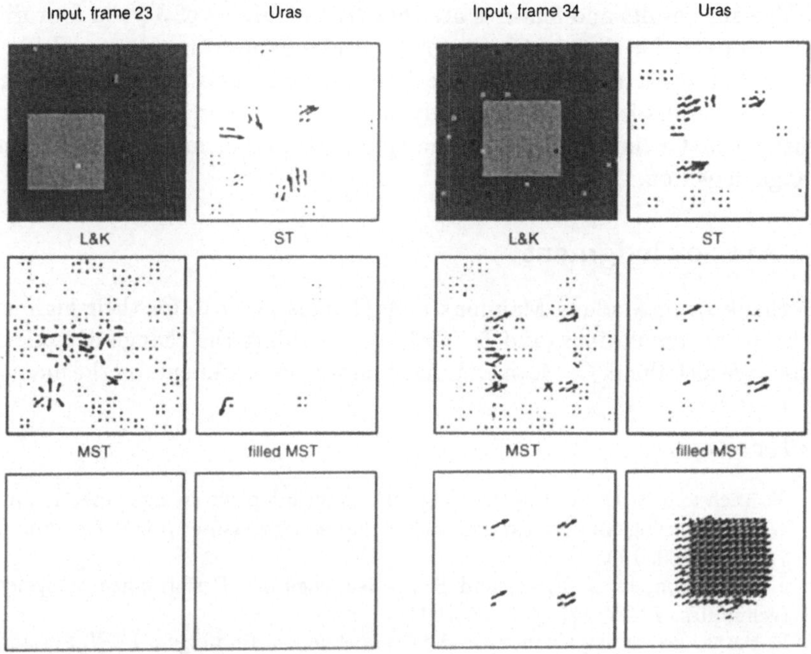

Fig. 2. Sample results for frame 23 when the square appears (left panel) and frame 34 when the square translates (right panel).

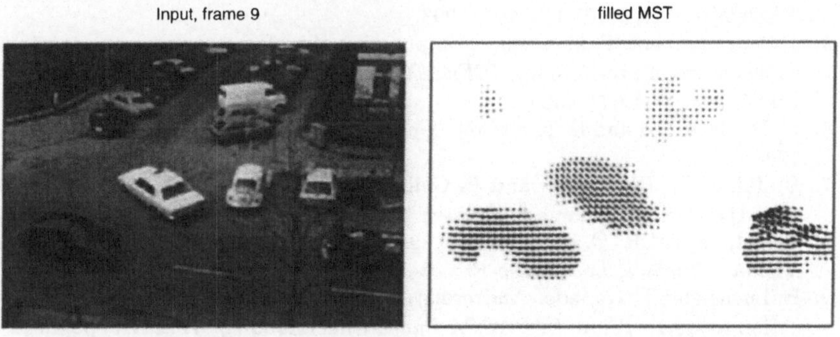

Fig. 3. Hamburg-taxi scene and results of filled-MST algorithm.

5   Conclusions

We have presented a novel method for motion estimation based on the minors of the structure tensor $\mathbf{J}$. The results are better than those obtained by computing the eigenvalues and eigenvectors of $\mathbf{J}$ (and better than those based on the minors of the Hessian of f). Traditional first- and second-order differential methods are also outperformed.

The key results and features are that (i) the minors of $\mathbf{J}$ yield four different expressions v_i for the motion vector (ii) these expressions are equal for translations and accelerated motions but differ for occlusions and noise (iii) the flow field that results from accepting only similar v_i's is correct but sparse (iv) the density can be increased substantially by combining motion estimation with change detection.

6 Acknowledgment

We thank Amir Madany Mamlouk and Thomas D. Otto for their high engagement in the simulations, and D. Toth for providing the change-detection algorithm. We also thank C. Mota and the reviewers for comments on the manuscript.

References

1. T. Aach and A. Kaup. Bayesian algorithms for adaptive change detection in image sequences using Markov random fields. *Signal Processing: Image Communication*, 7(2):147–160, 1995.
2. J. L. Barron, D. J. Fleet, and S. S. Beauchemin. Performance of optical flow techniques. *IJCV*, 12(1):43–77, 1994.
3. E. Barth. Bewegung als intrinsische Geometrie von Bildfolgen. In W. Förster, J. M. Buhmann, A. Faber, and P. Faber, editors, *Mustererkennung 99*, pages 301–308, Bonn, 1999. Springer, Berlin.
4. E. Barth, T. Caelli, and C. Zetzsche. Image encoding, labelling and reconstruction from differential geometry. *CVGIP:GRAPHICAL MODELS AND IMAGE PROCESSING*, 55(6):428–446, 1993.
5. J. Berkmann and T. M. Caelli. Computation of surface geometry and segmentation using covariance techniques. *IEEE: Transactions on Pattern Analysis and Machine Intelligence (PAMI)*, 1994.
6. G. H. Granlund and H. Knutsson. *Signal Processing for Computer Vision*. Kluwer, 1995.
7. B. Jähne, H. Haußecker, and P. Geißler, editors. *Handbook of Computer Vision and Applications*, volume 2, chapter 13. Academic Press, Boston, 1999.
8. S.-P. Liou and R. C. Jain. Motion detection in spatio-temporal space. *Computer Vision, Graphics, and Image Processing*, 45:227–50, 1989.
9. B. Lucas and T. Kanade. An iterative image registration technique with an application to stereo vision. In *DARPA Image Understanding Workshop*, pages 121–130, 1981.
10. R. Mester. Orientation estimation: conventional techniques and a new non-differential approach. In *Proceedings EUSIPCO 2000*.
11. C. Mota and J. Gomes. Curvature operators in geometric image processing. In *Brazilian Symposium on Computer Graphics and Image Processing*. IEEE Press, 1999.
12. H. H. Nagel. On the estimation of optical flow: relations between different approaches and some new results. *Artificial Intelligence*, 33:299–324, 1987.
13. S. Uras, F. Girosi, A. Verri, and V. Torre. A computational approach to motion computation. *Biological Cybernetics*, 60(5):79–97, 1988.
14. C. Zetzsche and E. Barth. Direct detection of flow discontinuities by 3D curvature operators. *Pattern Recognition Letters*, 12:771–9, 1991.

Ein Lern- und Klassifikationssystem zur Erkennung komplexer und/oder deformierter 2D-Objektkonturen mit Merkmalsfusion

Dag Pechtel und Klaus-Dieter Kuhnert

FG Prozessdatenverarbeitung, FB12, Universität Siegen
Hölderlinstr. 3, 57068 Siegen
{pechtel,kuhnert}@pd.et-inf.uni-siegen.de

Zusammenfassung Ein im Prinzip noch ungelöstes Problem in der Mustererkennung ist die automatische Synthese abstrakter Charakteristiken von Mustergruppen. Ziel dieser *Merkmalsfusion* muss letztendlich sein, Muster bestimmten Klassen sinnvoll zuzuordnen. Ein weiterer Schritt in diese Richtung ist der hier vorgestellte lokale Ansatz eines Lern- und Klassifikationssystems für komplexe und/oder deformierte 2D-Objektkonturen. Signifikante Konturabschnitte werden in einem zwar komplexen, aber auch intuitiv nachvollziehbaren Lernprozess automatisch generiert und dienen einem vergleichsweise einfachen hierarchischen Klassifikator als Wissensbasis. Die Merkmalsgenerierung, d.h. die Fusionierung von Konturpunkten zu Merkmalsgruppen, steht dabei im Vordergrund.

1 Einführung

Es ist bekannt, dass Objekte einer bestimmten Objektklasse bestimmte, sie auszeichnende Charakteristiken besitzen. Dies sind beispielsweise die Schwanzflosse bei Fischen, die Kralle oder der Schnabel bei Vögeln und der Flaschenhals bei Flaschen. Ohne diese Charakteristiken ist es nicht möglich einzelne Objekte einer Objektklasse zuzuordnen, wenn diese aus einer Vielzahl verschiedener Objekte besteht. Die Objekte **einer** Klasse können als **Deformationen** untereinander interpretiert werden (z.B. die Fische, Vögel und Flaschen in Abb.4). Mehrnoch kann jedes Objekt einer Klasse mehr oder weniger stark deformiert werden, entweder durch äußere Einflüsse, wie z.B. Verbiegen, Eindrücken, Knicken oder Verdecken von Objektteilen, oder durch innere Einflüsse wie z.B. Eigenbewegung. Verschiedene 2D-Projektionen eines Objektes, auch verursacht durch äußere oder innere Einflüsse, können ebenfalls als Deformation interpretiert werden.

Dieser Artikel beschreibt einen ersten vollständigen Ansatz eines Lern- und Klassifikationssystems, das diejenigen lokalen signifikanten Konturabschnitte geschlossener diskreter 2D-Objektkonturen einer bestimmten Klasse bestimmt, die diese Konturen von den Konturen der anderen Klassen möglichst gut differenzieren. Die einzelnen Komponenten des Systems sind in Abb.1 dargestellt und werden in den folgenden Abschnitten näher beleuchtet. Das vorgestellte System

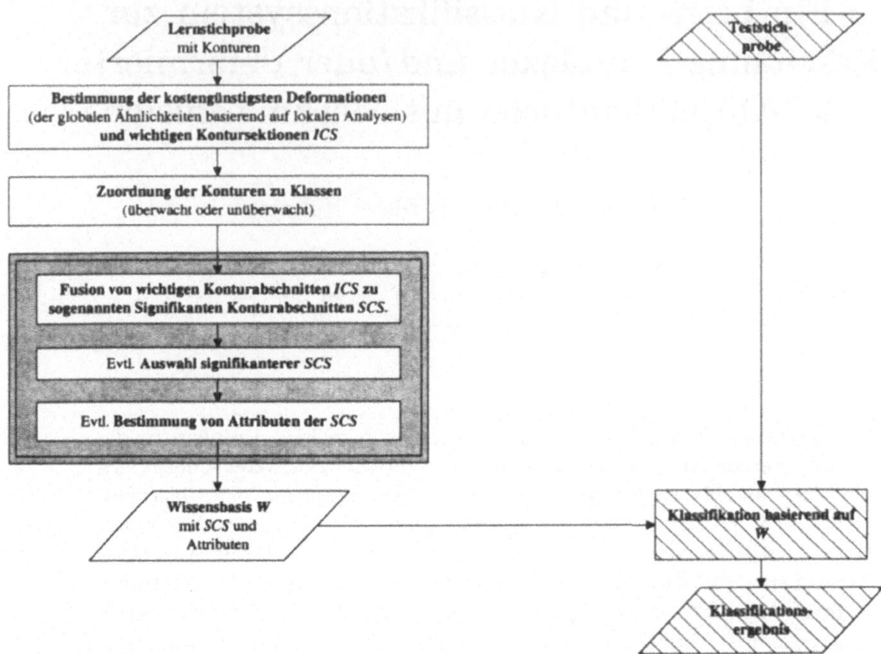

Abbildung1. Überblick des Lern- und Klassifikationssystems basierend auf Merkmalsfusion

besitzt einen komplexen, aber im Gegensatz zu z.B. neuronalen Netzen intuitiv verständlichen Lernprozess und einen vergleichsweise einfachen Klassifikator (schraffiert markiert), d.h. der Merkmalsgenerierung (-fusionierung) wird eine hohe Bedeutung zugemessen. Das Hauptaugenmerk in diesem Artikel wird deshalb auf die Merkmalsfusion (grau markiert) gerichtet.

2 Das lernende Subsystem

Um eine Kontur in eine andere zu transformieren ist i.a. neben den affinen Transformationen auch eine nichtlineare Deformations-Transformation (im folgenden kurz Deformation genannt) notwendig. D.h. es ist anzunehmen, dass sich die Deformationskosten nicht über die gesamte Kontur gleich verteilen. Weiter wird angenommen, dass die Deformation von Konturen aus verschiedenen Klassen nichtlinearer ist und höhere Kosten verursacht als die Deformation von Konturen aus derselben Klasse. Mit anderen Worten heißt das, dass zum einen Konturen aus verschiedenen Klassen eine kleinere globale Ähnlichkeit haben als Konturen aus der gleichen Klasse. Zum anderen besitzen Konturen aus verschiedenen Klassen sowohl ähnliche als auch unähnliche, die Konturen unterscheidende Konturabschnitte. Um diese sich unterscheidenden, wichtigen Konturabschnitte zu finden, ist es notwendig diejenige Deformation zwischen je 2 Konturen zu bestimmen, die minimale Kosten verursacht. Da sich der Deformationsaufwand lokal unterscheidet, ist eine systematische Untersuchung lokaler Konturabschnitte notwendig.

Bestimmung der kostengünstigsten Deformation

Es gibt verschiedene Verfahren für diese Aufgabe, die auf einer Minimierung einer Kostenfunktion basieren. Oft werden die Kosten als 'elastische Energie' definiert, die benötigt wird, um eine Kontur in die andere zu deformieren [BCGJ98]. Polygoninterpolation, auch als Morphing bekannt, ist ein anderer interessanter Ansatz in diesem Zusammenhang [SGWM93]. Die diskrete Kontur kann auch als String aufgefasst werden, in dem Konturpunkte ersetzt (verschoben) und eingefügt bzw. entfernt werden [PK99], [SK83]. Der in diesem System verwendete Ansatz basiert auf der letzten Methode [PK99]. Es ist kein part-basierter Ansatz ([SIK95], [LL98]) und analysiert lokale Konturabschnitte mit gleicher Konturpunktanzahl von 2 Konturen mit i.a. unterschiedlicher Konturpunktanzahl bzgl. ihrer Ähnlichkeit. Dies geschieht mittels einer nicht-exakten 1-zu-1-Abbildung der in einer Sequenz vorliegenden Konturpunkte aufeinander (z.B. [PK99],[AG96]). Die resultierenden partiellen Ähnlichkeiten werden jeweils den zentralen Konturpunkten der beiden verglichenen Konturabschnitte zugeordnet und als lokale Ähnlichkeit dieser beiden Konturabschnitte um diese zentralen Konturpunkte herum interpretiert. Allen möglichen zentralen Konturpunktpaaren der beiden Konturen werden so lokale Ähnlichkeiten zugewiesen, die in einer lokalen Ähnlichkeitsmatrix bzgl. ihrer Konturpunktreihenfolgen angeordnet werden. In dieser Matrix wird mit Hilfe einer Kostenfunktion nach dem monotonen, diskreten und geschlossenen Pfad gesucht (z.B. mit Hilfe der *Dynamischen Programmierung* [SK83]), der die Summe der lokalen Unähnlichkeiten minimiert. Die Summe der lokalen Unähnlichkeiten ist dann die globale Unähnlichkeit der beiden Konturen. Der Pfad bildet korrespondierende Konturpunkte aufeinander ab, wobei jetzt auch 1-zu-n-Abbildungen vorkommen. Die Methode ist translations- und rotationsinvariant, sowie skalierungstolerant. Die Bereiche des Pfades, die niedrige lokale Ähnlichkeiten (kleiner einem bestimmten Schwellwert) aufweisen, bilden diejenigen Konturabschnitte aufeinander ab, die sich unterscheiden. Sie heißen wichtige Konturabschnitte *ICS* (Important Contour Sections). Ein anderer Ansatz ist Konturabschnitte zu finden, die sich ähnlich sind, und diese als wichtige Konturabschnitte aufzufassen. Dieser Ansatz wird in diesem Artikel nicht weiter verfolgt. Nach der Bestimmung der kostengünstigsten Deformationen aller in der Lernstichprobe vorkommenden Konturen untereinander, sind zum einen die *ICS*, als auch die globalen (Un)ähnlichkeiten der einzelnen Konturen bekannt. Details findet der interessierte Leser in [PK99].

Zuordnung der Konturen zu Klassen

Eine vorbereitende Maßnahme für die Synthese signifikanter Konturabschnitte *SCS* (Significant Contour Sections) ist die Zuordnung der Konturen der Lernstichprobe zu Klassen. Eine überwachte oder unüberwachte Zuordnung führt zu M Konturen $C_{i,k}$ (i: Klassenindex, k: Konturindex) in N Klassen K_i mit i.a. verschiedenen Anzahlen n_i von Konturen in den Klassen ($M = \sum_{i=1}^{N} n_i$) in

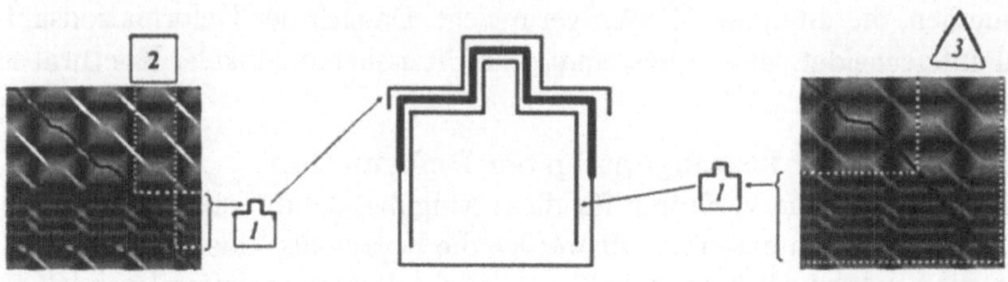

Abbildung2. Beispiel für die Fusion von 2 sich überlappenden wichtigen Konturabschnitten ICS zu einem signifikanten Konturabschnitt SCS einer skizzierten Flasche (1) bzgl. einem Quadrat (2) und einem Dreieck (3) mit Gleichung 1. Die Elemente der beiden lokalen Ähnlichkeitsmatrizen wurden zwischen 0 und 255 skaliert, so dass sie als Bilder dargestellt werden können. Helle Bereiche bilden ähnliche und dunkle Bereiche bilden unähnliche Konturabschnitte aufeinander ab. Die beiden Pfade sind schwarz markiert. Die wichtigen Pfadbereiche und die korrespondierenden wichtigen Konturabschnitte der beteiligten Konturen sind fett schwarz markiert.

der Lernstichprobe. Eine unüberwachte Zuordnung wird beispielsweise in [PK99] mit Hilfe der Cluster-Analyse vorgenommen. Die Cluster-Analyse basiert dort auf einer Ähnlichkeitsmatrix mit den erzeugten globalen Ähnlichkeiten.

Fusion von wichtigen Konturabschnitten ICS zu signifikanten Konturabschnitten SCS

Bestimmte aufeinanderfolgende Konturpunkte wurden zu wichtigen Konturabschnitten ICS fusioniert. In Abb.2 wird beispielhaft die Fusion von 2 ICS einer skizzierten Flasche dargestellt. Da eine bestimmte Kontur $C_{i,k}$ mit allen anderen Konturen $C_{j,l}$ verglichen wurde, gibt es sowohl überlappende, als auch nicht überlappende ICS. Für die Fusion werden nur diejenigen ICS herangezogen, die von Konturen aus unterschiedlichen Klassen $K_i \neq K_j$ stammen. Für die eigentliche Fusion gibt es verschiedene Möglichkeiten von denen die folgende gute Ergebnisse liefert. In Verallgemeinerung des Beispiels werden m_r sich überlappende ICS_z mit den Start- und Endpunktindizes s_z, e_z folgendermaßen zu den Start- und Endpunktindizes S_r, E_r eines SCS_r fusioniert:

$$S_r = \overline{s_r} - \sqrt{\overline{\overline{s_r}}} \quad , \quad E_r = \overline{e_r} + \sqrt{\overline{\overline{e_r}}} \qquad ,1 \leq r \leq R. \tag{1}$$

$\overline{s_r}, \overline{e_r}$ und $\overline{\overline{s_r}}, \overline{\overline{e_r}}$ sind die arithmetischen Mittel bzw. Varianzen der Start- und Endpunktindizes s_z, e_z der m_r sich überlappenden ICS_z. Eine Kontur besitzt R sich nicht überlappende $SCS_r, 1 \leq r \leq R$.

Es kann sinnvoll sein die Anzahl der SCS_r zu beschränken, da z.B. bestimmte SCS_r aus nur einem ICS_z mit nur sehr wenigen Konturpunkten entstanden sind. D.h. es werden nur die SCS_r zugelassen, die eine bestimmte **Signifikanz** σ_r größer einem bestimmten Schwellwert besitzen. Ein solches Signifikanzmaß sollte u.a. folgende Abhängigkeiten berücksichtigen: Die Anzahl m_r der sich überlappenden ICS_z eines SCS_r, die Abweichungen $\tilde{e}_r, \tilde{s}_r$ der Start- und Endpunkte s_z, e_z der ICS_z eines SCS_r untereinander und die Unterschiedlichkeit d_r der

ICS_z eines SCS_r zu den korrespondierenden ICS der anderen Konturen. I.a. ist σ_r dann durch eine Funktion f definiert:

$$f: \quad \sigma_r = f(m_r, \tilde{s}_r, \tilde{e}_r, d_r, \ldots). \tag{2}$$

Die signifikanten Konturabschnitte einer Kontur $C_{i,k}$ heißen SCS_{i,k_r} ($r$tes SCS der Kontur k aus Klasse i) und die signifikanteren Konturabschnitte $MSCS_{i,k_r}$ (Most Significant Contour Sections).

Bestimmung von Attributen signifikanter Konturabschnitte

Die Wissensbasis des Klassifikators besteht aus den SCS_{i,k_r} bzw. $MSCS_{i,k_r}$. Für bestimmte Klassifikationsverfahren ist es sinnvoll diese noch mit bestimmten Attributen A^j_{i,k_r} zu versehen. j sei der Attributindex.

Da im nächsten Abschnitt ein hierarchischer Klassifikator vorgestellt werden soll, müssen Attribute zur Bildung der Hierarchie bestimmt werden. Dafür ist die Verlässlichkeit eines SCS_{i,k_r} für ein korrektes Klassifikationsergebnis notwendig. Um diese **Reliabilität** ρ_{i,k_r} eines SCS_{i,k_r} zu bestimmen, kann folgendermaßen vorgegangen werden:

Mit einem **lokalen Ähnlichkeitsmaß** L, das **nicht** notwendigerweise dasselbe sein muss wie zur Bestimmung der kostengünstigsten Deformation, aber notwendigerweise dasselbe sein muss wie beim Klassifikator, wird zu einem SCS_{i,k_r} der ähnlichste Konturabschnitt gleicher Länge mit minimaler Distanz $\delta^{\min}_{(i,k_r),(j,l)}$ zu jeder Kontur $C_{j,l}$ in der Lernstichprobe bestimmt. Aus der Menge der $\delta^{\min}_{(i,k_r),(j,l)}$ lässt sich dann die Reliabilität i.a. mit einer Funktion g bestimmen:

$$g: \quad \rho_{i,k_r} = g(\{\delta^{\min}_{(i,k_r),(j,l)}\}) \tag{3}$$

Eine Möglichkeit ist das Ordnen der $\delta^{\min}_{(i,k_r),(j,l)}$, so dass die minimalsten Distanzen zuerst stehen. Dann gibt es eine bestimmte Anzahl μ_i von $\delta^{\min}_{(i,k_r),(i,l)}$, die aus einem Vergleich von SCS_{i,k_r} mit $C_{i,l}$ aus der gleichen Klasse K_i herrühren, unter den ersten ν_i (Anzahl der SCS_{i,k_r} in Klasse K_i) $\delta^{\min}_{(i,k_r),(j,l)}$. Damit lässt sich folgendes spezielleres Reliabilitätsmaß definieren:

$$\rho_{i,k_r} = \frac{\mu_i}{\nu_i} \quad , 0.0 \leq \rho_{i,k_r} \leq 1.0 \quad . \tag{4}$$

Je größer die Reliabilität ρ_{i,k_r} desto größer ist die Verlässlichkeit von SCS_{i,k_r} für eine korrekte Klassifikation.

Ferner muss beim hierarchischen Klassifikator in jeder Hierarchiestufe eine Entscheidung mit Hilfe einer **Zurückweisungsschwelle** τ_{i,k_r} getroffen werden, ob die Ähnlichkeit für eine Klassenzuordnung ausreichend ist oder nicht. Auch hier lässt sich aus den $\delta^{\min}_{(i,k_r),(j,l)}$ eine solche Schwelle i.a. mit einer Funktion h bestimmen:

$$h: \quad \tau_{i,k_r} = h(\{\delta^{\min}_{(i,k_r),(j,l)}\}). \tag{5}$$

Im speziellen wird diejenige Distanz $\delta^{\min}_{(i,k_r),(j,l)}$ als Rückweisungsschwelle genommen, die die minimalste Distanz zwischen dem SCS_{i,k_r} und allen Konturen $C_{j,l}$ der anderen Klassen besitzt:

$$\tau_{i,k_r} = \min\{\delta^{\min}_{(i,k_r),(j,l)} | i \neq j\}. \tag{6}$$

$T = $ *zu klassifizierende Kontur aus der Teststichprobe*

Initialisiere T als Mitglied der Rückweisungsklasse

$\Omega = $ *Anzahl der SCS in der Wissensbasis W*

$c = 1$ //Initialisiere Index der Hierarchiestufe der SCS bzgl. ihrer Reliabilität

while $c \leq \Omega$

    Berechne $\delta^{\min}_{(i,k_r),T}$ **von T und dem $c$ten verlässlichsten** SCS_{i,k_r}

    if $\delta^{\min}_{(i,k_r),T} < (\tau_{i,k_r}$ *des $c$ten verlässlichsten SCS_{i,k_r})*

        T wird der Klasse K_i zugeordnet

        break

    else

        $c = c + 1$

    end

end

Abbildung3. Algorithmus des hierarchischen Klassifikators. Kommentare sind mit //
markiert.

3 Das klassifizierende Subsystem

Im allgemeinen ergibt die Klassifikation einer Kontur T der Teststichprobe mit
einem Klassifikator κ basierend auf einer Wissensbasis W ein Klassifikationsergebnis $\tilde{K}$, d.h. die Zuweisung von T zu einer Klasse:

$$\tilde{K} = \kappa(W, T). \tag{7}$$

Hier gründet der Klassifkator auf einer Wissensbasis $W = \{\{SCS_{i,k_r}\}, \{A^j_{i,k_r}\}\}$
mit den erlernten signifikanten Konturabschnitten und evtl. mit den dazugelernten Attributen. Im speziellen wird hier ein hierarchischer Klassifikator vorgestellt, der nach dem in Abb. 3 dargestellten einfachen Algorithmus funktioniert.
Die SCS_{i,k_r} in der Wissensbasis W des Klassifikators sind gemäß ihrer Reliabilität geordnet. Die $\delta^{\min}_{(i,k_r),T}$ werden basierend auf demselben lokalen Ähnlichkeitsmaß L berechnet wie bei der Bestimmung der Reliabilität. Der Klassifikator
ordnet die Kontur T der Klasse K_i desjenigen SCS_{i,k_r} zu, bei dem die Distanz
als erstes kleiner der zugehörigen Rückweisungsschwelle ist.

4 Experimentelle Ergebnisse

Die überwacht den Klassen K_i zugeordneten SCS_{i,k_r} und deren Attribute wurden für die in Abb.4a dargestellte Lernstichprobe bestimmt. Es wurde nur der
jeweils signifikanteste Konturabschnitt jeder Kontur zugelassen. Das benutzte Signifikanzmaß ist $\sigma_r = m_r$. Experimentell stellte sich heraus, dass dieses
σ_r zu guten Ergebnissen führte. Diese $MSCS_{i,k_i}$ sind in Abb. 4 fett markiert
und gemäß ihrer Reliabilität geordnet dargestellt. Zur Bestimmung der Reliabilitäten, der Zurückweisungsschwellen und für den hierarchischen Klassifikator
wurden die Gleichungen 4, 6 und folgendes schnell zu berechnende lokale Ähnlichkeitsmaß L benutzt:

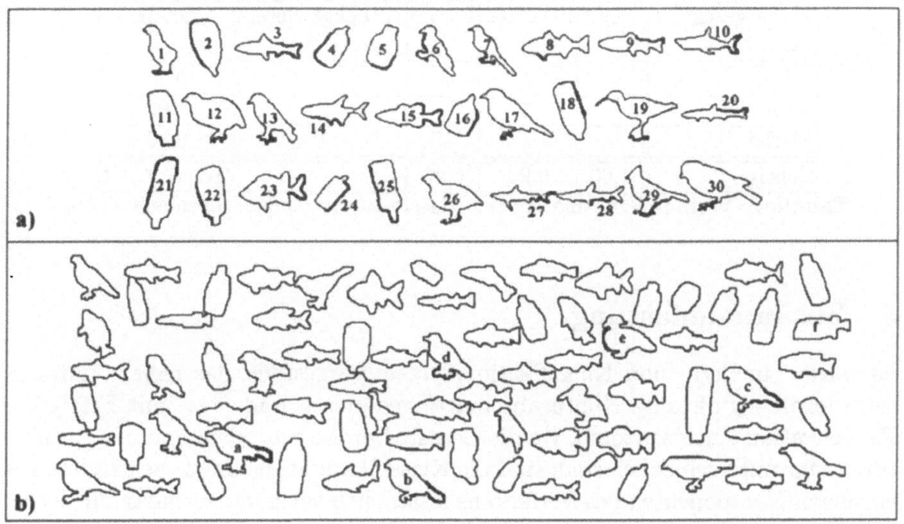

Abbildung4. a) Lernstichprobe (10 Vögel, 10 Flaschen, 10 Fische) geordnet gemäß den Reliabilitäten der fett markierten signifikantesten Konturabschnitten, b) Teststichprobe (16 Vögel, 22 Flaschen, 36 Fische) mit fett markierten Konturabschnitten, die zur Fehlklassifikation geführt haben (a-3,b-3,c-3,d-10,e-5) und Kontur f in der Rückweisungsklasse.

2 Konturabschnitte $c = \{c_1, c_2, \ldots, c_p\}$ und $d = \{d_1, d_2, \ldots, d_p\}$ mit jeweils p aufeinanderfolgenden Konturpunkten haben die Orientierungsvektoren $o_c = (c_p - c_1)$ bzw. $o_d = (d_p - d_1)$. c und d werden zunächst so translatiert und rotiert, dass ihre Anfangspunkte im Ursprung des Karthesischen Koordinatensystems liegen und ihre Orientierungsvektoren sich mit der positiven x-Achse decken. Es ergeben sich zunächst c^*, d^*. Die mittlere minimale Summe der quadratischen Euklidschen Distanzen ergibt sich dann durch Verschieben von c^* und d^* entlang der x-Achse:

$$L = \frac{1}{p} \sum_{i=1}^{p} \left((c_{i_x}^* - \overline{c_x^*} - (d_{i_x}^* - \overline{d_x^*}))^2 + (c_{i_y}^* - d_{i_y}^*)^2 \right) \tag{8}$$

$\overline{c_x^*}, \overline{d_x^*}$ sind die arithmetischen Mittel der x-Koordinaten von c^* und d^*. Die so erhaltene lokale Distanz L unterscheidet auch konkave und konvexe Konturabschnitte, da die Konturpunkte von c bzw. d geordnet sind und 1-zu-1 korrespondieren.

Mit der in Abb. 4b dargestellten Teststichprobe (unabhängig von der Lernstichprobe) wurden die Ergebnisse in Tabelle 1 erzielt. Die Zeit für die Klassifkation einer Kontur mit 500 Konturpunkten beträgt dabei 0.15s (Pentium III, 450MHz, C-Compiler). Interessant auch die Tatsache, dass nur geringfügig andere Ergebnisse erzielt werden, wenn ausschließlich die Nr. 1-10 der Wissensbasis zur Klassifikation herangezogen worden werden.

vorhergesagt → tatsächlich ↓	Vögel	Flaschen	Fische	zurückgewiesen	richtig
Vögel	**11**	1	4	-	0.69
Flaschen	-	**22**	-	-	1.00
Fische	-	-	**35**	1	0.97
richtig	1.00	0.96	0.90	-	**Total: 0.92**

Tabelle1. Vertauschungsmatrix zur Klassifikation der Konturen aus Abb.4b

5 Zusammenfassung

Es wurde ein Lern- und Klassifikationssystem vorgestellt, das nahezu automatisch lokale signifikante Konturabschnitte generieren und diese mit Erfolg zur Klassifikation einsetzen kann. Da die Lernstichprobe sehr klein und die Testkonturen sehr unterschiedlich sind, sind die Klassifikationsergebnisse beachtlich. Die einzelnen Komponenten des Verfahrens lassen sich variieren, es muss nur der lokale Charakter bewahrt werden. Die Merkmalsgenerierung steht im Vordergrund eines komplexen, aber intuitiv nachvollziehbaren Lernprozesses. Sie trägt dazu bei, dass ein vergleichsweise einfacher Klassifikator benutzt werden kann. Ferner lässt sich das Verfahren auch leicht auf andere 1D-Mustererkennungsprobleme portieren.

Die einzelnen Bausteine des Verfahrens werden z. Zt. optimiert und es wird daran gearbeitet die einzelnen signifikanten Konturabschnitte einer Klasse zu wenigen aussagekräftigen abstrakten Konturabschnitten zu fusionieren. Einen ersten Ansatz dazu können α-Shapes liefern.

Literatur

[AG96] Alt, H., Guibas, L.J. : Discrete Geometric Shapes: Matching, Interpolation, and Approximation - A Survey. Technical Reports of FU Berlin (1996), Institut für Informatik u. Mathematik.

[BCGJ98] Basri, R., Costa, L., Geiger, D., Jacobs, D. : Determining the Similarity of Deformable Shapes. Vision Research **38** (1998), 2365-2385.

[LL98] Latecki, L.J., Lakämper, R. : Shape Decomposition and Shape Similarity Measure. In Levi, P., Ahlers, R.-J., May, F. and Schanz, M. (Hrsg.): Mustererkennung 1998, 20. DAGM-Symposium, 367-376.

[PK99] Pechtel, D., Kuhnert, K.-D. : Automatic Generation of Significant and Local Feature Groups of Complex and Deformed Objects. Proceedings of 10th International Conference on Image Analysis and Processing (1999), 340-345.

[SGWM93] Sederberg, T., Gao, P., Wang, G., Mu, H. : 2D shape blending: An Intrinsic Solution to the Vertex Path Problem. Computer Graphics (SIGGRAPH '93 Proceedings) **38** (1993) 15-18.

[SIK95] Siddiqi, K., Kimia, B.B. : Parts of Visual Form: Computational Aspects. IEEE Transactions On Pattern Anal. And Mach. Intell. **17** (1995) 239-251.

[SK83] Sankoff, D., Kruskal, B.K. (Eds.): Time warps, String Edits, and Macromolecules: The Theory and Practice of Sequence Comparison. Addison-Wesley (1983), Reading.

Classifier Independent Viewpoint Selection for 3–D Object Recognition

F. Deinzer[1,*], J. Denzler[1,2], H. Niemann[1]

[1] Lehrstuhl für Mustererkennung, Universität Erlangen–Nürnberg
[2] Computer Science Department, University of Rochester, USA
deinzer@informatik.uni-erlangen.de

Abstract 3–D object recognition has been tackled by passive approaches in the past. This means that based on one image a decision for a certain class and pose must be made or the image must be rejected. This neglects the fact that some other views might exist, which allow for a more reliable classification. This situation especially arises if certain views of or between objects are ambiguous.

In this paper we present a classifier independent approach to solve the problem of choosing optimals views (viewpoint selection) for 3–D object recognition. We formally define the selection of additional views as an optimization problem and we show how to use reinforcement learning for continuous viewpoint training and selection without user interaction. The main focus lies on the automatic configuration of the system, the classifier independent approach and the continuous representation of the 3–D space.

The experimental results show that this approach is well suited to distinguish and recognize similar looking objects in 3–D by taking a minimum amount of views.

1 Motivation

The results of 3–D Object classification and localization depend – as matter of course – strongly on the images which have been taken of the object. Based on ambiguities between objects in the data set some views might result in better some other in worse results. For difficult data sets usually more than one view is necessary to decide reliably for a certain object class. Problems with ambiguous views can especially be observed for objects in real world applications.

Viewpoint selection tackles exactly the problem of finding a sequence of optimal views to increase classification and localization results by avoiding ambiguous views or sequentially ruling out possible object hypotheses. The optimality is not only defined with respect to the recognition rate but also with respect to the number of views necessary to get reliable results. The number of views should be as small as possible to delimit viewpoint selection from randomly taking a large number of images.

In this paper a novel approach for viewpoint selection based on reinforcement learning is presented. The approach shows the following properties: first, the sequence of best views is learned automatically in a training step, where no user interaction is necessary. Second, the approach is classifier independent, so that an arbitrary classifier can be used. This makes it applicable for a very wide range of applications. Third, the possible viewpoints are continuous in 3–D, so that a discretization of the viewpoint space is avoided, like it has been done before, for example in the work of [2]. Actually, our approach not only allows to avoid ambiguous views. Such ambiguous views are presented in Figure 1. Since it is classifier independent, views which are difficult for a certain classifier can also be detected.

* This work was partially funded by the German Science Foundation (DFG) under grant SFB 603/TP B2. Only the authors are responsible for the content.

    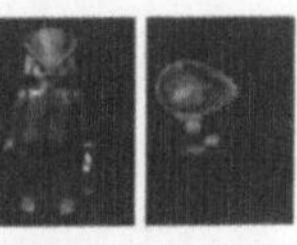 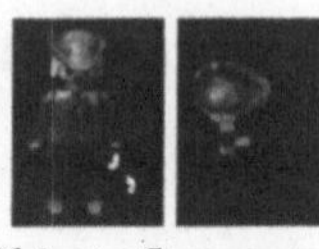

Object o1: band   Object o2: quiver   Object o3: lamp   Object o4: gun   Object o5: trumpet

Figure 1. Examples for ambiguities between objects.

Viewpoint selection has been investigated in the past in several applications. Examples are 3–D reconstruction [8] or optimal segmentation of image data [6]. In object recognition also some active approaches have already been discussed. In [2] different frameworks for handling uncertainty and decision making (probabilistic, possibilistic and Dempster–Shafer theory) have been compared with respect to viewpoint selection. But this approach can only handle discrete positions and viewpoints. The work of [11] presents an active recognition approach for which a camera must be moved around the object. But this approach is not really a viewpoint selection. The active part is the selection of a certain area of the image for feature selection. The selected part is also called receptive field [11]. Compared to our approach, no camera movement is performed neither during training nor during testing. Thus, the modeling of viewpoints in continuous 3–D space is also avoided. The work of [5, 4] tackles the viewpoint selection problem from a knowledge based point of view. They use Bayesian networks to decide for the next view to be taken. Therefore, the approach is dedicated to special recognition algorithms and to certain types of objects, for which the Bayesian network has been manually constructed. In other words, the approach is not classifier independent and cannot be applied without user interaction. Finally, an approach for 2–D viewpoint selection has been presented in [3]. In contrast to the paper presented here, the degree of freedom for the viewpoint selection is one, since the viewpoints were chosen by rotating a turntable. Also, only synthetic images have been used.

In the following we will present a formal statement of the problem and the goals of viewpoint selection in Section 2. In Section 3 we show how reinforcement learning can be used to solve the problem stated in Section 2. Also an extension of the normal discrete reinforcement learning is presented which makes it possible to model a continuous viewpoint space. Thus viewpoint selection can be defined as a continuous optimization problem. The experimental environment and results are presented and discussed in Section 4. The paper concludes with a summary and an outlook to future work in Section 5.

2 Viewpoint Selection in 3–D Object Recognition

The goal of this work is to provide a solution to the problem of optimal viewpoint selection for 3–D object recognition without making a priori assumptions about the objects and the classifier. The problem is to determine the next view of an object given a certain decision about the class and the estimated pose of that object. The problem can also be seen as the determination of a function, which maps a class and pose decision to a new viewpoint. Of course, this function should be estimated automatically during a training step. The estimation must be done by defining a criterion, which measures how useful it is to choose a certain view given a classification and localization result. Additionally, the function should take uncertainty into account in the recognition process as well as in the viewpoint selection. The latter one is important, since new views are usually taken by moving a robot arm and the final position of the robot arm will always be error–prone. Last not least, the function should be classifier independent and should handle continuous viewpoint and object pose spaces as well.

A straight forward way to formalizing the problem is given by looking at Figure 2. A closed loop between sensing s_t and acting a_t can be seen. The chosen *action* $a_t \in \mathbb{R}^2$ corresponds to the executed camera movement, the sensed *state* $s_t \in \{1, 2, \ldots, k\} \times \mathbb{R}^2$ is class number and pose, returned by the classifier. The pose is modeled in our work as the viewing position $(\alpha\ \beta)^T$ on a sphere. Additionally, the classifier returns a so called *reward* r_t, which measures the quality of the chosen viewpoint. For a viewpoint, where a correct decision for exactly one object class and pose is possible, the reward should have a large value. A small value will indicate that the view is ambiguous and no reliable classification and pose estimation is possible. It is worth noting that the reward might also include costs for the camera movement, so that large movements of the camera are punished. In our paper we neglect costs for camera movement for the time being.

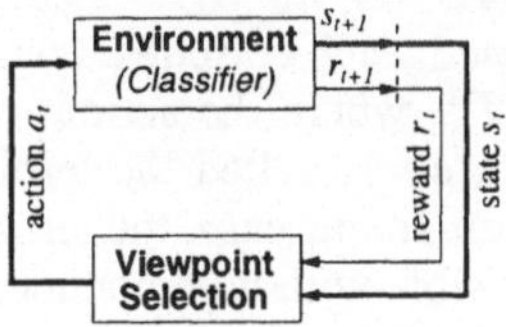

Figure 2. Principles of reinforcement learning.

At time t during the decision process, i.e. the selection of a sequence of viewpoints, the goal will be to maximize the accumulated and weighted future reward, called the *return* R_t

$$R_t = \sum_{n=0}^{\infty} \gamma^n r_{t+n+1} \text{ with weight } \gamma \in [0; 1] \qquad (1)$$

The weight γ defines, how much influence a future reward at time $t + n + 1$ will have on the overall return R_t. Of course, the future rewards cannot be observed at time step t. Thus, the following function, called the *action–value function* $Q(s, a)$

$$Q(s, a) = E\{R_t | s_t = s, a_t = a\} \qquad (2)$$

is defined, which describes the expected return, when starting at time step t in state s with action a. In other words, the function $Q(s, a)$ models the expected quality of the chosen camera movement a for the future, if the classifier has returned class and pose s before. This function $Q(s, a)$ is one of the key points in reinforcement learning and will be described in the next section. Viewpoint selection can now be defined as a two step approach: First, estimate the function $Q(s, a)$ during training. Second, if at any time the classifier returns s as classification result, select that camera movement a which maximizes $Q(s, a)$, i.e. the expected accumulated and weighted rewards. The second step is treated by defining a so called *policy* π

$$\pi(s) = \underset{a}{\operatorname{argmax}}\, Q(s, a) \qquad (3)$$

which returns the best action $\pi(s)$ to be performed while being in a state s. During training, this deterministic policy is often changed to a randomized one, to make sure that all state/action pairs are evaluated [12].

It is worth noting that this approach defines a classifier independent way of viewpoint selection, since the only classifier dependent component, is the reward r_t. The two step approach described above makes no assumptions about the chosen classifier, unless the classifier must return in some way an estimate of the reliability of its result. For statistical classifier a straight forward way exists to define such a quantity. To give one example, assume the difference between the maximum a posteriori probability and the second maximum. In the case of an Eigenspace approach [7] for classification, also a natural way for defining the reward is possible. A definition can be found in Section 4.

For the estimation and learning of the function $Q(s, a)$ reinforcement learning provides a bunch of algorithms and theoretical results on convergence. We will present one algorithm, Monte Carlo learning, in the following section.

3 Reinforcement Learning Applied to Viewpoint Selection

3.1 General Approach

In the previous section viewpoint selection has been defined as an optimization problem. The key issue of course is the estimation of the function $Q(s, a)$ which is the basis for the decision process in equation (3). One of the demands defined in Section 1 is that the selection of the most promising view should be learned without any user interaction. Reinforcement learning provides many different algorithms to estimate the action value function based on a trial and error method [12]. Trial and error means that the system itself is responsible for trying certain actions in a certain state. The result of such a trial, i.e. the return R_t, is then used to update the function Q and to improve its policy π (see equation (3)).

In reinforcement learning a series of *episodes* are performed; each episode k consists of a sequence of state/action pairs $(s_t, a_t), t \in \{0, 1, \ldots, T\}$, where the action $a_t = \pi_k(s_t)$ in state s_t results in a new state s_{t+1}. A final state s_T is called the terminal state, where a predefined goal is reached and the episode ends. In our case, the terminal state is that state, where classification and localization is possible with high confidence. The definition of high confidence is application dependent. For each episode k the policy $\pi_k(s)$, which has been estimated up to episode k, is fixed. During the episode new returns $R_t^{(k)}$ are collected for these state/action pairs (s_t^k, a_t^k), which have been visited at time t during the episode k. After the end of the episode the action–value function is updated. In our case the so called Monte Carlo learning is applied, i.e. the action–value function is updated by

$$\forall (s, a): \quad Q^{\pi_k}(s, a) = E_\pi \{R_t \mid s_t = s, a_t = a\} \approx \frac{\sum_{i=1}^{k} \sum_{\{t \mid s_t^i = s, a_t^i = a\}} R_t^{(i)}}{\sum_{i=1}^{k} |\{t \mid s_t^i = s, a_t^i = a\}|} \quad (4)$$

In other words, the function Q is estimated by the mean of all collected returns $R_t^{(i)}$ for the state/action pair (s, a) for all episodes — which is the fraction on the right hand side of (equation 4).

As a result for the next episode one gets a new decision rule π_{k+1}, which is now computed by maximizing the updated action value function. This procedure is repeated until the action–value function converges to Q^* and as a consequence the final and optimal decision rule π^* it returned.

The reader is referred to a detailed introduction to reinforcement learning [12] for a description of other ways for estimating the function Q. Convergence proofs for several algorithms can be found in [1].

3.2 Function Approximation for Continuous Reinforcement Learning

Most of the algorithms in reinforcement learning treat the states and actions as discrete variables. Of course, in viewpoint selection parts of the state space (the pose of the object) and the action space (the viewpoints of the object) is continuous. The idea of continuous reinforcement learning can be summarized as follows:

1. collect returns for a finite set of state/action pairs $(s, a) \in Q$ and use them to compute $Q(s, a)$ for these state/action pairs by methods of discrete reinforcement learning. $Q(s)$ denotes the set of all state/action pairs $(s', a') \in Q$ whose state s' has the same estimated class as s;
2. approximate $Q(s, a)$, which is continuous in its parameters by a function

$$\hat{Q}(s, a) = \frac{\sum\limits_{(s', a') \in Q(s)} d(s, a, s', a') \cdot Q(s', a')}{\sum\limits_{(s', a') \in Q(s)} d(s, a, s', a')}, \quad (5)$$

which is the weighted average of the values of $Q(s', a')$ of all $(s', a') \in \mathcal{Q}(s)$.

This two step approach is called function approximation [12] and has been proposed in [10]. The weight function $d(s, a, s', a')$, which measures some kind of distance, defines how much influence the observed return at $(s', a') \in \mathcal{Q}$ has on an arbitrary state/action pair (s, a). Obviously, the function $\widehat{Q}(s, a)$ is continuous in s and a. The key point for viewpoint selection is the choice of the weights $d(\cdot, \cdot, \cdot, \cdot)$. We have chosen the product form

$$d(s, a, s', a') = K_\varphi(\varphi(\bar{s}, \bar{s}')) \cdot K_\mu(\mu(s, s')) \tag{6}$$

for the weight function, where K_φ and K_μ are two kernel functions, for example Gaussian kernels. The following two functions $\varphi(\cdot, \cdot)$ and $\mu(\cdot, \cdot)$ are defined:

- The function $\varphi(\cdot, \cdot)$ measures the distance between the two *expected destination states* $(\bar{s}, \bar{s}')$ of two state-action pairs (s, a) and (s', a'). Assuming that the actions a and a' lead to two new destination state $\bar{s}$ and $\bar{s}'$: $s \xrightarrow{a} \bar{s}$, $s' \xrightarrow{a'} \bar{s}'$.
  The closer the two destination states are to each other, the more adaptable is $Q(s', a')$ for the estimation of $\widehat{Q}(s, a)$. For calculating the expected destination states we are currently assuming that the pose estimation of state s is correct and that action a is affecting the environment in an ideal way. For example, if the estimated position of s is 200° and an action a moves the camera 100° the pose of the expected destination state $\bar{s}$ will be 300°.
- The function $\mu(\cdot, \cdot)$ measures the distance between the two *source states* s and s'. The fundamental idea for this distance is that close source states are suitable for using $Q(s', a')$ for the estimation of $\widehat{Q}(s, a)$ because close source states imply less external influences as e.g. precision of camera positioning, classification and localization results.

As pose estimation is not done with absolute coordinates in space, but with angles on the sphere, calculating distances between states can be done by measuring the angle between the vectors on the sphere given by the states (see figure 3):

$$\varphi(\bar{s}, \bar{s}') = \arccos\left(\frac{(\bar{s}, \bar{s}')}{||\bar{s}|| \cdot ||\bar{s}'||}\right) \tag{7}$$

$$\mu(s, s') = \arccos\left(\frac{(s, s')}{||s|| \cdot ||s'||}\right) \tag{8}$$

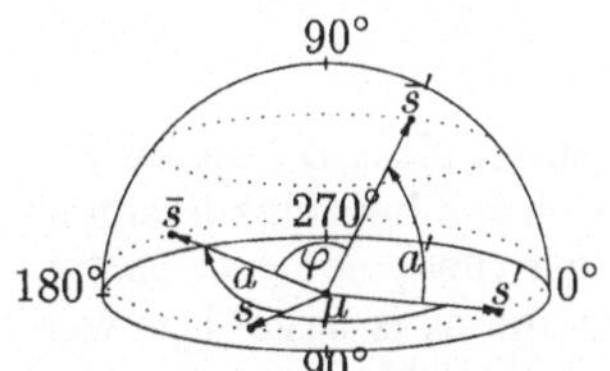

Figure 3. Source states (s, s'), executed actions (a, a'), resulting expected destination states $(\bar{s}, \bar{s}')$. Also shown are the distances φ and μ.

Substituting equations (7), (8) and (6) in equation (5) leads to the approximation of any action-value

$$\widehat{Q}(s, a) = \frac{\sum\limits_{(s', a') \in \mathcal{Q}(s)} d(s, a, s', a') Q(s', a')}{\sum\limits_{(s', a') \in \mathcal{Q}(s)} d(s, a, s', a')} = \frac{\sum\limits_{(s', a') \in \mathcal{Q}(s)} K_\varphi(\varphi(\bar{s}, \bar{s}')) K_\mu(\mu(s, s')) Q(s', a')}{\sum\limits_{(s', a') \in \mathcal{Q}(s)} K_\varphi(\varphi(\bar{s}, \bar{s}')) K_\mu(\mu(s, s'))} \tag{9}$$

with the two kernel functions $K_\varphi(x) = \exp\left(-x^2/D_\varphi^2\right)$ and $K_\mu(x) = \exp\left(-x^2/D_\mu^2\right)$. The parameters D_φ and D_μ describe how local (for small D) or global (for large D) the approximation is working. "Local" means that faraway states have only a slight influence on the approximated action-value resulting in a very detailed approximation. This is very useful if there are a lot of state-action pairs. On the contrary, a "global" approximation includes data over a wide area of distances and is suitable if only a very limited set of collected action-values are available.

object	rec.rate	o1	o2	o3	o4	o5
o1: band	68.0%	100	40	7	0	0
o2: lamp	87.9%	21	153	0	0	0
o3: quiver	94.7%	8	0	143	0	0
o4: gun	64.7%	0	0	0	110	60
o5: trumpet	91.4%	0	0	0	16	169

object	rec.rate	o1	o2	o3	o4	o5
o1: band	92.0%	46	2	2	0	0
o2: lamp	96.0%	2	48	0	0	0
o3: quiver	98.0%	0	1	49	0	0
o4: gun	98.0%	0	0	0	49	1
o5: trumpet	100.0%	0	0	0	0	50

Table 1. Classification results (in percent) and confusion matrix (absolute numbers) for the Eigenspace approach: Left, without viewpoint selection (randomly chosen views). Right, with viewpoint selection

3.3 Viewpoint Selection by Function Optimization

Viewpoint selection, i.e. the computation of the policy π (see equation (3)), is now an optimization problem

$$\pi(s) = \operatorname*{argmax}_{a} \pi(s, a) = \operatorname*{argmax}_{a} \widehat{Q}(s, a). \tag{10}$$

Up to now, we have not looked for a closed form solution of the maximum of this or any other kind of parameterized function. Instead, we applied numerical optimization algorithms to the optimization problem in equation (10), like the adaptive random search algorithm, followed by a simplex step (cf. [13]).

4 Experimental Evaluation

For the experiments presented in this section we have decided for an appearance based classifier using the Eigenspace approach [7]. As already mentioned, the proposed viewpoint selection is independent of the used classifier. The only classifier dependent part is the reward function as used in (1). We use the following function

$$r_t = \min_{\lambda, \lambda \neq \kappa} \left(\left(\min_{\kappa} d(O_t | B_\kappa) \right) - d(O_t | B_\lambda) \right) \tag{11}$$

with $d(O_t | B_\kappa)$ being the distance of the picture O_t to the object class B_κ measured in the Eigenspace (for an explanation of the Eigenspace approach and how classification is usually done see for example [7]). In other words, we define a viewpoint to be useful if the difference between the best and second best object hypotheses is large. It is worth noting that of course other definitions of the reward are possible. Nevertheless such a discussion is not the focus of this paper.

Our data set consists of five toy manikins (shown in Figure 1). Two groups of manikins have been selected in a way that they are strongly ambiguous within the group: for the first group they only differ by the band, the lamp and the quiver. The objects in the second group can only be distinguished by the gun and the trumpet, which the manikins hold in their hands. The reader should note that there does not exist one unique viewpoint, which allows to distinguish all five objects.

During the training of the Eigenspace classifier for each object class 1200 images have been taken covering the sphere around the object in steps of nine degree for the azimuthal angle and three degree for the colatitude angle. Two different lighting conditions have been used. After the configuration of the classifier we got an overall recognition rate of 81.6%. The single results are shown in Table 1, on the left side, together with the confusion matrix on the right. As expected the objects within the two groups (o1/o2/o3 and o4/o5) are sometimes mixed up. This is caused by the ambiguities that cannot be resolved in any case having only one view. These results are compared in the following with the viewpoint selection approach. The function $Q(s, a)$ (compare equation (2) and equation (9)) has been estimated by performing for each object 150 random movements of the camera around the object. The value γ has been set to zero, i.e. only the current reward is taken into account in the computation of $Q(s, a)$. Being in state s_t, i.e. having a class and pose estimate for the object, a random camera movement a_t is chosen. The resulting view is used to classify the object. As a result, the reward is returned, which is stored in $Q(s_t, a_t)$. It is worth mentioning that this is a unsupervised training step. This means also that the system is not told whether or not a classification result is correct.

During the test of our viewpoint selection approach the camera has been positioned randomly on the sphere. An image is taken and based on the classification result the decision for the next view is made based on equation (3). The next view is taken and used to classify the object. Thus, only one new viewpoint is used in this case. One reason is that these two images allow in almost all cases for a reliable classification with respect to the reward defined in (11).

The classification rates for the five objects using viewpoint selection are shown in Table 1, right. We got an overall classification rate of 96.8% compared to a rate of 81.6% with a strategy which randomly chooses next views. The classification rate of 81.6% is calculated from the rates of the training set where only random views were produced. As the tests of our viewpoint selection approach start from randomly chosen positions on the sphere, the two classification rates are well comparably. As expected, the number of confusions between objects within one group is noticeable reduced.

In Figure 4, two estimated functions $\hat{Q}(s, a)$ for object o1 (band) are shown. One can see that there are several significant views. The best and the worst view for object o1 based on the estimated function $\hat{Q}(s, a)$ are shown in Figure 4. As one can see by means of the plots, choosing low values for D_φ and D_μ results in a more detailed $\hat{Q}(s, a)$ but comes along with many local maxima.

The computation of one $\hat{Q}(s, a)$ takes about $8 \cdot 10^{-3}$ seconds on a SGI O^2 (R10000 150 MHz). The optimization algorithm needs an average of 300 function evaluations of $\hat{Q}(s, a)$ which results in a total time needed for one viewpoint selection of 2.4 seconds.

5 Summary and Future Work

In this paper we have presented a general framework of viewpoint selection that is independent of the chosen classifier that can be trained automatically without user interactions, and that results in a continuous space for the possible viewpoints. We claim that these three properties have not been provided by any other approach up to now. The experimental results using an Eigenspace approach for classification show that even with just one, optimally chosen additional view, recognition can be improved from 81.6% to 96.8%.

Currently, some valid objections are possible: first, we neither do sensor data fusion for the two views nor fusion of the classification results. This is the reason, why we can use the parameter $\gamma = 0$. Of course, if we do sensor data fusion, i.e. we combine the information of two images and more general methods of reinforcement learning, like Q–learning [12], can be applied. This is one important goal of our future work. Second, we have only used five classes. The reason was to show the principles of our approach, and how it works in practice. Currently, we have started experiments in an office scene, where more objects and a more difficult environment is found. Then, also the whole framework of reinforcement learning becomes more important, where episodes and final states must be taken into account. This was not necessary for the five classes in our experiments, since almost always after the second view a correct classification was possible. Nevertheless, the classification rate could be improved by 18.6%. Third, we have only tested one classifier in our experiments. Of course, to show the classifier independency, we have

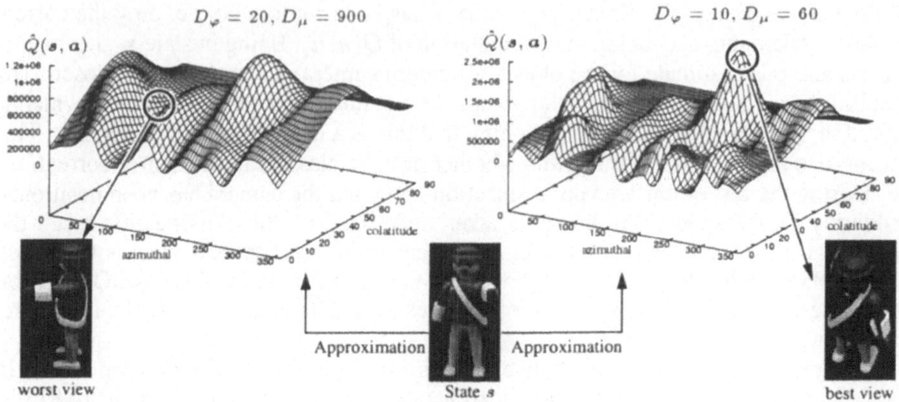

Figure 4. Results of viewpoint selection for object o1 (band), i.e. $s = (o1, \alpha, \beta)^T$. The two plots show the estimated function $\hat{Q}(s, a)$ for the state represented by the picture in the center. Left picture: The action which leads to the worst view (no distinction possible to object o2). Right picture: The best action and the resulting view. The action which leads to this view is found by the optimization algorithm.

to show results for other classifier, too. Actually, we have preliminary results for the statistical classifier, which has been described in [9]. Finally, we have not evaluated pose estimation for the results neither with nor without viewpoint selection. This is our near future work, to show that not only classification but also localization can be improved.

References

[1] D.P. Bertsekas and J.N. Tstsiklis. *Neuro–Dynamic Programming*. Athena Scientific, 1996.

[2] H. Borotschnig, L. Paletta, M. Prantl, and A. Pinz. A comparison of probabilistic, possibilistic and evidence theoretic fusion schemes for active object recognition. *Computing*, 62:293–319, 1999.

[3] F. Deinzer, J. Denzler, and H. Niemann. Viewpoint selection - a classifier independent learning approach. In *IEEE SSIAI*, pages 209–213. Los Alamitos, 2000.

[4] B. Krebs, M. Burkhardt, and B. Korn. Handling Uncertainty in 3D Object Recognition using Bayesian Networks. In *ECCV98*, pages 782–795, 1998.

[5] B. Krebs, B. Korn, and M. Burkhardt. A 3D Object Recognition System with Decision Reasoning under Uncertainty. In E. Paulus and F.M. Wahl, editors, *Mustererkennung 1997*, pages 183–190, Braunschweig, 1997.

[6] C.B. Madsen and H.I. Christensen. A Viewpoint Planning Strategy for Determining True Angles on Polyhedral Objects by Camera Alignment. *PAMI*, 19(2), 1997.

[7] H. Murase and S. Nayar. Visual Learning and Recognition of 3–D Objects from Appearance. *International Journal of Computer Vision*, 14:5–24, 1995.

[8] P. Lehel and E.E. Hemayed and A.A. Farag. Sensor planning for a trinocular active vision system. In *CVPR*, pages II:306–312, 1999.

[9] J. Pösl and H. Niemann. Wavelet features for statistical object localization without segmentation. In *ICIP*, volume 3, pages 170–173, 1997.

[10] J. Carlo Santamaria, Richard S. Sutton, and Ashwin Ram. Experiments with Reinforcement Learning in Problems with Continuous State and Action Spaces. Technical report, University of Massachusetts, Amherst, Computer Science, 1996.

[11] B. Schiele and J.L. Crowley. Transinformation for Active Object Recognition. In *ICCV*, pages 249–254, Bombay, India, 1998.

[12] R.S. Sutton and A.G. Barto. *Reinforcement Learning*. A Bradford Book, Cambridge, London, 1998.

[13] A. Törn and A. Žilinskas. *Global Optimization*, volume 350 of *Lecture Notes in Computer Science*. Springer, Heidelberg, 1987.

Ansichtenbasierte Erkennung von Fahrzeugen

E. Michaelsen und U. Stilla

FGAN-FOM Forschungsinstitut für Optronik und Mustererkennung
Gutleuthausstr. 1, 76275 Ettlingen
{mich,usti}@fom.fgan.de

Zusammenfassung. Zur ansichtenbasierten Detektion von Fahrzeugen auf Einzelbildern wird ein modellbasiertes, strukturelles Erkennungsverfahren eingesetzt. Fahrzeuge werden in einer Bestandteilhierarchie durch artikulierte 3D-Polyeder modelliert. Aus den 3D-Modellen wird durch Variation der Kameraparameter und hidden-line Projektion eine umfangreiche Datenbank von 2D-Ansichten generiert. Zur Erkennung werden aus den Bildern L- und T-Strukturen extrahiert und mit den Strukturen in der Ansichtendatenbank verglichen. Analog zur generalisierten Hough Transformation dient ein Akkumulator zur Evidenzanhäufung. Als Bildbeispiel dient eine Schrägsicht auf ein Fahrzeug mit Anhänger in natürlicher Umgebung.

1 Einleitung

Für die 3D-Erkennung von *man-made objects* werden häufig modellbasierte Verfahren vorgeschlagen. Zur Modellierung sind verschiedene Formen der Wissensrepräsentation bekannt [12], wie z. B. Produktionen, Frames oder semantische Netze. In der vorliegenden Arbeit werden zur Fahrzeugerkennung Produktionensysteme [14] verwendet.

Im Gegensatz zu Objekten mit großer Formvariation, wie z. B. Gebäuden, können bei der Modellierung von Fahrzeugen formfeste 3D-Modelle verwendet werden, da die spezielle Geometrie eines Fahrzeugtyps als bekannt vorausgesetzt werden kann. Die besondere Schwierigkeit bei der Erkennung ist durch die unbekannte Ansicht aufgrund der freien Position und Orientierung gegeben.

Während eine Gruppe von Ansätzen zur Erkennung von Fahrzeugen die Verfolgung in Bildfolgen als Zielsetzung hat, wie z. B. in [11], versuchen andere Ansätze eine Detektion des Fahrzeugs im Einzelbild. Hermiston et al. [4] untersuchen zur Detektion Ähnlichkeiten zwischen den Grauwertverläufen im Bild und im gerenderten Modell ('mutual information'). Dagegen stehen konturbasierte Ansätze [2],[15]. Binfort & Levitt [2] verwenden zur Modellierung generalisierte Zylinder und werten die Evidenz mit Baeysschen Netzen aus. Wang [15] verwendet artikulierte Polyedermodelle und Linearkombination charakteristischer Ansichten. Die Verwendung charakteristischer Ansichten erfordert jedoch komplizierte Fallunterscheidungen. Im vorliegenden Beitrag werden für komplexere Fahrzeuge ebenfalls artikulierte Polyedermodelle verwendet, jedoch wird statt der Auswahl charakteristischer Ansichten der Ansichtenraum gleichmässig diskretisiert.

In vorhergehenden Arbeiten wurden Fahrzeuge durch Stereoanalyse detektiert [10]. Dabei konnten die 3D-Modellteile direkt im 3D-Raum verglichen werden. Die Folge von Kamerapositionen hat eine hinreichend stabile Triangulation zugelassen. Das ist nicht möglich für Einzelansichten oder wenn sich die Kamera direkt auf die beobachtete Szene zubewegt. Für Anwendungen, bei denen das der Fall ist, schlagen wir daher eine *ansichtenbasierte* Methode vor.

Abschnitt 2 stellt die hier gewählte ansichtenbasierte Modellierung vor. Die Implementierung des entsprechenden Produktionsnetzes wird in Abschnitt 3 erklärt. Abschnitt 4 stellt damit erzielte vorläufige Ergebnisse vor, bevor mit Abschnitt 5 eine kurze Diskussion den Beitrag abschließt.

2 Ansichtenbasierte Objekterkennung

Bei der ansichtenbasierten Objekterkennung findet der Vergleich zwischen Modell und Daten im 2D-Bildraum statt. Dazu müssen 2D-Ansichten der 3D-Modellteile als Modelle verwendet werden. Die Nutzung von Bestandteilhierarchien ist weiter möglich. Zur Konsistenzprüfung, ob die Teile korrekt zu einander im Raum liegen, ist dabei aber jeweils eine Rückprojektion erforderlich.

Eine Menge von 2D-Linien, die durch eine perspektivische hidden-line Projektion eines Polyeders entstanden ist, heißt im folgenden Ansicht des Polyeders. Unter einem Aspekt versteht man hingegen einen Liniengraphen. Änderungen in der Ansicht, die die Topologie nicht ändern, liefern keinen neuen Aspekt [15].

2.1 Der Raum der Ansichten

Die Anzahl der zu verwendenden Ansichten pro Modellteil hängt von den Einschränkungen ab, die für Translation und Rotation der Objekte gemacht werden können. In der Regel kann man z. B. bei Fahrzeugdetektion die Entfernung auf ein Intervall und die räumliche Rotation des Modells auf den Azimut beschränken. Das heißt, man geht davon aus, dass das Fahrzeug eben steht und nicht geneigt ist. Translationen des Modells können je nach Brennweite am Bildrand zu geometrischen Verzerrungen führen. Da bei den hier verwendeten längeren Brennweiten dieser Effekt vernachlässigt werden kann, kann dasselbe Ansichtenmodell im gesamten Bildbereich verwendet werden. Damit kann ein Modell also so vor der Kamera positioniert werden, dass es mit seinem Referenzpunkt im Bildhauptpunkt erscheint. Dort wird es mit geeigneter Schrittweite im Azimut und in der Entfernung variiert. Die Schrittweite hängt z. B. von der Bildauflösung und der Modellstruktur ab.

Der sich ergebende zweidimensionale Modellansichtenraum umfasst typischerweise einige hundert Ansichten pro Modell. Er hat die Topologie einer Zylinderfläche. Entsprechend der gewählten Schrittweite sind zwölf benachbarte Ansichten eines Fahrzeugmodells in Abb. 1 dargestellt, die sich nur geringfügig unterscheiden. Waagerecht variiert der Azimut und senkrecht die Entfernung.

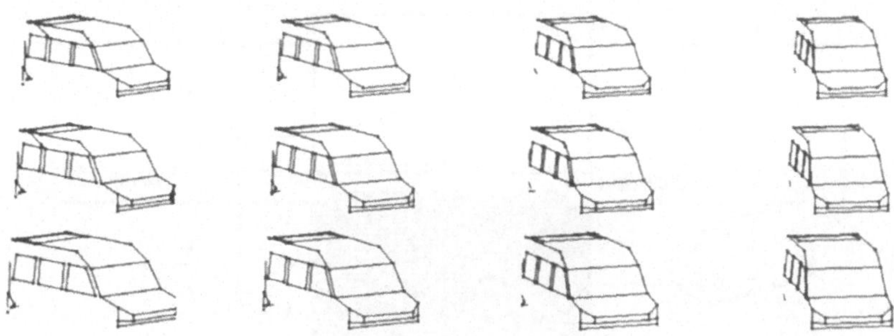

Abb. 1: Einige benachbarte 2D-Ansichten eines 3D-Fahrzeugmodells

2.2 Der Vergleich zwischen Bild und Ansichten

Aus dem digitalen Grauwertbild wird durch Gradientenfilter, morphologische
Operationen und Approximation der Konturen durch Linien eine Menge von
Primitivobjekten (Linieninstanzen) gewonnen (siehe Abb. 4). Ein darauf auf-
setzendes Linienverlängerungsverfahren (Produktion p1 in Abb. 4) dient vor
allen Dingen der genaueren Erfassung von Orientierungen der Objektkonturen. Die entstehende Menge verlängerter Linien ist mit den Ansichten zu
vergleichen. Dafür sind verschiedene Verfahren bekannt wie z. B. alignment
[3], geometric hashing [16] oder die generalisierte Hough-Transformation [1].
Das hier vorgestellte Verfahren orientiert sich an der generalisierten Hough-
Transformation

Zunächst werden Paare von geeignet liegenden verlängerten Linien zu L-
Strukturen oder T-Strukturen zusammengefasst (durch die Produktionen p2
und p3 in Abb. 4). Die gleiche Prozedur wird auch - vorab - auf jeder Ansicht durchgeführt. Als Schlüssel werden die beiden Orientierungen einer solchen Struktur verwendet. Abb. 2 skizziert das Prinzip. Eine Struktur im Bild
(z. B. Abb. 2a links) spricht für einen Teil einer Ansicht (z. B. Abb. 2b), wenn
beide Orientierungen hinreichend ähnlich sind. Die Lage des Referenzpunktes
der Ansicht erhält man, indem man die Position des Ansichtenteils relativ zu
ihrem Bildhauptpunkt von der Bildkoordinate der Struktur abzieht (Abb. 2c).

Da nur die Orientierung Verwendung findet, spielt die Länge der Linien
keine Rolle. Gegen partielle Verdeckungen ist also eine gewisse Stabilität gegeben. Beim Zusammenfügen von Modellteilen aus verschiedenen Bildbereichen ist zu beachten, dass der einer Ansicht assozierte Azimutwinkel relativ
zum Sehstrahl des Referenzpunktes transformiert werden muss in einen Winkel
relativ zur optischen Achse oder absolut im Raum.

2.3 Stabilität durch Akkumulation

Häufig kann man in Bildern von realen Szenen nicht alle modellierten Strukturen zuordnen. Man muss also versuchen, möglichst viele konsistente Zuordnun-

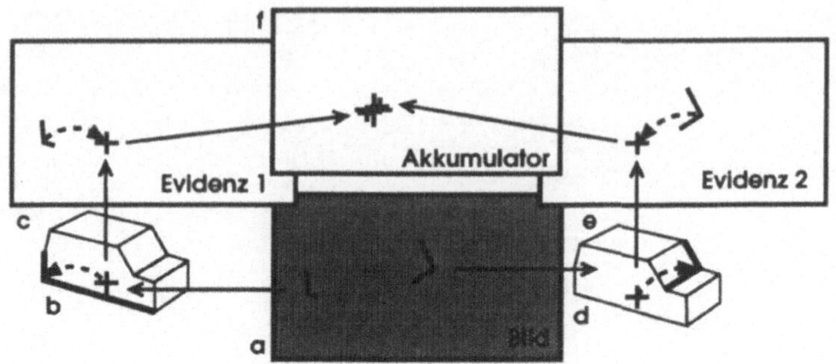

Abb. 2: 2D Vergleich zwischen Bildstrukturen und Teilen von Modellansichten

gen zwischen Modellstrukturen und Bildstrukturen zu vereinigen. Die Detektion und Lokalisation eines Fahrzeuges stützt sich auf viele Hinweise, die für sich alleine jedoch vage sein können.

Da davon auszugehen ist, dass die im Bild bestimmten Orientierungen von Linien fehlerbehaftet sind, sind für 'ähnliche' Orientierungen entsprechende Toleranzen zu berücksichtigen. Bei den hier gewählten Toleranzen können einer einzigen L-Struktur im Bild häufig dutzende oder gar hunderte von Ansichtenstrukturen entsprechen. Diese Hinweise werden alle an ihren entsprechenden Referenzpunktpositionen in den Akkumulator eingetragen. Durch die Überlagerung von Hinweisen auf verschiedene Modellteile für dieselbe Ansicht an derselben Stelle sollte sich eine Anhäufung dort ergeben, wo sich das Objekt befindet. Beispielsweise zeigen Abb. 2.b,c und Abb. 2.d,e zwei Hinweise von verschiedenen Modellteilen auf die gleiche Ansicht. Zur Detektion sucht man also im Akkumulator signifikante Anhäufungen. Aufgrund von Störungen und der Rasterung des Ansichtenraumes sind benachbarte Ansichten und Bildpositionen als kompatibel anzusehen. Zu entscheiden ist dann, welche Hinweise zu einem Cluster gehören. Abb. 2.f) zeigt die Zusammenfassung und Mittelung der beiden Evidenzen.

2.4 Bestandteilhierarchien und artikulierte Modelle

Einige Autoren schlagen vor, die zu erkennenden Objekte bei der Modellierung hierarchisch, d. h. stufenweise aber ohne Zyklen, in geeignete Bestandteile zu zerlegen, so dass nicht das ganze Modell, sondern nur die primitivsten Bestandteile mit den Daten verglichen werden [12,7]. Der Erkennungsprozess kehrt diese Zerlegung dann um und setzt das Objekt aus den Teilzuordnungen schrittweise zusammen, wobei jeweils auf geometrische Konsistenz der Teile zueinander abgeprüft werden kann. Einen solchen Ansatz haben wir für die 3D-Erkennung von 3D-Fahrzeugmodellen in [10] beschrieben. Er lässt sich auf das hier vorgestellte ansichtenbasierte Verfahren übertragen.

Nicht alle Fahrzeuge können adäquat durch starre Modelle erfasst werden.

So können Bestandteile eines Fahrzeuges durch Gelenke oder Lager miteinander verbunden sein oder Züge aus Fahrzeug und Anhänger bestehen. Dabei sind unterschiedliche Freiheitsgrade zu berücksichtigen.

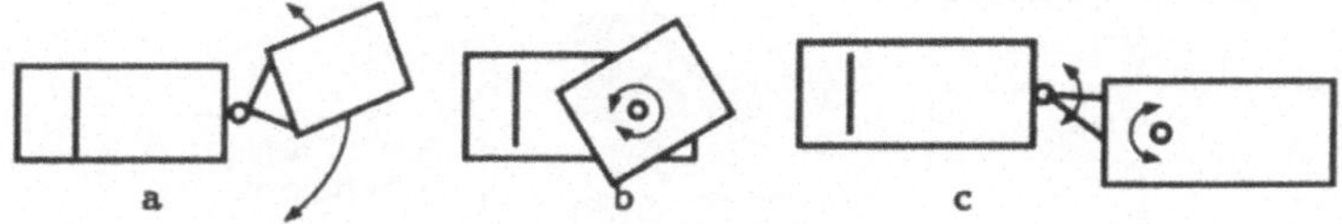

Abb. 3: Artikulierte Fahrzeugmodelle

Abb. 3 zeigt drei Beispiele solcher Konstruktionen, die wir angelehnt an die Literatur [15] als artikulierte Modelle bezeichnen. Das Zugmodell aus Zugfahrzeug und Einachsanhänger in Abb. 3a lässt den Azimut des Anhängers relativ zum Zugfahrzeug (um die Kupplung) in einem weiten Intervall frei. Abb. 3b zeigt ein Fahrzeugmodell mit drehbarem Aufsatz, wie beispielsweise bei einem Autokran. Hier ist der Azimut um das entsprechende Lager völlig frei. Abb. 3c zeigt einen Zug aus Zugfahrzeug und Zweiachsanhänger. Hier gibt es eine tiefere Hierarchie, weil der Anhänger in Drehgestell und Auflieger zerfällt.

Die sich daraus ergebenden Zwangsbedingungen können zur Steigerung der Erkennungssicherheit genutzt werden. Dazu werden in der ansichtenbasierten Erkennung die Teilmodelle in die Szene zurückprojiziert, um die Konsistenzprüfung vornehmen zu können. Es wird geprüft, ob die Translation und Rotation, die die Koordinatensysteme der Teile ineinander überführt, im zulässigen Bereich liegt.

3 Implementierung der Fahrzeugerkennung

Zur Modellierung von Fahrzeugen werden Produktionsnetze verwendet [8,10], die auch bereits in anderen Arbeiten, wie z. B. zur Luftbildanalyse, verwendet wurden [13,14]. Produktionsnetze dienen zur semantischen Modellierung und zeigen den generellen Zusammenhang von Produktionen und Objekttypen (Konzepten). Die Implementierung der Produktionsnetze erfolgte in einer Blackboard-Architektur in der Systemumgebung BPI [6].

Jede einzelne Produktion ist durch ein Verarbeitungsmodul realisiert, das den Bedingungsteil der Produktion auf einer Konfiguration von Objektinstanzen prüft, und bei Erfüllung eine neue Instanz generiert. Das System arbeitet akkumulierend. Einmal erzeugte Teilergebnisse stehen so zur Verfolgung verschiedener Hypothesen während der gesamten Analyse zur Verfügung. Die Datenbasis wird in einem Assoziativspeicher gehalten, der einen effizienten Zugriff auf Mengen von Instanzen erlaubt [14,9].

Ähnlich wie bei dem in [10] vorgestellten Netz werden zur Konstruktion parametrisierte Produktionen verwendet. Die Clusterung erfogt jedoch hier im 2D-Raum. Ein Schema zum Datenfluss ist in Abb. 4 dargestellt.

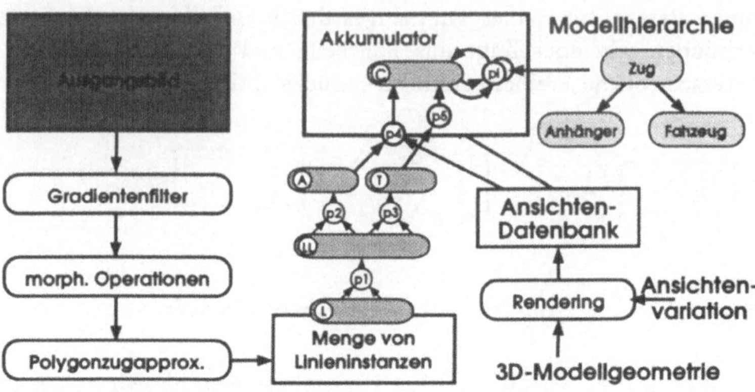

Abb. 4: Verfahrensübersicht und Produktionsnetz

4 Beispiel: Kombi mit Anhänger

Das Verfahren wird derzeit im sichtbaren Spektralbereich anhand verschiedener Fahrzeugmodelle erprobt. Abb. 5 zeigt einen Bildausschnitt, in dem sich unter anderem ein Kombi vom Typ Renault 'Kangoo' mit kleinem Anhänger befindet. In der Mitte der Abbildung sind die gefundene Instanz *Zug* und ihre Teilinstanzen *Kangoo* und *Anhänger* mit einigen Attributen angegeben. Die zu den Teilinstanzen gehörenden Ansichten aus dem gerasterten Modellansichtenraum sind jeweils daneben graphisch dargestellt. Oben in Abb. 5 ist die

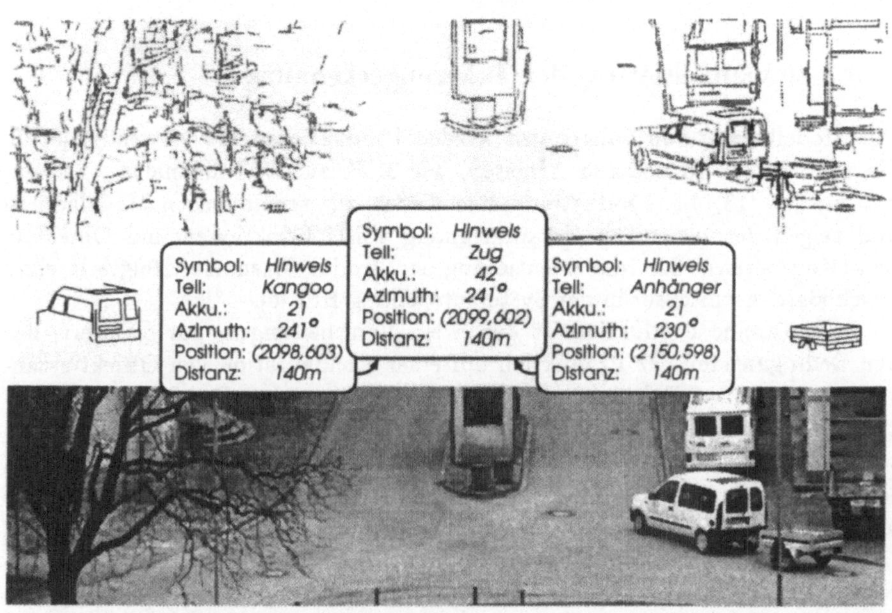

Abb. 5: Analyseergebnis für das Modell *Kombi mit Anhänger*

Menge aller Linieninstanzen des Bildausschnittes gezeigt. Die in die Ableitung des Endergebnis eingehenden Linieninstanzen sind fett hervorgehoben. Man sieht, dass die Anzahl der beteiligten Instanzen recht klein ist. Der Vergleich zwischen Bild und den automatisch gefundenen Ansichten zeigt, dass die gesuchten Objekte richtig lokalisiert und zugeordnet werden konnten.

5 Diskussion

Bei der klassischen, generalisierten Hough-Transformation wird der Raum des Akkumulators in Zellen (buckets) diskretisiert. Die Auswertung erfolgt durch Auszählen der Hinweise in den Zellen. Die Dimensionierung der Zellgrößen stellt ein Problem dar, da bei zu kleinen Zellen die Belegung zu dünn wird und bei zu großen Zellen inkompatible Hinweise zusammengefasst werden. Der erreichte Wert einer Zelle hängt auch von der Lage eines Clusters kompatibler Hinweise bzgl. der Zellengrenzen ab. Der vorgestellte Ansatz vermeidet diese Problematik.

Das Verfahren stützt sich ausschließlich auf Konturinformation und ist damit auf Bildmaterial von hoher Qualität bzgl. Auflösung, Schärfe und Kontrast angewiesen. Bei geringer Auflösung und kleinen Objekten lassen sich die Orientierungen nur ungenügend messen. Bei unscharfen oder kontrastarmen Aufnahmen liefert die Merkmalsextraktion nicht genügend Objektkonturen.

Eine Verbesserung wäre zu erwarten, wenn man sich sowohl bei der Modellierung als auch bei der Erkennung nicht nur auf Konturen stützt, sondern Grauwertinformationen einbezieht. Das erfordert auch eine Modellierung der Beleuchtung wie sie z. B. von [4] verwendet wird.

Bei dem vorgestellten Ansatz ist der Beitrag unterschiedlicher Objektstrukturen gleich gewichtet, obwohl gelegentlich bestimmte Objektrukturen mehr Evidenz liefern sollten als andere. Eine Berücksichtigung dieser Gewichtungen, wie in statistischen Ansätzen (siehe z. B. [5]), lässt eine Steigerung der Robustheit erwarten. Geringe Einschränkungen bzgl. der Lage oder Rotation ergeben eine große Anzahl von Ansichten. Diese führen in Bildern mit stark strukturiertem Hintergrund zu Verwechslungen. Durch Einbeziehung von Szenenkontext, wie z. B. den Straßenverlauf, lassen sich die Detektionssicherheit erhöhen und der Aufwand verringern.

Abb. 6 zeigt ein Beispiel zu dem artikulierten Fahrzeugmodell aus Abb. 3c. Die Container wurden in je zwei gleichartige Containerendstücke zerlegt, die gegeneinander um 180° verdreht sind. Das Zugfahrzeug bestehend aus Führer-

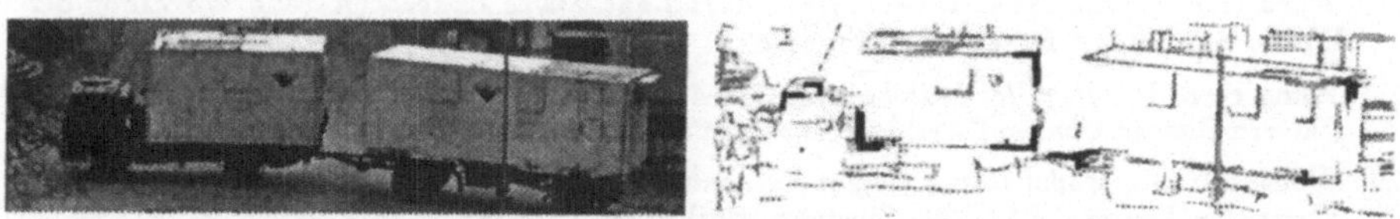

Abb. 6: Beispiel *Zugfahrzeug mit Zweiachsanhänger*

haus und Container fand eine korrekte Zuordnung, die sich jedoch auf nur sehr wenige Linieninstanzen stützt. Aufgrund des geringen Kontrastes konnte das vordere Containerendstück des Anhängers und somit auch der Anhänger nicht zugeordnet werden. Der gesamte Zug wurde nicht gefunden, da der Anhänger fehlte.

Die Lagebeschränkungen zwischen Zugfahrzeug und Anhänger werden durch die Deichsel bestimmt. In diesem Beispiel wurde zwar die Deichsel richtig zugeordnet, jedoch wird sie in vielen anderen Ansichten nicht sichtbar sein. Dies erfordert, dass solche Objekte nicht nur als Bestandteil, sondern auch als spezielle geometrische Beschränkungen zu modellieren sind.

Literaturverzeichnis

[1] Ballard D. H.; Brown C. M.: *Computer Vision*. Prentice Hall, Engelwood Cliffs, New Jersey, 1982.

[2] Binfort T. O.; Levitt T. S.: *Model-based Recognition of Objects in Complex Scenes*. In: ARPA (Ed.): *Image Understanding Workshop 1994 (Montery)* Morgan Kaufman, San Franzisco, 1994, pp 149-155.

[3] Grimson L.; Eric W.: *Object Recognition by Computer: The Role of Geometric Constraints*, MIT Press, Cambridge, Mass., 1990.

[4] Hermiston K. J.; Booth D. M.; Foulkes S. B.; Reno A. L.: *Pose Estimation and Recognition of Ground Vehicles in Aerial Reconnaissance Imagery*. In: Jain K.; Venkatesh S.; Lovell B. C. (Eds.): *ICPR'98*, IEEE, Los Alamitos, 1998, pp. 578-582.

[5] Hornegger J. M.: *Statistische Modellierung, Klassifikation und Lokalisation von Objekten*, Diss., Univ. Erlangen-Nürnberg, Technische Fakultät, Erlangen, 1996.

[6] Lütjen K.: *BPI: Ein Blackboard-basiertes Produktionssystem für die automatische Bildauswertung*. In: Hartmann G. (Hrsg.): *Mustererkennung 1986*, (DAGM 86), Informatik Fachberichte Nr.125, Springer, Berlin, 1986, pp. 164-168.

[7] Matsuyama T.; Hwang V. S.: *Sigma A Knowledge-Based Aerial Image Understanding System*, Plenum Press, New York, 1990.

[8] Michaelsen E.: *Über Koordinaten Grammatiken zur Bildverarbeitung und Szenenanalyse*, Diss., Techn. Fak., Univ. Erlangen, 1998.

[9] Michaelsen E.; Lütjen K.; Stilla U.: *Associative Access and Special Hardware for Production Nets*, German Russian Workshop on Pattern Recognition GRWS-98, Infix, 1999, pp. 290-297.

[10] Michaelsen E.; Wankmüller U.; Stilla U.: *Wissenserwerb für Produktionsnetze zur 3D-Erkennung von Fahrzeugen*, Mustererkennung 1998, Berlin, Springer, 1998, pp 507-514.

[11] Nagel H.-H.; Schwarz Th.; Leuk H.; Haag M.: *Tracking Turning Trucks with Trailors*. In: Maybank S.; Tan, T. (Eds.): *IEEE Workshop on Visual Surveillance*, IEEE Comp. Soc., Los Alamitos, 1998, pp 65-72.

[12] Niemann H.: *Pattern Analysis and Understanding*, Springer, Berlin, 1990.

[13] Stilla U.: *Map-aided Structural Analysis of Aerial Images*. ISPRS Journal of Photogrammetry and Remote Sensing, Vol 50, 1995, pp 3-10.

[14] Stilla U.; Michaelsen E.; Lütjen K.: *Structural 3D-Analysis of Aerial Images with a Blackboard-based Production System*. In: Gruen A.; Kuebler O.; Agouris P.: *Automatic Extraction of Man-Made Objects from Aerial and Space Images*, (Ascona Workshop der ETH), Birkhäuser, Basel, 1995, pp 53-62.

[15] Wang P. S. P.: *Parallel Matching of 3D Articulated Object Recognition*. Int. Journ. of Pattern Recognition and Artificial Intelligence, Vol 13, 1999, pp 431-444.

[16] Wolfson H. J.: *Model Based Object Recognition by Geometric Hashing*. In: Faugeras O.: *Computer Vision - ECCV90*, Springer, Berlin, pp 526-536.

Localisation of Flexible Objects Packed in Transparent Foils

M. Müller, H. Wörn

Universität Karlsruhe (TH)
Institut für Prozeßrechentechnik, Automation und Robotik (IPR)
Geb. 40.28, Kaiserstraße 12, D-76128 Karlsruhe
mmueller@ira.uka.de, woern@ira.uka.de

Abstract. The automation of object separation and sorting is an economically important task. This paper deals with the localisation of objects packed in transparent foils, which are lying arbitrarily among cardboard boxes. The presented algorithm utilizes the appearance characteristics of planar patches, which are segmented in a range image of the scene. No specific sensors are required except for a laser triangulation camera system. Experimental results emphasize the robustness and the time efficiency of the method.

Keywords. Object localisation, flexible objects, transparent foils, picking.

1. Introduction

The automation of object separation and sorting is an economically important task in various industrial fields, such as in assembly, in disassembly or in the postal parcels distribution.

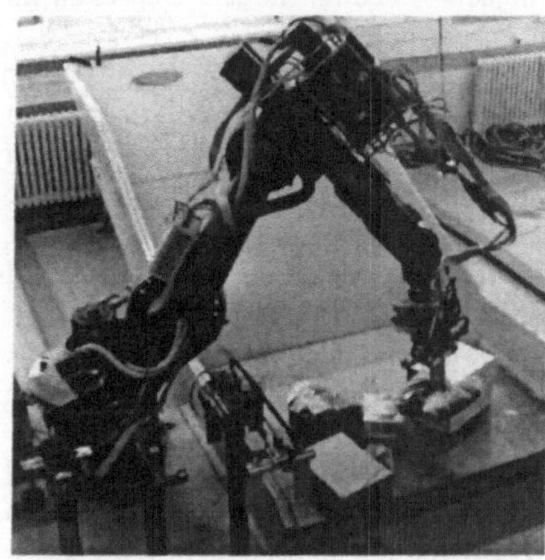

Fig. 1. Automated Sorting of Objects

At the Institute for Process Control and Robotics of the University of Karlsruhe (TH), the robot system ISAS[1] is being developed which aims at the picking of objects in the shipping department of a famous German catalogue sale company. In one typical application, the goods are thrown onto a slide and slither down onto a tray (Fig. 1). The robot has to pick the objects from the tray in order to lay them down into specific boxes depending on the object type. Approximately half the objects are quasi-rigid cardboard boxes, the others are flexible objects, like, e.g., textiles, packed in transparent foils [14].

---

[1] Intelligent Sensor Actuator System, funded by the German Ministry for Education and Research bmb+f in the scope of the research program "Production 2000".

Cardboard boxes are usually grasped by enclosing the object with the gripper fingers, whereas flexible objects packed in foils should be grasped on their top surfaces due to their unclear boundary (see example in Fig. 1) [15].

Thus, a crucial task consists in the localisation of the flexible objects packed in foils among a heap of cardboard boxes. This paper presents an approach which performs robust localisation of the flexible objects in a range image of the scene.

The algorithm dispenses with the identification of the objects in the range image, because that is not possible in view of the vast variety of objects in catalogue sale companies and the bad state of the objects packaging, when they are sent back by customers.

The approach for localisation is outlined in Section 3. Since the approach is strongly oriented towards a special image type, the image acquisition system, as well as the applied processing, are presented in the Sections 4 and 5. A detailed explication of the approach is given in Section 6, whereupon Section 7 is dedicated to the experimental results. Finally, Section 8 concludes the paper.

The following section discusses previous work in the concerned field of interest.

2   State of the Art

Object detection was most often investigated in model based recognition and reconstruction approaches [3], [4]. Model views were transformed to take into account perspective distortions [26]. Very robust recognition was reached through direct grey value gradient matching, dispensing with feature extraction [10]. Generic object models were applied to detect boxes [2], cylinders [17], infusion bags [5], potatoes [23], or donuts [7]. A very sophisticated approach for the reconstruction of polyhedrons was presented in [13]. However, all these approaches are not suitable for the localisation of arbitrarily shaped flexible objects, since no models, and even no generic models, are available.

Exclusive grasp feature extraction has been performed for object picking in order to dispense with the recognition task [9], [21]. Yet, flexible objects with a random shape have no steady form features, which would fit grasp features. A similar problem occurs when trying to apply methods of medical image matching, where anatomic prominent structural information is used [18].

In the scope of ecological recycling research, meaningful methods were developed to identify the material of wastes, especially the type of plastics [11], [22]. Unfortunately, such methods are restricted to local examinations. In such a way, localisation of objects packed in foils is not possible from a global view without an extensive application of sensors.

In the food industry, foreign objects, such as metallic pieces or stones, are detected through texture analysis using X-rays [19]. A special kind of texture analysis is also applied in the method presented in this paper. However, the algorithms developed for X-rays images cannot be applied for the illustrated problem.

Plastics should be detected in compost garbage by simply looking for bright patches in grey value images [20]. That heuristics fails in the detection of flexible catalogue sale objects due to the diversity of colours. Another heuristics was applied in the segmentation of trashes by looking for height discontinuities in a range image [12]. That heuristics is not suitable for the required object differentiation, either.

No work is known to the authors, which deals with the localisation of flexible objects among a heap of rigid objects with big planar surfaces.

3 Overview of Localisation Approach

In robotic picking tasks, it is favourable to take 2,5D or even 3D images of the scene using structured light methods or laser triangulation in order to avoid correspondance problems arising in stereo vision, when determining 3D information from 2D images.

Suitable grasp features for usual parallel jaw grippers or suction grippers are planar patches. In this paper, the planar facets are segmented in a range image of the scene, taken with the aid of laser triangulation.

A crucial property of the resulting segmented range image is diversified appearance of segment sets belonging on the one hand to rigid cardboard boxes and on the other hand to flexible objects packed in transparent foils. This special character is applied in this paper for the illustrated localisation task and explained in Section 6.

The authors emphasize that the localisation is performed using the segmentation, which has to be executed anyway for grasp planning for cardboard boxes. In such a way, no additional analysis of the raw range image data and no additional sensors are necessary.

4 Range Image Acquisition System

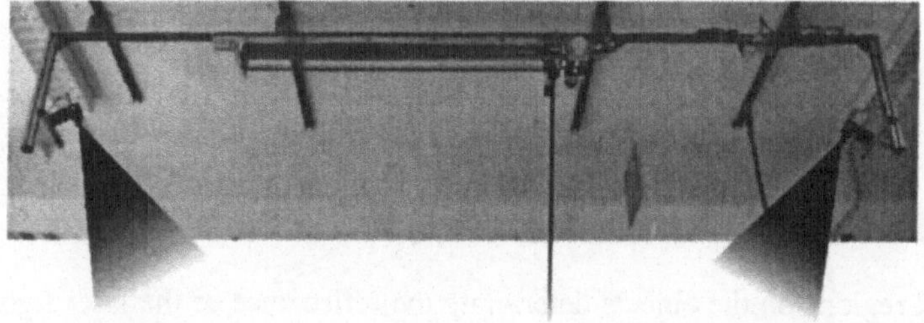

Fig. 2. Laser Triangulation Camera System

An overhead camera system is used for the acquisition of 2,5D range images of the scene (see Fig. 2). Laser light is spread into a line and projected vertically onto the scene. From the grey value image taken by a camera, the height profile along the laser line can be computed using the triangulation principle. By moving the laser diode over the scene and taking many pictures, a range image of the whole visible scene can be constructed. The benefit of applying two cameras consists in reducing the number of visual occlusions. Since the cameras in use take pictures at the frequency of 1kHz, the scanning of 1 meter with the horizontal rangel distance 3mm takes only 1/3 sec.

5 Segmentation into Planar Patches

The utilized range image processing is a special implementation of [25] according to the requirements of fastness and robustness against noise [16].

Figure 3 shows in the upper row a close-up of the scene in Figure 1 and the according cloud of rangels received via the image acquisition presented in Section 4.

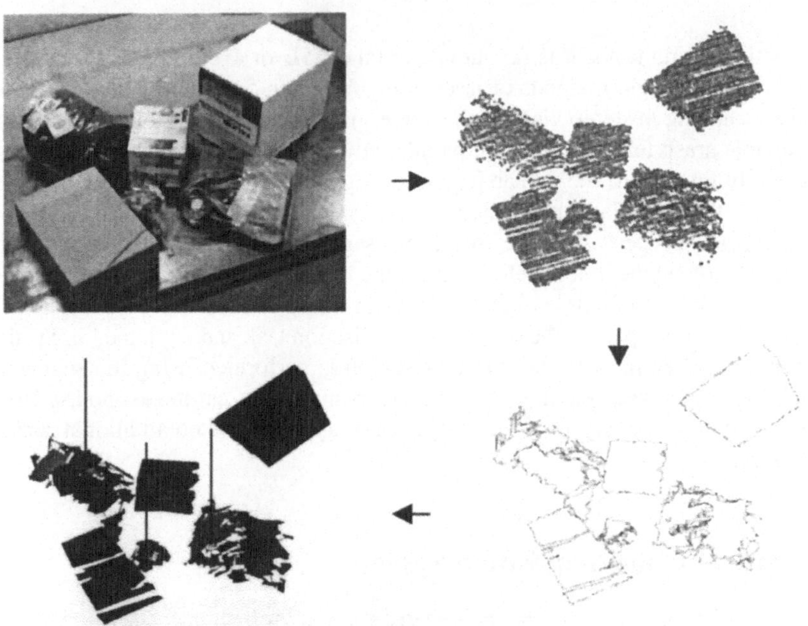

Fig. 3. Range Image Acquisition and Processing Steps

5.1 Preprocessing

Very dark regions on the objects deteriorate the reflectance of the laser light. That is one reason for the absence of some rangels in the range image. Preprocessing consisting in the closing of small holes in the range image helps to economize many further processing steps.

One has to pay attention to the fact that such preprocessing has to be applied very carefully, since extensive preprocessing may create new erroneous surfaces.

5.2 Placing of Seeds and Region Growing

To determine the planar patches, "seeds" are placed in the range image. A "seed" is a set of regularly spread rangels at a coarse rangel resolution. For example, 5 cross 5 rangels belong to the seed, whilst every 10th image rangel is a seed rangel. If all seed rangels fit to a plane equation within a certain threshold using the Least Squares method, the seed is a candidate for a planar patch. To become a patch, all image rangels between the seed rangels must also fit to the plane equation. Once such a patch is found, region growing is applied to acquire the whole planar patch. Only the rangels are added to the patch which do not yet belong to other patches.

Seeds are placed consecutively in the image, starting from coarse resolutions, and decreasing the resolution step by step. Also, the placing is shifted successively.

5.3 Postprocessing and Boundary Smoothing

During region growing, the boundaries grow around many small inclosures. That happens because of run-away rangels or small holes, which were not closed during preprocessing. Postprocessing consists in closing these inclosures. The size of inclosures is therefore limited.

The resulting boundaries are not yet smooth (see lower right picture in Fig. 3). The according polygons comprise a high number of corners. Since that is unfavourable for cost effective grasp planning, the boundaries have to be smoothed.

Smoothing is done similarly to the creation of the planar patches, but in one dimension instead of in two dimensions. First, line seeds are placed on the boundary at a cross resolution. If all points fit to a straight line equation, then line growing can start. If line seeds do not fit lines, then the line seed placing is shifted, respectively finer resolutions are chosen.

The lower left picture in Figure 3 shows the resulting smoothed planar patches.

6 Localisation of Flexible Objects Packed in Transparent Foils

Whereas the cardboard boxes are described by big planar patches as a result of the image processing, the flexible objects packed in foils are characterised by many small jagged patches. One reason for the big number of small patches is the curvature of flexible objects thrown onto a heap. Another important reason is that the transparent foil generally is not wholy planar and reflects the laser light in various directions.

In such a way, two rules can be formulated for the localisation of flexible objects which are packed in transparent foils and placed among a heap of cardboard boxes:

> 1. The relationship of the number of boundary corners to the surface area of a patch must exceed a threshold that mainly depends on the image acquisition and processing system parameters.
> 2. Several patches which meet the condition 1 must be placed neighbouring at a small distance.

All sets of patches meeting both conditions are localized as objects which are no cardboard boxes. Thus, they mark flexible objects packed in foils.

The experimental results in Section 7 will show that it is favourable to locate the grasp point on a flexible object at the centre of gravity of the patch which has the most patch neighbours belonging to the same set of patches meeting the two conditions.

7 Experimental Results

Numerous experiments with various objects were carried out. Localisations according to the conditions introduced in Section 6 always did correspond to flexible objects. That is an important evidence for the robustness of the approach.

The vertical black lines in the lower left picture of Figure 3 as well as in all the following figures mark the determined grasp points on the localized flexible objects. All the three flexible objects were successfully localized and grasped (see Figure 1).

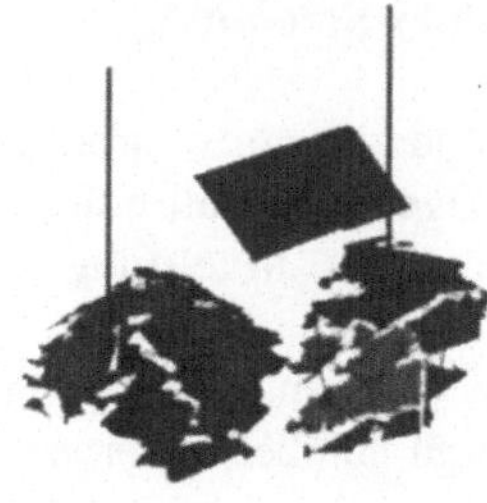

Figure 4 illustrates the effective separated localisation of the two overlapping and touching flexible objects, that is due to the big distance between the patches of the objects.

Fig. 4. Localisation of Overlapping Flexible Objects

In Figure 5, the two flexible objects have approximately the same height and touch each other very strongly. They are localized as one object (see the 2nd picture from the left). However, the grasp point is not simply in the geometric averaged middle of the whole object, but in a central position (patch with most neighbours meeting condition 1 in Section 6). In such a way, one flexible object could be picked out successfully, and the remaining object was handled in the next step (3rd, 4th picture).

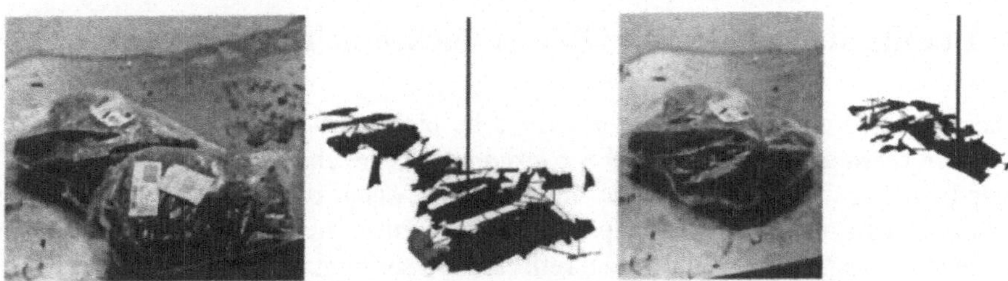

Fig. 5. Successful Determination of Grasp Point despite of Erroneous Localisation

Fig. 6. Localisation of Two Shirts Packed in Transparent Foils

Figure 6 shows the localisation of two shirts. Even the relatively planar region of the one shirt was characterized by small jagged patches due to the glossiness, and thus localized. On the other shirt, the collar could be localized.

8 Conclusions

A robust and fast method has been presented for the localisation of flexible objects packed in transparent foils which are lying arbitrarily in a heap of cardboard boxes. One prerequisite for its applicability is the acquisition of range images using a laser triangulation sensor. The algorithm is very time-efficient, since no additional analysis of the raw range image data is required. Instead, it bases on segmented planar patches, which are marked out anyway for grasp planning on the rigid cardboard boxes, and utilizes their characteristic appearances for reasoning.

Acknowledgments

This research work has been performed at the Institute for Process Control and Robotics, Prof. Dr.-Ing. H. Wörn, Prof. Dr.-Ing. U. Rembold and Prof. Dr.-Ing. R. Dillmann, Department of Computer Science, University of Karlsruhe (TH), Germany. It has been funded by the German bmb+f (Bundesministerium für Bildung und Forschung) through the Research Centre FZK Karlsruhe (Projektträgerschaft Produktion und Fertigungstechnologien).

References

1. G. Aumann, K. Spitzmüller: *Computerorientierte Geometrie*. BI Wissenschaftsverlag, Reihe Informatik, Band 89, 1993.
2. A.-J. Baerveldt: *Contribution to the Bin-Picking Problem*. Dissertation, Eidgenössische Technische Hochschule, Zürich, 1993.
3. O. Faugeras: Three-Dimensional Computer Vision, A Geometric Viewpoint. MIT Press, 1993.
4. V. Gengenbach: *Einsatz von Rückkopplungen in der Bildauswertung bei einem Hand-Auge-System zur automatischen Demontage*. Dissertation, Fraunhofer-Institut für Informations- und Datenverarbeitung (IITB), Karlsruhe, Dissertationen zu Künstlichen Intelligenz, infix, 1994.
5. R. C. Gonzalez, P. Wintz: *Digital Image Processing*. Addison-Wesley Publishing Company, 2nd Edition, 1987.
6. J. González-Linares, N. Guil, P. Pérez, M. Ehrenmann, R. Dillmann: *An Efficient Image Processing Algorithm for High-Level Skill Acquisition*. Proceedings of the IEEE International Symposium on Assembly and Task Planning ISATP, pp. 262 – 267, Porto, 1999.
7. K. Ikeuchi, H.K. Nishihara, B.K.P. Horn, P. Sobalvarro, S. Nagata: *Determining Grasp Configurations using Photometric Stereo and the PRISM Binocular Stereo System*. The International Journal of Robotics Research, Vol. 5, No. 1, pp. 46-65, Spring 1986.

8. K. Kanatani: *Geometric Computation for Machine Vision*. Oxford Science Publications, 1993.
9. R. B. Kelley: *Heuristic Vision Algorithms for Bin-Picking*. Proceedings of the 14th International Symposium on Industrial Robots, pp. 599-610, Gothenburg, Sweden, 1984.
10. H. Kollnig, H.-H. Nagel: *3D Pose Estimation by Fitting Image Gradients directly to Polyhedral Models*. 5th International Conference on Computer Vision, pp. 569 – 574, 1995.
11. H. Lucht, U. Plauschin, H. Dürr: *Kunststoffe mit Infrarot-Messung sortenrein trennen*. Umwelt, Vol. 23, No. 7/8, pp. 443 – 444, 1993.
12. R. Mattone, G. Campagiorni, A. Wolf: *Fuzzy-Based Processing of 3D Information for Items Localization in the Automated Sorting of Recyclable Packaging*. Proceedings of the IEEE International Conference on Fuzzy Systems, IEEE World Congress on Computational Intelligence, Vol. 2, pp. 1613 – 1618, 1998.
13. C. Müller: *Verwendung von Bildauswertungsmethoden zur Erkennung und Lagebestimmung von generischen polyedrischen Objekten im Raum*. Dissertation, Universität Karlsruhe, Dissertationen zur Künstlichen Intelligenz, infix, 1992.
14. M. Müller, D. Rembold: *Robot for Picking Goods*. Journal paper, NOVAtech- Automotive Engineering International, 1/1999, pp. 28-29, Wernbacher Verlags KEG, Graz, 1999.
15. M. Müller, T. Längle, H. Wörn: *Grasping and Reliable Picking of Overlapping Objects in Unstructured Scenes*. International Conference on Advanced Robotics ICAR ´99, Tokyo, Oktober 1999.
16. M. Müller, S. Stepanov, T. Längle, H. Wörn: *Robust Detection of Object Displacements in Unstructured Scenes*. Proceedings of the 14th IAR Annual Meeting, pp. 1-6, Institut Franco-Allemand de l'Automation et de la Robotique, Straßburg, November 1999.
17. G. Mulgaonkar, J. DeCurtins: *Scene Description for Object Manipulation in Unstructured Environments*. Proceedings of the IEEE International Conference on Robotics and Automation ICORA 89, Vol. 1, pp. 354-359, Mai 1989.
18. O. Musse, F. Heitz, J.-P. Armspach: *3D Deformable Image Matching Using Multiscale Minimization of Global Energy Functions*. IEEE Computer Society Conference on Computer Vision and Pattern Recognition, Vol. 2, pp. 478 – 484, Juni 1999.
19. D. Patel, I. Hannah, E.R. Davies: *Foreign Object Detection via Texture Analysis*. Proceedings of the 12th International Conference on Pattern Recognition IAPR, Vol. 1, pp. 586 – 588, 1994.
20. W. Rubarth, W. Gerke, H. Seier: *Stör- und Wertstoffseparation in Abfallbehandlungsanlagen*. Umwelt, Vol. 26, No. 10, pp. 43 – 46, 1996.
21. P. J. Sanz, A. P. del Pobil, J. M. Inesta: *Real-Time Grasping of Unknown Objects Based on Computer Vision*. Proceedings of the 8th International Conference on Advanced Robotics, Castellon, Spain, pp. 319-324, 1997.
22. T. Seidel: *Kunststoffe mit dem Gleitfunken identifizieren*. Umwelt, Vol. 24, No. 5, pp. 236 – 237, 1994.
23. G.C. Stockman, S.-W. Chen, G. Hu, N. Shrikhande: *Sensing and Recognition of Rigid Objects using Structured Light*. IEEE Control Systems Magazine, Vol. 8, Issue 3, pp. 14 – 22, 1988.
24. V. A. Sujan, S. Dubowsky: *The Design of a 3-D Surface Geometry Acquisition System for Highly Irregular Shaped Objects: with Application to CZ Semiconductor Manufacture*. Proceedings of the IEEE International Conference on Robotics and Automation ICRA, Detroit, 1999.
25. M. Trobina: *From Planar Patches to Grasps: a 3D Robot Vision System handling Unmodeled Objects*. Dissertation, Hochschulschriften-Nr.: Diss. ETH 11326, Eidgenössische Technische Hochschule, Zürich, 1995.
26. Z. Wang, J. Ben-Arie: *Generic Object Detection using Model Based Segmentation*. IEEE Computer Society Conference on Computer Vision and Pattern Recognition, Vol. 2, pp. 428 – 433, Ft. Collins, 1999.

Iterative Parameterbestimmung geometrischer Modelle aus gestörten dreidimensionalen Grauwertbildern

Andreas Herzog[1], Reinhild Schnabel[2], Katharina Braun[2] und Bernd Michaelis[1]

andreas.herzog@e-technik.uni-magdeburg.de

[1]Otto-von-Guericke-Universität Magdeburg, Institut für Elektronik, Signalverarbeitung und Kommunikationstechnik, Universitätsplatz 2, PF 4120, D-39016 Magdeburg

[2]Leibniz Institut für Neurobiologie Magdeburg, Brennecke Straße 6, D-39118 Magdeburg

Zusammenfassung. Geometrische Modelle bieten die Möglichkeit, bei der Rekonstruktion von Objekten aus Grauwertbildern sehr einfach zusätzliches a-priori Wissen zu integrieren. Es wird ein wachsendes, geometrisches Modell vorgestellt, das speziell zur Modellierung schlauchförmiger, baumartig verzweigter Objekte entwickelt wurde. Ausgangspunkt ist ein dreidimensionales Grauwertbild, das durch die Abbildungsfunktion (PSF, point-spread-function) des bildgebenden Systems beeinflußt wurde. Die Modellierung erfolgt in zwei Phasen. In der ersten Phase wächst das Modell selbständig in alle Verzweigungen. Dabei ist eine interaktive Kontrolle und Korrektur möglich. In einer zweiten Phase erfolgt dann eine Feinanpassung der Modellparameter. Dabei wird die PSF berücksichtigt, indem nicht das Objekt, sondern die Abbildung des Objektes approximiert wird. Im Gegensatz zu anderen Verfahren, die versuchen den Einfluß der PSF durch eine Bildvorverarbeitung zu kompensieren, kann dabei gleichzeitig das a-priori Wissen über das bildgebende Verfahren und über die zu erwartenden Objekte (Modellwissen) genutzt werden. Durch den dabei entstehenden Synergieeffekt lassen sich Modellparameter auch aus gestörten Bildern bestimmen, bei denen Deconvolution-Methoden direkt nicht mehr anwendbar sind.

Schlüsselwörter. Geometrische Modelle, Parameterbestimmung, PSF, Auflösungsgrenze

1 Einleitung

Geometrische Modelle werden oft zur Beschreibung von dreidimensionalen Objekten eingesetzt. Sie abstrahieren die Objektform und Größe im Rahmen der Freiheitsgrade des gewählten Modells. In der letzten Zeit stehen als Ausgangsdaten zur Modellierung immer häufiger dreidimensionale Grauwertbilder zur Verfügung, die mit verschiedenen bildgebenden Verfahren, wie Computertomographie, Ultraschall oder Mikroskopie, aufgenommen wurden. Dabei kommt es zu Abbildungsfehlern, die bei der Parameterbestimmung des geometrischen Modells berücksichtigt werden müssen. Häufig geschieht das in zwei unabhängigen Verarbeitungsstufen bei denen zunächst in einer

Bildvorverarbeitung unter Nutzung der PSF (point-spread-function) die Abbildungs-fehler kompensiert und anschließend die Modellparameter aus dem korrigierten Bild bestimmt werden. Dabei entsteht oft das Problem, daß eine ausreichende Bildvorver-arbeitung, durch zu starkes Rauschen, nicht möglich ist.

Es soll hier gezeigt werden, wie sich dieses Problem durch die Zusammenfassung von Bildvorverarbeitung und Parameterbestimmung umgehen läßt, indem nicht das Objekt selber, sondern seine Abbildung approximiert wird. Dazu wird ein wachsendes, geo-metrisches Modell vorgestellt, das speziell für schlauchförmige, sich baumartig ver-zweigende Objekte entwickelt wurde. Als Beispiel wird die Modellierung von sich verzweigenden Fortsätzen von Nervenzellen (Dendriten und Spines) aus dreidimen-sionalen, konfokalen Mikroskopbildern gewählt, da bei diesem Mikroskop die Abbil-dungsfehler eine besondere Rolle spielen (richtungsvariante PSF, Auflösungsgrenze) [1]. Es ist aber auch möglich, andere baumartige Strukturen, wie sie in der Biologie und Medizin in Form von Blut- oder anderen Gefäßsystemen häufig vorkommen, mit Hilfe dieses Verfahrens zu modellieren.

Die Modellierung erfolgt dabei in zwei Phasen. In der ersten Phase wächst das Modell aus einem Initialisierungspunkt in alle Verzweigungen des Objekts. Die Modellpara-meter werden dabei nur grob abgeschätzt. In der zweiten Phase werden die Modellpa-rameter, wie lokaler Durchmesser und Verlauf der Mittellinie, durch eine Rückkopp-lung zum Ausgangsbild genauer bestimmt. Dabei fließen die Abbildungseigenschaften des bildgebenden Verfahrens ein.

2 Beschreibung des Objektes und der Abbildung

Das gesuchte Objekt wird mit einem geometrischen Modell approximiert. Die be-trachteten, schlauchförmigen und verzweigten Objekte lassen sich zunächst in Ab-schnitte ohne Verzweigungen (Kanten) und Verzweigungen (Knoten) aufteilen.

Die Knoten stellen den Zusammenhang zwischen den Kanten her. Die Kanten lassen sich bei angenommenem rotationssymmetrischen Querschnitt durch den Verlauf der Mittellinie und den lokalen Radius an jedem Punkt der Mittellinie vollständig be-schreiben.

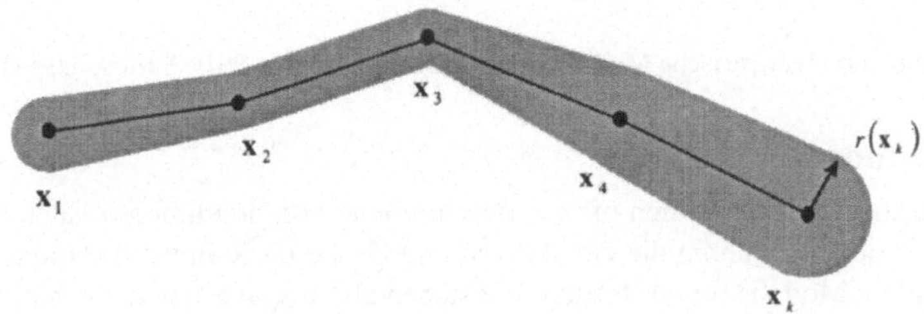

Abbildung 1. Approximation des Objektes durch stückweise lineare Beschreibung

Zur praktischen Behandlung ist die Kenntnis einer genügend dichten Punktewolke bzw. einer mathematischen Beziehung (z.B. Splinekurve) für die Mittellinie erforder-lich. Ähnliches gilt für die Radien. Abbildung 1 zeigt die Möglichkeit einer stückwei-sen linearen Beschreibung eines unverzweigten Modellabschnittes.

263

Die Abbildung des Modells durch das bildgebende Verfahren kann, sofern sie sich nicht in besonders einfachen Fällen direkt aus den Modellparametern berechnen läßt, durch eine Umwandlung des Modells in ein abgetastetes Grauwertbild und eine Faltung mit der PSF ermittelt werden.

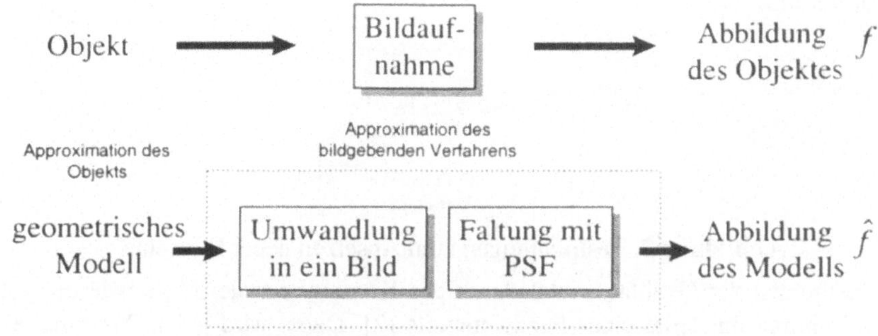

Abbildung 2. Approximation der Abbildung

Bei der Transformation des Modells in ein Bild muß man die Subpixelposition der Modelloberfläche berücksichtigen.

3 Wachsendes Modell zur Initialisierung

Die erste Phase soll dazu dienen, das Objekt bezüglich des Skelettes grob zu erfassen. Dazu wird ein initialer Punkt gesetzt, vom dem aus das Modell in alle Verzweigungen des Objektes wächst. Im Gegensatz zu kontinuierlichem Wachsen nach dem region-growing Verfahren, soll das Wachsen hier stückweise diskret durch das Ansetzen immer neuer Modellteile (zweckmäßig Zylinder) erfolgen [2]. Dadurch kann zusätzliches Wissen über das Objekt, wie die Wahrscheinlichkeit von Richtungsänderungen, einfließen und es ist auch möglich, kleine, lokale Störungen (scheinbare Unterbrechungen der in Wirklichkeit zusammenhängenden Struktur) sicher zu überwinden. Es hat sich gezeigt, daß für die Wachstumsphase des Modells die Auswirkungen der PSF weitgehend vernachlässigt werden können. Außer einer Rauschunterdrückung ist hier, im Gegensatz zu prinzipiell auch anwendbaren Skelettierungsalgorithmen [3], die im allgemeinen eine saubere, unterbrechungsfreie Segmentierung erfordern, keine weitere Bildvorverarbeitung nötig.

Ausgehend von einem initialen Punkt wird eine diskrete Anzahl von möglichen Richtungen zum Weiterführen des Modells untersucht (siehe Abbildung 3). Für jede der untersuchten Richtungen lassen sich Merkmale bestimmen, die die Qualität dieser Richtung beschreiben. In die Richtung mit der höchsten Qualität wird ein neues Modellteil angesetzt. Die Auswahl und Kombination der Merkmale erfolgt mit Hilfe von a-priori Wissen über das Modell. Das wichtigste Merkmal ist der mittlere Grauwert des Bildes f innerhalb eines Bereiches (ROI, region of interest) in der getesteten Richtung (siehe Abbildung 3). Zusätzlich können auch die Varianz und die Hauptachsen in der ROI bestimmt werden. Ein weiteres wichtiges Merkmal ist die Abweichung der Testrichtung von der bisherigen Richtung des Modells. Die bisherige Richtung des Modells wird lokal, auf Grundlage der zuletzt angefügten Modellteile, und global, auf

Grundlage aller Modellteile, gemessen. Die genutzten Merkmale sind dabei die Raumwinkel der bisherigen Modellrichtungen zur getesteten Richtung. Durch das Begrenzen der Wertebereiche der Merkmale lassen sich Nebenbedingungen setzen eine Schleifenfreiheit des Modells erzwingen. Ein minimaler Grauwert dient als Abbruchkriterium.

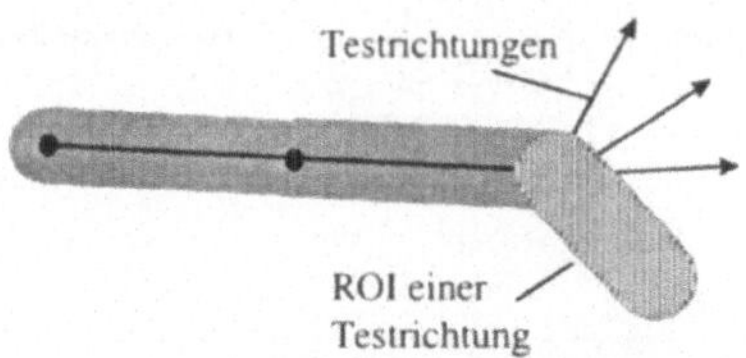

Abbildung 3. Testrichtungen zum Ansetzen neuer Elemente

Das Bestimmen der Qualität erfolgt durch das Kombinieren der Merkmale der getesteten Richtung mit Hilfe eines Fuzzyintegrals [2]. Dabei wird jedem Merkmal eine heuristisch bestimmte Wichtung zugewiesen. Bei entsprechenden Merkmalskombinationen können auch Verzweigungen generiert werden.

Zum Überwinden von größeren Unterbrechungen und zum Verlassen von Sackgassen sind Prozeduren implementiert, die mehrere, aneinandergefügte Modellteile gemeinsam testen. Diese Prozeduren werden gestartet, wenn aufgrund der Nebenbedingungen (minimaler Grauwert) kein Modellteil mehr angefügt werden kann.

Das stückweise, diskrete Modellwachstum benötigt nur wenig Rechenzeit (im allgemeinen im Sekundenbereich), so daß es sich mit einem interaktiven Modelleditor kombinieren läßt. Man erhält dann ein sehr leistungsfähiges System, mit dem man unter ständiger visueller Kontrolle, fehlerfreie Modellbäume generieren kann.

Sind schon mehrere gleichartige Objekte ausgewertet worden, läßt sich die heuristisch gefundene Wichtung der Merkmale und ihre Fuzzy-Auswertung ersetzen. Die Kombination der Merkmale erfolgt dann durch ein einfaches künstliches neuronales Netz [4], das mit den ermittelten Merkmalen in den einzelnen Testrichtungen und den tatsächlich benutzten Richtungen trainiert wurde. Dadurch läßt sich die Anzahl der nötigen Interaktionen senken.

Das entstehende, grobe Modell wird als Ausgangsnäherung für eine genauere Parameterbestimmung des Modells verwendet.

4 Parameterbestimmung des Modells

Nachdem die Grundstruktur des Objektes mit all seinen Verzweigungen durch das wachsende Modell in der ersten Phase bestimmt wurde, müssen nun die Modellparameter ermittelt werden. Bei dem betrachteten schlauchförmigen Modell sind das die Position der Mittellinie und der lokale Radius entlang dieser Mittellinie.

Die Korrektur der oft formbeeinflussenden Abbildung des bildgebenden Systems soll Bestandteil der Parameterbestimmung sein. Wie im Abschnitt 2 beschrieben, wird dazu die Abbildung des Objekts durch die Faltung mit der PSF bestimmt. Man erhält ein mit dem Ausgangsbild des bildgebenden Systems vergleichbares Bild des Modells.

Der Unterschied zwischen den Bildern soll durch die Variation der Modellparameter minimiert werden:

$$Q = \sum_i \left(f_i - \hat{f}_i\right)^2 \rightarrow \min. \tag{1}$$

Dabei bezeichnet f_i den Grauwert eines Bildpunktes im aufgenommen Bild und $\hat{f}_i$ den Grauwert eines Bildpunktes im Modellbild (Faltung mit PSF). Zur Bestimmung der Modellparameter stehen das aufgenommene Bild f , das Modell der Iteration k mit den Radien $r_j^{(k)}$ und den Punkten $\mathbf{x}_j^{(k)}$ und das daraus berechnete Modellbild $\hat{f}^{(k)}$ zur Verfügung.

Die Variation der Modellparameter kann nach prinzipiell bekannten Verfahren, wie simuliertes Abkühlen [5] oder Gradientenabstieg erfolgen. Bei direkter Anwendung müssen jedoch eine Vielzahl von Iterationen berechnet werden, die bedingt durch die notwendige Faltung bei der Abbildung des Modells eine hohe Rechenzeit beanspruchen und auch in Nebenminima enden können.

Durch die Nutzung weiterer a-priori Wissens können aber effektivere Verfahren gefunden werden. Der Unterschied zwischen den Bildern läßt sich auch als geometrische Transformation von Bildpunkten auffassen. Auf Grund des a-priori Wissens lassen sich für derartige Transformationen relativ einfache Beziehungen angeben, die bei iterativer Anwendung die Gleichung (1) erfüllen.

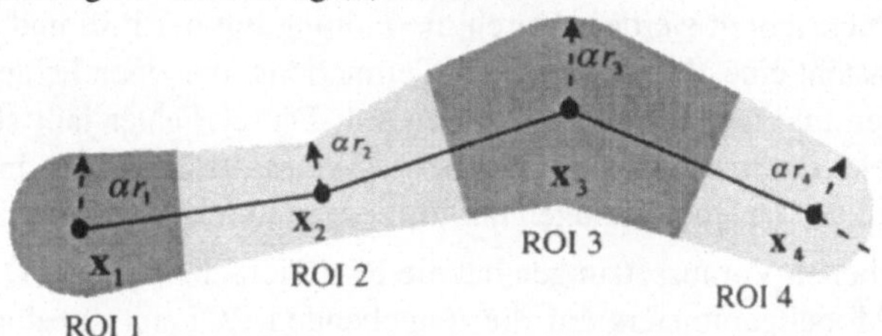

Abbildung 4. Festlegung der ROI

Unter der Voraussetzung eines örtlich begrenzten Einflusses der PSF wird das Objekt in ausreichend kleine Teilbereiche (region of interest - ROI) zerlegt. Die ROI hat die Form des geometrischen Modells, ist aber um den Faktor α größer, um die lokale Umgebung einzubeziehen (siehe Abbildung 4). Die Freiheitsgrade des Modells innerhalb der ROI sind die Änderung des Radiusses (Skalierung c) und die Verschiebung des Modellpunktes (Translation $\mathbf{t}$). Die Ausrichtung der Modellteils (Rotation) ist durch die Modellgeometrie gegeben, kann aber zur Kontrolle dienen.

Zum Bestimmen der Modellparameter kann man sich bei angenommener guter Anfangsnäherung auf die Bestimmung des Momentes erster Ordnung und der Masse (Summe der Grauwerte) innerhalb der ROI beschränken, was der Momentenmethode entspricht, die in der medizinischen Bildverarbeitung häufig zum Registrieren von Bilden eingesetzt wird [6], [7], [9]. Diese Methode arbeitet integrierend und somit fehlerkompensierend und benötigt keine vorherige explizite Zuordnung von Punkten in beiden Bildern (Marker). Die Skalierung wird durch den Quotienten der Masse innerhalb der ROI in den Bildern:

$$c = m \, / \, \hat{m}, \text{ mit } m = \sum_{ROI} f_i \text{ und } \hat{m} = \sum_{ROI} \hat{f}_i^{(k)} \tag{2}$$

die Translation durch die Differenz der Schwerpunkte (aus den Momenten erster Ordnung):

$$\mathbf{t} = \mathbf{s} - \hat{\mathbf{s}}, \text{ mit } \mathbf{s} = \frac{1}{m} \sum_{ROI} f_i \, \mathbf{p}_i \text{ und } \hat{\mathbf{s}} = \frac{1}{\hat{m}} \sum_{ROI} \hat{f}_i^{(k)} \mathbf{q}_i \tag{3}$$

mit den Raumpunkten in der ROI $\mathbf{p}_i$ und $\mathbf{q}_i$ berechnet. Die Rotation läßt sich durch den Vergleich der Hauptachsen bestimmen.

Diese Transformationen lassen sich nun auf das geometrische Modell anwenden. Vernachlässigt man den Einfluß benachbarter Modellteile, erhält man für zylindrische Modellelemente ausgehend von der Gleichung (1) eine einfache Iterationsvorschrift zur Bestimmung der neuen Radien $r^{(k+1)}$ und Modellpunkte $\mathbf{x}^{(k+1)}$ der Iteration $(k+1)$:

$$\mathbf{x}^{(k+1)} = \mathbf{x}^{(k)} + \delta_t \, \mathbf{t}, \tag{4}$$

$$r^{(k+1)} = r^{(k)} \left(1 + \delta_r \sqrt{c} - 1 \right), \tag{5}$$

mit den Faktoren $0 < \delta < 1$. Im allgemeinen muß man jedoch den Einfluß benachbarter Modellteile berücksichtigt werden. Durch die Faltung mit der PSF und die Geometrie des Modells entsteht eine Verkopplung der Teilmodelle, die einen Fehler bei der Messung der Massen und der Schwerpunkte bewirkt. Dieser Fehler läßt sich durch eine additiven Korrekturwert in Gleichung (4) bzw. (5) ausdrücken und ist im wesentlichen von der PSF und der Lagebeziehungen der umliegenden Modellteile abhängig.

Unter den gegebenen Voraussetzungen hat die PSF Tiefpaßcharakter. Damit klingt der Einfluß eines Modellparameters auf die umgebenden ROI mit zunehmender Entfernung ab und ändert dabei sein Vorzeichen nicht. Der Einfluß eines Modellparameters auf die Modellform ist ebenfalls lokal begrenzt. Die Kopplung der Modellparameter wird bei simulierten Abbildung des Modells automatisch berücksichtigt. In der schon beschriebene Iterationsvorschrift nach Gleichung (4) und (5) entsteht dadurch eine Gegenkopplung. Der Einfluß auf eine ROI von benachbarten Regionen wirkt in der nächsten Iteration seiner Ursache entgegen und sinkt allgemein mit zunehmender Übereinstimmung der beiden Bilder. Deshalb genügt auch bei der beschriebenen Modellform die Iterationsvorschrift nach Gleichung (4) und (5) bei paralleler Anwendung zur Bestimmung der Radien und Punkte der Mittellinie. Der additive Korrekturwert verschwindet bei zunehmender Übereinstimmung der Bilder und kann bei ausreichender Anfangsnäherung und genügend kleinem δ weggelassen werden. Auch die Fehler durch nichtlineare Zusammenhängen zwischen der Transformation und der notwendigen Modelländerung, die in der Iterationsvorschrift nicht enthalten sind, werden weitgehend kompensiert.

5 Anwendung auf die Modellierung von Nervenzellen

Die Analyse der Verzweigungsstruktur der Eingänge (Dendriten und dendritische Spines) von Nervenzellen (siehe Abbildung 5) ist wichtig für das bessere Verständnis der Vorgänge im Gehirn in Bezug auf Lernprozesse und die Auswirkungen verschiedener Krankheiten [10]. Für vergleichende Untersuchungen und als Vorstufe für die elektrische Simulation werden morphologische (formbeschreibende) Größen benötigt. Geometrische Modelle eignen sich sehr gut zum Bestimmen dieser Größen.

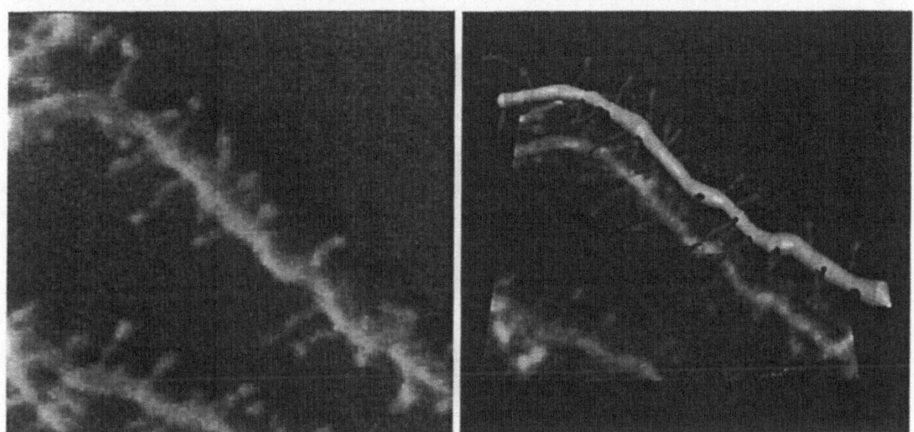

Abbildung 5. Dendrit mit dendritischen Spines,
links Projektion des Mikroskopbildes, rechts 3D-Modell

Ausgangsdaten sind häufig Bilder eines konfokalen Laserscann-Mikroskops. Dieses Mikroskop hat eine richtungsvariante Punktantwort, die eine scheinbare Formveränderung in den Bildern bewirkt [1]. Eine Kompensation der Abbildungsfunktion ist durch das starke Bildrauschen nicht ausreichend möglich [11]. Deshalb wurde das beschriebene Verfahren zur Modellierung hier eingesetzt [12]. Aus dem Modell lassen sich eine Vielzahl von geometrischen Parametern bestimmen und die Spines in Klassen einteilen [13]. Die Spineköpfe haben eine komplexere Struktur, die sich mit dem beschriebenen, rotationssymmetrischen Modell nicht vollständig erfassen läßt. Das Modell kann aber als Initialisierung für ein komplexeres Oberflächenmodell dienen [14].

Das dieser Veröffentlichung zugrundeliegende Vorhaben wurde mit Mitteln der des MK des LSA (665A/2427) gefördert.

Literatur

[1]   J. B. Pawley (editor), *Handbook of Biological Confocal Microscopy.* Plenum Press, New York, revised edition 1989.

[2]   A. Herzog, G. Krell, B. Michaelis, W. Zuschratter: Tracking on tree-like structures in 3_D confical images. in Three-Dimensonal Microscopy: Image Acquisition and Processing V, SPIE 3261:165-176, 1998

[3]   R. Watzel, W. Hilberg, H. Scheich, K. Braun: Detection of Dendritic Spine Synapses in Confocal Midroscope Images. In Handbook of Computer Vision and Application, Vol 3, Academic Press 1999.

[4]   A. Herzog, R. Schnabel, B. Michaelis: Tracking of Dendrites with a Neural Network in 3-D Confokal Images. Neural Networks in Applications, Proceedings of the Fourth International Workshop, Magdeburg march 4/5 1999 pp. 225-233.

[5]   D. Rückert, P. Burger: Contour fitting using an adaptive spline model. British Maschine Vision Conference 1995, vol. 1 pp. 207-216, Birmingham, UK, 11-14. September 1995

[6]   K. Wedekind: Analyse, Implementierung und Evalution von Matchingverfahren in der medizinischen Bildverarbeitung. Technical Report No. 79/1995 Deutsches Krebsforschungszentrum, Abteilung Medizinische und Biologische Informatik (MBI) Heidelberg 1995

[7]   P. K. Barnerjee, A. W. Toga: Image alignment by integrated rotational and translatioinal transformation matrix. Physics in medicine and biologie, 39:1969-1988, 1994

[8]   B. Jähne: Digitale Bildverarbeitung. Springerverlag 1997

[9]   N.M. Aplert, J.f Bradshaw, D. Kennedy, J. A. Correia: The principle axis transformation- a method for image registration. Journal of nuclear medicine, 31: pp. 1717-1722, 1990

[10]   H. Scheich, E. Wallhäußer-Franke, K. Braun: Does synaptic selection explain auditory imprinting? Memory: Organization and Locus of Change, Oxford University Press, 114-159, 1991

[11]   A. Herzog, G. Krell, B. Michaelis, K. Braun, J. Wang, W. Zuschratter: Restoration of Three-Dimensional Quasi-Binary Images from Confocal Microscopy and its Application to Dendritic Trees. in Three-Dimensonal Microscopy. In: *Image Acquisition and Processing IV*, SPIE 2984, 146-157, 1997

[12]   A. Herzog, G. Sommerkorn, U. Seiffert, B. Michaelis, K. Braun, W. Zuschratter: Rekonstruktion und Klassifikation dendritischer Spines aus konfokalen Bilddaten. *Proceedings des Aachener Workshops Bildverarbeitung in der Medizin*. Springer, 65 - 70, 1996

[13]   G. Sommerkorn, U. Seiffert, D. Surmeli, A. Herzog, B. Michaelis, K. Braun: Classification of 3D dendritic Spines using SOM. International Conference of Artificial Neural Networks and Genetic Algorithms (ICANNGA97), Norwich, England 2.4. - 4.4. 1997

[14]   A. Herzog, W. Schütze, T. Lilienblum, K. Braun, B. Michaelis: 3D Formrekonstruktion an der Auflösungsgrenze konfokaler Laserscan- Mikroskope. Mustererkennung 1997, DAGM Symposium Braunschweig September 1997,pp. 119-126 Springer 1997

Stereoskopische Blickrichtungsanalyse

Marco Grimm, Rolf-Rainer Grigat

Technische Universität Hamburg-Harburg,
grigat@tu-harburg.de,
WWW home page: http://www.ti1.tu-harburg.de

Zusammenfassung Es wird ein stereoskopischer Ansatz zur Erkennung der Blickrichtung des menschlichen Auges beschrieben. Von zwei Kameras wird ein Auge aufgenommen und aus den Bilddaten die Blickrichtung und die Augenposition bestimmt. Der Anwender kann sich frei in dem gemeinsamen Erfassungsbereich der Kameras bewegen. Als Beleuchtung ist eine normale Arbeitsplatzbeleuchtung ausreichend. Vorab werden die Projektionsmatrizen der Kameras ermittelt. Es wird eine spezielle Versuchsumgebung vorgestellt, die quantitative Aussagen der Meßgenauigkeit ermöglicht. Berechnet wird der Schnittpunkt der Blickrichtung mit der Displayebene eines Computermonitors. Bei den Messungen jeweils einer Blickrichtung waren die Fehler der Einzelmessungen von ähnlicher Größe und lagen im linken Bereich des Monitors unter 1,3 cm Ablage bei einer zu erwartenden Genauigkeit von ca. 1 cm. Die Meßgenauigkeit in horizontaler Richtung ist größer als in vertikaler Richtung. Es werden Meßergebnisse vorgestellt, die die Machbarkeit und die Genauigkeit des Verfahrens demonstrieren.
Schlüsselworte: Blickrichtung, Stereoskopie, Mensch-Maschine Schnittstelle, 3D-Rekonstruktion, Auge

1 Einführung

Die Analyse der Blickrichtung ist als Mensch-Maschine Schnittstelle einsetzbar. Diese vollkommen berührungslose Schnittstelle kann als sinnvolle Ergänzung zu den klassischen Eingabegeräten wie Tastatur, Maus, Grafiktablett oder Spracheingabe genutzt werden.

Zu den vielfältigen Anwendungsmöglichkeiten gehören Bestimmung des betrachteten Bildbereiches im Trainingssimulator, Aufmerksamkeitsanalyse für Werbung, Einschlafüberwachung im Fahrzeug oder medizinische Schielwinkelbeobachtung.

Ein exemplarischer Aufbau für ein Mensch-Maschine Interface ist in Abbildung 1 zu sehen. Zwei Kameras sind in der Nähe des Monitors angebracht und erfassen den Benutzer.

2 Algorithmischer Ansatz

Für die Blickrichtungsanalyse wird der Irisrand als ein Kreis auf einer Kugel angenommen. Durch den Kontrastunterschied von der Iris zu der weißen Lederhaut läßt sich dieser Übergang leicht detektieren. Die Abbildung der Iris auf die

Abbildung 1. Prototyp für die Messungen

Kameraebenen ergibt eine Ellipse. Der erste Schritt besteht darin, die Ellipsen in beiden Kamerabildern zu bestimmen. Im zweiten Schritt, der Stereoanalyse, werden die Ellipsenparameter und die Projektionsmatrizen der Kameras verwendet, um die Blickrichtung und die Irisposition zu berechnen. Einen Überblick über die gesamte Verarbeitung gibt Abbildung 2.

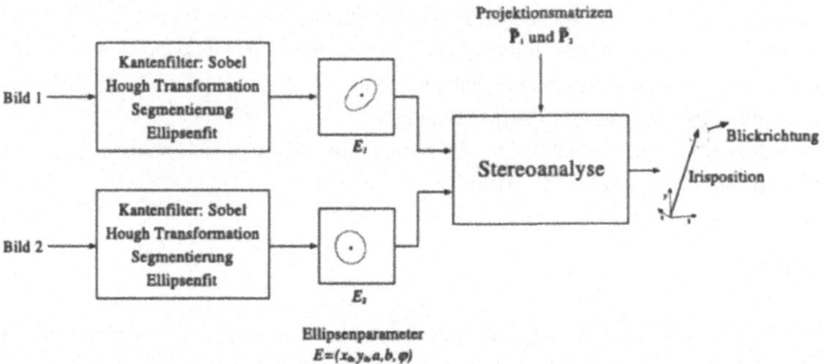

Abbildung 2. Übersicht der stereoskopischen Blickrichtungsanalyse. Die Ellipsenparameter von zwei Bildern E_1 und E_2 derselben Iris dienen der Bestimmung der Irisorientierung und Irislage.

3 Bestimmung der Ellipsenparameter

Mit dem Algorithmus zur Bestimmung der Ellipsenparameter [1] wird durch ein zweidimensionales Sobelfilter ein Kantenbild erstellt und gleichzeitig für die Kantenpixel die Gradientenrichtung berechnet. Durch die typische Abschattung der Iris durch die Augenlieder oben und unten können Kantenpixel mit Gradienten, die zu diesen abgeschatteten Irissegmenten gehören, ausgeschlossen werden (Segmentierung).

Mit einer Hough Transformation für Kreise läßt sich eine erste Schätzung für den Irismittelpunkt angeben. Punkte mit zu großem Abstand vom vorgegebenen Kreisumfang werden für die folgenden Berechnungen ausgeschlossen.

Schließlich wird mit den verbleibenden Punkten ein iterativer Ellipsenfit [2], [3] durchgeführt, der die subpixelgenauen Ellipsenparameter liefert. Resultate der Teilschritte sind in [1] veröffentlicht worden.

4 Stereoanalyse

Die Ellipsenparameter und die zwei Projektionsmatrizen der Kameras bilden die Eingangsdaten der Stereoanalyse. Dieser Algorithmus berechnet die Blickrichtung und die Irisposition. Die Rechnung basiert auf projektiver Geometrie [4], [5] und läßt sich in zwei Schritte aufteilen.

- Im ersten Schritt werden geometrisch zwei elliptische Kegel berechnet, die jeweils die Projektionszentren der beiden Kameras als Spitze und die Ellipsen in der Bildebene als Basisellipse haben. Von diesen zwei elliptischen Kegeln werden die Schnittpunkte im dreidimensionalen Raum bestimmt, wie z.B. in [6]. Ein Teil dieser Schnittpunkte entspricht den Punkten auf dem Irisrand.
- Im zweiten Schritt werden aus der Schnittpunktmenge genau die Punkte, die auf dem Irisrand liegen, bestimmt.

Im folgenden werden beide Schritte der Stereoanalyse näher erläutert.

4.1 Berechnung der Schnittpunkte

Für die mathematische Beschreibung des ersten Kegels wird eine Parameterdarstellung für elliptische Kegel verwendet [7], siehe auch Bild 3.

$$K := \{\mathbf{C}_1 + \alpha(\mathbf{M}_0 + \mathbf{F}_1 \cos(\theta) + \mathbf{F}_2 \sin(\theta) - \mathbf{C}_1) \mid 0 \leqq \theta \leqq 2\pi, \ \alpha \in \mathbb{R}\} \quad (1)$$

Bei dieser euklidischen Darstellung eines elliptischen Kegels beschreibt $\mathbf{C}_1$ den Vektor zur Spitze des elliptischen Kegels, das Projektionszentrum der ersten Kamera. $\mathbf{M}_0$ ist der Mittelpunktsvektor der Basisellipse $E_1 = \{x_0; y_0; a; b; \varphi\}$ in dem ersten Kamerabild. $\mathbf{F}_1$ und $\mathbf{F}_2$ sind die konjugierten Halbmesser der Basisellipse.

Der zweite Kegel wird durch Strahlen modelliert, die auf der Oberfläche des Kegels liegen. Die Strahlen verlaufen durch das Projektionszentrum und die Ellipse in dem zweiten Kamerabild. Jeder Strahl läßt sich durch zwei Punkte auf dem Strahl beschreiben. Ein Punkt auf allen Strahlen ist das Projektionszentrum der zweiten Kamera. Die Ellipse in dem zweiten Kamerabild wird parametrisiert und N Punkte auf dieser Ellipse berechnet. Aus diesen Punkten lassen sich n Richtungsvektoren $\mathbf{R}_i$ bestimmen. Die optischen Strahlen werden durch folgende Gleichung beschrieben.

$$s_i := \{\mathbf{C}_2 + t_i \mathbf{R}_i \mid t_i \in \mathbb{R}\}, \ \forall \, i \in \{1, ..., N\} \quad (2)$$

Diese Parametrisierungen werden im linken Bereich der Abbildung 3 veranschaulicht.

Aus den Gleichungen 1 und 2 werden die Schnittpunkte der Strahlen s_i mit dem elliptischen Kegel K berechnet. Jeder Strahl kann maximal zwei Schnittpunkte erzeugen. Durch Abweichungen bei den Ellipsenparametern, kann es vorkommen, daß ein Strahl an dem elliptischen Kegel vorbeiläuft und so keine Schnittpunkte erzeugt. Es ergeben sich maximal $2N$ Schnittpunkte. Eine typische Anordnung der Schnittpunkte ist in der rechten Hälfte der Abbildung 3 dargestellt. Man erhält ein Schnittgebilde aus einer Ellipse und einem Kreis. Der Kreis entspricht Punkten auf dem Rand der Iris.

4.2 Segmentieren des Irisrandes

Aus der Abbildung 3 wird deutlich, daß die Schnittpunkte (aus Abschnitt 4.1) auf zwei Ebenen liegen. Die eine Ebene enthält eine Ellipse und die zweite Ebene enthält den gesuchten kreisförmigen Irisrand. Durch Abweichungen liegen die Schnittpunkte nicht exakt auf zwei Ebenen und ein Ebenenfit wird notwendig.

Um den Irisrand zu segmentieren, wird eine Ebene in ein Fenster aus jeweils k benachbarten Schnittpunkten gefittet. In die Menge aller Punkte, die in unmittelbarer Nähe der berechneten Ebene liegen, wird nun ein Kreis gefittet.

Das Fenster wird sukzessive über alle Schnittpunkte verschoben. Nach den Berechnungen wird diejenige Ebene ausgesucht, die das beste Ergebnis bei dem Ebenenfit und dem Kreisfit geliefert hat. Diese Ebene enthält die Punkte auf dem gesuchten Irisrand.

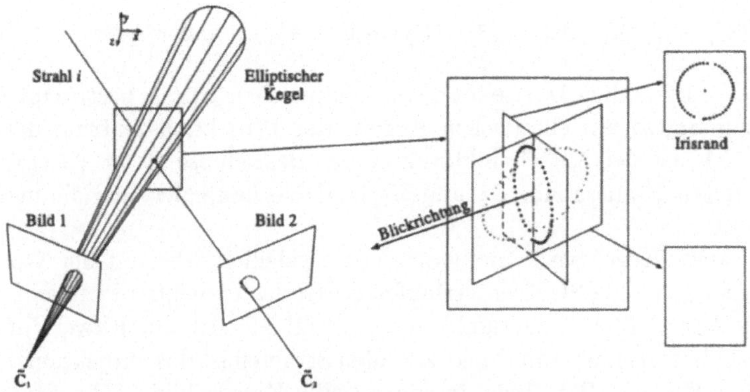

Abbildung 3. Stereoanalyse. Der Irisumfang im dreidimensionalen Raum ergibt sich aus einer Teilmenge der Schnittpunkte zweier elliptischer Kegel.

4.3 Berechnung der Blickrichtung

Aus dem Ergebnis in Abschnitt 4.2 wird die Blickrichtung und die Irisposition berechnet. Die Blickrichtung ergibt sich aus der Ebenennormalen der gefitteten Ebene und die Irisposition ist der Vektor zum Mittelpunkt des gefitteten Kreises.

5 Ergebnisse

Der beschriebene Algorithmus wurde mit einem Prototyp als Mensch-Maschine-Interface getestet. Auf dem Monitor wurde ein Raster aus 10 kleinen, weißen Testpunkten eingeblendet, siehe Abbildung 1. Die Punkte des Testrasters wurden nacheinander von der Testperson angeschaut. Auf Mausklick hin änderten die Testpunkte für ca. 270 ms ihre Farbe und es wurden währenddessen jeweils 4 Bilder von den Stereokameras aufgenommen. Die Testperson quittiert nun die Farbe mittels Tastendruck (R, G oder B). Wenn die Farbe nicht korrekt erkannt wurde, so wurde die Messung verworfen. Dadurch konnte der Einfluß der Sakkaden auf die Meßgenauigkeit minimiert werden [8].

Der Algorithmus ist nach Abbildung 2 strukturiert. Zur Bestimmung der Ellipsenparameter diente die Implementation aus [1] und die Bestimmung der Projektionsmatrizen erfolgte nach [9], [4]. Beide Schritte werden hier nicht im Detail diskutiert. Die Stereoanalyse ist im Abschnitt 4 beschrieben.

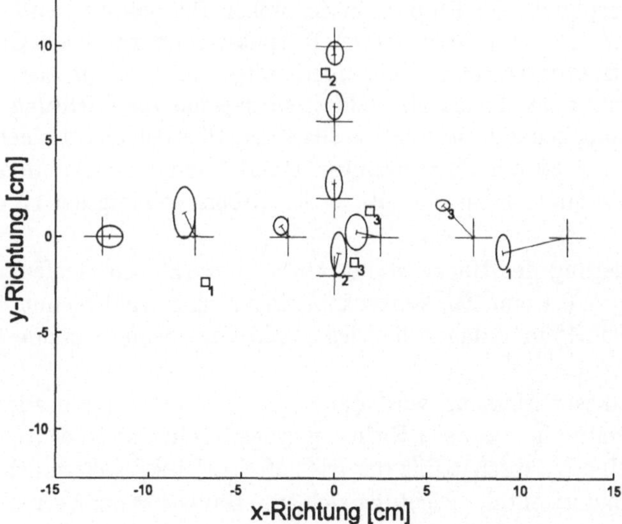

Abbildung 4. Ergebnis der Messungen an zehn Meßpunkten auf einem Monitor. Aufgetragen sind die Verteilungsellipsen und Abweichungen zu den wahren Positionen der Testpunkte.

Der Durchmesser der Iris in den Kamerabildern beträgt ca. 100 Pixel bei senkrechter Blickrichtung in die Kamera. Bei seitlicher Blickrichtung reduziert sich die Pixelzahl entsprechend. Der Überlappungsbereich der beiden Kamerabilder und damit die geometrische Anordnung der Kameras bestimmen den Bereich der zulässigen Kopfbewegung. Je größer die Entfernung der Testperson von den Kameras gewählt wird, umso größer ist der Überlappungsbereich und der Bewegungsfreiraum, um so geringer ist allerdings die Tiefenauflösung.

Die Berechnung der Ellipsenparameter für beide Bilder dauert auf einer SUN-Ultra 60/2360 ca. 2,4 Sekunden. Die nachfolgende Stereoanalyse benötigt etwa 0,2 Sekunden. Der größte Anteil der Algorithmen ist in MATLAB implementiert. Durch eine vollständige Umsetzung in C wäre eine deutliche Beschleunigung möglich.

In Abbildung 4 ist das Ergebnis der Berechnung dargestellt. Die zehn Kreuze markieren das Raster auf dem Monitor. Alle Messungen zu einem Rasterpunkt sind als eine Verteilungsellipse zusammengefaßt worden. Die jeweilige Abweichung zu den zugehörigen Rasterpunkten ist in Form eines Fehlerbalken vermerkt. Da die relative Lage der Kameras zu dem Monitor nicht präzise bekannt war, erfolgte eine Kalibration für den am weitesten links und auch für den am weitesten oben im Monitorbild liegenden Meßpunkt. Daher sind dort die Fehler minimal.

Die numerierten Quadrate sind Messungen, die eine große Abweichung zu dem zugehörigen Rasterpunkt aufweisen und sind nicht bei der Positionierung der Verteilungsellipse berücksichtigt worden. Diese Abweichung läßt sich dadurch erklären, daß einer der Ellipsenfits fehlerhaft war und nicht die richtige Lage der Iris wiedergegeben hat.

Die Schwerpunkte der Ellipsen in der linken Bildhälfte von Bild 4 sind um weniger als 1,3 cm vom wahren Ort der Testpunkte entfernt. Nach Carpenter [10] wird ein anvisierter Testpunkt von einer Testperson nicht präziser als in einen beliebigen Punkt der Fovea abgebildet, so daß die Blickrichtung nur auf die Foveaabmessung genau bestimmt werden kann. Dies entspricht einem Sehwinkel von 1° bzw. bei 60 cm Betrachtungsabstand 1 cm auf dem Monitor. Damit liegt der beobachtete Fehler bereits in der Größenordnung der zu erwartenden Genauigkeit.

Eine Änderung der Blickrichtung um 1° bewirkt eine Tiefenänderung der Iriskante von ca. 0,1 mm. Zur stereoskopischen Rekonstruktion mit einer Winkelgenauigkeit von 1° muß daher die Tiefenauflösung ebenfalls mindestens 0,1 mm betragen.

Auch in dieser Messung wird die Beobachtung aus [1] bestätigt, daß die Meßgenauigkeit in horizontaler Richtung größer als in vertikaler Richtung ist, da horizontal keine Lidabschattung der Iris auftritt. Dieses äußert sich in Bild 4 in der zumeist in horizontaler Richtung kleineren Halbachse der Verteilungsellipsen.

Weiterhin ist zu beobachten, daß die Ellipsen keine großen Wolken, sondern vielmehr kleine Gebiete umschreiben. Allerdings sind die Abweichungen von den Sollwerten nicht nur von unterschiedlicher Größe, sondern auch von unterschiedlicher Richtung. Eine mögliche Ursache sind numerische Fehler in der Stereoanalyse, da sich kleine Fehler der Ellipsen in größeren Schwankungen der ermittelten Blickrichtung auswirken können. Um den Auswirkungen dieser kleinen Fehler entgegenzuwirken, wäre eine Rückkopplung denkbar. Strahlen, die den zweiten Kegel nicht treffen, könnten zur Anpassung der Ellipsenfits verwendet werden. Weiterhin wurden nur die Projektionsmatrizen der Kameras bestimmt, wobei die Lage der Kameras relativ zum Monitor nicht präzise gemessen werden konnte. Abhilfe ist durch Selbstkalibration anhand der Meßpunkte auf dem Bildschirm denkbar. Letztlich entstehen auch Fehler aufgrund abnehmender Tiefenmeßgenauigkeit, wenn die Testperson zu weit von den Kameras entfernt ist.

6   Zusammenfassung und Ausblick

Es wurde ein Algorithmus zur Bestimmung der Blickrichtung des Menschen mittels stereoskopischer Bildverarbeitung vorgestellt. Der Algorithmus beruht auf der passiven Betrachtung mit zwei Kameras. Da keine spezielle Beleuchtung oder Nachführung der Kameras notwendig ist, kommt ein großes Spektrum von Einsatzmöglichkeiten in Frage. Der Kopf besitzt Bewegungsspielraum, solange er den Überlappungsbereich der Kameras und auch den Bereich hinreichender Tiefenauflösung nicht verläßt.

Die vorgestellten Algorithmen lösen das gestellte Problem, wenn auch die Rechnengeschwindigkeit noch nicht echtzeitfähig ist. Die gemessene Genauigkeit liegt im Bereich der prinzipiell zu erwartenden Genauigkeitsgrenzen.

Zur Steigerung der Genauigkeit ist die Betrachtung einer Bildfolge von Vorteil. Hierdurch lassen sich Ausreißer detektieren, auch wenn Sakkaden erhebliche Bewegung erzeugen. Durch die analytische Berechnung des Schnittes der beiden Kegel ließe sich gegebenenfalls die Stabilität und die Performance erhöhen. Die Anwendung der Blickrichtungsanalyse würde sofort Marktrelevanz erhalten, wenn sie mit konsumgerechten Kameras durchführbar wäre.

7   Danksagung

Wir bedanken uns bei Lars Eckert für die Durchführung der Kalibration, welche die in Abbildung 4 dargestellte Genauigkeit verbessert hat. Unser Dank gilt auch den Gutachtern für die konstruktiven Anregungen.

Literatur

1. Klingspohr, H., Block, T., Grigat, R.-R.: Ein echtzeitfähiges System zur Erkennung der Blickrichtung des menschlichen Auges. In Paulus, E., Wahl, F.M. (Hrsg.): Mustererkennung 1997, 19. DAGM-Symposium Braunschweig, 191–198, Springer 1997.
2. Fitzgibbon, A.W., Pilu, M., Fisher, R.B.: Direct least squares fitting of ellipses. Proc. Int. Conf. on Pattern Recognition, Wien, August 1996.
3. Stricker, M.: A new approach for robust ellipse fitting. In Proc. of the third Conference on Automation, Robotics and Computer Vision (Singapore), Band 2, S. 940-945, November 1994.

4. Faugeras, O.: Three-Dimensional Computer Vision. MIT Press, Cambridge, 1993.
5. Eckert, L.: Kamerakalibration für die stereoskopische Bildanalyse in der mikrochirurgischen Operationsmikroskopie. Diplomarbeit, TU Hamburg-Harburg, 1998.
6. Buurmann, J.: Ellipse based stereo vision. In Sandini, G. (Hrsg.), Proc. 2nd Europ. Conf. on Computer Vision, Band 588 in Lecture Notes in Computer Science, S. 363-367, Berlin, Heidelberg, 1992. Springer Verlag.
7. Hartmann, E.: Computerunterstützte Darstellende Geometrie. B.G. Teubner, Stuttgart, 1988.
8. Laatz, M.: Quantitative Bewertung von Verfahren zur Blickrichtungsanalyse mittels passiver Bildverarbeitung. Studienarbeit, TU Hamburg-Harburg, 1998
9. Eckert, L.: Mündliche Beratung zur Kalibration, TU Hamburg-Harburg, 1999.
10. Carpenter, R.H.S.: Movement of the eyes. Pion, London, April 1988.

Performance of Constraint Based Pose Estimation Algorithms

Bodo Rosenhahn, Yiwen Zhang, Gerald Sommer

Institut für Informatik und Praktische Mathematik
Christian-Albrechts-Universität zu Kiel
Preußerstrasse 1-9, 24105 Kiel, Germany
bro,yz,gs@ks.informatik.uni-kiel.de

Abstract. The paper concerns the performance of 2D-3D pose estimation algorithm in the algebraic language of kinematics. The pose estimation problem is modelled on the base of several geometric constraint equations. The dynamic measurements of these constraints are either points or lines. Instead of using matrix based LMS optimization, the development of special extended Kalman filters is proposed. The experiments aim to compare the use of different constraints and different methods of optimal estimating the pose parameters.

1 Introduction

The paper describes the estimation of pose parameters of known rigid objects in the framework of kinematics. The aim is to experimentally verify the advantages of extended Kalman filter approaches versus linear least squares optimizations. Pose estimation is a basic visual task. In spite of its importance it has been identified for a long time (see e.g. Grimson [3]), and although there is published an overwhelming number of papers with respect to that topic [7], up to now there is no unique and general solution of the problem. Pose estimation means to relate several coordinate frames of measurement data and model data by finding out the transformations between, which can subsume rotation and translation. Since we assume our measurement data as 2D and model data as 3D, we are concerned with a 2D-3D pose estimation problem. The problem can be linearly represented in motor algebra [6] or dual quaternion algebra [5]. We are using implicit formulations of the geometry as geometric constraints. We will demonstrate that geometric constraints are well conditioned (in contrast to invariances) and thus, behave more robust in case of noisy data.

The paper is organized as follows. In section two we will introduce the motor algebra as representation frame for either geometric entities, geometric constraints, and Euclidean transformations. In section three we introduce the geometric constraints and their changes in an observation scenario. In section four we compare the performance of different algorithms for constraint based pose estimation.

2 The motor algebra in the frame of kinematics

A geometric algebra $\mathcal{G}_{p,q,r}$ is a linear space of dimension 2^n, $n = p + q + r$, with a rich subspace structure, called blades, to represent so-called multivectors as higher order algebraic entities in comparison to vectors of a vector space as first order entities. A geometric algebra $\mathcal{G}_{p,q,r}$ results in a constructive way from a vector space $\mathbb{R}^n$, endowed with the signature (p, q, r), $n = p + q + r$ by application of a geometric product. To make it concretly, a motor algebra is the 8D even algebra $\mathcal{G}_{3,0,1}^+$, derived from $\mathbb{R}^4$, i.e. $n = 4$, $p = 3$, $q = 0$, $r = 1$, with basis vectors γ_k, $k = 1, ..., 4$, and the property $\gamma_1^2 = \gamma_2^2 = \gamma_3^2 = +1$ and $\gamma_4^2 = 0$. Because $\gamma_4^2 = 0$, $\mathcal{G}_{3,0,1}^+$ is called a degenerate algebra also the unit pseudoscalar, $I = \gamma_1\gamma_2\gamma_3\gamma_4$, squares to zero, i.e. $I^2 = (\gamma_1\gamma_2\gamma_3\gamma_4)^2 = 0$. Remembering that the hypercomplex algebra of quaternions $\mathbb{H}$ represents a 4D linear space with one scalar and three vector components, it can simply be verified that $\mathcal{G}_{3,0,1}^+$ is isomorphic to the algebra of dual quaternions $\widehat{\mathbb{H}}$ [9]. In a general sense, motors are called all the entities existing in motor algebra. They are constituted by bivectors and scalars. Thus, any geometric entity as points, lines, and planes have a motor representation. Changing the sign of the scalar and bivector in the real and the dual parts of the motor leads to the following variants of a motor

$$M = (a_0 + \boldsymbol{a}) + I(b_0 + \boldsymbol{b}) \qquad \widetilde{M} = (a_0 - \boldsymbol{a}) + I(b_0 - \boldsymbol{b})$$

$$\overline{M} = (a_0 + \boldsymbol{a}) - I(b_0 + \boldsymbol{b}) \qquad \overline{\widetilde{M}} = (a_0 - \boldsymbol{a}) - I(b_0 - \boldsymbol{b}) \ .$$

These versions will be used to model the motion of points, lines and planes. In line geometry we represent rotation by a rotation line axis and a rotation angle. The corresponding entity is called a unit rotor, $\boldsymbol{R}$, and reads as follows

$$\boldsymbol{R} = r_0 + r_1\gamma_2\gamma_3 + r_2\gamma_3\gamma_1 + r_3\gamma_1\gamma_2 = \cos\left(\tfrac{\theta}{2}\right) + \sin\left(\tfrac{\theta}{2}\right)\boldsymbol{n} = \exp\left(\tfrac{\theta}{2}\boldsymbol{n}\right).$$

Here θ is the rotation angle and $\boldsymbol{n}$ is the unit orientation vector of the rotation axis, spanned by the bivector basis.

If on the other hand, $\boldsymbol{t} = t_1\gamma_2\gamma_3 + t_2\gamma_3\gamma_1 + t_3\gamma_1\gamma_2$ is a translation vector in bivector representation, it will be represented in motor algebra as the dual part of a motor, called translator $\boldsymbol{T}$ with

$$\boldsymbol{T} = 1 + I\tfrac{\boldsymbol{t}}{2} = \exp\left(\tfrac{\boldsymbol{t}}{2}I\right).$$

Thus, a translator is also a special kind of rotor.

Because rotation and translation concatenate multiplicatively in motor algebra, a motor M reads

$$M = \boldsymbol{T}\boldsymbol{R} = \boldsymbol{R} + I\tfrac{\boldsymbol{t}}{2}\boldsymbol{R} = \boldsymbol{R} + I\boldsymbol{R}'.$$

A motor represents a line transformation as a screw transformation. The screw motion equation as motor transformation reads

$$L' = T_s R_s L \widetilde{R_s} \widetilde{T_s} = MLM.$$

For more detailed introductions see [6]. Now we will introduce the description of the most important geometric entities [6].

A point $\boldsymbol{x} \in \mathbb{R}^3$, represented in the bivector basis of $\mathcal{G}_{3,0,1}^+$, i.e. $\boldsymbol{X} \in \mathcal{G}_{3,0,1}^+$, reads $\boldsymbol{X} = 1 + x_1\gamma_4\gamma_1 + x_2\gamma_4\gamma_2 + x_3\gamma_4\gamma_3 = 1 + I\boldsymbol{x}$.

A line $\boldsymbol{L} \in \mathcal{G}_{3,0,1}^+$ is represented by $\boldsymbol{L} = \boldsymbol{n} + I\boldsymbol{m}$ with the line direction $\boldsymbol{n} = n_1\gamma_2\gamma_3 + n_2\gamma_3\gamma_1 + n_3\gamma_1\gamma_2$ and the moment $\boldsymbol{m} = m_1\gamma_2\gamma_3 + m_2\gamma_3\gamma_1 + m_3\gamma_1\gamma_2$.

A plane $\boldsymbol{P} \in \mathcal{G}_{3,0,1}^+$ will be defined by its normal $\boldsymbol{p}$ as bivector and by its Hesse distance to the origin, expressed as the scalar $d = (\boldsymbol{x} \cdot \boldsymbol{p})$, in the following way, $\boldsymbol{P} = \boldsymbol{p} + Id$.

In case of screw motions $M = T_s R_s$ not only line transformations can be modelled, but also point and plane transformations. These are expressed as follows.

$$X' = MX\overline{\widetilde{M}} \qquad\qquad L' = ML\widetilde{M} \qquad\qquad P' = MP\overline{\widetilde{M}}$$

We will use in this study only point and line transformations because points and lines are the entities of our object models.

3　Geometric constraints and pose estimation

First, we make the following assumptions. The model of an object is given by points and lines in the 3D space. Furthermore we extract line subspaces or points in an image of a calibrated camera and match them with the model of the object. The aim is to find the pose of the object from observations of points and lines in the images at different poses. The method of obtaining the line subspaces is out of scope of this paper. Contemporary we simply got line segments by marking certain image points by hand. To estimate the pose, it is necessary to relate the observed lines in the image to the unknown pose of the object using geometric constraints.

The key idea is that the observed 2D entities together with their corresponding 3D entities are constraint to lie on other, higher order entities which result from the perspective projection. In our considered scenario there are three constraints which are attributed to two classes of constraints:

1. Collinearity: A 3D point has to lie on a line (projection ray) in the space
2. Coplanarity: A 3D point or line has to lie on a plane (projection plane).

With the terms projection ray or projection plane, respectively, we mean the image-forming ray which relates a 3D point with the projection center or the infinite set of image-forming rays which relates all 3D points belonging to a 3D line with the projection center, respectively. Thus, by introducing these two entities, we implicitly represent a perspective projection without necessarily formulating it explicitly. A similar approach of avoiding perspective projection equations by using constraint observations of lines has been proposed in [1].

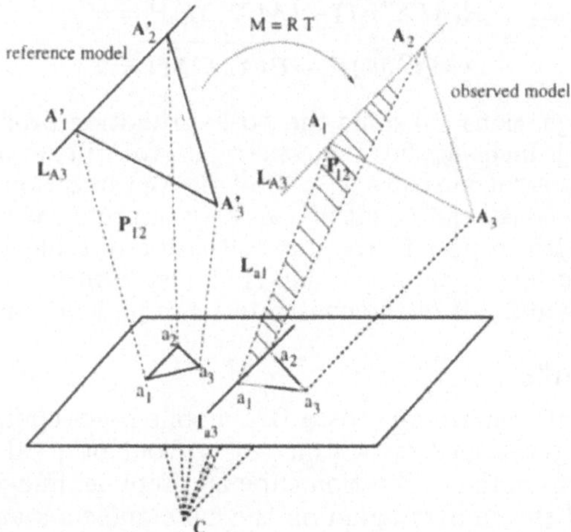

Fig. 1. The scenario. The solid lines at the left hand describe the assumptions: the camera model, the model of the object and the initially extracted lines on the image plane. The dashed lines at the right hand describe the actual pose of the model, which leads to the best fit of the object with the actual extracted lines.

To be more detailed, in the scenario of figure 1 we describe the following situation: We assume 3D points A'_i and lines L'_{Ai} of an object model. Further we extract line subspaces l_{ai} in an image of a calibrated camera and match them with the model.

Three constraints can be depicted:

1. A transformed point, e.g. A_1, of the model point A'_1 must lie on the projection ray L_{a1}, given by C and the corresponding image point a_1.

constraint	entities	dual quaternion algebra	motor algebra
point-line	point $X = 1 + Ix$ line $L = n + Im$	$LX - X\overline{L} = 0$	$XL - \overline{L}X = 0$
point-plane	point $X = 1 + Ix$ plane $P = p + Id$	$P\overline{X} - X\overline{P} = 0$	$PX - \overline{XP} = 0$
line-plane	line $L = n + Im$ plane $P = p + Id$	$LP - P\overline{L} = 0$	$LP + P\overline{L} = 0$

Table 1. The geometric constraints expressed in motor algebra and dual quatenion algebra, respectively.

2. A transformed point, e.g. A_1, of the model point A'_1 must lie on the projection plane P_{12}, given by C and the corresponding image line l_{a3}.
3. A transformed line, e.g. L_{A3}, of the model line L'_{A3} must lie on the projection plane P_{12}, given by C and the the corresponding image line l_{a3}.

Table 1 gives an overview on the formulations of these constraints in motor algebra, taken from Blaschke [2], who used expressions in dual quaternion algebra.

The meaning of the constraint equations is immediately clear. They represent the ideal situation, e.g. achieved as the result of the pose estimation procedure with respect to the observation frame. With respect to the previous reference frame, indicated by primes, these constraints read

$$(MX'\widetilde{M})L - \overline{L}(MX'\widetilde{M}) = 0$$

$$P(MX'\widetilde{M}) - \overline{(MX'\widetilde{M})}\overline{P} = 0$$

$$(ML'\widetilde{M})P + P\overline{(ML'\widetilde{M})} = 0.$$

These compact equations subsume the pose estimation problem at hand: find the best motor M which satisfies the constraint. We will get a convex optimization problem. Any error measure $|\epsilon| > 0$ of the optimization process as actual deviation from the constraint equation can be interpreted as a distance measure of misalignment with respect to the ideal situation of table 1. That means e.g. that the constraint for a point on a line is almost fulfilled for a point near the line. The complete analysis of the constraints can be found in [4].

4 Experiments

In our experimental scenario we took a B21 mobile robot equipped with a stereo camera head and positioned it two meters in front of a calibration cube. We focused one camera on the calibration cube and took an image. Then we moved the robot, focused the camera again on the cube and took another image. The edge size of the calibration cube is 46 cm and the image size is 384×288 pixel. Furthermore, we defined on the calibration cube a 3D object model. Figure 2 shows the scenario. In the first row two perspective views of the 3D object model are shown. In the left image of the second row the calibration is performed and the 3D object model is projected onto the image. Then the camera is moved and corresponding line segments are extracted. To visualize the movement, we also projected the 3D object model on its original position. In these experiments we actually selected certain points by hand and from these the depicted line segments are derived and, by knowing the camera calibration by the cube of the first image, the actual projection ray and projection plane parameters are computed. In table 2 we show the results of different algorithms for pose estimation. In the second column of table 2 EKF denotes the use of an extended Kalman filter. The design of the extended Kalman filters is described in [4]. MAT denotes matrix algebra, SVD denotes the singular value decomposition of

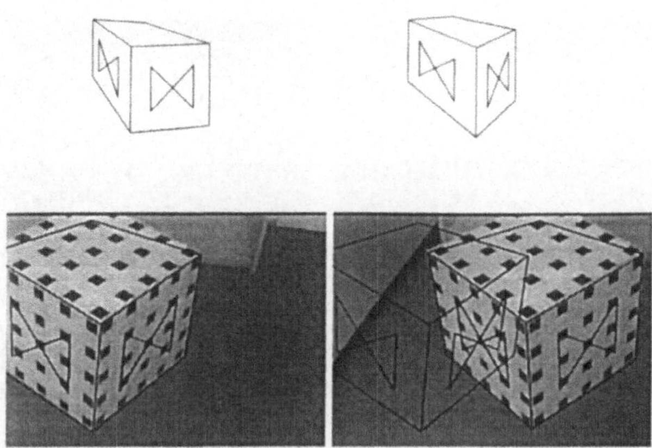

Fig. 2. The scenario of the experiment: In the top row two perspectives of the 3D object model are shown. In the second row (left) the calibration is performed and the 3D object model is projected on the image. Then the camera moved and corresponding line segments are extracted.

no.	$\mathcal{R} - t$	Constraint		Experiment 1		Error
1	RtEKF — RtEKF	XL-XL	$\mathcal{R} =$	$\begin{pmatrix} 0.987 & 0.089 & -0.138 \\ -0.117 & 0.969 & -0.218 \\ 0.115 & 0.231 & 0.966 \end{pmatrix}$	$t = \begin{pmatrix} -58.21 \\ -217.26 \\ 160.60 \end{pmatrix}$	5.2
2	SVD — MAT	XL-XL	$\mathcal{R} =$	$\begin{pmatrix} 0.976 & 0.107 & -0.191 \\ -0.156 & 0.952 & -0.264 \\ 0.154 & 0.287 & 0.945 \end{pmatrix}$	$t = \begin{pmatrix} -60.12 \\ -212.16 \\ 106.60 \end{pmatrix}$	6.7
3	RtEKF — RtEKF	XP-XP	$\mathcal{R} =$	$\begin{pmatrix} 0.987 & 0.092 & -0.133 \\ -0.118 & 0.973 & -0.200 \\ 0.111 & 0.213 & 0.970 \end{pmatrix}$	$t = \begin{pmatrix} -52.67 \\ -217.00 \\ 139.00 \end{pmatrix}$	5.5
4	RtEKF — MAT	XP-XP	$\mathcal{R} =$	$\begin{pmatrix} 0.986 & 0.115 & -0.118 \\ -0.141 & 0.958 & -0.247 \\ 0.085 & 0.260 & 0.962 \end{pmatrix}$	$t = \begin{pmatrix} -71.44 \\ -219.34 \\ 124.71 \end{pmatrix}$	3.7
5	SVD — MAT	XP-XP	$\mathcal{R} =$	$\begin{pmatrix} 0.979 & 0.101 & -0.177 \\ -0.144 & 0.957 & -0.251 \\ 0.143 & 0.271 & 0.952 \end{pmatrix}$	$t = \begin{pmatrix} -65.55 \\ -221.18 \\ 105.87 \end{pmatrix}$	5.3
6	SVD — MAT	LP-XP	$\mathcal{R} =$	$\begin{pmatrix} 0.976 & 0.109 & -0.187 \\ -0.158 & 0.950 & -0.266 \\ 0.149 & 0.289 & 0.945 \end{pmatrix}$	$t = \begin{pmatrix} -66.57 \\ -216.18 \\ 100.53 \end{pmatrix}$	7.1
7	MEKF — MEKF	LP-LP	$\mathcal{R} =$	$\begin{pmatrix} 0.985 & 0.106 & -0.134 \\ -0.133 & 0.969 & -0.208 \\ 0.107 & 0.229 & 0.969 \end{pmatrix}$	$t = \begin{pmatrix} -50.10 \\ -212.60 \\ 142.20 \end{pmatrix}$	2.9
8	MEKF — MAT	LP-LP	$\mathcal{R} =$	$\begin{pmatrix} 0.985 & 0.106 & -0.134 \\ -0.133 & 0.968 & -0.213 \\ 0.108 & 0.228 & 0.968 \end{pmatrix}$	$t = \begin{pmatrix} -67.78 \\ -227.73 \\ 123.90 \end{pmatrix}$	2.7
9	SVD — MAT	LP-LP	$\mathcal{R} =$	$\begin{pmatrix} 0.976 & 0.109 & -0.187 \\ -0.158 & 0.950 & -0.266 \\ 0.149 & 0.289 & 0.945 \end{pmatrix}$	$t = \begin{pmatrix} -80.58 \\ -225.59 \\ 93.93 \end{pmatrix}$	6.9

Table 2. The experiment 1 results in different qualities of derived motion parameters, depending on the used constraints and algorithms to evaluate their validity.

a matrix. In the third column the used constraints, point-line (XL), point-plane (XP) and line-plane (LP) are indicated. The fourth column shows the results of the estimated rotation matrix $\mathcal{R}$ and the translation vector t, respectively. Since the translation vectors are in mm, the results differ at around 2-3 cm. The fifth column shows the error of the equation system. Since the error of the equation system describes the Hesse distance of the entities, the value of the error is an approximation of the squared average distance of the entities. It is easy to see, that the results obtained with the different approaches are close to each other, though the implementation leads to different algorithms. Furthermore the EKF's perform more stable than the matrix solution approaches.

Fig. 3. Visualization of some errors. We calculate the motion of the object and project the transformed object in the image planes. The extracted line segments are also shown. In the first and second row, the results of nos. 5, 3 and nos. 7, 8 of table 2 are visualised respectively.

The visualization of some errors is done in figure 3. We calculated the motion of the object and projected the transformed object in the image plane. The extracted line segments are overlayed in addition. Figure 3 shows in the first and second row, the results of nos. 5, 3 and nos. 7, 8 of table 2 respectively.

In a second experiment we also compared the noise sensivity of the algorithms. The experiment is organized as follows. We took the point correspondences of the first experiment and estimated both $\mathcal{R}$ and t. Then we added a Gaussian noise error on the extracted image points. The error varied from 0 to 16 Pixels in 0.25 steps and we estimated $\mathcal{R}'$ and t' for each step. Then we calculated the error between $\mathcal{R}'$ and $\mathcal{R}$ and between t' and t. The results are shown in figure 4. Since $\mathcal{R}$ and $\mathcal{R}'$ are rotation matrices, the absolute value of the error differs in the range $0 \leq \epsilon_{\mathcal{R}} \leq 1$. The error of the translation vector is evaluated in mm. So the error of the translation vector differs by using the matrix solution approach at around $0 \leq \epsilon_t \leq 10$ cm, while using the Kalman filter the corresponding range is $0 \leq \epsilon_t \leq 5$ cm. The matrix based solutions look all very similar. Compared with the EKF results they are very sensitive to noise and the variances between the noise steps are very high. Though the order of sensitivity is very similar, it is important to notice that the XL based solution requires as an extra calculation the estimation of the intersection of the line segments, whereas the LP based solution is fully separated: The LP constraint can be partitioned in one constraint on the real part of the motor and one constraint on the dual part of the motor. The real part can be used to generate equations with the parameters of the rotation as the only unknowns. The constraint on the dual part can then be used to determine the unknown translation. So it is possible to sequentially separate equations on the unknown rotation from equations on the unknown translation without the limitations, known from the embedding of the problem in Euclidean space [5]. This is also very useful, since the two smaller equation systems are easier and faster to solve than one larger equation system. The EKF based solutions perform all very stable and the behavior of

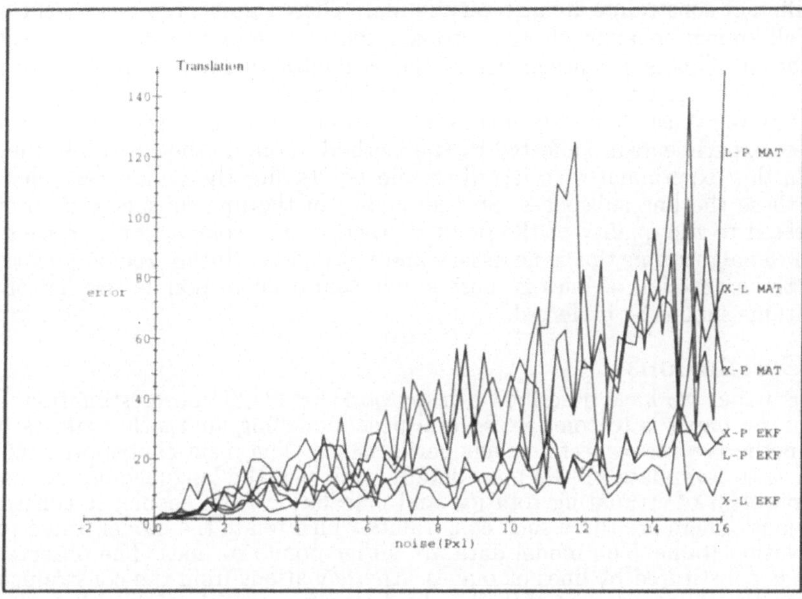

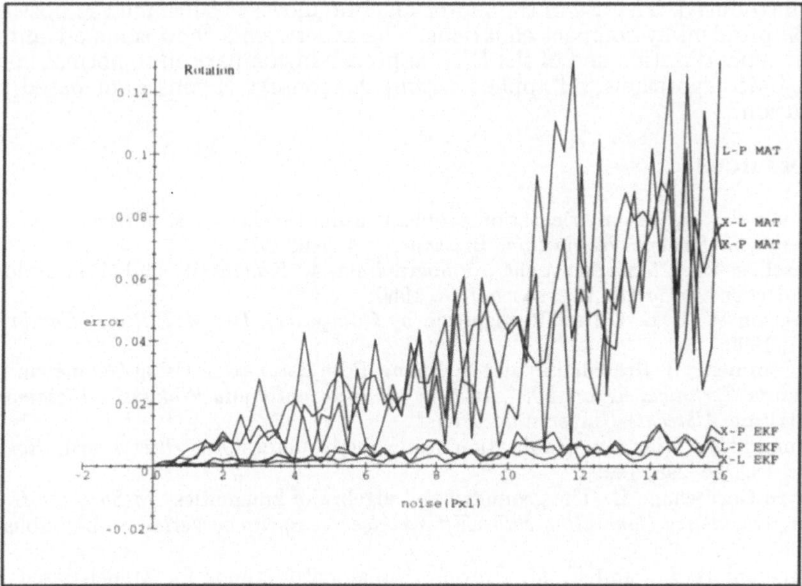

Fig. 4. Performance comparison of different methods in case of noisy data. With increasing noise the EKF performs with more accurate and more stable estimates than the matrix based methods.

the different constraints are also very similar. These results are in agrement with the well known behavior of error propagation in case of matrix based rotation estimation. This is a consequence of the estimator themselves and of the fact that in our approach rotation is represented as rotors. The concatenation of rotors is more robust than that of rotation matrices. It is obvious, that the results of these experiments are affected by the method to obtain the entities in the image. In this experiment we selected certain points directly by hand and derived from these the line subspaces. So the quality of the line subspaces is directly connected to the quality of the point extraction. For comparison purposes between the algorithms this is necessary and reasonable. But for real applications, since the extraction of lines is more stable than that of points, the XP or LP algorithms should be preferred.

5 Conclusions

In this paper we have described a framework for 2D-3D pose estimation. The aim of the paper is to compare several pose modelling approaches and estimation methods with respect to their performance. The main contribution of the paper is to formulate 2D-3D pose determination in the language of kinematics as a problem of estimating rotation and translation from geometric constraint equations. There are three such constraints which relate the model frame to an observation frame. The model data are either points or lines. The observation frame is constituted by lines or planes. Any deviations from the constraint correspond the Hesse distance of the involved geometric entities. From this starting point as a useful algebraic frame for handling line motion, the motor algebra has been introduced. The use of the motor algebra allows to subsume the pose estimation problem by compact equations. The experiments show some advantages of that representation and of the EKF approach in comparison to normal matrix based LMS algorithms, all applied within the context of constraint based pose estimation.

References

1. Shevlin F. Analysis of orientation problems using Plücker lines. *International Conference on Pattern Recognition, Brisbane*, 1: 685–689, 1998.
2. Blaschke W. Mathematische Monographien 4, Kinematik und Quaternionen. *Deutscher Verlag der Wissenschaften*, 1960.
3. Grimson W. E. L. Object Recognition by Computer. *The MIT Press, Cambridge, MA*, 1990.
4. G. Sommer , B. Rosenhahn and Y. Zhang Pose Estimation Using Geometric Constraints *Technical Report 2003, Institut für Informatik und Praktische Mathematik, Christian-Albrechts-Universität zu Kiel*
5. Daniilidis K. Hand-eye calibration using dual quaternions. *Int. Journ. Robotics Res*, 18: 286–298, 1999.
6. Bayro-Corrochano E. The geometry and algebra of kinematics. *In Sommer G., editor, Geometric Computing with Clifford Algebra. Springer Verlag*, to be published, 2000.
7. Carceroni R. L. and C. M. Brown. Numerical Methods for Model-Based Pose Recovery. *Techn. Rept. 659, Comp. Sci. Dept., The Univ. of Rochester, Rochester, N. Y.*, August 1998.
8. Walker M. W., L. Shao, and R. A. Volz . Estimating 3-D location parameters using dual number quaternions. *CVGIP: Image Understanding*, 54: 358–367, 1991.
9. Hestenes D., Li H. and A. Rockwood. New algebraic tools for classical geometry. *In Sommer G., editor, Geometric Computing with Clifford Algebra. Springer Verlag*, to be published, 2000.

3D reconstruction of industrial installations by constrained fitting of CAD models to images

George Vosselman and Johan W.H. Tangelder[1]

Department of Geodesy, Faculty of Civil Engineering and Geosciences,
Delft University of Technology, The Netherlands
`g.vosselman@geo.tudelft.nl`

Abstract. CAD models of three-dimensional objects can be reconstructed by fitting the edges of wire frame models of object parts to gradient images. This paper presents a fitting method which also enables the estimation of the precision of the reconstructed model. It is shown that the usage of constraints within and between the models of the object parts significantly improve the precision. Results in a pilot project are briefly discussed.

1. Introduction

In process industry accurate three-dimensional models of existing industrial installations need to be reconstructed when extensions are designed. Nowadays, the acquisition of accurate CAD models of such installations is often done by traditional surveying techniques like theodelite measurements and photogrammetry. For both techniques numerous targets (at least five for each pipe) are sticked to the pipes to be measured. After the reconstruction of the three dimensional positions of these targets, CAD models are fit to these positions. More efficient, but limited to straight cylinders is the reconstruction based on tangent planes defined by the pipe edges [Hilgers and Woytowicz, 1998]. As an alternative to photographs, imaging laser ranging devices are used for direct capture of the geometry [Werghi et al., 1999]. The interpretation of range images is, however, more difficult than the interpretation of photographs.

In the last few years a new photogrammetric technique has been developed. This technique makes use of a library of CAD models of object parts that can make up the object to be measured. For example, in the case of an industrial installation, the most important object parts are straight pipes, curved pipes, T-junctions, and boxes. In this approach an image analyst selects from the library the CAD model of the object part to be measured. Using the known orientations of the images, this model is projected into the images at some default position. Lang and Förstner [1996] describe a method to modify the pose and shape of the object model by dragging its corners to the corresponding positions in the images. In [Vosselman and Veldhuis, 1999] the method is further developed such that also the edges of an object model can be dragged in order to modify the pose and shape of the model. Fitting algorithms can be used for the precise alignment of the model edges with the object's edges in the

---

[1] Now at the Computer Science Department of the Utrecht University, e-mail: hanst@cs.uu.nl

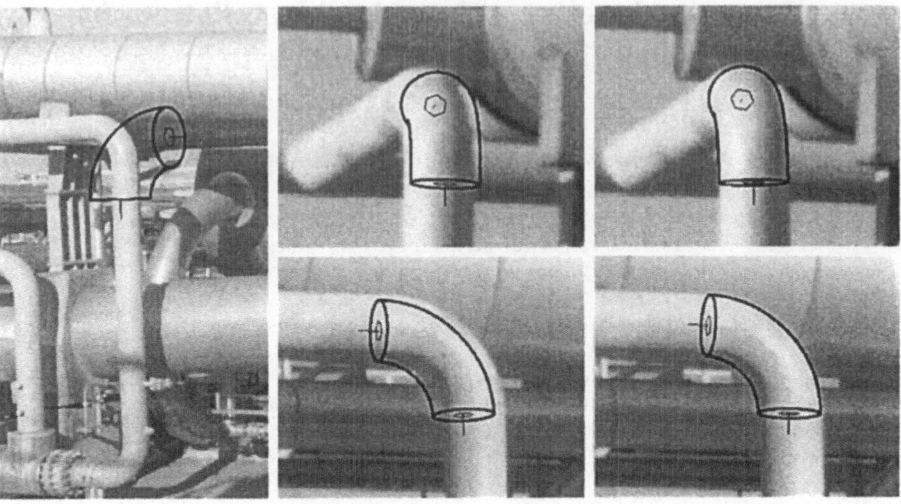

Fig. 1. Measurement with CAD model. Left: Initial position. Middle: Result of approximate alignment by hand. Right: Result of precise alignment with fitting algorithm.

image. The whole measurement procedure is illustrated in figure 1. Only the fitting step is done automatically. Ultimately, one would also like to automate the model selection and approximate alignment. Currently, images like the one shown in figure 3 are, however, to complex to be interpreted by image understanding algorithms.

Even though the automation is limited to fitting algorithms that require approximate values for the pose and shape of the object model, the usage of such algorithms can considerably speed up the measurement process. Since the fitting algorithm estimates the precise alignment of the object model to the images, the image analyst only needs to roughly drag the object to the correct position. Firestone et al. [1996] analysed an algorithm for precise localisation of building corners in aerial imagery. This algorithm required an approximate corner position as input. It was shown that the usage of such an algorithm speeds up the measurement process by a factor two and therefore leads to a significant cost reduction.

In this paper a fitting algorithm developed for the alignment of CAD models with images is presented. The algorithm is defined such that it is also possible to obtain information about the precision of the fitting results. The principle of this algorithm is described in the next section. Section 3 describes the usage of constraints in the fitting algorithm. Two connected components of an installations, e.g. a straight pipe connected to a curved pipe, share a common end point. It is shown that the utilisation of these kind of constraints leads to a considerable improvement of the performance of the fitting algorithm. In fact, constraints are often required to make a reconstruction possible at all. Section 4 gives a short impression of the results of a pilot project on a gas production plant. The paper concludes with an outlook to further developments.

2. Fitting parameterised object models to images

CAD models of industrial installations can very well be composed by CAD models of several simple shapes, so-called primitives, like cylinders, boxes, cones, and spheres. Consequently, constructive solid geometry (CSG) is an attractive way to represent the CAD model. The model of a complete installation, as well as the models of the parts in the library, can be described as a tree in which the leaves represent the primitives and the nodes represent set operators like union and intersection. A T-junction, for instance, can be considered as a union of two cylinders. Each primitive is described by a list of pose and shape parameters. E.g., a cylinder can be described by a position, a direction vector, the length and the radius. In order to visualise the edges of the model, the CSG representation needs to be converted to a boundary representation (B-rep). A hidden line algorithm is used to determine the visible edges of the B-rep's wire frame.

2.1 Estimation of pose and shape parameters

The task of a fitting algorithm is to estimate the pose and shape parameters, such that the (visible) edges of the CAD model are aligned with the object edges in the images. Lowe [1991] describes a least squares algorithm that fits the edges of the projected wire frame to edge pixels. These edge pixels are pixels with a grey value gradient above some pre-set threshold. Starting with an approximate alignment the errors in the alignment are quantified by the perpendicular distances of the edge pixels to the nearest edge of the wire frame. The fitting algorithm estimates the changes to the values of the pose and shape parameters that have to be applied in order to minimise the square sum of these distances. This is accomplished by setting up the equation

$$E\{\Delta u_j\} = \sum_{i=1}^{i=K} \frac{\partial u_j}{\partial p_i} \Delta p_i \tag{1}$$

for each edge pixel j. In this observation equation Δu_j is the observed perpendicular distance of edge pixel j to the nearest edge of the wire frame, p_i are the object parameters, Δp_i are changes to be estimated, and K is the number of parameters. The equation states that it can be expected that the misalignment can be expressed as a function of changes in the model parameters. The partial derivatives describe the change in the position of a wire frame edge due to a change in the value of a pose or shape parameter. These derivatives can be derived analytically [Ermes et al., 1999]. Since the equation is non-linear, the least squares estimation needs to be iterated.

Due to the edge detection, weak edge pixels will not be used in the parameter estimation if their gradients are below the threshold for edge detection. This can be avoided if an observation equation is set up for each pixel within some range of a wire frame edge and not just for pixels with a strong gradient. In order to ensure that the pixels with the higher gradients dominate the parameter estimation, the squared grey value gradient of a pixel can be used as a weight to its observation equation [Vosselman and Veldhuis, 1999]. Thus, a threshold for edge detection is not needed.

2.2 Estimation of precision

For many applications in industry the measurements need to fulfil some accuracy requirements. Therefore, it is important to analyse the precision of the fitting results.

One way to do this is to measure the same objects with another, preferably more precise technique and to determine the differences. Since taking reference measurements is usually costly, estimates for the precision of determined parameters are often derived by propagating the uncertainty in the observations to the determined parameters. If a vector of observations y is related to a vector of parameters x by the linear(ised) equation $y=Ax$, the covariance matrix Q_x of the estimated parameters $\hat{x}$ can be propagated from the covariance matrix Q_y of the observations by

$$Q_{\hat{x}} = \left(A^T Q_y^{-1} A\right)^{-1} \qquad (2)$$

[Koch, 1987]. In equation (1) the observation is the distance between a pixel and the nearest edge of the projected wire frame. The wire frame is derived from the approximate pose and shape parameters of the CSG model. Hence, its position is not stochastic. The position of a pixel in the image is also not stochastic. Therefore, no covariance matrix can be specified for the observed distances.

The only stochastic variables are the grey values of the pixels. Their variance only can be propagated to the estimated pose and shape parameters if the grey values are part of the observation. For this purpose we introduce a noise-free Gaussian smoothed step edge as a model for the grey value transition at the object edge. This step edge is positioned on the wire frame edge (figure 2). The distance Δu_j between the wire frame edge and a pixel can now be related to the grey value gradient $(\partial g / \partial u)_j$ perpendicular to the edge and the difference Δg_j between the grey value in the image and the grey value in the step edge model:

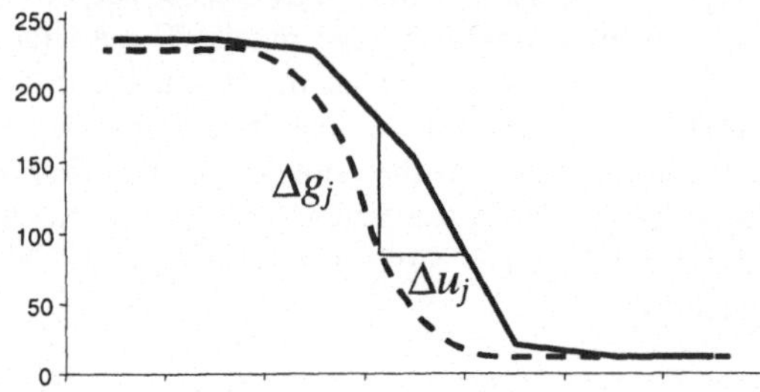

Fig. 2. Relation between a grey value profile in the image (solid) and a step edge model (dashed).

$$\Delta g_j = \left(\frac{\partial g}{\partial u}\right)_j \Delta u_j \qquad (3)$$

By combining equations (1) and (3) one obtains:

$$E\{\Delta g_j\} = \left(\frac{\partial g}{\partial u}\right)_j \sum_{i=1}^{i=K} \frac{\partial u_j}{\partial p_i} \Delta p_i \qquad (4)$$

In this equation the grey value difference between a pixel in the image and a pixel from the step edge model is used as an observation to estimate the changes in the pose and shape parameters of the CSG-model. The standard deviation of the grey value differences can be estimated empirically. This uncertainty can then be propagated to the estimated pose and shape parameters by equation (2).

The smoothed step edge function is described by three parameters: the minimum and maximum grey value and the σ of the Gaussian smoothing. The grey value range has to be determined locally, since the amount and even the sign of the contrast may change along an edge. For σ a realistic value has to be chosen. Since the equation (1) shows a better convergence behaviour, equation (4) is only used in the last iterations.

Experiments under laboratory conditions showed that in case of good contrasting edges, differences between estimated parameters and reference values were within twice the estimated standard deviation of those parameters. The propagated standard deviations therefore give a realistic estimate of the precision. The differences corresponded to edge dislocations of about 0.1 pixel. In case of weak contrasts errors in the edge positioning become systematic and increased up to 0.6 pixel.

3. Constrained fitting

The object parts that make up the industrial installation show many geometric relationships. Therefore, the parameters of the models of these object parts are related to each other. In the parameter estimation process this can be modelled by constraints. The usage of constraints is very important for the performance of the fitting algorithm, since constraints reduce the degrees of freedom. Without constraints, some parameters can not be estimated or are estimated with a very low precision. Two examples make this more clear:

- Consider a straight pipe which is connected to a curved pipe on both sides. Since the transition of the straight pipe to a curved pipe is usually smooth, there are no gradients to which the ends of a cylinder can be fitted. Hence, the length of the pipe can not be determined. By imposing the constraint that the ends of the cylinder coincide with the ends of the curved pipe, the cylinder length is implicitly determined.

- Even if parameters would be estimable without constraints, the usage of constraints will generally improve their precision. In the case of a small curved pipe, the diameter of the pipe as well as the angle of the curve may be difficult to determine. If, however, the curve pipe is connected to two long straight pipes with the same diameter, these two parameters can be estimated more precisely, since much information can be obtained from the straight pipes.

In modelling industrial installations several types of constraints can be used:

- *Constraints between object parts*, like described above. The circular ends of two connected pipes coincide. This results in three constraints on the position of the ends and two constraints on the normal direction of the coinciding faces. Often the diameter of the pipe ends also is the same. Although the normal directions at the pipe ends often exactly correspond in the design of an installation, in reality they often show a small angle. Therefore, these constraints can not be strictly imposed. They can be implemented as observations with a standard deviation. The standard deviation specifies the lack of confidence in the correctness of this so-called soft constraint. The lower the standard deviation, the higher the influence of the constraint in the parameter estimation will be. The usage of a standard deviation also opens the possibility to test the validity of a constraint.

- *Constraints within an object part*. Some object parts, like a T-junction, consist of multiple primitives. A T-junction, e.g., can have the constraints that one cylinder end coincides with the centre of the other cylinder and that the two cylinder directions are perpendicular. Since the object parts can be considered to be quite solid, these constraints can be implemented as hard constraints. In the examples show below soft constraints with a very low standard deviation were used.

- *Parameter constraints*. Often some of the parameters that describe a primitive are known. For example a curved pipe may have an angle of 90 degrees. Also several object sizes, like the diameter of a certain pipe, are highly standardised in industry. Hence, the values of the corresponding parameters can be constrained.

The benefits of using constraints are demonstrated in the following example. When fitting the curved pipe shown in figure 1 the estimate for the angle of the pipe is 87.4 degrees. After adding a straight pipe to both sides using the connection constraints as described above, the parameters of the three object parts have been estimated simultaneously. In this fitting the estimate for the angle of the curved pipe became 89.9 degrees, which is a much more realistic value. Table 1 shows the standard deviations of the parameters without and with the usage of constraints. All standard deviations improve with the introduction of constraints. The estimation of the rotation (parameterised with a quaternion) and the curve angle improve dramatically.

Constraints	X	Y	Z	q0	q1	q2	q3	r	R	α
No	3.2	2.0	16.4	2.2	1.4	2.3	0.12	7.5	0.87	3.0
Yes	0.9	0.8	3.2	0.09	0.03	0.02	0.001	3.6	0.38	0.056

Table 1. Standard deviations of parameters without and with constraints. X, Y, Z, r (cylinder radius), and R (curve radius) in mm and α (curve angle) in degrees. The quaterion elements are dimensionless. Their standard deviations are multiplied by 100.

4. Pilot project

Figures 3 and 4 show the results of the measurement of a part of a gas exploration plant of the Dutch Oil Company (NAM). A total of 218 object parts consisting of 277 primitives were measured in 33 images. No targets were used. The CAD model of the installation was described by a total number of 2466 parameters. These parameters are related to each other through 1588 constraints.

The estimation of the parameters requires solving large normal equation systems that are derived from the observation equations and the soft constraint equations. The size of this equation system equals the number of parameters, 2466 in this pilot project. Pivoting techniques need to be used in order to avoid numerical instabilities.

The orientations of the images were determined by including the positions and rotations of the images as unknown parameters in the observation equations. Singularity in the equation system was avoided by assuming a position and orientation of a rectangular object in the scene and constraining the length of this box to the length measured with a measurement tape.

The production of the CAD model took about two weeks. This includes the recording of the images and the reconstruction of their orientation.

Fig. 3. Part of a measured gas production plant. The wire frame of the CAD model are shown as an overlay over one of the images.

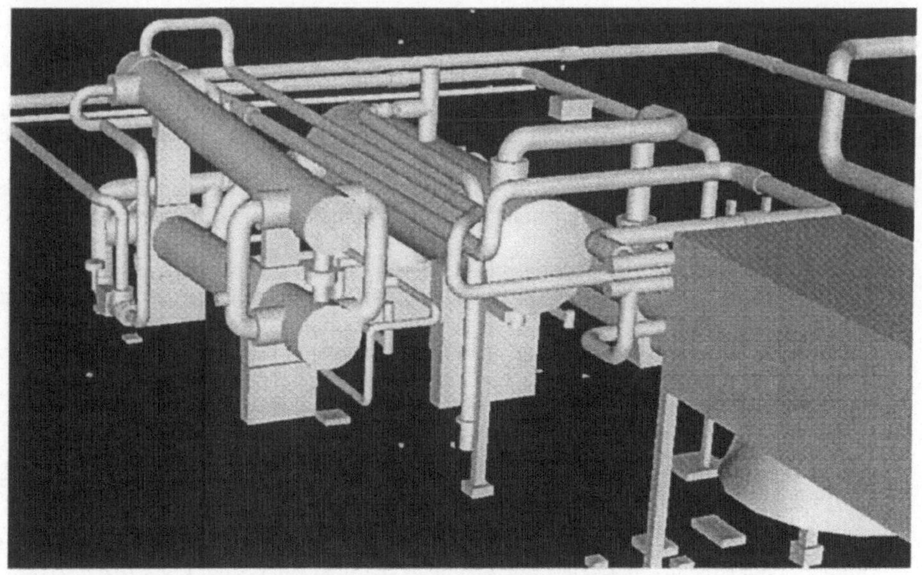

Fig. 4. Rendered CAD model from a slightly different perspective as the image in figure 3.

5. Discussion

In this paper a method for fitting parameterised models to images was presented. It was shown that the uncertainty in the grey values can be propagated to the uncertainty in the estimated object parameters and that constraints are very important to improve the precision of the object reconstruction.

Although some results of the pilot project were verified by reference measurements obtained with a measuring tape and were found to be consistent, a more thorough analysis of the precision still needs to be done. Experiences with error propagation in image matching techniques often show underestimated variances. This might also hold for the fitting method presented in this paper.

The number of parameters involved in the reconstruction of a (small) part of a site is considerable. When modelling complete industrial installations it will even become much larger. For those models one will need to use advanced sparse matrix techniques to ensure the numerical stability of the estimation. As an alternative one could iteratively perform estimations of the parameters of a few adjacent models of object parts.

Acknowledgements

This research is supported by the Dutch Technology Foundation (STW). We would like to thank the NAM for their cooperation in the pilot project.

Literature

Ermes, P., F. van den Heuvel, and G. Vosselman [1999]: A Photogrammetric Measurement Method using CSG Models. International Archives of Photogrammetry and Remote Sensing, vol. 32, part 5W11, pp. 36-42.

Firestone, L., S. Rupert, J. Olson, and W. Mueller [1996]: Automated Feature Extraction: The Key to Future Productivity, Photogrammetric Engineering & Remote Sensing, vol. 62, no 6, pp. 671-674.

Hilgers, G. and Woytowicz, D. [1998]: PHAUST: Ein System zur photogrammetrischen As-built Erfassung im Anlagenbau. Mitteilungen Deutsche Forschungsanstalt für Luft- und Raumfahrt, vol. 98, no. 3, pp. 201-206.

Koch, K.-R. [1987]: Parameterschätzung und Hypothesentests in linearen Modellen, Dümmler, Bonn.

Lang, F. and W. Förstner [1996]: 3D-City Modeling with a Digital One-Eye Stereo System. International Archives of Photogrammetry and Remote Sensing, vol. 31, part B3, pp. 415-420.

Lowe, D. [1991]: Fitting Parameterized Three-Dimensional Models to Images. IEEE Transactions on Pattern Analysis and Machine Intelligence, vol. 13, no. 5, pp. 441-450.

Vosselman, G. and H. Veldhuis [1999]: Mapping by Dragging and Fitting of Wire-Frame Models. Photogrammetric Engineering & Remote Sensing, vol. 65, no. 7, pp. 769-776.

Werghi, N., R. Fisher, C. Robertson, and A. Ashbrook [1999]: Object reconstruction by incorporating geometric constraints in reverse engineering. Computer-Aided Design, vol. 31, no. 6, pp. 363-399.

Bayesian Belief Networks in der 3D-Objekterkennung*

Rüdiger Mosig, Jochen Wickel und Karl-Friedrich Kraiss

Lehrstuhl für Technische Informatik, RWTH Aachen
{wickel,kraiss}@techinfo.rwth-aachen.de
WWW: http://www.techinfo.rwth-aachen.de/

Zusammenfassung Wir benutzen zur 3D-Objekterkennung einen statistischen Klassifikator, der auf Bayesian Belief Networks aufbaut. Gegenüber verbreiteten neuronalen Netzen, wie z. B. RBF-Netzen, haben diese den Vorteil, dass die klassifizierbare Objektmenge leicht erweiterbar ist. Außerdem besitzt dieser Klassifikator eine mathematisch exakt definierte Semantik. Durch einen Vergleich mit einem RBF-Netz wird gezeigt, dass ein solcher Bayes'scher Klassifikator diesen neuronalen Netzen überlegen ist, da er bei vergleichbarer Erkennungsleistung leichter neue Objekte hinzulernen kann.

1 Einleitung

In der Klassifikation stellen Bayes'sche Methoden ein Standardverfahren dar. Für die merkmalsbasierte Objekterkennung bieten sich insbesondere die *Bayesian Belief Networks (BBN)* an, da mit ihnen die Beziehungen der einzelnen Merkmale untereinander beschrieben werden können.

Wir verwenden BBNs dazu, 3D-Objekte merkmalsbasiert zu klassifizieren. Dazu werden die 3D-Objekte durch verschiedene Merkmale beschrieben, die dann in einem Merkmalsvektor zusammengefasst werden. Die Werte der Merkmalsvektoren sind dabei kontinuierlich.

Normalerweise werden BBNs zur Modellierung der Verbundwahrscheinlichkeit diskreter Ereignisse verwendet. Im Zusammenhang mit der Klassifikation kontinuierlicher Merkmalsvektoren kann man die Annahmen über die Unabhängigkeit der einzelnen Dimensionen des Merkmalsvektors durch die Topologie eines BBN ausdrücken. Damit lassen sich die Methoden zur Bestimmung der Topologie von BBNs auch zur Bestimmung der Unabhängigkeiten für Bayes-Klassifikatoren einsetzen. Umgekehrt läßt sich ein solcher Klassifikator auch als Spezialfall eines BBN interpretieren.

Sehr verbreitet bei den Bayes-Klassifikatoren ist der *Naive Bayesian Classifier* [8], der annimmt, dass die Elemente des Merkmalsvektors (=Attribute) normalverteilt und statistisch unabhängig voneinander sind. Dadurch ergibt sich eine sehr einfache Berechnung der Wahrscheinlichkeiten für die einzelnen Objekte, allerdings ist es offensichtlich, dass die Annahme der statistischen Unabhängigkeit der einzelnen Attribute nicht korrekt ist.

---

* Gefördert durch die Heinz-Nixdorf-Stiftung

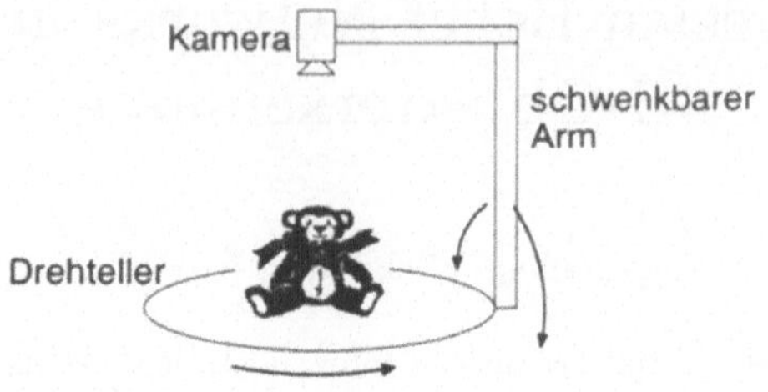

Abbildung 1. Schema des Objekterfassungsplatzes.

Der nahe liegende Ansatz, anstatt vieler unabhängiger univariater Normalverteilungen eine n-dimensionale multivariate Normalverteilung über alle Attribute anzunehmen, scheitert daran, dass die Kovarianzmatrizen singulär werden, wenn nicht genügend Trainingsdaten zur Verfügung stehen. Es gibt zwar Methoden zur Dimensionsreduktion der Merkmalsvektoren, wie z. B. die Diskriminanzanalyse, doch haben sich bei unserer Anwendung diese Verfahren als nicht geeignet erwiesen, da der damit einhergehende Informationsverlust die Erkennungsrate signifikant verschlechtert.

Um nun dennoch eine möglichst genaue Modellierung zu erhalten, benutzen wir ein Verfahren, das nur starke Abhängigkeiten der Attribute untereinander erfasst und schwache Abhängigkeiten nicht beachtet, den so genannten *Limited Dependance Bayesian Classifier* [10].

Die Klassifikationsergebnisse werden verglichen mit denen eines *Radiale-Basis-Funktionen*-Netzes (RBFN), eine in vielen Anwendungsfeldern erfolgreich eingesetzte Art neuronaler Netze [6]. Dabei wird gezeigt, dass der Limited Dependance Bayesian Classifier ähnlich gute Ergebnisse erzielt wie das RBFN, aber den Vorteil hat, dass bei einer Erweiterung um einzelne Objekte nicht die gesamte Objektmenge neu trainiert werden muss.

1.1 Ansichtenbasierte 3D-Objekterkennung

Bei dem Objekterkennungssystem AXON[2] (Adaptives Expertensystem zur Objekterkennung mit Neuronalen Netzen) handelt es sich um ein System zur Erkennung großer Mengen von 3D-Objekten durch die Präsentation einer beliebigen 2D-Ansicht [3].

Zum Training des Systems werden die Objekte dabei auf einem Objekterfassungsplatz optisch erfasst (Abbildung 1). Durch die schwenkbare Kamera und den Drehteller erhält man eine Menge von 2D-Aufnahmen (typischerweise ca. 20–40), die das 3D-Objekt repräsentieren. Diese Aufnahmen werden dann durch verschiedene Merkmale in Hinsicht auf Farbe, Form und Textur beschrieben. Auf diese Weise wird für jede Aufnahme ein Merkmalsvektor erzeugt, der je nach verwendeten Merkmalen ca. 100 bis 300 Dimensionen besitzt. Mit diesen Merkmalsvektoren wird der Klassifikator trainiert.

In der Klassifikationsphase wird dann das zu erkennende Objekt vom Benutzer in einer zufälligen Position vor die Kamera gehalten. Auch von dieser Aufnahme wird ein Merkmalsvektor erzeugt, der dann von dem Klassifikator einer der trainierten Klassen zugeordnet wird. Das System läßt sich durch eine geeignete Auswahl von Merkmalen und Klassifikationsverfahren auf eine Vielzahl von Anwendungen anpassen. Eine interaktive Demonstration des Systems ist im Internet unter http://www.techinfo.rwth-aachen.de/Forschung/Axon/demo/ zu finden.

Bei praktischen Anwendungen, z. B. dem Einsatz als Unterstützungssystem bei der Warenidentifikation, hat man es häufig mit sich ändernden Objektmengen zu tun, weil alte Produkte aus dem Sortiment gestrichen und neue aufgenommen werden. Deshalb sollte es der Klassifikator ermöglichen, einzelne Objekte hinzuzutrainieren oder aus der Menge zu entfernen.

Bayes'sche Klassifikatoren erfüllen diese diese Bedingung, da bei der Klassifikation immer die a-posteriori-Wahrscheinlichkeiten aller möglichen Objekte bestimmt werden. Das Klassifikationsergebnis ist das Objekt mit der höchsten Wahrscheinlichkeit. Die Erweiterung um ein neues Objekt erfordert also lediglich die Berechnung der Parameter (Mittelwert und Kovarianzmatrix) der Merkmalsverteilung des neuen Objekts.

2 BBNs in der Klassifikation

2.1 Naive Bayesian Classifier

Ein BBN erlaubt es, die a posteriori-Wahrscheinlichkeit $p(C|X)$ für eine Klasse C unter der Beobachtung des Merkmalsvektors X zu berechnen, indem es die Abhängigkeiten der einzelnen Attribute (=Dimensionen des Merkmalsvektors) modelliert.

Abbildung 2 zeigt, wie aus einer Aufnahme eines Objektes durch Bildverarbeitungsalgorithmen der Merkmalsvektor erzeugt wird und wie dessen einzelne Dimensionen in das BBN einfließen.

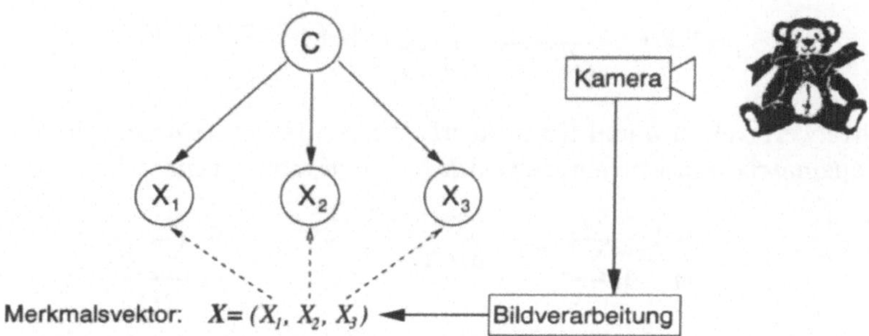

Abbildung 2. Naive Bayesian Classifier mit Merkmalsvektor (hier nur 3 Dimensionen) und Aufnahmekette.

Der einfachste Bayes-Klassifikator ist der *Naive Bayesian Classifier* [8]. Dieser nimmt an, dass alle Attribute statistisch unabhängig voneinander sind und jeweils durch eine univariate Normalverteilung modelliert werden können. Deshalb ergibt sich für die Berechnung der a posteriori-Wahrscheinlichkeit für eine Klasse C:

$$p(C|\boldsymbol{X}) = \prod_{i=1}^{n} p(C|X_i), \quad p(C|X_i) = \frac{1}{\sigma_i\sqrt{2\pi}} e^{-\frac{(x-\mu_i)^2}{2\sigma_i^2}} \tag{1}$$

mit dem Merkmalsvektor $\boldsymbol{X} = (X_1, X_2, ..., X_n)$. In der Trainingsphase werden für jedes Objekt der Objektmenge die Parameter (Mittelwert μ_i und Varianz σ_i^2) der Gauß-Funktionen der einzelnen Faktoren in (1) ermittelt.

In der Klassifikationsphase wird für jedes Objekt C_j die a posteriori-Wahrscheinlichkeit $p(C_j|\boldsymbol{X})$ berechnet. Das Objekt mit der größten Wahrscheinlichkeit geht dann als Sieger aus der Klassifikation hervor.

Durch dieses Klassifikationsverfahren sind Bayes'sche Klassifikatoren leicht um neue Objekte erweiterbar, da für ein neues Objekt lediglich die dazugehörige Normalverteilung berechnet und im System gespeichert werden muß.

2.2 Multivariate Bayesian Classifier

Es ist offensichtlich, dass die Annahme der Unabhängigkeit der Attribute nur selten erfüllt ist. Wenn sich bei dem Kameraschwenk um das Objekt z. B. die Farbe ändert, weil eine andere Seite des Objektes erfasst wird, dann ist anzunehmen, dass sich auch die von der Bildverarbeitung berechneten Textur- und Formparameter verändern.

Um die dabei auftretenden Korrelationen der einzelnen Dimensionen des Merkmalsvektors untereinander erfassen zu können, ist es nahe liegend, statt vieler univariater Normalverteilungen wie beim Naive Bayesian Classifier eine multivariate Normalverteilung über alle Dimensionen anzunehmen.

Dann ergibt sich die a posteriori-Wahrscheinlichkeit einer Klasse für einen Merkmalsvektor $\boldsymbol{X} = (X_1, X_2, ..., X_n)$ zu [5]

$$p(C|\boldsymbol{X}) = \frac{1}{\sqrt{(2\pi)^n \cdot \det Z_x}} e^{-\frac{1}{2}(\boldsymbol{X}-\boldsymbol{b})^T Z_x^{-1}(\boldsymbol{X}-\boldsymbol{b})} \tag{2}$$

mit Mittelwertsvektor $\boldsymbol{b}$ und Kovarianzmatrix Z_x. In der Trainingsphase werden Kovarianzmatrix und Mittelwertsvektor folgendermaßen ermittelt:

$$Z_x = \frac{1}{m-1}\sum_{i=1}^{m}(\boldsymbol{X}_i - \boldsymbol{b})(\boldsymbol{X}_i - \boldsymbol{b})^T, \quad \boldsymbol{b} = \frac{1}{m}\sum_{i=1}^{m}\boldsymbol{X}_i \tag{3}$$

wenn $\boldsymbol{X}_1, \boldsymbol{X}_2, ..., \boldsymbol{X}_m$ die m Trainingsmuster darstellen.

Der Klassifikator nennt sich dem entsprechend *Multivariate Bayesian Classifier*. Abbildung 3(a) zeigt, wie das zugehörige BBN aussieht. Jeder Knoten ist mit jedem anderen verbunden.

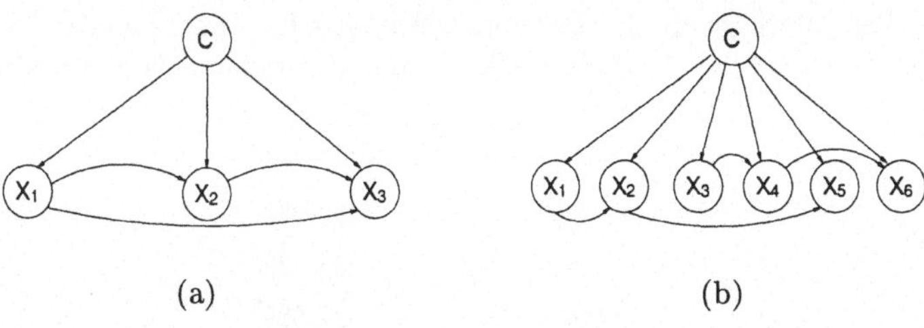

(a)   (b)

Abbildung 3. (a) Multivariate Bayesian Classifier für 3 Dimensionen; (b) Limited Dependance Bayesian Classifier für Merkmalsvektoren mit 6 Dimensionen. Gruppe 1 besteht aus X_1, X_2 und X_5, Gruppe 2 aus X_3, X_4 und X_6.

2.3 Limited Dependance Bayesian Classifier

Das Problem beim Multivariate Bayesian Classifier besteht in der zu großen Kovarianzmatrix. Bei einem Merkmalsvektor mit n Dimensionen erhält man eine Kovarianzmatrix von $n \times n$ Elementen. Damit diese nicht singulär wird, sind mindestens $n+1$ Trainingsvektoren nötig, für eine repräsentative Statistik sogar wesentlich mehr. Dies stellt bei Merkmalsvektoren mit 200 und mehr Dimensionen ein Problem dar. Es existieren zwar Verfahren zur Merkmalsreduktion, wie z. B. die Diskriminanzanalyse, jedoch gehen dabei immer Informationen verloren, was in den meisten Fällen unproblematisch oder sogar erwünscht ist. Bei Untersuchungen im Vorfeld hat sich jedoch herausgestellt, dass diese Verluste bei unserer Anwendung zu einer signifikanten Verschlechterung der Erkennungsleistung führen.

Der *Limited Dependance Bayesian Classifier (LDBC)* verfolgt nun den Ansatz, nur starke Abhängigkeiten zu modellieren, und schwach abhängige Attribute als unabhängig anzusehen. Dadurch werden die Attribute des Merkmalsvektors im BBN zu Gruppen statistisch abhängiger Attribute zusammengefasst und diese Gruppen untereinander als unabhängig behandelt [10].

Abbildung 3(b) zeigt einen LDBC, bei dem 6 Attribute in zwei Gruppen mit jeweils drei Attributen aufgeteilt werden. Um die Stärke der Abhängigkeiten zu bestimmen, wird die Korrelation der Attribute verwendet.

Der Naive Bayesian Classifier beachtet gar keine Abhängigkeiten, der Multivariate Bayesian Classifier alle. Der LDBC bewegt sich auf dem Spektrum zwischen diesen beiden Extremen, denn die Größe der Gruppen lässt sich vorgeben.

3 Experimentelle Ergebnisse

Um das Verhalten der verschiedenen Klassifikatoren zu untersuchen, wurden Testläufe mit Plüschtieren durchgeführt. Plüschtiere sind verformbar und können aufgrund ihrer Musterung aus verschiedenen Ansichten verschiedene Farben und

Tabelle 1. Verschlechterung der Erkennungsleistung bei zunehmender Objektmenge beim Naive Bayesian Classifier für ein Chrominanzhistogramm (165 Attribute).

Anzahl der Objekte	Erkennungsrate
10	97.0%
18	85.5%
80	67.5%

Tabelle 2. Steigerung der Erkennungsrate durch Erhöhung der Anzahl der zu einer Gruppe zusammengefaßten Attribute beim LDB-Classifier. Testmenge: 10 Objekte mit einem Texturmerkmal (48 Attribute).

zusammengefaßte Attribute	Erkennungsrate
1	67.0%
2	85.5%
4	93.4%
8	96.5%

Texturen besitzen. Dabei wurden unterschiedlich große Testmengen bei Verwendung unterschiedlicher Merkmale verwendet. Um einen Vergleich mit anderen Erkennungsverfahren zu ermöglichen, wurden auch Experimente mit der COIL-100-Datenbank durchgeführt [9].

Als Merkmale wurden ein beleuchtungsinvariantes Farbmerkmal (ca) [4], ein Chrominanzhistogramm ($chrHist$) [2], ein auf dem Gegenfarbmodell des menschlichen Auges basierendes Texturmerkmal ($ocRG$) [1], der Median von R-, G- und B-Kanal ($brRGB$) sowie ein Histogramm von R, G, B und Luminanz ($hRGBL$) eingesetzt.

Zunächst wird anhand einer Objekterkennungsaufgabe eine Analyse der vorgestellten Bayes'schen Klassifikatoren, anschließend ein Vergleich des LDBC mit einem RBF-Netz präsentiert.

3.1 Vergleich der Bayes'schen Klassifikatoren

Die Erkennungsleistung des Naive Bayesian Classifiers sinkt, wie Tabelle 1 zeigt, von 97% bei 10 Objekten auf 67.5% für 80 Objekte. Dies überrascht nicht, da die Dichte im Merkmalsraum bei zunehmender Objektmenge steigt und die durch die Abhängigkeiten der Dimensionen vorhandene Information nicht genutzt wird.

Der LDBC nutzt dagegen diese Information, und zwar um so mehr, je größer die Gruppen der Attribute gewählt werden, innerhalb derer die statistischen Abhängigkeiten beachtet werden. Tabelle 2 zeigt, wie die Erkennungsrate für

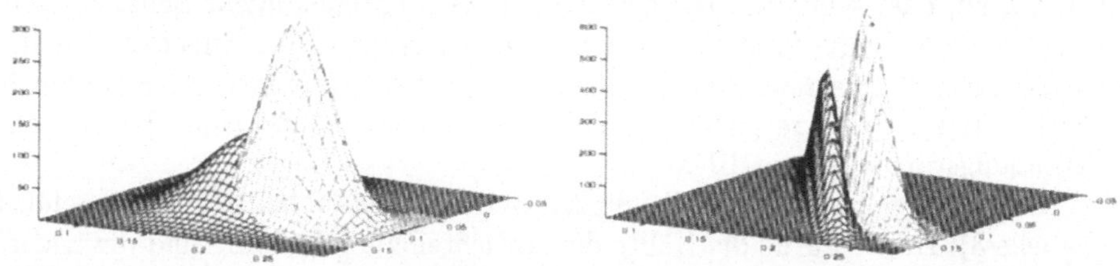

Abbildung 4. Zwei Objekte als bivariate Gaußverteilung, links ohne, rechts mit Beachtung der Kovarianzen.

Tabelle 3. Vergleich der Erkennungsleistung eines RBF-Netzes mit einem LDB-Classifier mit Attributgruppen der Größe 6.

Merkmal (# Attribute)	Plüschtiere		COIL-100	
	RBFN	LDBC	RBFN	LDBC
chrHist (165 Attribute)	87.7%	89.2%	93.2%	90.3%
hRGBL (128 Attribute)	93.8%	84.0%	98.7%	99.4%
hp (96 Attribute)	76.6%	76.4%	97.5%	99.1%
ocRG (48 Attribute)	70.7%	76.6%	99.4%	99.9%
chrHist + ocRG (165+48)	89.2%	93.2%	99.3%	96.1%

10 Objekte von 67% bei einer Attributgruppengröße von 1 (dies entspricht dem Naive Bayesian Classifier) auf 96.5% bei 8 Attributen pro Gruppe ansteigt.[1]

Die Verbesserung der Erkennungsergebnisse erklärt sich durch die Beachtung der Kovarianzen. Abbildung 4 zeigt die Normalverteilungen der Daten zweier Objekte, links ohne und rechts mit Kovarianzen. Die Beachtung der Kovarianzen führt zu einer erkennbaren Verbesserung der Trennbarkeit der beiden Verteilungen.

3.2 Vergleich von LDBC und RBFN

Tabelle 3 zeigt einen Vergleich der Erkennungsraten für Plüschtiere eines RBFN und eines LDBC, das die Attribute jeweils zu 6er-Gruppen zusammenfasst. Die Ergebnisse bewegen sich in der gleichen Größenordnung, lediglich bei dem Merkmal *hRGBL* liefert das RBFN mit 93.8% ein deutlich besseres Ergebniss. Das

---

[1] Der Unterschied der Erkennungsraten bei 10 Objekten zwischen Naive Bayesian Classifier und LDBC mit einer Gruppengröße von 1 ergibt sich aus der Verwendung unterschiedlicher Merkmalsvektoren (Chrominanzhistogramm beim Naive Bayesian Classifier, Texturmerkmal beim LDBC).

liegt daran, dass sehr viele Dimensionen dieses Merkmals linear abhängig voneinander sind. Dadurch muss ein BBN starke Kompromisse eingehen, um singuläre Kovarianzmatrizen zu vermeiden. Mit einer Konkatenation der Merkmale *chrHist* und *ocRG* erreicht der LDBC allerdings mit 93.2% eine ähnlich hohe Erkennungsrate wie das RBFN.

Außerdem wurden Testläufe mit der COIL-100-Datenbank [9] durchgeführt (Tabelle 3). Dabei wurde die Hälfte der Ansichten zum Training und die andere Hälfte zum Testen verwendet. Auch bei diesen Daten wird deutlich, dass RBFN und LDBC ähnlich gute Ergebnisse liefern. Beide Klassifikationsverfahren liefern jeweils mit dem Texturmerkmal *ocRG* die besten Ergebnisse und erzielen Erkennungsraten von deutlich über 99%.

4 Auswertung

Der Naive Bayesian Classifier stellt aufgrund seiner einfachen Implementierung sicher einen interessanten Klassifikator für kleine Objektmengen dar. Bei größeren Objektmengen macht sich jedoch die Ignorierung der Kovarianzen stark bemerkbar. Daher bietet sich dafür der Limited Dependance Bayesian Classifier an, der auch bei großen Objektmengen eine gute Erkennungsleistung bietet und sich auch bei hochdimensionalen Merkmalsvektoren einsetzen läßt. Der Vergleich mit einem RBF-Netz zeigt, dass dieser Klassifikatortyp in Bezug auf die Erkennungsleistung mit neuronalen Verfahren konkurrieren kann und mit der leichten Erweiterbarkeit der Objektmenge diesen gegenüber einen entscheidenden Vorteil bietet.

Literatur

1. Pablo Alvarado. Farbtexturmerkmale in der Objekterkennung. Diplomarbeit, Lehrstuhl für Technische Informatik, RWTH Aachen, 1998.
2. M. S. Drew, Jie Wei, and Ze-Nian Li. Illumination-invariant color object recognition via compressed chromaticity histograms of normalized images. Technical Report TR 97-09, School of Computer Science, Simon Fraser University, Vancouver, 1997.
3. I. Elsen, K.-F. Kraiss, D. Krumbiegel, P. Walter, and J. Wickel. Visual Information Retrieval for 3D Product Identification: A Midterm Report. *Künstliche Intelligenz*, 1/99:64–67, 1999.
4. B. V. Funt G. D. Finlayson, S. S. Chatterjee. Colour-texture indexing. In *Proceedings of ECCV 1996 Vol. II*, pages 16–27, April 1996.
5. J. Hartung und B. Elpelt. *Multivariate Statistik*. Oldenbourg, 1992.
6. S. Haykin. *Neural Networks - A Comprehensive Foundation*. Prentice Hall, 1999.
7. George H. John and Pat Langley. Estimating Continuous Distributions in Bayesian Classifiers. In *Proceedings of the Eleventh Conference on Uncertainty in Artificial Intelligence*. Morgan Kaufmann Publishers, 1995.
8. Tom M. Mitchell. *Machine Learning*, chapter 6. McGraw-Hill, 1997.
9. Sameer A. Nene, Shree K. Nayar, and Hiroshi Murase. Columbia Object Image Library (COIL-100). Technical Report CUCS-006-96, Columbia University, 1996.
10. Mehran Sahami. Learning Limited Dependance Bayesian Classifiers. In *KDD-96: 2nd Int. Conf. on Knowledge Discovery and Data Mining*, pages 335–338, 1996.

Graph Based Histogram Intersection for Efficient Location of Color Objects

Jian Cheng, Siegbert Drüe, Georg Hartmann

Fachbereich 14 Elektrotechnik Universität-GH Paderborn

Pohlweg 47-49, D33098 Paderborn, Germany

Email: cheng@get.uni-paderborn.de

Abstract

An efficient method to detect and extract color objects from a cluttered scene based on statistical and spatial color similarity is proposed. Color region adjacency graphs (CRAG) and six 1-D histograms corresponding to the RGB and HIS color spaces are used to represent models and scenes. A histogram intersection (HI) strategy is applied to a similarity measure of statistical color distribution between them and the CRAGs are exploited to guide the search for the interesting object regions at which a global maximal value of histogram intersection is available. The color spatial relationships among the CRAGs are also used to check the matching result to avoid the false positive identifications, which may be caused by a normal HI method. This strategy of combining CRAG and HI makes the detection robuster and preciser. The experiments conducted have shown that known color objects in a complex scene can be accurately identified and extracted from the background.

1. Introduction

The detection of known objects in a cluttered scene is an important and active research direction in the computer vision because of its prospective applications in many fields, e.g. content-based image retrieval, surveillance, industrial inspection, etc. Plenty of strategies have been proposed to solve this difficult problem. Beside the methods based on geometric feature matching as in [1][2] the approaches that make use of color information are also being widely implemented. Swain and Ballard[3] introduced a technique of Histogram Intersection (HI) to evaluate the similarity of color distribution between images and used a method of Backprojection to locate objects in an image. Ennesser and Medioni[4] and Vinod and Murase[5] extended this idea and applied HI in local regions to more reasonably search for objects in a scene. Jain[7] integrated shape and color into histograms for image retrieval. Schettini[6] used HI to verify the shape matching result and to distinguish objects with similar shape but different colors. The HI-based methods that make use only of the statistical color information may cause false positive identification, because they can not distinguish objects with the same color histograms but different spatial distributions. As an important feature the color spatial relationships should be taken into account for correcting this kind of error. Some researchers have used this feature for their work. S-Mahmood[9] used a region adjacency graph (RAG) to represent color region information and described it to locate an object in a scene as a search for a suitable subgraph that satisfies the model description. Bimbo et al.[10] proposed a similar graph matching strategy by exploiting hierarchical multi-resolution segmentation. To achieve a good match between graphs one must at first segment the image precisely or at lease stably, but segmentation is still an open problem, which to a great degree depends on the solution of the effects of shadows, highlights, shading and interreflection etc.

In this paper we propose a method of object detection exploiting both statistical and spatial color information. The image is prsegmented into homogenous color regions and represented as a color region adjacency graph (CRAG), which describs the spatial color distribution. We use a deformable attention window to scan the scene image and select the regions that agree with the model spatial color distribution into it, then apply HI inside the attention window to measure the color similarity. The goal of object detection is to find out the regions that maximize the HI result and the relationships among which are consistent with the model CRAG. Guided by the model CRAG the attention window selects only the most potential candidate regions, so the search process is confined in a small number of regions and can be speeded up. As another result the attention window can dynamicaly change its shape and gradually fit the object boundary. Vinod and Murase[5] used a scalable rectangle attention window in their method and succeeded in detecting multiple objects in a scene. But a rigid window can not fit variant shapes of different objects, it can not even fit a object of the same shape as the window but not rightly oriented, histogram intersection inside such kind of attention window may result in a local maximum, as shown in Fig.1.(a). In our method the demand on image segmentation is not so strict as usually to build the CRAG. We concern only with the existence of color and the color relationships among the neighboring regions, not the size of each region. To remove the influence of changing illumination on the object color we use color ratios between adjacent regions in order to get invariant representations.

2. Histogram intersection based on color region graph

2.1. Image representation

We use a graph to represent an image. The image is presegmented into regions with homogenous color, whereby a growing-merging segmentation algorithm[11] is applied. Then we describe the color regions and their relationships as a region adjacency graph $CRAG = (V, E, C, R, S)$, where $V =$ node set corresponding to color regions, $E =$ edges connecting nodes which represent the adjacencies between color regions, $C =$ color histogram of a region, $R =$ color ratios between two neighboring regions that have the average color (r_i, g_i, b_i) and (r_j, g_j, b_j) and the ratios are defined as $\left(\frac{r_i g_j}{r_j g_i}, \frac{r_i b_j}{r_j b_i}, \frac{g_i b_j}{g_j b_i} \right)$, $S =$ the area size of a region.

Because the size of a region depends on the posture of the object and the segmentation, it is often variable with the rotation of the object in the 3D space. Even a small rotation may cause a great change in size. This effect makes it hard to properly match two regions using the absolute area information. So, in our method, the size of a region does not play a great role. It is used as one of the proiority measures for region selection. On the contrary, as demonstrated in [12], the color ratios between two neighbouring regions are invariant to the change of illumination and geometric transformations. They give us stable relation descriptions. Here these ratios act as the attribute of the edge that binds two adjacent nodes and can be used to constrain the region selection: only those regions having compatible color ratios with the model are selected as candidates into the attention window.

Histograms are used to represent the statistical color distribution in an image. Some authors reduce computing complexity by quantizing the color space into a limited number of color bins. In our approach, however, we construct six 1-D histograms corresponding to RGB and HSI color spaces. This is based on the observation that if two images have similar color distribution, then they have similar histograms in each color band. By constructing the CRAG we calculate the histograms in every segmented region to represent the attribute of a node. Moreover, for considering changing illumination, color ratios between neighboring pixels may be used for building the histograms. Because of the space limit we will not discuss the invariant representations in this paper.

2.2. Similarity measure

The similarity measure here is to compare the color distribution and to evaluate the consistence of spatial relationships between a model and the possible object regions in a scene. For this purpose, we propose a method of local histogram intersection complemented with the CRAG matching.

2.2.1. Local histogram intersection

The technique of histogram intersection (HI) proposed by Swain[3] and its modified versions as suggested in [4][5] proved to be helpful to finish the first task. We introduce a HI strategy using six 1-D histograms which is defined as:

$$HI = (1/K)\left(\sum_{i=1}^{K} \sum_{j=1}^{N} min(HM[i][j], HS[i][j]) \right) \tag{1}$$

where $K = 6$, the number of color bands relative to RGB and HSI; $N = 256$, the rank of the histogram, $HM[i]$ is the model histogram in ith color band, $HS[i]$ is the histogram of the object regions. To remove the scale effect each of the histograms is normalized to 1 and the intersection result is also normalized in the range of [0, 1]. The higher the HI value is produced, the more similar the color distribution of the object is to that of the model. If this value is greater than a threshold that is given differently according to the task demand, e.g. for the case of occlusions and nonocclusions, then a hypothesis about the existence of an object in the scene can be made.

We don't apply HI to evaluate the color similarity between the model and the global scene, but rather between the model and the local potential object regions, which are selected into the attention window. The selection of the candidate regions is based on two criteria:

a) The regions should contribute to the increase of the *value HI*.

b) The spatial relationships among the regions should be consistent with that of the model.

We may show that the selection of the candidate regions is a dynamic process. At the beginning, when no one region is in the attention window, applying HI inside the window we get $HI = 0$. If new object regions are selected into the window, HI will increase till it reaches the maximum, when all object regions are selected. Then, if we still add new regions that may be background or belong to other objects, HI will decrease again. So we can say that the aim of the selection is to find out all potential regions that can maximize HI. In this process, the real object regions and the background regions have different effects. The formers can cause HI to increase, while the laters make no changes to HI or even make it decrease. These characters enable us to distinguish them.

These relations infered above help us to select the right regions. But in the case the background or other objects have similar color regions as the to be detected object, using above constraints we are not able to distinguish them, we have to apply the second criterion to constrain the region selection. In the following section we will describe this constraint.

2.2.2. CRAG matching

The color region adjacency graph of one object informs us of the topological relations among the color regions, which can be used as a constraint for the region selection. Assuming $Gm = (Vm, Em, Cm, Rm, Sm)$ is the model CRAG, Vi is a region in the scene CRAG, $Es(i)$ are the edges connecting Vi and its neighbouring regions. If at least one of the edges can find a corresponding one in the model CRAG, we regard it as a candidate. That is to say, one edge must be matched, or the difference of the edge attribute (color ratios) between the matching edges must be less than a given threshold:

$$P(i) = min \left\{ |Rs(i, j) - Rm(k, l)|, \begin{array}{l} j = 1, ...,\|Es(i)\| \\ k = 1, ...,\|Vm\| \\ l = 1, ...,\|Em(k)\| \end{array} \right\} < TR \qquad (2)$$

where $Rs(i, j)$ is the color ratios between two adjacent regions i and j in the scene, $Rm(k, l)$ is the color ratios between two neighbouring model regions k and l. $\|Es(i)\|$ and $|Em(k)\|$ are the number of edges starting from nodes i and k. $\|Vm\|$ is the number of all model nodes (regions). $P(i)$ is the minimal difference of the edge attribute between the candidate and the model. If $P(i)$ is smaller than a threshold TR, we say that the edge pairs (i, j) and (k, l) are matched.

It is reasonable to infer that a region should have greater priority if it has more edges matched with the model. Based on this idea we sort all regions in the scene according to their priority. Besides, during the region selection we evaluate the consistence between the model and the whole regions that have been choosed in the attention window. Suppose $Gs = (Vs, Es, Cs, Rs, Ss)$ to be the CRAG of the regions in the attention window, which is a subgraph of the image CRAG. Es contains only the edges that bind the regions enclosed by the window. CRAG is a directed graph and the edges have directions. For simplification we use $As(i)$ to represent the attribute of edge i, which corresponds to the color ratios $Rs(k_1,k_2)$ from the start node k_1 to the end node k_1. For the model CRAG a similar description is implemented. Then we define a Hausdorff distance to evaluate the matching between Gs and Gm as:

$$HD = max(h(Es, Em), h(Em, Es)) \qquad (3)$$

where

$$h(Es, Em) = \max_{i \in Es} \min_{j \in Em} |As(i) - Am(j)| \qquad (4)$$

$$h(Em, Es) = \max_{i \in Em} \min_{j \in Es} |Am(i) - As(j)| \qquad (5)$$

and Es, Em are the edge sets of Gs and Gm. Using (3) we can determine how much the spatial distribution of the selected regions is compatiable with that of the model.

2.3. Algorithm of object detection

To detect an object in a complex scene, instead of scanning the image with a fix rectangle window to search for the regions that have the highest similarity of color distribution with a model, we move the attention from one node to another in the image CRAG and select the nodes that satisfy the two criteria stated in 2.2. into a flexible attention window. The image CRAG and the model CRAG are assumed to have been constructed in a initial step. The object detection can be described as a growing process, but the growing direction is confined. Starting from a seed region i, we evaluate all its neighbouring regions using equation (2) and select those that can be matched namely that make the value of $P(i)$ less than a given threshold into the attention window. In the mean time, HI is applied in the attention window to ensure that the new added candidate can make HI increase. Then the selected regions are regarded as seeds and the above process is repeated. The process continues till all possible object regions are found and HI reaches the maximum. During the growing process we use (3) to evaluate the consistence of spatial relations between the selected regions and the model. A growing algorithm is proposed as following:

1) Seed Searching. An optimal seed should correspond to the major color part of the object or lie in the middle of the object. So, at each node i, we implement HI and use equation (2) to find its matched edges. The HI result $HI[i]$ and the number of matched edges $N[i]$ are used as the priority of consideration. The nodes are sorted in a list in a descending order of $HI[i]$ and $N[i]$. The node standing in the front is selected as a seed node and placed in an attention window.

2) Growing of the seed. According to the two criteria in 2.2 the adjacent nodes of the seed are examined. If the edge that connects the seed and one adjacent node can be matched with one of the model edges (using equation (2)) and HI will increase after this node is added in the attention window, this node is selected into the window. Otherwise, it is ignored. After that, the newly selected nodes are treated as new seeds, their neighbouring nodes are analysed again. This process is iterated till no new suitable adjacent nodes can be found or the maximum of HI is reached.

3) Consistence verification. After the seeds stop growing, the result is verified using (1) and (3) again. If the value HI is greater than a given threshold TI, HD lower than another threshold TD, we draw a conclusion that the regions contained by the above window belong to the object. These regions are labelled and removed from further considerations. Some of them may be seed candidates and now should be eliminated from the seed list. Then select a second seed and go to step 2) to search for the next object.

3. Experimental results

We've conducted a set of experiments under different conditions to test the proposed algorithm. We set the necessary thresholds as $TR = 0.05$, $TI = 0.7$, $TD = 7.5$. At first, in Fig.1 we compare our algorithm with that proposed by Vinod and Murase[5] in a simple case: a toy car stood on a table of monotonic color. For convenience of comparation, we implented their searching method with six 1-D histograms instead of the 3-D color bins. The results showed that two algorithms were able to detect the car but ours could extract it completely and the value of HI approached nearly to 1. In Fig.2 we show the result of detecting objects in a some complex scene, where a toy car stood on a colored and structured background. Relative to the model position (Fig.2.(a)) the object was rotated in the scene and some noise e.g. the highlight existed, nevertheless, the result was satisfactory. Then we tested two methods in cluttered scenes, where a set of objects listed in Fig.3 and some distractors were randomly laid and some of them were even partly occluded. We made the test in 20 scenes and got an average recognition rate of 95% with our method versus 84% with Vinod's method. One example is shown in Fig.4. Fig.4.(a) shows the detection result with Vinod's method. We can see that one object (Fig.3.(c)) was not recognized, the attention window focused on another object (Fig.3.(a)), which had similar colors with the to be detected object and got a greater HI value than it. On the contrary, our method succeeded to locate all objects as shown in Fig.4.(b). The small cup was not in the object list, so it was not detected. The small black noises on the white object regions resulted from the presegmentation, where some small regions were not merged but as background regarded .

4. Conclusion

In this paper we have proposed a CRAG-based histogram intersection method to detect color objects in complex scenes. Statistical and spatial color information has been used to represent objects in histograms and CRAGs. Two criteria based on the histogram intersection and CRAG matching have been introduced for the dynamic selection of object regions. With the constraints a growing strategy has been developed to search for the most potential object. This method can reduce the searching space and can to a great degree avoid the false positive identifications, compared with the normal histogram intersection method. The experimental results have demonstrated this aspect. One of our future work is to integrate geometric structural features into our color method.

5. References

[1]   W. F. L. Grimson, Object Recognition by Computer: The Role of Geometric Constraints. MIT Press. Cambridge, Massachusetts (1990).

[2]   P. Suetens, P. Fua and A. J. Hanson, Some computational strategies for object recognition. Suveys 24(1) (March 1992).

[3]   M. J. Swain and D. H. Ballard, Color Indexing. Int. J. Comput. Vision 7(1), 11-32(November 1991).

[4]   F. Ennesser and G. Medioni, Finding Waldo, or focus of attention using local color information. IEEE Trans. Pattern Analysis Mach. Intell. 17. 805-809(1995).

[5]   V. V. Vinod and H. Murase, Focused color intersection with efficient searching for object extraction. Pattern Recognition 30(10), 1787-1797(1997).

[6]   R. Schettini, Multicolored object recognition and location, Pattern Recognition Lett. 15, 1089-1097(1994).

[7]   H. Murase and S. K. Nayar, Detection of 3D objects in cluttered scenes using hierarchical eigenspace. Pattern Recognition Lett. 18. 375-384(1997).

[8]   A. K. Jain and A. Vailaya, Image retrieval using color and shape. Pattern Recognition. 29(8) 1233-1244(1996).

[9]   T. F. Syeda-Mahmood, Data and model-driven selection using color regions. AI-Memo 1270, Artificial Intelligence Lab., MIT (1992)

[10]   A. Del Bimbo, M.Mugnaini, P. Pala and F. Turco, Visual querying by color perceptive regions. Pattern Recognition, 31(9), 1241-1253(1998).

[11]   F.M.Wahl, Digitale Bildsignalverarbeitung. Berlin, Heidelberg, New York, Tokio, Springer Verlag(1984).

[12]   T. Gevers and A. W. M. Smeulders, Color-based object recognition. Pattern Recognition, 32, 453-464(1999)

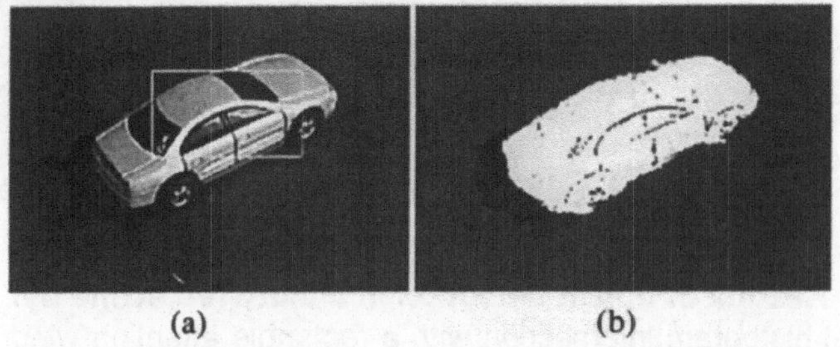

Fig.1. Object detection by Histogram Intersection
a) with a rectangle attention window and $HI = 0.87$, b) using CRAG-based HI and $HI = 0.96$

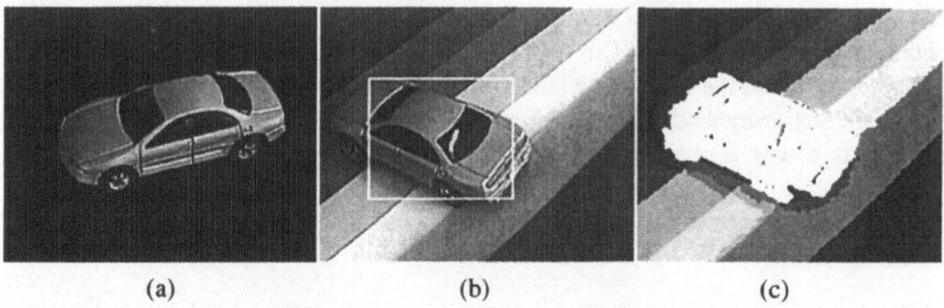

(a)   (b)   (c)

Fig.2. Extraction of objects from a structured background: (a) a characteristic view of a car used as the model, (b) detection by HI with a rectangle window, (c) detection by CRAG-based HI (the detected object is marked as white)

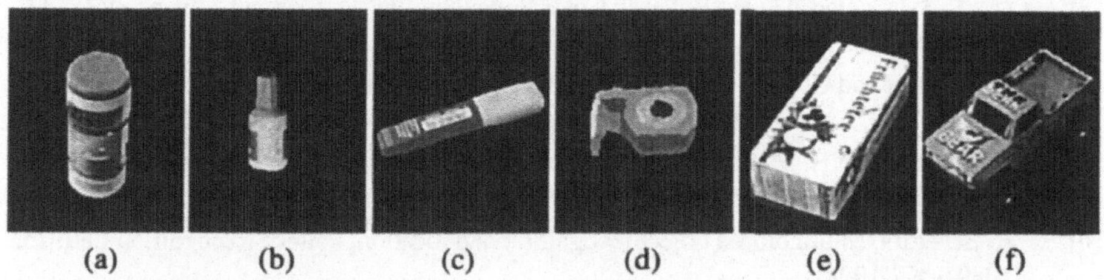

(a)   (b)   (c)   (d)   (e)   (f)

Fig.3. Object models.

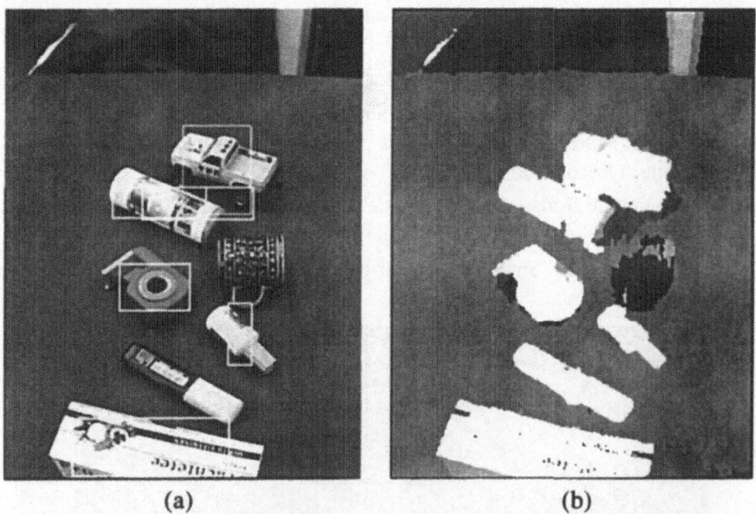

(a)   (b)

Fig.4. Results of object detection in a cluttered scene by: (a) normal histogram intersection with a rectangle attention window, (b) CRAG-based histogram intersection (detected objects are marked as white)

Gabor Wavelet Networks for Object Representation

Volker Krüger and Gerald Sommer

Computer Science Institute, Christian-Albrechts University Kiel
Preußerstr. 1-9, 24105 Kiel, Germany
Tel: ++49-431-560496,   FAX: ++49-431-560481
email: vok@ks.informatik.uni-kiel.de

Abstract. In this article we want to introduce the Gabor wavelet network as a model based approach for an effective and efficient object representation. The Gabor wavelet network has several advantages: invariance to some degree with respect to translation, rotation and dilation, the use of Gabor filters ensured that geometrical and textural object features are encoded, the representation precision ranges from photorealistic to coarse and can be adapted as needed for a specific tast. The feasibility of the Gabor filters as a model for local object features ensures a considerable data reduction while at the same time allowing *any* desired precision of the object representation ranging from a sparse to a photo-realistic representation. The feasibility of the object representation is verified by a pose estimation experiment.

1   Introduction

Recently, model-based approaches for the recognition and the interpretation of images of variable objects, like the bunch graph approach, PCA, eigenfaces and active appearance models, have received considerable interest [12; 8; 2]. These approaches achieve good results because solutions are constrained to be valid instances of a model. In these approaches, the term "model-based" is understood in the sense that a set of training objects is given in form of gray value pixel images while the model "learns" the variances of the gray values (PCA, eigenfaces) or, respectively, the Gabor filter responses (bunch graph).

In this work we want to introduce a novel approach for object representation that is based on Gabor Wavelet Networks. Gabor Wavelet Networks (GWN) are combining the advantages of RBF networks with the advantages of Gabor wavelets: GWNs represent an object as a linear combination of Gabor wavelets where the parameters of each of the Gabor functions (such as orientation and position and scale) are optimized to reflect the particular local image structure. Gabor wavelet networks have several advantages:

1. By their very nature, Gabor wavelet networks are invariant to some degree to affine deformations and homogenous illumination changes,
2. Gabor filters are good feature detectors [7] and the optimized parameters of each of the Gabor wavelets are directly related to the underlying image structure,

3. the weights of each of the Gabor wavelet are directly related to their filter responses and with that they are also directly related to the underlying local image structure,

4. the precision of the representation can be varied to *any* desired degree ranging from a coarse representation to an almost photo-realistic one by simply varying the number of used wavelets.

We will discuss each single point in section 2.

A further point should be mentioned: The use of Gabor filters implies a model for the actual representation of the object information: GWN represents object information as a set of local image primitive, which leads to a higher level of abstraction and to a considerable data reduction. Both, textural and geometrical information is encoded at the same time, but can be split to some degree. Most other approaches, especially those based on PCA and eigenimages, do not apply any model for the actual knowledge representation. Instead, the representation is done on a pixel level. The Gabor-model based representation leads to a considerabel data-reduction. Furthermore, a GWN can be seen as a task oriented optimal filter bank: given number of filters, a GWN defines *that* set of filters that extracts the maximal possible image information. This is an important aspect for several reasons: E.g. for real-time applications one wants to keep the number of filtrations low to save computational resources and it makes sense in this context to relate the number of filtrations to the amount of image information needed for a specific task.

In the following section we will give a short introduction to GWNs. Also, we will discuss each single point mentioned above, including the invariance properties, the abstraction properties and specificity of the wavelet parameters for the object representation and a task oriented image filtration. In section 3 we will present results on a pose estimation experiment where we will exploit the optimality of the filter bank to speed up the response time of the system and to optimize the training of the neural network. In the last section we will conclude with some final remarks.

1.1 Related Work

There are other models for image interpretation and object representation. Most of them are based on PCA, such as the eigenface approach [11]. The eigenface approach has shown its advantages expecially in the context of face recognition. Its major drawbacks are its sensitivity to perspective deformations and to illumination changes. PCA encodes textural information only, while geometrical information is discarded. Furthermore, the alignment of face images into a common coordinate system is still a problem.

Another PCA based approach is the active appearance model (AAM)[2]. This approach enhances the eigenface approach considerably by including geometrical information. This allows an alignment of image data into a common coordinate system while the formulation of the alignment technique can be elegantly done with techniques of the AAM framework. Also, recognition and tracking applications are presented within this framework. An advantage of this approach was demonstrated in [2]: they showed the ability of the AAM to model, in a photo-realistic way, almost any face gesture and gender. However, this is undoubly an expensive task and one might ask in which situation such a precision is really needed. In fact, a variation to different precision levels in order to spare computational resources and to restrict considerations to the data actually needed for a certain application seems not easily possible.

The bunch graph approach [12], on the other hand, is based on the discrete wavelet transform. A set of Gabor wavelets are applied at a set of hand selected prominent object points, so that each point is represented by a set of filter responses, called *jet*. An object is then represented by a set of jets, that encode each a single local texture patch of the object. The jet topology, the so-called *image graph*, encodes geometrical object information. A precise positioning of the image graph onto the test image is important for good matching results and the positioning is quite a slow process. The feature detection capabilities of the Gabor filters are not exploited since their parameters are fixed and a variation to different precision levels has not been considered so far.

2 Introduction to Gabor Wavelet Networks

The basic idea of the wavelet networks is first stated by [14], and the use of Gabor functions is inspired by the fact that they are recognized to be good feature detectors [7]. To define a GWN, we start out, generally speaking, by taking a family of N odd Gabor wavelet functions $\Psi = \{\psi_{\mathbf{n}_1}, \dots, \psi_{\mathbf{n}_N}\}$ of the form $\psi_{\mathbf{n}}(x, y) = \exp\left(-\frac{1}{2}\left[s_x\left((x - c_x)\cos\theta - (y - c_y)\sin\theta\right)\right]^2 + \left[s_y\left((x - c_x)\sin\theta + (y - c_y)\cos\theta\right)\right]^2\right) \times \sin\left(s_x\left((x - c_x)\cos\theta - (y - c_y)\sin\theta\right)\right)$, with $\mathbf{n} = (c_x, c_y, \theta, s_x, s_y)^T$. Here, c_x, c_y denote the translation of the Gabor wavelet, s_x, s_y denote the dilation and θ denotes the orientation. The choice of N is arbitrary and is related to the maximal representation precision of the network. In order to find the GWN for image I, the energy functional $E = \min_{\mathbf{n}_i, w_i \text{ for all } i} \|I - \sum_i w_i \psi_{\mathbf{n}_i}\|_2^2$ is minimized with respect to the weights w_i and the wavelet parameter vector $\mathbf{n}_i$. A Gabor wavelet network is defined as follows:

Definition: Let $\psi_{\mathbf{n}_i}$, $i = 1, \dots, N$ be a set of Gabor wavelets, I a DC-free image and w_i and $\mathbf{n}_i$ chosen according to the energy functional. The two vectors $\Psi = (\psi_{\mathbf{n}_1}, \dots, \psi_{\mathbf{n}_N})^T$ and $\mathbf{w} = (w_1, \dots, w_N)^T$ define then the *Gabor wavelet network* $(\Psi, \mathbf{w})$ for image f.

The optimization of each wavelet with respect to the underlying image is precisely the main advantage over the discrete approach used in[12]. While in case of a discrete phase space local image structure has to be approximated by a combination of wavelets, a *single* wavelet can be chosen selectively in the continuous case to reflect *precisely* the local image structure. This assures that a maximum of the image information is encoded.

Using the optimal wavelets Ψ and weights $\mathbf{w}$ of the Gabor wavelet network of an image f, I can be (closely) reconstructed by a linear combination of the weighted wavelets: $\hat{I} = \sum_{i=1}^{N} w_i \psi_{\mathbf{n}_i} = \Psi^T \mathbf{w}$. Of course, the quality of the image

Fig. 1. The very right image shows the original face image I, the other images show the image I, represented with 16, 52, 116 and 216 Gabor wavelets (left to right). In the very left image, the positions of the first 16 wavelets are indicated.

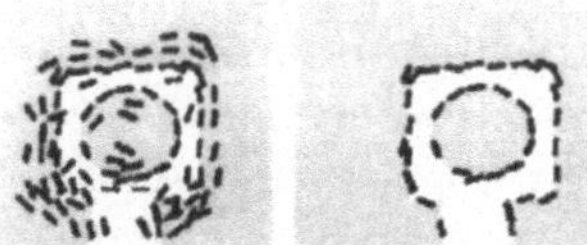

Fig. 2. The figure shows images of a wooden toy block on which a GWN was trained. The black line segments sketch the positions, sizes and orientations of all the wavelets of the GWN (left), and of some automatically selected wavelets (right).

representation and of the reconstruction depends on the number N of wavelets used and can be varied to reach almost any desired precision (see fig. 1).

It was mentioned above that the Gabor wavelets are recognized to be good feature [7] detectors, that are directly related to the local image features by the energy functional. This means that an optimized wavelet has e.g. ideally the exact position and orientation of a local image feature. An example can be seen in fig. 2. The figure shows the image of a little wooden toy block, on which a Gabor wavelet network was trained. The left image shows the positions, scales and orientations of the wavelets as little black line segments. By thresholding the weights, the more "important" wavelets may be selected, which leads to the right image. Ideally, each Gabor wavelet should be positioned *exactly* on the image line after optimization. Furthermore, since large weights indicate that the corresponding wavelets represents an edge segment (see sec. 2.1), these wavelets encode local geometrical object information.

The use of Gabor filters as a model for local object primitives leads to a higher level of abstraction where object knowledge is represented by a set of local image primitives. The Gabor wavelets in a network that represent edge segments can be easily identified. How to identify wavelets, however, that encode specific textures is not really clear, yet, and subject to future investigation.

2.1 Direct Calculation of Weights and Distances

As mentioned earlier, the weights w_i of a GWN are directly related to the filter responses of the Gabor filters $\psi_{\mathbf{n}_i}$ on the training image.

Gabor wavelet functions are not orthogonal. For a given family Ψ of Gabor wavelets it is therefore not possible to calculate a weight w_i directly by a simple projection of the Gabor wavelet $\psi_{\mathbf{n}_i}$ onto the image. Instead one has to consider the family of dual wavelets $\tilde{\Psi} = \{\tilde{\psi}_{\mathbf{n}_1} \dots \tilde{\psi}_{\mathbf{n}_N}\}$. The wavelet $\tilde{\psi}_{\mathbf{n}_j}$ is the dual wavelet to the wavelet $\psi_{\mathbf{n}_i}$ iff $\langle \psi_{\mathbf{n}_i}, \tilde{\psi}_{\mathbf{n}_j} \rangle = \delta_{i,j}$. With $\tilde{\Psi} = (\tilde{\psi}_{\mathbf{n}_1}, \dots, \tilde{\psi}_{\mathbf{n}_N})^T$, we can write $\left[\langle \Psi, \tilde{\Psi} \rangle\right] = \mathbb{1}$. In other words: $w_i = \langle I, \tilde{\psi}_{\mathbf{n}_i} \rangle$. We find $\tilde{\psi}_{\mathbf{n}_i}$ to be $\tilde{\psi}_{\mathbf{n}_i} = \sum_j \left(\Psi^{-1}\right)_{i,j} \psi_{\mathbf{n}_j}$, where $\Psi_{i,j} = \langle \psi_{\mathbf{n}_i}, \psi_{\mathbf{n}_j} \rangle$.

The equation $w_i = \langle I, \tilde{\psi}_{\mathbf{n}_i} \rangle$ allows us to define the operator $\mathcal{T}_\Psi : \mathbb{L}^2(\mathbb{R}^2) \longmapsto < (\psi_{\mathbf{n}_1}, \dots, \psi_{\mathbf{n}_N}) >$ as follows: Given a set Ψ of optimal wavelets of a GWN, the operator $\mathcal{T}_\Psi$ realizes an orthogonal projection of a function J onto the vector subspace $< \Psi >$ (see fig. 4), i.e. $\hat{J} = \mathcal{T}_\Psi(J) = J\tilde{\Psi}\Psi = \sum_{i=1}^{N} w_i\psi_{\mathbf{n}_i}$ with $\mathbf{w} = J\tilde{\Psi}$. The direct calculation of the distance between two families of Gabor wavelets, Ψ and Φ, can also be established by applying the above to each of the wavelets $\phi_i \in \Phi$: $\mathcal{T}_\Psi(\phi_j) = \sum_i \left[\langle \phi_j, \tilde{\psi}_i \rangle \right] \psi_i$, which can be interpreted as the representation of each wavelet ϕ_j as a superposition of the wavelets ψ_i. With this, the distance between Ψ and Φ can be given directly by $\sqrt{\left[\sum_j \frac{\|\phi_i - \mathcal{T}_\Psi(\phi_i)\|}{\|\phi_i\|} \right]^2 + \left[\sum_j \frac{\|\psi_i - \mathcal{T}_\Phi(\psi_i)\|}{\|\psi_i\|} \right]^2}$, where $\|\cdot\|$ is the euclidian norm. With this distance measurement, the distance between two object representations can be calculated very efficiently.

2.2 Reparameterization of Gabor Wavelet Networks

The "reverse" task of finding the position, the scale and the orientation of a GWN in a new image is most important because otherwise the filter responses are without any meaning. For example, consider an image J that shows the person of fig. 1, left, possibly distorted affinely. Given a corresponding GWN we are interested in finding the correct position, orientation and scaling of the GWN so that the wavelets are positioned on the same facial features as in the original image, or, in other words, how should the GWN be deformed (warped) so that it is aligned with the coordinate system of the new object. An example for a successful warping can be seen in fig. 1, where in the very right image the wavelet positions of the *original* wavelet network are marked and in fig. 3, where in new images the wavelet positions of the *reparameterized* Gabor wavelet network are marked. Parameterization of a GWN is established by using a

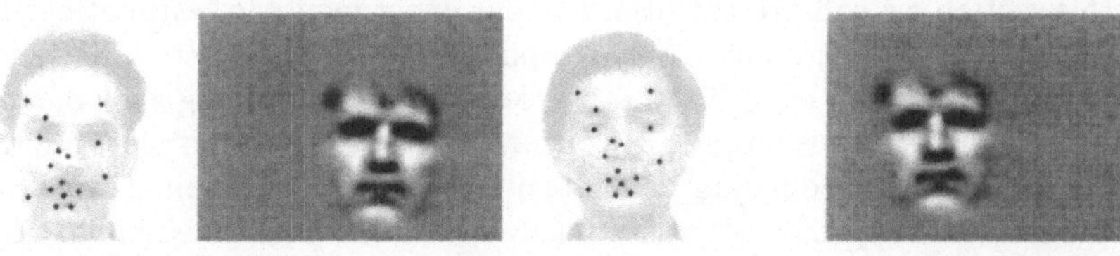

Fig. 3. The images show the positions of each of the 16 wavelets after reparameterizing the wavelet net and the corresponding reconstruction. The reconstructed faces show the same orientation, position and size as the ones they were reparameterized on.

superwavelet [10]:

Definition: Let $(\Psi, \mathbf{w})$ be a Gabor wavelet network with $\Psi = (\psi_{\mathbf{n}_1}, \dots, \psi_{\mathbf{n}_N})^T$, $\mathbf{w} = (w_1, \dots, w_N)^T$. A *superwavelet* $\Psi_{\mathbf{n}}$ is defined to be a linear combination of the wavelets $\psi_{\mathbf{n}_i}$ such that $\Psi_{\mathbf{n}}(\mathbf{x}) = \sum_i w_i\psi_{\mathbf{n}_i}(\mathbf{SR}(\mathbf{x} - \mathbf{c}))$, where the parameters of vector $\mathbf{n}$ of superwavelet Ψ define the dilation matrix $\mathbf{S} = \mathrm{diag}(s_x, s_y)$, the rotation matrix $\mathbf{R}$, and the translation vector $\mathbf{c} = (c_x, c_y)^T$.

A superwavelet $\Psi_{\mathbf{n}}$ is again a wavelet (because of the linearity of the sum) and in particular a continuous function that has the wavelet parameters dilation, translation and rotation. Therefore, we can handle it in the same way as we handled each single wavelet in the previous section. For a new image J we may arbitrarily deform the superwavelet by optimizing its parameters $\mathbf{n}$ with respect to the superwavelet energy functional E: $E = \min_{\mathbf{n}} \|J - \Psi_{\mathbf{n}}\|_2^2$. Equation defines the operator $\mathcal{P}_{\Psi} : \mathbb{L}^2(\mathbb{R}^2) \longmapsto \mathbb{R}^5$, $g \longrightarrow \mathbf{n} = (c_x, c_y, \theta, s_x, s_y)$, where $\mathbf{n}$ minimizes the superwavelet energy functional E; Ψ is defined to be a superwavelet. For optimization of the superwavelet parameters, the same optimization procedure as for the energy functional may be used.

The reparameterization (warping) works quite robust: Using the superwavelet of fig. 1 we have found in several experiments on the various subjects with ≈ 60 pixels in width that the initialization of $\mathbf{n}_0$ may vary from the correct parameters by approx. ± 10 px. in x and y direction, by approx. 20% in scale and by approx. $\pm 10°$ in rotation. Compared to the AAM, these findings indicate a much better robustness [2]. Furthermore, we found that the warping algorithm converged in 100% of the cases to the correct values when applied on the *same* individual, independently of pose and gesture. The tests were done on the images of the Yale face database and on our own images. The poses were varied within the range of $\approx \pm 20°$ in pan and tilt where all face features were still visible. The various gestures included *normal, happy, sad, surprised, sleepy, glasses, wink*. The warping on other faces depended certainly on the similarity between the training person and the test person and on the number of used wavelets. We found that the warping algorithm always converged correctly on $\approx 80\%$ of the test persons (including the training person) of the Yale face database. The warping algorithm has also been successfully applied for an wavelet based affine real-time face tracking application [6].

3 Experiments: Pose Estimation

In this section we will present results of our experiments for estimating the pose of a face. There exist many different approaches for pose estimation, including pose estimation with color blobs [3], pose estimation applying a geometrical approach [4], stereo information [13] or neural networks [1], to cite just a few. Color blob approaches give only approximate orientation information. The precision of the geometrical approach [4] was extensively tested and verified in [9]. The minimal mean pan/tilt error that was reached was $> 1.6°$. In comparison to this, the neural network approach in [1] reached a minimal pan/tilt error of $> 0.58°$. The good result in [1] was reached by first detecting the head using a color tracking approach. Within the detected color blob region, 4×4 sets of 4 complex Gabor filters with the different orientations of 0, $\frac{\pi}{4}$, $\frac{\pi}{2}$ and $\frac{3}{4}\pi$ were evenly distributed. The 128 complex projections of these filters were then fed into a neural RBF network. At this point, it is reasonable to assume that a precise positioning of the Gabor filters would result into an even lower mean pan/tilt error. In our experiments we therefore trained a GWN on an image I showing a doll's head. For the training of the GWN we used again the optimization scheme introduced in section 2 with $N = 52$ Gabor wavelets.

In order to be comparable we used in our experiments *exactly* the same neural network and the same number of training examples as described in [1]. The doll's head was connected to a robot arm, so that the pan/tilt ground truth was known. During the training and testing, the doll's head was first tracked using our wavelet based face tracker [6]. For each frame we proceeded in two steps:

1. optimal repositioning of the GWN by using the positioning operator $\mathcal{P}$
2. calculating the optimal weights for the optimally repositioned GWN by using the projection operator $\mathcal{T}$.

See fig. 4 for example images. The weight vector that was calculated with the

Fig. 4. The images show different orientations of the doll's head. The head is connected to a robot arm so that the ground truth is known. The white square indicates the detected position, scale and orientation of the GWN.

operator $\mathcal{T}$ was then fed into the same neural RBF network that was used in [1]. The training was done exactly as it was described in [1]: We used 400 training images, evenly distributed within the range of $\pm20°$ in pan and tilt direction (this is the range where all face features appeared to be visible). With this, we reached a minimal mean pan/tilt error of $0.19°$ for a GWN with 52 wavelets and a minimal mean pan/tilt error of $0.29°$ for a GWN with 16 wavelets. The theoretical speed of the system on a 450 MHz Linux Pentium should reach $> \approx 5$ fps for the 52 wavelet network and $> \approx 10$ fps for the 16 wavelet network. The experiments were carried out on an experimental setup, that has not yet been integrated into a complete, single system.

4 Conclusions

The contribution of this article is twofold: First, we introduced the concepts of the *Gabor wavelet network* and the *Gabor superwavelet* that allow a data abstraction, a data reduction and a selective filtering:

- The representation of an object with variable degree of precision, from a coarse representation to an almost photo-realistic one,
- the definition of an optimal set of filters for a selective filtering
- the representation of object information on a basis of local image primitives and
- the possibility for affine deformations to cope with perspective deformations.

In the second section we discussed these various properties in detail. In [5; 6], GWNs have already been used successfully for wavelet based affine real time face tracking and pose invariant face recognition. It is future work, to fully exploit the advantages of the data reduction by reducing considerations to the vector space over the set of Gabor wavelet networks. We exploited all these advantages of the GWN for the estimation of the head pose. Second, the experimental results showed quite impressively that it is sensible for an object representation to reflect the specific individual properties of the object rather than being independent of the individual properties such as general representations are. This can especially be seen when comparing the presented approach with the one in [1]: While having used the same experimental setup and the same type of neural network, the precision of the presented approach is twice as good with only 16 coefficients (vs. 128), and three times as good with only about half the coefficients. Furthermore, the experiment shows, how the precision in pose estimation and the system speed change with an increasing number of filters. A controllable variability of precision and speed has a major advantage: The system is able to decide how precise the estimation should be in order to minimize the probability that the given task is not fulfilled satisfactorily.

Acknowledgment The images used are derived from the Yale Face Database. This work was supported by the DFG grant Ei 322/1-2.

References

1. J. Bruske, E. Abraham-Mumm, J. Pauli, and G. Sommer. Head-pose estimation from facial images with subspace neural networks. In *Proc. of Int. Neural Network and Brain Conference*, pages 528–531, Beijing, China, 1998.
2. T.F. Cootes, G.J. Edwards, and C.J. Taylor. Active appearance models. In *Proc. Fifth European Conference on Computer Vision*, volume 2, pages 484–498, Freiburg, Germany, June 1-5, 1998.
3. T. Darrell, B. Moghaddam, and A. Pentland. Active face tracking and pose estimation in an interactive room. In *IEEE Conf. Computer Vision and Pattern Recognition, CVPR*, pages 67–72, Seattle, WA, June 21-23, 1996.
4. A. Gee and R. Cipolla. Determining the gaze of faces in images. *Image and Vision Computing*, 12(10):639–647, 1994.
5. V Krüger and G. Sommer. Gabor wavelet networks for object representation. In *Proc. of the Int. Dagstuhl 2000 Workshop*, 2000. to be published.
6. V. Krüger and Gerald Sommer. Affine real-time face tracking using gabor wavelet networks. In *Proc. Int. Conf. on Pattern Recognition*, pages 141–150, Barcelona, Spain, Sept. 3-8, 1999.
7. B.S. Manjunath and R. Chellappa. A unified approach to boundary perception: edges, textures, and illusory contours. *IEEE Trans. Neural Networks*, 4(1):96–107, 1993.
8. B. Moghaddam and A. Pentland. Probabilistic visual learning for object detection. *IEEE Trans. Pattern Analysis and Machine Intelligence*, 17(7):696–710, Juli 1997.
9. Eleni Petraki. Analyse der blickrichtung des menschen und er kopforientierung im raum mittels passiver bildanalyse. Master's thesis, Technical University of Hamburg-Harburg, 1996.
10. H. Szu, B. Telfer, and S. Kadambe. Neural network adaptive wavelets for signal representation and classification. *Optical Engineering*, 31(9):1907–1961, 1992.
11. M. Turk and A. Pentland. Eigenfaces for recognition. *Int. Journal of Cognitive Neuroscience*, 3(1):71–89, 1991.
12. L. Wiskott, J. M. Fellous, N. Krüger, and C. v. d. Malsburg. Face recognition by elastic bunch graph matching. *IEEE Trans. Pattern Analysis and Machine Intelligence*, 19(7):775–779, July 1997.
13. M. Xu and T. Akatsuka. Detecting head pose from stereo image sequences for active face recognition. In *Int. Conf. on Automatic Face- and Gesture-Recognition*, pages 82–87, Nara, Japan, April 14-16, 1998.
14. Q. Zhang and A. Benviste. Wavelet networks. *IEEE Trans. Neural Networks*, 3(6):889–898, Nov. 1992.

Diskrete Hidden Markov Modelle zur Analyse von Meßkurven amperometrischer Biosensoren[*]

Jörg Weitzenberg[1], Stefan Posch[1], Manfred Rost[2]

[1] Martin-Luther-Universität Halle-Wittenberg
Fachbereich Mathematik und Informatik, Institut für Informatik
Kurt-Mothes-Str. 1, D - 06099 Halle/Saale, Germany
`{weitzenb,posch}@informatik.uni-halle.de`
[2] Martin-Luther-Universität Halle-Wittenberg
Fachbereich Physik
Friedemann-Bach-Platz 6, D - 06099 Halle/Saale, Germany
`rost@physik.uni-halle.de`

Zusammenfassung In diesem Beitrag wird ein auf diskreten HMM basierendes Verfahren zur Analyse von Biosensor-Meßkurven vorgestellt. Für die Generierung der HMM werden sowohl statistische Trainingsdaten als auch spezielles Expertenwissen genutzt. Das System nutzt die HMM zur Unterscheidung verschiedener Kurvenformen, zur Detektion von für die Messung relevanten Abschnitten innerhalb der Meßkurven sowie zur Erkennung des Endes einer Messung. Dazu wurden die Meßkurven in einzelne Abschnitte unterteilt, denen spezielle Zustände im HMM zugeordnet wurden. Bei ersten Experimenten wurden bereits gute Ergebnisse hinsichtlich Genauigkeit und Erkennungsrate erzielt. Es zeigte sich, daß diskrete HMM für diese Problemstellung gut geeignet sind.

Schlüsselwörter: Hidden Markov Modelle, Signalanalyse, Biosensor

1 Einleitung

Hidden Markov Modelle (HMM) haben sich in der letzten Dekade zur Standardmethode bei der automatischen Spracherkennung entwickelt. Sie kommen in den letzten Jahren aber auch für andere Problemstellungen zunehmend zum Einsatz [1,2].
Das hier behandelte Problem der Analyse und Interpretation von Meßkurven tritt in der Biosensorik auf, ist aber auch in anderen Bereichen der Sensorik anzutreffen. Das Ziel dieser Arbeit ist die Enwicklung eines (automatischen) Meßsystems mit amperometrischen Biosensoren, welches sowohl statistische Trainingsdaten als auch spezielles Expertenwissen in die Meßwertgewinnung einbezieht. Amperometrische Biosensoren werden in den Bereichen Medizin-, Lebensmittel- und Umweltanalytik zur Messung der Konzentration C von Analyten wie Glucose, Saccharose und Phenol benötigt. Ein Biosensor ist gekennzeichnet durch

[*] Gefördert mit Forschungsmitteln des Kultusministeriums des Landes Sachsen-Anhalt.

die Integration einer biologisch sensitiven Komponente (z.B. ein Enzym) mit einem Signalwandler (Transducer) [5]. Der zu bestimmende Analyt reagiert mit der Biokomponente, was zu einem vom Transducer abgebildeten elektrischen Signal führt. Amperometrische Biosensoren liefern als Meßsignal einen zeitlich veränderlichen Strom $I(t, C)$, der sich aus einem Grundstromanteil I_0 und dem konzentrationsabhängigen Signalstromanteil I_D zusammensetzt. Daher müssen bei jeder Messung I_0 und I_D getrennt ermittelt werden. Hierzu wird der Sensor zuerst in eine Pufferlösung (I_0) und dann in die eigentliche Meßlösung (I_D) getaucht. Dabei zeigt sich in der Pufferlösung eine typische Einlaufkurve, an deren flachster Stelle I_0 ermittelt wird. In der Meßlösung I_D zeigen sich charakteristische Signalkurven, deren Form abhängig von Sensortyp, Meßverfahren und der zu messenden Konzentration des Analyten ist. Die Dauer einer Kurve liegt im Bereich von ca. 3-10 min. Anhand des Kurvenverlaufes wird entschieden, wann die Messung beendet wird. Der Wert für I_D wird dann an einer vom jeweiligen Kurventyp abhängenden Position innerhalb der gemessenen Kurve bestimmt. Die Zeitpunkte zum Beenden der Messung sowie zur eigentlichen Meßwertgewinnung innerhalb der Kurve können sich von Kurventyp zu Kurventyp erheblich unterscheiden (siehe Abbildung 1). Aus der Menge der unterschiedlichen Kurvenformen kann erst während des Meßvorganges der für die Meßwertbildung und Endeerkennung zugrundezulegende Kurventyp detektiert werden. Die Übertragungskennlinie von Biosensoren unterliegt gewissen Parameterschwankungen, die einerseits herstellungsbedingt sind (preisgünstige Massenware) oder andererseits durch Alterung bzw. Vergiftung des Sensors verursacht werden. Diese Schwankungen im Meßkurvenverlauf sollen durch das hier vorgestellte Verfahren erkannt bzw. toleriert werden. Schwankungen der Übertragungskennlinie von Biosensoren gleichen Typs werden durch eine Kalibrierung bzw. Rekalibrierung berücksichtigt. Mit Hilfe des Kalibrierwertes kann dann aus I_0 und I_D die gesuchte Konzentration berechnet werden.

In diesem Beitrag wird ein auf diskreten HMM basierendes lernfähiges Meßwertverarbeitungssystem zur Analyse von Biosensor-Meßkurven vorgestellt. Da sich mit HMM zeitabhängige Signale gut modellieren lassen, wurde dieses Konzept zur Verarbeitung der Kurven gewählt. Dabei werden die HMM einerseits zur Unterscheidung verschiedener Kurvenformen, als auch zur Detektion des für die Messung relevanten Abschnittes der Meßkurven und zur Erkennung des Messungsendes genutzt.

Im Rahmen einer früheren Arbeit [11] wurde bereits ein einfaches, auch in Mikrocontrollern implementierbares Erkennungsverfahren für die Anwendung in einem Biosensor-Handmeßgerät vorgestellt. Dieses Verfahren arbeitet mit einer Fuzzy-Logik-Mustererkennung zur Detektion von Anstiegsverläufen innerhalb von Meßkurvenabschnitten. Die Analyse der Meßkurven erfolgt jedoch nur lokal und ohne Erkennung des Endes der Messung, außerdem ist das Verfahren nicht lernfähig. In diesen und in den anderen bereits genannten Punkten liefert das hier vorgestellte Verfahren eine Verbesserung.

Zur Meßwertverarbeitung bei Chemo- und Biosensoren existieren neben diesen weitere Ansätze mit unterschiedlichen Zielstellungen. Beispielsweise werden in [3]

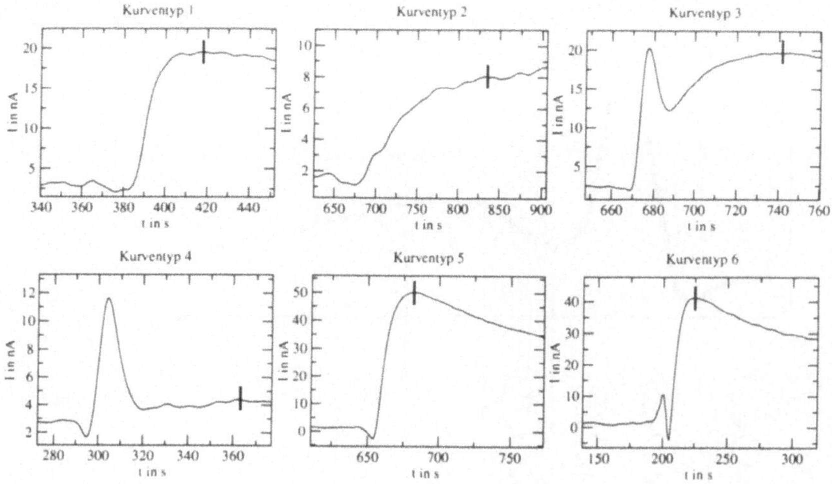

Abbildung 1. Unterschiedliche Kurvenformen mit eingezeichneten Meßpositionen für einen Sensortyp

genetische Algorithmen zur Kalibrierung elektrochemischer Sensoren benutzt. In [6] wird die Extrapolation von Meßkurvenabschnitten zur Beschleunigung der Messung verwendet. Zur Auswertung von Sensorarrays sind Neuronale Netze weit verbreitet [4,10,8].

Im folgenden wird zunächst auf die Modellierung der Meßkurven mittels HMM eingegangen. Anschließend werden die Vorverarbeitung und Merkmalsextraktion, die Trainings- sowie die Arbeitsphase des Systems erläutert. Schließlich werden die bisher erreichten experimentellen Resultate vorgestellt.

2 Systembeschreibung

2.1 Modellierung

Eine Biosensor-Meßkurve läßt sich in mehrere Abschnitte einteilen, die sich als eine Abfolge von Zuständen darstellen lassen (siehe Abbildung 2). Es liegt daher nahe, für die Modellierung (strikte) Links-Rechts-HMM zu verwenden.

Jede Kurve beginnt mit einer typischen Einstellphase. Diese Phase wird mit einer vom Kurventyp abhängenden Anzahl von n Zuständen $E_1, \ldots, E_n$ modelliert. Der Einstellphase schließt sich ein Bereich an, der die Meßphase einleitet. Diesem Bereich wird ein Zustand V zugeordnet. Es folgt der eigentliche Meßabschnitt, der allein für die Meßwertbildung relevant ist. Der Meßwert wird im Meßabschnitt durch Mittelung oder Maximumbildung ermittelt. Diese Zone (in der Regel ein bestimmter Peak oder ein Plateau) kann sich je nach Kurventyp in ihrer Lage und Form unterscheiden. Der Meßabschnitt wird mit dem Zustand M modelliert. Dem Meßabschnitt folgt ein Bereich, in dem der Strom in der

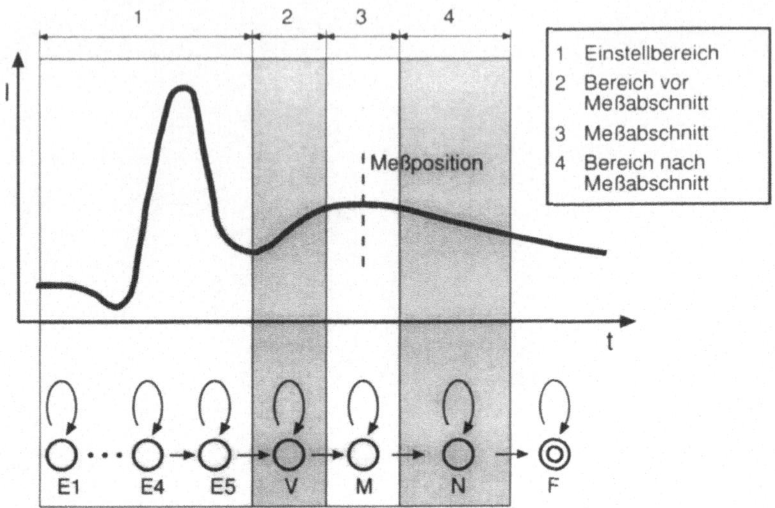

Abbildung 2. Zuordnung von Abschnitten einer Meßkurve zu den Zuständen eines HMM. Die Anzahl der Zustände E_i variiert von Kurventyp zu Kurventyp.

Regel konstant bleibt oder gleichmäßig ansteigt bzw. abfällt. Ihm wird der Zustand N zugeordnet. Wird dieser Bereich genügend lange durchlaufen, so ist das ein sicheres Zeichen zum Beenden der Messung. Das Erreichen des Endes der Messung wird durch einen ausgezeichneten Finalzustand F modelliert.

2.2 Vorverarbeitung und Merkmalsextraktion

Zur Rauschunterdrückung werden die Kurven in einem ersten Vorverarbeitungsschritt durch eine Mittelwertfilterung geglättet. Als Merkmale zur Generierung von Beobachtungssymbolen für die HMM werden die 1. und 2. Ableitung der Kurve verwendet. Hierzu werden die Meßwerte in einem Fenster der Größe 30 Punkte mit einer quadratischen Funktion approximiert, aus der dann die Ableitungen analytisch bestimmt werden. Die Ableitungen werden zu einem 2-dimensionalen Merkmalsvektor zusammengefasst. Zur Verarbeitung in einem diskreten HMM ist eine Vektorquantisierung (VQ) notwendig. Hierzu kommt eine Self-Organizing Map (SOM) nach Kohonen [7] mit 16 Vektoren zum Einsatz.[1] Die in jedem Zeitschritt t erhaltenen Symbole o_t bilden die Beobachtungssequenz $O = o_1, o_2, \ldots, o_T$.

2.3 Trainingsphase

Für jede Klasse von Kurven wird ein HMM mit Hilfe des Baum-Welch-Algorithmus trainiert. Da dieser die Modellparameter nur lokal maximieren kann, ist

---

[1] Es wurde das SOM_PAK 3.1 von T. Kohonen et al. verwendet.

die Wahl von geeigneten Initialparametern, speziell für die Emissionswahrscheinlichkeiten von großer Bedeutung [9]. Außerdem sollen hier, wie in Abschnitt 2.1 beschrieben, bestimmte Kurvenabschnitte durch spezielle Zustände des HMM repräsentiert werden. Daher werden in allen Trainingskurven die zur Meßwertbestimmung relevanten Abschnitte mit Hilfe einer dafür entwickelten Software auf Basis des Expertenwissens manuell markiert: In jeder Kurve werden zunächst die Zeitpunkte für den Start der Einstellphase (und damit der Messung), das Ende der Einstellphase, der Meßzeitpunkt und das Ende der Messung markiert. Der Bereich von $\pm 4s$ um den markierten Meßzeitpunkt wird als Meßabschnitt M festgelegt. Dadurch erhält man automatisch die Zeitpunkte für die Abschnitte vor V und nach N dem Meßabschnitt. In allen Bereichen werden die mittleren Symbolhäufigkeiten für alle Trainingskurven geschätzt und als initiale Emissionswahrscheinlichkeiten für die zugeordneten Zustände im Training verwendet. Ein wesentliches Problem neben der Detektion des Kurventyps sowie des Meßzeitpunktes ist die Erkennung des Endes der Messung. Dazu wurde ein spezieller Finalzustand F eingeführt. Es erwies sich als schwierig, die Übergangswahrscheinlichkeiten vom Zustand N in den Zustand F mit dem Baum-Welch-Algorithmus zu trainieren, da in der Regel die Kurvencharakteristik in dem Zeitraum, der den Zuständen N und F zugeordnet ist, im wesentlichen identisch ist. Die Übergangswahrscheinlichkeiten lassen sich jedoch auch aus der mittleren Verweildauer in diesem Zustand bestimmen [9]. Daher wird das HMM zunächst nur bis zum Zustand N trainiert und anschießend um den Finalzustand F erweitert, welcher die gleichen Emissionswahrscheinlichkeiten wie der Zustand N erhält. Anhand aller Trainingskurven wird die mittlere Verweildauer im Zustand N mit Hilfe der Markierungen geschätzt und daraus die Übergangswahrscheinlichkeiten vom Zustand N in den Zustand F berechnet.

2.4 Arbeitsphase

Bei der Analyse einer Abtastfolge $I(t)$ muß zunächst festgestellt werden, welches der trainierten HMM die aktuelle Meßkurve repräsentiert. Ist dieses Modell bestimmt, muß das Ende der Messung detektiert und gegebenenfalls der Meßabschnitt ermittelt werden. Hierzu wird folgendes Vorgehen vorgeschlagen (siehe auch Abbildung 3):

1. $t = 0$
2. Wiederhole die Schritte (a) bis (f) solange, bis der letzte Zustand der Zustandsfolge $q_1, \ldots, q_t$ gleich dem Endzustand F ist, oder die Maximalzeit $t_{\max}$ überschritten wurde:
   (a) $t = t + 1$
   (b) Messung eines neuen Abtastwertes $I(t)$.
   (c) Mit Merkmalsextraktion und VQ wird ein neues Symbol o_t erzeugt.
   (d) Bestimme mit dem Forward-Algorithmus für $o_1, \ldots, o_t$ die Wahrscheinlichkeit $P(o_1, \ldots, o_t | HMM_i)$ für jedes Modell i.
   (e) Wähle das Modell mit der maximalen Wahrscheinlichkeit. Dieses Modell wird als korrekte Interpretation des Kurvenverlaufs angenommen.

(f) Berechne mit dem Viterbi-Algorithmus die zur Beobachtungssequenz wahrscheinlichste Zustandsfolge $q_1, \ldots, q_t$ für das ausgewählte Modell. Jedem Zustand q_j der Zustandsfolge wird für die spätere Auswertung der entsprechende Stromwert I_j zugeordnet.

3. Wurde der Endzustand F erreicht, dann erfolgt die eigentliche Meßwertbildung: Anhand der ermittelten Zustandsfolge $q_1, \ldots, q_t$ werden alle Stromwerte $I_k, \ldots, I_{k+n}$ der Kurve, denen der Meßzustand M zugeordnet wurde, zur Meßwertbestimmung herangezogen. Das kann eine Mittelung über diese Werte oder eine Maximumbildung sein.

Wurde die vorgegebenen Maximalzeit überschritten und der Endzustand F nicht erreicht, muß überprüft werden, ob wenigstens der Meßzustand M erreicht wurde. Ist dies der Fall, kann trotzdem ein Meßwert gebildet werden, es wird jedoch eine Warnung ausgegeben. Wurde der Meßzustand M nicht erreicht, dann wird die Messung verworfen. Die Gründe dafür können sein: ein neuer oder unbekannter Kurventyp, zu starke Störungen (Rauschen) oder ein defekter bzw. verbrauchter Sensor.

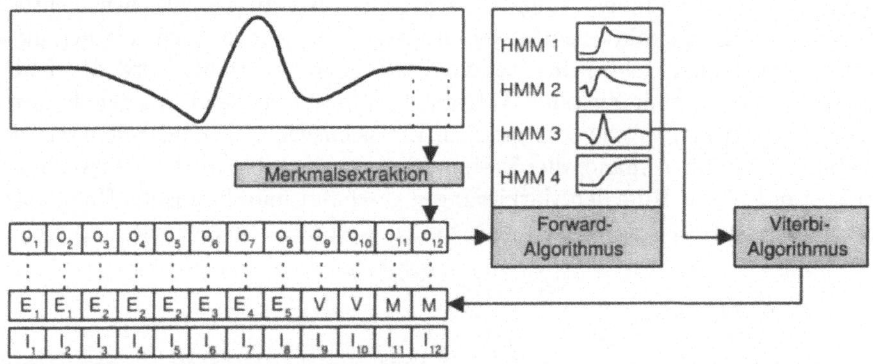

Abbildung 3. Prinzipieller Ablauf in einem Abtastschritt (vereinfacht)

3 Experimentelle Resultate

Zum Test des Verfahrens wurden mit 5 verschiedenen Glucose-Sensoren gleichen Typs 205 Meßkurven mit einem Abtastintervall von 250 ms aufgezeichnet. Um einen guten Querschnitt über die möglichen Kurvenformen zu erhalten, wurden bei der Kurvenaufzeichnung einerseits verschiedene Analytkonzentrationen (Kalibrierkonzentration im Verhältnis 1:1 und 1:5), andererseits verschiedene Meßverfahren (Auftropfen des Analyten oder Eintauchen des Sensors) verwendet. Entgegen ursprünglicher Annahmen ließen sich die Kurven nicht ausschließlich anhand der Analytkonzentration bzw. des Meßverfahrens in Klassen einteilen.

Daher wurden die Kurven einer visuellen Beurteilung unterzogen und so in 6 verschiedene Klassen unterteilt (siehe auch Abbildung 1). Als Unterscheidungskriterium dienten die Form der Einstellphase und die Meßposition mit den dazugehörenden charakteristischen Kurvenabschnitten. Außerdem wurde versucht, eine spezielle Klasse für verbrauchte Sensoren zu verwenden (Kurventyp 2). Für jede Kurve wurden die Markierungspunkte für die einzelnen Kurvenabschnitte manuell gesetzt (siehe Abschnitt 2.3). Das Training der einzelnen HMM erfolgte mittels Baum-Welch-Algorithmus (Batch-Training), wobei die leave-one-out-Methode angewendet wurde. Dabei muß das Training für jede Testkurve wiederholt werden, die Kurve selbst wird hierzu aus der Traingsmenge entfernt. Um die Genauigkeit zu ermitteln, wurde anstelle der Konzentrationen der manuell bestimmte Meßwert I_D mit dem Meßwert I_D aus dem HMM-Verfahren verglichen. Die Ergebnisse sind in Tabelle 1 zusammengefaßt.

Die Tests ergaben gute Erkennungsraten und für den Anwendungsfall ausreichende Genauigkeiten. Die vorhandenen Fehlklassifikationen sind auf relativ große Ähnlichkeiten zwischen einigen Kurventypen (insbesondere Typ 1 und 2 sowie Typ 5 und 6) zurückzuführen. Dabei ist zu bemerken, daß die Klassifikationsrate allein eigentlich nur bei der Erkennung von verbrauchten Sensoren relevant ist. Trotzdem ist zu sehen, daß bei richtiger Klassifikation die Meßgenauigkeit steigt (Ausnahme: Kurventyp 3). Beim Kurventyp 2 und 4 sind höhere Ungenauigkeiten zu verzeichnen. Diese sind auf Störsignale zurückzuführen, die aufgrund der bei diesen Kurventypen auftretenden kleinen Signalströmen die Genauigkeit relativ stark beeinflussen.

Tabelle 1. Verwechslungsmatrix und Genauigkeiten

Verwechslungsmatrix		Kurventyp (soll)					
		1	2	3	4	5	6
	1	84	9	0	0	0	0
	2	4	82	0	0	0	0
Erkennungsrate in %	3	5	9	92	7	0	0
	4	0	0	8	93	0	0
	5	4	0	0	0	96	14
	6	3	0	0	0	4	86
mittlerer rel. Fehler in %	richtig klassifiziert	2.8	5.1	4.5	9.6	0.9	0.3
	falsch klassifiziert	2.8	5.8	1.7	10.1	2.8	3.0
	gesamt	2.8	5.2	4.3	9.6	1.0	0.7
Standard-abweichung in %	richtig klassifiziert	4.0	7.4	4.9	7.5	1.4	0.4
	falsch klassifiziert	5.0	8.8	0	0	0	2.9
	gesamt	4.2	7.7	4.7	7.2	1.4	1.5

4 Zusammenfassung und Ausblick

In diesem Beitrag wurde ein auf diskreten HMM basierendes Verfahren zur Analyse von Biosensor-Meßkurven vorgestellt. Bei den ersten Tests wurden bereits gute Erkennungsraten und Genauigkeiten erreicht. Es zeigte sich, daß diskrete HMM zur Behandlung der hier vorliegenden Problemstellung gut geeignet sind. Zur Erhöhung von Genauigkeit und Erkennungsrate sind Verbesserungen sowohl bei der Datenvorverarbeitung, als auch bei der Modellierung geplant. Um die Datenvorverarbeitung robuster gegen die teilweise sehr starken Störsignale zu gestalten, wird eine verbesserte Filterung bzw. Approximation des Kurvenverlaufes angestrebt. Um die Anzahl von einander ähnlichen Modellen zu reduzieren, sollen ähnliche Kurventypen durch Mischung von Modellen zusammengefaßt werden. Unterschiede z.B. in der Einstellphase werden dann durch Verzweigungen in den HMM modelliert. Außerdem sollen neue bzw. verbesserte Modelle zur Detektion von defekten oder verbrauchten Sensoren genutzt werden.

Die für weitere Experimente notwendige Datenbasis an Meßkurven wird ständig durch weitere Sensorexemplare und Sensortypen vergrößert und aktualisiert. Letztendlich ist geplant, das Verfahren für die Anwendung in einem neuen Biosensor-Handmeßgerät auf ein Mikrocontrollersystem zu portieren.

Literatur

1. R.-D. Bippus. Pseudo zweidimensionale HMM zur Erkennung handgeschriebener Beiträge. In: E. Paulus, F. M. Wahl (Hrsg.). Mustererkennung 97, 19. DAGM-Symposium Braunschweig, Springer-Verlag, Berlin (1997) 245–253
2. S. Eickeler, S. Müller, G. Rigoll. Gesichtserkennung mit Hidden Markov Modellen. In: W. Förstner, J. M. Buhmann, A. Faber (Hrsg.). Mustererkennung 99, 21. DAGM-Symposium Bonn, Springer-Verlag, Berlin (1999)
3. W. Fichtner, H. Kaden, S. Herrmann. Kalibrierung elektrochemischer Sensoren unter Nutzung genetischer Algorithmen. In: Technisches Messen 61. Oldenbourg-Verlag (1994) 432–438
4. J. W. Gardner, E. L. Hines Pattern Analysis Techniques. In: E. Kress-Rogers (Hrsg.). Handbook of Biosensors and Electronic Noses. CRC Press (1997) 633–651
5. E. A. H. Hall. Biosensoren. Springer-Verlag, Berlin/Heidelberg (1995)
6. K. Hirose, c/o Kyoto Daliichi. Method of measuring sample by enzyme electrodes. European patent 0 623 681 A1. (1994)
7. T. Kohonen. Self-Organizing Maps. Springer-Verlag, Heidelberg (1995)
8. G. Niebling. Strategien der Signalverarbeitung in der Chemosensorik – Konventionelle Methoden und neuronale Netze. Herbert Utz Verlag Wissenschaft, München (1996)
9. L. R. Rabiner and B. H. Juang. Fundamentals of Speech Recognition. Prentice Hall (1993)
10. S. Vaihinger, W. Göpel. Multi-Component Analysis in Chemical Sensing. In: W.Göpel, T. A. Jones, M. Kleitz, J. Lundström, T.Seiyama (Hrsg.). Sensors – A Comprehensive Survey, vol. 2, VCH Weinheim (1991) 192–237
11. J. Weitzenberg. Methoden der Fuzzy-Logik zur Auswertung von Meßsignalen amperometrischer Biosensoren. Diplomarbeit, MLU Halle-Wittenberg (1998)

Flame Front Analysis in Turbulent Combustion

Hanno Scharr[1], Bernd Jähne[1]
Stefan Böckle[2], Jan Kazenwadel[2], Thomas Kunzelmann[2], Christof Schulz[2]

[1] IWR, Universität Heidelberg, Im Neuenheimer Feld 368, 69120 Heidelberg
[2] PCI, Universität Heidelberg, Im Neuenheimer Feld 253, 69120 Heidelberg

Abstract. Fundamental research of turbulent combustion often requires the unambiguous localization of flame front positions and structures. Laser-induced fluorescence (LIF) imaging provides different possibilities of detecting two-dimensional distributions of species typical for reactive areas. Simultaneous measurements of hydroxyl and formaldehyde laser-induced fluorescence and total number densities by Rayleigh scattering were carried out in a Bunsen type flame, which yields state of the art but noisy images. Nonlinear anisotropic diffusion of edge-enhancing type [1] is shown here to enhance the capabilities of the laser-imaging technique in terms of flame front localization and correlation analysis.

Keywords: Turbulent combustion, flame front position, segmentation, anisotropic diffusion filtering

1   Introduction

Turbulent combustion processes are investigated in a close collaboration between experimental studies and numerical simulations in order to develop simulation tools that allow the optimization of technical combustion systems. In this interaction, flame front positions and structures as well as correlation between different scalars (species concentrations, temperatures) are essential to validate and further develop numerical simulation models. Using pulsed laser light sheets instantaneous images can be obtained for many species. Typical images are affected by shot-noise making direct localization of flame fronts insufficient for comparison with results of numerical simulations. Furthermore, when calculating quantities from simultaneously recorded multi-species information shot-noise causes large errors as long as no smoothing procedures are applied. If comparable structures are expected in simultaneously detected images, contour-aligned smoothing has been used [2]. Optimal segmentation of burned gas areas has been achieved by combination of different filtering techniques [3]. Usually, noise is reduced by median and average filtering only which might affect small structures and generate artifacts. In comparison, non-linear edge-enhancing anisotropic diffusion [1] is applied here in order to better preserve spatial structures.

In section 2 different ways of flame-front detection are introduced and the experimental background of the applied visualization method is given. After describing our edge-enhancing diffusion algorithm in section 3, results of two flame front detection methods are presented applying both, standard median / averaging filtering and edge-enhancing diffusion.

2 Flame front visualization

The surface with maximum heat release within a combusting flow is usually referred to as the flame front where hydroxyl (OH) concentrations are strongly increasing which then persist within the hot burned gases. The 3d-surface of steepest gradients can therefore be attributed to the flame front [4].OH measurements, however, give little information about important chemical reaction paths and fuel consumption rates. The product of OH and formaldehyde (CH_2O) concentrations on the other hand is correlated to the

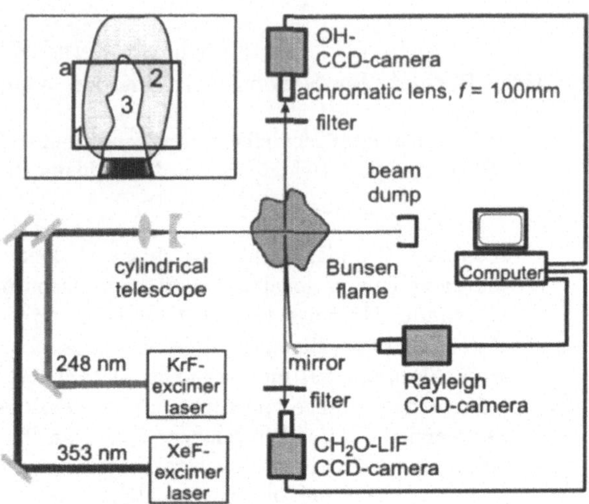

Fig. 1. Experimental setup [6]. The insert shows the position of the observed field within the Bunsen flame. 1: ambiant air, 2: hot burned gases, 3: unburned fresh gases.

position of peak heat release within the flame front [5]. By combining two tunable excimer lasers (KrF and XeF), simultaneous measurements of OH- and CH_2O distributions by LIF are feasible on a single-shot basis [6]. Additionally, the analysis of the Rayleigh scattered light from the KrF excimer laser radiation can be used to evaluate local total number densities and hence temperatures [4] which is of further interest when comparing with numerical simulation calculations.

A field of 20 × 16 mm was investigated in a turbulent Bunsen flame (length ≈ 3cm) at a distance of 2 mm above the burner exit (Fig. 1). A plane through the axis of the Bunsen flame is illuminated with the laser beams which are triggered with a short delay (200 ns) to enable independent detection of the LIF and Rayleigh signals. UV lenses are used to detect the spectrally filtered signal with three image-intensified CCD-cameras. Typical images are shown in Fig. 2.

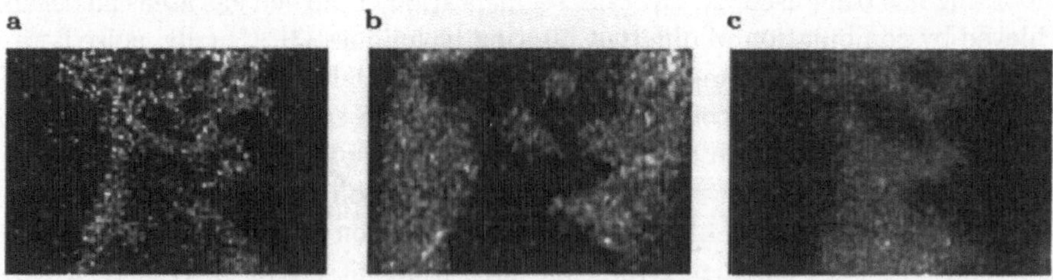

Fig. 2. Typical images: **a** CH_2O, **b** OH and **c** Rayleigh.

3 Non-linear anisotropic diffusion

Gray value edge positions are the feature of interest in the flame images acquired by the visualization method given above. As these images are affected by shot-noise we smooth them by slightly modified edge-enhancing anisotropic diffusion [1], which is an anisotropic extension of Perona-Malik (PM) diffusion [8]. As shown in [1] it possesses the contrast enhancing properties of PM-diffusion. Edge locations remain stable over a long diffusion time and due to its anisotropic behaviour edges are denoised satisfactorily, which cannot be observed for pure PM-diffusion. We discretize this diffusion by a simple, accurate and efficient finite difference scheme generating least blurring artifacts [9].

Anisotropic diffusion filtering with a diffusion tensor evolves the initial image under an evolution equation of type

$$\frac{\partial u}{\partial t} = \nabla \cdot (D\nabla u), \quad D = \begin{pmatrix} a & b \\ b & c \end{pmatrix} \tag{1}$$

where D is the diffusion tensor, a positive definite symmetric matrix that may be adapted to the local image structure, and $u(x,t)$ is the evolving image, t denotes the diffusion time. The local image structure is measured by the structure tensor

$$J_\rho(\nabla u) = G_\rho * (\nabla u_\sigma \nabla u_\sigma^T) = \begin{pmatrix} J_{11} & J_{12} \\ J_{12} & J_{22} \end{pmatrix}. \tag{2}$$

The function G_ρ denotes a Gaussian with standard deviation ρ and $u_\sigma = G_\sigma * u$. The eigenvectors of J_ρ give the preferred local orientations, and the corresponding eigenvalues denote the local contrast along these directions. The derivatives are computed by the filters given in 8. The structure tensor is highly robust under isotropic additive Gaussian noise [10]. The eigenvalues $\mu_1 \geq \mu_2$ of J_ρ are evaluated and the normalized first eigenvector can be written as $(\cos\alpha, \sin\alpha)^T$. The diffusion tensor D of our edge-enhancing anisotropic diffusion uses the same eigenvectors as the structure tensor, and its eigenvalues are assembled via

$$\lambda_1 := 1/(1 + \frac{\mu_1 + \mu_2}{\alpha^2}), \qquad \lambda_2 := 1.0 \tag{3}$$

where α is a tuning parameter. The entries of D are

$$\begin{aligned} a &= \lambda_1 \cos^2\alpha + \lambda_2 \sin^2\alpha, \\ b &= (\lambda_1 - \lambda_2)\sin\alpha\cos\alpha, \\ c &= \lambda_1 \sin^2\alpha + \lambda_2 \cos^2\alpha. \end{aligned} \tag{4}$$

3.1 Explicit discretization

Equation 1 can be solved numerically using finite differences. Spatial derivatives can be replaced by derivative filters (see below), while the easiest way to discretize $\partial u/\partial t$ consists in using a forward difference approximation. The resulting explicit scheme has the basic structure

$$\frac{u_{i,j}^{k+1} - u_{i,j}^k}{\tau} = A_{i,j}^k * u_{i,j}^k \quad \Leftrightarrow \quad u_{i,j}^{k+1} = (I + \tau A_{i,j}^k) * u_{i,j}^k \tag{5}$$

328

Table 1. Diffusion parameters for the different scalars

scalars	τ	α	ρ	χ	N
CH_2O	0.1	3.5	0.7	0.1	350
OH	0.5	5.0	0.7	0.01	350
Rayleigh	0.15	2.0	0.7	0.05	200

where τ is the time step size and $u_{i,j}^k$ denotes the approximation of $u(x,t)$ in the pixel (i,j) at time $k\tau$. The expression $A_{i,j}^k * u_{i,j}^k$ is a discretization of $\nabla \cdot (D\nabla u)$. As an additional stabilization smoothing in each direction by $I_5 = [-1, 4, 10, 4, -1]/16$ is introduced, which is a discretization of identity with consistency order 4 (see [9]). The hereby introduced additional fourth-order derivatives are vanishing consistency errors of order two, which also occur in common 3×3-stencil discretizations (e.g. the ones in [1]). The above eq. 5 then becomes

$$u_{i,j}^{k+1} = (I + \tau(A_{i,j}^k + \chi(I_5 - I))) * u_{i,j}^k. \tag{6}$$

where $0 \leq \chi \leq 1$ is a tuning parameter for the stabilization.

In order to compute A, rewrite the differential operator in 1 as

$$\nabla \cdot (D\nabla u) = \partial_x (a\partial_x u + b\partial_y u) + \partial_y (b\partial_x u + c\partial_y u). \tag{7}$$

This expression is now evaluated in an explicit way, i.e. using only known values form the old time level k. The derivatives ∂x_i are evaluated using the filters

$$\begin{aligned}
\partial_x &= \tfrac{1}{32} (1, 0, -1)_x * (3, 10, 3)_y \\
\partial_y &= \tfrac{1}{32} (3, 10, 3)_x * (1, 0, -1)_y
\end{aligned} \tag{8}$$

The subscripts ∂. describe derivatives, the others convolution directions. These filters have been derived recently in [11, 12] and are optimized to rotation invariance. They have an inherent smoothing implementing $\sigma = \sqrt{3/8}$ in eq. 2.

Now we proceed in four steps:

1. Calculate the structure- and diffusion tensors.
2. Calculate the flux components $j_1 := a\partial_x u + b\partial_y u$ and $j_2 := b\partial_x u + c\partial_y u$.
3. Calculate $A = \nabla \cdot (D\nabla u) = \partial_x j_1 + \partial_y j_2$ and $\chi(I_5 - I) * u$.
4. Update in an explicit way (eq. 6).

The number of iterations is denoted N.

4 Results

Figure 3 shows the results of the imaging measurements. The first three colums show sets of simultaneously acquired images of CH_2O-LIF, OH-LIF and Rayleigh scattering respectively. The forth column shows qualitative temperature fields calculated from the Rayleigh intensities (temperature is inversely proportional to

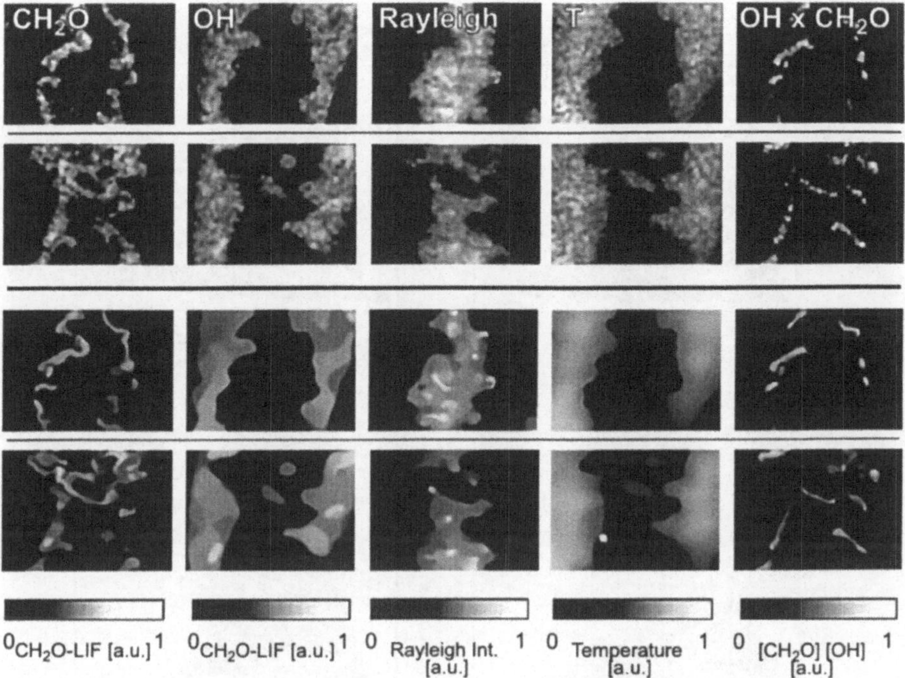

Fig. 3. Simultaneous measurements of CH_2O-, OH-LIF, and Rayleigh intensities with calculated temperature and OH x CH_2O product fields in the Bunsen flame (imaged area: 20 x 16 mm). Upper two rows: median-filtered (3x3) and 3x3 averaged images. Lower rows: the same images after our edge-enhancing diffusion filtering.

the number density represented by the Rayleigh intensity [4]). The fifth column shows the product of CH_2O and OH signal intensities which yields the desired measure of the flame front position as discussed above. Strong OH-LIF intensities are found in the whole burned area whereas CH_2O is found close to the flame front with little overlap with OH. Due to weak signal intensities, the images show moderate signal-to-noise ratios only. When calculating the OH x CH_2O product images [5] uncertainties increase (right column). The images shown in the upper two rows are median filtered (3x3) to reduce shot noise with subsequent 3x3 averaging. This procedure, however, introduces artifacts and yields interrupted flame front structures.

When applying edge-enhancing anisotropic diffusion (the parameters given in table 1 are optimized to avoid the generation of artifacts) image quality is improved as seen in the lower two rows. While structures are well preserved, grainy structures generated by median filtering in the upper images are avoided. The product of OH x CH_2O also shows larger, closed structures.

Whereas integral signal intensities over the whole area of the flame are unchanged, local intensities, however, are influenced leading to preferred values

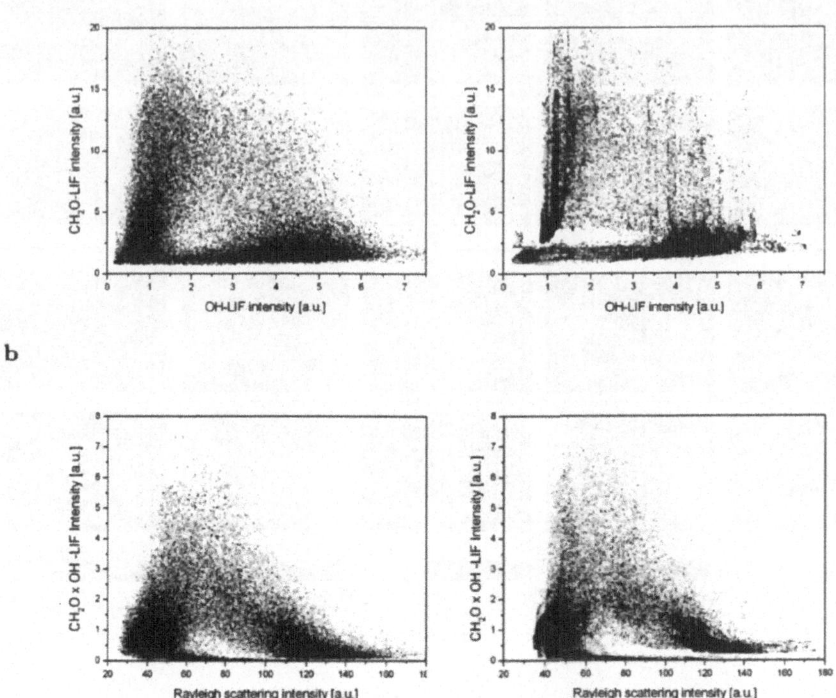

Fig. 4. Correlation diagrams of OH and CH_2O (**a**) and OH x CH_2O and temperature (**b**) signal intensities after median filtering (left) and our edge-enhancing diffusion (right).

creating piecewise constant structures. Further analysis therefore was performed to evaluate if these effects influence the flame front localization. The comparison of correlations between different quantities with and without image processing yields information about potential distortion of structures by the applied algorithm. Figure 4a compares the correlation of OH and CH_2O intensities with median filtering and non-linear anisotropic diffusion. It is obvious that the signal values are significantly changed. Since the purpose of the measurement is the localization of the flame front, the OH x CH_2O product images are correlated to local temperatures (Figure 4b). The over-all shape of this correlation remains mostly unchanged by the non-linear diffusion algorithm indicating that the desired information is preserved. This is of major importance for spectroscopic reasons as well as for comparisons with numerical simulations.

As mentioned in section 2, an alternative (and most frequently used) way to localize flame front position relies on a gradient analysis of the OH-LIF intensity. Applying a 3x3 Sobel filter after 3x3 median filtering and 3x3 averaging gives

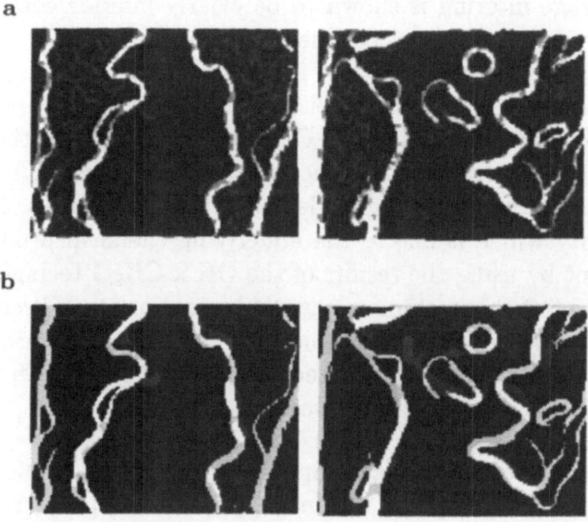

Fig. 5. Flame-front detection using different approaches in two exemplary single-shot images. **a** Results of the sobel operator applied to OH images after median filtering (dark grey) and edge-enhancing diffusion (light gray). **b** Comparison of the flame front analysis using OH gradient (light gray) and OH x CH_2O technique (dark grey) with edge-enhancing diffusion filtering. Overlapping areas are shown in white in all images.

no satisfactory results. Since median filtering induces many small-scale structures, the Sobel analysis yields artifact structures (figure 5**a**, dark gray). After applying our edge-enhancing diffusion on the other hand, the detected positions are free of artifacts (figure 5**a**, light gray). The OH gradient technique, however, is sensitive to all gradients in the OH-LIF intensity field. Therefore, not only the gradients towards the fresh gases are detected (which can be safely assumed to be correlated with the flame front) but also OH gradients which are due to mixing with air and depletion of OH are shown in the outer part of the flame. This ambiguity can be avoided using the OH x CH_2O technique, where only structures at the fresh-gas side of the flame are preserved. The results are binarized by thresholding and compared using different gray levels (Fig. 5**b**). The OH gradient technique yields thinner structures which are not interrupted, but structures are present in the burned gas region as well where gradients are misinterpreted as flame fronts. The OH x CH_2O technique prevents this ambiguity but gives broader structures which show interruptions.

5 Conclusions

Single-shot images of OH-, CH_2O-LIF, and Rayleigh scattering obtained from laser-based imaging in a turbulent Bunsen flame are investigated with different image post-processing techniques in order to provide an unambiguous representation of flame front position and structure. The usually applied combined 3x3 median and average filtering is shown to be clearly inferior compared to noise rejection by our edge-enhancing non-linear anisotropic diffusion mechanism.

Two different techniques for flame front detection are used. In the OH x CH_2O technique in contrast to the median filtered images, the anisotropic filtering yields closed structures. Using the OH gradient technique the combination of median and Sobel filters yields artifacts while the combination of anisotropic diffusion and Sobel filters yields highly defined, closed structures. They, however, show an ambiguity which is due to the underlying chemical process and which can be circumvent by using the results of the OH x CH_2O technique. The spectroscopic feasibility of this technique has not been shown until recently [6,7]. In combination with the edge-enhancing non-linear diffusion algorithm presented here, it is a very promising tool to connect experiment and numerical simulation in the field of turbulent combustion research.

Acknowledgment The financial support by the Bundesministerium für Bildung, Forschung und Technologie within the TECFLAM project (FKZ 0327059 L) and the DFG research unit "Image Sequence Analysis to Investigate Dynamic Processes" (Ja395/6) is gratefully acknowledged by the authors.

References

1. J. Weickert,*Anisotropic diffusion in image processing*, Teubner, 1998.
2. Stårner, S.H., Bilger, R.W., Long, M.B., *A method for contour-aligned smoothing of joint 2D scalar images in turb. flames*, Comb. Sci. and Tech. 107:195-203 (1995).
3. Schießl, R., Dreizler, A., Maas, U., *Comparison of different ways of image post-processing: detection of flame fronts*, Soc. of Autom. Eng., No. 1999-01-3651 (1999).
4. Landenfeld, T. Kremer, A., Hassel, E.P., Janicka, J. Schäfer, T., Kazenwadel, J., Schulz, C. and Wolfrum, J., *Laserdiagnostic and numerical studies of strongly swirling natural-gas flames*, Proc. Comb. Inst. 27:1023-1030 (1998).
5. Paul, P.H. and Najm H.B., *Planar laser-induced fluorescence imaging of flame heat release rate*, Proc. Comb. Inst. 27:43-50 (1998).
6. Böckle, S., Kazenwadel, J., Kunzelmann, T., Shin, D.-I., Schulz, C., Wolfrum J., *Simultaneous single-shot laser-based imaging of formaldehyde, OH and temperature in turbulent flames*, Proc. Comb. Inst. 28 (2000) in press.
7. Böckle, S., Kazenwadel, J., Kunzelmann, T., Shin, D.-I., Schulz, C., *Single-shot laser-induced fluorescence imaging of formaldehyde with XeF excimer excitation*, Appl. Phys. B 70:733-735(2000).
8. P. Perona, J. Malik, *Scale space and edge detection using anisotropic diffusion*, IEEE Trans. Pattern Anal. Mach. Intell., Vol. 12, 629–639, 1990.
9. H. Scharr, *Optimal Operators in Digital Image Processing*,Ph.D. Thesis, Univ. Heidelberg, 2000.
10. B. Jähne, *Performance charact. of low-level motion estimators in spatiotemp. imgs.*, DAGM-Works. Perf. Char. and Qual. of CV. Algs., 1997.
11. H. Scharr, S. Körkel, B. Jähne, *Numerische Isotropieoptimierung von FIR-Filtern mittels Querglättung*, DAGM'97, 367–374, Springer, 1997.
12. B. Jähne, H. Scharr, S. Körkel, *Principles of Filter Design*, Handbook on Comp. Vis. and Appl., Acad. Press, 125–152, 1999.

Riesz Transforms for the Isotropic Estimation of the Local Phase of Moiré Interferograms

Thomas Bülow[1], Dieter Pallek[2], and Gerald Sommer[1]

[1] Christian–Albrechts–Universität zu Kiel
Institute of Computer Science, Cognitive Systems
`{tbl,gs}@ks.informatik.uni-kiel.de`
[2] DLR (German Aerospace Center) Göttingen
Institute of Fluid Mechanics
`Dieter.Pallek@dlr.de`

Abstract. The estimation of the local phase and local amplitude of 1-D signals can be realized by the construction of the analytic signal. This includes the evaluation of the signal's Hilbert transform, which performs a phase shift. In the past, different definitions of the analytic signal of multidimensional signals have been proposed, all of which are based on different combinations of partial and total Hilbert transforms. None of these approaches is isotropic. We propose the use of Riesz transforms which are known to mathematicians as appropriate generalizations of the Hilbert transform to n-D. This approach allows the isotropic estimation of the intrinsically 1-D local image phase. Applications to Moiré interferograms are shown.

1   Introduction

The estimation of the local phase and the local amplitude is an important step in many signal and image processing tasks. A second crucial task in image processing is the estimation of the local orientation. Usually these two tasks are treated separately. The methods used for the phase and amplitude estimation are based on the evaluation of the analytic signal of the input signal[1] which involves the calculation of the signal's Hilbert transform. In practical problems either the analytic signal itself is evaluated, or the analytic signal of a band-pass filtered version of the input signal is considered. The latter can be constructed by the application of quadrature filters or, approximately, by using Gabor filters.

2-D Gabor filters are now widely used in image processing. These filters are orientation selective and allow the estimation of the local phase provided that the local orientation is known or has been estimated in a previous processing step. Actually, 2-D Gabor filters, like their 1-D correspondents, rely on an analytic signal, the *partial analytic signal*, which is defined as the line-wise evaluation of the 1-D analytic signal wrt. a predefined orientation. This presents, besides others, one possible extension of the analytic signal to 2-D. Unfortunately, none of these extensions allows the estimation of a smooth phase map of images containing arbitrary orientations.

---

[1] We assume all signals to be real-valued.

In this article we propose to replace the Hilbert transform by the Riesz transform in 2-D (and generally in n-D). We will show how the analytic signal constructed using the Riesz transform allows the estimation of the local orientation, local phase and local amplitude at the same time. Evaluation of the local phase from the partial analytic signal leads to an undesirable effect. At the positions where the local orientation flips from $-\pi/2$ to $\pi/2$ the phase is inverted: $\phi(x) \rightarrow -\phi(x)$. We call this effect *sudden phase inversion*. This is not to be confused with the 2π wrap arounds, which are typical for phase images. We will apply the Riesz transform to the phase estimation of Moiré interferograms and provide a way to obtain smooth phase maps without sudden phase inversions. This is possible if we use the additional orientation information given by the Riesz transform.

In Sect. 2 we first shortly recap the notions of the Hilbert transform and the analytic signal. Afterwards the Riesz transform is presented along with a way of combining it with the original signal to a kind of analytic signal. In Sect. 3 we deal with two technical aspects concerning the orientation map as provided by the Riesz transform. These aspects are crucial for the estimation of really smooth phase images without sudden inversions. Experimental results on Moiré interferograms are demonstrated in Sect. 4.

2 Isotropic Phase Estimation in 2-D

2.1 The Hilbert Transform and the Analytic Signal

The 1-D analytic signal is derived from the input signal by suppressing its negative frequency components, while multiplying the positive ones by two [5]. This transforms a real-valued signal f into a complex-valued signal f_A. The real part of f_A is identical to the input signal, while the imaginary part is a $(-\pi/2)$-phase-shifted version (or the *Hilbert transform f_{Hi}*) of f. In the frequency domain the Hilbert transform is defined by $F_{Hi}(u) = -iu/|u|F(u)$, where F and F_{Hi} are the Fourier transforms of f and f_{Hi}, respectively. The analytic signal can be written as $f_A(x) = |f_A(x)|\exp(i\phi(x))$. Here $|f_A(x)|$ is called the local amplitude and $\phi(x)$ the local phase of f. E.g. $f(x) = \cos(\omega x), \omega > 0$ yields $f_A(x) = \exp(i\omega x)$ and thus the local amplitude of f is $|f_A(x)| \equiv 1$ and the local phase is $\phi(x) = \omega x$.

Generalizations of the analytic signal to higher dimensions are based on the same construction principle: Instead of one half-axis in the frequency domain, one half-space which is chosen wrt. a reference orientation of the n-D frequency domain can be suppressed. The resulting complex-valued signal is the sum of the original signal and its *partial Hilbert transform* [6]. Evaluating the local phase from the partial Hilbert transforms directly leads to undesirable sudden phase inversions as shown in Fig. 5 (b). More recently, it has been suggested to construct an n-D extension of the analytic signal by keeping merely one orthant (in 2-D = quadrant) of the frequency domain and suppressing the rest. Depending on the type of Fourier transform used this leads either to a complex-valued signal [6] or a Clifford-algebra-valued signal [1, 2]. These approaches show advantages in the analysis of intrinsically multidimensional signal. However, they suffer from the fact that they do not yield isotropic results.

2.2 The Riesz Transform

As shown above, the 1-D Hilbert transform has the transfer function[2] $H(u) = -iu/|u|$. A surprisingly straightforward extension yields the transfer function $R(u)$ of the n-D Riesz transform [10]: $R(u) = -iu/|u|$, with $u = (u_1, \ldots u_n)^T$. In this compact notation we combined the transfer functions of the n Riesz transforms $R_k(u) = -iu_k/|u|$ into the vector $R = (R_1, \ldots, R_n)^T$. In Riesz transform of a 2-D signal f is given by

$$\begin{pmatrix} f_{r1}(x) \\ f_{r2}(x) \end{pmatrix} =: f_r(x) \circ\!\!-\!\!\bullet R(u)F(u) = -i \begin{pmatrix} \cos(\alpha) \\ \sin(\alpha) \end{pmatrix} F(u), \tag{1}$$

where α is the angle between the u and the x-axis and F is the Fourier transform of f. A simple example reveals the key properties of the 2-D Riesz transform. Consider an arbitrarily oriented straight cosine-grating: $f(x) = \cos(|u_0|(x_1 \cos\beta + x_2 \sin\beta))$. The Riesz transform of f is then given by

$$f_r(x) = \begin{pmatrix} \cos(\beta) \\ \sin(\beta) \end{pmatrix} \sin(|u_0|(x_1 \cos\beta + x_2 \sin\beta)). \tag{2}$$

Thus, the Riesz transform of f can be expressed as a unit vector multiplied by the intrinsically 1-D Hilbert transform of f. Furthermore, the unit vector points into the normal direction of the oriented structure!

We obtain a $\pi/2$-phase shifted version of the signal and the orientation information at the same time. Because of the linearity of the transform this applies as well if the image contains more than one frequency component. As long as the image is locally straight and coherent, we will find a $\pi/2$-phase shift normal to the local orientation.

As shown in the above example, $f_r(x)$ contains the local orientation information and the 1-D Hilbert transform of the intrinsically 1-D structure normal to its orientation at the same time. However, the splitting of $f_r(x)$ into the orientation component and the Hilbert transform component is not as straightforward as it may seem at the first sight. If we factorize the f_r as

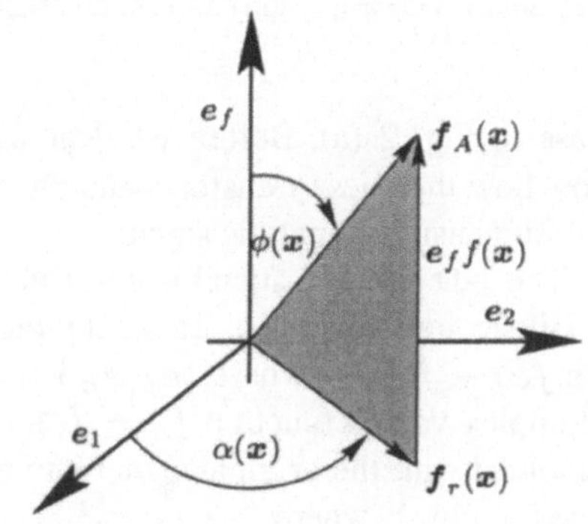

Fig. 1. The combination of the input signal f and its Riesz transform f_r into the vector-valued function f_A.

$$f_r(x) = \hat{f}_r(x)|f_r(x)|, \tag{3}$$

where $\hat{f}_r(x)$ is a unit vector representing the orientation and $|f_r(x)|$ is supposed to be the Hilbert transform component, we do not get the desired result: In the above example the factorization (3) yields $|\sin(\ldots)|$ as the Hilbert transform component of the cosine-function and not the sine-function as we should expect.

---

[2] We can say *transfer function of a transform* since the Hilbert and the Riesz transform are linear and shift-invariant and thus can be considered as LSI-filters.

Furthermore, according to (3) $\hat{f}_r(x)$ is uniquely defined on the unit circle and thus represents orientations in the range $[-\pi, \pi[$ although the orientation of a straight structure is merely defined in the interval $[-\pi/2, \pi/2[$. Defining the local phase on this stage leads to

$$\tilde{\phi}(x) = \mathrm{atan2}(|f_r(x)|, f(x)),\tag{4}$$

where atan2 is the sign dependent arc-tangent function with range $[-\pi, \pi[$. Figure 2 illustrates the results of (3) and (4). Obviously, Fig. 2 (c) does not represent the local

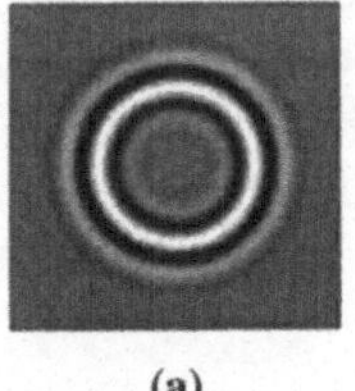 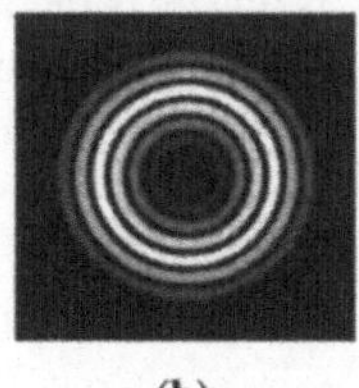 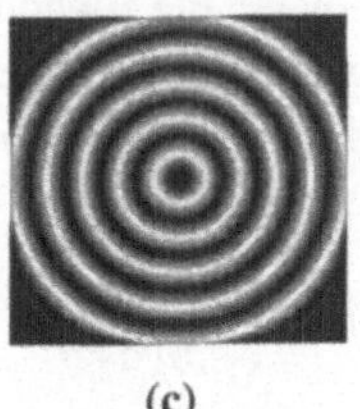 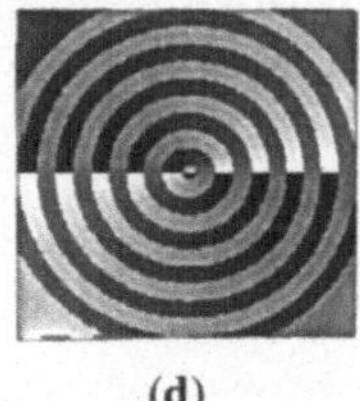

(a)   (b)   (c)   (d)

Fig. 2. Effects of the Riesz transform factorization according to Eqs. (3). (a) A synthetic test image. (b) The Hilbert transform component $\hat{f}_r(x)$ according to (3). (c) The local phase according to (4). (d) The orientation vector $|f_r(x)|$. The angular component of the vector (i.e. the orientation) is coded by gray values representing orientations between $-\pi$ (black) and π (white).

phase of Fig. 2 (a). Before we deal with this problem in the following section, we show how the Riesz transform and the original signal can be combined into a kind of multidimensional analytic signal.

The 1-D analytic signal is constructed as a combination of the input signal f and its Hilbert transform f_{Hi}. This combination is realized either as a vector-valued function $fe_f + f_{Hi}e_H$, where $\{e_f, e_H\}$ is an orthonormal basis of $\mathbb{R}^2$, or, more often, as a complex-valued function $f_A = f + if_{Hi}$. Analogously, the Riesz transform can be combined with the original signal into a vector $f_A = fe_f + f_{r1}e_1 + f_{r2}e_2$, as visualized in Fig. 1, where $\{e_f, e_1, e_2\}$ is an orthonormal basis of $\mathbb{R}^3$. A combination into a quaternion-valued function is possible as well. This was first proposed by Nabighian [7] and more recently by Felsberg [4].

3 Improving the Orientation Map

There are two further effects that we should pay attention to. (I) As mentioned in Sect. 2 direct application of (3) does lead to the absolute value of the Hilbert transform component rather than to the Hilbert transform component itself. As a consequence we cannot use this definition for the extraction of the local phase. (II) The orientation vector is not well-defined if the magnitude of the Riesz transform is zero, i.e. $f_A(x) \parallel e_f$ (see Fig. 1).

In order to avoid (I) we apply an unwrapping to the orientation image. The situation can be clarified as follows. The Riesz transform $f_r(x)$ of f is uniquely defined. However, the factorization of $f_r(x)$ into a scalar part and a vector of unit length is defined only up to a sign. Thus, at each position of the image, there are two possible definitions of the orientation vector and the scalar part. This corresponds to the fact, that the local orientation can only be known in an interval of length π. Problems occur at those positions where the orientation jumps from α to $\alpha \pm \pi$. At those positions the sign of the scalar component has to change in order to represent the same value $f_r(x)$. Thus, the solution to our problem is to use the freedom in the factorization of $f_r(x)$ in order to smooth out the π-jumps of the orientation. We call this *orientation unwrapping*. We use a simple procedure, processing the orientation-image line-wise. Each pixel is compared to its already processed predecessor. The decision on whether to flip the pixel by π or not is made such that the distance of the two pixels on the unit circle is minimized. If the orientation image is noisy it is more stable to compare each pixel to a whole neighborhood which votes whether to flip the pixel or not. This method has been used in the experiments in Sect. 4. The new orientation vector is denoted by n.

Each time an orientation values, during orientation unwrapping, is flipped by π, we have to replace $|f_r(x)|$ by $-|f_r(x)|$. The so modified scalar component of f_r will be called the Hilbert transform component of f_r and is denoted by f_H such that

$$f_r(x) = f_H(x)n(x). \tag{5}$$

The local phase is now defined by

$$\phi(x) := \mathrm{atan2}(f_H(x), f(x)). \tag{6}$$

The results on our test image are shown in Fig. 3. In Fig. 3 (b) the Hilbert transform

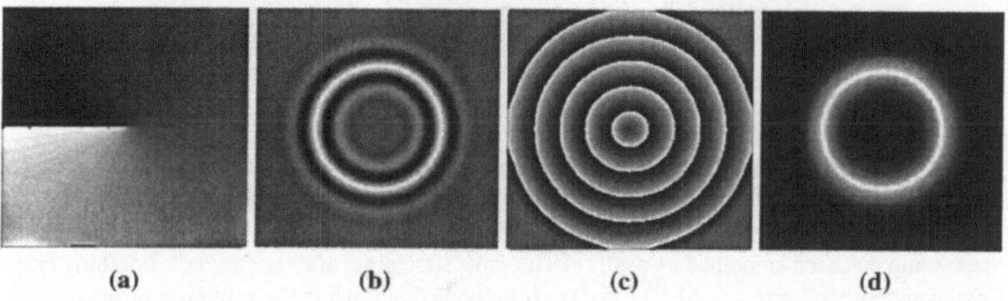

(a)   (b)   (c)   (d)

Fig. 3. Results according to the test image shown in Fig. 2 (a) **(a)** The unwrapped orientation image (black $= -\pi$, white $= \pi$). **(b)** The Hilbert transform component f_H of f_r. **(c)** The phase image. **(d)** The local amplitude of f.

component f_H is shown. On the first glance this looks very similar to the original signal f. However, careful consideration shows that f_H is phase shifted by $\pi/2$, from the center of the circle outwards, against f. Fig. 3 (d) shows the root of the squared sum of f and f_H which is the local amplitude of f. This result also visualizes the isotropy of the Riesz transform.

Due to effect **(II)** there occur instabilities in the orientation image, that have to be smoothed out before orientation unwrapping is feasible. Felsberg [3] proposes to

338

smooth the orientation image via a weighted averaging:

$$\alpha_{mn}^s = \frac{\displaystyle\sum_{(i,j)\in\mathcal{N}(m,n)} \sin^2(\phi_{ij})\alpha_{ij}}{\displaystyle\sum_{(i,j)\in\mathcal{N}(m,n)} \sin^2(\phi_{ij})}, \tag{7}$$

i.e. the more reliable an orientation value is, the stronger is its weight in the averaging. We modify this method in order to cure one problem: In (7) there occurs smoothing across π-jumps which leads to spurious orientation and furthermore makes orientation unwrapping infeasible. Thus, we propose *controlled smoothing*: Before averaging in a neighborhood $\mathcal{N}(m,n)$, we apply orientation unwrapping in $\mathcal{N}(m,n)$ with respect to the pixel $(i,j) \in \mathcal{N}(m,n)$ that maximizes $\sin^2(\phi_{ij})$. Furthermore, we avoid smoothing of reliable orientation values. The controlled averaging is only applied in those neighborhoods $\mathcal{N}(m,n)$ with $\sin^2(\phi_{mn}) < \tau$ for a certain threshold $\tau \in [0,1]$. See Fig. 4 for results.

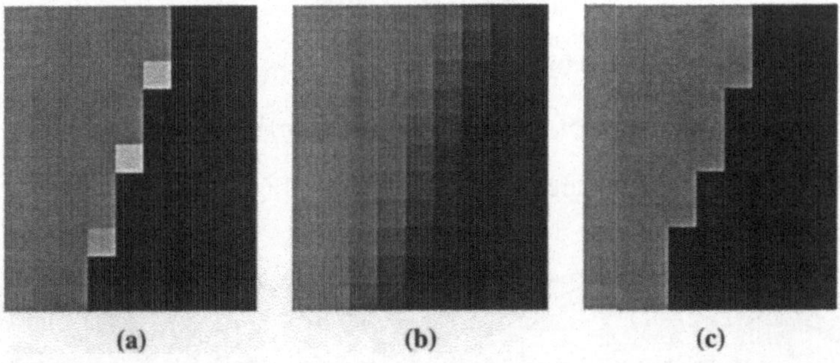

(a)   (b)   (c)

Fig. 4. (a) Detail from the very left part of Fig. 2 (d). Inaccurate orientation values near the π-jump are visible. (b) The same detail of the smoothed orientation image (according to (7), neighborhood size was 5×5.) The unstable orientation estimates are smoothed out. However, the π-jump has been smoothed as well. (c) The same subregion, after controlled smoothing ($\tau = 0.04$, neighborhood size 5×5). The errors are smoothed out, while the π-jump is preserved.

4   Experiments

Moiré interferometry uses the interference of periodic patterns to measure the topology of a given surface. The principle of a projection Moiré interferometer is described in detail in [8]. A ruling is projected onto the surface under investigation. The image of the ruling is observed from a different direction and focused onto a second reference ruling, superimposing to a Moiré pattern. As an example, Fig. 5 shows the interferogram of a tilt plane plate and the results of our method. Lines of equal intensity represent lines of equal elevation. By determining the phase function of the pattern the surface of the object can be evaluated. So this technique can also be used to measure translations and deformations of the surface. We apply the methods developed in Sects. 2 and 3 in order to estimate the phase image ϕ. Fig. 6 shows an application of the Moiré interferometry:

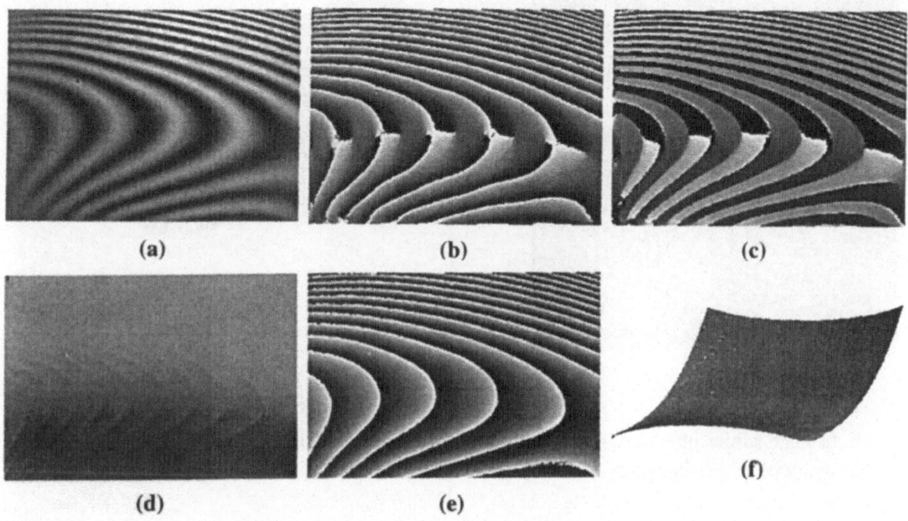

Fig. 5. Estimation of the local phase of a Moiré interferogram. (**a**) The interferogram. (**b**) The local phase wrt. the horizontal partial Hilbert transform. The typical phase inversions are visible. (**c**) The raw orientation image. (**d**) The smoothed and unwrapped orientation image. (**e**) The local phase image ϕ. (**f**) The unwrapped phase image as surface plot.

the instantaneous deformations and movements due to aerodynamic load of a model wing of a transport aircraft were measured in the cryogenic European Transonic Wind Tunnel (ETW) in Köln.

5 Conclusion

We proposed to replace the Hilbert transform by the Riesz transform in order to construct a multidimensional analytic signal for the use with intrinsically 1-D signal. This differs from the recently introduced Clifford-valued signal [2] which is constructed in order to divulge properties of intrinsically multidimensional signals. The Riesz transform is isotropic and yields orientation, phase and amplitude information at the same time. Its isotropy is based on the fundamental fact that the n Riesz transforms provide the basis functions of a steerable filter[3]. We presented experimental results in phase estimation from Moiré interferometry. However, the use of Riesz transforms is certainly not limited to this application and to 2-D signals. First applications in another area of image processing using local filters based on the Riesz transform can be found in [3].

---

[3] The details are outside the scope of this article. Compare e.g. [9].

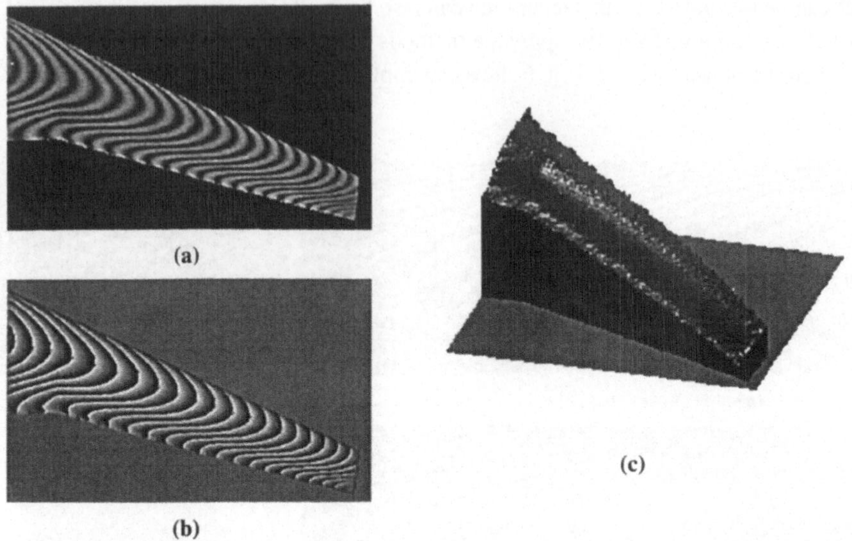

Fig. 6. (a) The Moiré interferogram of the model wing. **(b)** The phase image according to (6). **(c)** The unwrapped phase image as surface plot. This corresponds to the profile of the model wing.

References

[1] Th. Bülow. *Hypercomplex Spectral Signal Representations for the Processing and Analysis of Images*. PhD thesis, University of Kiel, Germany, 1999.

[2] Th. Bülow and G. Sommer. A novel approach to the 2d analytic signal. In *F. Solina and A. Leonardis (Eds.), CAIP'99, Ljubljana, Slovenia, 1999*, 1999. 25-32.

[3] M. Felsberg and G. Sommer. A new extension of linear signal processing for estimating local properties and detecting features. In G. Sommer, editor, *Mustererkennung 2000, 22. DAGM-Symposium*, Kiel, 2000.

[4] M. Felsberg and G. Sommer. Structure multivector for local analysis of images. Technical Report 2001, Institute of Computer Science and Applied Mathematics, Christian-Albrechts-University of Kiel, Germany, February 2000.

[5] D. Gabor. Theory of communication. *Journal of the IEE*, 93:429–457, 1946.

[6] S.L. Hahn. Multidimensional complex signals with single-orthant spectra. *Proc. IEEE*, 80(8):1287–1300, 1992.

[7] Misac N. Nabighian. Toward a three-dimensional automatic interpretation of potential field data via generalized Hilbert transforms: Fundamental relations. *Geophysics*, 49(6):780–786, June 1984.

[8] D. Pallek, P.H. Baumann, K.A. Bütefisch, and J. Kompenhans. Application of Moiré interferometry for model deformation measurements in large scale wind tunnels. In T.A. Kowalewski, W. Kosinski, and J. Kompenhans, editors, *Euromech 406 Colloquium, Image Processing Methods in Applied Mechanics*, pages 167–170, Warsaw, 1999.

[9] E.P. Simoncelli and H. Farid. Steerable wedge filters for local orientation analysis. *IEEE Transactions on Image Processing*, 1996.

[10] E.M. Stein and G. Weiss. *Introduction to Fourier Analysis on Euclidean Spaces*. Princeton University Press, New Jersey, 1971.

Bewegungssteuerung autonomer Fahrzeuge mit neuronalen Feldern

Uwe Handmann*

Institut für Neuroinformatik, Ruhr Universität Bochum, 44780 Bochum

Zusammenfassung Fahrerassistenzsysteme werden eingesetzt, um dem Fahrer eines Kraftfahrzeugs Handlungsabläufe abzunehmen. Diese Handlungsabläufe werden definiert durch eine Aufgabenstellung, die vom Fahrer an das Fahrerassistenzsystem übergeben oder systembedingt gelöst wird. Bei komplexen Fahrerassistenzsystemen ist an eine autonome Navigation im Straßenverkehr gedacht. Es wird ein neues Verfahren vorgestellt, welches eine Bewegungssteuerung eines autonomen Fahrzeugs durchführen kann. Es werden der Lenkwinkel und die Geschwindigkeit beeinflußt. Für diese Aufgabe wird ein dynamischer Ansatz aus dem Bereich der neuronalen Felder gewählt. Relevante Attribute für den Fahrtverlauf auf unterschiedlichem Abstraktionsniveau können dabei einfach (additiv) verarbeitet werden.

Schlüsselworte Bewegungssteuerung, autonome Fahrzeuge, neuronale Felder

1 Einleitung

Der Zustand eines Kraftfahrzeugs in der Umwelt kann durch die aktuelle Position, die Geschwindigkeit und die Bewegungsrichtung beschrieben werden. Soll ein Fahrzeug durch Einsatz eines Assistenzsystems autonom im Straßenverkehr navigieren, müssen diese Zustandsgrößen durch das System manipulierbar sein. Die Navigation ist dabei abhängig von einer Aufgabenstellung und von Randbedingungen, die durch die Umwelt gegeben sind. Neben sich langsam ändernden Elementen der Umwelt, wie dem Straßentyp und den Sichtverhältnissen, beeinflussen weitere Verkehrsteilnehmer und andere Hindernisse (im folgenden Objekte) das gewünschte Fahrverhalten [9].
Wird die Umgebung eines Fahrzeugs mit einer Kamera observiert, muß das Bilddatenmaterial unter Einsatz von Bildverarbeitungsalgorithmen verarbeitet und eine Extraktion von relevanten Objekten und deren Attributen durchgeführt werden. Ansätze hierfür bieten [8,3,10]. Werden verschiedene Sensoren zur Observierung der Umwelt eingesetzt, ist eine Fusion der verarbeiteten Daten notwendig. Das Problem der Datenfusion behandeln [5,4,12]. Soll mit Hilfe der extrahierten Daten ein Assistenzsystem realisiert werden, muß aus diesen ein der Aufgabenstellung adäquates Verhalten umgesetzt werden. Verschiedene Architekturansätze werden dafür diskutiert [6,15,13,11].
In dem vorliegenden Artikel wird aufbauend auf die referenzierten Arbeiten ein Verfahren vorgestellt, das die Bewegung eines autonomen Kraftfahrzeugs, über die Steuerung des Lenkwinkels und der Geschwindigkeit (Verhaltensvariablen [14]), beeinflußt. Die Basis für das realisierte Verfahren bilden zwei eindimensionale neuronale Felder [1]. Dieses Vorgehen ist einerseits biologisch motiviert [16]. Andererseits kann durch Einsatz einer nichtlinearen Wechselwirkung bei geeigneter Voraktivierung die Stabilität des Verfahrens auch bei stark differierenden Eingangsdaten garantiert werden [1].

---

* Uwe.Handmann@neuroinformatik.ruhr-uni-bochum.de

2 Neuronale Felddynamik

Neuronale Felder sind nichtlineare dynamische Systeme. Sie wurden als Verhaltensmodelle für die Neurophysiologie cortikaler Prozesse eingeführt [16, 1]. Neuronale Felder gehören zu der Klasse der Integro-Differentialgleichungen. Eine Realisierung eines neuronalen Feldes ist durch einen Ansatz nach *Amari* [1, 2] gegeben. Dieser Feldansatz hat den Vorteil, daß er mathematisch einfach zu beschreiben ist und eine gute Analyse seiner dynamischen Eigenschaften im Betrachtungsraum Γ über der Zeit und dem Ort zuläßt. Die Dynamik des Feldes (auch Amarifeld) ist gegeben durch die nichtlineare dynamische Integro-Differentialgleichung

$$\tau \dot{u}(z,t) = -u(z,t) + h + S(z,t)$$
$$+ \int_\Gamma w(z,z')\varphi(u(z',t))dz'. \tag{1}$$

Die erste Zeile in Gleichung 1 beschreibt die lokale Dynamik der Aktivität des Feldes $u(z,t)$ mit $u(z,t) \in \mathbb{R}$ am Ort z mit $z \in \Gamma$ zum Zeitpunkt t mit $t \geq 0$. Die zeitliche Ableitung von $u(z,t)$ ist durch $\dot{u}(z,t)$ gegeben. Die Aktivität des Feldes ändert sich abhängig von einer Zeitkonstanten τ mit $\tau \in \mathbb{R}^+$. Die Variable h entspricht einer konstanten Voraktivierung mit $h = const$ und $h \in \mathbb{R}$. Das Eingangssignal $S(z,t)$ (der Stimulus) ist ebenfalls abhängig von z und t mit $S(z,t) \in \mathbb{R}$. Es wird additiv in das Feld eingekoppelt. Ohne Stimulus entspricht die Aktivität $u(z,t)$ aller Feldneurone im eingeschwungenen Zustand einem globalen stationären Feld.

Eine biologisch motivierte Wechselwirkung zwischen den Feldneuronen wird durch das Integral in der zweiten Zeile der Gleichung 1 beschrieben. Dabei führt die Aktivierungsfunktion $\varphi(u(z,t))$ eine nichtlineare Transformation der Aktivität $u(z,t)$ der einzelnen Feldneurone durch. Sie ist eine stetig differenzierbare Funktion, mit

$$\lim_{u \to -\infty} \varphi(u) = 0 \quad \text{und} \quad \lim_{u \to \infty} \varphi(u) = 1.$$

oder eine Sprungfunktion. Das Amarifeld ist homogen [7]. Folglich kann das Integral als Faltung zwischen dem Wechselwirkungskern $w(z,z')$ mit $w(z,z') = w(z - z')$, $(z - z') \in \Gamma$, $w \in \mathbb{R}$ und $\varphi(u(z',t))$ angesehen werden. Durch die Faltung findet eine Interaktion zwischen einzelnen Neuronen statt. Der Wechselwirkungskern w mit $w(z - z') = w(\Delta z)$ ist nicht abhängig von t. Häufig wird für w eine Funktion vom Typ eines *mexican hat* mit der symmetrischen Eigenschaft $w(\Delta z) = w(-\Delta z)$ verwendet:

$$f_{MH}(z) = c_0 \cdot e^{-\frac{z^2}{2\sigma_0^2}} - c_1 \cdot e^{-\frac{z^2}{2\sigma_1^2}}. \tag{2}$$

Die Variablen c_0, c_1, σ_0 und σ_1 beschreiben dabei die Breite des Huts sowie die exzitatorischen und inhibitorischen Anteile des Funktionsverlaufs. Mögliche Lösungen des Amarifelds im eingeschwungenen Zustand sind [1] (Aktivierungsfunktion entspricht dabei einer Sprungfunktion):

1. $\emptyset$-Lösung, für $u(z,t) \leq 0$ $\quad \forall z \in \Gamma$
2. ∞-Lösung, für $u(z,t) > 0$ $\quad \forall z \in \Gamma$
3. a-Lösung, für eine lokal begrenzte Aktivität $R(u) = (z_1, z_2)$ der Länge $a = z_2 - z_1$.

Um eine einfache Einkopplung der extrahierten Daten zu gewährleisten wird das Datenmaterial in Abhängigkeit der Verhaltensvariablen kodiert.

3 Datenmaterial

Das Verhalten eines Fahrzeugs kann nur in Abhängigkeit der aus der Umgebung extrahierten Daten beeinflußt werden, um einen sicheren und komfortablen Fahrtverlauf zu gewährleisten. Die Daten werden dabei mit Hilfe von Sensoren und einer entsprechenden Sensordatenverarbeitung bereitgestellt, wie beispielsweise in [12, 10, 11] gezeigt.

Das autonome Navigieren eines Kraftfahrzeugs im Straßenverkehr bedingt, daß Position, Bewegungsrichtung und Relativgeschwindigkeit anderer Objekte beurteilt werden können, um eine unfallfreie Steuerung des Fahrzeugs zu garantieren. Die Funktionstüchtigkeit des implementierten Verfahrens muß anhand dieser Größen an verschiedenen Verkehrsszenarien getestet werden. Dabei sind kritische Szenen, welche hohe Anforderungen an das Verfahren stellen, von besonderem Interesse. Solche Szenen beinhalten jedoch ein großes Gefahrenpotential für die Verkehrsteilnehmer.

Durch die Entwicklung einer Simulationsumgebung, die die Umsetzung kritischer Szenen erlaubt, ist es möglich, die Position, Bewegungsrichtung und Relativgeschwindigkeit von Objekten zu beeinflussen und das realisierte Verfahren ohne Gefahr für andere zu testen. In Abbildung 1 sind Ergebnisbilder der Simulation gegeben.

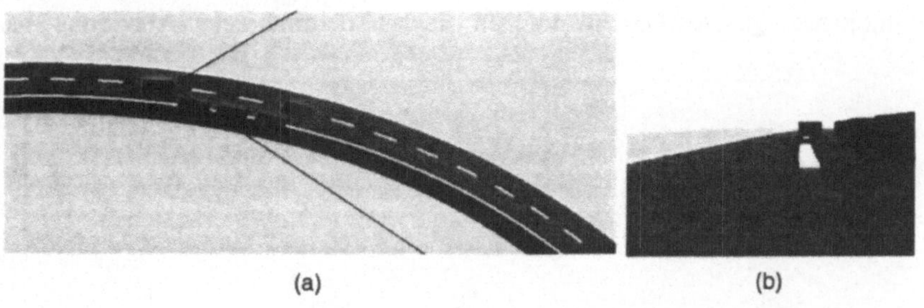

Abbildung1. Simuliertes Sensordatenmaterial für eine Straßenverkehrsszene bei einer leichten Rechtskurve mit parkenden Autos am rechten Fahrbahnrand. Die Fahrtrichtung des Trägerfahrzeugs (schwarz) ist von links nach rechts. (a) Vogelperspektive und (b) Kamerabild für einen Öffnungswinkel von 90°.

Abbildung 1a stellt ein Bild einer definierten Szene aus der Vogelperspektive dar. In dieser Szene fährt das autonome Trägerfahrzeug (schwarz, mit angedeutetem Kamerasensor) auf einer zweispurigen Straße in einer Rechtskurve an parkenden Fahrzeugen vorbei und folgt einem weiteren Fahrzeug. Abbildung 1b zeigt ein Ergebnisbild des simulierten Kameradatenmaterials für eine Videokamera (technische Daten: Sensorchipfläche: $36mm^2$, Höhe: $1.2m$, Öffnungswinkel von 90° und Auslenkung der Kamera aus der Fahrbahnparallelen Ebene: 4° in Richtung Fahrbahn).

Die aus den simulierten Sensordaten berechneten Größen, die dem entwickelten Verfahren der Bewegungssteuerung als Eingangsgrößen zur Verfügung stehen, sind die relative Distanz $d_O(\psi)$ zu den Objekten O, sowie deren Relativgeschwindigkeiten $v_{xO}(\psi)$

und $v_{yO}(\psi)$ in x- und y-Richtung. Dabei bezeichnet die y-Koordinate die Fahrtrichtung und die x-Koordinate die Senkrechte auf y (Abbildung 2).

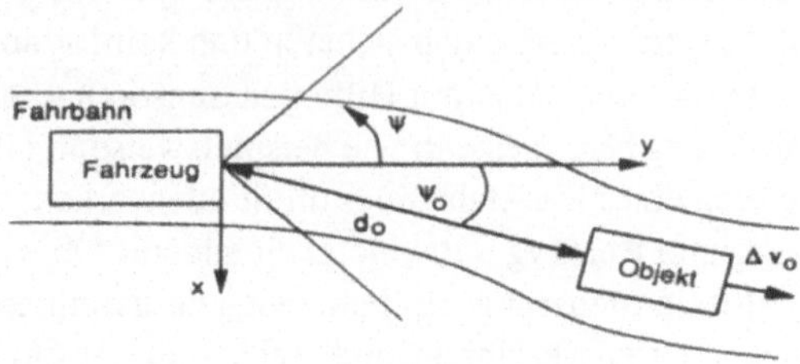

Abbildung 2. Koordinatensystem der betrachteten Zustandsgrößen. Die y-Koordinate bezeichnet die Fahrtrichtung und die x-Koordinate die Senkrechte auf y. Der Winkel ψ bemißt den von dem Sensor abgedeckten Winkelbereich.

In Abbildung 3 sind diese Größen der in Abbildung 1 dargestellten Szene in Abhängigkeit von der Winkelposition ψ aufgetragen. Dabei bemißt der Winkel ψ den von dem Sensor abgedeckten Winkelbereich. Es werden vier Fahrzeuge im Winkelbereich ψ von $\psi \simeq -9°$ bis $\psi \simeq -45°$ bei unterschiedlicher Distanz (Abbildung 3a) erkannt. Drei am rechten Fahrbahnrand parkende Autos werden erkannt. Das vorherfahrende Fahrzeug fährt mit nahezu gleicher Geschwindigkeit wie das Trägerfahrzeug (Abbildung 3b,c).

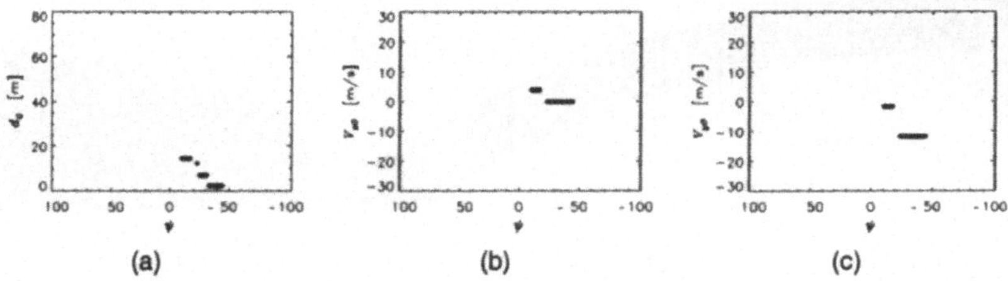

Abbildung 3. Sensordatenmaterial für eine Straßenverkehrsszene bei einer leichten Rechtskurve mit einem führenden Fahrzeug und parkenden Autos am rechten Fahrbahnrand. (a) Distanz der Objekte, (b) Relativgeschwindigkeit in x und (c) Relativgeschwindigkeit in y.

Die von der Simulation bereitgestellten Daten werden für eine neuronale Bewegungssteuerung als Eingangsgrößen genutzt.

4 Felddynamiken

Für die Realisierung des Verfahrens zur Bewegungssteuerung mit einem Amarifeldansatz ist es notwendig, die vorhandenen Attribute der Objekte vorzuverarbeiten, so daß die Ergebnisse additiv über die Stimuli S in die neuronalen Felder für die Lenkwinkel- und Geschwindigkeitssteuerung eingekoppelt werden können. Es stehen dabei die objektbezogenen Attribute der relativen Distanz $d_O(\psi)$ sowie der Relativgeschwindigkeit $v_{xO}(\psi)$ und $v_{yO}(\psi)$ in x- und y-Richtung zur Verfügung. Aus den Objekten kann ein führendes Fahrzeug mit $v_{x\mathcal{F}}(\psi)$, $v_{y\mathcal{F}}(\psi)$ und $d_{\mathcal{F}}(\psi)$ extrahiert werden. Weiterhin ist aus dem Kamerabild der Fahrspurverlauf bekannt.

4.1 Lenkwinkel

Aus den gegebenen Daten lassen sich Stimuli berechnen, die additiv in das neuronale Feld der Lenkwinkelsteuerung einkoppeln und damit die gewünschte Lenkwinkeländerung beeinflussen. Diese Stimuli beinhalten:

- Das Gefahrenpotential $O(\psi,t)$ für jedes detektierte Objekt in Abhängigkeit von ψ und t. Dabei wird die Relativgeschwindigkeit in Abhängigkeit der Distanz berücksichtigt. Der Stimulus des Gefahrenpotentials hat inhibitorischen Charakter um eine Kollisionsvermeidung durchzuführen.
- Den Fahrspurverlauf $L(\psi,t)$, welcher bei einer Referenzdistanz in Abhängigkeit von der Geschwindigkeit ausgewertet wird. Der resultierende Stimulus hat einen exzitatorischen und einen inhibitorischen Anteil, um einen hemmenden Einfluß der Bereiche außerhalb der Fahrbahn zu erreichen.
- Den Einfluß eines führenden Fahrzeugs $\psi\mathcal{D}(\psi,t)$, um in Standardsituationen eine Folgefahrt realisieren zu können. Der resultierende Stimulus hat exzitatorischen Charakter.

Die resultierenden Stimuli werden durch eine Faltung

$$S_i(\psi,t) = \int_{-\gamma}^{\gamma} f_{MH,i}(\psi - \psi') \cdot i(\psi',t)d\psi' + \eta_i$$

mit einem *mexican hat* nach Gleichung 2 berechnet, wobei die notwendigen Gewichtfaktoren entsprechend den beschriebenen Anforderungen gewählt werden. Der Index i beschreibt hierbei die zugehörigen Stimuli der Größen O, L und $\psi\mathcal{D}$. Die Variable η definiert einen Offsetparameter. Der resultierende Gesamtstimulus des Feldes mit der Aktivität $u(\psi,t)$ zum Zeitpunkt t folgt aus

$$S_\psi(\psi,t) = -S_O(\psi,t) + S_L(\psi,t) + S_{\psi\mathcal{D}}(\psi,t) \tag{3}$$

und die Felddynamik ergibt sich nach Gleichung 1 zu

$$\tau_\psi \dot{u}_\psi(\psi,t) = -u_\psi(\psi,t) + h_\psi + S_\psi(\psi,t) + \int_{\Gamma_\psi} w_\psi(\psi,\psi')\varphi_\psi(u(\psi',t))d\psi' \tag{4}$$

4.2 Geschwindigkeit

Das neuronale Feld, welches die Geschwindigkeit des autonomen Fahrzeugs steuert, wird durch die aktuelle Eigengeschwindigkeit, die durch Verkehrsregeln geforderte Geschwindigkeit sowie die Geschwindigkeit des vorherfahrenden Fahrzeugs beeinflußt. Dabei ergeben sich zwei Stimuli:

- Der Stimulus $S_{\mathcal{R}}(\Delta v)$ wird aufgrund von Geschwindigkeitsbeschränkungen, bzw. gewünschter oder geforderter Geschwindigkeit berechnet (z. B. Durchfahrt enger Kurven). Eine Faltung mit einer Funktion nach Gleichung 2 vom Typ eines *mexican hat* bestimmt den Einflußbereich des Stimulus im neuronalen Feld.

– Der Stimulus $S_{v\mathcal{D}}(\Delta v)$ berücksichtigt die Relativgeschwindigkeit und die Distanz des führenden Fahrzeugs in Form einer *mexican hat*-Funktion nach Gleichung 2.

Beide Stimuli haben exzitatorische und inhibitorische Eigenschaften, welch abhängig von der aktuellen Geschwindigkeit, der Distanz und der Relativgeschwindigkeit zum vorherfahrenden Fahrzeug sind. Der Gesamtstimulus des Feldes entspricht dabei der additiven Kopplung der Einzelstimuli, mit

$$S_v(\Delta v,t) = S_{\mathcal{R}}(\Delta v,t) + S_{v\mathcal{D}}(\Delta v,t) \quad . \tag{5}$$

Die Geschwindigkeitsänderung des autonomen Fahrzeugs wird aus der Felddynamik des neuronalen Geschwindigkeitsfelds mit der Aktivität $u(\Delta v,t)$ bestimmt.
Es ergibt sich nach Gleichung 1 eine Felddynamik der Art

$$\tau_v \dot{u}_v(\Delta v,t) = -u_v(\Delta v,t) + h_v + S_v(\Delta v,t) + \int_{\Gamma_v} w_v(\Delta v,\Delta v')\varphi_v(u(\Delta v',t))d\Delta v'. \tag{6}$$

4.3 Feldvariablen und Auswertung

Die Zeitkonstanten τ_ψ und τ_v der Felder nach den Gleichungen 6 und 4 werden in Abhängigkeit der gewünschten Dynamik des zugehörigen Feldes gewählt. Die Voraktivierungen h_ψ und h_v haben für beide Felder den Wert -1. Als Wechselwirkung wird jeweils ein Wechselwirkungskern von Typ eines *mexican hat* und als Nichtlinearität eine Funktion der Art $\varphi(u) = \frac{1}{2}(1 + \tanh(u))$ eingesetzt.
Bei der Auswertung der neuronalen Felder bestimmt die Position der a-Lösung mit der maximalen Feldaktivität mit

$$\mathcal{N}_\psi(t) = \arg\max_\psi u_\psi(\psi,t) \tag{7}$$

und

$$\mathcal{N}_v(t) = \arg\max_v u_v(\Delta v,t) \tag{8}$$

die gewünschte Änderung der Verhaltensvariablen Lenkwinkel und Geschwindigkeit. Dabei werden aus Sicherheits- und physikalischen Randbedingungen maximale Änderungen $\mathcal{N}_{\psi,max}$ und $\mathcal{N}_{v,max}$ sowie Gewichtungsfaktoren $\alpha_{\mathcal{N}_\psi}$ und $\alpha_{\mathcal{N}_v}$ berücksichtigt. Es ergibt sich daraus eine Änderung der Verhaltensvariablen ΔW und ΔV zu

$$\Delta W = sign(\mathcal{N}_\psi) \cdot \alpha_{\mathcal{N}_\psi} \min\left(|\mathcal{N}_\psi|, \mathcal{N}_{\psi,max}\right) \tag{9}$$

und

$$\Delta V = sign(\mathcal{N}_v) \cdot \alpha_{\mathcal{N}_v} \min\left(|\mathcal{N}_v|, \mathcal{N}_{v,max}\right). \tag{10}$$

5 Ergebnisse

Um das Verhalten des vorgestellten Verfahrens zur Bewegungssteuerung zu validieren wurden verschiedene Szenarien getestet. Die ausgewählten Szenarien beinhalten Anforderungen an typische Basisverhalten (z. B. Hindernisvermeidung, Folgefahren und Spurhalten) von Kraftfahrzeugen im Stadtverkehr.

In den Abbildungen 4 und 5 sind Ergebnisse der Lenkwinkelsteuerung und der Geschwindigkeitssteuerung für eine Szene dargestellt. Es sind jeweils die Feldaktivität des zugehörigen Amarifeldes $u(\psi,t_0)$ und $u(\Delta v,t_0)$ zu einem Zeitpunkt t_0 mit den jeweiligen Stimuli $\tilde{S}_O(\psi,t)$, $\tilde{S}_L(\psi,t)$ und $\tilde{S}_{\psi D}(\psi,t)$ sowie $\tilde{S}_R(\Delta v,t)$ und $\tilde{S}_{vD}(\Delta v,t)$ dargestellt (mit verschobener Nulllinie eingezeichnet). Weiterhin ist der zeitliche Verlauf der jeweiligen Feldaktivität $u(\psi)$ und $u(\Delta v)$ sowie die Änderung der zugehörigen Verhaltensvariablen ΔW und V aufgetragen.

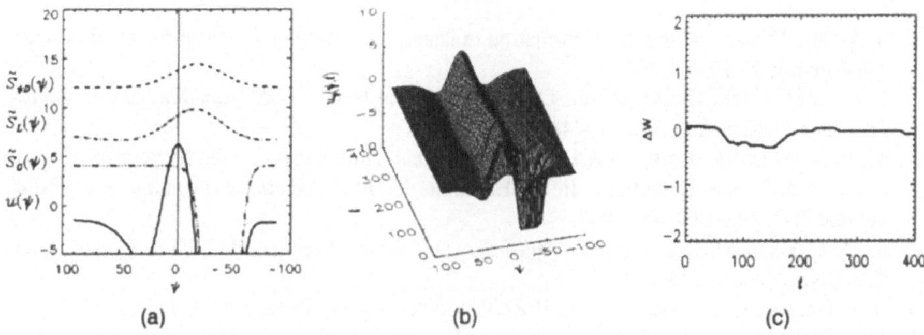

Abbildung 4. (a) Aktivität des Lenkwinkelfeldes zu einem Zeitpunkt t_0 mit zugehörigen Stimuli sowie (b) Feldaktivität über der Zeit. (c) durchgeführte Lenkwinkeländerung über der Zeit.

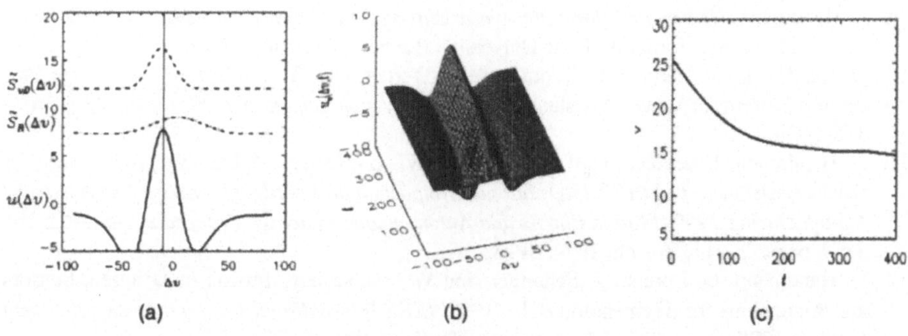

Abbildung 5. (a) Aktivität des Geschwindigkeitsfelds zu einem Zeitpunkt t_0 mit zugehörigen Stimuli sowie (b) Feldaktivität über der Zeit. (c) Geschwindigkeit über der Zeit.

Zum Zeitpunkt t_0 wird von dem realisierten Verfahren eine Lenkwinkeländerung von $\psi \simeq 1°$ und eine Geschwindigkeitsänderung von $\Delta v \simeq -9m/s$ gefordert. Betrachtet man den Verlauf der Felder und der resultierenden Verhaltensvariablen über der Zeit, so ist das Durchfahren einer Rechtskurve, mit einem Ausweichmanöver im Bereich der parkenden Fahrzeuge zu erkennen. Während diesem Vorgang wird die Geschwindigkeit des autonomen Fahrzeuge dem führenden Fahrzeug angepaßt (Bremsvorgang).

6 Zusammenfassung

In diesem Artikel wurde ein Verfahren zur Bewegungssteuerung von autonomen Fahrzeugen vorgestellt. Dabei werden die Verhaltensvariablen Lenkwinkel und Geschwindigkeit mit Hilfe zweier eindimensionaler neuronaler Felder gesteuert. Die Tragfähigkeit des Verfahrens wurde an mehreren typischen Szenen getestet und die Ergebnisse anhand einer Sequenz verdeutlicht.

Literatur

1. S. Amari. Dynamics of pattern formation in lateral-inhibition type neural fields. *Biological Cybernetics*, 27:77–87, 1977.
2. S.-I. Amari. Field Theory of Self-Organizing Neural Nets. *IEEE Transactions on Systems, Man, and Cybernetics*, 13:741–748, 1983.
3. M. Bertozzi and A. Broggi. GOLD: a Parallel Real-Time Stereo Vision System for Generic Obstacle and Lane Detection. In IEEE, editor, *IEEE Transactions on Image Processing*, volume 7(1), pages 62–81, 1998.
4. R. R. Brooks and S. S. Ivengar. *Multi-Sensor Fusion*. Prentice Hall PTR, Upper Saddle River, New Jersey, 1998.
5. B. V. Dasarathy. *Decision Fusion*. IEEE Computer Society Press, Los Alamitos, 1994.
6. E.D. Dickmanns et al. Vehicles capable of dynamic vision. In *15th International Joint Conference on Artificial Intelligence (IJCAI)*, pages 1–16, Nagoya, Japan, 1997.
7. M.A. Giese. *Dynamic Neural Field Theory for Motion Perception*. Kluwer, Norwell, USA, 1999.
8. S. Goerzig and U. Franke. ANTS - Intelligent Vision in Urban Traffic. In *IV'98, IEEE International Conference on Intelligent Vehicles 1998*, pages 545–549, Stuttgart, Germany, 1998. IEEE.
9. U. Handmann. *Neuronale Informationsverarbeitung für Fahrerassistenzsysteme*. PhD thesis, Institut für Neuroinformatik, Ruhr-Universität Bochum, Germany, 2000.
10. U. Handmann, T. Kalinke, C. Tzomakas, M. Werner, and W. von Seelen. An Image Processing System for Driver Assistance. *Image and Vision Computing (Elsevier)*, 18(5):367 – 376, 2000.
11. U. Handmann, I. Leefken, C. Tzomakas, and W. von Seelen. A Flexible Architecture for Driver Assistance. In *SPIE's International Symposium on Intelligent Systems and Advanced Manufacturing 1999 (Mobile Robots and Autonoumous Systems), Proceedings of SPIE Vol. 3838*, pages 2 – 11, Boston, 1999. SPIE.
12. U. Handmann, G. Lorenz, T. Schnitger, and W. von Seelen. Fusion of Different Sensors and Algorithms for Segmentation. In *IV'98, IEEE International Conference on Intelligent Vehicles 1998*, pages 499 – 504, Stuttgart, Germany, 1998. IEEE.
13. M. Rossi, M. Aste, R. Cattoni, and B. Caprile. The IRST Driver's Assistance System. Technical Report 9611-01, Instituto per la Ricerca Scientificia e Technologica, Povo, Trento, Italy, 1996.
14. G. Schöner and J.A.S. Kelso. Dynamic pattern generation in behavioral and neural systems. *Science*, 239:1513–1520, 1988.
15. V. v. Holt and S. Baten. Perceptual architecture for a vision system of autonomous vehicles. In *IV'98, IEEE International Conference on Intelligent Vehicles 1998*, pages 539 – 544, Stuttgart, Germany, 1998. IEEE.
16. H.R. Willson and J.D. Cowan. A mathematical theory of the functional dynamics of cortical and thalamic nervous tissue. *Kybernetik*, 13:55–80, 1973.

Optischer Miniatur 6DoF Lagesensor

D. Schomburg, A. Karger und F. Wahl
e-mail: {D.Schomburg, A.Karger, F.Wahl}@tu-bs.de

Institut für Robotik und Prozeßinformatik
Technische Universität Braunschweig
Hamburger Str. 267, 38114 Braunschweig, Germany

Zusammenfassung In diesem Artikel wird eine Möglichkeit vorgestellt, wie mit minimalem Hardwareaufwand alle 6 Freiheitsgrade einer relativen räumlichen Lage gemessen werden können. Notwendig dazu sind nur ein 2d PSD-Sensor (position sensitive device), drei Lichtquellen, die einen gebündelten Lichtstrahl abgeben (z. B. LED's) und die Interface- und Steuerelektronik. Es wird die Berechnung der relativen Lage aus den 2d PSD-Messwerten erklärt, die Parameterwahl für die Lichtstrahlausrichtung durchgeführt und der Meßfehler betrachtet. Bei der Parameterwahl sind vor allem Singularitäten im Arbeitsraum zu vermeiden.

1 Einleitung

Es gibt eine große Vielfalt von eindimensionalen Lagesensoren, etwa Drehgeber für Winkel oder Längenmesser. Für höher-dimensionale Lagemessungen werden diese oft kombiniert, etwa bei 3d-Koordinaten-Messmaschienen, bei denen oft drei Längenmesser eingesetzt werden, um die drei Koordinaten eines Raumpunktes zu messen. Zur Messung der Orientierung sind dann aber immer noch weitere Vorrichtungen notwendig. Bei seriellen Robotern wird die 6 DoF Lage der Roboterhand aus der Roboterkinematik und den sechs gemessenen Gelenkwinkeln berechnet. Auf optische Weise können die sechs Freiheitsgrade der relativen Lage einer CCD-Kamera zu einem Körper mit genau vermessenen Passpunkten, die nicht in einer Ebene liegen, aus einem Kamerabild berechnet werden. Alle oben erwähnten Verfahren haben

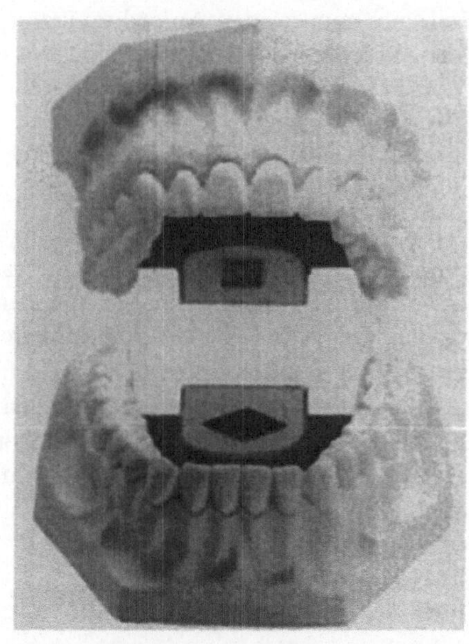

Abb. 1) Einsatz des Lagesensors zur Messung der Unterkieferbewegung relativ zum Oberkiefer (Abbildung aus [1])

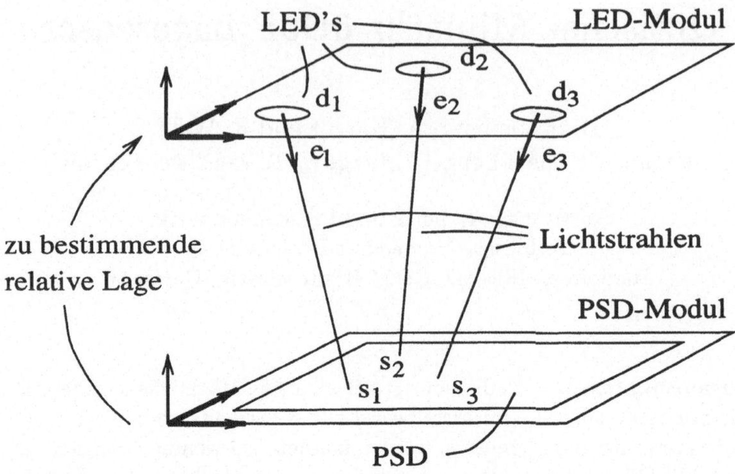

Abb. 2) Skizze zur geometrischen Anordnung des PSD's und der LED's

aber einen sehr hohen Platzbedarf, sind sehr teuer oder nur einsetzbar, wenn Lagen aktiv angefahren werden sollen. Für Miniaturanwendungen wurde deshalb ein alternativer optischer 6 DoF Lagesensor entwickelt, der nur aus einem PSD (photo sensitiv device) und drei Leuchtdioden besteht.

Dieser Lagesensor ist klein genug, um z.B. in einer medizintechnischen Anwendung intraoral die Lage des Unterkiefers relativ zum Oberkiefer während der Bewegung unter Zahnkontakt zu messen (Abb. 1). In dieser Anwendung sind auch nur geringe Anforderungen an den Arbeitsbereich gestellt, dafür muß aber mit hoher Genauigkeit gemessen werden.

2 Das Meßprinzip

In der Abbildung 2 ist die geometrische Konfiguration des PSD's und der LED's an den Orten d_i mit den Strahlrichtungen e_i skizziert. In jeder Lage, die gemessen werden soll, müssen alle drei Lichtstrahlen auf den PSD treffen. Wenn jeweils nur eine LED leuchtet, können nacheinander die drei Auftreffpunkte gemessen werden. Oder die LED's werden mit unterschiedlichen Frequenzen moduliert; in diesem Fall können die entsprechend frequenten Anteile aus den PSD-Strömen herausgefiltert werden und zum Messen der Auftreffpunkte s_i verwendet werden. Im folgenden Abschnitt ist beschrieben, wie aus den drei Auftreffpunkten die relative Lage zwischen dem LED-Modul und dem PSD-Modul berechnet werden kann.

3 Relative Lageberechnung der Module

Die relative Lage wird durch eine Rotationsmatrix R und einen Translationsvektor t beschrieben. Dann gilt:

$$s_i = t + \mathrm{R}(d_i + l_1 e_i) \qquad i = 1, 2, 3 \tag{1}$$

Dabei sind s_i die Auftreffkoordinaten auf den PSD im Koordinatensystem des PSD-Modules und d_i beschreiben die Startpunkte und e_i die Richtungen der Lichtstrahlen im Koordinatensystem des LED-Modules. Die Strahlrichtungsvektoren sind normiert, also $e_i^2 = 1$. Die Längen der Strahlen vom Startpunkt bis zum Auftreffpunkt seien mit l_i bezeichnet.

In dem obigem Gleichungssystem sind sowohl die Längen l_i als auch die gesuchte Transformation (R, t) unbekannt. Da jedoch Abstände von Punkten durch lineare Transformationen nicht verändert werden, können R und t eliminiert werden, um zunächst die Strahllängen zu berechnen.

$$M_1 = (s_3 - s_2)^2 = (d_3 + l_3 e_3 - d_2 - l_2 e_2)^2 \tag{2}$$

$$M_2 = (s_1 - s_3)^2 = (d_1 + l_1 e_1 - d_3 - l_3 e_3)^2 \tag{3}$$

$$M_3 = (s_2 - s_1)^2 = (d_2 + l_2 e_2 - d_1 - l_1 e_1)^2 \tag{4}$$

Durch Ausmultiplizieren und Substitutieren

$$E_1 = 2(-e_3 e_2) \qquad E_2 = 2(-e_1 e_3) \qquad E_3 = 2(-e_2 e_1) \tag{5}$$

$$D_{32} = 2e_3(d_3 - d_2) \qquad D_{23} = 2e_2(d_2 - d_3) \qquad D_{13} = 2e_1(d_1 - d_3)$$
$$D_{31} = 2e_3(d_3 - d_1) \qquad D_{21} = 2e_2(d_2 - d_1) \qquad D_{12} = 2e_1(d_1 - d_2)$$

$$C_1 = (d_3 - d_2)^2 \qquad C_2 = (d_1 - d_3)^2 \qquad C_3 = (d_2 - d_1)^2 \tag{6}$$

reduziert sich das Gleichungssystem zu:

$$\begin{aligned} l_3^2 + l_2^2 + l_3 l_2 E_1 + l_3 D_{32} + l_2 D_{23} + C_1 &= M_1 \\ l_1^2 + l_3^2 + l_1 l_3 E_1 + l_1 D_{13} + l_3 D_{31} + C_2 &= M_2 \\ l_2^2 + l_1^2 + l_2 l_1 E_1 + l_2 D_{21} + l_1 D_{12} + C_3 &= M_3 \end{aligned} \tag{7}$$

Man erhält damit eine Gleichung, die nur von den Strahllängen abhängig ist.

$$\begin{pmatrix} M_1 \\ M_2 \\ M_3 \end{pmatrix} = F \begin{pmatrix} l_1 \\ l_2 \\ l_3 \end{pmatrix}, \qquad \text{bzw.} \qquad M = F(L) \tag{8}$$

Der Vektor M ist durch die Sensordaten gegeben, der Vektor L, der aus den drei Strahllängen besteht, ist gesucht. Eine Auflösung nach den gesuchten Längen ist sehr schwierig; es wurde deshalb ein iteratives Verfahren eingesetzt. Das Ziel der Iteration ist es, die Gleichung

$$G(L) = F(L) - M = 0 \tag{9}$$

mit möglichst hoher Genauigkeit zu erfüllen. Die Formel der Newton-Iteration lautet in diesem Fall

$$L_{i+1} = L_i - \left(\frac{\partial G}{\partial L} \right)^{-1} G(L_i) \tag{10}$$

Weil M konstant ist, gilt $\frac{\partial M}{\partial L} = 0$. Deshalb kann die Gleichung umgeformt werden zu

$$L_{i+1} = L_i - \left(\frac{\partial F}{\partial L}\right)^{-1} (F(L_i) - M) \tag{11}$$

wobei gilt:

$$\frac{\partial F}{\partial L} = \begin{pmatrix} 0 & 2l_2 + l_3 E_1 + D_{23} & 2l_3 + l_2 E_1 + D_{32} \\ 2l_1 + l_3 E_2 + D_{13} & 0 & 2l_3 + l_1 E_2 + D_{31} \\ 2l_1 + l_2 E_3 + D_{12} & 2l_2 + l_1 E_3 + D_{21} & 0 \end{pmatrix} \tag{12}$$

Mit Hilfe dieser Formel kann eine Lösung für L angenähert werden.

Vor dieser Iteration ist jedoch noch der Startwert L_0 zu bestimmen. Wenn eine Folge von relativen Lagen gemesen werden soll, bei der die Abweichungen von einer relativen Lage zur nächsten nicht zu groß sind, so kann durch eine lineare Nährung aus den Strahllängen L^{t-1} der letzten berechneten relativen Lage ein guter Startwert berechnet werden:

$$L_0^t = L^{t-1} + \left(\frac{\partial F}{\partial L}\right)^{-1} (S^t - S^{t-1}) \tag{13}$$

Für die erste relative Lage in einer Folge muß dennoch eine andere Möglichkeit zur Berechnung eines Startwertes gefunden werden.

In dem o.g. Anwendungsbeispiel aus des Medizintechnik konnte davon ausgegangen werden, daß am Anfang die Kiefer und damit auch die Sensormodule näherungsweise parallel aufeinander liegen. Es wurden deshalb für die erste relative Lage die Startwerte für die Strahllängenberechnung mit der Annahme berechnet, daß die Ebenen, in der der PSD-Sensor und die LED's liegen, parallel zueinander ausgerichtet sind. Tests haben ergeben, daß die folgende Iteration auch bei gröberen Verletzungen dieser Startbedingung konvergiert.

Sind die Strahllängen bekannt, so können die Auftreffpunkte der Strahlen auf dem PSD-Sensor auch im Koordinatensystem des LED-Modules berechnet werden. Die Ebene durch diese drei Punkte ist die PSD-Sensorebene. Zur Berechnung der gesuchten Transformation wird zunächst die Rotationsmatrix berechnet, die die Vektoren von den Schwerpunkten zu den Ecken aufeinander dreht. Danach kann der Translationsvektor berechnet werden, so daß die Schwerpunkte aufeinander liegen.

4 Arbeitsraum des Lagesensors

Der Arbeitsraum wird durch zwei Kriterien eingeschränkt:

- singuläre Stellungen (Es dürfen keine singulären Stellungen im Arbeitsraum liegen)
- Sensorgröße und Strahlparameter (Für jede erlaubte Stellung im Arbeitsraum müssen alle Lichtstrahlen auf die PSD-Sensorfläche fallen)

4.1 Singuläre Stellungen

Singuläre Stellungen können auftreten, wenn zwei geometrische Grössen durch
eine nichtlineare Beziehung voneinander abhängen. Dann kann es Stellungen
geben, in denen die Ableitung der einen nach der anderen Größe entweder verschwindet, oder über alle Grenzen wächst. Anschaulich bedeutet das, daß in der
singulären Stellung sich eine der Größen um einen endlichen Wert ändern kann,
während die andere Größe sich nicht ändert.

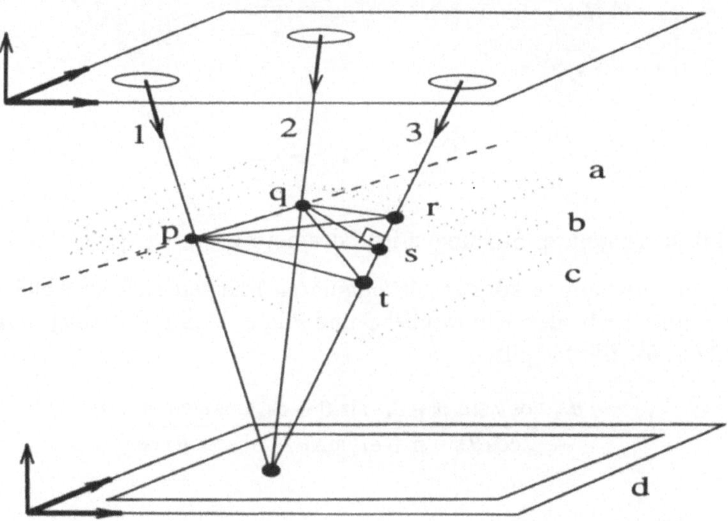

Abb. 3) Singuläre Stellungen in b und d; Stellungen mit gleichen PSD-
Messwerten in a und c. Die Fläche a beinhaltet die Punkte p, q und r, Fläche b
enthält die Punkte p, q und s und Fläche c enthält die Punkte p,q und t.

In der Abb. 3 befindet sich die PSD-Ebene in b und d in einer singulären
Stellung. In b trifft ein Strahl senkrecht auf die Ebene. Das bedeutet, wenn die
Ebene um die Gerade durch die beiden anderen Strahlauftreffpunkte p und q
kippt, ändert sich die Strahllänge l_3, aber keiner der Auftreffpunkte der Strahlen
auf den PSD. Und damit ändern sich auch die M_i nicht. In d liegt der Schnittpunkt der Strahlen auf der Ebene. Dann kann die Ebene um den Schnittpunkt
kippen, ohne daß sich die PSD-Messwerte ändern.

Mathematisch ist eine singuläre Stellung dadurch gekennzeichnet, daß die
Determinante der Jacobimatrix verschwindet:

$$\left| \frac{\partial F}{\partial L} \right| = 0 \tag{14}$$

Die Darstellung dieser Fläche zeigt Abb. 4.

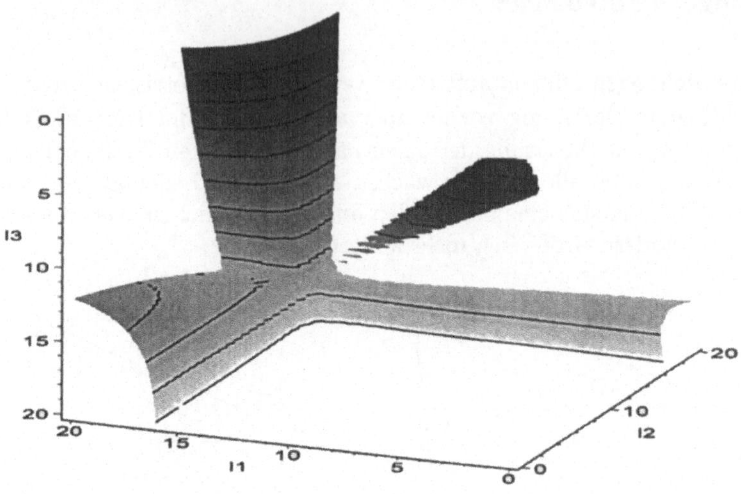

Abb. 4) Fläche singulärer Stellungen im Parameterraum von l_1, l_2 und l_3

Zur besseren Anschauung können die singulären Flächen auch in Abhängigkeit der Höhe h und der beiden Kippwinkel ϕ und θ in x- und y-Richtung dargestellt werden (Abb. 5). Hierfür gilt:

$$l_i = \frac{-d_{ix}\cos\theta\sin\phi + d_{iy}\sin\theta + d_{iz}\cos\theta\cos\phi + h}{-e_{ix}\cos\theta\sin\phi + e_{iy}\sin\theta + e_{iz}\cos\theta\cos\phi} \qquad (15)$$

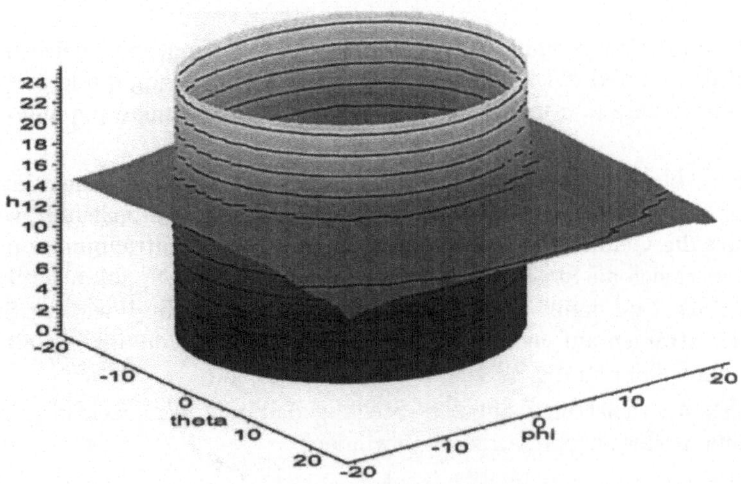

Abb. 5) Fläche singulärer Stellungen im Parameterraum von ϕ, θ und h

4.2 Sensorgröße und Strahlparameter

Alle Strahlen müssen die PSD-Sensorfläche treffen. Dabei ist zu beachten, daß die Strahlen mit zunehmender Entfernung von der Lichtquelle die Strahlen aufweiten. Es muß jedoch die gesammt Strahlbreite die aktive Sensorfläche treffen, weil nur dann der Schwerpunkt des Lichtpunktes, den der PSD-Sensor mißt auf der idealen Strahlhalbgeraden liegt.

5 Fehlerbetrachtung

Bei der Bestimmung der Auftreffkoordinaten auf dem PSD-Sensor entstehen Meßfehler. Durch eine Kalibrierung des PSD-Sensors kann die Positionsnichtlinearität kompensiert werden, es bleibt aber ein durch Rauschen bedingter Meßfehler. In dem Datenblatt des PSD-Sensors [3] wird die dadurch bedingte Positionsauflösung mit $\sim 2,5\mu m$ angegeben.

Dieser Fehler hat den größten Einfluß auf die Lageberechnung, wenn das aus den Auftreffpunkten gebildete Dreieck kleine Seitenlängen hat. Dies ist der Fall, wenn sich der PSD-Sensor ganz am unteren Ende des Arbeitsbereiches befindet. Der größte Einfluß wird sich dort auf die Berechnung des Kippwinkels um die y-Achse ergeben.

Es wurde deshalb für 1° Winkeländerung in verschiedenen Höhen und Kippwinkeln die Summe der Längenänderungen berechnet und in Abb. 6 dargestellt. Es ergibt sich ein minimaler Wert von $5\mu m$, so daß eine Auflösung von 1° auch im ungünstigsten Fall noch möglich ist.

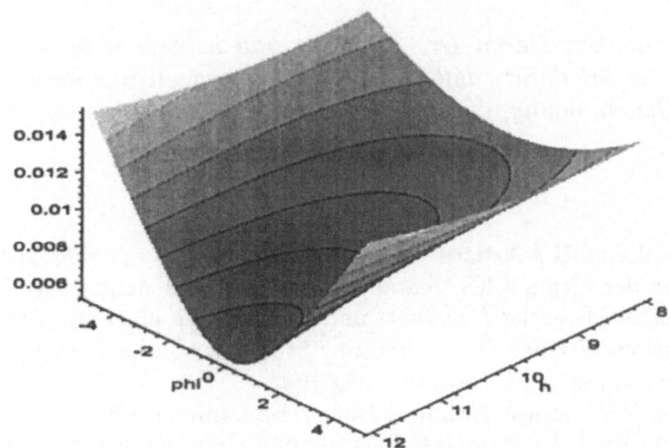

Abb. 6) Summe der Dreieckseitenlängenänderungen zwischen den Lichtpunkten auf dem PSD bei 1° Winkelabweichung von ϕ

6 Experimentelle Ergebnisse

Einige Ergebnisse der Lagemessungen:

```
 0.999  0.001  0.013 -0.016    0.5mm
-0.001  0.999 -0.001 -0.019    Abstand
-0.013  0.001  0.999  0.498

 0.999  0.000  0.013 -0.024    1.0mm
-0.000  0.999  0.002 -0.021    Abstand
-0.013 -0.002  0.999  1.002

 0.999 -0.002  0.024 -0.027    1.5mm
 0.003  0.999  0.005 -0.035    Abstand
-0.024 -0.005  0.999  1.498
```

Die translatorischen Freiheisgrade können sehr gut gemessen werden. Bei den rotatorischen Freiheisgraden treten besonders um die Längsachse hohe Fehler auf. 0.011 rad $\hat{\approx}$ $0.7°$.

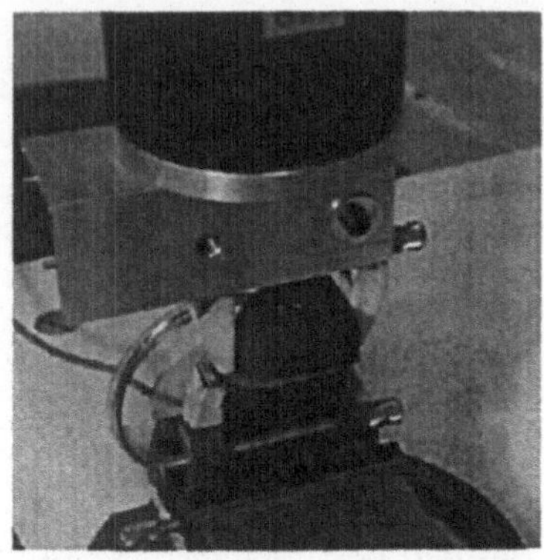

Abb. 7) Sensormodule am Endeffektor eines Roboters zur Lagemessung

7 Zusammenfassung

Es wurde die Theorie zur Lage-, zur Arbeitsraum- und zur Fehlerberechnung des Miniatur Lagesensors aufgeführt. Experimentelle Ergebnisse zeigen, daß der Sensor trotz seiner kleinen Abmessungen relative Lagen in sech Freiheitsgraden messen kann. In der ersten Fertigungsserie waren die Module mit nur drei LEDs bestück. Zur Verbesserung der Meßgenauigkeit und der Vermeidung der singulären Flächen sollten in einer weiteren Optimierung mindestens vier Lichtstrahlen verwendet werden.

Danksagung

Die Autoren danken Herrn Dr. Schrader und seinen Mitarbeitern der Firma ARS Dental GmbH dafür, daß sie dieses Problem an uns herangetragen haben und für die Genehmigung, die Abb. 1 aus ihrem Firmenprospekt [1] zu benutzten.

Literatur

1. ARS Dental GmbH / Articus - Der Quantensprung in der Bißregistrierung / Werbeprospekt der Firma ARS Dental GmbH / www.ars-dental.de / 1999
2. Marc-Michael Meinecke / Entwurf und Realisierung einer Auswerteelektronik für einen Position-Sensitive-Device-Sensor / Studienarbeit am Institut für Robotik und Prozeßsinformatik / TU Braunschweig 1997
3. Large-Area PSD Series: Technical Data / Hamamatsu Photonics / 1995
4. Karl-Rudolf Koch / Parameterschätzung und Hypothesentests / Dümmler / Bonn 1986
5. K. M. Heal, M. L. Hansen and K. M. Rickard / Maple V Leraning Guide / Springer-Verlag / 1998

Grundebenen-Rekonstruktion in unbekannter Innenraum-Umgebung durch einen mobilen Roboter mittels Einzelbild-Sequenzen

Christian Bräuer-Burchardt und Klaus Voss
FSU Jena, Institut für Informatik, Lehrstuhl Digitale Bildverarbeitung
Ernst-Abbe-Platz 1-4, 07743 Jena
email: cbb@pandora.inf.uni-jena.de

Zusammenfassung Es wird ein Verfahren vorgestellt, durch welches der maßstabsgerechte Grundplan einer Innenraum-Umgebung durch monokulare Bildsequenzen einer auf einem mobilen Roboter montierten Kamera erstellt wird. Die Kamerabilder werden zunächst durch die Kanatani'sche Hauptpunkt-Transformation so transformiert, daß eine Ähnlichkeitsabbildung von Teilen der Grundebene realisiert wird und dann zu einem Mosaikbild zusammengefügt. Durch Auswertung der Bilddaten und Matching mit dem erstellten Grundplan kann der Roboter seine Position lokalisieren und korrigieren. Das Verfahren ermöglicht auch eine vollständige 3D-Rekonstruktion der Innenraum-Umgebung und schafft damit die Voraussetzungen für die Navigation des Roboters. Durch die Auswertung von Fluchtpunkten können Aufnahmewinkel und Brennweite (Zoom-Objektive sind einsetzbar) variabel sein.

1 Einleitung

Der Einsatz mobiler Roboter gewinnt in vielen Einsatzbereichen in der Industrie, aber auch im Dienstleistungsbereich immer größere Bedeutung. Innerhalb des Aufgabengebietes *Robot Vision* werden in zunehmendem Maße Verfahren zur algorithmischen Verarbeitung von Bilddaten durch den Roboter selbst eingesetzt.

Die Erkennung und Interpretation seiner Umgebung ist für einen mobilen Roboter Voraussetzung für seine kollisionsfreie Navigation und erfordert die (partielle) Rekonstruktion der 3D-Geometrie seiner Umgebung. Dazu hat es in der Vergangenheit eine Reihe von Arbeiten [5,6,10-14,16] gegeben, die sowohl auf Analyse von Einzelbildsequenzen, als auch von Stereo-Bildpaaren beruhen.

Bei bekannten inneren Kameraparametern läßt sich die Grundebene mittels inversperspektivischer Abbildung (IPM) [12] maßstabsgerecht abbilden. Die IPM wird z.B. zur 3D-Rekonstruktion von Straßenverläufen [7] oder bei der Roboter-Navigation benutzt, um mittels Stereobildpaaren Hindernisse zu erkennen [1,12].

In unserem Projekt soll durch Auswertung monokularer Bildsequenzen zunächst die 2D-Geometrie der Grundebene rekonstruiert und die Roboter-Position bestimmt werden, um damit die Voraussetzungen für die Navigation des Roboters und die 3D-

Rekonstruktion der Umgebung zu schaffen. Dabei sollen Informationen aus der Roboter-Steuerung, der Auswertung von Fluchtpunkten, der Translationsschätzung zwischen rektifizierten Grundebenen-Bildern und A-priori-Wissen über die Aufnahme-Geometrie zur Problemlösung zusammengeführt werden.

2 Roboter und Kamera

Es wird ein mobiler Roboter vom Typ "Pioneer 2" der Firma "ActivMedia Robotics" (siehe Abb. 1) eingesetzt. Durch ein Steuerprogramm wird seine Position und Ausrichtung im Weltkoordinatensystem gesteuert und registriert. Die Übertragung der Steuerbefehle und der aufgenommenen Bilder zum PC erfolgt kabellos über Funk.

Auf dem Roboter wird eine Kamera mit bekannten inneren Parametern (radialsymmetrische Verzeichnungsfunktion, Bildhauptpunkt $P=(X,Y)$, Kammerkonstante f - im folgenden oft auch mit *Brennweite* bezeichnet) in definiertem oder wahlweise variablen Aufnahme-Neigungswinkel ω montiert. Es kann auch ein Zoom-Objektiv verwendet werden, wobei in diesem Fall die aktuelle Brennweite durch Bestimmung von mindestens zwei Fluchtpunkten orthogonaler Richtungen [2] berechnet werden muß. Bei Verwendung von Zoom-Objektiven mit radialsymmetrischen Verzeichnungen ist die Veränderung der Verzeichnungsparameter in Abhängigkeit von der Brennweite zu berücksichtigen.

Gegeben sei das 3D-Weltkoordinatensystem Σ_W, welches orthogonal zur Grundebene ausgerichtet sein soll. Die Z-Achse des 3D-Roboter-Koordinatensystems Σ_R sei identisch mit der Z-Achse von Σ_W. Das Kamerakoordinatensystem Σ_K sei so ausgerichtet, daß X- und Y-Achse mit der des Bildkoordinatensystems Σ_I übereinstimmen und die Z-Achse parallel zur optischen Achse verläuft. Zwischen Σ_K und Σ_R besteht eine starre Verbindung, die durch die feste Montage der Kamera auf dem Roboter realisiert ist. Das Projektionszentrum C der Kamera, d.h. der Ursprung von Σ_K befinde sich in Σ_R an der Position (x_{RC}, y_{RC}, z_{RC}). Der Zusammenhang zwischen den Koordinaten von Σ_W und Σ_K ist somit durch die aktuelle Position (x_R, y_R) und Orientierung φ des Roboters in Σ_W bestimmt. Der Winkel φ sei als Winkel zwischen den X-Achsen von Σ_W und Σ_R definiert. Das Tupel (x_R, y_R, φ) legt also die Roboterposition in Σ_W fest.

Die Orientierung der Kamera bezüglich eines orthogonalen Bezugssystems wird in der terrestrischen Photogrammetrie durch die drei Rotationswinkel Kippung (κ), Neigung (ω) und Schwenkung (φ) beschrieben. Im Gegensatz zur üblichen Verfahrensweise [17] definieren wir als Kippung κ die Rotation der Kamera um die optische Achse, d.h. den Winkel zwischen X-Achse von Σ_K und der XY-Ebene von Σ_W. Das heißt, durch unterschiedliche Kippungswinkel bei der 3D-2D-Abbildung unterscheiden sich die Bilder lediglich durch eine Rotation. Im Unterschied dazu wird durch eine Veränderung der Schwenkung φ oder Neigung ω der projektive Anteil der Abbildung verändert. Die Neigung ω gibt den Winkel zwischen der optischen Achse Z_K des Kamerasystems und der Grundebene E an (siehe Abb.2), bedeutet also eine Rotation um die X-Achse von Σ_K. Die Schwenkung φ beschreibt die Rotation um die Y-Achse von Σ_K (bzw. die Rotation um die Z-Achsen von Σ_R und Σ_W).

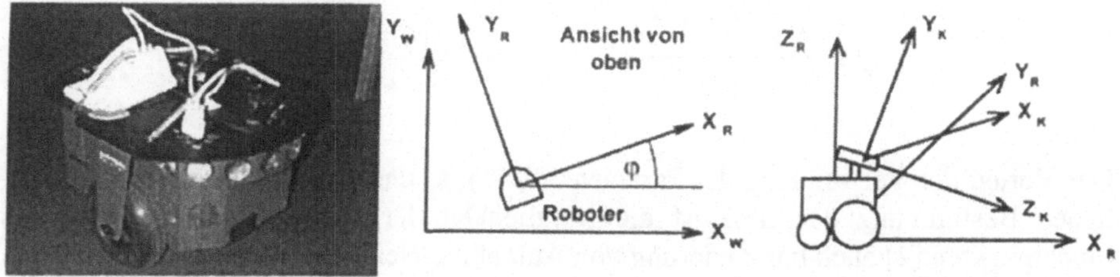

Abb.1. Mobiler Roboter (links), Zusammenhang zwischen Welt- und Roboter- (mitte) und Roboter- und Kamera-Koordinatensystem (rechts)

3 Bildtransformation

Mit Q bezeichnen wir den Fluchtpunkt aller derjenigen Linien im Bild, die senkrechte Linien der 3D-Szene abbilden. Der Zusammenhang zwischen den Winkeln κ und ω, den Hauptpunktkoordinaten X, Y, den Koordinaten des senkrechten Fluchtpunktes $Q=(x_q, y_q)$ und der Brennweite f wird durch die Beziehungen

$$\kappa = \arctan \frac{X - x_q}{Y - y_q} \tag{1}$$

$$\omega = \arctan \frac{f \cos(\kappa)}{y_q - Y} \tag{2}$$

ausgedrück. Der Kippungswinkel κ sei o.B.d.A. $\kappa = 0$, d.h. $X = x_q$. Dies wird durch die feste Montage der Kamera auf dem Roboter erreicht. Abweichungen können durch die Bestimmung von Q mittels (1) berechnet und durch einfache Bildrotation um κ korrigiert werden. Der Neigungswinkel ω der Kamera (siehe Abb.2) wird entweder als bekannt (feste Montage) vorausgesetzt oder durch Bestimmung und Auswertung des senkrechten Fluchtpunktes gemäß (2) berechnet. Die Höhe H des Projektionszentrums C der Kamera über der Grundebene E sei durch die feste Montage bekannt.

Für die Erstellung des Umgebungs-Planes wird eine Transformation der Bilder derart vorgenommen, daß die Grundebene E durch inversperspektivische Abbildung [12] maßstabsgerecht abgebildet wird. Mit Kenntnis des Abbildungsmaßstabes der transformierten Bilder und der Position des Roboters ist damit zunächst eine 2-dimensionmale maßstabsgerechte Modellierung der Ebene E möglich.

Wir erreichen die Ähnlichkeitsabbildung von E durch Anwendung der Kanatani'schen Hauptpunkttransformation (KHT) [9]. Dabei wird der Fluchtpunkt Q senkrechter Objektlinien in den Bildhauptpunkt derart tranformiert, daß der Sehstrahl s durch Q in die optische Achse gedreht wird. Zur Vereinfachung erfolgt o.B.d.A. eine Translation der gesamten Bildebene um $(-X, -Y)$, d.h. $P = (X, Y) = (0,0)$ und eine Bildrotation, so daß $\kappa = 0$ gilt. Unter diesen Bedingungen vereinfacht sich die in [4] ausführlicher dargestellte 2D→2D-Transformation der Bildpunkte (ξ, η) in die neuen Bildpunkte (ξ', η') unter Berücksichtigung der Brennweite f zu

$$\xi' = \frac{f\xi\sqrt{f^2 + y_q^2}}{\eta y_q + f^2}, \qquad \eta' = \frac{f^2(\eta - y_q)}{\eta y_q + f^2}. \tag{3}$$

Der Vorteil der Verwendung der Parameter X, Y, f, x_q und y_q gegenüber der herkömmlichen Bestimmung der IPM ist die Möglichkeit der Kamerakalibrierung mittels Fluchtpunkten [2] auch bei Änderung von Aufnahme-Neigungswinkel und Brennweite (Zoom-Objektiv) während des Navigationsvorgangs.

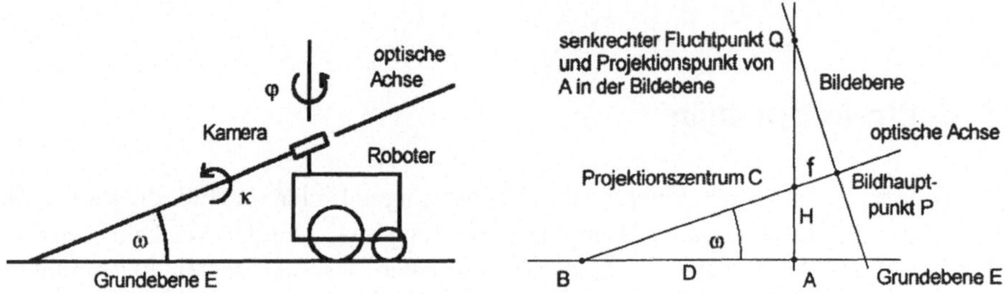

Abb.2. Kameraanordnung und Zusammenhang zwischen Ebenen und Punkten

Zwischen ω und Q besteht wegen (1) und (2) bei $\kappa=0$ und $P=(0,0)$ die Beziehung

$$x_q = 0 \qquad y_q = \frac{f}{\tan \omega} \tag{4}$$

Dem Abbild des Hauptpunktes P entspricht genau ein 3D-Punkt B der Grundebene E. Der Aufpunkt A, der der auf die Grundebene E orthogonal projizierten Position des Projektionszentrums C entspricht, befindet sich in der Entfernung D mit $D = H\,/\,\tan\omega$ vom Punkt B. Das Bild von A in der Bildebene befindet sich an der (außerhalb der Grenzen des sichtbaren Bildes befindlichen) Position $Q=(x_q, y_q)$ des senkrechten Fluchtpunktes. Durch Anwendung der KHT auf das Bild I entsteht das Bild I', wobei gemäß (3) Q nach $Q'=P=(0,0)$ und P nach $P'=(X',Y')=(0,-y_q)=-Q$ transformiert wird. Das heißt, im transformierten Bild I' ist der Abbildungsmaßstab durch die Beziehung

$$D = l \cdot y_q = l \frac{f}{\tan \omega} \tag{5}$$

mit der Pixelgröße l (in Längeneinheit pro Pixel) gegeben, woraus $H = l \cdot f$ folgt. Für die Pixelgröße l des transformierten Bildes I' ergibt sich somit

$$l = H/f. \tag{6}$$

Die Weltkoordinaten x_W und y_W eines Punktes $P=(x_W,y_W,0)$ der Grundebene E mit den Bildkoordinaten $B=(\xi,\eta)$ im an der Position (x_R,y_R,φ) aufgenommenen Bild lassen sich demnach durch

$$x_W = x_R + (\xi'l - x_{RC})\cos\varphi + (\eta'l - y_{RC})\sin\varphi$$
$$y_W = y_R + (\xi'l - x_{RC})\sin\varphi - (\eta'l - y_{RC})\cos\varphi$$

$$(7)$$

berechnen. Abbildung 3 zeigt ein Beispiel für eine originale und eine entzerrte Innenraumaufnahme mit eingezeichneten Entfernungs-Gitterlinien im 1m-Abstand.

Abb.3. Originalaufnahme und entzerrte Grundebene mit Gitterlinien im 1m-Abstand

4 Rekonstruktion der Grundebene

Der Roboter befinde sich zunächst auf einer beliebigen Position, o.B.d.A. im Koordinatenursprung der Grundebene. Von dieser Startposition aus werden nun Bilder der Roboter-Umgebung aufgenommen, und zwar derart, daß sich der Roboter um die eigene Achse dreht und in definierten Winkel-Abständen, die sich aus der Brennweite ergeben, Bilder aufnimmt.

Durch Anwendung von (3) und (7) kann nun für jeden abgebildeten Punkt der Grundebene aus allen Bilden der Sequenz die Position im Weltkoordinatensystem bestimmt werden. Zur Erstellung eines Grundebenen-Bildes I^* bietet sich die Invertierung von (3) und (7) an, um für jeden Zielpunkt von I^* einen Ursprungspunkt in einem oder mehreren der Originalbilder zu ermitteln. Das setzt die exakte Bestimmung der Tupel $(x_R,y_R,\varphi)_i$ voraus, welche jedoch erfahrungsgemäß allein durch Auswertung der Steuerparameter nicht mit hinreichender Genauigkeit erreicht werden kann.

Daher wird die Roboter-Position durch Bestimmung der verbleibenden Rotation und Translation zwischen den Grundebenen-Bildern korrigiert. Die rektifizierten Bilder werden gemäß $(x_R,y_R,\varphi)_i$ in ein zweidimensionales, zur XY-Ebene von Σ_W paralleles Koordinatensystem transformiert. Unterschiedliche Skalierungsfaktoren zwischen den rektifizierten Bildern sind bei konstantem Neigungswinkel und fester

Brennweite ausgeschlossen. Ist ω oder f variabel, kann es durch Kalibrierfehler zu Skalierungsfehlern kommen. Die zwischen den Bildern verbleibenden kleinen Translations-, Rotations- und Skalierungsfehler werden durch ein Blockmatching-Verfahren auf Grundlage der SDR-Methode [15] ermittelt, welche den Translationsvektor zwischen zwei Bildern bestimmt und diesen zur Korrektur der Bildtransformationen benutzt. Dabei kann durch Translationsbestimmung in unterschiedlichen Bildbereichen ein Verschiebungs-Vektorfeld aufgebaut werden (siehe Abb.5), aus dem Rotation, Translation und Skalierung zwischen den Bildern ermittelt wird.

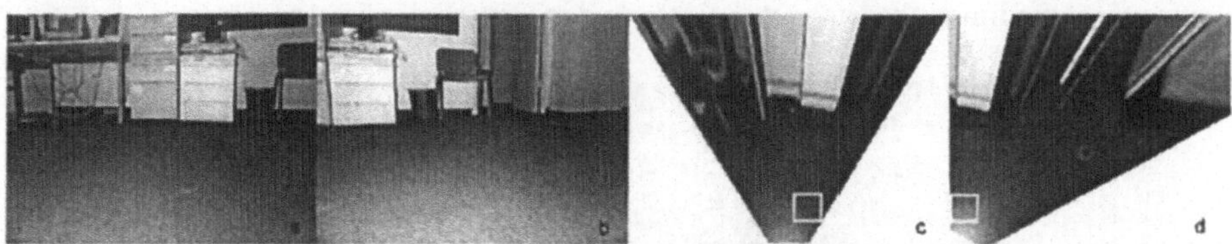

Abb.4. Zwei aufeinanderfolgende Bilder (a+b) und rektifizierte Bilder mit berechnetem Bereich (Quadrate) gleicher 3D-Koordinaten (c+d)

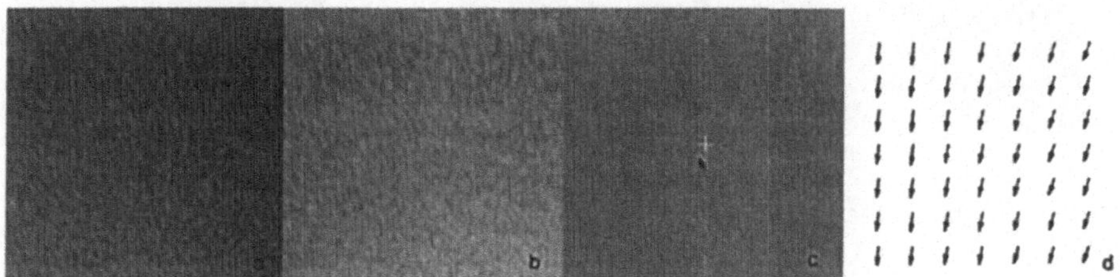

Abb.5. a+b: 256x256-Teilbilder aus den Quadraten aus 4c+d), c: SDR-Bild zwischen a) und b) mit Peak, d:Vektorfeld der berechneten Translationen aus 64x64-Teilbildern

Abb.6. Zusammengesetztes Bild

Anschließend erfolgt ein geeignetes Zusammenfügen der Bilder zu einem Orthophoto des aktuellen Grundebenenbereichs (siehe Abbn. 6 und 7). Zur visuellen Verbesserung können bekannte Mosaik-Techniken [8] verwendet werden, wobei zu berücksichtigen ist, daß die rektifizierten Bilder eine inhomogene örtliche Bildauflösung besitzen. Daher sollte der Bildinhalt nur bis zu einer definierten Entfernung von der Aufnahmeposition (siehe Abb.3) interpretiert werden. Für die Homogenisierung der Bildauflösung kann der Roboter in andere Positionen gebracht werden, von der aus neue Grundebenen-Bilder erstellt und in das bestehende Mosaik eingefügt werden.

In Abb.7 ist das Beispiel der Transformation einer Bildsequenz einer Korridor-Szene illustriert. Zunächst befand sich der Roboter in Position P1, und wurde nach Erstellen des ersten Teils des Grundebenenplans in die Positionen P2 bis P4 navigiert, von denen aus weitere Bilder erstellt wurden. Nach Zusammensetzen der Teilpläne und Erkennung der Begrenzungskanten wurde der Linienplan erstellt. Die Asymmetrien im Bereich der Roboterpositionen deuten auf Navigationsfehler des Roboters hin. Es wurden zehn unabhängige Maße (siehe Abb.7) durch Messung überprüft (Tab.1). Die mittlere Abweichung der Längenmaße betrug 1.6 ± 2.5 % mit maximalen Fehlern unter 5%. Diese Genauigkeit dürfte für die Navigation des Roboters hinreichend sein.

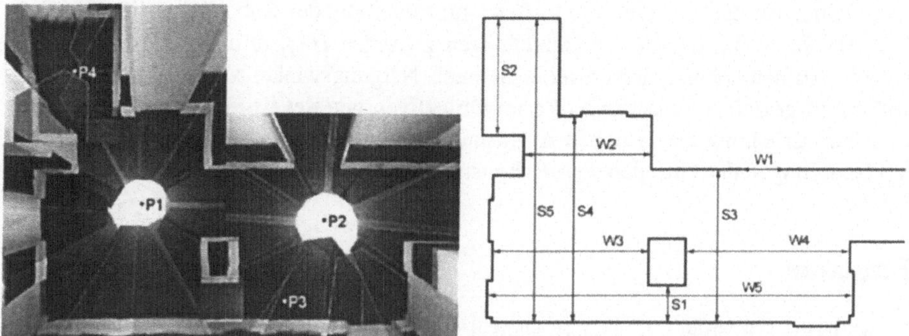

Abb.7. Korridorbild-Mosaik und Skizze des Begrenzungslinien-Planes

Maß	Messung (Bild) in m	Ist (Bandmaß) in m	Fehler in m	Fehler in %
W1	0,93	0,93	0,00	0,00
W2	2,59	2,70	-0,11	-4,07
W3	3,16	3,32	-0,16	-4,82
W4	3,38	3,34	0,04	1,20
W5	7,49	7,60	-0,11	-1,45
S1	0,77	0,74	0,03	4,05
S2	1,44	1,51	-0,07	-4,64
S3	3,19	3,22	-0,03	-0,93
S4	4,39	4,46	-0,07	-1,57
S5	6,34	6,45	-0,11	-1,71

Tabelle 1: Experimentelle Maßbestimung

Bei fester Einstellung der Kamera-Neigung ω gehen wir von einem vernachlässigbaren Fehler von ω bzw. Q aus. Ist ω jedoch variabel, wird ω über die Bestimmung von Q ermittelt. Zur Abschätzung der Reproduzierbarkeit wurde (ein festes) ω in 14 Bildern aus den berechneten Werten für Q ermittelt. Es ergab sich ein mittlerer Wert für ω von 8.02 ± 0.28°. Die Genauigkeit der Hauptpunkt-Bestimmung aus drei Fluchtpunkten ist stark abhängig vom Bildinhalt und wurde u.a. in [2] untersucht.

5 Diskussion und Ausblick

Das Verfahren ist als semiautomatischer Algorithmus implementiert. Problematisch kann der homogene Übergang von Grundebene zu Wänden (z.B. an Scheuerleisten – siehe Abb.3) sein, was dazu führt, daß bestimmte Bildpunkte fälschlicherweise als Grundebenenpunkte interpretiert werden. Hier ist bisher interaktives Eingreifen nötig.

Für die Navigation des Roboters, die Erkennung temporärer Hindernisse, sowie die Interpretation des Grundplanes, z.B. zu Kartierungszwecken muß sich eine weiterführende Bildverarbeitung anschließen. Folgebild-Paare bieten sich zur Separierung der Grundebenepunkte von höhereren Raumpunkten nach der Methode von Mallot [12] an. Auf diese Weise soll auch die Erkennung von Hindernissen realisiert werden. Für die Navigation ist nur eine Rekonstruktion der Umgebung in Richtung der Roboterbewegung notwendig. Dabei wird ausgenutzt, daß die höchste örtliche Auflösung unmittelbar vor der Kamera, also in Bewegungsrichtung des Roboters vorliegt.

Da durch die definierten Beziehungen zwischen H, f, ω und der Pixelgröße l, sowohl Aufnahmehöhe, Brennweite als auch Neigungswinkel variabel sein können, soll durch gezielten Einsatz von Zoom-Objektiven getestet werden, ob die damit erreichbare Erhöhung der örtlichen Auflösung in interessierenden Bildbereichen weitere Verbesserungen der Grundebenen-Rekonstruktion und Roboter-Lokalisation bewirkt.

Literatur

1. M.Bertozzi, A.Broggi, A.Fascioli: Stereo inverse perspective mapping: theory and applications. Image and Vision Computing 16 (1998), 585-590
2. C.Bräuer-Burchardt and K.Voss: Monokulare Rekonstruktion unter Orthogonalitätsvoraussetzungen. 21.DAGM-Symposium Mustererkennung 1999, Springer, 197-204
3. C.Bräuer-Burchardt and K.Voss: Robust vanishing point determination in noisy images. Accepted paper at 15th ICPR, 03.09.-08.09.2000, Barcelona
4. C.Bräuer-Burchardt und K.Voss: Winkelbestimmung in projektiv verzerrten Einzelbildern mittels Fluchtpunkten. 22.DAGM-Symposium Mustererkennung 2000, in diesem Band
5. H.S.Dulimarta and A.K.Jain: Mobile robot localization in indoor environment. Pattern Recognition 30(1), 1997, 99-111
6. S.Feyrer, O.Schimmel, A. Zell: Dreidimensionale Umgebungsmodellierung durch monokulare Exploration mit einem mobilen Roboter. In G. Schmidt, U. Hanebeck, F.Freyberger (Hrsg.), Autonome Mobile Systeme 1999, Springer, 366-375
7. A. Guiducci: 3D road reconstruction from a single image. CVIU 70(2), 1998, 212-226
8. M.Irani, P.Anandan, S.Hsu: Mosaic based representations of video sequences and their applications. Proc ICCV, 1995, 605-611
9. K.Kanatani: Constraints on length and angle. CVGIP 41, 1988, 28-42
10. A.Kosaka and C.Kak: Fast vision-guided robot navigation using model-based reasoning and prediction of uncertainties. CVGIP Image Understanding 56(3), 1992, 271-329
11. W.H.Lee, K.S.Roh, I.S.Kweon: Self-localization of a mobile robot without camera calibration using projective invariants. PRL 21, 2000, 45-60
12. H.A.Mallot, H.H.Bülthoff, J.J.Little, S.Bohrer: Inverse perspective mapping simplifies optical flow computation and obstacle detection. Biological Cybernetics 64, 1991, 177-85
13. S.Shah and J.K.Aggarwal: Mobile robot navigation and scene modeling using stereo fisheye lens system. Machine Vision and Applications (10), 1997, 159-173
14. A.Steinhage, G.Schöner: Self-calibration based on invariant view recognition: Dynamic approach to navigation, in: Robotics and Autonomous Systems, 20, Elsevier, 133-156
15. H.Suesse, K.Voss, W.Ortmann, T.Baumbach: Shift detection by restoration. Proc CAIP, 1999, 33-40
16. C.Toepfer, M.Wende, G.Baratoff, H.Neumann: Robot navigation by combining central and peripheral optical flow detection on a space-variant map. ICPR 1998, 1804-1807
17. P.R.Wolf: Elements of Photogrammetry. McGraw-Hill, 1983, 588ff

Accumulation of Object Representations Utilizing Interaction of Robot Action and Perception

Norbert Krüger, Marcus Ackermann, Gerald Sommer

Lehrstuhl für kognitive Systeme
Institut für Informatik,
Christian–Albrechts–Universität zu Kiel
Preusserstrasse 1-9, 24105 Kiel, Germany
nkr{maa,gs}@ks.informatik.uni-kiel.de

Abstract

We introduce a robotic–vision system which is able to extract object representations autonomously utilizing a tight interaction of visual perception and robotic action within a perception action cycle [9, 16]. Controlled movement of the object grasped by the robot enables us to compute the transformations of entities which are used to represent aspects of objects and to find correspondences of entities within an image sequence.

A general accumulation scheme allows to acquire robust information from imperfect and partly missing information extracted from single frames of an image sequence. Here we used this scheme with a preprocessing stage in which 3D-line segments are extracted from stereo images. However, the accumulation scheme can be used with any kind of preprocessing as long as the entities used to represent objects can be brought to correspondence by certain equivalence relations such as 'rigid body motion'.

1 Introduction

Model based vision systems usually apply manually designed object representations (see e.g., [18] or [12]). These methods work well but commonly have drawbacks with the need of manual intervention for creating object representations and the fine–tuning of these representations. Here we demonstrate an autonomous extraction of object representations making use of a tight interaction of perception and action: Accumulation of information takes place within a perception–action–cycle [9, 16]. As a challenging perspective we aim at a coupled robotic–vision system which is not equipped with manually designed object representations but the object to be manipulated is given to the robot and a representation is accumulated autonomously (see figure 1).

Feature extraction faces the problem that semantic information extracted by artificial systems from a single image or stereo images even under optimal conditions is necessarily imperfect. For instance, although there exist a large amount of edge detectors none of them is comparable to human performance. One important reason for the extremely good performance of humans on these tasks is that the human visual system applies *constraints* to interpret a certain scene or situation [5, 11]. A situation never stands for itself but is embedded in a time continuum [6]. Therefore an important constraint is the utilization of the coherence of objects during a rigid body motion which allows to accumulate information over time.

In this paper we suggest to accumulate object representations from image sequences by using the equivalence relation 'rigid body motion'. We account for the vagueness of semantic information extracted from single images by assigning confidences to this information and accumulating this information over an image sequence of a moving object. Although the information extracted from single images contains errors (see the representations on the left hand side of figure 1) a more stable representation can be achieved by combining information from different images (see right hand side of figure 1). Because the object can change its position and orientation — and this change might be wanted because another view of the object gives new information which might not be extractable from former ones — we face the correspondence problem: Correspondences between entities describing the object in different images (or 3D interpretations extracted from stereo images) are not known.

Here the correspondence problem is solved within a behavior based paradigm [2, 15]. The parameter of motion are known since the robot manipulates the object and the transformations of entities can be compensated for each frame of the sequence to achieve correspondences. Knowing the correspondences, an algorithm can be applied to update and improve the object representation iteratively. This accumulation algorithm is an extension of an algorithm introduced in [11, 13] which has only dealt with 2D representation and translational motion.

2 Extraction of Object Representations from Im- from Image Sequences

Our accumulation algorithm can be defined independently of the entities used to represent objects. The algorithm also is independent of the concrete equivalence relation or transformation used to define correspondences. It only requires an object representation by certain entities for which a metric is defined and to which certain transformations or equivalence relations (such as rigid body motion) can be applied. The object establishes itself as an invariant under the equivalence relation, i.e., as an equivalence class. The algorithm in its general form is defined in subsection 2.1. In this paper for the representation of objects we use local three dimensional line segments only. The extension of the system to other kind of object descriptors such as texture, color or optical flow is part of our current research.

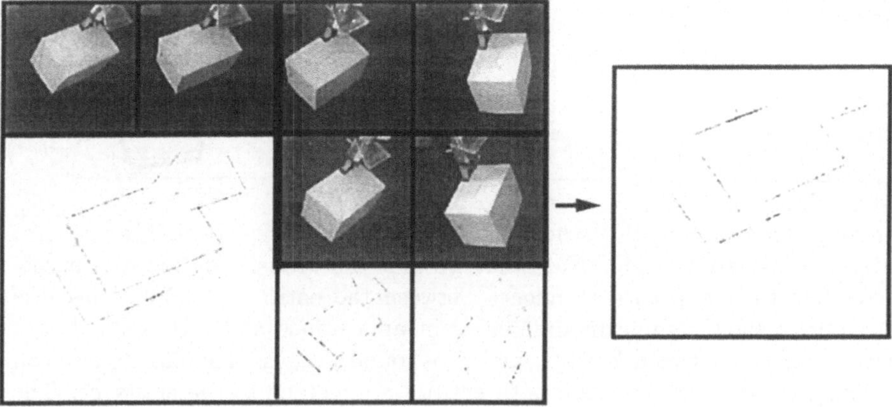

Figure 1: **left)** top: left and right image of an object. bottom: the projected 3D representation extracted from the stereo images. **middle)** Two pairs of stereo images (top: left camera image, middle: right camera image) and the the projected 3D representation (bottom). **right)** Projected 3D Representation accumulated over a set of stereo images. The system's confidence for the presence of line segments is represented as grey value (Dark values represent high confidences).

The concrete realization of the accumulation scheme can be divided into two parts, preprocessing (section 2.2.1) and accumulation (section 2.2.2). The algorithm is applied to a stereo image sequence in which the object grasped by the robot is shown to the system in various positions and orientations (see figure 1). A representation is accumulated over the stereo image sequence (see figure 1 right). Although the representations extracted from one stereo image pair shows missing line segments (left) the accumulated representation is more complete (right). Here we give only a condensed description of the algorithm, for details see [1].

2.1 The Accumulation Scheme

Let $e \in E$ be an entity used to describe objects (for instance a 2D–line segment, a structure tensor [8] extracted from an image, 3D–line segments extracted from a stereo image pair or any other kind of object descriptor) and $d(e, e')$ be a distance measure on the space of entities E. Furthermore, let T be a transformation or equivalence relation, for instance a rigid body motion or the projective map corresponding to a rigid body motion. If e^i is an entity extracted from frame i of a sequence of events then $T^{i,i+1}(e^i)$ is the transformation $T^{i,i+1}$ from the i–th to the $i + 1$–the frame applied to e^i.

Let e^{i+1} be an entity extracted from the $(i+1)$–th frame of the sequence. We say that e^i and e^{i+1} are likely to correspond to each other if $d(T(e^i), e^{i+1})$ is small. Often it might not be possible to find an exact correspondence with $d(T(e^i), e^{i+1}) = 0$. For example, if we want to compare local image patches in two images knowing the exact projective transformation corresponding to

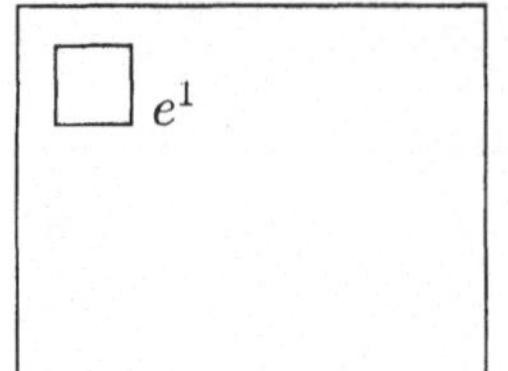
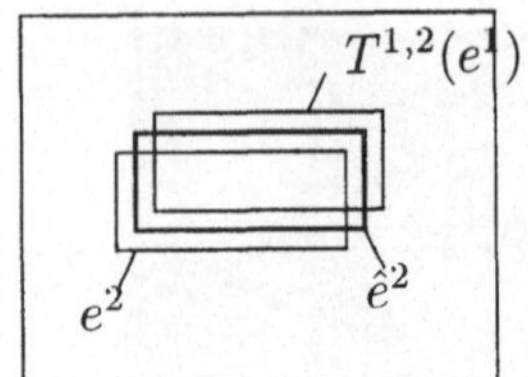
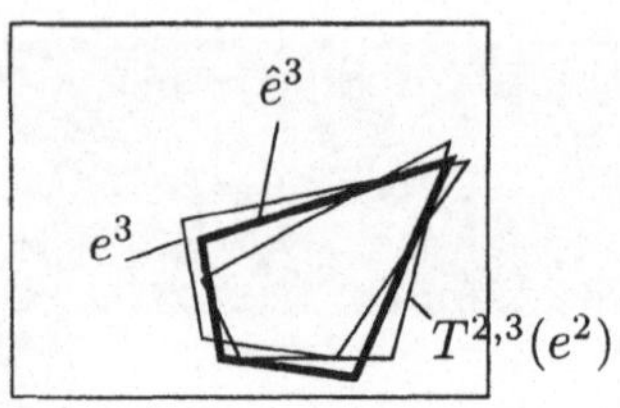

Figure 2: The accumulation scheme. The entity e^1 (here represented as a square) is transformed to $T^{1,2}(e^1)$. Note that without this transformation it is barely impossible to find a correspondence between the entities e^1 and e^2 because the entities show significant differences in appearance and position. Here a correspondence between $T^{1,2}(e^1)$ and e^2 is found because a similar square can be found close to $T^{1,2}(e^1)$ and both entities are merged to the entity $\hat{e}^2$. The confidence assigned to $\hat{e}^2$ is set to a higher value than the confidence assigned to e^1 indicated by the width of the lines of the square. The same procedure is then applied for the next frame for which again a correspondence has been found. By this scheme information can be accumulated to achieve robust representations.

---

the rigid body motion of an object from the first to the second frame, the corresponding image patches can not be expected to be exactly equal because of factors such as noise during the image acquisition, changing illumination, non–Lambertian surfaces or discretization errors. The problem may even become more severe when we extract more complex entities such as 3D or 2D line segments or 3D–surface patches. Therefore it is advantageous to formalize a confidence of correspondence by using a metric.

The accumulation of information can now simply be achieved by the following update rule: If there exists an entity e^{i+1} in the $(i+1)$–th frame for which $d(T(e^i), e^{i+1})$ is small (i.e. a correspondence is likely), then merge $T(e^i)$ and e^{i+1} by some kind of average operator, $\hat{e}^{i+1} = \mathrm{merge}(T(e^i), e^{i+1})$, and set the confidence for $\hat{e}^{i+1}$ to a higher value than the confidence assigned to e^i. If there exists no entity e^{i+1} in the $(i+1)$–th frame for which $d(T(e^i), e^{i+1})$ is small, the confidence for entity e^i to be part of the object is decreased. In Figure 2 a schematic representation of the algorithm is shown for two iterations.

2.2 Application of the Accumulation Scheme to a Representation with 3D–line segments

In this section we apply the accumulation scheme introduced above to object representations consisting of local 3D line segments. For these entities the change of the transformation (i.e., $T^{i,i+1}(e)$) can be computed explicitly (for details see [1]).

2.2.1 Extraction of a 3D Representation from Stereo Images

In the preprocessing step a 3D representation of the object grasped by the robot and presented at a certain position and orientation is extracted. The orientation of the object differs in each stereo image pair (figure 1). The object representation consists of local 3D–line segments and is extracted using calibrated cameras and epipolar geometry. First, in each single image lines are extracted using the orientation sensitive Hough transformation [14]. The Hough lines are divided into local line segments according to local information indicating evidence for the existence of a local line segment at a certain pixel position in the image by evaluating gradient information. In our implementation the entity 'local line segment' can only be extracted when there is local support (a high magnitude of the gradient) *and* global support (the line segment is part of a Hough line). Second, correspondences of line segments in the two stereo images are found. The epipolar constraint is used to reduce the search problem to a one-dimensional problem. On the epipolar line corresponding to a certain line segment the best match is defined as the corresponding entity. For finding the best match a similarity combining gray level information (by evaluating the correlation of image patches) and semantic information (evaluating the differences in the orientation of the found line segments) are used.[1]

In most cases the correspondence of 2D line segments defines a 3D line segment. In some cases, when the 2D line segments are close to a 'critical plane' [3, 7] the correspondences do not uniquely define a 3D line segment and a 3D representation of parts of the object can not be extracted. Note that by moving the object, 3D–line segments which can not be extracted in one frame (because they are too close to the critical plane) move out of the critical plane so that they can be part of the final representation. Here the haptic control of the object allows the creation of situations in which critical features can be extracted.

The representation extracted from a single stereo image pair usually is not perfect (see figure 1), there are many missing parts (because of the critical plane, correspondences not found, not detected Hough lines or not extracted 2D line segments in one of the two stereo images) and some 'wrong' line segments (because of wrong correspondences or wrong 2D line segments extracted during preprocessing). Here we face the problem that semantic information can not be extracted with sufficient accuracy from single or stereo images which is also one of the the reasons for the need of manually designed object representations in many artificial systems.

To achieve a suitable representation autonomously and to overcome the need of manual intervention we accumulate evidence over a self generated stereo image sequence within a perception–action cycle as described in the next subsection.

2.2.2 Accumulation of Object Representations in Stereo Image Sequences

The object representation computed from the first stereo image pair consists of a list $\mathcal{L}$ of 3D line segments $l = (\mathbf{p}, \mathbf{v})$, i.e., a line segment is described by its

---

[1] This kind of preprocessing faces the problem that for small edges Hough lines often can not be found so that they do not occur in the object representation extracted from one stereo image pair. Therefore we aim to use the local image operator introduced in [4] to overcome this problem. Furthermore, with this operator we may also integrate matching with semantic and grey value information within one framework.

position $\mathbf{p} = (x, y, z)$ and by the unit vector $\mathbf{v}$ indicating the orientation of the line segment. For these entities a metric $d(l, l')$ can be defined which gives low values for similar line segments and high values for dissimilar ones (for details see [1]).

A rigid body movement M of the robot can be described by six parameters $\vec{\beta} \in I\!R^6$, three describing translation and the others describing rotation. Let $M^{\vec{\beta}}(\mathcal{L})$ be the list of local line segments $\mathcal{L}$ representing the object moved by $M^{\vec{\beta}}$. Let $\mathcal{L}'$ be the list of local line segments extracted from a new stereo image pair. In this image pair the object is shown after a movement whose parameters $\vec{\beta}$ are known. For our algorithm the correspondences between the representations $\mathcal{L}'$ and $\mathcal{L}$ can easily be achieved by applying the rigid body motion $M^{\vec{\beta}}$ to the stored representation $\mathcal{L}$: $M^{\vec{\beta}}(\mathcal{L}) \approx \mathcal{L}'$ and comparison of the line segments by applying the above defined metric.

After achieving correspondences the two representations $M^{\vec{\beta}}(\mathcal{L})$ and $\tilde{\mathcal{L}}'$ can be merged by the accumulation scheme defined above: For each line segment l_j in $M^{\vec{\beta}}(\mathcal{L})$ we search for a line segment l'_k in $\mathcal{L}'$ which is close to l_j according to our metric d. If such a corresponding line segment has been found, a value c_j indicating the confidence of the system that l_j is part of the object is increased, otherwise it is decreased. Line segments in $\mathcal{L}'$ to which no correspondences in $M^{\vec{\beta}}(\mathcal{L})$ do exist are included in the accumulated representation with only low confidences. After a couple of iterations with different views of the object the accumulated representation becomes more and more stable (see figure 1 right). It is even possible to segment objects from the background: Since the background is fixed and not changing according to the equivalent relation rigid body motion line segments corresponding to the background do vanish after a few iterations (see figure 3) and only line segments corresponding to the object and gripper remain.

3 Conclusion and Outlook

We showed that our algorithm is able to accumulate autonomously representations utilizing self–controlled movements within a perception–action cycle. For the future a robot systems equipped with the ability to extract efficient object representations in a normal environment promises more flexible applications of robot vision systems. Instead of being equipped with manually defined representations the robot may use its own ability as a basis for manipulation and recognition. A first stage of our algorithm would be a behavior which allows to achieve haptic control over new objects and which positions the robot arm and the camera such that the accumulation process can start. We are currently implementing such a basic competence.

Up to know only one aspect of an object can be accumulated because correspondences are needed which are not granted when occlusion does occur. That means, that when the robot rotates the object by a larger degree it is likely that new edges occur in the stereo images and other edges dissapear. An important extension of our algorithm would be the representation of objects in aspect

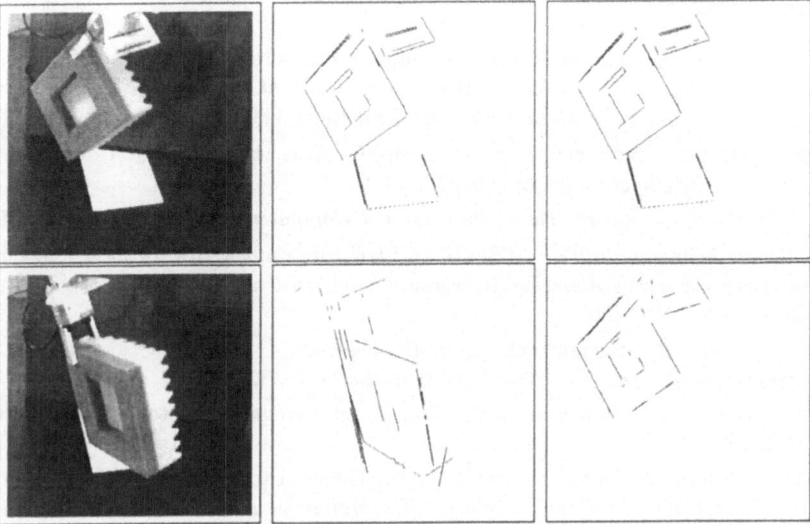

Figure 3: Accumulation of an object representation (first and fifth iteration). Line segments corresponding to the background vanish after a few iterations. Left: one of the stero images. Middle: Representation extracted from one stereo image pair. Right: Accumulated representation.

graphs [10], i.e. the algorithm should extend the representation when, due to occlusion, a new aspect is presented.

Also the integration of additional cues such as optic flow, color, texture and haptic cues is part of our current and future research. Our accumulation algorithm can be applied to all of these entities as long as certain the equivalance relation can be applied to them and a metric can be defined for them. A further important step is the application of the accumulated representation for matching or tracking tasks. In this context, a promising method for pose estimation has been defined in our group [17] which we aim to apply to our representations.

Finally we aim to build a system equipped with some basic competences (such as the introduced accumulation scheme) which starts a bootstrapping process in which knowledge of the world is extracted by own motivation and experience. We think that gaining haptic control over the object is one essential prerequisite of such a system in which perception and action have to be closely connected to support each other.

Acknowledgment

We would like to thank Daniel Grest, Marco Hahn, Bodo Rosenhahn and Daniel Wendorff whose work at the software library KiViGraP was very helpful for our simulations. For technical support we would like to thank Gerd Diesner and Henrik Schmidt.

References

[1] M. Ackermann. Akkumulieren von Objektrepräsentationen im Wahrnehmungs–Handlungs Zyklus. *Christian–Albrechts Universität zu Kiel, Institut für Informatik und praktische Mathematik (Diplomarbeit)*, 2000.

[2] R.A. Brooks. Intelligence without reason. *International Joint Conference on Artificial Intelligence*, pages 569–595, 1991.

[3] O.D. Faugeras, editor. *Three–Dimensional Computer Vision*. MIT Press, 1993.

[4] Michael Felsberg and Gerald Sommer. Structure multivector for local analysis of images. *Christian Albrechts Universität Kiel, Institut für Informatik. Technical Report no. 2001*, 2000.

[5] S. Geman, E. Bienenstock, and R. Doursat. Neural networks and the bias/variance dilemma. *Neural Computation*, 4:1–58, 1995.

[6] J.J. Gibson. *The ecological approach to visual perception*. Boston, MA: Houghton Mifflin, 1979.

[7] Marco Hahn. Semiglobale Verfahren zur Generierung von Eckpunkthypothesen in 2D und 3D. *Christian–Albrechts Universität zu Kiel, Institut für Informatik und praktische Mathematik (Diplomarbeit)*, 1999.

[8] B. Jähne, editor. *Digitale Bildverarbeitung*. Springer, 1997.

[9] J.J Koenderink. Wechsler's vision: An essay review of computational vision by Harry Wechsler. *Ecological Psychology*, 4:121—128, 1992.

[10] J.J Koenderink and A.J. van Doorn. The internal representation of solid shape with respect to vision. *Biological Cybernetics*, 32:211—216, 1992.

[11] N. Krüger. *Visual Learning with a priori Constraints (Phd Thesis)*. Shaker Verlag, Germany, 1998.

[12] A. Lanitis, C.J. Taylor, and T.F. Cootes. Automatic interpretation and coding of face images using flexible models. *IEEE Transactions on Pattern Recognition and Machine Intelligence*, July:743–756, 1997.

[13] M. Pötzsch, N. Krüger, and C. von der Malsburg. A procedure for automatic analysis of images and image sequences based on two–dimensional shape primitives. *U.S. Patent Application*, 1999.

[14] J. Princen, J. Illingworth, and J. Kittler. An optimizing line finder using a hough transform algorithm. *Computer Vision, Graphics, and Image Processing*, 52:57–77, 1990.

[15] G. Sommer. Verhaltensbasierter Entwurf technischer visueller Systeme. *Künstliche Intelligenz*, 3:42–45, 1995.

[16] G. Sommer. Algebraic aspects of designing behaviour based systems. In G. Sommer and J.J. Koenderink, editors, *Algebraic Frames for the Perception and Action Cycle*, pages 1–28. Springer Verlag, 1997.

[17] G. Sommer, B. Rosenhahn, and Y. Zang. Pose estimation using geometric algebra. Dagstuhl–Seminar, to appear 2000.

[18] Alan L. Yuille. Deformable templates for face recognition. *Journal of Cognitive Neuroscience*, 3(1):59–70, 1991.

Eliminating Outliers in Motion Occlusion Analysis

Weichuan Yu[1], Kostas Daniilidis[2], Gerald Sommer[1]

[1]Institut für Informatik
Christian-Albrechts-Universität
Preußerstraße 1–9
D-24105 Kiel, Germany
{wy,gs}@ks.informatik.uni-kiel.de

[2]GRASP Laboratory
University of Pennsylvania
3401 Walnut Street
Philadelphia, PA 19104-6228, USA
kostas@grip.cis.upenn.edu

Abstract. *Occlusion boundaries are considered either as outliers or as noise in most optical flow algorithms. In order to treat the boundary problem, many probabilistic algorithms like maximum likelihood [6] or expectation-maximization (EM) [17, 3] decrease the weights of pixels in boundary regions gradually during estimation iterations. However, these approaches still include the outliers in the estimation. If the number of pixels in boundary regions is comparable to the number of pixels with single motion, we will not be able to estimate the motion parameters robustly since probabilistic methods are purely based on statistics. In this paper, we mark the outliers* **directly** *using a method based on eigenvalue analysis [9]. Then we eliminate these outliers in the multiple motion estimation. Comparisons show that this method can improve the precision of estimation results. We also use the "warp-and-subtract" technique to localize and to track occlusion boundaries. The closest work has been done by Fleet et al. [2] as well as by Yu et al. [1]. These are the only approaches with an explicit model of occlusion which, however, is not sufficient to deal with outliers.*

1 Introduction

In the computation of optical flow the detection and tracking of occlusion boundaries are challenging problems. Conventional flow estimation methods are based on the single motion assumption (There is only one single motion inside the neighborhood) and the smoothness assumption (The motions are piecewise-smooth). For example, the well known brightness change constraint equation (BCCE) [8] is based on these assumptions

$$I_x u + I_y v + I_t = 0, \tag{1}$$

where I_x, I_y, and I_t denote the spatio-temporal partial derivatives of the image intensity and (u,v) is the optical flow vector. At occlusion boundaries, these assumptions are violated. As a result, conventional flow estimation methods can neither provide correct estimation results in boundary regions nor track the movement of boundaries.

The boundary problem was first addressed by Nagel and Enkelmann [11]. In order to estimate motion parameters robustly, they introduced a spatial regularization term to penalize motion discontinuities. Weickert and Schnörr further extended this regularization term into spatio-temporal space [16]. Black and Anandan [3] treated occlusion regions similarly. They referred to the pixels near occlusion boundaries as *outliers* of the motion constraint and set lower weights to these pixels in the estimation. The concept of *outlier* comes from statistics. It means a small amount of data points with large deviation from the bulk of all data points. This concept represents exactly the relationship between the pixels near occlusion boundaries and the pixels with a single motion, since the spatio-temporal partial derivatives of the pixels with a single motion form a plane in the derivative space coordinated with (I_x, I_y, I_t) (equation (1)) and the derivatives of the pixels near occlusion boundaries deviate from this plane due to motion discontinuities. Based on this concept, many probabilistic methods were proposed to model occlusion boundaries [10] and to estimate multiple motions near occlusion boundaries [6, 7, 17].

Schunck considered occlusion boundaries as noise in the constraint line clustering [13], because the number of pixels near occlusion boundaries is much less than the number of pixels with a single motion. He applied a statistic method to cluster the dominant intersection of constraint lines for motion estimation. This statistic method was also used in the Hough transform based approaches for motion estimation [5, 12].

In above approaches the occlusion boundaries are modelled implicitly. There are also explicit models of occlusion boundaries in the frequency domain [1] and in the spatial domain [2, 4]. For example, Black and Fleet [4] modelled an occlusion boundary in a circular mask with six parameters, i.e. four motion parameters of both occluding and occluded signals, the orientation of this boundary, and the distance between the boundary and the center of the circular mask. With this explicit model they wish to predict the locations of occlusion boundaries in the next frame exactly and therefore exclude the corresponding boundary regions in the next estimation. Moreover, by tracking the movement of boundaries they can further solve the foreground/background ambiguity [4].

However, these approaches still include the outliers in the estimation. This makes the estimation fragile, especially if the number of outliers is comparable to the number of pixels with a single motion, since probabilistic methods are purely based on statistics.

Our motivation is to improve the quality of input data before extracting motion parameters. According to our observation this is possible by combining current techniques.

This paper is constructed as follows: In section 2 we introduce the outlier detection method. In section 3 we compare motion estimation results before and after eliminating outliers and apply the "warp-and-subtract" technique to localize and to track occlusion boundaries. We show experimental results in section 4. Then we conclude the paper with some discussions.

2 Detection of Outliers

We assume that the motions in image sequences are piecewise-smooth with possible occlusion. In the spatio-temporal derivative space coordinated with (I_x, I_y, I_t) we observe the following structure distributions with different combinations of eigenvalues (The reader is referred to [9] for details due to the space limitation)

- For a single constant translational motion, we have a plane whose normal vector is parallel to $(u, v, 1)$, where (u, v) denotes the optical flow vector. The eigenvalues of this 3D planar structure satisfy

$$\sigma_1 \geq \sigma_2 > \sigma_3 = 0. \tag{2}$$

- For a single constant motion having aperture problem, the plane above degenerates into a line whose corresponding eigenvalues satisfy

$$\sigma_1 > \sigma_2 = \sigma_3 = 0. \tag{3}$$

- For occlusion we observe multiple planes plus distortions [1] with three positive eigenvalues

$$\sigma_1 \geq \sigma_2 \geq \sigma_3 > 0. \tag{4}$$

Thus, we can judge if there are multiple motions from different combinations of eigenvalues, even without knowing motion parameters. In case of occlusion, if we can purify multiple planes from distortions (i.e. outliers), we may improve the precision of estimation results. The remaining question is how to detect these outliers. We observe that if we have occlusion in a window, the occlusion boundaries should locate in this window as well, though we do not know their exact positions. Based on this observation we use a multi-window strategy to eliminate outliers before estimation. We detect occlusion regions using eigenvalue analysis with small windows and mark these regions as outliers. In a large window containing these small windows, the pixels outside outlier regions are guaranteed to be "normal" pixels. Using only these "normal" pixels for estimation we avoid the disturbance of outliers and improve therefore the precision of estimation results in the large window.

It should be noticed that we abandon also some "normal" pixels by marking outliers with small windows. Therefore, we prefer to reduce the size of the small window so that this loss is as small as possible. On the other side, in order to provide robust eigenvalue analysis, we must have adequate number of pixels in the small window. In order to solve this conflict, we limit the spatial size of the small window, but extend its temporal size to include pixels from other frames (e.g. from frame $(t_0 - 1)$ and $(t_0 + 1)$, where t_0 denotes the current frame).

In the practice the eigenvalues may deviate from their standard values due to noise or derivative approximation error. Therefore, instead of checking if $\sigma_3 = 0$, we set a threshold λ_{31} for outlier detection. If $\sigma_3 > \lambda_{31}\sigma_1$, we conclude that there are multiple motions. In addition, we may check the aperture problem by defining another threshold λ_{21}. In this paper we set $\lambda_{31} = \lambda_{21} = 0.2$. The results of detections are shown in figure 1-3.

3 Estimation of Multiple Motions and Tracking Motion Boundaries

Before applying the EM algorithm [17] for motion estimation, we must verify that there are still sufficient pixels remaining. We define a reliable measure which is a ratio between the number of pixels remaining and the total number of pixels in the window

$$r = \frac{\mathcal{N}_i}{\mathcal{N}_{all}}, \quad (i = 1, 2) \tag{5}$$

where $\mathcal{N}_1/\mathcal{N}_2$ denotes the number of remaining pixels of the occluding/occluded signal. If either of these two ratios is below a threshold, we have to enlarge the window to include more pixels for estimation.

The precision improvement of estimation results after eliminating outliers is shown in figure 1 and table 1. The occluding signal moves with a speed of (1,1) pixel/frame and the occluded signal with a speed of (1,-1) pixel/frame. For the clarity of displaying we project the 3D data onto the orientation space with variables θ and ϕ, where θ and ϕ are horizontal and vertical angles in the spherical coordinates. We can see that after eliminating outliers the curves in the (θ, ϕ) space are more clearly. Consequently, we obtain better estimation results (see table 1). In order to analyze the effect of window size in the estimation, we reduce the window size from 33×33 to 17×17. In the 17×17 window, the number of outliers is easier to be comparable to the number of "normal" pixels. As a result, the disturbance of outliers increases strongly. In contrast, if we eliminate outliers before estimation we can still obtain reasonable results.

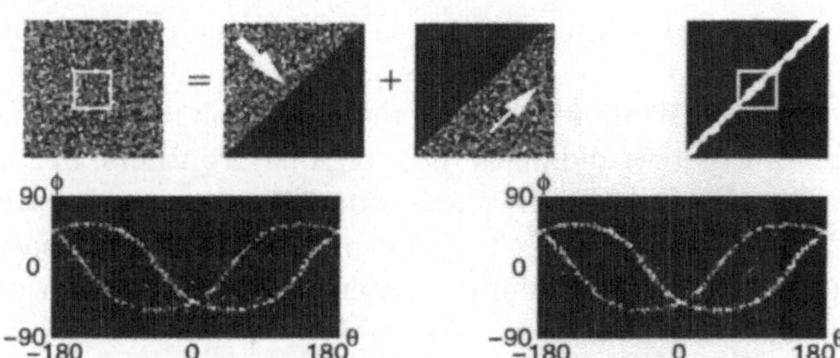

Fig. 1. Top Left: One frame of a random dot occlusion sequence. The white box shows us the window across the occlusion boundary. The thick arrow in the second image denotes the moving direction of occluding signal and the thin arrow in the third image denotes the moving direction of occluded signal. **Top Right:** Marked outliers after eigenvalue analysis using a $5 \times 5 \times 3$ window. For clarity we show the white box here again. **Bottom Left:** Spherical representation of 3D data in the (I_x, I_y, I_t) space before eliminating outliers. **Bottom Right:** Spherical representation after eliminating outliers. Two curves are more clearly to see. See table 1 for estimation results.

After obtaining multiple motion parameters in the boundary regions we further localize occlusion boundaries in one frame and track their movement using

window size		occluding speed	occluded speed
33 × 33	before	(0.9895, 1.0009)	(0.9803, −0.9840)
	after	(0.9988, 0.9997)	(0.9886, −0.9940)
17 × 17	before	(0.8801, 0.9710)	(0.8589, −0.8685)
	after	(0.9876, 1.0132)	(0.9932, −0.9980)

Table 1. Estimation results before and after eliminating outliers. For comparison we apply the EM algorithm with same parameters and same initial values before and after eliminating outliers.

the "warp-and-subtract" technique. This technique is based on the fact that the image regions on one side of an occlusion boundary are more coherent than the image regions on the other side of the boundary. The reader is referred to [7, 17, 1] for details about this technique due to the space limitation.

4 Experiments

In this section we show some real examples. Figure 2 shows the estimation results of an occlusion sequence. For performance comparison we apply the EM algorithm vertically along the vertical occlusion boundary. We do not have the exact ground truth, but we observe that there is almost no depth difference among pixels on each side of the vertical boundary. Therefore, we use the estimation results with a larger window as ground truth. We observe the improvement after eliminating outliers clearly.

Figure 3 shows us another real sequence with the ground truth. This block world sequence is very difficult for the constant motion model used here because the real motions are affine and the occlusion regions also suffer from the aperture problem. But since we know the ground truth, we can still compare the performances of the EM algorithms before and after eliminating outliers.

5 Conclusion

In this paper we proposed to eliminate outliers in multiple motion estimation. Comparing with current probabilistic approaches, which include the outliers in the estimation, our method improves the *quality* of input data and therefore provides more exact results. Moreover, observing the spatial coherence on each side of occlusion boundaries we applied the "warp-and-subtract" technique to localize and to track occlusion boundaries. We do not use an explicit local model of the boundary region. But we can still obtain the desired information about the occlusion boundaries after localizing them.

The techniques in our algorithm have already been used in previous related works. The meaning of our work is that we propose a multi-window strategy for occlusion analysis. This strategy is very simple and it works well.

Recently, Shi and Malik proposed to segment images without motion estimation. They introduced a concept of normalized cut and minimized it for segmentation. This normalized cut is a connection measure between one pixel and its neighbors with respect to brightness, color, texture [14] or even motion correlation information [15]. This approach is based on the same observation in the "warp-and-subtract" technique. This fact reminds us again that the spatial coherence information is very useful for image segmentation.

References

1. W. Yu, K. Daniilidis, S. Beauchemin, and G. Sommer. Detection and characterization of multiple motion points. In *IEEE Conf. Computer Vision and Pattern Recognition*, volume I, pages 171–177, Fort Collins, CO, June 23-25, 1999.
2. D.J. Fleet, M.J. Black, and A.D. Jepson. Motion feature detection using steerable flow fields. In *IEEE Conf. Computer Vision and Pattern Recognition*, pages 274–281, Santa Barbara, CA, June 23-25, 1998.
3. M. J. Black and P. Anandan. The robust estimation of multiple motions: parametric and piecewise-smooth flow fields. *Computer Vision and Image Understanding*, 63(1):75–104, 1996.
4. M.J. Black and D.J. Fleet. Probabilistic detection and tracking of motion discontinuities. In *Proc. Int. Conf. on Computer Vision*, volume I, pages 551–558, Kerkyra, Greece, Sep. 20-27, 1999.
5. M. Bober and J. Kittler. Estimation of complex multimodal motion: an approach based on robust statistics and hough transform. *Image and Vision Computing*, 12(10):661–668, 1994.
6. P. Bouthemy. A maximum likelihood framework for determining moving edges. *IEEE Trans. Pattern Analysis and Machine Intelligence*, 11:499–511, 1989.
7. J. R. Bergen , P. J. Burt , R. Hingorani, and S. Peleg. A three-frame algorithm for estimating two-component image motion. *IEEE Trans. Pattern Analysis and Machine Intelligence*, 14(9):886–895, 1992.
8. B. K. P. Horn. *Robot Vision*. MIT Press, 1986.
9. B. Jähne. *Spatio-Temporal Image Processing*. Springer-Verlag, 1993.
10. A. Jepson and M. J. Black. Mixture models for optical flow computation. In *IEEE Conf. Computer Vision and Pattern Recognition*, pages 760–761, New York, NY, June 15-17, 1993.
11. H.H. Nagel and W. Enkelmann. An investigation of smoothness constraints for the estimation of displacement vector fields from image sequences. *IEEE Trans. Pattern Analysis and Machine Intelligence*, 8:565–593, 1986.
12. J. M. Nash, J. N. Carter, M. S. Nixon. Dynamic feature extraction via the velocity hough transform. *Pattern Recognition Letters*, 18:1035–1047, 1997.
13. B. G. Schunck. Image flow segmentation and estimation by constraint line clustering. *IEEE Trans. Pattern Analysis and Machine Intelligence*, 11(10):1010–1027, 1989.
14. J. Shi and J. Malik. Normalized cuts and image segmentation. In *IEEE Conf. Computer Vision and Pattern Recognition*, 1997.
15. J. Shi and J. Malik. Motion segmentation using normalized cuts. In *Proc. Int. Conf. on Computer Vision*, pages 1154–1160, Bombay, India, Jan. 4-7, 1998.
16. J. Weickert and C. Schnörr. Räumlich-zeitliche Berechnung des optischen Flusses mit nichtlinearen flußabhängigen Glattheitstermen. In *DAGM Symposium Mustererkennung*, pages 317–324, Bonn, Germany, Sep. 15 - 17, 1999.
17. Y. Weiss and E. H. Adelson. A unified mixture framework for motion segmentation: Incorporating spatial coherence and estimating the number of models. In *IEEE Conf. Computer Vision and Pattern Recognition*, pages 321–326, San Fransisco, CA, June 18-20, 1996.

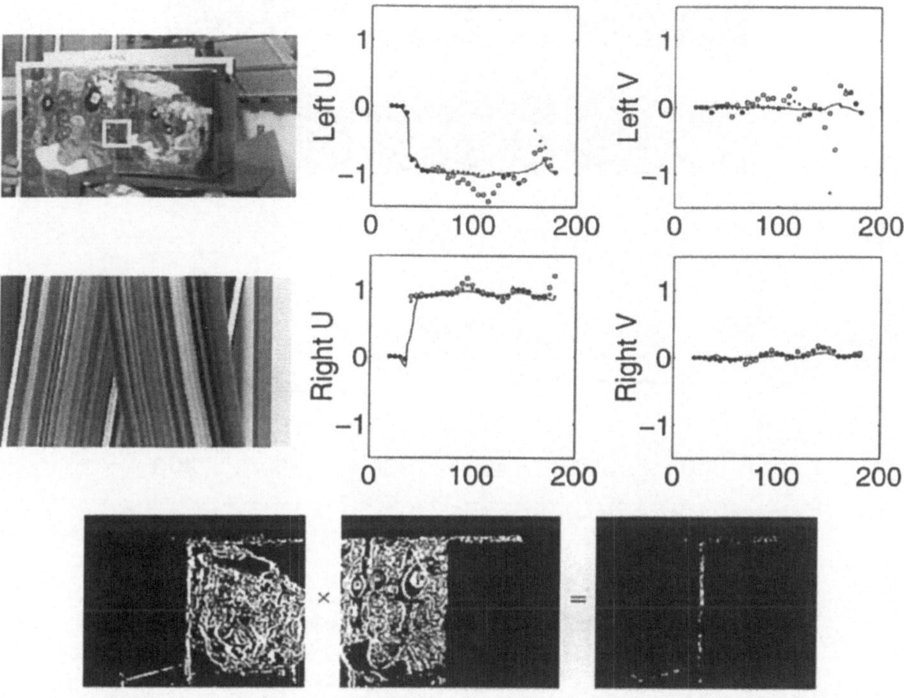

Fig. 2. Row 1 left: One frame of an occlusion sequence with 200×350 pixels. In this sequence a right moving box occludes a left moving picture. The white box centered at $(122, 137)$ contains the vertical occlusion boundary. **Row 2 Left:** The slice of the sequence along row 122. The first frame is at the top of the slice. **Rows 1 and 2 Middle and Right:** Estimation results along column 137 using a 15×15 window. We use the results with a 31×31 window as the ground truth and draw them with solid lines. We draw the results before eliminating outliers with circles and draw the results after eliminating outliers with crosses. For comparison we display different speed components separately. For clarity of displaying we sample the results with an interval of 5 pixels along column 137. In the window centered at $(160, 137)$ the results are not reasonable, since there are only *four* pixels of the occluded signal remaining after eliminating outliers. This example demonstrates the necessity of introducing reliable measure (equation (5)). **Row 3:** The segmentation result after "warp-and-subtract". For clarity we enlarge the region containing occlusion boundaries. After each warping we observe one region with zero intensity. In the right image we see the localized boundaries. The "warp-and-subtract" technique works also for boundaries with complex contours like the corner of the box. We may further track the movement of boundaries to solve the foreground/background ambiguity [4], since occlusion boundaries move consistently with the occluding signal.

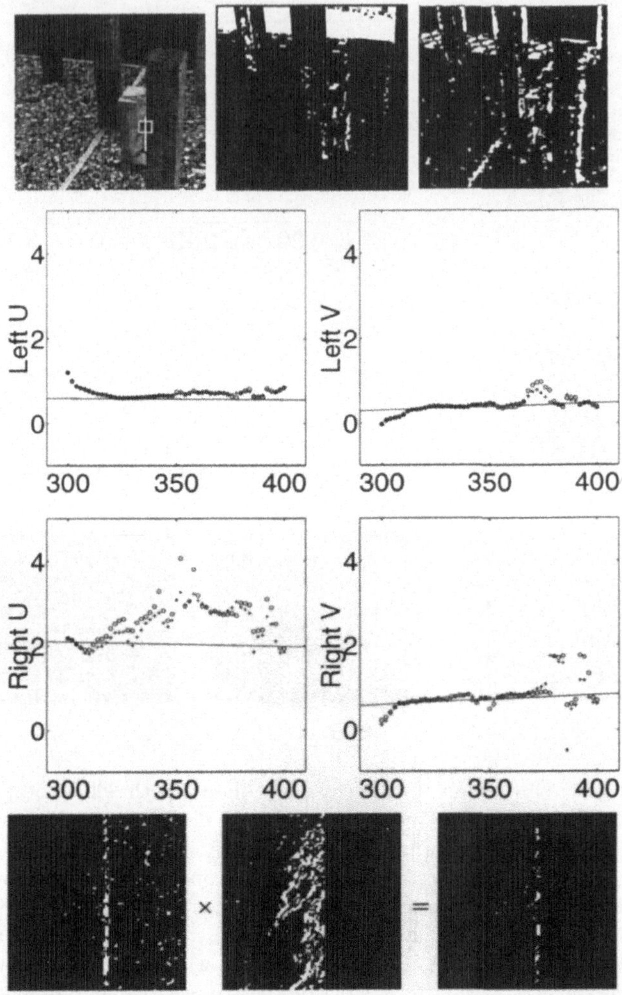

Fig. 3. Row 1 Left: One frame from the block world sequence with 512 × 512 pixels. The white box shows us the window across the vertical boundary and the white line shows the column along which we apply the EM algorithms for comparison. **Row 1 Middle:** Marked outliers. **Row 1 Right:** Regions with the aperture problem. **Row 2 and 3:** Estimation results before and after eliminating outliers v.s. row index (from row 300 to row 400) using a 31 × 31 window. We draw the ground truth with solid lines, the results before eliminating with circles, and the results after eliminating with crosses. In fact, the constant motion model can not treat such a difficult sequence due to complicated motions and the aperture problem. But we still can see that the errors are generally reduced after eliminating outliers, specially for the occluding signal at the right side of the boundary. **Row 4:** We further test the "warp-and-subtract" technique with the ground truth. For clarity we enlarge the boundary region from row 300 to row 400.

3D-Modellierung von Pflanzenblättern mittels eines Depth-from-Motion-Verfahrens

Norbert Kirchgeßner[1], Hanno Scharr[1], Uli Schurr[2]

[1]Interdisz. Zentrum für Wiss. Rechnen, Uni. Heidelberg, INF 368, 69120 Heidelberg
[2]Institut für Botanik, Uni Heidelberg, Im Neuenheimer Feld 360, 69120 Heidelberg

Zusammenfassung In dieser Arbeit wird ein Verfahren zur Gewinnung von 3D-Modellen des Adergerüsts von Pflanzenblättern für die botanische Wachstumsanalyse vorgestellt. Dafür wird in einem Kameraschwenk eine Bildsequenz des zu vermessenden Blattes aufgenommen. In einem Initialisierungsschritt wird im ersten Bild der Sequenz ein 2D-Splinemodell des Adergerüsts und des Blattumrisses erzeugt. Dieses Modell wird durch die gesamte Sequenz verfolgt, wodurch eine zweite Ansicht des selben Modells entsteht. Da in diesem Modell trivialerweise korrespondierende Punkte der beiden Ansichten bekannt sind, ist das Korrespondenzproblem für die 3D-Rekonstruktion gelöst. Die Tiefe des Modells wird über einfache geometrische Triangulation berechnet.

1 Einleitung

Wachstum ist ein zentraler Parameter für das Verständnis pflanzlichen Verhaltens. Bildsequenzanalytische Verfahren auf Basis der Strukturtensormethode ([2]) ermöglichen die Wachstumsanalyse von Pflanzenblättern mit hoher raumzeitlicher Auflösung ([8],[10]) durch Analyse der Divergenz des ermittelten Geschwindigkeitsfeldes. Eine Einschränkung dieses Verfahrens ist, daß das Blatt in einer Ebene fixiert werden muß(, [9]). Blattbewegungen und 3D-Wachstum sind bislang nicht untersuchbar. Auf die Fixierung kann verzichtet werden, wenn Blattstrukturen als 3D-Modell verfügbar sind. Für die 3D-Rekonstruktion bieten sich die Adern als eindeutig zuordenbare Strukturen zur Lösung des Korrespondenzproblems an. Zudem werden die Wachstumskarten bisher in Bild- und nicht in den physiologischen Koordinaten der Blattadern erfaßt. Aus diesen Vorgaben wurde mit Ziel der späteren Blattwachstumsanalyse ein auf dem Blattadersystem basierendes Konzept zur 3D-Vermessung von Blättern erstellt.

Dafür wird in einem definierten Kameraschwenk das zu vermessende Blatt aufgenommen. Sein Adersystem wird im ersten Bild segmentiert, die erhaltenen Strukturen skelettiert, in Form von Kettencode vektorisiert und auf die Hauptadern eingeschränkt ([4]). Diese Darstellung dient als Initialwert einer Parametrisierung durch B-Splines. Das so erhaltene 2D-Adermodell des Blattes wird durch die gesamte Sequenz verfolgt, wodurch man eine weitere 2D-Ansicht des Adermodells erhält. Dabei besitzen korrespondierende Punkte den gleichen Index, das Korrespondenzproblem der 3D-Analyse ist gelöst. Die Tiefenrekonstruktion reduziert sich auf einfache geometrische Triangulation.

Abbildung1. a Rizinusblatt **b** Hochpaßgefiltertes Rizinusblatt. **c** Mit globaler Schwelle segmentierte Version. Im wesentlichen wurden die Blattadern segmentiert.

2 Datenaufnahme

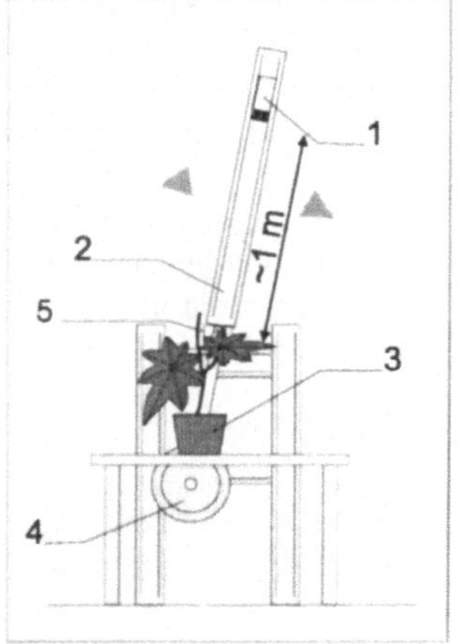

Das Bildmaterial wird aufgenommen, während die Kamera 1) (siehe nebenstehende Abb.) in einer Kreisbahn über das Objekt, hier ein Rizinusblatt 3), schwenkt. An der Drehachse 5) ist ein Winkelmesser zur Positionsbestimmung des Schwenkarmes 2) angebracht an dessen unteren Ende sich das Gegengewicht 4) befindet. Die Tiefenberechnung wird mit dem Bildpaar aus erstem und letztem Bild durchgeführt um die maximale Stereobasis für die Triangulation zu nutzen.

3 Modellierung der Blattadern in 2D

Für die zweidimensionale Modellierung der Blattadern ist zunächst eine Segmentierung notwendig. Da diese auch auf den Zwischenaderbereichen Strukturen ergibt, müssen die Blattadern noch gesucht werden. Da die Adern im Segmentierungsergebnis als lange, aus vielen Stücken zusammengesetzte, Linien auftreten, wird dieses als Kettencode vektorisiert um die Richtungsinformation zur Suche der zu Adern gehörenden Linien verwenden zu können.

3.1 Segmentierung

Die segmentierten Blattadern sollen als lineare Struktur erhalten und gut lokalisiert bleiben, also möglichst schmal sein. Da die relativ schmalen Blattadern an vergleichsweise große·Blattstrukturen grenzen, kann die Vorverarbeitung zur Segmentierung mit einer an die Bildstruktur anpaßbaren Skalenwahl erfolgen. Bei den verwendeten Beispieldaten erwies sich eine Hochpaßfilterung mit $1 - B^8$

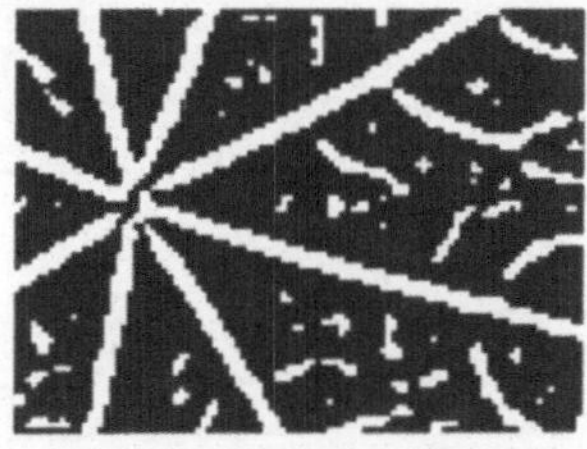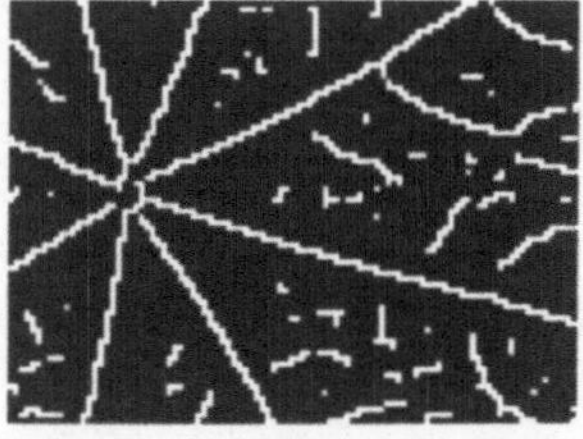

Abbildung2. *links:* Ergebnisbild der Segmentierung vor und *rechts:* nach der Skelettierung. Die Topologie der Strukturen bleibt erhalten, ihre Breite wird zu eins.

als geeignet, wobei B^8 ein Gaußfilter der Größe 9 ist ([3]). Sie unterdrückt gleichzeitig großflächige Beleuchtungsschwankungen. Eine Segmentierung mit einem globalen Schwellwert S ist in Abb. 1 gezeigt. Als Schwellwert eignet sich das aus dem Grauwerthistogramm entnommene

$$S = \bar{g} + \frac{2}{5}\sqrt{\mathrm{var}(g)}\,,$$

mit Mittelwert $\bar{g}$ und Varianz $\mathrm{var}(g)$ der Grauwertverteilung, siehe [4].

3.2 Skelettieren und vektorisieren der Aderstruktur

Die Segmentierung liefert ein Binärbild des Adersystems variabler Strukturbreite. Um die Struktur als Kettencode vektorisieren zu können, muß die Lage der Adern eindeutig, die Strukturbreite also eins sein (Abb. 2). Dies wird durch eine Skelettierung nach [11] erreicht. Die Längen der Linien und ihre Verbindungen untereinander werden durch die Skelettierung nicht verändert.

Diese Struktur wird als Graph gespeichert. Dafür werden simultan Linien, d.h. Pixelketten ohne Verzweigungen als Kanten des Graphs in Form von Kettencode vektorisiert und Verzweigungen als zu den Kanten assoziierte Knoten registriert.

3.3 Finden der Hauptadern

Auf oben gewonnenem Graph werden die zu den selben Blattadern gehörigen Linien identifiziert. Zum Ermitteln der Hauptadern wird zunächst ihr gemeinsamer Ausgangspunkt interaktiv bestimmt. Um diesen Punkt wird ein Kreis nach radial orientierten Linien abgesucht (Abb.3), die potentielle Kandidaten für Hauptadern sind. Die gefundenen Linien werden in beide Richtungen mit weiteren Linien möglichst gleicher Orientierung fortgesetzt (Abb.4). Die Berechnung der Orientierung erfolgt mittels des 2D-Strukturtensors (siehe z.B. [3]) und dafür optimierten Sobeloperatoren ([7]). Die Fortsetzung erfolgt mit einer

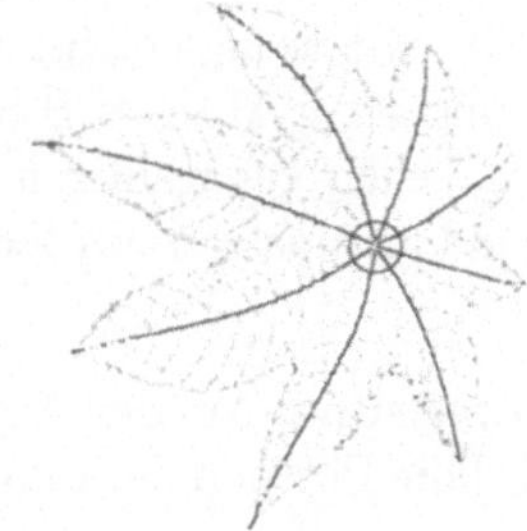

Abbildung3. Struktur mit gefundenen Adern.

Liniensuche in einem keilförmigen Bereich, die gefundenen Linien werden mit einem Gütemaß q bewertet und anhand dessen die beste Anschlußlinie ermittelt.

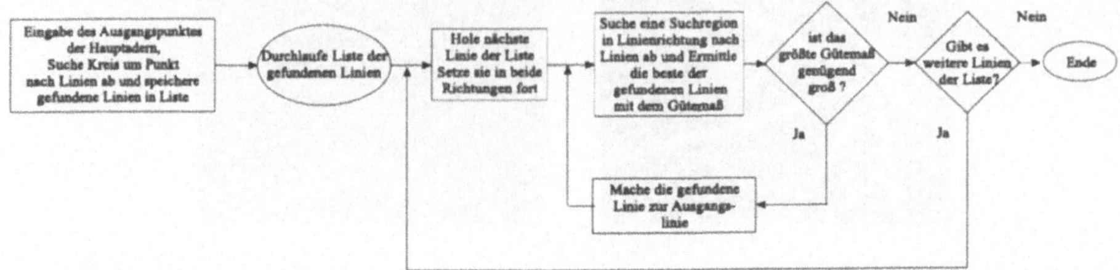

Abbildung 4. Flussdiagramm des Algorithmus zum Suchen der Hauptaderlinien.

Abbildung 5. Verschiedene Anpassungsstufen des Randsplines **a** Ausgangsspline **b** Zwischenstufe **c** vollständig angepaßtes Randspline.

Als Gütemaß dient ein gewichtetes Mittel aus Richtungsdifferenz und Länge der Folgelinie. Für Details beziehen wir uns auf [4]. Die mit diesem Verfahren gefundenen Hauptadern sind in Abb. 3 dargestellt.

3.4 Erzeugen der Blattkontur als aktive B-Spline-Kontur

Der Umriß des Blattes wird mit einem aktiven Konturverfahren (siehe z.B. [1]) ermittelt. Mit wenigen Stützpunkten wird ein grober Umriß des Blattes vorgegeben und als zyklisches B-Splines dargestellt (vgl. Abb. 5a). Die Stützpunkte entsprechen ganzzahligen Indexwerten des Splines. Um die Kontur an den Blattrand anzupassen werden zwei Schritte iteriert, bis keine Änderungen mehr auftreten:

- **Anpassung.** Auf den Normalen der Kontur durch die aktuellen Stützpunkte wird die Position der maximalen Ableitung als neue Position des Stützpunktes ermittelt
- **Verfeinerung.** Auf den Normalen zu halbzahligen Indexwerten werden der Abstand des Splines zur Position der maximalen Ableitung bestimmt. Ist sie größer als ein vorgegebener Genauigkeitswert, wird an der jeweiligen Stelle ein Stützpunkt eingefügt.

Abb. 5 zeigt, wie sich die Kontur an den gesuchten Umriß anpaßt.

3.5 Zusammensetzen von Adern und Umriß zum 2D-Modell

Die in Abs. 3.4 verwendete B-Spline-Implementierung ist sehr variabel. So darf ein Spline aus verschiedenen, zyklischen oder nichtzyklischen Abschnitten mit Knicken und beliebigen Graden bestehen. Zu jedem Splineabschnitt können verschiedene Anpassungs-, Verfeinerungs- und Vergröberungsmethoden angegeben werden. Die Kanten des Adermodells lassen sich deshalb zusammen mit der Blattkontur als ein einziges B-Spline mit kontinuierlich durchlaufendem Index behandeln. Das auf Umriß und Hauptadern eingeschränkte Blattmodell ist in Abb. 6a gezeigt.

4 Erweiterung zu einem 3D-Modell

Zur 3D-Erweiterung des 2D-Modells muß das Korrespondenzproblem für mindestens zwei Ansichten des Rizinusblattes gelöst werden. Dafür werden die Stützpunkte des in Abs. 3.5 erzeugten B-Spline-Modells durch die Bildsequenz verfolgt, wodurch Punktepaare für die 3D-Rekonstruktion zur Verfügung gestellt werden. Da die Kameraposition zu jedem Bild der Sequenz bekannt ist, reduziert sich die Tiefenrekonstruktion auf rein geometrische Triangulation.

Untersuchung in [6] zeigen, daß die hohe Genauigkeit der Verschiebungsschätzung mit dem Strukturtensorverfahren unter Einsatz spezieller optimierter $5 \times 5 \times 5$-Ableitungsfilter ausreicht, Objektverfolgungen stabil durchzuführen. Mit diesen Filtern sind Verschiebungsschätzungen mit relativen Fehlern im zehntel-Promill-Bereich möglich. Übliche $[-1, 8, 0, -8, 1]/12$ Filter der selben Reichweite erzeugen relative Fehler im Prozentbereich.

4.1 Berechnung des Verschiebungsvektorfeldes

Die Berechnung des Verschiebungsvektorfeldes (VVF) erfolgt mit der Strukturtensormethode, ein auf der Haltung des optischen Flusses basierendes total-least-squares Verfahren zur Bestimmung von Orientierungen in n-dimensionalen Daten (vgl. [2]). Dabei wird versucht, in einer lokalen Umgebung die optische Flußgleichung

$$\frac{\mathrm{d}g}{\mathrm{d}t} = \frac{\partial g}{\partial x}\frac{\mathrm{d}x}{\mathrm{d}t} + \frac{\partial g}{\partial y}\frac{\mathrm{d}y}{\mathrm{d}t} + \frac{\partial g}{\partial t} = v^T \nabla g \stackrel{!}{=} 0 \tag{1}$$

mit den Vektoren $\nabla^T = (\frac{\partial}{\partial x}, \frac{\partial}{\partial y}, \frac{\partial}{\partial t})$ und $v^T = (\frac{\mathrm{d}x}{\mathrm{d}t}, \frac{\mathrm{d}y}{\mathrm{d}t}, 1) = (v_x, v_y, 1)$, für eine lokal feste Verschiebung Vv optimal zu erfüllen. An jedem Bildpunkt einer Sequenz wird dafür der Strukturtensor J

$$J_{pq} = \int_{-\infty}^{\infty} b(x - x') \frac{\partial g(x')}{\partial x_p} \frac{\partial g(x')}{\partial x_q} \mathrm{d}x' \tag{2}$$

berechnet. Die Fensterfunktion $b(x - x')$ sorgt für eine Wichtung in der durch ihren Träger definierten lokalen Nachbarschaft. Wenn $w = (w_1, w_2, w_3)$ der Eigenvektor zum kleinsten Eigenwert von J ist, so ist der gesuchte Verschiebungsvektor der lokalen Umgebung $v = w/w_3$ (vgl. [2]).

Die Berechnung von J kann im Diskreten mit Filtern effizient ausgeführt werden:

$$J_{pq} = B(D_p \cdot D_q)g \tag{3}$$

B ist eine Glättungsmaske die der Faltung mit der Wichtungsfunktion $b(x - x')$ entspricht. Im folgenden ist sie mit einem $5 \times 5 \times 5$ Gaußfilter B^4 realisiert (siehe [3]). Die Wahl der Ableitungsfilter D ist kritisch, da sie die Richtung der Eigenvektoren exakt schätzbar machen müssen. Hierauf optimierte $5 \times 5 \times 5$ Ableitungsfilter sind

$$
\begin{aligned}
D_x = {} & (0.08382441, 0.33235118, 0, -0.33235118, -0.08382441)_x \\
& * (0.02342211, 0.2415544, 0.47004698, 0.2415544, 0.02342211)_y \\
& * (0.02342211, 0.2415544, 0.47004698, 0.2415544, 0.02342211)_z \,.
\end{aligned} \tag{4}
$$

sowie analoge D_y und D_z. Für weitere Informationen zu diesen Filtern sei auf [6] verwiesen.

4.2 Objektverfolgung (Tracking)

Die Stützpunkte des in Abs. 3.5 erzeugten B-Spline-Modells werden durch die Beispielsequenz verfolgt. Die in [6] durchgeführte Analyse legt nahe, die zu bearbeitende Sequenz so vorzuverarbeiten, daß

- Wellenlängen kleiner als 3 Pixel unterdrückt werden,
- Verschiebungen unter ≈ 1.2 Pixel liegen,
- der optische Fluß erhalten ist (Gl. 1).

Wird von diesen Forderungen stark abgewichen, liefert die Strukturtensormethode fehlerbehaftete Ergebnisse. Um diesen Forderungen Rechnung zu tragen werden zwei Vorverarbeitungsschritte durchgeführt:

- Hochpaßfilterung der einzelbilder der Sequenz, um Beleuchtungseffekte zu unterdrücken, die den Annahmen von Gl. 1 widersprechen. Dies kann wie oben mit $1 - B^8$ erfolgen.
- Glättung mit B^4, Unterabtastung und erneute Glättung zur Eliminierung der höchsten Frequenzen und Transformation der auftretenden Verschiebungsweiten in den am besten schätzbaren Bereich.

Auf eine Halbbildtrennung zur Reduktion von Bewegungsartefakten wird verzichtet. Anschließend werden folgende drei Schritte iteriert, die die Objektverfolgung realisieren:

- Berechnung des Verschiebungsvektorfeldes vom aktuellen auf das neue Bild mittels des Strukturtensors,
- lineare Interpolation des Feldes an den aktuellen Koordinaten der Stützpunkte der B-Splines,
- berechnen der neuen Stützpunktkoordinaten im nächsten Bild durch Addition des Verschiebungsvektors an der aktuellen Position des Stützpunktes zu den aktuellen Koordinaten.

Abbildung6. Erstes Bild (**a**) und Bild 44 (**b**,**c**) des Kameraschwenks um ein Rizinusblatt. Die durch das geschätzte VVF verschobenen Umrisse und Adern sind weiß
eingezeichnet. In **b** wurde das Ableitungsfilter [-1, 8, 0, -8, 1]/12, in **c** die Filter aus Gl.
4 im Strukturtensor verwendet.

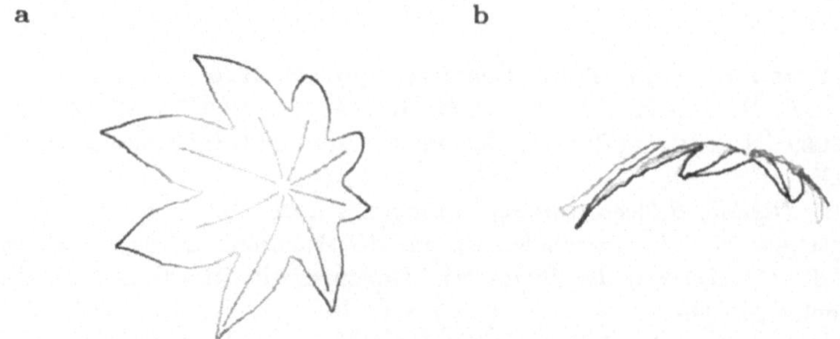

Abbildung7. **a** Aufsicht (x-y) und **b** Seitenansicht (x-z) des gemessenen 3D-Modells,
die dritte Koordinate ist jeweils im Grauwert dargestellt.

Die Ergebnisse dieser völlig unstabilisierten Trackingmethode sind in Abb. 6 für
das letzte Bild der Sequenz gezeigt. Abb. 6**a** zeigt die stark gestörten Ergebnisse, wenn anstatt der optimierten Ableitungsfilter übliche "5-tab"-Ableitungsfilter
[-1,8,0,-8,1]/12 eingesetzt werden. In Abb. 6**b** ist die zur 3D-Rekonstruktion verwendete, mit den optimierten Filtern ermittelte Ansicht des 2D-Modells eingetragen.

4.3 Ergebnisse der Rekonstruktion

Die Punktepaare, die zu den selben Modellparametern in beiden Ansichten des
B-spline-Blattmodells gehören, werden mittels einfacher geometrischer Triangulation in Tiefendaten umgerechnet. Die Ergebnisse sind in Abb. 7 gezeigt. Dabei
werden direkt die Ergebnisse des Trackings verwendet, um die Leistungsfähigkeit der Methode bereits ohne Stabilisierungen zu demonstrieren. Es erfolgen
keinerlei Korrekturen mit dem Zusatzwissen der aktiven Konturen oder mittels
der bekannten Epipolargeometrie. Auch auf bei anderen Depth-from-Motion-
Verfahren übliche Stabilisierungen durch Kalmanfilterung wurde verzichtet (vgl.
z.B. [5]).

5 Zusammenfassung und Ausblick

In dieser Arbeit wurde die Möglichkeit geschaffen, ein 2D-Modell der Blattadern aus einem Blattbild zu generieren, und weiter mittels einfachem, unstabilisiertem Tracking aus einer Bildsequenz ein 3D-Modell des Blattes zu gewinnen. Durch die Verwendung von für die Bewegungsschätzung optimierten Ableitungsfiltern konnte auf eine Stabilisierung des Trackings verzichtet werden.

Das gewonnene 2D-Modell kann als Basis eines physiologischen Koordinatensystems dienen, mit dessen Hilfe Meßwerte direkt mit der Pflanze verknüpft werden können. Mit dem 3D-Modell ist eine Grundlage der 3D-Wachstumsanalyse gegeben.

Literatur

1. BLAKE, A. und M. ISARD: *Active Contours*. Springer, 1998.
2. HAUSSECKER, H. und H. SPIES: *Motion*. In: JÄHNE, B., H. HAUSSECKER und P. GEISSLER (Hrsg.): *Handbook of Computer Vision and Applications*. Academic Press, 1999.
3. JÄHNE, B.: *Digitale Bildverarbeitung*. Springer, 4 Aufl., 1997.
4. KIRCHGESSNER, N.: *Voruntersuchungen zur 3D-Wuchsanalyse von Pflanzenblättern und die Modellierung der Blattadern*. Diplomarbeit, Ruprecht-Karls Universität Heidelberg, 1999.
5. L.H.MATTHIES, R. und T.KANADE: *Kalman filter-based algorithms for estimating depth from image sequences*. Int. Journal of Computer Vision, 3:209–236, 1989.
6. SCHARR, H.: *Optimal Operators in Digital Image Processing*. Doktorarbeit, Interdisciplinary Center for Scientific Computing, University of Heidelberg, Germany, 2000.
7. SCHARR, H., S. KÖRKEL und B. JÄHNE: *Numerische Isotropieoptimierung von FIR-Filtern mittels Querglättung*. In: *Mustererkennung 1997*, S. 367–374. DAGM, 1997.
8. SCHMUNDT, D. und U. SCHURR: *Plant leaf growth studied by image sequence analysis*. In: JÄHNE, B., H. HAUSSECKER und P. GEISSLER (Hrsg.): *Computer Vision and Applications Volume 2 Signal Processing and Pattern Recognition*. Academic Press, San Diego, New York, Boston, London, Sydney, Tokyo, Toronto, 1999.
9. SCHMUNDT, D., M. STITT, B. JÄHNE und U. SCHURR: *Quantitative analysis of the local rates of growth of dicot leaves at a high temporal and spatial resolution, using image sequence analysis*. The Plant Journal, 16(4):505–514, 1998.
10. SCHURR, U. *Journal of Experimental Botany*, im Druck.
11. SONKA, M., V. HLAVAC und R. BOYLE: *Image Processing, Analysis and Machine Vision*. Chapman & Hall, 1995.

Erkennung von Konstruktionshandlungen aus Bildfolgen

Jannik Fritsch, Frank Lömker, Markus Wienecke, Gerhard Sagerer

Technische Fakultät, Angewandte Informatik, Universität Bielefeld,
Postfach 10 01 31, 33501 Bielefeld
{jannik, floemker, mwieneck, sagerer}@techfak.uni-bielefeld.de

Zusammenfassung In diesem Artikel wird ein bildbasierter Ansatz zur Analyse von Konstruktionshandlungen vorgestellt. Die mit den Händen durchgeführten Objektmanipulationen sind das Nehmen und Ablegen von Bauteilen sowie die Herstellung von Verbindungen. Eine Vorverarbeitung ermittelt durch Einsatz von Farb- und Bewegungsinformation Handhypothesen im Bild, die mit Kalmanfiltern verfolgt werden. Eine Analyse der Trajektorien ermöglicht die Bestimmung der Handregionen, deren Bewegungsmuster für die Handlungsklassifikation mit dem CONDENSATION-Algorithmus verwendet werden. Dabei können mehrere Aktionshypothesen gleichzeitig verfolgt sowie probabilistische Informationen über Aktionsfolgen in den Klassifikationsprozeß integriert werden.

1 Einleitung

Im Bereich der Bildanalyse gewinnt die Untersuchung dynamischer Szenen zunehmend an Bedeutung. Während sich die Forschung einerseits mit der Beobachtung von Verkehrsszenen und der Auswertung des Verhaltens von Fußgängern für Überwachungsaufgaben befaßt, konzentriert sie sich andererseits auf die Erkennung von Gesten und Handlungen. In diesem Bereich werden unterschiedlichste Eingabemodalitäten und Analyseverfahren verwendet (siehe beispielsweise [Lat98], [Boe98], [Sta95]). Die Auswertung von Szenenmanipulation durch Handbewegungen ist insbesondere für die Instruktion von robotischen Systemen durch "learning by watching" interessant [Bak96].

In unserem Systemaufbau beobachtet eine Kamera einen Konstrukteur, der vor einem Tisch mit *Baufix*-Holzspielzeug sitzt (siehe Abb. 2) und hieraus komplexe Aggregate konstruiert. Die stattfindenden Handlungen sind das Nehmen und Ablegen von Teilen und Aggregaten sowie das Verbinden von Teilen. Unser Ansatz zur Erkennung der Handlungen verwendet die kamerabasierte Aufnahme von Händen ohne spezielle Beschränkungen der Arbeitsumgebung, um den Konstrukteur bei der Manipulation von Objekten möglichst wenig einzuschränken.

Um den Ansatz flexibel zu halten wurde eine Trennung zwischen der hier beschriebenen Handlungserkennung und den mit den Händen manipulierten Objekten

---

[1] Diese Arbeit wurde von der Deutschen Forschungsgemeinschaft (DFG) im Rahmen des Graduiertenkollegs 'Aufgabenorientierte Kommunikation' sowie des Sonderforschungsbereiches 360 'Situierte Künstliche Kommunikatoren' gefördert.

vorgenommen. In [Bau99] ist das Verfahren zur Detektion der manipulierten Objekte dargestellt. Die Einbeziehung der Objektinformationen erlaubt die Bestimmung weiterer Handlungsdetails.

Abbildung 1 zeigt einen Überblick über das in diesem Artikel vorgestellte System. Es wurde ein hierarchischer Ansatz gewählt, um eine einfache Anpassung an andere Szenarien zu ermöglichen. Zuerst werden mit einer pixelbasierten Farbklassifikation die hautfarbenen Regionen bestimmt und durch Bewegungs- und Farbinformation bewertet. Diese domänenunabhängige Bildsegmentierung wird in Kapitel 2 beschrieben. In Kapitel 3 wird die Verfolgung der segmentierten Handhypothesen mit Hilfe von Kalmanfiltern und die darauf basierende Auswahl der beiden Handtrajektorien gezeigt. In Kapitel 4 wird schließlich die Klassifikation und implizite Segmentierung der Trajektorien vorgestellt. Dies basiert auf dem CONDENSATION-Algorithmus, einem probabilistischen Ansatz, der die konkurrierende Verfolgung verschiedener Handlungshypothesen erlaubt.

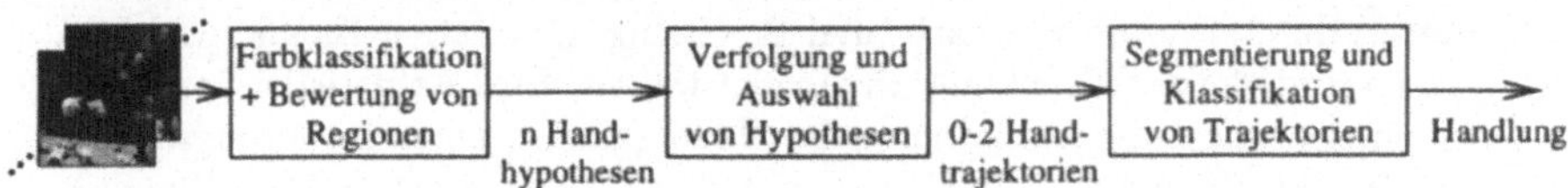

Abbildung 1. Prinzipielle Strategie zur Handlungsklassifikation der Bildsequenz.

2 Segmentierung von Handhypothesen

Für die Erkennung von Handlungen in unserem Szenario ist eine schnelle und zuverlässige Handdetektion erforderlich. Bei Bilddaten können dabei die für Hände charakteristischen Modalitäten Farbe und Bewegung verwendet werden. Da in unserem Szenario sowohl der Konstrukteur als auch der Bildhintergrund nicht eingeschränkt werden sollten, verwenden wir sowohl Farb- als auch Bewegungsinformation für die Segmentierung. Abbildung 2 zeigt eine Übersicht der realisierten Segmentierung mit einer Momentaufnahme einer Konstruktionshandlung, den ermittelten Regionen mit Bewertungen sowie zwei Abbildungen mit Zwischenergebnissen.

Für die Segmentierung hautfarbener Regionen und damit der Nutzung der Farbinformation sind so unterschiedliche Ansätze wie die explizite Modellierung der Regionen im Farbraum mit Hilfe eines physikalischen Modells [Stö99] oder die adaptive Farbraumtransformation und nachfolgende Growing-Neural-Gas-basierte Klassifikation [Boe98] entwickelt worden. In unserem Szenario sind die Beleuchtungsverhältnisse relativ konstant, was die Verwendung eines statischen Klassifikators mit einem großen Parametersatz zur detaillierten Modellierung des Merkmalsraumes begünstigt. Wir verwenden einen Polynomklassifikator sechsten Grades, bei dem für jedes Pixel die drei Farbkanäle (YUV) als dreidimensionaler Merkmalsvektor verwendet werden [Kum98]. Eine hohe Geschwindigkeit wird durch die Verwendung einer Lookup-Tabelle mit dem Klassifikationsergebnis für alle möglichen Merkmalsvektoren erreicht. Die Ergebnisklassen sind Hautfarbe und Hintergrund.

Um zusätzlich ein Maß für die Wahrscheinlichkeit zu erhalten, daß ein Pixel hautfarben ist, wurde für den trainierten Polynomklassifikator ein Confidence-Mapping durchgeführt [Sch96]. Hierbei wird jede Komponente d_k des Entscheidungsvektors

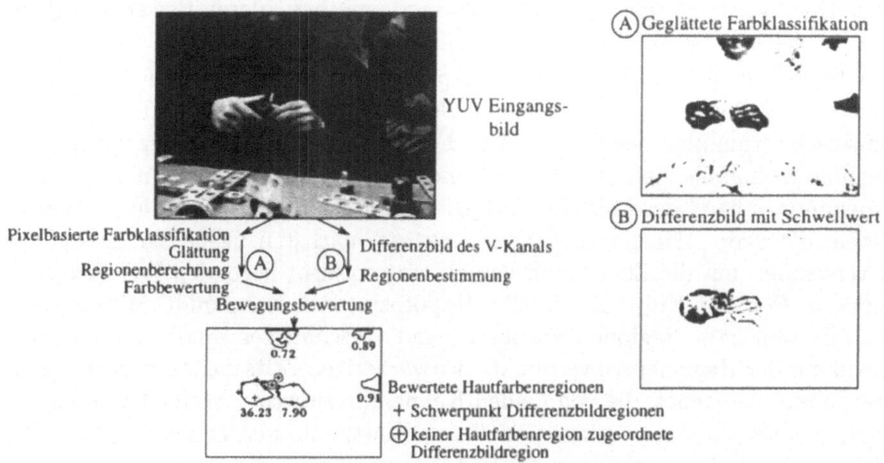

Abbildung 2. Flußdiagramm der Regionensegmentierung.

d als Merkmal für ein neues Klassifikationsproblem angesehen. Die Klasse *eigen* zeigt dabei die Zugehörigkeit zu Klasse k bezogen auf d_k an, die Klasse *fremd* Zugehörigkeit zu einer beliebigen Klasse ungleich k. Der Confidence-Wert ergibt sich zu $P(eigen|d_k)$. Durch Benutzung der Bayes'schen Regel kann dieses Klassifikationsproblem durch Schätzung von Normalverteilungen für $P(d_k|eigen)$ und $P(d_k|fremd)$ gelöst werden. Nach Glättung durch einen Medianfilter und Binarisierung werden Regionen im Klassifikationsergebnis durch Polygone approximiert.

Für jede Region wird der mittlere Confidence-Wert aller Pixel innerhalb der Region als Bewertung verwendet. Diese Bewertung wird basierend auf Bewegungsinformation erhöht. Dies berücksichtigt, daß sich Hände im Vergleich zu anderen hautfarbenen Regionen meist mehr bewegen. Bewegungsinformation wird durch ein Differenzbild des V-Kanals von zwei aufeinanderfolgenden Bildern ermittelt. Der V-Kanal wird durch Schatten nicht so stark beeinflußt wie der Y-Kanal und ist im Farbraum ähnlich orientiert wie Hautfarbe. Nach Anwendung eines Schwellwertes werden die resultierenden Regionen bestimmt. In jedem Zeitschritt werden die Abstände zwischen den Schwerpunkten der Regionen aus dem Differenzbild und den Polygonen der hautfarbenen Regionen berechnet. Jede Differenzbildregion wird der nächstliegenden Hautfarbenregion zugeordnet, wenn

- die Differenzbildregion innerhalb der Hautfarbenregion liegt ODER
- die Differenzbildregion nah an der Hautfarbenregion liegt UND die nächste Hautfarbenregion mindestens den doppelten Abstand zur ausgewählten Hautfarbenregion hat.

Die Bewertung der Hautfarbenregionen wird durch Addition eines mit der Größe der zugeordneten Differenzbildregionen gewichteten Summanden erhöht.

3   Verfolgung und Selektion von Handhypothesen

Für die Erkennung der Handlungen müssen zuerst aus den Handhypothesen, die im Segmentierungsschritt ermittelt wurden, die beiden Handregionen ausgewählt werden. Dazu wird der Schwerpunkt jeder Handhypothese, deren Bewertung größer als ein Schwellwert ist, mit einem Kalmanfilter verfolgt.

Das Systemmodell des Kalmanfilters repräsentiert die kinematische Bewegungsgleichung eines Punktes, wobei Position, Geschwindigkeit und Beschleunigung des Regionenschwerpunktes benutzt werden. Der Prozeß der Regionenverfolgung mit Kalmanfiltern umfaßt mehrere Verarbeitungsschritte. Nach der Prädiktion des Systemzustands anhand des Modells wird jedem Kalmanfilter die Handhypothese zugewiesen, die dem prädizierten Schwerpunkt am nächsten liegt. Ein Schwellwert wird verwendet, um die Zuordnung von zu weit entfernt liegenden Hypothesen zu verhindern. Für den Fall, daß dieselbe Hypothese zwei Kalmanfiltern zugewiesen wird (z.B. weil zwei Regionen vorübergehend verschmolzen sind), werden unter Verwendung der Regionenschwerpunkte des vorherigen Zeitschritts zwei *imaginäre* Schwerpunkte berechnet, die von beiden Kalmanfiltern weiter verfolgt werden. Für nicht zugewiesene Handhypothesen mit hoher Bewertung werden neue Kalmanfilter initialisiert. Nach der Zuordnung der Hypothesen werden die prädizierten Systemzustände anhand der gemessenen Regionenschwerpunkte korrigiert.

Für die Auswahl der beiden Trajektorien, die aus den Handbewegungen des Konstrukteurs hervorgingen, wird die "Geschichte" aller Trajektorien betrachtet, da die Bewertungen der Regionen in einem einzelnen Zeitschritt kein zuverlässiges Kriterium darstellen. Beispielsweise können statische Regionen aufgrund kurzfristiger Verdeckungen vorübergehend hohe Bewertungen haben, während sich langsam bewegende Hände niedrige Bewertungen besitzen. Daher basiert die Auswahl der beiden Handtrajektorien für die Klassifikation einerseits auf der Zeitdauer der Verfolgung und andererseits auf dem Weg, der während der Verfolgung von der Region zurückgelegt wurde.

4   Segmentierung und Klassifikation von Aktionen

Nach der Kalmanfilterung können nun die beiden Trajektorien der Hände des Konstrukteurs analysiert werden. Da keine expliziten Daten über Anfangs- und Endpunkte von Handlungen gegeben sind, müssen aus diesen Trajektorien automatisch relevante Abschnitte segmentiert und klassifiziert werden. Weil die gleichen Handlungen in der Regel nicht identisch ausgeführt werden, muß das zur Klassifikation eingesetzte Verfahren eine gewisse Variabilität der Trajektorien berücksichtigen. Weiterhin sollte das Verfahren mehrere Handlungshypothesen gleichzeitig verfolgen können, da oftmals keine eindeutige Interpretation der Trajektorien möglich ist.

Der zur Erkennung der Handlungen ausgewählte Ansatz basiert auf dem *Conditional Density Propagation* (CONDENSATION) Algorithmus, der erstmals von Isard und Blake zur Verfolgung von Objekten in verrauschten Bildsequenzen vorgeschlagen wurde [Isa96]. In [Isa98] erweitern sie das Verfahren, so daß während der Verfolgung automatisch zwischen mehreren Bewegungsmodellen umgeschaltet werden kann und damit eine Klassifikation der Bewegungen durchgeführt wird. Black und Jepson verwenden den CONDENSATION Algorithmus, um die Trajektorien gezeichneter Kommandos an einer Wandtafel zu erkennen [Bla98].

Das CONDENSATION-basierte Verfahren ist mit *Hidden Markov Modellen* verwandt. Analog zu HMM's ist es ein probabilistischer Ansatz, welcher eine diskrete Menge von Zuständen verwendet. Der CONDENSATION Algorithmus erlaubt darüberhinaus eine stärkere Berücksichtigung der zeitlichen Abfolge der Eingangsdaten für die lokale Bewertung eines Zustands [Bla98].

Der hier vorgestellte Ansatz, der auf dem Verfahren von Black und Jepson beruht, repräsentiert die zu erkennenden Handlungen durch parametrisierte Modelle, die schrittweise mit den Eingabedaten verglichen werden. Jedes Modell besteht dabei aus einer L-dimensionalen Trajektorie, welche die Bewegungen beider Hände des Konstrukteurs beschreibt.

$$\mathbf{m}^{(\mu)} = \{\mathbf{x}_0, \mathbf{x}_1, \ldots, \mathbf{x}_T\}, \quad \mathbf{x}_t = (x_{t,1}, \ldots, x_{t,L}) \tag{1}$$

Auf Grund der Komplexität der Handlungen, die dieses Szenario charakterisieren, werden Verbundmodelle $M^{(\nu)} = \{\mathbf{m}^{(\mu_1)}, \ldots, \mathbf{m}^{(\mu_k)}\}$ eingesetzt, deren Untermodelle $\mathbf{m}^{(\mu)}$ durch Übergangswahrscheinlichkeiten $T^{(\nu)}_{\mu_i \to \mu_j} = P(\mu_i \to \mu_j)$ miteinander verknüpft sind. Damit wird die Erkennung komplexer Handlungen, die jeweils durch eine bestimmte zeitliche Abfolge einfacherer Handlungen definiert sind, ermöglicht.

Zum Vergleich der Modelle mit den beobachteten Daten $\mathbf{z}_t$ wird der Parametervektor $\mathbf{s}_t = (\nu, \mu, \phi, \alpha, \rho)$ verwendet. Dieser Vektor definiert den Zustand des Modells μ im Verbundmodell ν. Der Zeitindex ϕ kennzeichnet die aktuelle Position innerhalb der Modelltrajektorie zum Zeitpunkt t. Der Parameter α dient zur Skalierung der Amplitude, während mit ρ eine Streckung bzw. Stauchung der Modelltrajektorien in der Zeitdimension vorgenommen werden kann. Eine graphische Darstellung dieser Parameter zeigt Abbildung 3.

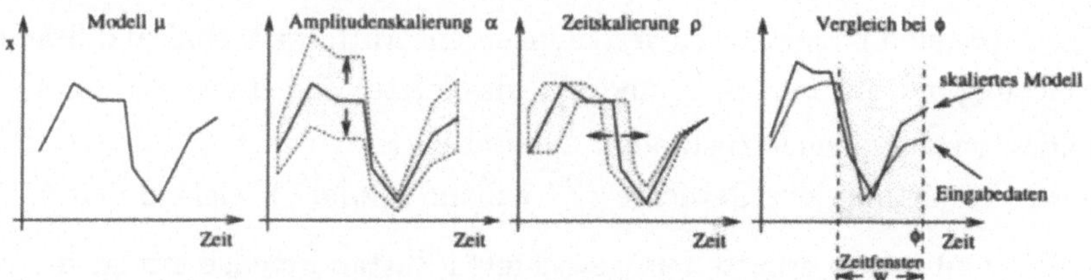

Abbildung 3. Einfluß der Parameter auf das Modell μ.

Das Ziel des CONDENSATION Algorithmus ist es, den Parametervektor $\mathbf{s}_t$ so zu bestimmen, daß die Übereinstimmung der Modelltrajektorie mit den beobachteten Daten $\mathbf{z}_t$ maximiert wird. Dies wird erreicht durch die zeitliche Propagierung der N-elementigen gewichteten Zustandsmenge

$$\left\{ (\mathbf{s}_t^{(1)}, \pi_t^{(1)}), \ldots, (\mathbf{s}_t^{(N)}, \pi_t^{(N)}) \right\}, \tag{2}$$

welche die a posteriori Wahrscheinlichkeit $p(\mathbf{s}_t|\mathbf{z}_t)$ zum Zeitpunkt t repräsentiert [Gre91]. Das Gewicht $\pi_t^{(n)}$ des Zustands $\mathbf{s}_t^{(n)}$ berechnet sich aus

$$\pi_t^{(n)} = \frac{p(\mathbf{z}_t|\mathbf{s}_t^{(n)})}{\sum_{j=1}^{N} p(\mathbf{z}_t|\mathbf{s}_t^{(j)})} \quad \text{mit} \quad p(\mathbf{z}_t|\mathbf{s}_t) = \prod_{i=1}^{L} p(z_{t,i}|\mathbf{s}_t), \tag{3}$$

wobei

$$p(z_{t,i}|\mathbf{s}_t) = \frac{1}{\sqrt{2\pi}\sigma_i} \exp\left\{\frac{-\sum_{j=0}^{w-1}\left(z_{(t-j),i} - \alpha\mathbf{m}^{(\mu)}_{(x_{(\phi-\rho j)},i)}\right)^2}{2\sigma_i^2(w-1)}\right\}. \tag{4}$$

Dabei bezeichnet w die Größe des Zeitfensters, in dem der Vergleich des Modells mit den Meßdaten stattfindet. Der Wert $\alpha\mathbf{m}^{(\mu)}_{(x_{(\phi-\rho j)},i)}$ ist die i-te Komponente der Trajektorie des Modells μ interpoliert zum Zeitpunkt $\phi - \rho j$ und skaliert mit α. Die Werte σ_i geben die Standardabweichung der Modelltrajektorien i an.

Die Aktualisierung der gewichteten Zustandsmenge gliedert sich in drei Phasen und basiert auf den Resultaten des jeweils vorhergehenden Zeitschritts:

Select: Auswahl von N Zuständen $\mathbf{s}^{(n)}_{t-1}$ entsprechend ihres jeweiligen Gewichts $\pi^{(n)}_{t-1}$ aus der Menge $\{(\mathbf{s}^{(1)}_{t-1}, \pi^{(1)}_{t-1}), \ldots, (\mathbf{s}^{(N)}_{t-1}, \pi^{(N)}_{t-1})\}$ des vorigen Zeitschritts. Dadurch werden Zustände mit hoher Wahrscheinlichkeit häufiger ausgewählt.

Predict: Prädiktion der Zustandsparameter $\mathbf{s}^{(n)}_t$:

$$\nu^{(n)}_t = \nu^{(n)}_{t-1} \tag{5}$$

$$\mu^{(n)}_{i,t} = \begin{cases} \mu^{(n)}_{i,t-1} & ,\text{falls } \phi < \phi_{\max} \\ \mu_j \text{ anhand von } T^{(\nu)}_{\mu_i \to \mu_j} & ,\text{sonst} \end{cases} \tag{6}$$

$$\phi^{(n)}_t = \phi^{(n)}_{t-1} + \rho^{(n)}_t + \mathcal{N}(\sigma_\phi) \tag{7}$$

$$\alpha^{(n)}_t = \alpha^{(n)}_{t-1} + \mathcal{N}(\sigma_\alpha) \tag{8}$$

$$\rho^{(n)}_t = \rho^{(n)}_{t-1} + \mathcal{N}(\sigma_\rho) \tag{9}$$

Die $\mathcal{N}(\sigma)$ sind dabei Normalverteilungen mit Mittelwert Null und Standardabweichung σ. Falls $\phi > \phi_{\max}$ und $\mu^{(n)}_{i,t}$ das letzte Modell des Verbundmodells ν bildet, wird ein neuer Zustand $\mathbf{s}^{(n)}_t$ initialisiert.

Update: Ermittlung der Gewichte $\pi^{(n)}_t$ anhand $p(\mathbf{z}_t|\mathbf{s}^{(n)}_t)$ (siehe 3 und 4).

Auf Grund der so ermittelten, gewichteten Zustandsmenge erfolgt die Klassifikation der Aktionen. Die Wahrscheinlichkeit, daß ein bestimmtes Modell μ_i zum Zeitpunkt t abgeschlossen ist, ist durch

$$p_{\text{end}}(\mu_{i,t}) = \sum_{n=1}^{N}\begin{cases} \pi^{(n)}_t & ,\text{wenn } \mu_{i,t} \in \mathbf{s}^{(n)}_t \wedge (\phi > 0.9\phi_{\max}) \\ 0 & ,\text{sonst} \end{cases} \tag{10}$$

gegeben. Ein Verbundmodell gilt als erkannt, falls für alle Untermodelle μ_i die Wahrscheinlichkeit $p_{\text{end}}(\mu_{i,t})$ einen vorgegebenen Schwellwert überschritten hat.

Die Modelle, die wir zur Erkennung der Handlungen im Konstruktionsszenario verwenden, bestehen jeweils aus einer 5-dimensionalen Trajektorie, die sich aus den x- und y-Geschwindigkeiten beider Hände und dem Abstand der Handschwerpunkte zusammensetzt. Zur Bildung der Modelltrajektorien wurden mehrere Handlungstrajektorien aufgezeichnet und nach manueller Segmentierung die mittlere Trajektorie berechnet. Die Übergangswahrscheinlichkeiten $T_{\mu_i \to \mu_j}$ wurden von Hand gesetzt, bei ausreichendem Trainingsmaterial können sie automatisch geschätzt werden.

Das Repertoire der Handlungen umfaßt das **Aufnehmen/Ablegen** von Objekten und das **Verschrauben** bzw. **Stecken** von Bauteilen. Diese Handlungen werden durch die folgenden Verbundmodelle repräsentiert:

Aufnehmen/Ablegen: $\{Hand\ abwärts,\ Hand\ aufwärts\}^{L|R}$
Verschrauben: $\{Annähern,\ Schrauben^{L|R},\ Entfernen\}$
Stecken: $\{Annähern,\ Entfernen\}$

Für das Aufnehmen/Ablegen sowie das Verschrauben gibt es jeweils zwei Verbundmodelle, je nachdem ob die linke (L) oder rechte (R) Hand die Aktion ausführt.

5 Ergebnisse

Die Segmentierung der hautfarbenen Regionen und das Verfolgen mittels Kalmanfilter erfolgt auf einer DEC Personal Workstation 433au (SPECInt95 13.9) im Bildtakt mit 25 Hz bei einer Bildgröße von 189x139 Pixeln. Der CONDENSATION-Algorithmus führt bei der Verwendung von 3500 Zuständen auf einem AlphaServer ES40 (SPECInt95 27.3) die Klassifikation in Echtzeit durch. Abbildung 4 zeigt die Anwendung des vorgestellten Verfahrens auf eine Handlungssequenz.

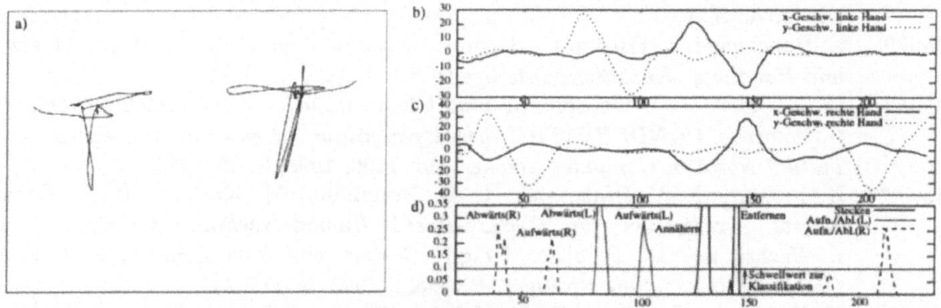

Abbildung 4. Darstellung der Handlungssequenz **Aufnehmen(R)**, **Aufnehmen(L)**, **Stecken** und **Ablegen(R)**. a) Handtrajektorien im Ortsraum, b),c) Geschwindigkeitsverläufe der Hände, d) Modell-Ende-Wahrscheinlichkeiten.

Das gesamte System wurde mit 36 Handlungssequenzen von 5 Personen getestet. Jede Handlungssequenz enthielt 6 Verbundmodelle mit insgesamt 13 Untermodellen. Da die Klassifikation auf charakteristischen Handtrajektorien in der zweidimensionalen Ansicht beruht, wurden die Benutzer instruiert, die Handlungen möglichst deutlich auszuführen. Die unter Einhaltung dieser Voraussetzungen in Echtzeit erzielten Ergebnisse sind in Tabelle 1 dargestellt.

6 Zusammenfassung

Der hier vorgestellte Ansatz erlaubt die Erkennung von Konstruktionshandlungen durch Auswertung von Bildfolgen in Echtzeit. Dazu wurde eine Regionensegmentierung entwickelt, die mit Hilfe von Confidence-Mapping und Differenzbildern für jede hautfarbene Region eine Bewertung ermittelt. Eine Verfolgung dieser Regionen mit

Modelltyp	Untermodelle								Verbundmodelle				
	Abwärts L	Aufwärts L	Abwärts R	Aufwärts R	Annähern	Entfernen	Schrauben	Σ	Aufn./Abl. L	Aufn./Abl. R	Stecken	Schrauben	Σ
# Handlungen	57	57	87	87	72	72	36	468	57	87	36	36	216
# Erkannt	51	54	78	86	64	70	27	430	50	77	29	22	178
Erkannt (%)	89	95	90	99	89	97	75	92	88	88	81	61	82

Tabelle 1. Ergebnisse für 36 Handlungssequenzen unter Echtzeitbedingungen.

Kalmanfiltern erlaubt die Auswahl der interessierenden Handregionen aufgrund der Historie der Regionen. Der CONDENSATION-Algorithmus ermöglicht die gleichzeitige Betrachtung verschiedener Handlungshypothesen für die Klassifikation. Durch Verwendung von Verbundmodellen können dabei auch komplexere Handlungen als Abfolge einfacher Basishandlungen erkannt werden.

Literatur

[Bak96]   P. Bakker, Y. N. Kuniyoshi: *Robot See, Robot Do: An Overview of Robot Imitation*, in *Proc. AISB'96 Workshop on Learning in Robots and Animals*, Brighton, UK, 1996, S. 3–11.

[Bau99]   C. Bauckhage, J. Fritsch, G. Sagerer: *Erkennung von Aggregaten aus Struktur und Handlung*, Künstliche Intelligenz, Bd. 3, 1999, S. 4–11.

[Bla98]   M. J. Black, A. D. Jepson: *A probabilistic framework for matching temporal trajectories: CONDENSATION-based recognition of gestures and expressions*, Lecture Notes in Computer Science, Bd. 1406, 1998, S. 909–924.

[Boe98]   H.-J. Boehme, A. Brakensiek, U.-D. Braumann, M. Krabbes, H.-M. Gross: *Neural Architecture for Gesture-Based Human-Machine-Interaction*, in I. Wachsmuth, M. Fröhlich (Hrsg.): *Gesture and Sign Languge in Human-Computer Interaction*, Springer, Bielefeld, 1998, S. 219–232.

[Gre91]   U. Grenander, Y. Chow, D. M. Keenan: *Hands. A Pattern Theoretic Study of Biological Shapes*, Springer, New York, 1991.

[Isa96]   M. Isard, A. Blake: *Contour tracking by stochastic propagation of conditional density*, Lecture Notes in Computer Science, Bd. 1064, 1996, S. 343–356.

[Isa98]   M. Isard, A. Blake: *A mixed-state Condensation tracker with automatic model-switching*, in *ICCV'98*, Mumbai, India, 1998, S. 107–112.

[Kum98]   F. Kummert, G. A. Fink, G. Sagerer, E. Braun: *Hybrid object recognition in image sequences*, in *14th ICPR*, Bd. II, Brisbane, 1998, S. 1165–1170.

[Lat98]   M. Latoschik, M. Fröhlich, B. Jung, I. Wachsmuth: *Utilize Speech and Gestures to Realize Natural Interaction in a Virtual Environment*, in *Proceedings IECON'98*, Bd. 4, IEEE, 1998, S. 2028–2033.

[Sch96]   J. Schürmann: *Pattern classification : a unified view of statistical and neural approaches*, Wiley, New York, 1996.

[Sta95]   T. Starner, A. Pentland: *Visual Recognition of American Sign Language Using Hidden Markov Models*, in *International Workshop on Automatic Face and Gesture Recognition*, Zurich, Switzerland, 1995.

[Stö99]   M. Störring, H. J. Andersen, E. Granum: *Skin colour detection under changing lighting conditions*, in H. Araújo, J. Dias (Hrsg.): *SIRS'99 Proc. 7th Int. Symposium on Intelligent Robotic Systems*, July 1999, S. 187–195.

Dynamic Gesture Analysis and Tracking Based on Dominant Motion Estimation and Kalman Filter

Yu Huang[1], Dietrich Paulus[1], Heinrich Niemann[1]

[1]Chair for Pattern Recognition, Dept. of Computer Science,
University of Erlangen-Nürnberg, 91058, Erlangen, Germany
E-mail: YuHuang@immd5.informatik.uni-erlangen.de

Abstract: In this paper we present a new method for extracting spatial-temporal features of dynamic gestures. We fully utilize the information of temporal motion and spatial luminance. In the first two consecutive frame the dominant motion model is used to calculate the gesturing motion, then it is combined with the result of static segmentation to segment the gesturing hand or arm from the background. The detected object region will be projected onto the successive frame with the predicted motion by Kalman filter. Experimental results of gesturing actions are given to show the efficiency of our method.

Key words: Dominant motion, Kalman filter, gesture analysis

1. Introduction

Gestures are thus a natural and intuitive form of both interaction and communication. Recognizing this, researchers are developing devices that allow gestures to be used as a form of input for human-computer interaction (HCI) in recent years [1]. Since the use of the special data gloves or markers requires users to wear a cumbersome device, so many researchers made efforts on non-invasive vision-based techniques for naturalness of HCI. There are two categories of gestures: static and dynamic. Here we mainly discuss the latter. The key problem in this category is how to extract spatio-temporal features of gesturing actions. In this paper, the recognition problem is not involved, there have been some efficient methods [1] such as HMMs.

2. Background

Existing approaches on dynamic gesture analysis can be divided into two classes [1]: the 3D model-based and the appearance-based. Our proposed method belongs to the second class. Yang & Ahuja [2] set up a small system of gesture recognition, in which motion patterns are derived from image sequences. They combine the static segmentation, color (skin) segmentation with motion segmentation, so finally the motion (affine) parameters, trajectories, shape, and sizes of skin areas are extracted. Cutler & Turk [3] develped a real-time gesture recognition system. They use the 'motion blobs' idea to extract gesturing features by clustering optic flow fields. The blobs are modeled as a best fitting ellipses for the flow vectors in each cluster.

3. Patch-based Gesture Segmentation

The methods of motion segmentation can be grouped into two broad classes [4]. One class solves the problem by letting multiple models simultaneously compete for the description, and the another one excavates out the multiple models sequentially by solving for a dominant model. The dominant motion model-based method used for segmention is more efficient because it does not need to consider how many objects occur in the scene. It is valid for some application fields, for example, camera motion compensation, mosaic, and single object tracking etc [5]. Here we combine the static segmentation with this model to help gesture segmentation.

3.1 Dominant motion estimation

First, we describe the problem as follows: the interframe motion is defined as

$$f(\mathbf{x}, t+1) = f(\mathbf{x} - \mathbf{u}(\mathbf{x};\mathbf{a}), t),\tag{1}$$

where $f(\mathbf{x}, t)$ is the brightness function in time instant t, $\mathbf{x} = (x, y)$ is coordinate of the pixel, and $\mathbf{u}(\mathbf{x};\mathbf{a})$ is the motion vector. We assume the affine flow model as

$$\mathbf{u}(\mathbf{x};\mathbf{a}) = \begin{bmatrix} u(x,y) \\ v(x,y) \end{bmatrix} = \begin{bmatrix} a_0 + a_1 x + a_2 y \\ a_3 + a_4 x + a_5 y \end{bmatrix}\tag{2}$$

where $\mathbf{a} = (a_0, a_1, a_2, a_3, a_4, a_5)^{\mathrm{T}}$ are the parameters of the affine model.

So, the dominant motion estimation is formulated as the following M-estimator,

$$\min_{(u,v)} E_D = \sum_{(x,y)\in R} \rho(uf_x + vf_y + f_t, \sigma) \, , \tag{3}$$

here the ρ - function can be chosen as the Geman-McClure function [6] as

$$\rho(x,\sigma) = \frac{x^2}{x^2 + \sigma^2} \, , \tag{4}$$

with σ as the scale parameter, and f_x, f_y, f_t as partial derivatives of brightness function with respect to x, y and t.

We use two kinds of methods to solve the nonlinear optimation problem of (3):

One is the Simultaneous-Over-Relaxation (SOR) approach proposed by Black et.al [6], for which the iteration update equations are

$$a_i^{(n+1)} = a_i^{(n)} - \omega \frac{\partial E_D}{T_{a_i} \partial a_i} \, , \tag{5}$$

with $\omega = 1.995$, T_{a_i} as the upper bound of the 2nd-order partial derivatives, i. e.

$$T_{a_i} \geq \frac{\partial^2 E_D}{\partial a_i^2} \, . \tag{6}$$

The SOR method lowers the scale parameter σ according to the formula $\sigma_{n+1} = 0.95\sigma_n$. We set initially σ as $25\sqrt{3}$ and finally σ as $15\sqrt{3}$. Once the dominant motion is estimated, the outlying measurements are determined by checking the value $\left| f_x u + f_y v + f_t \right| \geq \tau$, here $\tau = \sigma / \sqrt{3}$. These outlier pixels can be used to determine the next dominant motion parameters.

The other one is based on the Iterative-Weighted-Least-Squares (IWLS) method, which solves a nonlinear LS problem iteratively as below,

$$\begin{bmatrix} \sum wf_x^2 & \sum wxf_x^2 & \sum wyf_x^2 & \sum wf_x f_y & \sum wxf_x f_y & \sum wyf_x f_y \\ \sum wxf_x^2 & \sum wx^2 f_x^2 & \sum wxyf_x^2 & \sum wxf_x f_y & \sum wx^2 f_x f_y & \sum wxyf_x f_y \\ \sum wyf_x^2 & \sum wxyf_x^2 & \sum wy^2 f_x^2 & \sum wyf_x f_y & \sum wxyf_x f_y & \sum wy^2 f_x f_y \\ \sum wf_x f_y & \sum wxf_x f_y & \sum wyf_x f_y & \sum wf_y^2 & \sum wxf_y^2 & \sum wyf_y^2 \\ \sum wxf_x f_y & \sum wx^2 f_x f_y & \sum wxyf_x f_y & \sum wxf_y^2 & \sum wx^2 f_y^2 & \sum wxyf_y^2 \\ \sum wyf_x f_y & \sum wxyf_x f_y & \sum wy^2 f_x f_y & \sum wyf_y^2 & \sum wxyf_y^2 & \sum wy^2 f_y^2 \end{bmatrix} \begin{bmatrix} a_0 \\ a_1 \\ a_2 \\ a_3 \\ a_4 \\ a_5 \end{bmatrix} = \begin{bmatrix} -\sum wf_x f_t \\ -\sum wxf_x f_t \\ -\sum wyf_x f_t \\ -\sum wf_t f_y \\ -\sum wxf_t f_y \\ -\sum wyf_t f_y \end{bmatrix} \tag{7}$$

where $w(r) = \psi(r)/r$, with $\psi(r) = d\rho(r)/dr$ and $r = uf_x + vf_y + f_t$. Here the outlying measurements are determined from the weighted average of the normal flow magnitudes over a small neighborhood, details can be seen from [7].

Both the two algorithms begin by constructing the Gaussian pyramid (we set up three levels). At the coarse level motion is initially set to zero. The number of iterations is chosen as 10. When the estimated parameters are interpolated into the next level, these parameters are used to warp (realized by linear interpolation, see [6]) the first image to the second image. In the current level only the change in the paramenters are estimated in the iterative update scheme.

If we assume that the camera is static, so the most part of the images is the relatively static background. In fact, this method is also valid for situations with moving cameras[5]. In order to save computation time, we directly use the thresholded difference image of two consecutive frames to generate the first dominant object. In the experients, we find the IWLS method more stable than the SOR method. So, results given in this paper are obtained by the former.

3.2 Static segmentation by the watershed algorithm

In static segmentation, the watershed algorithm of mathematical morphology is a powerful method. Early watershed algorithms are developed to process digital elevation models and are based on local neighborhood operations on square grids. Improved gradient following methods are devised to overcome plateaus and square pixel grids [8]. Other approaches use ``immersion simulations`` to identify watershed segments by flooding the image with water starting at intensity minima [9]. Here we realize the immersion simulation method proposed in [9] and one single-scale gradient following method, which is basical work in [8].

A severe drawback to the computation of watershed images is over-segmentation, so here watershed merging of both methods is needed based on thresholding (the threshold value is gradually increased) the difference of adjacent subregions' intensity mean values. We find results of both methods are similar, but the gradient following method is near 3 - 4 times computatioally faster. So, in this paper we only give experimental results using the faster one.

3.3 Gesture segmentation with a patch-based motion measure

We use the static segmentation to get small regions and then determine each region's motion measure from MAE (Mean Absolute Error) of difference between the warped image and the origin image, i. e.

$$M_{ij} = \sum_{\mathbf{x} \in R_i} \left| f(\mathbf{x}, t+1) - f^{w_j}(\mathbf{x}, t) \right| / C_i, \tag{8}$$

where $f^{w_j}(\mathbf{x}, t)$ is the warped image of $f(\mathbf{x}, t)$ using the jth dominant motion parameters, C_i is the pixel number in the subregion R_i. If we assume the background is static (without the first warping) and there is only one dominant moving object presented in the view, then the number of motions is 2, i.e. j=1,2, and i=1, 2, …N (N is the region number after static segmentation).

4. Gesture tracking based on the spatio-temporal features

In order to save time, the procedure described in Sect. 3 is only performed in the first two consecutive frames, the processing method of the successive frames will be different. In fact the result of gesture segmentation of first two consecutive frames can offer initialization to the tracking system. Afterwards, the temporal and spatial information about the gesturing hand or arm will be fully utilized in the tracking system. The procedure is as follows:

Now in the tracking system, it is at the kth step, i.e. with the given motion parameters $\mathbf{a}_{k-1}$ and region mask W_{k-1} in the last step, then

1) W_{k-1} is used as the initial mask to compute the current dominant motion $\tilde{\mathbf{a}}_k$ by solving the equation (7), being the current observation vector of Kalman filter;

2) Predict the current motion parameters $\mathbf{a}_k$ by linear Kalman filter, in which a first order kinematic model is used and the state vector is the motion parameters and its first derivative (accelerating vector's initial value is zero) at the frame. So, the plant equation and observation equation are:

$$\begin{cases} \mathbf{s}_k = A\mathbf{s}_{k-1} + v_{k-1} \\ \mathbf{o}_k = H\mathbf{o}_k + \zeta_k \end{cases} \tag{9}$$

with $\mathbf{s}_k$ as the state vector, v_k as the model noise, $\mathbf{o}_k$ as the observation vector, ξ_k as the observation noise vector, and

$$A = \begin{bmatrix} I_6 & I_6 \\ 0_6 & I_6 \end{bmatrix}, \quad H = \begin{bmatrix} I_6 & 0_6 \end{bmatrix}.$$

3) project the mask W_{k-1} onto the current frame by affine warping using the parameters $\mathbf{a}_{k-1}$, so get the predicted region mask $\tilde{W}_k$;

4) do intentionally static oversegmentation (reduce the threshold value of merging) of the current frame, then generate the current new mask W_k by comparing subregions with the predicted mask $\tilde{W}_k$: assign each subregion a label by checking whether its most area enters $\tilde{W}_k$.

We can find from above, both the accuracy of motion prediction and initial segmentation input are important. After that, it is natural to get spatio-temporal features of gesturing such as shapes, related locations or motion trajectories etc.

5. Experiment results

We realize the procedure in C on a SGI workstation. The computation for a pair of consecutive frames requires about 9-10 seconds. Here in Fig.1-3 we give some results for gesturing actions as 'circling', 'clicking' and 'erasing'. Arrangement for all figures of results is that: leftup one for original frame, rightup for static segmentation, leftdown for input mask (the input mask of the first frame is the thresholded difference mask) and the rightdown for the current segmented gesturing object. The original image size is 360x288.

(a) Frame 1(begin)　　　　(b) Frame 20　　　　(c) Frame 39(end)

Fig.1 gesture 'circling'

(a) Frame 1(begin)   (b) Frame 20   (c) Frame 35(end)

Fig.2 gesture 'clicking'

(a) Frame 1(begin)   (b) Frame 10   (c) Frame 38(end)

Fig.3 gesture 'erasing'

The video demos of experimental results for six gestures (besides three gestures above, there are still 'pointing', 'underlining' and 'crossing' actions) are available from http://www5.informatik.uni-erlangen.de/HTML/English/Persons/Guests/yuhuang/demo.html.

6. Conclusion

We present a new gesture segmenation method in which the gesture information of temporal motion and spatial luminance is fully utilized. In future, we will need to try in two aspects: The first is to modify the processing method for the first two consecutive frames in order to get a robust gesture segmentation, and the second is to add the recognition part based on the extracted spatio-temporal features of gesturing.

Acknowledgement

This work is partially supported by Alexander Von Humbodlt foundation. We are thankful also to Mr. Rui-ping Shi for his help of recording all images in the paper.

References

1. Pavlovic V I et.al: Visual interpretation of hand gestures for human-computer interaction: a review, IEEE T-PAMI, 19(7), (1997) 677-695.

2. Yang M, Ahuja N: Extraction and classification of visual motion patterns for hand gesture recognition,   Proc. of IEEE CVPR, Santa Babara, US, (1998) 892-897.

3. Cutler R, Turk M: View-based interpretation of real-time optic flow for gesture recognition, FG'98, Nara, Japan, (1998).

4. Sawhney H. S., Ayer S.: Compact representations of videos through dominant and multiple motion estimation, IEEE T-PAMI, 18(8). (1996) 814-830.

5. Huang Y, Paulus D, Niemann H: Background-foreground segmentation based on dominant motion estimation and static segmentation, Int. Workshop on Signal, Image Analysis and Processing, Pula, Croatia, 13-15 June, (2000).

6. Black M J, Jepson A D: Estimation optical flow in segmented images using variable-order parametric models with local deformation. IEEE T-PAMI, 18(10), (1996) 972-986.

7. Irani M et. al.: Computing occluding and transparent motions, Int. J. CV, 12(1), (1994) 5-16.

8. Gauch J: Image segmentation and analysis via multiscale gradient watershed hierarchies, IEEE T-IP, 8(1). (1999) 69-79.

9. Vincent L, Soille: Watersheds in digital spaces: an efficient algorithm based on immersion simulations, IEEE T-PAMI, 13(6). (1991) 583-589.

Quantitative Analyse eines von Protozoen erzeugten Strömungsfeldes

Florian Frühauf und Volkmar Liebscher

GSF-Forschungszentrum, Institut für Biomathematik und Biometrie,
Ingolstädter Landstr.1, D-85764 Neuherberg
{fruehauf,liebscher}@gsf.de,
URL: http://www.gsf.de/ibb/ag2

Zusammenfassung Protozoen in Biofilmen erzeugen durch strudelnde
Bewegungen eine Mikrozirkulation im umgebenden Wasser. Diese kann
durch eingebrachte Latexpartikel markiert und mit Hilfe von Mikroskopie
und Videotechnik erfaßt werden. Die dargestellte Methode, die nichtlineare Gauss-Filterung, Differenzenbildung, morphologische Operationen
sowie robuste Skelettierung verbindet, erlaubt, aus verrauschten Daten
auf die Geschwindigkeiten der Partikel und damit auf das zugrundeliegende Strömungsfeld zurückzuschließen.

1 Problemstellung

Diese Arbeit beschäftigt sich mit der Analyse des Strömungsfeldes von Klein-
tieren (Rädertierchen), die an der Oberfläche von Biofilmen leben. Ein Biofilm
entsteht, wenn sich Mikroorganismen - z.B. Algen, Bakterien oder Protozoen -
an Grenzflächen von Flüssig- und Festphasen ansiedeln. Beispiele dafür sind Kies
an Gewässersohlen oder Blähtonkugeln in Wasser; letztere werden in modernen
Kläranlagen eingesetzt. In diesem Zusammenhang wurde auch das Experiment
durchgeführt, das dieser Arbeit zugrundeliegt. In solchen Biofilmen leben Protozoen oder Rädertierchen, also Mikroorganismen der Größenordnung 0.5-1mm.
Sie ernähren sich von suspendierten Schmutzteilchen, die sie mit Hilfe ihres aus-
stülpenden "Räderorgans" strudelnd abfiltern.

Im Experiment wurden Latexkugeln (Beads) mit Durchmesser $1\mu m$ in das
Wasser eingebracht. Anschließend wurden mit Hilfe einer Kombination von In-
vertmikroskop und Videokamera Bildsequenzen aufgenommen. In jedem der ca.
200 Zeitschritte fiel dabei ein 2D-RGB-Bild, d.h. ein Schnitt durch die x-y-Ebene,
der Größe 500×400 Pixel an. Aus diesen Bildsequenzen sollten die Bahnen der
Beads ermittelt werden, um aus diesen auf das Kraftfeld, das die Rädertierchen
erzeugen, Rückschlüsse zu ziehen. Faßt man den Bildstapel als 3D-Bild auf, sollten die Bahnen der Testpartikel als fadenförmige Strukturen erscheinen. Ziel ist
deren Detektion (vgl. Abb. 1(a,b)).

Bisherige Auswertetechniken [4] beschränkten sich auf die manuelle Ausmes-
sung der in die x-y-Ebene projizierten Bilder, die gewisse Teilchenbahnen zeigen. Wünschenswert ist aber eine zuverlässige automatisierte Bearbeitung der

Bildfolge, die neben der x-y-Information auch die volle Zeitinformation nutzt. Die Abschätzung des von den Protozoen erzeugten Strömungsfeldes ist wichtig, um die Einflüsse globaler Strömungen auf den Biofilm im Vergleich zu lokalen Strömungen angemessen in Modellierungen berücksichtigen zu können. Eine Automatisierung ist für weitergehende, ausgedehnte Studien zur Lebensweise der Protozoen notwendig.

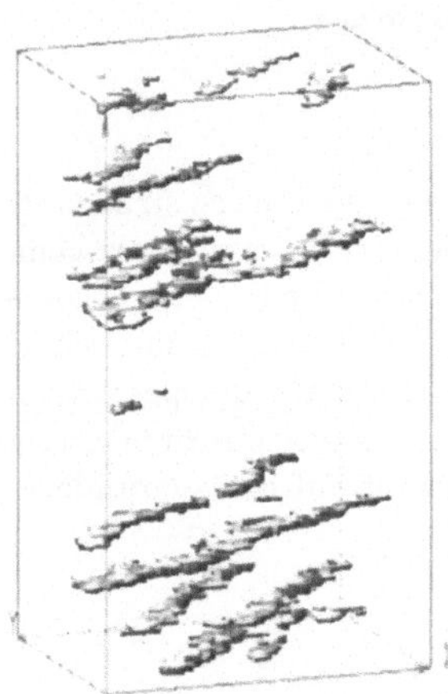
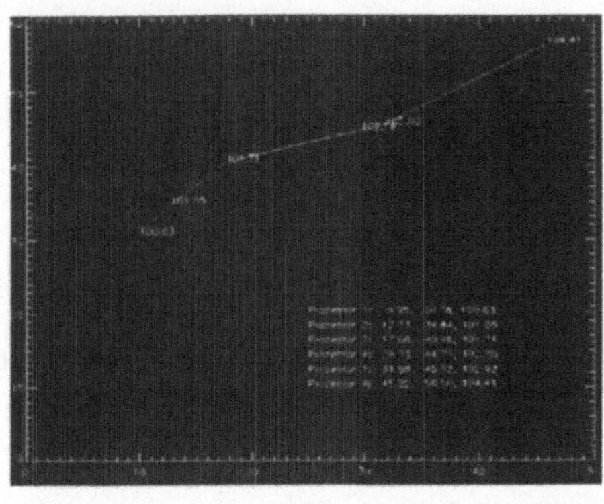

Abbildung 1. *(a) "Schläuche" durch Raum und Zeit. (b) Bahn eines Beads in der (x,y)-Ebene.*

2 Bildverarbeitung

Um die Rechenzeiten kurz zu halten, wurde von den Orginalbilddaten (siehe Abb.2(a)) nur die rote Farbkomponente des RGB-Bildes verwendet. Zunächst wurden die Bilder mit einem nichtlinearen diskreten Gaußfilter der Gestalt

$$G_{\eta,\zeta}(f)(z_0) = \frac{\sum_{z \in U(z_0)} g_\eta(\|z - z_0\|) \cdot g_\zeta(|f(z) - f(z_0)|) \cdot f(z)}{\sum_{t \in U(z_0)} g_\eta(\|t - z_0\|) \cdot g_\zeta(|f(t) - f(z_0)|)}$$

geglättet. Dieser Filter unterdrückt starkes Rauschen unter Erhaltung und Verstärkung der Kanteninformation [1, 2, 5]. In der Formel sind $D \subset \mathbb{Z}^3$ ein Quader, $U(z_0)$ ein Quader um den Mittelpunkt $z_0 = (x_0, y_0, t_0) \in D$, $f : D \to \mathbb{R}$ das zu glättende Bild und $g_\eta : \mathbb{R} \to \mathbb{R}$ der Gaußsche Kern mit Varianz η^2, d.h. $g_\eta(z) = \exp\left(-\frac{z^2}{2 \cdot \eta^2}\right)$, sowie $\eta, \zeta \in \mathbb{R}^+$ Bandweitenparameter. Die Berechnung

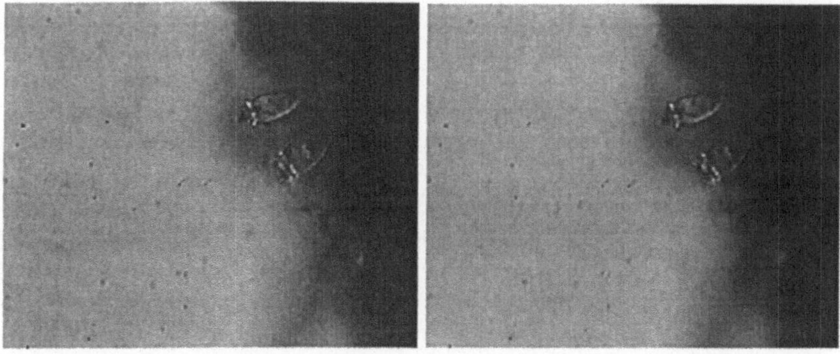

Abbildung 2. *(a) Orginalbild der Größe 500 mal 400 Pixel. Es zeigt zwei Rädertierchen auf einem Biofilm sowie die in das Wasser eingebrachten Beads. (b) Bild nach nichtlinearer Gaußfilterung.*

dieses Filterschrittes wurde durch Verwendung einer Look-Up-Table beschleunigt.

Im nächsten Schritt wurden unbewegte Objekte aus den gefilterten Daten (siehe Abb. 2(b)) eliminiert. Es liegt die Vermutung nahe, daß die jeweiligen Differenzen zweier aufeinanderfolgender Bilder, also die ersten Differenzen über die Zeit, den Bewegungseffekt zeigen. Abb. 3(a) zeigt jedoch, daß erste Differenzen für diesen Zweck nicht brauchbar sind. Hingegen erwiesen sich zweite Differenzen über die Zeit als geeignet. Die Berechnung der neuen Bildfolge erfolgte gemäß

$$Neu\,(x,y,t) = |-Alt\,(x,y,t-1) + 2 \cdot Alt\,(x,y,t) - Alt\,(x,y,t+1)|.$$

Eine Erklärung dieses Phänomens wurde bisher nicht gefunden; in mehrmaligen Experimenten hat sich diese Methode jedoch profiliert, vgl. Abb. 3(b). Im resultierenden Bild sind bewegte Teilchen heller dargestellt als ruhende.

Histogrammbasiertes Tresholding liefert ein Binärbild; die bewegten Testpartikel sind mit dem Wert 1 assoziert (siehe Abb. 4(a)). Diese 3D-Binärbilder eignen sich noch nicht zur Teilchen-Bahn-Bestimmung, weil sie zu rauh sind und einzelne Störpunkte enthalten. Deshalb werden Lücken und Löcher mit einem morphologischen Abschluß [6] geschlossen. Als Template wurde ein $3 \times 3 \times 3$-Würfel gewählt. Abb. 4(b) und Abb. 5(a) zeigen die Einzelschritte des morphologischen Abschlußes, also Dilatation und anschließende Erosion. Um die Störpunkte zu beseitigen, eliminieren wir alle Komponenten, für welche kein Punkt dem folgenden Sternkriterium genügt. Das Sternkriterium ist für einen Punkt erfüllt, wenn dieser den Wert eins hat und jeder Nachbarpunkt in x-, sowie y-Richtung, ebenfalls den Wert eins hat. Dadurch werden kleine Komponenten aussortiert (siehe Abb. 5(b)). Mit anderen Worten, es wird für jeden Punkt, der mit seinen Nachbarpunkten eine "Sternform" bildet, der zusammenhängende Bereich um den Stern, der ebenso den Wert eins hat, als Teilchenbahn akzeptiert (siehe Abb. 6). Da die meisten Beads sich nur für eine kurze Zeitspanne in

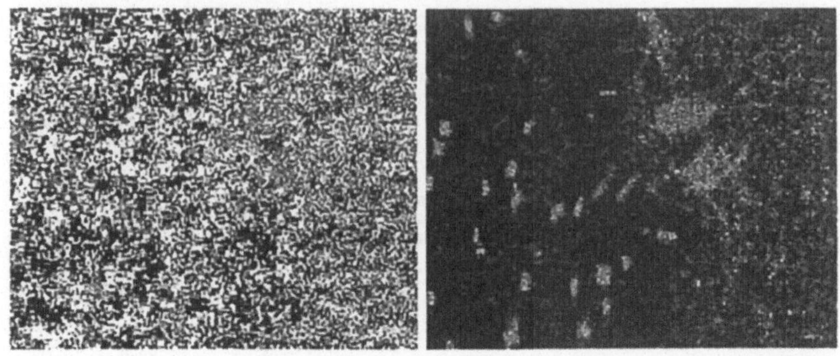

Abbildung 3. *(a) Erste Differenz von 2 Bildern. (b) Zweite Differenz aus 3 Bildern.*

der Aufnahmeebene der Kamera bewegen, wurden die Nachbarn in t-Richtung bewußt nicht in das "Sternform"-Kriterium aufgenommen.

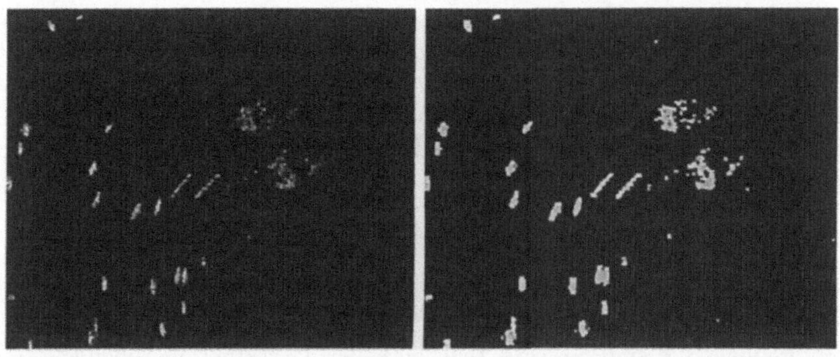

Abbildung 4. *(a) Tresholdmarke=22, nur hellere Punkte bleiben erhalten. (b) Aufblasen der Punkte durch die DILATE-Funktion.*

Als nächstes wurde der Binärbildstapel im dreidimensionalen Raum gelabelt. Es bildeten sich im (x, y, t) "Schläuche", die den Verlauf der Beads in der $(x, y)-$ *Ebene* (Aufnahmeebene) durch die aufeinanderfolgenden Bilder repräsentieren (siehe Abb.1(a)). Jeder "Schlauch" konnte mit einer Neuronalen-Netz-Methode [3] skelettiert werden. Dieser Algorithmus beschreibt jeden Schlauch durch eine endliche Anzahl von Punkten (x, y, t) (Prozessoren), die die Bahn eines Beads gut approximieren (siehe Abb.1(b)). Durch Überlagerung der Orginalbilddaten und der Ergebnisdaten erkennt man, daß fast alle Beads als Teilchen erfaßt werden. Aus den einzelnen diskreten Prozessoren konnte eine angenäherte vektorielle Geschwindigkeit in der x-y-Ebene bestimmt werden ($\vec{v} = \frac{\vec{s}}{\Delta t}$; $\vec{s}$ ist

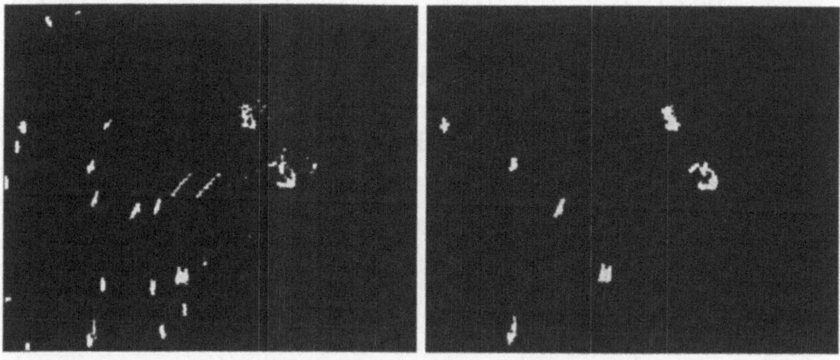

Abbildung 5. *(a) ERODE-Funktion verkleinert die "Röhren" wieder. Im Vergleich zu Abb. 3.10(b) sind die Flächen jetzt geschlossener. (b) Durch die Sternbedingung werden kleine Störungen aussortiert. Hier ist wegen der Anschaulichkeit ein Stern mit einer Armlänge von 4 Pixel gewählt worden.*

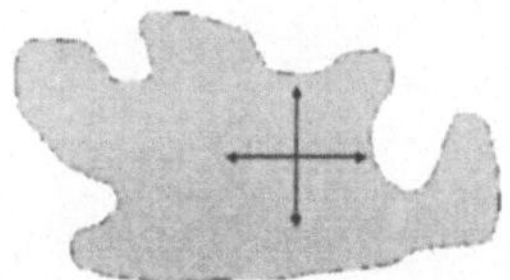

Abbildung 6. *Um den Stern wird der Bereich über der Tresholdmarke aufgefüllt.*

der Abstandsvektor von zwei Prozessoren und Δt ist die Zeitdifferenz zwischen diesen).

Die Implementation der Algorithmen erfolgte in der Sprache IDL 5.3, aufwendige Schritte wie die Filterung und die Anwendung des Sternkriteriums wurden als externe C-Programme eingebunden.

3   Auswertung

Durch Mittelung der geschätzten Geschwindigkeiten ergab sich ein Vektorfeld in der (x, y)-Ebene, das als Näherung für ein mittleres Strömungsfeld betrachtet und weiter analysiert werden konnte. Dieses Geschwindigkeitsvektorfeld wurde noch in Gebieten zusammengefaßt, in denen die jeweils dort auftretenden Geschwindigkeiten addiert werden. Es ergibt eine mittlere Geschwindigkeit von 65 μm/s und eine Maximalgeschwindigkeit von 650 μm/s, was mit den Ergebnissen von [4], maximale Geschwindigkeiten von etwa 300 μm/s, vergleichbar ist. In Abb. 7 wurde über diesem gröberen Gitter ein Histogramm erstellt, in Abb. 8 werden die Geschwindigkeitsvektoren durch Pfeile visualisiert. Die Abb. 8 kann man in drei Gebiete aufteilen. Im Bereich I befinden sich die Vektoren, die zu den beiden Rädertierchen hinzeigen. Dies zeigt, daß die Kleintierchen eine Anziehungskraft auf die Beads ausüben, die Beads werden angesaugt. Im Bereich

II am unteren Bildrand zeigen die Vektoren nach rechts unten aus dem Bild heraus, was sich durch die Annahme erklären läßt, daß weiter unten noch ein oder mehrere Rädertierchen sitzen, die diese Beads anziehen. Das kleinste Gebiet ist der Bereich III, der die beiden Rädertierchen einschließt. Das Auftreten von Geschwindigkeiten in diesem Bereich wird durch die ständige Strudelbewegung der Rädertierchen erklärt, die die Strömung erzeugt.

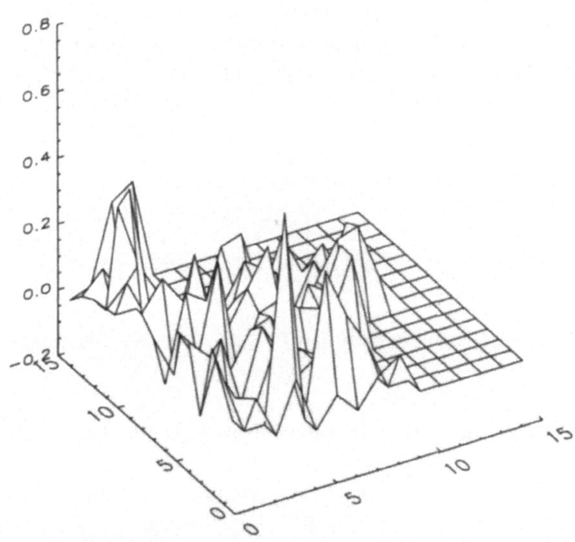

Abbildung 7. *Histogramm der mittleren Geschwindigkeiten (in* mm/s*) über den betrachteten x-y-Bereich*

Danksagung: Das Projekt wurde im Rahmen des SFB 411 von der Deutschen Forschungsgemeinschaft unterstützt. Dank gilt K. Rodenacker für IDL-Unterstützung sowie S. Walcher und G.Winkler für hilfreiche Diskussionen. P. Hutzler machte uns mit der Fragestellung bekannt und stellte die Bilddaten zur Verfügung. H. Eisenmann danken wir für Beratung in biologischen Fragestellungen.

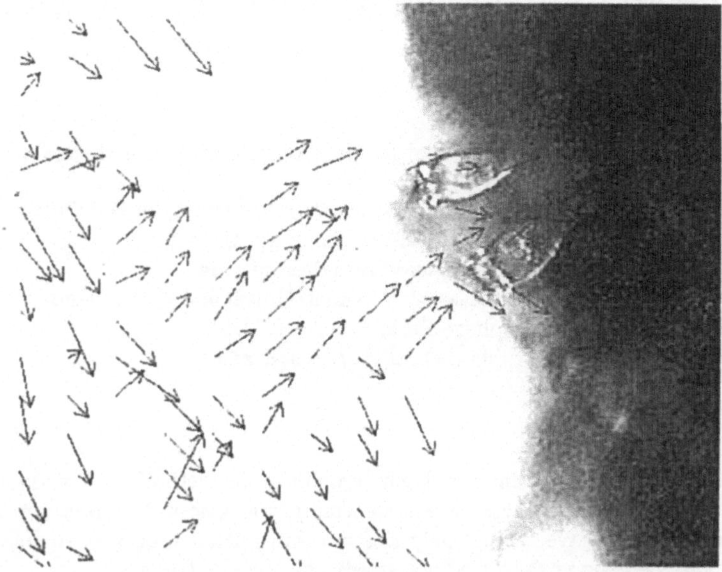

Abbildung 8. *Jeder Pfeil zeigt in die Richtung, des Geschwindigkeitsvektors im betreffenden Feld. Die Länge des Pfeiles entspricht wegen besserer Anschaulichkeit der Wurzel aus der mittleren Geschwindigkeit im jeweiligen Feld.*

Literatur

1. V. Aurich, E. Mühlhaus, and S. Grundmann. Kantenerhaltende Glättung von Volumendaten bei sehr geringem Signal-Rausch-Verhältnis. In *Zweiter Aachener Workshop über Bildverarbeitung in der Medizin*, 1998.
2. V. Aurich and J. Weule. Non-linear gaussian filters performing edge preserving diffusion. In *Proceed. 17. DAGM-Symposium, Bielefeld*, 538–545. Springer, 1995.
3. U. Bhattacharya, V. Liebscher, A. Datta, S. K. Parui, K. Rodenacker, and B. B. Chaudhuri Vector Quantization of Volumetric Images of Filamentous Bacteria Using Topology Preserving Feature Maps submitted to Neural Computing & Applications 1999
4. T. Fenchel The Ecology of Heterotrophic Microflagellates. In: *Advances in Microbial Ecology*, Vol. 9 (Ed. K. C. Marshall), 57–97. New York, Plenum Press, 1986.
5. E. Mühlhaus. Die sprungerhaltende Glättung verrauschter, harmonischer Schwingungen. Dissertation, Heinrich-Heine-Universität Düsseldorf, 1998.
6. J. Serra. *Image Analysis and Mathematical Morphology. Volume 2: Theoretical Advances.* Academic Press, 1988.

Automatic Extraction of Relevant Frames from Videos by Polygon Simplification

Longin Jan Latecki[1], Daniel DeMenthon[2], and Azriel Rosenfeld[2]

[1] Department of Applied Mathematics, University of Hamburg
Bundesstr. 55, 20146 Hamburg, Germany
latecki@math.uni-hamburg.de
[2] Center for Automation Research, University of Maryland
College Park, MD 20742, USA
{daniel,ar}@cfar.umd.edu

Abstract. We present a polygon simplification method that works in multidimensional spaces or even in semi-metric spaces that need not be vector spaces. We require only that a (semi-)distance between pairs of points be defined that need not satisfy the triangle inequality.

In this paper we apply the polygon simplification method to automatically obtain a video summarization and a smart fast-forward function for digital videos. First a video sequence is mapped to a polyline in $\mathbb{R}^{37}$. By simplifying this polyline, we obtain a summarization (i.e., a small set of the most relevant frames) that is representative of the whole video sequence. The degree of the simplification is either determined automatically or selected by the user.

1 Motivation

This paper describes our approach to automatically rank video frames by their relevance that depends on the context, i.e., a given frame can be of high relevance in one context but of low relevance in the other, since we would like that the rank of the frames reflects their relevance to the content of the video clip. At first, it seems that this is hopeless, that we would need to understand the semantic contents of frames and videos. For example, there could be a shot that scans over books on a shelf and stops on the title of a book that is important for understanding the story.

However, in many cases there are syntactic clues. These clues are provided by techniques that the cameraman may use to convey the importance of the moment to the whole story. There may be a zoom, or the camera may stop and "dwell" on an important object, so that the viewer's attention is drawn to the information. In many cases the camera motion corresponds to the motion of the eyes of a surprised viewer. The surprised viewer's gaze is attracted to a strange part of the scene, the gaze scans the scene to "zero in" on it, zooms in on it, dwells on it for a while, until the new information has "sunk in". These changes in the image stream can be detected without understanding of the content.

For an image stream, "predictability" is an important concept. If frames are predictable, they are not as important as the ones that are unpredictable. We can rank these frames lower, since the viewer could infer them from context. Frames of a new shot cannot generally be predicted from a previous shot, so they are important. On the other hand, camera translations and pans that do not reveal new objects produce frames that are predictable.

We would like to detect when the camera stops (the viewer's gaze stopping on a surprising object). Note that what is unpredictable in this case is the camera motion, not the image content. As the camera slows down, the image content stops changing, so is quite predictable. Therefore, we can consider frames in which the motion field changes as more relevant than the frames where it does not.

Now we present a signal-theoretic view of video summarization. For a video sequence, we have an original signal which is the image stream. We can consider that the image stream has tens of thousands of dimensions if we view each of the three color components of each pixel as a component along a dimension. We apply a first filtering operation. This operation can take the form of a dimension reduction that finds a feature vector for each frame and transforms the image stream into a feature vector trajectory which is a signal in fewer dimensions than the original signal (e.g., 37 in the method described in this paper). After the first filtering step we would like the trajectory to have high curvature for unpredictable scenes and nearly linear parts (due to noise) for predictable scenes.

What is noise in this context? It is distinct from pixel noise. The image stream generated by a fixed camera looking from a window at a crowd milling around in the street may be considered to have a stationary component and a visual noise component, due to the changing colors of people's clothes. The passing of a fire truck would be part of the signal over this fluctuating but monotonous background.

Since we expect the video signal to be noisy in this sense, we need the second filtering step to enhance the linear parts as well as the parts with a significant curvature. The second filtering step should allow a hierarchical output so that the user can specify the level of detail (a scale) at which he wants to view the frames with noteworthy events.

2 Mapping an Image Stream to a Trajectory

We present the first filtering step in this section. As stated in the last section, camera translations and pans should produce feature points that are aligned. Clearly, distances between image frames based on pixel differences are not appropriate since they are sensitive to image translations. On the other hand, distances based on image statistics (histogram, co-occurrence, HMM) are quite insensitive to image translation. To detect unpredictable camera motion, we need to have an image trajectory of high curvature only when such camera motion occurs.

We assign the set of 37 features to each image in a video sequence in the following way: In the YUV color space that is used in MPEG encoding, for each of the 3 components, we define 4 histogram buckets. Each bucket contributes 3 feature vector components: the pixel count, and the x and y coordinates of the centroid of the pixels in the bucket. That is 36 components, and we add the time (frame index) to get 37 components. This mapping produces a trajectory that is a polygonal curve in $\mathbb{R}^{37}$. As the camera translates or pans smoothly without seeing new things, the centroid components change linearly and the trajectory of feature points is linear. If the camera suddenly decelerates, the trajectory has a large curvature, because the centroids decelerate.

An alternative mapping is presented in [2], where a statistical model for each frame is generated using a hidden Markov model (HMM) technique. Then a distance measure between two frames is based on the probability that each frame could have been generated by the model of the other. This distance function defines a *semi-metric space*.

3 Trajectory Filtering by Polygon Simplification

Our first filtering operation (described in Section 2) maps a video sequence to a trajectory that is a polyline. Since the polyline may be noisy, in the sense that it is not linear but only nearly linear for the video stream segments where nothing of interest happens, i.e., the segments are predictable, and the parts of high curvature are difficult to detect locally, it is necessary to apply the second filtering operation.

In this section we describe the second filtering operation. The goal is to simplify the polyline so that its sections become linear when the corresponding video stream segments are predictable. We achieve this by iterated removal of the vertices that represent the most predictable video frames. In the geometric language for the polyline trajectory, these vertices are the most linear ones. Consequently, the remaining vertices of the simplified polyline are frames that are more non-predictable than the deleted ones.

Our approach to simplification of video polylines is based on a novel process of discrete curve evolution presented in [7, 8] and applied in the context of shape similarity of planar objects in [9]. However, here we will use a different relevance measure of vertices. Fig. 1 illustrates the curve simplification produced by the discrete curve evolution for a planar figure. Notice that the most relevant vertices of the curve and the general shape of the picture are preserved even as most of the vertices have been removed.

Let P be a polyline (that does not need to be simple). We will denote the vertices of P by $Vertices(P)$. A *discrete curve evolution* produces a sequence of polylines $P = P^0, ..., P^m$ such that $|Vertices(P^m)| \leq 3$, where $| \, . \, |$ is the cardinality function. Each vertex v in P^i (except the first and the last) is assigned a relevance measure $K(v, P^i) \in \mathbb{R}_{\geq 0}$. The relevance measure $K(v, P^i)$ that we used for our experiments is defined below. The process of *discrete curve evolution* is very simple:

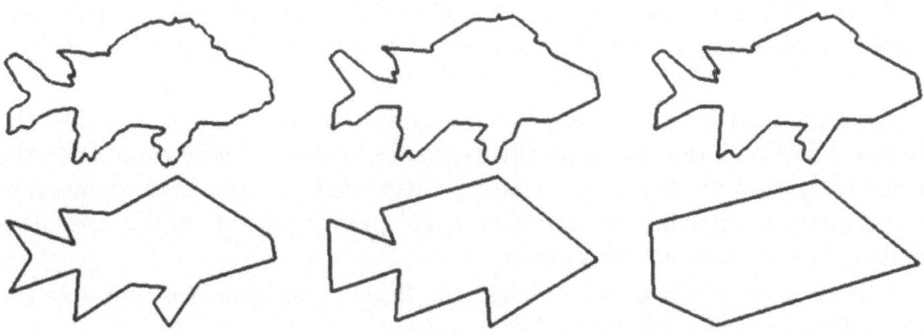

Fig. 1. A few stages of our discrete curve evolution.

- At every evolution step $i = 0, ..., m - 1$, a polygon P^{i+1} is obtained after the vertices whose relevance measure is minimal have been deleted from P^i.

In order to give a precise definition of discrete curve evolution, we first define $K_{min}(P^i)$ to be the smallest value of the relevance measures for vertices of P^i:

$$K_{min}(P^i) = \min\{K(u, P^i) : u \in Vertices(P^i)\}$$

and the set $V_{min}(P^i)$ to contain the vertices whose relevance measure is minimal in P^i for $i = 0, ..., m - 1$:

$$V_{min}(P^i) = \{u \in Vertices(P^i) : K(u, P^i) = K_{min}(P^i)\}.$$

For a given polygon P and a relevance measure K, we define a **discrete curve evolution** to be a process that produces a sequence of polygons $P = P^0, ..., P^m$ such that

$$Vertices(P^{i+1}) = Vertices(P^i) \setminus V_{min}(P^i),$$

where $|Vertices(P^m)| \leq 3$. Since we do not remove the first and the last vertex, $|Vertices(P^m)| \geq 2$.

Our relevance measure $K(v, P^i)$ that determines the order of vertex deletion depends on vertex v and its two neighbor vertices u, w in P^i. It is given by the formula

$$K(v, P^i) = K(u, v, w) = |d(u, v) + d(v, w) - d(u, w)| \tag{1}$$

where we only require that d is the semi-distance function, i.e., it satisfies positivity: $d(x, x) = 0$ and $d(x, y) > 0$ if x is distinct from y, and symmetry $d(x, y) = d(y, x)$, but not the triangle inequality, i.e., there can exist some z's such that $d(x, y) > d(x, z) + d(z, y)$.

Observe that the relevance measure is not a local property with respect to the polygon P, although its computation is local in P^i for every vertex v. This implies that the relevance of a given video frame v is context dependent, where the context is given by the adaptive neighborhood of v, since the neighborhood of v

in P^i can be different than its neighborhood in P. Observe also that our relevance measure implies that the length change between P^i and P^{i+1} is minimal if P^{i+1} is obtained from P^i by deleting a single vertex.

We demonstrate with the experimental results in the next section that the discrete curve evolution based on this relevance measure is very suitable as the second filter. Now we discuss some basic properties of the new relevance measure K. Although the polyline is contained in $\mathbb{R}^{37}$, every part of three consecutive points u, v, w is contained in a plane.

1. If we keep points u and w fixed, the locus of the points v that give the same relevance is an ellipse with foci u and w.

2. Let $d(u,v) + d(v,w)$ be fixed. The relevance of v increases if we shorten the line segment uw. On the other hand, if we make uw longer, the ellipse will be flatter, and consequently, the relevance of v decreases.

3. K behaves nicely with respect to scaling: If s be the scaling factor, then the relevance measure of the scaled polyline is $sK(u, v, w)$.

4 Experimental Results

We performed a large number of experimental results to verify the proposed technique using many different kinds of video clips, e.g., commercials, reports from various sport events, and simple synthetic videos. Due to the limited space, we illustrate our results on a single video clip which has a high probability of being seen by the most readers, since knowing the content of the clip is helpful for evaluation of our method.

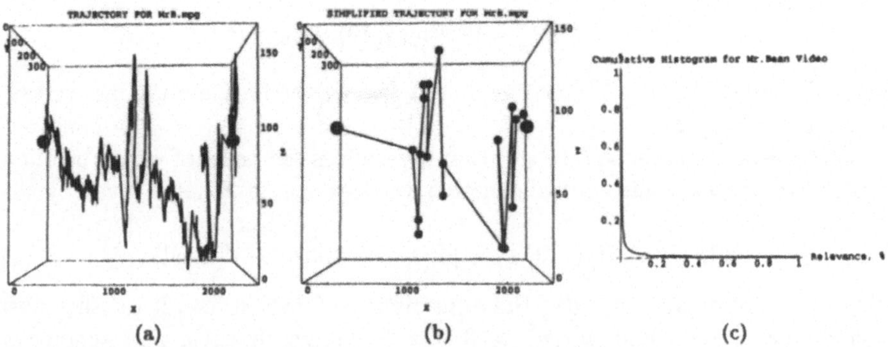

Fig. 2. (a) Video trajectory with 2379 vertices for Mr. Bean's video clip. (b) A simplified polygon with 20 most relevant frames (black dots). (c) Cumulative histogram that shows proportion of frames with relevances larger than a given number, used to determine a default summarization level.

We present illustrations of the proposed technique for an 80 second clip from a video named "Mr. Bean's Christmas". The clip contains 2379 frames. First, we map the clip to a video trajectory, which is a polyline with 2379 vertices in $\mathbb{R}^{37}$. A perspective view of the 3D projection of the video trajectory is shown in the left plot (a) of Fig. 2. The two large black dots are the points corresponding to the first and last frame of the video. A curve simplification according to the method of Section 3 was then applied to this trajectory. The middle plot (b) shows a simplified curve in which only 20 points have been preserved. Fig. 3 shows the resulting storyboard composed of the frames corresponding to the vertices of the simplified polyline in plot (b) of Fig. 2. In our opinion this summary is very representative for this video clip and contains all relevant frames. These are preliminary results while we are considering comparative benchmarks against groundtruth provided by subjects viewing the clips and selecting small percentages of frames as most descriptive of the stories.

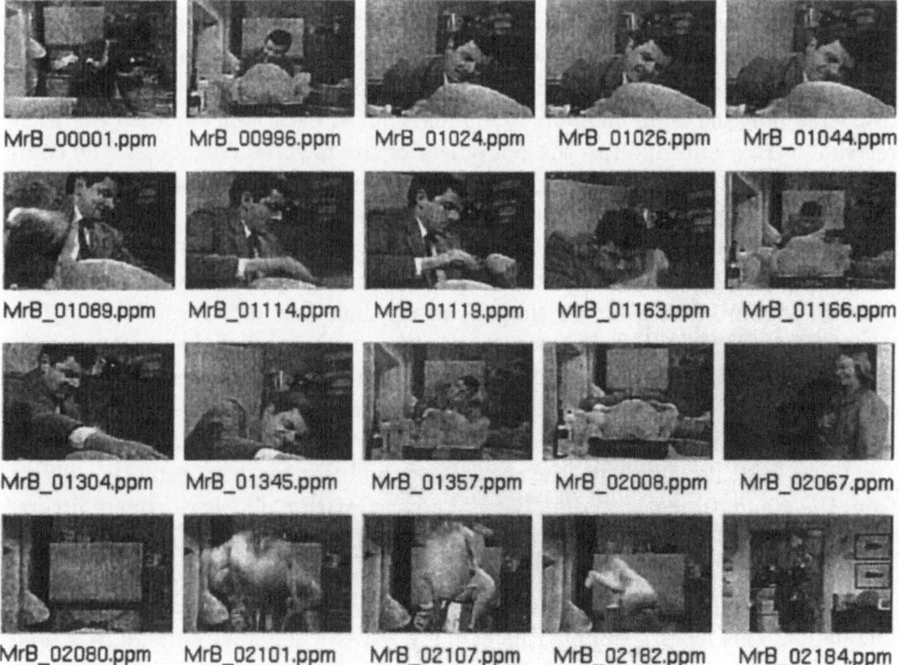

Fig. 3. Storyboard with 20 most relevant frames in Mr. Bean's video clip (2379 frames).

We also developed a method to automatically determine an optimal simplification level of the video polyline that is given by a single value of the relevance measure. Thus, when a new video is selected, the video summary is selected automatically, which is a small set of the frames whose relevance measure is greater than the optimal simplification value. This value is computed using a histogram slope technique. First a cumulative histogram is created (Fig. 2 (c)): to every relevance value (x axis) we assign the number of frames that have larger relevance value (y axis). This histogram can be easily divided into two parts: part closed to the y axis that represent a large number of frames having small relevance and part closed to the x axis that represent a very small number of frames with a large relevance. The two parts are separated by a sudden slope change. Since we wish to ignore the frames with small relevances and show the few frames with large relevances, we select as the optimal simplification value, the cutoff relevance at the slope break between the two parts, around the -1 slope. For the histogram of Mr. Bean's video, this corresponds to around 27 frames. The issue of minimal meaningful summarization is important and requires further investigation.

5 Discussion and Related Work

In this work, we have proposed and implemented a system for automatically providing short summaries of videos with a frame count that can be controlled by the user or determined automatically. The method is based on a novel fine-to-coarse polyline simplification technique that at each step removes the least relevant vertex and updates the relevances of the affected neighbors. The computation of the relevance measure for each vertex is based on its neighborhood that changes dynamicly during the course of the simplification.

Observe that even if the polyline representing a video trajectory is contained in Euclidean space, it is not possible to use standard approximation techniques like least-square fitting for its simplification, since the approximating polyline may contain vertices that do not belong to the input polyline. For such vertices, there do not exist any corresponding video frames. Thus, a necessary condition for a simplification of a video polyline is that a sequence of vertices of a simplified polyline is a subsequence of the original one.

Aside from its simplicity the process of the discrete curve evolution differs from the standard methods of polygonal approximation, like least square fitting, by the fact that it can be used in semi-metric and non-linear spaces. The only requirement for discrete curve evolution is that every pair of points is assigned a real-valued distance measure that does not even need to satisfy the triangle inequality. This is, for example, the case if a statistical distance measure is used as similarity measure between images [2].

In [1], we describe how the Ramer method of polygon simplification [11] (called Douglas-Peucker method [3] in cartography circles) could be used to provide summarizations of videos. This method is essentially a recursive binary curve splitting approach that at each recursion splits the arc at the point furthest from the chord, and stops when the arc is close to the chord. This method presents several drawbacks. First, for N video frames it has time complexity N^2, which is prohibitive for large video databases and complex distance measures.

Variants have been developed that reduce the complexity to $N \log N$, but they can only be applied to 2D curves, not to multidimensional video trajectories, as they make use of planar convex hulls [6]. Second, the computation of distance between arc and chord requires the use of Euclidean distances. The curve simplification technique we have proposed can be shown to be of order $N \log N$ and can accommodate non-Euclidean distances.

In related summarization research, Foote et al. [4] developed browsing tools to help employees access collections of videotaped meetings. Also refer to [12, 14, 13, 15] for other influential work in video browsing research.

References

1. D.F. DeMenthon, V., M. Kobla, and D. Doermann. Video Summarization by Curve Simplification, *ACM Multimedia 98*, Bristol, England, pp. 211-218, September 1998.
2. D.F. DeMenthon, L.J. Latecki, A. Rosenfeld, and M. Vuilleumier Stückelberg. Relevance Ranking and Smart Fast-Forward of Video Data by Polygon Simplification, *Int. Conf. on Visual Information Systems*, November 2000, to appear.
3. D.H. Douglas and T.K. Peucker. Algorithms for the Reduction of the Number of Points Required to Represent a Line or its Caricature, *The Canadian Cartographer*, 10(2), pp. 112–122, 1973.
4. J. Foote, J. Boreczky, A. Girgensohn, and L. Wilcox. An Intelligent Media Browser using Automatic Multimodal Analysis, *ACM Multimedia 98*, Bristol, England, pp. 375-380, September 1998.
5. D. Jacobs, D. Weinshall, and Y. Gdayahu. Condensing Image Databases when Retrieval is based on Non-Metric Distances, *Proc. 6th ICCV*, 1998.
6. J. Hershberger and J. Snoeyink. Speeding up the Douglas-Peucker Line-Simplification Algorithm, http://www.cs.ubc.ca/cgi-bin/tr/1992/TR-92-07.
7. L. J. Latecki and R. Lakämper. Convexity rule for shape decomposition based on discrete contour evolution. *Computer Vision and Image Understanding*, 73:441–454, 1999.
8. L. J. Latecki and R. Lakämper. Polygon evolution by vertex deletion. In M. Nielsen, P. Johansen, O.F. Olsen, and J. Weickert, editors, *Scale-Space Theories in Computer Vision. Proc. of Int. C. on Scale-Space'99*, volume LNCS 1682, Corfu, Greece, 1999.
9. L. J. Latecki and R. Lakämper. Shape Similarity Measure Based on Correspondence of Visual Parts. *IEEE Trans. Pattern Analysis and Machine Intelligence*, to appear.
10. W.H. Press, S.A. Teukolsky, W.T. Vettering, and B.P. Flannery. *Numerical Recipes in C*, Second Edition, Cambridge University Press, 1992.
11. U. Ramer. An Iterative Procedure for the Polygonal Approximation of Plane Curves, *Computer Graphics and Image Processing* 1, pp. 244–256, 1972.
12. M.A. Smith and T. Kanade. Video Skimming for Quick Browsing Based on Audio and Image Characterization, *Proc. of CVPR*, 1997.
13. M.M. Yeung and B.L. Yeo. Time-Constrained Clustering for Segmentation of Video into Story Units, *Proc. of ICPR*, 1996.
14. M.M. Yeung, B.-L. Yeo, W. Wolf, and B. Liu. Video Browsing using Clustering and Scene Transitions on Compressed Sequences, *Proc. SPIE Conf. on Multimedia Computing and Networking*, vol. 2417, pp. 399–413, 1995.
15. H.J. Zhang, C.Y. Low, S.W. Smoliar, and J.H. Wu. Video Parsing, Retrieval and Browsing: An Integrated and Content–Based Solution, *Proc. of ACM Multimedia*, 1995.

Gesture Recognition Using Pseudo 3D Hidden Markov Models

Ilhan K. Yalcin, A. Tolga Kilinc, Stefan Müller, Gerhard Rigoll

Gerhard-Mercator-University Duisburg
Department of Computer Science
Faculty of Electrical Engineering
47057 Duisburg – Germany
{ilhan, tolga, stm, rigoll}@fb9-ti.uni-duisburg.de
http://www.fb9-ti.uni-duisburg.de

Abstract. We introduce a novel approach to gesture recognition, based on Pseudo 3D Hidden Markov Models. This technique is capable of integrating spatially and temporally derived features in an elegant way, thus making possible the recognition of static gestures such as standing in a special posture, as well as dynamic gestures such as hand waving. Pseudo 2D Hidden Markov Models have been utilized for two dimensional problems such as face recognition. P3DHMMs can be considered as an extension of 2D case, where the so-called superstates in P3DHMM encapsulate P2DHMMs. By the means of this structure, image sequences can be generated by the model. The performance of our approach is demonstrated in this paper by a number of experiments on a gesture database of nine different predefined gestures.

keywords:
gesture recognition, pseudo 3D Hidden Markov Models (P3DHMM), edge detection, background subtraction

1 Introduction

The Hidden Markov Models (HMMs) have been often applied in the literature in order to recognize the human actions in image sequences. To our knowledge, the first work utilizing HMMs in order to recognize the human actions, was presented in Yamato et. al. [1], which uses discrete HMMs for the recognition of six classes representing tennis strokes. The approach utilizes several preprocessing steps including low pass filtering, background subtraction and binarization. Features are calculated from the binarized image after the size normalization and centering operations. The features are the amount of black pixels in a mesh, i.e. a subsampled image arranged in a feature vector. By the quantization of these vectors, the image sequence becomes a sequence of VQ-labels, which are processed by a discrete HMM.

Additional work that also applied discrete HMMs to the image sequence recognition task, is presented in [2] by Schuster and Rigoll. In their approach preprocessing step is much more simplified, thus the system has real-time capabilities. Continuous HMMs are utilized for the system presented in [3], beside the extraction of geometric moments from difference images. The improved system is capable of classifying 24 gestures with a recognition rate of >90% as reported in [3].

The same approach was also utilized by Starner et al. in [4], where the continuous HMMs and moments are used in conjunction. The system extracts the hand of a person from the images of the sequence and calculates the second order moments on the extracted blobs for the recognition of American Sign Language. The feature vectors also contain dynamic features such as the position change between adjacent frames, in addition to the components derived from the extracted hand blobs.

Pseudo 3D HMMs have been previously utilized by Müller et al. [5]. This system is evaluated on a crane signal database consisting of 12 different predefined gestures. The approach uses feature vectors extracted from each image of the sequence as well as from the difference images. As reported in [5], the system achieves a recognition accuracy of >90% for person dependent training case.

The motion information of the moving body parts is the most important input for the systems presented in [2] [3] [5]. Because of this fact, the existence of motion is absolutely needed for the recognition. In order to overcome this limitation, we utilize the Pseudo 3D HMM approach, in which the temporal and spatial information are combined, leading to an elastic matching on the individual images.

This paper is organized as follows, Section 2 gives an introduction to pseudo 2D and 3D HMMs. Section 3 gives an overview of the system. Section 4 presents experimental results. A summary is given in Section 5.

2 Pseudo 2D and 3D Hidden Markov Models

Pseudo 2D Hidden Markov Models are extensions of the one-dimensional models, that are well known from speech recognition. HMMs are statistical models that have several states. At each step a transition to another state depending on a transition probability matrix is performed and a symbol is emitted depending on a probability density function(pdf), which is assigned to each state. Fig. 1 shows a one-dimensional Hidden Markov Model.

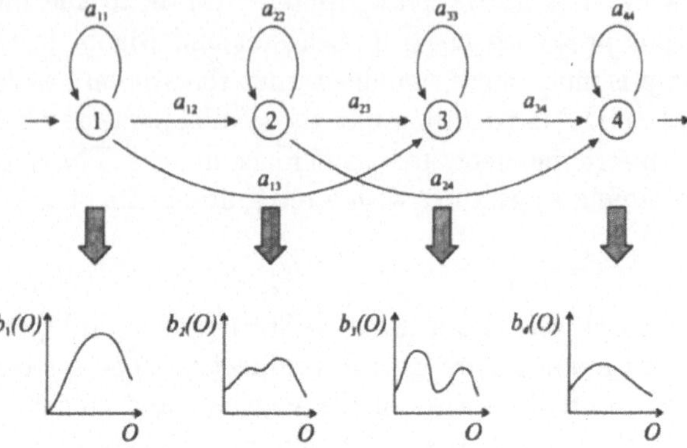

Fig. 1. 1-D Hidden Markov Model

Let the HMM consists of N states $Q=s_1,s_2,...,s_N$ and a two-dimensional transition matrix $A=[a_{ij}]$ where,

$$a_{ij} = P(q_t = s_j|q_{t-1} = s_i), \quad 1 \le i,j \le N \qquad (1)$$

and q_t denotes the state at time t of the state sequence $q=q_1,q_2,....,q_T$ $q_t \in Q$. The probability density function is a sum of Gaussian mixtures with the mean vector μ_{kj} and the covariance matrix Σ_{kj} for state j and mixture k.

$$b_j(O_t) = \sum_{k=1}^{K} c_{kj} \cdot N(O_t, \mu_{kj}, \Sigma_{kj}) \qquad (2)$$

The initial state distribution is determined by the vector $\Pi = [\pi_i]$ where,

$$\pi_i = P(q_1 = s_i), \quad 1 \le i \le N \qquad (3)$$

A Hidden Markov Model is specified as $\lambda(A, B, \Pi)$.

The recognition problem for Hidden Markov Models is to compute the probability of an observation sequence O for the given model λ :

$$P(\vec{O}|\lambda) = \sum_{q\epsilon Q^T} b_{q_1}(O_1)\pi_{q_1} \prod_{t=2}^{T} a_{q_{t-1}q_t}b_{q_t}(O_t) \qquad (4)$$

For recognition tasks, $P_r(\vec{O}|\lambda)$ is used to classify an unknown pattern to class p* which satisfies Eq. 5.

$$p^* = \frac{argmax}{p}(P_r(\vec{O}|\lambda_p) \qquad (5)$$

HMMs have been successfully applied to time series problems, such as speech recognition. Beside time series problems, HMMs are also applicable to pattern recognition problems, where the pattern is varying in space rather than time. Image recognition is a typical example of such kind of pattern recognition problem. In both publications [6][7], P2DHMMs have been utilized, which are formerly called planar HMMs. A P2DHMM is an extension of the one-dimensional HMM paradigm, which has been developed in order to model two-dimensional data. The state alignment of adjacent columns are calculated independently from each other, thus the model is called pseudo. P2DHMMs are stochastic state machines with a two-dimensional arrangement of the states, as shown in Fig. 2. The states in horizontal direction are called as *superstates*, and each superstate encapsulate a one-dimensional HMM in vertical direction.

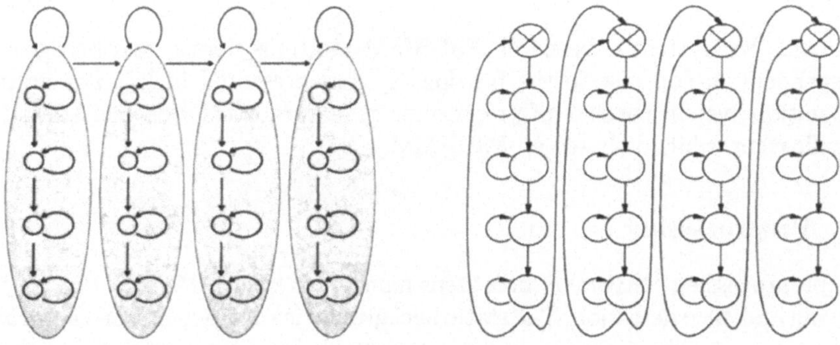

Fig. 2. Pseudo 2-D Hidden Markov Model and One-dimensional Equivalent

Samaria shows in [8], that a P2DHMM can be transformed into an equivalent one-dimensional HMM by inserting special start-of-line states and features. Fig. 2 shows an equivalent 1DHMM of the 4x4 P2DHMM with start-of-line states. These states generate a high probability for the emission of start-of-line features. When using this structure, one must insure that the values for start-of-line features is different from all possible ordinary features. This model does not require a change in standard training and recognition algorithms.

By applying the technique suggested by Samaria twice, we can obtain the pseudo 3DHMM structure with start-of-images states (shown in Fig. 3.). Each superstate now consists of a P2DHMM. In both publications [7][8], a face recognition paradigm, which can be easily adapted to pose recognition is presented. In our approach, pose recognition is extended to dynamic gesture recognition by utilizing 3DHMMs.

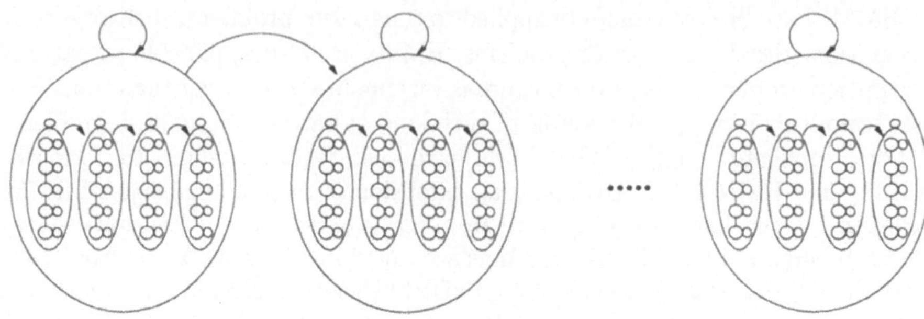

Fig. 3. Pseudo 3-D Hidden Markov Model

3 System Overview

Although our system is based on P3DHMM too, it is person and background independent in contrast to the previous system presented in [5]. The gesture recognition system consists of preprocessing, feature extraction and statistical classification, which is based on P3DHMMs.

3.1 Preprocessing

The preprocessing consists of three steps namely background subtraction, region growing and edge detection. The static background is subtracted from each frame of the sequence. The difference image is thresholded and the center of the gravity on the difference image is calculated yielding to a point inside the body blob. Starting from the COG, a recursive algorithm fills in the body blob till the boundaries of the pixels, which fall below the difference threshold. This operation is performed to obtain the location of the person and the dimensions of the bounding box roughly.

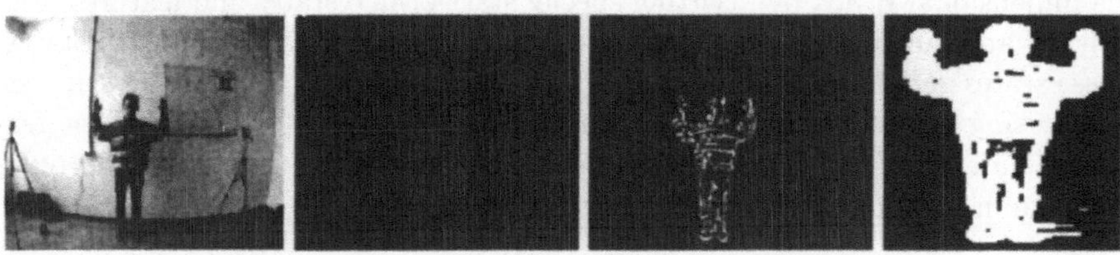

Fig. 4. The steps of the preprocessing

The edge detection is applied on the difference image giving us the edges of the body. This operation is utilized to eliminate the effects of the person's shadow after the background subtraction. It is obvious that the shadow itself has no effect on the edge distribution because the shadow has a smooth boundary. After the edge detection, an algorithm is utilized to tighten the dimensions of the bounding box according to the edge densities from each side. The Fig. 4. shows the results of the operations performed along the process in order left to right: original image, background subtracted and region filled image, edge detected difference image, final output of the process.

3.2 Feature Extraction

The feature extraction used in our system is based on the discrete cosine transformation(DCT). Each image of a sequence is scanned with a sampling window from top to bottom and from left to right. The pixels in the sampling window of the size NxN are transformed using the DCT according to Eq. 6.

$$C(u,v) = \alpha(u)\alpha(v) \sum_{x=0}^{N-1} \sum_{y=0}^{N-1} f(x,y)\cdot\cos\left(\frac{(2x+1)u\pi}{2N}\right) \cos\left(\frac{(2y+1)v\pi}{2N}\right) \qquad (6)$$

The sampling window is shifted as many pixels as the kernel size, which leads to an overlapping between adjacent windows. A triangle shaped mask extracts the first a number of coefficients, which are arranged in a vector. One important difference of the scheme compared to the previous work, is the absence of the dynamic components of the vector obtained from the difference of two adjacent images.

3.3 Statistical Classification

The next step is statistical classification based on Hidden Markov Models. A single P3DHMM is trained for each gesture using sequences of four different people. For the recognition, the Viterbi Algorithm is used to determine the probability of each gesture for the given test sequence.

The sequences are segmented in time and in space. Initial linear segmentation has been utilized to get a better temporal alignment of the features. With restricted number of training data, this procedure gives better results compared to the standard Baum-Welch training. The images of the sequences are divided into groups equally according to their order in time and assigned to different superstates, setting the start-of-image markers to the corresponding mean values of the Gaussian mixtures. After this constrained training, standard Baum-Welch training is also applied to the models.

4   Experiments and Results

Fig. 5. Gesture database

Our gesture database consists of 9 different gestures namely, hand waving right, hand waving left, hand waving both, to left, to right, to top, round clockwise, round counterclockwise, kowtow. The recognition system was tested on different sizes of HMMs and different feature extraction parameters. Four sequences of four people, have been used during the training and test steps. The best recognition rate that has been achieved along the research is 77% with 3x3x3(xdim x ydim x tdim) HMM dimensions and DCT block of 10x10 pixels with 60% overlapping and first 6 coefficients of the DCT matrix. Tab. 1 shows the different recognition rates depending on different HMM dimensions and feature extraction parameters.

Fig. 6. Hand waving right gesture with additional motion

Compared to the systems which heavily rely on the motion information [2] [3] [5], our system tolerates the existence of additional motion beside the gesture such as e.g. walking in the camera view while performing the gesture. For the systems, which rely on the motion information such as e.g. moments calculated from difference images of the sequence, the existence of additional motion beside the gesture can lead to dramatic confusions between the gestures. The recognition accuracies obtained from this approach can be considered as unsatisfactory, on the other hand the system has many superiority points compared to the motion dependent approaches. The system is tested with 76 gestures similar to that shown in Fig. 6. and the recognition rate is 64% with 3x3x3 model and 10x10 DCT block size, while the previous work presented in [3] hardly recognizes the correct gesture.

xdim	ydim	tdim	block	kernel	vector	Recog. Rate
2	3	3	8	4	3	65.64%
2	3	3	10	4	3	65.03%
2	3	3	12	4	3	55.83%
2	3	4	8	4	3	69.33%
2	3	4	10	4	3	58.90%
2	3	4	12	4	3	74.23%
3	3	3	8	4	3	55.21%
3	3	3	10	4	3	75.46%
3	3	3	12	4	3	74.23%
3	3	3	10	4	6	77.91%

Tab. 1. Recognition Rates

5 Summary

We have presented a new approach to gesture recognition which utilizes Pseudo 3D Hidden Markov Models. The system is able to recognize both static and dynamic gestures by utilizing P3DHMMs. The existence of motion is not essential for this approach compared to 1DHMM case. Another superiority of the system is its ability to recognize gestures containing additional motion.

References

1. J. Yamato, J. Ohya, and K. Ishii, "Recognizing Human Action in Time-Sequential Images Using Hidden Markov Model", In Proc. IEEE Int. Conference on Computer Vision and Pattern Recognition, 1992, pp. 379–385.
2. M. Schuster and G. Rigoll, "Fast Online Video Image Sequence Recognition with Statistical Methods", In Proc. IEEE Int. Conference on Acoustics, Speech and Signal Processing, Atlanta, 1996, pp. 3450–3453.
3. Gerhard Rigoll, Andreas Kosmala, and Stefan Eickeler. High Performance Real-Time Gesture Recognition Using Hidden Markov Models. *In Gesture Workshop*, pages 69-80, Bielefeld, Germany, September 1997.
4. T. Starner, J. Weaver, and A. Pentland, "Real-Time American Sign Language Recognition Using Desk and Wearable Computer Based Video", IEEE Trans. on Pattern Recognition and Machine Intelligence, Vol. 20, No. 12, Dec. 1998, pp. 1371–1375.
5. S. Müller , S. Eickeler, G. Rigoll "Pseudo 3D HMMs for Image Sequence Recognition", In IEEE Int. Conference on Image Processing(ICIP), Kobe, Japan, October 1999
6. S. Kuo and O. Agazzi, "Keyword Spotting in Poorly Printed Documents Using Pseudo 2-D Hidden Markov Models", IEEE Trans. on Pattern Recognition and Machine Intelligence, Vol. 16, No. 8, 1994, pp. 842–848.
7. S. Eickeler, S. Müller, and G. Rigoll, "High Quality Face Recognition in JPEG Compressed Images", In Proc. IEEE Intern. Conference on Image Processing, Kobe, 1999.
8. F.S. Samaria, "Face Recognition Using Hidden Markov Models", Ph. D. Thesis, Cambridge University, 1994.

Using Speech in Visual Object Recognition

Sven Wachsmuth, Gernot A. Fink, Franz Kummert, Gerhard Sagerer

Bielefeld University, Faculty of Technology, Applied Computer Science,
P.O. Box 100131, 33501 Bielefeld, Germany
Tel.: +49 521 106 2937, Fax: +49 521 106 2992
e-Mail: swachsmu@techfak.uni-bielefeld.de

Abstract. Automatic understanding of multi-modal input is the central topic in modern human computer interfaces. But the basic questions about how the interpretations provided by different modalities can be connected in a universal and robust manner is still an open problem. The most intuitive input modalities, speech perception and vision, can only be correlated on a qualitative content based interpretation level. But, due to vague meanings and erroneous processing results this is extremely difficult to accomplish. A simple frame based integration scheme filling appropriate slots with new analysis results will fail when ambiguous or contradictory information appears. In this paper we propose a new probabilistic framework to overcome these drawbacks. The integration model is built up from data collected in labeled test sets and psycholinguistic experiments. Thereby, the correspondence problem is solved in a very robust and universal manner. In particular, we will show that erroneous visual interpretations can be corrected by a joint analysis of visual and speech input data.

1 Introduction

Visual cognition and speech perception are the most important mental abilities for human communication. Therefore, intuitive human computer interfaces especially have to support these two input modalities. In artificial intelligence, there has been a long tradition to realize these capabilities as separate tasks. But as mentioned by many researchers (e.g. [14]) integrating language and vision has implications on both processing tasks. In particular, a separated approach is inherently error-prone because all decisions are exclusively based on one part of the whole input. One possibility to overcome these drawbacks but still using a separated approach is to provide additional input cues, like gestures or handwriting [20, 16]. Even though this strategy is appropriate for many desktop applications, it is often not feasible in real environments. Instead, speech and visual processing have to be integrated in earlier processing steps. The main problems such systems have to address are the *correspondence problem*, or how to correlate visual information with words, and the *identification problem*, or how to identify the event or object that is being talked about. Some approaches that use procedural or knowledge based representations have been realized for applications like document understanding [15], augmented reality [11], or service robots [1]. But all these have their own limitations. Either, they simplify the correspondence problem by directly linking procedural knowledge with the lexicon and, thereby, ignore vague and ambiguous meanings [15]. Or, the identification problem is simplified by displaying recognition results on a screen [11]. In [1] a dialog and an active vision component are modeled in the same framework, but a real integration of results is left out as future work. In order to solve both problems

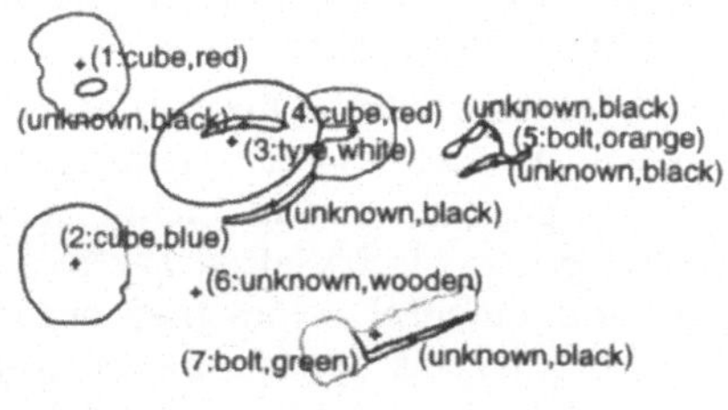

instruction (1): **Nimm den kurzen dünnen Stock.**
Take the short thin stick.

instruction (2): **Jetzt den dicken Ring links von der kurzen Schraube.**
Now, the thick ring left to the short bolt.

Fig. 1. Example: The left image shows a typical scene in our domain, the right image the corresponding 2-D object recognition results. The '3-holed-bar' (object 6) and the 'red-felly' (object 4) are not correctly recognized by the vision components. The bar is represented as a wooden region, and the felly was misclassified as a 'red-cube'.

in a more general way incorporating vague meanings and erroneous processing results, special emphasis has to be given to the weighting calculus. Therefore, we present an approach for integrating speech processing and vision results based on a probabilistic framework. Instead of using additional input modalities the statistical characteristics of both input channels and the redundancy of verbal specifications are exploited in order to recover from errors. For drawing such inferences, Bayesian networks provide a sound mathematical framework.

The system described in this article was developed for an artificial communicator that provides intelligent assistance in assembly tasks. A robot is instructed by a human speaker in order to construct complex objects, like toy-planes or toy-trucks, using parts from a wooden construction kit. Two cameras perceive an arrangement of elementary or complex toy-objects on a table. The instructions of the user are recorded by a wireless microphone system. The example in Fig. 1 presents a typical scene from our scenario. It demonstrates that object recognition works well for isolated objects, but that occlusions may affect the recognition performance. As stated before, the solution of the correspondence problem becomes more complicated, now. In order to identify the object intended by the user, erroneous input results have to be considered. However, the instructions provide additional information about the scene and may be used in order to detect erroneous hypotheses and even to correct visual recognition results.

In the following sections, we will briefly describe the main aspects of the speech and image processing components of our system. After that, the statistical interaction model is introduced. Lastly, we describe evaluation results on erroneous object recognition hypotheses and give a conclusion.

2 Multi-modal Scene Understanding

The illustrating example of the previous section underlines different aspects of multi-modal scene understanding. Verbal descriptions have a qualitative nature which can not directly be compared with the quantitative visual data consisting of pixels, regions, and contours. Therefore, we need to generate qualitative descriptions from visual data.

Object Recognition: One subtask is accomplished by the visual object recognizer which classifies each elementary object of the construction kit into a finite set of possible classes including one class for unknown objects. The segmentation process is based on the fact that in our domain only a fixed set of different fundamental colors may occur. For every homogeneously colored region the boundary is approximated by a polygon and appropriate features like compactness or eccentricity are calculated. The recognition process uses explicit object models which are represented in the semantic network language ERNEST [9]. It is started by a so-called holistic instance which is calculated for every region and proceeds by verifying the object hypotheses according to the structural knowledge represented in the semantic network [8]. Assembled objects are analyzed by a syntactic method which exploits the restrictions of possible mating relations of elementary objects [2]. Therefore, structural descriptions of clusters of detected elementary objects can be generated.

Speech Understanding: In the context of multi-modal scene understanding speech is interpreted as a second source of information describing the visually perceived scene. Therefore, special attention is given to verbal object descriptions. The principle idea of the approach is to use a vertical organization of knowledge representation and integrated processing, and to overcome the drawbacks of the traditional horizontal architecture [3]. The integrated architecture makes use of an enhanced statistical speech recognizer as baseline module [5]. The recognition process is directly influenced by a partial parser which provides linguistic and domain-specific restriction on word sequences [19]. Thereby, partial semantic structures instead of simple word sequences are generated, like object descriptions (e.g. `(OBJECT:the (shape-adj:thick) (object-noun:ring))`) or specifications of reference objects (e.g. `(REF_OBJECT:(rel:left) to the (size-adj: short) (object-noun:bolt))`). These can easily be combined to form linguistic interpretations. Though, there has been some progress recently, the detection of *out-of-vocabulary* words can still not be performed robustly on the level of acoustic recognition. Therefore, we employ a recognition lexicon which exceeds the one used by the understanding component but covers all lexical items frequently found in our corpus of human-human and human-machine dialogs. If such an additional word is used in the grammatical context of an `OBJECT` or `REF_OBJECT` description, it is interpreted as an unknown object noun.

A Probabilistic Model for Scene Understanding: In order to calculate a common interpretation of the multi-modal input, we have to relate the visual representation of the scene and the partial scene description extracted from an instruction. Therefore, we propose a probabilistic model which integrates spatial information and evidences indicating an object class. It is realized by using the Bayesian network formalism (cf. e.g. [12]). An exemplary instantiation of the graphical model which is generated from the qualitative scene representation and the instruction is shown in Fig. 2.

The qualitative scene representation (Fig. 2d) comprises two complementary aspects. The nodes are associated with visual feature evidences *color* and *type* which indicate the class of an object and a *polygon* describing the boundary of the object. The first ones are used to instantiate the $F^V_{i\,type/color}$ random variables of the probabilistic model (Fig. 2b). The last one is instantiated as a positional feature from vision P^V_i. The edges represent possible object pairs

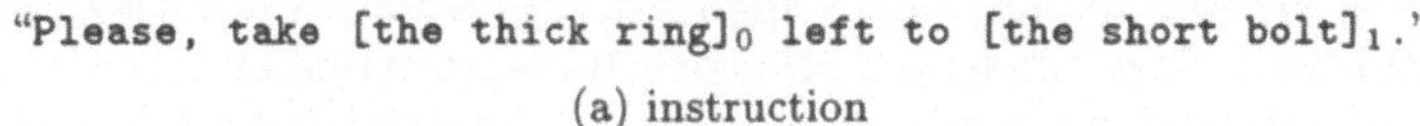

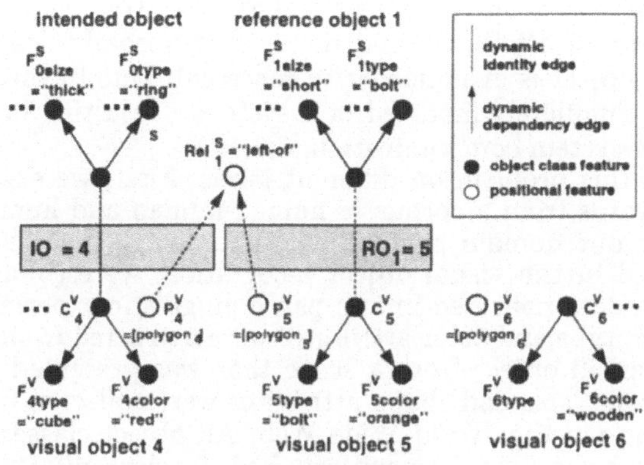

(b) probabilistic model

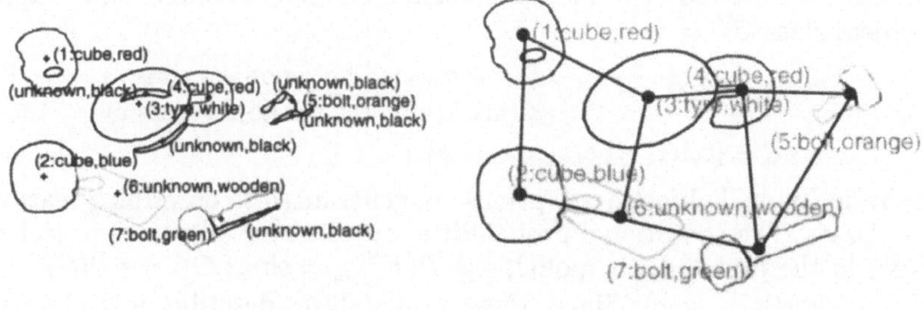

(c) recognition results   (d) qualitative scene representation

Fig. 2. Multi-modal scene understanding: An instruction (a), that includes the description of an intended object, a projective relation, and a reference object, is related to the qualitative visual representation of the scene (d) by a probabilistic model (b). The nodes in this model represent random variables where upper indices V and S refer to vision and speech, respectively. The edges are labeled by conditional probabilities. In the object recognition results (c), the bar (object 6) obtained no type label, and is interpreted as an unknown wooden object. The red felly (object 4) is wrongly classified as a cube. Unknown black regions are assumed to represent shadows and are subsequently ignored. By Bayesian inference, the most probable explanation consisting of the intended visual object $IO = 4$, the reference object $RO = 5$, and the intended object class $C^V_4 = $ 'red-felly' can be calculated.

that might be verbally related by a spatial proposition [18]. They are labeled by spatial information which is calculated from the positional features of the adjacent objects. In the following, we describe how we exploit the interpretation of the instruction in order to improve the reliability of the scene interpretation.

Psychologists distinguish the *what* system and the *where* system in the human brain [17]. In this regard, Jackendoff [7] has noted that there are many ways to describe *what* an object is, but few ways to describe *where* an object is.

Nevertheless, the spatial meaning of linguistic expressions is not easy to capture (cf. e.g. [10]). In our system spatial relations are represented by a computational model of space with a small finite vocabulary [18]. We use the projective relations 'left', 'right', 'in-front-of', 'behind', 'above', 'below', and combinations of them. The meaning of attributes and nouns that verbally describe the visual appearance of an object is even harder to represent. Due to their huge number these can not be completely modeled in a system – resulting in the *vocabulary problem* in human-system communication [6].

We addressed this problem on different levels. First, we extracted a list of frequently used words from a corpus of human-human and human-machine dialogs recorded in our domain context [4]. In order to match these words to object classes used in the visual object recognition, we estimated conditional probabilities from data collected in two psycholinguistic experiments described in [13]. In the first, type and color attributes were extracted from 453 utterances which name a marked object from a scene that was presented on a computer screen. In the second, size and shape attributes were collected from a multiple-choice questionnaire in the World Wide Web. All object classes were shown in eight different scene contexts. The subjects had to select all attributes from the multiple-choice list which correctly describe the marked object. A Total of 416 people completed the questionnaire. We estimated the conditional probabilities by counting the uttered types, and colors, and the selected sizes, and shapes for each object class $C^V = c$:

$$P(F_{\mathrm{att}}^S = f | C^V = c) = \frac{\#(f \text{ is selected for an object class } c)}{\#(\text{marked object has object class } c)}$$

$$att \in \{\text{color, type, shape, size}\}$$

Thereby, individual object descriptions are generalized to describing features of object classes. The conditional probabilities are used for all verbal object specifications in the probabilistic model, e.g. $P(F_{1\,\mathrm{size}}^S = \text{short} | C_5^V = c, RO_1 = 5) = P(F_{\mathrm{size}}^S = \text{short} | C^V = c)$. Since, these probabilities describe only elementary objects, assembled objects are frequently denoted by metonymian names from various domains, like 'plane' for an assembled toy-plane. These are handled as an unknown object name in the understanding component and may match an arbitrary elementary object or, with a somewhat higher probability, an assembled object.

The visual evidences used in the Bayesian network are 'type' and 'color'. Both may be affected by diverse sources of error, such as shadows, light reflexions, or occlusions. Therefore, we estimated conditional probabilities for each object class using a hand labeled test set of 156 objects on 11 images:

$$P(F_{\mathrm{type/color}}^V = f | C^V = c) = \frac{\#(\text{feature } f \text{ was classified for object class } c)}{\#(\text{object belongs to object class } c)}$$

These probabilities are used for all visual objects in the probabilistic model.

The meaning of spatial relations is defined by the applicability function (*App*) of the computational model which takes a projective relation r, a reference frame *ref*, (currently, we assume only a user centered reference frame,) and the two polygons defining the object regions. It provides an applicability value which is based on the connectivity in the qualitative scene representation and the accordance due to the specified direction [18]. Therefore, the corresponding conditional probability is defined as:

$$P(Rel = r | P_i^V = [\text{polygon}_i], P_j^V = [\text{polygon}_j], IO = i, RO = j)$$

$$= \alpha App(r, ref, [\text{polygon}_i], [\text{polygon}_j]) \qquad \text{where } \alpha \text{ is a normalizing constant.}$$

The Bayesian network is evaluated in the following way. The most probable explanation $\{(io^*, ro_1^*, \ldots, ro_m^*), c_{io}^*\}$ is calculated applying the following equations. In order to simplify the notation, variable names with fewer indices denote sets of random variables, e.g. $F_0^S = \{F_{0j}^S | j = 1 \ldots k\}$:

$$(io^*, ro_1^*, \ldots, ro_m^*) = \underset{i, r_1, \ldots, r_m}{\operatorname{argmax}} P(F^S, F^V, Rel^S, P^V | IO = i, RO_j = r_j, j = 1 \ldots m)$$

$$c_{io}^* = \underset{c}{\operatorname{argmax}} P(F_0^S, F_{io^*}^V | c)$$

In the first identification step the configuration with the maximal probability for all evidences is selected. If the assignment of the intended object io^* is ambiguous due to slight differences to the probability of other configurations, the verbal information can not be matched to a unique object [18]. In this case, the verbal information was not sufficient in order to draw further inferences. Otherwise, the second step can be executed which calculates the most probable class c_{io}^* for the intended object io^*.

The object class c_{io}^* that is derived from the visual and verbal evidences may be different than that hypothesized by the visual recognition process. If we assume that the instructor definitively speaks about the perceived scene on the table, we can use this information in order to detect inconsistencies between the visual and the verbal interpretation and even to recover from erroneous classification results of the object recognizer by using this inferred object class.

3 Results

A thorrough statistical evaluation of the proposed approach showing an increase of the object recognition rate is extremely difficult to design and carry out. Any failure of the recognizer has to be combined with a dedicated instruction denoting this special object. Therefore, we present three examples showing different aspects of the system (Fig. 3). The three different utterances refer to the scene and the object recognition results shown in Fig. 1.

In the first example the unknown wooden object is disambiguated as a '3-holed-bar' by considering the utterance "*Take the short thin stick*". Although, the word 'stick' is not modeled in the speech understanding component and is, therefore, treated as a name for an arbitrary object, the correct object has been identified. The system knows that '3-holed-bar's are typically called 'short', and 'thin', and that their visual appearance is a wooden region. Consequently, it can be inferred from the instruction and the scene context that the wooden region is, indeed, the intended object and that the class of this object is a '3-holed-bar'.

The second one shows how the misclassified felly can be corrected by analyzing the utterance "*Now, the thick ring left to the short bolt.*". Again, the system knows that 'orange-bolts' are called 'short', and that fellys are called 'thick', and 'ring' with a high probability. Additionally, statistical knowledge about misclassifications includes a high error rate for 'felly's to be classified as 'red-cube's, because both are big and red. Therefore, the system can infer the correct object io^* and class c_{io}^* by exploiting the redundancy introduced by the spatial relation and the class attributes.

The last example shows that the scheme also works the other way around. The system identifies the orange bolt correctly although there are two object classes in the left diagram which have a higher probability using only the information from speech input 'short' and 'bolt'.

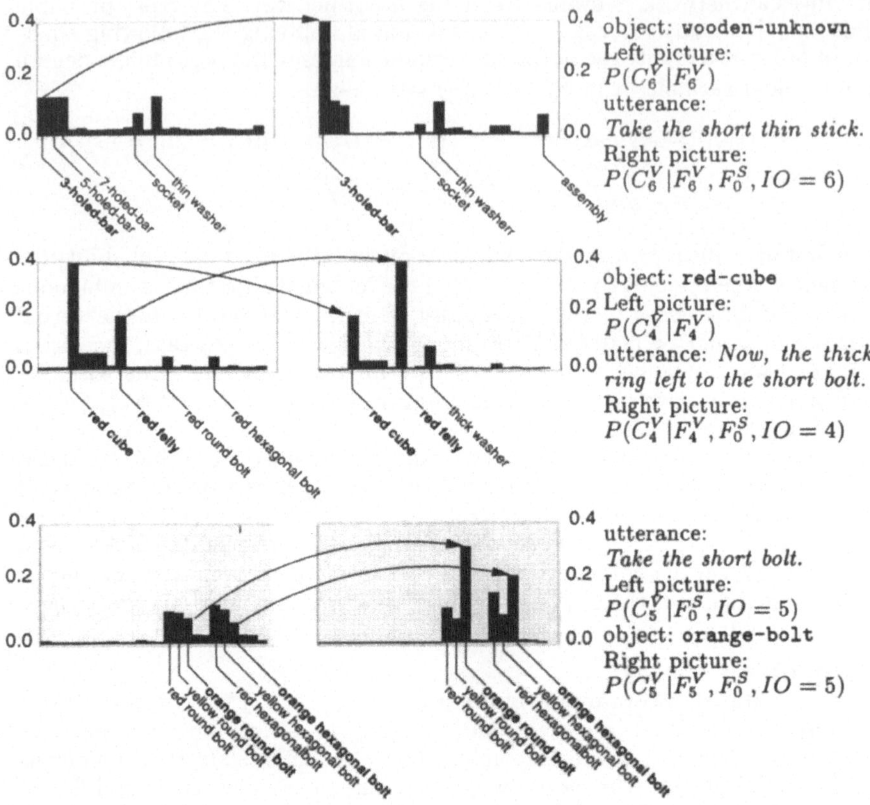

Fig. 3. Diagrams showing the belief in an object class if only one input modality is considered (left side: 1st, 2nd row only vision, 3rd row only speech considered), and if both input modalities are considered (right side). All examples, i.e. three different utterances, were calculated on the object recognition results shown in Fig. 1.

4 Conclusion

In this paper we have presented a new approach to incorporating verbal information in an object recognition task. It is completely based on statistical data about characteristics of the recognition process and about the meaning and usage of words in our domain. We have shown that unknown and misclassified objects can be corrected by analyzing spoken instructions of a user. There are the following conditions which have to be fulfilled, so that the proposed probabilistic interaction scheme can succeed: First, the user has to talk about the same scene as perceived by the cameras of the system. Secondly, the first identification step of the indented object has to be non-ambiguous. Thirdly, the vision part of the system has to provide detected object hypotheses with attached feature values.

References

1. U. Ahlrichs, J. Fischer, J. Denzler, C. Drexler, H. Niemann, E. Nöth, and D. Paulus. Knowledge based image and speech analysis for service robots. In *Integration of Speech and Image Understanding*, p. 21–48, Corfu, Greece, 1999. IEEE Comp. Soc..

2. C. Bauckhage, F. Kummert, and G. Sagerer. Modeling and Recognition of Assembled Objects. In *IECON'98 Proceedings of the 24th Annual Conference of the IEEE Industrial Electronics Society*, p. 2051–2056, 1998.

3. H. Brandt-Pook, G. A. Fink, S. Wachsmuth, and G. Sagerer. Integrated recognition and interpretation of speech for a construction task domain. In *Proc. of the Int. Conference on Human Computer Interaction (HCI)*, volume 1, p. 550–554, 1999.

4. C. Brindöpke, M. Johanntokrax, A. Pahde, and B. Wrede. "'Darf ich dich Marvin nennen?"' — Instruktionsdialoge in einem Wizard-of-Oz-Szenario: Materialband. Report 7/95, Sonderforschungsbereich 360 "'Situierte Künstliche Kommunikatoren"', Universität Bielefeld, 1995.

5. G. A. Fink. Developing HMM-based recognizers with ESMERALDA. In V. Matoušek, P. Mautner, J. Ocelíková, and P. Sojka, editors, *Lecture Notes in Artificial Intelligence*, volume 1692, p. 229–234, Berlin, 1999. Springer.

6. G. Furnas, T. Landauer, L. Gomez, and S. Dumais. The vobabulary problem in human-system communication. *Communications of ACM*, 30(11), 1987.

7. R. Jackendoff. *Languages of the Mind*. The MIT Press, 1992.

8. F. Kummert, G. Fink, G. Sagerer, and E. Braun. Hybrid Object Recognition in Image Sequences. In *14th International Conference on Pattern Recognition*, volume II, p. 1165–1170, Brisbane, 1998.

9. F. Kummert, H. Niemann, R. Prechtel, and G. Sagerer. Control and Explanation in a Signal Understanding Environment. *Signal Processing, special issue on 'Intelligent Systems for Signal and Image Understanding'*, 32:111–145, 1993.

10. A. Mukerjee. Neat vs scruffy: A review of computational models for spatial expressions. In P. Olivier and K.-P. Gapp, editors, *Representation and processing of spatial expressions*. Lawrence Erlbaum Associates, 1997.

11. K. Nagao and J. Rekimoto. Ubiquitous talker: Spoken language interaction with real world objects. In *Proceedings of IJCAI-95*, p. 1284–1290, 1995.

12. J. Pearl. *Probabilstic reasoning in intelligent systems: networks of plausible inference*. Morgan Kaufmann, 1989.

13. G. Socher, G. Sagerer, and P. Perona. Baysian Reasoning on Qualitative Descriptions from Images and Speech. In H. Buxton and A. Mukerjee, editors, *ICCV'98 Workshop on Conceptual Description of Images*, Bombay, India, 1998.

14. R. K. Srihari. Computational models for integrating linguistic and visual information: A survey. In *Artificial Intelligence Review*, 8, p. 349–369, Netherlands, 1994. Kluwer Academic Publishers.

15. R. K. Srihari and D. T. Burhans. Visual semantics: extracting visual information from text accompanying pictures. In *Proc. of AAAI-94*, p. 793–798, Seattle, 1994.

16. B. Suhm, B. Myers, and A. Waibel. Interactive recovery from speech recognition errors in speech user interfaces. In *Proc. ICSLP '96*, volume 2, p. 865–868, Philadelphia, PA, Oct. 1996.

17. L. Ungerleider and M. Mishkin. Two cortical visual systems. In *Analysis of Visual Behaviour*, p. 549–586. The MIT Press, 1982.

18. S. Wachsmuth, H. Brandt-Pook, G. Socher, F. Kummert, and G. Sagerer. Multilevel integration of vision and speech understanding using bayesian networks. In H. I. Christensen, editor, *Computer Vision Systems: First International Conference*, volume 1542 of *Lecture Notes in Computer Science*, p. 231–254, Las Palmas, Gran Canaria, Spain, Jan. 1999. Springer-Verlag.

19. S. Wachsmuth, G. A. Fink, and G. Sagerer. Integration of parsing and incremental speech recognition. In *Proceedings of the European Signal Processing Conference (EUSIPCO-98)*, volume 1, p. 371–375, Rhodes, Sept. 1998.

20. A. Waibel, B. Suhm, M. T. Vo, and J. Yang. Multimodal interfaces for multimedia information agents. In *Proc. ICASSP '97*, volume 1, p. 167–170, 1997.

Unlimited Vocabulary Script Recognition Using Character N-Grams

Anja Brakensiek, Daniel Willett, Gerhard Rigoll

Dept. of Computer Science
Faculty of Electrical Engineering
Gerhard-Mercator-University Duisburg
D-47057 Duisburg
{anja, willett, rigoll}@fb9-ti.uni-duisburg.de
http://www.fb9-ti.uni-duisburg.de

Abstract. In this paper a robust script recognition system is described, which makes use of a language model, that consists of backoff character n-grams. The system is based on Hidden Markov Models (HMMs) using discrete and hybrid modeling techniques, where the latter depends on a vector quantizer trained according to the MMI-criterion (information theory-based neural network). The presented recognition results refer to the SEDAL-database of degraded English documents such as photocopy or fax using no dictionary and a writer-dependent handwritten database of cursive German script samples. Our resulting system for character recognition yields significantly better recognition results for an unlimited vocabulary using language models.

1   Introduction

During the last years, Hidden Markov Models (HMMs, see [8]) have been used not only for speech recognition but also for on- and off-line handwriting recognition (for example [2, 3, 7, 11]). However, the greatest advantage of HMM-technologies, the possibility of segmentation-free recognition, is also useful for machine-printed documents of poor quality and low resolution [1, 6, 10].

Such degraded multifont documents consist of noise and blurred characters, which are connected or split, so that a separate character-segmentation would become difficult, as it is in cursive handwriting recognition. One possibility to handle such documents is to improve the image quality or to recognize the actual font first, another possibility, which we prefer, is to handle these problems using robust modeling techniques, and to perform a unified segmentation and recognition procedure.

Crucial components of a script recognition system are efficient preprocessing operations and a robust feature extraction (as in [4, 11]), particularly with regard to a writer-independent handwriting recognition system, and the modeling approaches as well as the usage of contextual knowledge (language models).

The emphasis in this paper is on the usage of language models on character level [1] (backoff n-grams) instead of a given closed dictionary. So an improvement of character recognition results with unlimited and unknown vocabulary can be achieved. In the following sections a character recognition system with focus on language models using hybrid HMMs is described by means of two different databases. For our experiments we first use the SEDAL-database[1], which contains several machine-printed degraded documents (see also [10]). Second, we present results on a database of cursive handwritten script samples of four different writers (compare [3]).

The next section (Section 2) presents the baseline recognition system, including the description of the databases and feature extraction. In Section 3, the handling of character n-grams is described. The recognition experiments and results are given in Section 4. Finally, Section 5 summarizes the presented work.

2 System Architecture

Our recognition system consists of about 80 different linear HMMs, one for each character (upper- and lower-case letters, numbers and special characters like '",:!'). The number of states per HMM differs from 5 to 8 for characters and numbers depending on the kind of script (compare Section 2.1). There are used fewer states for some special characters depending on their width.

The presented recognition results refer to a character error rate, which depends only on substitutions, insertions and deletions of characters and which is independent of word segmentation errors. One reason for using the character- instead of the word-recognition rate is the unknown and unlimited vocabulary in real-world documents (for example reports on special topics or actual news). Another reason, especially for the machine-printed database, is to allow a comparison with commercial OCR software, which is presented in [10].

After a simple preprocessing step, which includes only skew correction, the word-image is divided into thin vertical frames for feature extraction (Section 2.2). To train the HMMs we use the Baum-Welch algorithm; for recognition, these features are used to find that character sequence by a Viterbi algorithm, which is the most probable for the detected state-probabilities. The HMM modeling techniques (discrete and hybrid) used in our system are described in [9, 3] in greater detail. An improvement of recognition results without any lexicon can be achieved using language models. This option means that the recognized character sequence is depending on the feature model as well as the language model.

2.1 Databases

For our experiments we use two different kinds of databases (machine-printed and handwritten), which are described in the following.

The SEDAL-database [10] consists of real and self-printed documents of different fonts, which are faxed, copied and scanned at a resolution of 200 dpi.

---

[1] System Design and Automation Laboratory at the University of Sydney, Australia, http://www.sedal.usyd.edu.au

These machine-printed English documents are of poor quality. In [10], it has been shown that the recognition performance of commercial products degrades significantly due to a reduction in resolution or in case of light (split characters) or dark (connected characters) documents.

For training we use about 63000 characters from several documents of the SEDAL-database. The test-set (see Fig.1) consists of some disjoint documents of the same database containing about 12600 characters (2200 words) altogether. Both, the training- and the test-set are based on word units whose positions within the document are known. One part of this paper deals with the recognition of (and training on) some binary documents of this database using the description of labels and word-segmentation. So errors, which can occur in row- or word-segmentation (symbols in document-headers, noise), are eliminated.

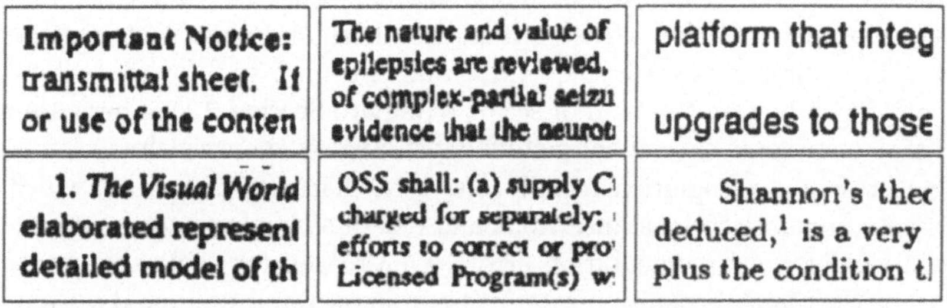

Important Notice: transmittal sheet. If or use of the conten	The nature and value of epilepsies are reviewed, of complex-partial seizu evidence that the neurob	platform that integ upgrades to those
1. *The Visual World* elaborated represent detailed model of th	OSS shall: (a) supply C charged for separately: efforts to correct or pro Licensed Program(s) w	Shannon's thec deduced,[1] is a very plus the condition t

Fig. 1. Examples of the SEDAL-database (top: intel, neurofax, precept; bottom: vision, maintenance, james)

The second database used for experiments consists of cursive script samples of four different writers (ABR, ANK, JMR, VDM), all writing a training set of some German sentences (about 2000 words in lower and upper case) and a test set of nearly 200 single words (about 1200 characters) on a digitizing surface. This on-line input is transformed into a pixel-bitmap, so that no dynamic information is used for recognition. Examples of the test set are shown in Fig.2 (compare also [3]).

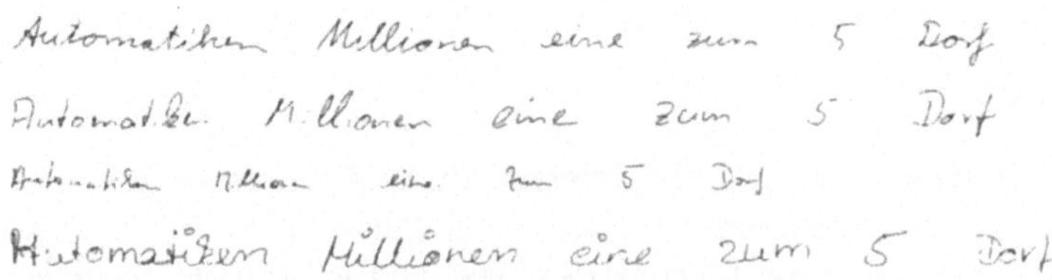

Fig. 2. some examples of the handwritten database (writers: ABR, ANK, JMR, VDM)

2.2   Feature extraction

Feature extraction for machine-printed and handwritten words is quite similar.

Fig.3 illustrates the most important aspects of feature extraction by means of a machine-printed example. After skew correction the baseline and coreheight (height of small characters such as a,e,n) of the word have to be estimated. This is done by interpreting the histogram (horizontal projection of the word), which depends on the number of black pixels (script) and black-white transitions in a horizontal line. The (approximately) correct detection of these lines is crucial for the following feature extraction, because the height as well as the position of the sliding feature frame is based on them. The length of this frame will be set to the double coreheight (independent of top and bottom of the word or line) and is centered on this core-segment to be independent of ascenders and descenders.

In contrast to this, feature extraction for handwriting recognition is more independent of these reference lines. Normalization of the input-data for off-line handwriting recognition implies only the correction of the skew, whereas slant correction and height normalization is not absolutely necessary in a writer-dependent system. Here, the estimation of the baseline is done by an approximation of a horizontal line to the local minima of the word. The coreheight is not estimated, because it is more difficult and insecure to detect in cursive script (different heights of small characters within one word) than in machine-printed. So the sliding bitmap is independent of theses reference lines and depends only on the local surrounding of the current position in the word.

The following features are derived from the segmented and preprocessed word image (machine-printed or handwritten):

- DCT (Discrete Cosine Transform) coefficients of a thin window slid along the horizontal direction (dependent on reference lines or surrounding)
- some complementary features such as height over baseline of this window

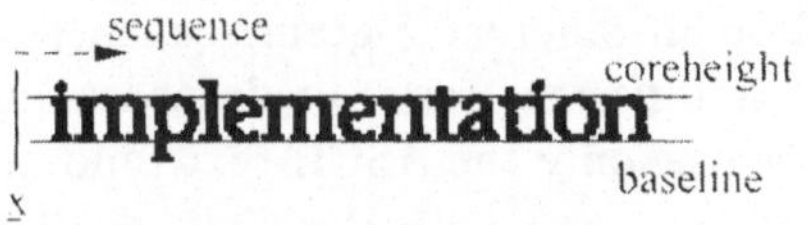

Fig. 3. Feature extraction

For both kinds of script recognition systems, these feature vectors $\underline{x}$ are quantized by two separate codebooks using multiple frame input in order to take the neighboring feature vectors into account. When using hybrid HMMs instead of discrete ones, the k-means vector quantizer is replaced by a codebook obtained by a neural network, which is trained according to the MMI (Maximum Mutual Information) criterion. Due to the structure of these hybrid HMMs, the recognition is as fast as using discrete ones.

3   Language Modeling

Our recognition system can work without any dictionary. So, to improve recognition performance we use language models (backoff n-grams), which are well known in speech recognition, on the character level. This model influences the transition probabilities between the trained character HMMs. Using Bayes rule the solution for our character recognition problem can be described as follows:

$$W^* = \operatorname*{argmax}_W \, p(W|X) = \frac{\operatorname*{argmax}_W \, p(W) \cdot p(X|W)}{p(X)} = \operatorname*{argmax}_W \, p(W) \, p(X|W) \tag{1}$$

with $p(X|W)$ presenting the feature model (see Sec.2.2) and $p(W)$ the grammar or language model (see also [1, 12]). The probability of the features $p(X)$ is nonrelevant, because it is the same for all classes W. This language model is described by a backoff n-gram of characters (not words) with $n > 1$. It takes into account that, for example, the character sequence 'qu' is much more probable than 'qo'. The formula for estimating a backoff bigram is the following

$$P(w_2|w_1) = \begin{cases} (N(w_1, w_2) \cdot d)/N(w_1) & : \quad N(w_1, w_2) > t \\ p(w_2) \cdot b(w_1) & : \quad else \end{cases} \tag{2}$$

with $N(w_1, w_2)$ the number of times character w_2 follows w_1. The discounting coefficient d and the backoff factor $b(w_1)$ are necessary to correct the probabilities p for observed and unseen events (see [5]). Examples for applications of language models are the use of n-grams of characters for word recognition, as described in this paper (n=3 or 5) or n-grams of words in order to enhance sentence-recognition or document classification.

We generate separate n-gram models (including also special characters) for the English (SEDAL-database) and German (handwritten data) recognition system by using the statistical character-sequences of about four millions of words from English or German documents (several HTML-pages). This leads to 110342 English and 195877 German different 5-gram sequences. It should be noticed, that this dataset, that is different from our databases used for recognition, is quite easy to create, because only the ASCII-text (and no image) is necessary.

The language model is trained with the CMU toolkit (see [5]) and a more detailed description of the decoding procedure using this kind of language model can be found in [12].

4   Experimental Results

We tested the influence of two different factors on the character recognition rate: first, the modeling technique, which compares discrete with hybrid HMMs and second, the inclusion of language models consisting of n-grams.

4.1 Results for degraded documents

The test set, we use, is similar to that used in [10], in which an average character recognition rate of about 86.3% is presented (using HMMs combined with a neural network and a test-set of 11655 characters). For comparison, the character recognition rate of commercial products is about 75%, as described in [10].

Here, a character recognition rate of 86.1% is achieved based on the discrete modeling technique. As can be seen in Tab.1 (middle part, compare also examples in Fig.1), the relative error rate is reduced by about 28% in average using hybrid (character recognition rate: 90.0%) instead of discrete HMMs. A comparable effect of error reduction depending on the modeling technique could be observed for on- and off-line handwriting experiments, too (see results described in [3, 9]). If we take into account, that some different characters of different fonts look equal (for example 'I', 'l' (small 'L') and '1' (one) or '0' and 'O') or very similar (blurred '.' and ',') and cannot be distinguished by humans without word-context or font information, the recognition rate increases by about 1.5% ignoring such substitutions. The greatest quota of the character error rate however consists of the number of substitutions (confusions between 'l', 'I' and 'i' and confusions between 'e' and 'c'), the rate of insertions and deletions is much smaller.

Table 1. Character recognition results (in %) for degraded documents using different modeling techniques and different language models (without dictionary)

document	no. of chars	without language model			with language model	
		recog. discrete	recog. hybrid	I=l=1,O=0,.=, hybrid	3-gram hybrid	5-gram hybrid
intel	396	91.4	95.5	96.5	97.7	98.7
neurofax	2061	75.9	83.3	84.8	93.6	95.5
precept	1923	87.2	90.2	93.1	96.4	97.1
vision	2643	92.6	95.5	96.4	97.5	97.9
maintenance	2979	81.2	85.7	87.7	93.6	96.5
james	2592	91.6	93.9	94.1	96.3	97.9
total	12594	86.1	90.0	91.5	95.5	97.1

Another kind of error occurs, whenever the estimation of baseline and coreheight is wrong, which results in a substitution of character sequences (the whole word). These errors are very seldom (within the test documents), but can occur, if a word (and the corresponding row) only consists of small characters (without ascenders) or only consists of upper-case characters and the font size is unknown.

The second test series investigates the effect of using language models on character recognition. Using n-grams for character recognition, the accuracy increases significantly (see Tab.1 last part), so that in average a character recognition rate of about 97.1% (using 5-grams) can be obtained. This means a relative error reduction of about 70% compared to the results without language model. Now, the number of substitutions concerning similar characters in different fonts as described above, is very small. The character recognition rate of 97.1% implies a word recognition rate (based on characters, without lexicon) of only 91.6%.

The importance of the language model is demonstrated in the following test, too. Using German character n-grams for recognition of English documents, the error rate increases significantly. Here, in average a character recognition rate of only 82.4% is obtained using 'wrong' 5-grams.

4.2 Results for the handwritten database

As it is shown in [3], word recognition results (writer-dependent mode) on this handwritten database using a 30k dictionary increase significantly when replacing the discrete HMM (86.7% in average) by the hybrid one (89.2% in average). So, in Table 2 character recognition results using the hybrid modeling technique are shown. As expected, the recognition accuracy decreases, when using no dictionary. The character recognition rate of 75.4% implies a word recognition rate of only 36%. One kind of errors occurs, if characters are quite similar, an other kind occurs, if it is possible to split a character in two valid characters ('m' $\rightarrow$ 'rn' or 'ü' $\rightarrow$ 'ii') or vice versa. Many errors are confusions concerning the word ending, which is often written unclear.

Using n-grams, the accuracy increases significantly, so that in average a character recognition rate of about 83.1% (using trigrams) can be obtained. This means a relative error reduction of about 30% compared to the results without language model. A n-gram of higher context depth (5-gram) provides a further error reduction. Here, the character accuracy is 87.9% in average. This results in a word recognition rate of about 65%.

Table 2. Character recognition results (in %) for off-line handwriting using hybrid HMMs and different language models (without dictionary)

method	ABR	ANK	JMR	VDM	average
hybrid: 1-gram	90.7	79.2	65.2	66.6	75.4
hybrid: 3-gram	94.2	87.7	75.1	75.2	83.1
hybrid: 5-gram	96.0	91.9	81.4	82.4	87.9

5　Summary and Outlook

We presented in this paper a HMM based script recognition system, whereas the focus is on the usage of language models consisting of character n-grams. For evaluation of our recognition methods we use two different datasets: the SEDAL-database [10] that consists of multifont real world documents of low resolution (degraded machine-printed characters) and a handwritten database (cursive script) for writer-dependent recognition.

The above experiments of this segmentation-free approach show the better performance of a hybrid modeling technique for HMMs, which depends on a neural vector quantizer, compared to discrete HMMs. Additionally, we describe the influence on character recognition accuracy (unlimited vocabulary) obtained by the use of character n-grams. Here, the relative error rate decreases by about 70% for the degraded documents and 50% for the handwritten database using 5-grams instead of using no language model.

Future work will imply a robust word segmentation of variable documents including symbols or handwritten parts (e.g. forms) and a more expendable preprocessing and feature extraction method for a writer-independent mode.

References

[1] I. Bazzi, R. Schwartz, and J. Makhoul. An Omnifont Open-Vocabulary OCR System for English and Arabic. *IEEE Transactions on Pattern Analysis and Machine Intelligence*, 21(6):495–504, June 1999.

[2] R. Bippus and V. Maergner. Script Recognition Using Inhomogeneous P2DHMM and Hierarchical Search Space Reduction. In *5th International Conference on Document Analysis and Recognition (ICDAR)*, Bangalore, India, Sept. 1999.

[3] A. Brakensiek, A. Kosmala, D. Willett, and G. Rigoll. Vergleich verschiedener statistischer Modellierungsverfahren für die On- und Off-line Handschrifterkennung. In *21. DAGM-Symposium, Tagungsband Springer-Verlag*, pages 70–77, Bonn, Germany, Sept. 1999.

[4] T. Caesar, J. Gloger, and E. Mandler. Preprocessing and Feature Extraction for a Handwriting Recognition System. In *Proc. Int. Conference on Document Analysis and Recognition (ICDAR)*, pages 408–411, Japan, Oct. 1993.

[5] P. Clarkson and R. Rosenfeld. Statistical Language Modeling Using the CMU-Cambridge Toolkit. In *Proc. Eurospeech '97*, pages 2707–2710, Rhodes, Greece, Sept. 1997.

[6] A. Elms, S. Procter, and J. Illingworth. The advantage of using an HMM-based approach for faxed word recognition. *Int. Journal on Document Analysis and Recognition (IJDAR)*, 1:18–38, 1998.

[7] J. Franke, J. Gloger, A. Kaltenmeier, and E. Mandler. A Comparison of Gaussion Distribution and Polynomial Classifiers in a Hidden Markov Model Based System for the Recognition of Cursive Script. In *Proc. Int. Conference on Document Analysis and Recognition (ICDAR)*, pages 515–518, Ulm, Germany, Aug. 1997.

[8] L. Rabiner and B. Juang. An Introduction to Hidden Markov Models. *IEEE ASSP Magazine*, pages 4–16, 1986.

[9] G. Rigoll, A. Kosmala, and D. Willett. A New Hybrid Approach to Large Vocabulary Cursive Handwriting Recognition. In *International Conference on Pattern Recognition (ICPR)*, pages 1512–1514, Brisbane, Aug. 1998.

[10] M. Schenkel and M. Jabri. Low resolution, degraded document recognition using neural networks and hidden Markov models. *Pattern Recognition Letters*, 19:365–371, 1998.

[11] M. Schuessler and H. Niemann. A HMM-based System for Recognition of Handwritten Adress Words. In *6th International Workshop on Frontiers in Handwriting Recognition (IWFHR)*, Taejon, Korea, Aug. 1998.

[12] D. Willett, C. Neukirchen, and G. Rigoll. DUCODER-The Duisburg University LVSCR Stackdecoder. *Proc. IEEE Int. Conf. on Acoustics, Speech, and Signal Processing (ICASSP)*, June 2000.

Merkmalsbasierte Suche von Diatomeen in Bilddatenbanken unter Verwendung von Entscheidungsbäumen

Stefan Fischer, Michael Binkert und Horst Bunke

Institut für Informatik und angewandte Mathematik, Universität Bern,
Neubrückstrasse 10, CH-3012 Bern, Schweiz
{fischer,bunke}@iam.unibe.ch

Zusammenfassung In diesem Aufsatz wird ein Schema für ein merkmalsbasiertes Verfahren zum Auffinden von mikroskopischen Aufnahmen von Diatomeen in Bilddatenbanken vorgestellt. Diatomeen sind einzellige Algen, die im Wasser und überall dort vorkommen, wo es Feuchtigkeit und genügend Licht für Photosynthese gibt. Der vorgestellte Ansatz zur merkmalsbasierten Suche basiert auf Symmetrieeigenschaften, geometrischen Merkmalen, invarianten Momenten, Fourier Deskriptoren und Textureigenschaften. Ausgehend von diesen Merkmalen werden die Bilder der Datenbank mit einem entscheidungsbaumbasierten Verfahren in Kategorien aufgeteilt. Experimentelle Untersuchungen auf einer Bilddatenbank mit 468 Aufnahmen von Diatomeen haben gezeigt, dass die Methoden zur Identifikation von Diatomeen gut geeignet sind. Ohne Berücksichtigung von spezifischen Informationen über Diatomeen liess sich bei einer Gesamtzahl von 82 Klassen eine Erkennungsrate von annähernd 70% erzielen.

1   Einleitung

Inhaltsbasierte Bildsuche (engl. Content Based Image Retrieval, kurz CBIR) ist derzeit ein aktiver Forschungsbereich in der Bildverarbeitung [3, 10]. Das Ziel derartiger Systeme ist es, den Benutzer bei der Suche nach Bildern zu unterstützen. In Systemen, die "Query by image content" verwenden, ist die Abfrage selbst ein Bild. Das System berechnet die Ähnlichkeit zwischen dem vom Benutzer vorgegebenen Bild und den in der Bilddatenbank enthaltenen Bildern. Als Resultat liefert es die ähnlichsten Bilder zurück. Dies bedeutet, dass ein Mass für die Ähnlichkeit von Bilden festgelegt werden muss. In diesem Zusammenhang sind in den letzten Jahren eine Vielzahl von Studien veröffentlicht worden. Die Idee hinter den meisten Ähnlichkeitsmassen ist, dass sich eine Ähnlichkeit von Bildinhalten durch eine Kombination von grundlegenden Merkmalen, wie z.B. Farbe, Form oder Textur angeben lässt.

In diesem Aufsatz stellen wir ein merkmalsbasiertes Schema zum Auffinden von Bildern in Bilddatenbanken mit mikroskopischen Aufnahmen vor. Die Arbeit ist im Rahmen des ADIAC-Projektes entstanden, welches die automatische

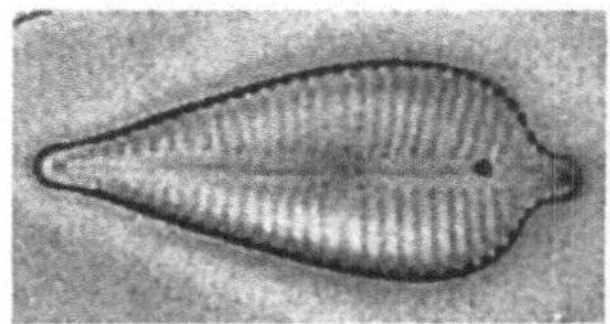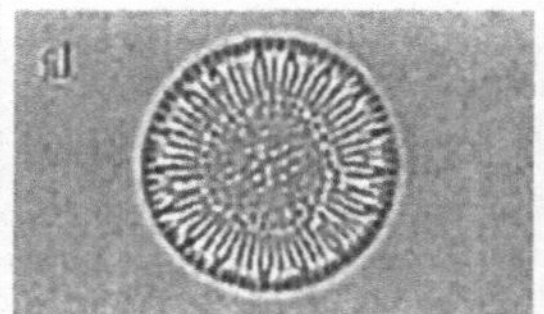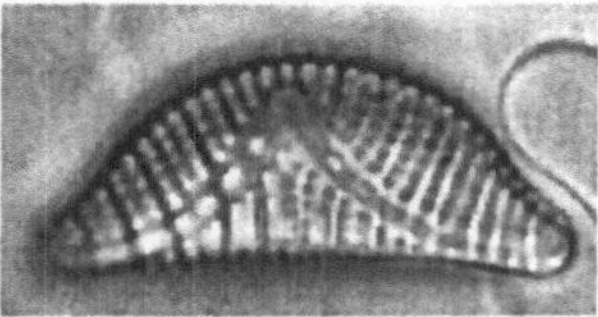

Abbildung 1. Beispielaufnahmen von Diatomeen

Identifikation und Klassifikation von Diatomeen anstrebt [1]. Diatomeen sind einzellige Algen, die im Wasser und überall dort vorkommen, wo es Feuchtigkeit und genügend Licht für Photosynthese gibt. Die Identifikation und Klassifikation von Diatomeen hat eine Anzahl von Anwendungen in Bereichen wie Umweltüberwachung, Klimaforschung und Gerichtsmedizin [11]. Eine der grossen Herausforderungen bei der Identifikation von Diatomeen ist die grosse Anzahl von Kategorien. Experten schätzen die Zahl von verschiedenen Diatomeenarten auf 15000 bis 20000 oder sogar weit höher. In Abbildung 1 sind zur Veranschaulichung Aufnahmen von drei verschiedenen Arten von Diatomeen gezeigt. Es ist zu sehen, dass sich Diatomeen sowohl in ihrer äusseren Form, als auch in ihrer inneren Struktur unterscheiden können. Wenn Biologen diese spezielle Art von Algen visuell identifizieren, verfolgen sie oft eine hierarchische Vorgehensweise, die sich an Bestimmungsschlüsseln orientiert. Hierbei ist die Symmetrie eines der ersten verwendeten Merkmale [6]. Nacheinander werden weitere Merkmale, wie die Form und die Ornamentierung der inneren Struktur berücksichtigt.

Im Rahmen der automatischen Identifikation von Diatomeen kann ein CBIR-System zur Identifizierung von Objekten verwendet werden. In unserem Ansatz werden von Objekten in mikroskopischen Aufnahmen grundlegende Merkmale extrahiert. Basierend auf diesen Merkmalen wird ein Entscheidungsbaum aufgebaut, der anschliessend zur Identifikation von unbekannten Objekten verwendet wird. Die mögliche Vorgehensweise bei einer automatischen Identifikation kann insgesamt wie folgt aussehen: Ein Benutzer beobachtet während der Analyse einer mikroskopischen Probe ein unbekanntes Objekt. Mit einer am Mikroskop angebrachten Digitalkamera wird ein Bild des Objekts aufgenommen und an das Identifikationssystem übertragen. Das System analysiert das Bild und liefert eine Auswahl von Diatomeenarten zurück, die dem Objekt entsprechen könnten. Basierend auf diesen Angaben kann der Benutzer entscheiden, ob es sich um eine der gezeigten Arten handelt.

In Abschnitt 2 wird eine Methode zur Bestimmung der Symmetrie von Objekten basiert auf ihrer inneren Struktur vorgestellt. In Abschnitt 3 werden Methoden zur Beschreibung der äusseren Form von Objekten skizziert. Masse zur globalen Beschreibung der inneren Struktur werden in Abschnitt 4 angegeben. Ein Klassifikationsansatz basierend auf der Induktion von Entscheidungsbäumen wird in Abschnitt 5 beschrieben. Anschliessend werden in Abschnitt 6 experimentelle Ergebnisse vorgestellt. Abschliessend enthält Abschnitt 7 eine Zusammenfassung.

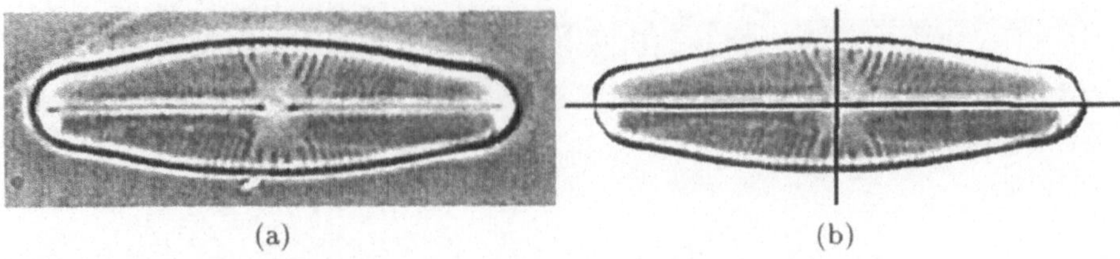

(a)   (b)

Abbildung 2. (a) Aufnahme von einem Diatomee, (b) überlagert mit den Symmetrieachsen der inneren Struktur

2 Symmetrie

Diatomeen können durch ihre Symmetrieeigenschaften gruppiert werden. Es gibt Arten ohne Symmetrie, während andere Sorten ein, zwei oder mehr Symmetrieachsen aufweisen. Die Lage der Symmetrieachsen kann aus der Verteilung der Richtungen der Grauwertgradienten innerhalb eines Objektes bestimmt werden [12]. Zur Symmetriebestimmung werden die Richtungen der Grauwertgradienten in einem Winkelhistogramm aufgetragen. Im folgenden wird angenommen, dass die Kontur der Objekte bekannt ist. Eine Methode zur Ermittlung der Kontur von Diatomeen in mikroskopischen Aufnahmen wurde bereits im Rahmen des ADIAC-Projektes entwickelt und ist in [4] beschrieben.

Als Beispiel ist in Abbildung 2(a) ein Diatomee mit zwei Symmetrieachsen gezeigt. In Abbildung 3(a) ist das Winkelhistogramm für die Aufnahme aus Abbildung 2(a) dargestellt. Die x-Achse gibt die Winkel der Gradienten in Grad an und die y-Achse den prozentualen Anteil bezüglich der maximalen Amplitude vom Histogramm. Wie man sieht, ist das Winkelhistogramm des symmetrischen Objekts ebenfalls symmetrisch. Um die Lage der Symmetrieachsen zu bestimmen wird das Histogramm h gefaltet:

$$c(x) = \sum_{m=0}^{n-1} h(m)h(x-m), \quad x = 0,\ldots,n-1 \tag{1}$$

In der Formel (1) bezeichnen x und m Positionen im Histogramm und n die Anzahl der betrachteten Winkel. In dem gefalteten Histogramm treten Maxima an den Stellen der Symmetrieachsen auf. Wie in dem gefalteten Winkelhistogramm in Abbildung 3(b) ersichtlich ist, treten Maxima an den Winkelpositionen $0^o, 90^o, 180^o$ und 270° auf. Die entsprechenden Achsen sind in dem Bild in Abbildung 2(b) überlagert eingezeichnet.

3 Form

Neben einfachen geometrischen Merkmalen wie Länge, Breite und Grösse, die nur bedingt die Form beschreiben, gibt es eine Vielzahl von weiteren Methoden mit denen die Form von Objekten beschrieben werden kann [7]. In unserem

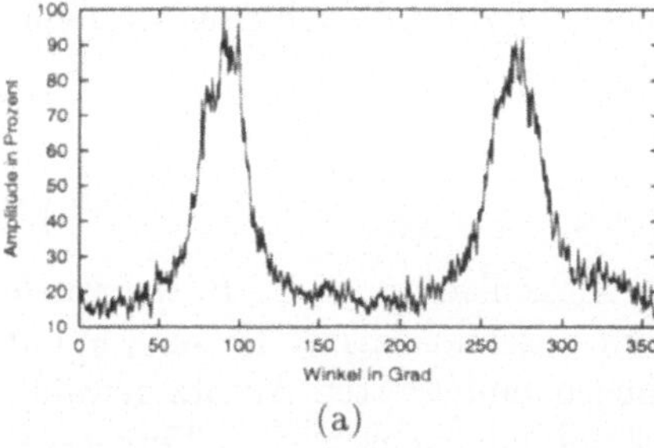 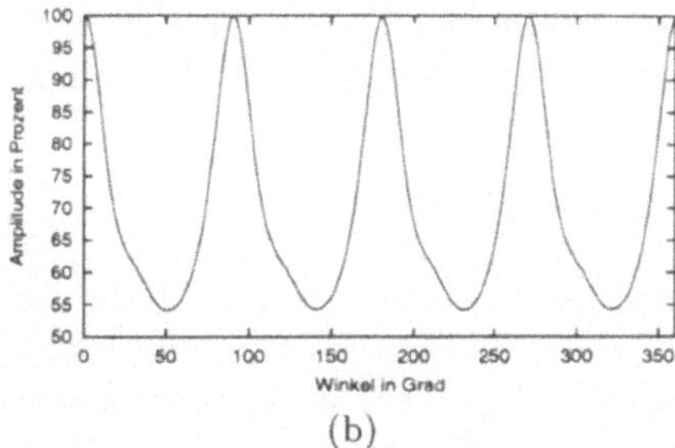

(a)   (b)

Abbildung 3. (a) Winkelhistogramm für die Aufnahme aus Abbildung 2(a) und (b) gefaltetes Winkelhistogramm

Ansatz haben sich invariante Momente und Fourier Deskriptoren als geeignet herausgestellt [2].

Invariante Momente haben eine lange Tradition in der Bildverarbeitung und haben in vielen Anwendungen gute Ergebnisse geliefert. Zur Formbeschreibung eingesetzt haben sie den Vorteil, dass sie invariant gegenüber Translation, Rotation und Grössenänderungen sind. In unserem Ansatz verwenden wir die in [5] vorgeschlagenen sieben invariante Momente.

Fourier Deskriptoren werden zur Beschreibung von zweidimensionalen Objekten verwendet. Die zugrundeliegende Idee ist, eine Kontur durch eine periodische Funktion zu beschreiben. Verfolgt man die Kontur ausgehend von einem Anfangspunkt, so erhält man eine Sequenz von Koordinatenpunkten $(x_0, y_0), (x_1, y_1)$, ...,(x_n, y_n) Diese Punkte (x_i, y_i) können als komplexe Zahlen $s(i) = x_i + j \cdot y_i$, $i = 0, 1, ..., n$ betrachtet werden. Wird die diskrete Fouriertransformation auf die Sequenz von komplexen Zahlen angewendet, so erhält man eine eindeutige Abbildung der Kontur in den Fourierraum. Die Fourierkoeffizienten eignen sich nach einer Normierung in Lage, Grösse und Orientierung zum Vergleich von Objekten.

4 Textur

Ein wichtiges Merkmal zur Unterscheidung von Diatomeen ist ihre innere Struktur. Diese Textur unterscheidet sich im Gegensatz zur äusseren Form innerhalb von einzelnen Diatomeenarten nur geringfügig. In der Bildverarbeitung, ebenso wie in angrenzenden Forschungsgebieten, wurden Texturmerkmale intensiv untersucht. Es gibt statistische Methoden und Techniken, die auf der menschlichen Wahrnehmung beruhen. Die einfachste Art Texturen zu beschreiben basiert auf Intensitätshistogrammen. Die Intensitätswerte sind allerdings stark von den Aufnahmebedingungen und den Kameraparametern abhängig. Aus diesem Grund berechnen wir das Histogramm nicht direkt auf dem Grauwertbild, sondern auf einem Gradientenrichtungsbild. Bei einer derartigen Vorgehensweise wird die innere Struktur der Objekte stärker berücksichtigt und darüber hinaus wird eine grössere Unabhängigkeit von Umgebungsparametern erzielt.

5   Klassifikation

Es existieren verschiedenste Methoden zur Klassifikation, wie z.B. neuronale Netze oder statistische Klassifikatoren [8]. In unserem Ansatz haben wir mit dem C4.5 Algorithmus [9] einen entscheidungsbaumbasierten Ansatz gewählt. Der Grund dafür ist, dass Entscheidungsbäume der menschlichen Vorgehensweise bei der Klassifikation von Diatomeen ähneln. Zudem erscheint für unsere Anwendung aufgrund der grossen Zahl von Klassen (siehe Abschnitt 1) eine einstufige Vorgehensweise wie bei neuronalen Netzen oder statistischen Klassifikatoren nicht anwendbar. Ein weiteres Problem bei der Verwendung von neuronalen Netzen oder statistischen Klassifikatoren ist zudem die in unserem Fall vergleichsweise geringe Anzahl von Trainingsdaten (ca. 3 Bilder pro Klasse).

Eine entscheidungsbaumbasierte Klassifikation ist ein überwachtes Lernverfahren, bei dem rekursiv ein Entscheidungsbaum aus einer Menge von Trainingsmustern aufgebaut wird. Diese Vorgehensweise, bei der Informationen aus Beispielen abgeleitet werden, wird als Induktion bezeichnet. Ausgehend von der gesamten Trainingsmenge, die der Wurzel des Baumes zugeordnet ist, wird die Menge solange unterteilt, bis jeder Knoten nur noch Trainingsmuster einer einzelnen Kategorie enthält. Jeder innere Knoten des Baumes entspricht einem Test unter Verwendung eines Merkmals. Für jeden möglichen Wert bzw. Wertebereich eines Merkmals wird eine Verzweigung eingefügt. Anschliessend kann der Baum in eine Menge von Regeln überführt werden. Eine solche Darstellung als Menge von Regeln ist für den Anwender leichter verständlich, als zum Beispiel die Bedeutung der Gewichte in einem neuronalen Netz. Zudem können die Regeln, die aus den Trainingsdaten gewonnen werden, von einem Experten verifiziert und nachträglich verfeinert werden. Diese Möglichkeit ist eine weitere Eigenschaft, mit der sich Entscheidungsbäume von anderen Klassifikationstechniken abheben. Gerade diese Eigenschaft kann bei taxonomischen Problemstellungen, wie z.B. bei der Identifikation von Diatomeen, wesentlich sein. Durch die nachträgliche manuelle Verifikation und Modifikation können zum Teil fehlende Trainingsdaten ausgeglichen werden und robustere Ergebnisse erzielt werden.

6   Experimentelle Ergebnisse

In diesem Abschnitt stellen wir experimentelle Ergebnisse für die Induktion von Entscheidungsbäumen basierend auf den in Abschnitten 2 bis 4 vorgestellten Merkmalen vor. Die Anwendbarkeit der vorgestellten Merkmale wurde auf einer Testdatenbank mit 468 Grauwertaufnahmen von Diatomeen getestet. Für jedes Bild in der Datenbank ist die Klasse bzw. die Art der Diatomeen bekannt. Zur Zeit enthält die Datenbank Aufnahmen von 59 Gattungen[1]. Die Gattungen las-

---

[1] In der Biologie werden Pflanzen und andere Organismen hierarchisch in Ordnungen, Familien, Gattungen und Arten unterteilt

Test mit einzelnen Gruppen von Merkmalen	Fehler	Tiefe
Symmetrie	380	6
Invariante Momente	16	535
Fourier Deskriptoren	7	391
Textur	24	627
Fourier Deskriptoren zusammen mit		
Symmetrie	0	427
Invariante Momente	1	373
Textur	0	389
Fourier Deskriptoren, Invariante Moment und		
Symmetrie	1	408
Textur	0	373
Alle Merkmale	0	381

Tabelle 1. Anzahl von Fehlern und Tiefe der konstruierten Bäume bei der Induktion von Entscheidungsbäumen für verschiedene Kombinationen von Merkmalen

sen sich weiter in 191 verschiedene Arten unterteilen. In den meisten Fällen sind ein bis drei Bilder pro Art in der Datenbank enthalten. Da dies für eine robuste Erstellung von Entscheidungsbäumen zu wenige Beispieldaten sind, haben wir uns auf 82 Klassen beschränkt. Dazu haben wir für verschiedene Arten nur die Gattung berücksichtigt und keine weitere Unterteilung vorgenommen. Für die so entstandenen Klassen liegen im Durchschnitt 5 Bilder pro Klasse vor.

Um die Relevanz der Merkmale zu testen, haben wir im ersten Schritt Entscheidungsbäume unter der Verwendung von einzelnen Gruppen von Merkmalen aufgebaut. Schritt für Schritt wurden anschliessend die Gruppen von Merkmalen kombiniert, um fehlerfrei induzierte Bäume zu erhalten. Als Qualitätsmasse für die so generierten Entscheidungsbäume wurden die Anzahl der Fehler während der Induktion und die Tiefe der Bäume berücksichtigt. Die Anzahl der Fehler bei der Induktion entspricht der Anzahl von Trainingsmustern, die einer falschen Klasse zugeordnet wurden. Eine falsche Zuordnung tritt auf, wenn kein einzelnes Merkmal dazu geeignet ist, um ein Muster von Mustern anderer Klassen zu unterscheiden. Die Tiefe vom Baum entspricht der Komplexität des Entscheidungsprozesses, d.h. der Anzahl der für die Klassifikation nötigen Tests.

In Tabelle 1 sind die experimentellen Ergebnisse aufgelistet. In der ersten Spalte befinden sich die Merkmale und in den folgenden Spalten sind die Anzahl aufgetretener Fehler und die Tiefe der Bäume dargestellt. Darüberhinaus ist die Tabelle entsprechend der Kombinationen von Merkmalen unterteilt. Wie man in der Tabelle sehen kann, ist kein einzelnes Merkmal aussagekräftig genug, um eine fehlerfreie Induktion zu ermöglichen. Die besten Ergebnisse werden mit 7 Fehlern und einer Tiefe von 391 für die Fourier Deskriptoren erzielt. Für die Kombinationen von Fourier Deskriptoren mit den anderen Merkmalen, mit Ausnahme der invarianten Momente, ergeben sich fehlerfreie Bäume. Insgesamt gibt es verschiedene Kombinationen von Merkmalen, die zu einem fehlerfreien

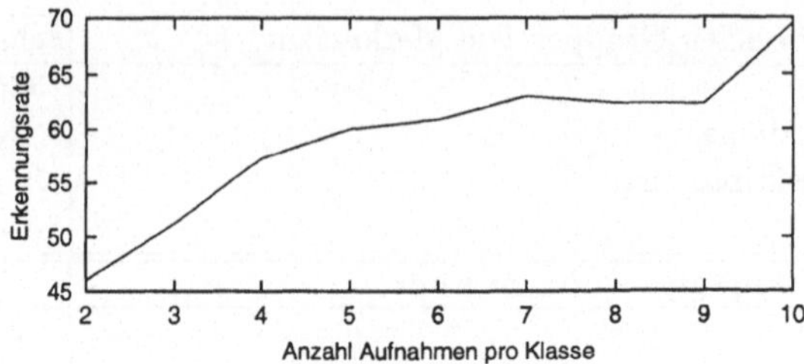

Abbildung 4. Erkennungsrate in Prozent in Abhängigkeit von der Anzahl von Aufnahmen pro Klasse

Entscheidungsbaum führen. Die Tiefe der Entscheidungsbäume variiert dabei allerdings zwischen 373 und 427.

Für die meisten Anwendungen ist es von grossem Interesse, wie gut der induzierte Baum die Trainingsmenge generalisiert, das heisst, wie gut unbekannte Objekte klassifiziert werden. Um dies zu testen, haben wir die Fehlerrate mit der "*Leave-one-out*" Methode überprüft. Bei dieser Methode wird die Trainingsmenge so aufgeteilt, dass eine Aufnahme zum Testen und alle anderen zum Aufbauen des Baumes verwendet werden. Diese Prozedur wird für alle Aufnahmen der Bilddatenbank genau einmal durchgeführt. Unter Verwendung aller Testaufnahmen ergibt sich eine Erkennungsrate von ca. 45%. Diese geringe Rate ist durch die Klassen mit einer geringen Anzahl von Beispielaufnahmen begründet. Werden nur Klassen mit einer Mindestanzahl von x Bildern berücksichtigt, so steigt die Erkennungsrate für die verbleibenden Bilder kontinuierlich an. Dieses Verhalten ist in Abbildung 4 veranschaulicht. Die x-Achse gibt die Mindestanzahl von Aufnahmen pro Klasse und die y-Achse die Erkennungsrate in Prozent an. Die maximale Erkennungsrate von 69% wird erzielt, wenn nur Klassen mit mindestens 10 Aufnahmen berücksichtigt werden. Da zur Zeit nur für eine geringe Anzahl von Klassen eine so hohe Anzahl von Bildern vorliegt, wurde der Test an dieser Stelle nicht weiter fortgesetzt. In der Zukunft kann allerdings alleine durch eine höhere Anzahl von Trainingsbildern eine signifikante Verbesserung der Erkennungsrate erwartet werden.

7 Zusammenfassung

In diesem Aufsatz wurden verschiedene Methoden zur Merkmalsextraktion vorgestellt, die zur inhaltsbasierten Suche in Bilddatenbanken verwendet werden können. Die vorgeschlagenen Methoden beinhalten Symmetriedetektion, invariante Momente, Fourier Deskriptoren und Texturmerkmale. Wir haben die Trennschärfe der Merkmale überprüft, um Objekte in mikroskopischen Aufnahmen zu identifizieren. Als Klassifikator wurde ein entscheidungsbaumbasierter Ansatz gewählt. Während keine einzelne Gruppe von Merkmalen die fehlerfreie Induktion eines Entscheidungsbaums erlaubt, hat sich gezeigt, dass die

Kombination von Merkmalen das Potential dazu hat. Die Güte des entscheidungsbaumbasierten Klassifikationsansatzes wurde mittels der "Leave-one-out" Methode geprüft. Es wurde gezeigt, dass eine Erkennungsrate von 69% erreicht werden kann, wenn mindestens 10 Trainingsbilder pro Klasse vorhanden sind. Eine grössere Anzahl von Trainingsbildern lässt eine weitere Erhöhung der Erkennungsrate erwarten. Es muss bemerkt werden, dass keine der Methoden, die in diesem Aufsatz beschrieben wurden, Annahmen oder besonderes Wissen aus dem Gebiet der Diatomeen umfasst. Folglich können diese Methoden auch für andere Systeme zur inhaltsbasierten Suche eingesetzt werden.

8 Danksagung

Die Arbeit ist im Rahmen des von der EU geförderten Marine Science and Technology Programme (MAST-III), unter der Vertragsnummer MAS3-CT97-0122 entstanden. Wir danken unseren Projektpartnern Micha Bayer und Stephen Droop für die Vorbereitung der Bilder für die ADIAC Bilddatenbank und für hilfreiche Diskussionen.

Literatur

1. ADIAC. Automatic Diatom Identification And Classification. Internetseite: http://www.ualg.pt/adiac/.
2. M. Binkert. Konturbasierte Klassifikation von Diatomeen. Diplomarbeit, Universität Bern, Schweiz, 1999.
3. M. Das, R. Manmatha, and E. M. Riseman. Indexing flower patent images using domain knowledge. *IEEE Inteligent Systems*, Seiten 24–33, September 1999.
4. H. du Buf et al. Diatom identification: A double challenge called ADIAC. In *Proceedings of the 10th Int. Conf. on Image Analysis and Processing*, Seiten 734–739, Venedig, Italien, September 1999.
5. M. Hu. Visual pattern recognition by moment invariants. *IEEE Trans. Information Theory*, 8(2):179–187, Februar 1962.
6. K. Krammer and H. Lange-Bertalot. Bacillariophyceae. In *Süsswasserflora von Mitteleuropa (2/1)*. Gustav Fischer Verlag, Stuttgart, 1986.
7. S. Loncaric. A survey of shape analysis techniques. *Pattern Recognition*, 31(8):983–1001, 1998.
8. D. Michie, D. Spiegelhalter, and C. Taylor, Hrsg.. *Machine Learning, Neural and Statistical Classification*. Ellis Horwood, 1994.
9. R. Quinlan. *C4.5: Programs for Machine Learning*. Morgan Kaufmann Publishers, San Mateo, CA, 1993.
10. J. R. Smith and S. F. Chang. Visualseek: A fully automated content-based image query system. In *ACM Multimedia Conference, Boston*, Seiten 87–98, November 1996.
11. E. F. Stoermer and J. P. Smol, Hrsg.. *The Diatoms: Applications for the Environmental and Earth Science*. Cambridge University Press, 1999.
12. C. Sun. Symmetry detection using gradient information. *Pattern Recognition Letters*, 16(14):987–996, 1995.

A New Approach to the
Localization of 3D Anatomical Point Landmarks
in Medical Images Based on Deformable Models*

Sönke Frantz, Karl Rohr, and H. Siegfried Stiehl

Universität Hamburg, Fachbereich Informatik, Arbeitsbereich Kognitive Systeme
Vogt-Kölln-Str. 30, 22527 Hamburg, Germany, `frantz@informatik.uni-hamburg.de`

Abstract. We present a new approach to the localization of 3D anatomical point landmarks in 3D tomographic images based on deformable models. In comparison to existing differential approaches to landmark localization, the localization accuracy is significantly improved and also the number of false detections is reduced.

1   Introduction

We address the problem of extracting 3D anatomical point landmarks from 3D tomographic images, focusing on anatomical structures of the human head. The driving task is landmark-based 3D image registration, which is fundamental to computer-assisted neurosurgery. Existing work on the extraction of 3D point landmarks from images is based on differential approaches (e.g., [16],[10]). However, while being computationally efficient, differential approaches are relatively sensitive to noise, which results in false detections and affects the localization accuracy. In this contribution, we introduce a new approach to 3D landmark extraction based on deformable models, which takes into account more global image information and thus opens the possibility of increasing both the robustness and the accuracy. Previously, deformable models have been applied to segmentation, tracking, and image registration (see [8] for a survey), whereas the localization of 3D point landmarks based on such models has not been considered so far.

Exemplarily, we here focus on two different types of 3D point landmarks, namely, salient surface loci (curvature extrema) of *tips* and *saddle structures*. Examples of these types of landmarks of the human head are the tips of the ventricular horns or the saddle points at the zygomatic bones (see Fig. 1). To represent such structures, we utilize 3D surface models (e.g., [14],[12],[3],[13],[7],[15],[18],[1]). Note that in comparison to previous work on deformable models, we are here interested in the accurate localization of salient surface loci. Central to an efficient solution of this specific problem is that the model surface exhibits a unique point whose position can be directly computed from the model parameters. As a compromise between generality and efficiency, we here use quadric surfaces as 3D shape prototypes, which are combined with additional global deformations to enlarge the range of shapes (Sec. 2).

* This work was supported by Philips Research Hamburg, project IMAGINE (IMage-
and Atlas-Guided Interventions in NEurosurgery).

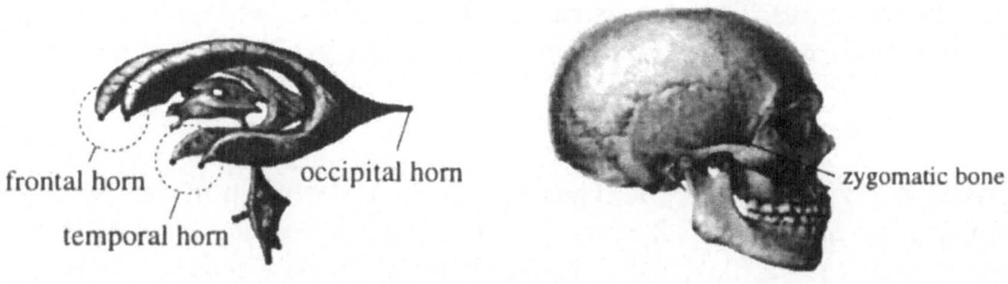

Fig. 1. Ventricular system of the human brain (from [11]) and the human skull (from [2]). Examples of 3D point landmarks are indicated by black dots.

Model fitting is formulated as an optimization problem. As fitting measure, we here use an edge-based measure that incorporates the strength as well as the directions of the intensity variations (Sec. 3). Usually, only the strength of the intensity variations is incorporated (e.g., [18],[13]). To determine initial values for the model parameters, we have developed a semi-automatic differential approach, which is described in Sec. 4. Experimental results for 3D tomographic data are presented in Sec. 5. In particular, we compare the localization accuracy of our new approach with that of an existing differential approach.

2   Geometric Models of Tips and Saddle Structures

As 3D shape prototypes, we here use quadric surfaces, namely, ellipsoids for 3D tip-like structures and hyperboloids of one sheet for 3D saddle structures. However, real structures in general show deviations from these prototypes (e.g., the ventricular horns generally have a bended shape and partly show a tapering). To take into account bending in the case of tip-like structures, we here additionally apply a quadratic bending deformation along the centerline of the ellipsoid (i.e., the z-axis) [3]: $\mathcal{B}(\mathbf{x}) = (x + \delta \cos \upsilon\, z^2, y + \delta \sin \upsilon\, z^2, z)^T$, where $\mathbf{x} = (x, y, z)^T$ denotes an arbitrary surface point, and $\delta \geq 0$ determines the strength and υ the direction of bending. To transform the object-centered model coordinate system to the image coordinate system, we here use a rigid transformation, $\mathcal{R}(\mathbf{x}) = \mathbf{R}\mathbf{x} + \mathbf{t}$, where $\mathbf{t} = (X, Y, Z)^T$ denotes the translation vector and $\mathbf{R}$ the rotation matrix depending on the rotation angles α, β, γ.

Tips. The parametric form of our model is obtained by applying the bending deformation and the rigid transformation to the parametric form of an ellipsoid:

$$\mathbf{x}_{tip}(\theta, \phi) = \mathcal{R} \circ \mathcal{B} \circ (a_1 \cos \theta \cos \phi, a_2 \cos \theta \sin \phi, a_3 \sin \theta)^T, \qquad (1)$$

where $0 \leq \theta \leq \pi/2$ and $-\pi \leq \phi \leq \pi$ are the latitude and longitude angle parameters, resp., and $a_1, a_2, a_3 > 0$ are scaling parameters. Hence, the model is described by the parameter vector $\mathbf{p} = (a_1, a_2, a_3, \delta, \upsilon, X, Y, Z, \alpha, \beta, \gamma)$. The landmark position of our model, i.e., the position of the curvature extremum of the deformed ellipsoid, is given by $\mathbf{x}_l = \mathbf{x}_{tip}(\pi/2, 0; \mathbf{p}) = \mathbf{R}(\delta \cos \upsilon\, a_3^2, \delta \sin \upsilon\, a_3^2, a_3)^T + \mathbf{t}$. Fig. 2 (left) shows an example of a bended tip-like structure.

Saddle structures. The parametric form of our model is obtained by applying the rigid transformation to the parametric form of a hyperboloid of one sheet:

$$x_{saddle}(\theta, \phi) = \mathcal{R} \circ (a_1 \sec\theta \cos\phi, a_2 \sec\theta \sin\phi, a_3 \tan\theta)^T, \tag{2}$$

where $|\theta| < \pi/2$ and $0 \le \phi \le \pi$. Thus, the model is described by the parameter vector $\mathbf{p} = (a_1, a_2, a_3, X, Y, Z, \alpha, \beta, \gamma)$. The landmark position is given by $\mathbf{x}_l = x_{saddle}(0, \pi/2; \mathbf{p}) = \mathbf{R}(0, a_2, 0)^T + \mathbf{t}$. Fig. 2 (right) shows a saddle structure.

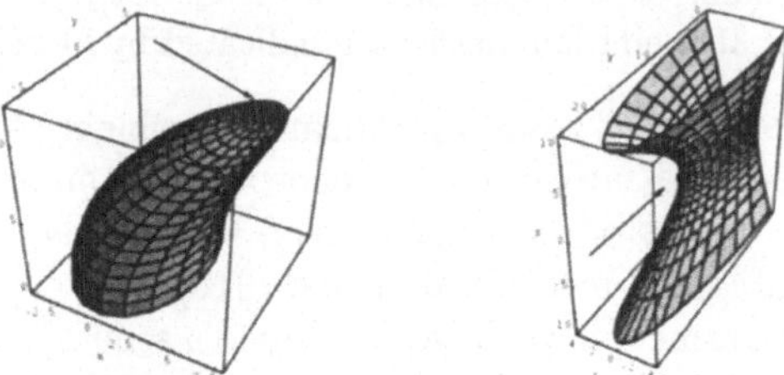

Fig. 2. Geometric models based on quadric surfaces as 3D shape prototypes. The 3D landmark positions are indicated by a black dot.

3 Model Fitting Using an Edge-Based Fitting Measure

The geometric models introduced in Sec. 2 are fitted to the image data by optimizing an edge-based fitting measure w.r.t. the model parameters. Our fitting measure, which is a 3D generalization of the 2D fitting measure in [19], exploits (a) the similarity between the directions of the intensity gradient and the normals of the model surface as well as (b) the strength of the intensity variations. As a result, the influence of neighboring structures during fitting is diminished significantly, which increases the robustness. We consider the contributions of the intensity gradient in the direction of the normal of the model surface, utilizing the projection of the intensity gradient onto the unit normal of the model surface:

$$M_{fit}(\mathbf{p}) = \pm \int\int <\nabla g(x(\theta, \phi; \mathbf{p})), \frac{\partial x}{\partial \theta} \times \frac{\partial x}{\partial \phi} > d\theta\, d\phi \rightarrow min., \tag{3}$$

where g denotes the intensity function, x denotes the parametric form of the respective geometric model, which depends on θ, ϕ, and the model parameter vector $\mathbf{p}$, and $< \cdot, \cdot >$ denotes the inner product. The choice of the sign $\pm$ of the fitting measure depends on the appearance of the landmark at hand in the image: In the case of a dark structure, where the intensity gradient points outward, the sign is positive, while it is negative in the case of a bright structure. It is worth noting that in our implementation, only those surface points in Eq. (3) are considered where $\pm < \nabla g(x(\theta, \phi; \mathbf{p})), \frac{\partial x}{\partial \theta} \times \frac{\partial x}{\partial \phi} >$ is less than zero. That is, surface points where the surface normal differs significantly from the direction of the intensity gradient are excluded. As a result, the influence of neighboring structures is further reduced. A similar 3D fitting measure was suggested in [5], where, however, a discrete formulation of Eq. (3) was used. Also, different geometric models based on Fourier surfaces were used in [5], and the approach was applied to segmented data only, while here we do not require segmented data. We optimize Eq. (3) by applying the conjugate gradient method ([9]).

4 Initialization of the Model Parameters

A central issue of fitting deformable models to the data is the determination of suitable initial values for the model parameters. Often, initial values are manually determined, which is tedious and time-consuming. Here, we initialize the model parameters within a semi-automatic procedure. The model of the tip is initialized using an undeformed ellipsoid. Thus, for both models from Sec. 2, we have to find initial values for nine parameters (translation, rotation, and scaling).

An initial estimate of the landmark position is obtained by a differential approach ([10],[6]). To initialize the rotation angles α, β, γ, we utilize the direction of the intensity gradient (estimate of the normal) as well as the principal curvature directions of the local isointensity surface at the estimated landmark position (see, e.g., [4],[16] for computing the curvature of isointensity surfaces). The scaling parameters a_1, a_2, a_3 are initialized based on the principal curvatures κ_1, κ_2 of the local isointensity surface at the estimated landmark position. In the case of a tip, for example, we have the relations $\kappa_1 = a_3/a_1^2$ and $\kappa_2 = a_3/a_2^2$. Note, however, that we have only two principal curvatures, while we have three scaling parameters. To cope with this problem, we here initialize one scaling parameter manually.

5 Experimental Results for 3D Tomographic Data

In this section, we present experimental results for different anatomical landmarks of the human head in a 3D MR image and a 3D CT image of one patient. In the case of the MR image, we consider the tips of the frontal and occipital ventricular horns as well as the saddle points at the zygomatic bones. The field-of-view of the CT image captures only a part of the ventricular horns, and therefore we here consider only the saddle points at the zygomatic bones.

5.1 Parameter setting

Initial estimates of the landmark positions were determined by applying the semi-automatic differential approach in [10],[6]. Partial derivatives of the intensity function were estimated using cubic B-spline image interpolation ([17]) and Gaussian smoothing, where the scale of the Gaussian filters was coarsely adapted to the scale of the respective landmark: For the ventricular horns we used $\sigma = 1.5$mm, while for the zygomatic bones we used $\sigma = 1.0$mm. In case of several detections, we selected the candidate with the maximal operator response. For computing the curvature of the local isointensity surface, the scale of the Gaussian filters was the same as that used for landmark detection.

The fitting measure $M_{fit}(\mathbf{p})$ as well as its derivative w.r.t. the model parameter vector $\mathbf{p}$ ($\nabla M_{fit}(\mathbf{p})$ is required for optimization) involve (a) the parametric forms of the model surfaces as well as partial derivatives of the parametric forms w.r.t. θ, ϕ, and the model parameters and (b) image derivatives. Expressions involving the parametric forms were determined analytically. Image derivatives were computed using Gaussian filters with $\sigma = 1.0$mm. For numerical evaluation of the integrals in $M_{fit}(\mathbf{p})$ and $\nabla M_{fit}(\mathbf{p})$, we adopted a scheme based on equidistant sampling of the two-dimensional parameter space (θ, ϕ) and cubic interpolation ([9]). The image derivatives were trilinearly interpolated. To diminish the influence of neighboring structures, model fitting was restricted to a spherical region-of-interest (ROI) centered at the estimated landmark position, where the ROI radius was set to 15 voxels.

5.2 Results for the ventricular horns and the zygomatic bones

Ventricular horns. We consider four different landmarks, namely, the tips of the frontal and occipital ventricular horns in both hemispheres. For each landmark, the semi-automatic differential approach in [10],[6] yielded a reasonable initial estimate of the landmark position. The rotation angles α, β, γ as well as the scaling parameters a_1 and a_2 were automatically determined based on the differential characteristics of the local isointensity surface at the position estimates (see Sec. 4). Only the scaling parameter a_3 was manually initialized. The bending parameters were initially set to zero. Fig. 3 (top) visualizes the initialization result for the left frontal ventricular horn; for the other landmarks, we obtained similar initialization results. Given the relatively large number of parameters, model fitting was performed in two steps for reasons of robustness: To achieve a coarse adaption, we first fitted only the six parameters of the rigid transformation, while the other parameters were kept constant. In the second step, all eleven parameters including scaling and bending were considered. Model fitting took in total between 34 and 184 seconds (SUN Ultra 2) and succeeded in all cases. Fig. 3 (middle) exemplarily shows the fitting result for the left frontal ventricular horn. One can see that the fitted model surface well agrees with the ventricle surface. The localized landmark positions derived from the fitted model turned out to be good. Figs. 3 (bottom) and 4 show the localization results for the tips of the left frontal and occipital horn, resp. Please note that for visualization, the model surfaces and the landmark positions are represented by voxel positions only, while the fitting results yield subvoxel positions.

Zygomatic bones. In both modalities, we obtained reasonable initial values for the model parameters. In contrast to the experiments using the ventricular horns, we here performed model fitting in a single step in which all nine parameters were adapted. Model fitting took between 35 and 117 seconds and gave in all cases good results. The localized landmark positions derived from the fitting results are in all cases satisfying as visual inspection revealed. Fig. 5 shows the localization results for the saddle point at the left zygomatic bone.

Localization accuracy. We now analyze the localization accuracy of our new approach in the case of the MR image, using as ground truth positions that

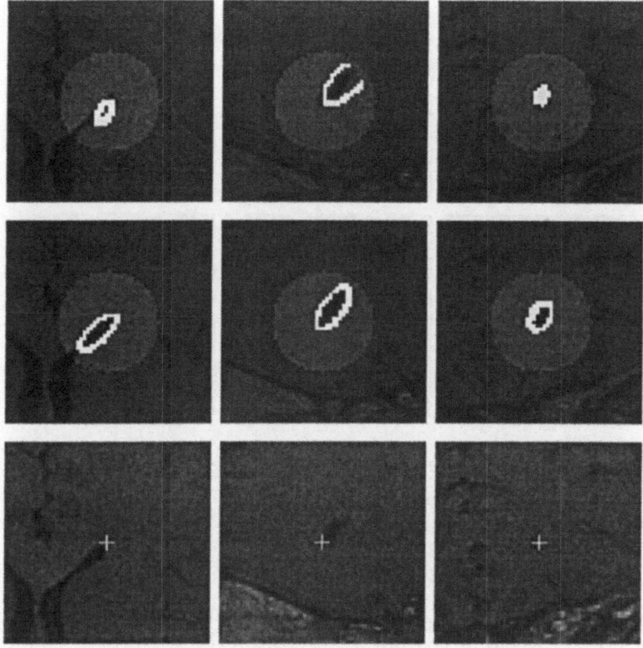

Fig. 3. Localization of the tip of the left frontal ventr. horn in a 3D MR image. Orthogonal sections at the ROI center depicting the surface initialization (top) and the fitting result (middle). The considered spherical ROI is highlighted. Bottom: Orthogonal sections at the localized landmark position (white cross) based on the fitted model.

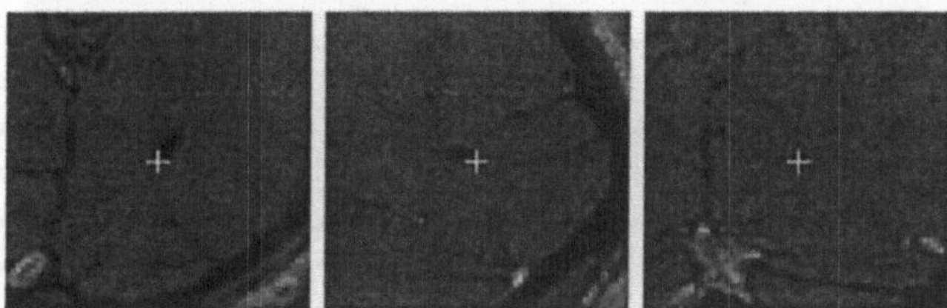

Fig. 4. Localization of the tip of the left occ. ventr. horn in a 3D MR image. Orthogonal sections at the localized landmark position (white cross) based on the fitted model.

were manually determined in agreement with up to four persons. Note that only voxel positions were determined manually, while our new approach yields subvoxel positions. For comparison, we use the results obtained with a differential approach ([10],[6]). Tab. 1 summarizes the computed Euclidean distances to the ground truth positions for six landmarks. One can see that for each landmark, the locus obtained with our new approach is better (i.e., closer to the reference position) than the locus obtained with the differential approach. The mean Euclidean distance of the positions localized with our new approach to the refer-

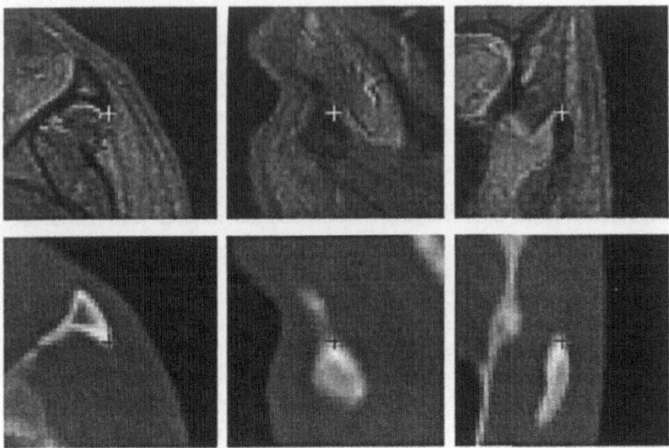

Fig. 5. Localization of the saddle point at the left zygomatic bone in a 3D MR image (top) and a 3D CT image (bottom). Orthogonal sections at the localized landmark position (white cross in MR and black cross in CT) based on the fitted model.

	$e_{differential}$	e_{new}		$e_{differential}$	e_{new}
Left frontal horn	1.92mm	0.90mm	Right frontal horn	1.72mm	1.28mm
Left occipital horn	3.32mm	1.23mm	Right occipital horn	2.58mm	1.61mm
Left zygomatic bone	0.86mm	0.78mm	Right zygomatic bone	2.26mm	1.52mm

Table 1. Comparison of the localization accuracy of a differential approach to landmark localization ($e_{differential}$) and our new approach based on deformable models (e_{new}) for six landmarks in a 3D MR image.

ence positions is $\bar{e}_{new} = 1.22$mm, whereas for the differential approach we have $\bar{e}_{differential} = 2.11$mm. Thus, the localization accuracy was improved by 0.89mm.

False detections. One problem with differential approaches is that often more than one landmark candidate is detected, i.e., we have to ensure that a correct candidate is selected for model initialization. To this end, we studied the suitability of using the fitting results to automatically identify false detections. For each landmark from above, we used *all* detected candidates to determine a set of initial values for the model parameters: For the left and right frontal ventricular horn as well as for the right occipital horn in the MR image we obtained two candidates, while for the left (right) zygomatic bone in the MR image we obtained three (five) candidates. In the case of the other landmarks, only one correct candidate was detected. We then compared the fitting results obtained for each candidate based on the value of the fitting measure divided by the surface area (the normalization was done to avoid a bias due to the surface area). We found that in all cases but one, the selection of a correct candidate actually resulted in the best fitting result. For the right occipital horn, it turned out that the detected two candidates are both correct in the sense that they refer to two different prominent anatomical loci at the tip of the occipital horn.

6 Summary

In this paper, we presented a new approach to the localization of 3D anatomical point landmarks in 3D tomographic images based on deformable geometric models. By fitting these models to the surface at the landmark at hand, we obtain accurate estimates of the 3D landmark positions. Initial values for the model parameters are determined by a differential approach. Experimental results for 3D MR and CT images showed that in comparison to a pure differential approach to landmark extraction, our new approach significantly improves the localization accuracy and also reduces the number of false detections.

References

1. E. Bardinet *et al.* Superquadrics and Free-Form Deformations: A Global Model to Fit and Track 3D Medical Data. *Proc. CVRMed'95*, LNCS 905, pp. 319–326. Springer, 1995.
2. R. Bertolini and G. Leutert. *Atlas der Anatomie des Menschen. Band 3: Kopf, Hals, Gehirn, Rückenmark und Sinnesorgane.* Springer, 1982.
3. K. Delibasis and P.E. Undrill. Anatomical object recognition using deformable geometric models. *Image and Vision Computing*, 12(7):423–433, 1994.
4. L.M.J. Florack *et al.* General Intensity Transformations and Differential Invariants. *Journal of Mathematical Imaging and Vision*, 4(2):171–187, 1994.
5. L. Floreby *et al.* Boundary Finding Using Fourier Surfaces of Increasing Order. *Proc. ICPR'98*, pp. 465–467. IEEE CS, 1998.
6. S. Frantz *et al.* Improving the Detection Performance in Semi-automatic Landmark Extraction. *Proc. MICCAI'99*, LNCS 1679, pp. 253–262. Springer, 1999.
7. A. Kelemen *et al.* Three-dimensional Model-based Segmentation of Brain MRI. *Proc. IEEE Workshop on Biomedical Image Analysis*, pp. 4–13. IEEE CS, 1998.
8. T. McInerney and D. Terzopoulos. Deformable Models in Medical Image Analysis: A Survey. *Medical Image Analysis*, 1(2):91–108, 1996.
9. W.H. Press *et al. Numerical Recipes in C.* Cambridge Univ. Press, 1988.
10. K. Rohr. On 3D differential operators for detecting point landmarks. *Image and Vision Computing*, 15(3):219–233, 1997.
11. J. Sobotta. *Atlas der Anatomie des Menschen. Band 1: Kopf, Hals, obere Extremität, Haut.* Urban & Schwarzenberg, 19th edition, 1988.
12. F. Solina and R. Bajcsy. Recovery of Parametric Models from Range Images: the Case for Superquadrics with Global Deformations. *PAMI*, 12(2):131–147, 1990.
13. L.H. Staib and J.S. Duncan. Model-based Deformable Surface Finding for Medical Images. *IEEE Trans. on Medical Imaging*, 15(5):720–730, 1996.
14. D. Terzopoulos *et al.* Constraints on deformable models: recovering 3D shape and nonrigid motion. *AI*, 36(1):91–123, 1988.
15. D. Terzopoulos and D. Metaxas. Dynamic 3D Models with Local and Global Deformations: Deformable Superquadrics. *PAMI*, 13(7):703–714, 1991.
16. J.-P. Thirion. New Feature Points based on Geometric Invariants for 3D Image Registration. *IJCV*, 18(2):121–137, 1996.
17. M. Unser *et al.* B-Spline Signal Processing: Part I—Theory. *IEEE Signal Processing*, 41(2):821–833, 1993.
18. B.C. Vemuri and A. Radisavljevic. Multiresolution Stochastic Hybrid Shape Models with Fractal Priors. *ACM Trans. on Graphics*, 13(2):177–207, 1994.
19. M. Worring *et al.* Parameterized feasible boundaries in gradient vector fields. *Proc. IPMI'93*, LNCS 687, pp. 48–61. Springer, 1993.

An Anisotropic Diffusion Algorithm with Optimized Rotation Invariance

Hanno Scharr[1] and Joachim Weickert[2]

[1] Interdisciplinary Center for Scientific Computing, Ruprecht Karls University, Im
Neuenheimer Feld 368, 69120 Heidelberg, Germany
`Hanno.Scharr@iwr.uni-heidelberg.de`

[2] Computer Vision, Graphics, and Pattern Recognition Group, Dept. of Mathematics
and Computer Science, University of Mannheim, 68131 Mannheim, Germany
`Joachim.Weickert@ti.uni-mannheim.de`

Abstract. For strongly directed anisotropic diffusion filtering it is crucial to use numerical schemes with highly accurate directional behaviour. To this end, we introduce a novel algorithm for coherence-enhancing anisotropic diffusion. It applies recently discovered differentiation filters with optimal rotation invariance [10], and comes down to an explicit scheme on a 5×5 stencil. By comparing it with several common algorithms we demonstrate its superior behaviour regarding rotation invariance and avoidance of blurring artifacts (dissipativity). We also show that the new scheme is more than three times more efficient than common explicit schemes on 3×3 stencils. It does not require to solve linear systems of equations, and it can be easily implemented in any dimension.

Keywords: Low-level vision, diffusion filtering, scale-spaces, rotation invariance, fast algorithms

1   Introduction

In this paper we present and evaluate a novel algorithm for coherence-enhancing anisotropic diffusion filtering. This scale-space and image restoration technique has been introduced for the enhancement of line-like structures [14]. The basic idea is to smooth an image by applying a diffusion process whose diffusion tensor allows anisotropic smoothing by acting mainly along the preferred direction. This so-called coherence orientation is determined by the structure tensor [3].

Since coherence-enhancing anisotropic diffusion filtering is essentially a one-dimensional smoothing strategy in a multidimensional image, it is of outmost importance to have a precise realization of the desired smoothing direction: for closing gaps in an interrupted line-like structure, for example, deviations from the correct smoothing direction will result in blurring artifacts. The main ingredient of our new algorithm is the consequent use of first-order derivative filters that have been optimized with respect to best gradient direction estimation [10]. We use these filters in an explicit (Euler forward) finite difference scheme. We will show that such an algorithm reveals better performance with respect to rotation invariance, creates less blurring artifacts and has more than three times higher efficiency than other explicit schemes. Moreover, the scheme is simple: it can be easily extended to higher dimensional data sets and it does not require to solve linear systems of equations.

The paper is organized as follows. In Section 2 we sketch the concept of coherence-enhancing diffusion filtering and review two common finite difference schemes. Section 3 presents our novel algorithm, followed by an experimental validation in Section 4. Finally we conclude with a summary in Section 5.

Related work. Although there is a rich literature on partial differential methods for image processing (see e.g. [4, 8]) the design of algorithms for anisotropic diffusion filters with a diffusion tensor has been addressed to a larger extend only recently. Numerical techniques include adaptive finite elements [9], and lattice Boltzmann techniques [5]. Explicit finite difference schemes [1, 2, 13] have been applied for simplicity reasons and semi-implicit stabilizations have been introduced to increase stability [14]. To the best of our knowledge, however, there is not a single publication that addresses the problem of designing algorithms for anisotropic diffusion filtering with an optimized directional behaviour.

2 Coherence-Enhancing Anisotropic Diffusion

2.1 General filter structure

Coherence-enhancing anisotropic diffusion filtering with a diffusion tensor evolves the initial image under an evolution equation of type

$$\frac{\partial u}{\partial t} = \nabla \cdot (D\nabla u), \quad D = \begin{pmatrix} a & b \\ b & c \end{pmatrix} \tag{1}$$

where $u(x, t)$ is the evolving image, t denotes the diffusion time, and D is the diffusion tensor, a positive definite symmetric matrix that is adapted to the local image structure. This structure is measured by the structure tensor [3]

$$J_\rho(\nabla u_\sigma) = G_\rho * (\nabla u_\sigma \nabla u_\sigma^T) = \begin{pmatrix} J_{11} & J_{12} \\ J_{12} & J_{22} \end{pmatrix}.$$

The function G_ρ denotes a Gaussian with standard deviation ρ, and $u_\sigma := G_\sigma * u$ is a regularized version of u that is obtained by convolution with a Gaussian G_σ. The eigenvectors of J_ρ give the preferred local orientations, and the corresponding eigenvalues denote the local contrast along these directions. The structure tensor is highly robust under isotropic additive Gaussian noise [6]. The eigenvalues $\mu_1 \geq \mu_2$ of J_ρ are evaluated and the normalized first eigenvector can be written as $(\cos\alpha, \sin\alpha)^T$. The diffusion tensor D of coherence-enhancing anisotropic diffusion uses the same eigenvectors as the structure tensor, and its eigenvalues are assembled via

$$\lambda_1 := c_1, \qquad \lambda_2 := \begin{cases} c_1 & \text{if } \mu_1 = \mu_2, \\ c_1 + (1 - c_1)\exp(\frac{-c_2}{(\mu_1-\mu_2)^2}) & \text{else,} \end{cases} \tag{2}$$

where $0 < c_1 \ll 1$ and $c_2 > 0$. The condition number of D is thus bounded by $1/c_1$, and the entries of D are given by

$$
\begin{aligned}
a &= \lambda_1 \cos^2 \alpha + \lambda_2 \sin^2 \alpha, \\
b &= (\lambda_1 - \lambda_2) \sin \alpha \cos \alpha, \\
c &= \lambda_1 \sin^2 \alpha + \lambda_2 \cos^2 \alpha.
\end{aligned}
\tag{3}
$$

For more details on coherence-enhancing anisotropic diffusion we refer to [14].

2.2 Existing schemes

Equation (1) can be solved numerically using finite differences. Spatial derivatives are usually replaced by central differences, while the easiest way to discretize $\frac{\partial u}{\partial t}$ consists in using a forward difference approximation. The resulting so-called explicit scheme has the basic structure

$$
\frac{u_{i,j}^{k+1} - u_{i,j}^k}{\tau} = A_{i,j}^k * u_{i,j}^k \quad \Leftrightarrow \quad u_{i,j}^{k+1} = (I + \tau A_{i,j}^k) * u_{i,j}^k
\tag{4}
$$

where τ is the time step size and $u_{i,j}^k$ denotes the approximation of $u(x,t)$ in the pixel (i,j) at time $k\tau$. The expression $A_{i,j}^k * u_{i,j}^k$ is a discretization of $\nabla \cdot (D\nabla u)$. It comes down to the convolution of the image with a spatially and temporally varying mask $A_{i,j}^k$. Hence, we may calculate u at level $k+1$ directly from u at level k via the right expression in (4).

The stencil notation of two common discretizations for $A_{i,j}^k$ are shown in Figure 1. We assume that the pixels have length 1 in both directions. The so-called standard discretization [13] from Fig. 1(a) is the simplest way to discretize Equation (1). It can be stabilized for larger time steps τ by a semi-implicit strategy using an additive operator splitting (AOS); see [14] for more details. The more complicated nonnegativity discretization from Fig. 1(b) offers the advantage of being absolutely stable if the condition number of the diffusion tensor does not exceed $3 + 2\sqrt{2} \approx 5.828$, and the time step size τ is sufficiently small [12]. This scheme has optimal rotation invariant behaviour within the class of 3×3 stencils [11], but Section 4 will show that its rotation invariance is not completely satisfying.

3 A Novel Algorithm with Optimized Isotropy

Let us now draw our attention to a novel algorithm, which is designed for better rotation invariance by using finite difference approximations on a 5×5 stencil. We rewrite the differential operator in (1) as

$$
\nabla \cdot (D\nabla u) = \partial_x (a\partial_x u + b\partial_y u) + \partial_y (b\partial_x u + c\partial_y u).
\tag{5}
$$

This expression is now evaluated in an explicit way, i.e. using only known values from the old time level k. The key point is the usage of first order derivative

a

$\dfrac{b_{i-1,j}-b_{i,j+1}}{4}$	$\dfrac{c_{i,j+1}+c_{i,j}}{2}$	$\dfrac{b_{i+1,j}+b_{i,j+1}}{4}$
$\dfrac{a_{i-1,j}+a_{i,j}}{2}$	$-\dfrac{a_{i-1,j}+2a_{i,j}+a_{i+1,j}}{2}-\dfrac{c_{i,j-1}+2c_{i,j}+c_{i,j+1}}{2}$	$\dfrac{a_{i+1,j}+a_{i,j}}{2}$
$\dfrac{b_{i-1,j}+b_{i,j-1}}{4}$	$\dfrac{c_{i,j-1}+c_{i,j}}{2}$	$\dfrac{b_{i+1,j}-b_{i,j-1}}{4}$

b

$\dfrac{|b_{i-1,j+1}|-b_{i-1,j+1}}{4}+\dfrac{|b_{i,j}|-b_{i,j}}{4}$	$\dfrac{c_{i,j+1}+c_{i,j}}{2}-\dfrac{|b_{i,j+1}|+|b_{i,j}|}{2}$	$\dfrac{|b_{i+1,j+1}|+b_{i+1,j+1}}{4}+\dfrac{|b_{i,j}|+b_{i,j}}{4}$
$\dfrac{a_{i-1,j}+a_{i,j}}{2}-\dfrac{|b_{i-1,j}|+|b_{i,j}|}{2}$	$-\dfrac{a_{i-1,j}+2a_{i,j}+a_{i+1,j}}{2}-\dfrac{|b_{i-1,j+1}|-b_{i-1,j+1}+|b_{i+1,j+1}|+b_{i+1,j+1}}{4}-\dfrac{|b_{i-1,j-1}|+b_{i-1,j-1}+|b_{i+1,j-1}|-b_{i+1,j-1}}{4}+\dfrac{|b_{i-1,j}|+|b_{i+1,j}|+|b_{i,j-1}|+|b_{i,j+1}|+2|b_{i,j}|}{2}-\dfrac{c_{i,j-1}+2c_{i,j}+c_{i,j+1}}{2}$	$\dfrac{a_{i+1,j}+a_{i,j}}{2}-\dfrac{|b_{i+1,j}|+|b_{i,j}|}{2}$
$\dfrac{|b_{i-1,j-1}|+b_{i-1,j-1}}{4}+\dfrac{|b_{i,j}|+b_{i,j}}{4}$	$\dfrac{c_{i,j-1}+c_{i,j}}{2}-\dfrac{|b_{i,j-1}|+|b_{i,j}|}{2}$	$\dfrac{|b_{i+1,j-1}|-b_{i+1,j-1}}{4}+\dfrac{|b_{i,j}|-b_{i,j}}{4}$

Fig. 1. a Standard [13] and **b** nonnegativity discretization [12]

operators with the stencil notations

$$F_x = \frac{1}{32}\begin{bmatrix} -3 & 0 & 3 \\ -10 & 0 & 10 \\ -3 & 0 & 3 \end{bmatrix} \quad \text{and} \quad F_y = \frac{1}{32}\begin{bmatrix} 3 & 10 & 3 \\ 0 & 0 & 0 \\ -3 & -10 & -3 \end{bmatrix}. \tag{6}$$

These filters have been derived recently in [10, 7], where the goal was to optimize rotation invariance. They improve direction estimation by more than 3 orders of magnitude, compared to related popular stencils like the Sobel filters. As each filter is separable and contains only two different numbers, convolution is cheap (2 multiplications, 2 additions due to separability, 1 subtraction per pixel).

Now we proceed in four steps, where derivatives are always computed using the optimized derivative filters from (6):

1. Calculate the structure and diffusion tensor.
2. Calculate the flux components $j_1 := a\partial_x u + b\partial_y u$ and $j_2 := b\partial_x u + c\partial_y u$.
3. Calculate $\nabla \cdot (D\nabla u) = \partial_x j_1 + \partial_y j_2$.
4. Update in an explicit way.

Since the resulting scheme makes consequent use of the optimized derivative filters, we may expect good directional behaviour. The total stencil of this scheme has size 5×5, since we are approaching the second order derivatives by consecutively applying first order derivatives of size 3×3. We refrain from writing down the resulting stencil, since it is nowhere needed in the entire algorithm.

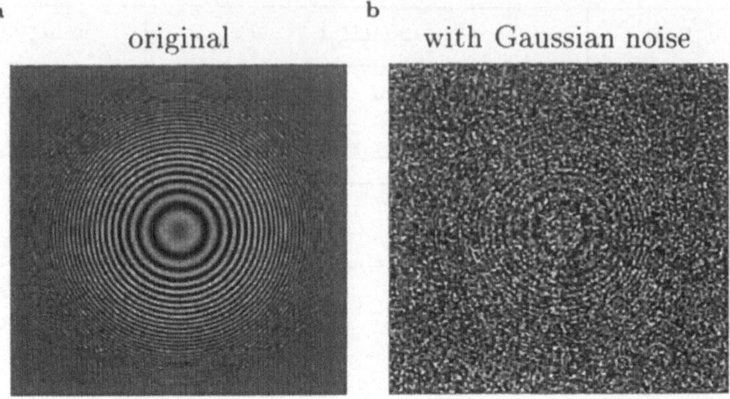

Fig. 2. Test image: **a** Original, **b** with Gaussian noise.

4 Experimental Validation

4.1 Rotation invariance and dissipativity

Tests were performed on a ring image with varying frequencies (see Figure 2(a)). Its maximum wave number is 0.5. We consider three different explicit diffusion schemes: the standard scheme, the nonnegativity scheme and our novel one. We apply 100 iterations with $c_1 := 0.001$, $c_2 := 1$, $\sigma = 0.001$, $\rho = 1.0$, $\tau = 0.2$. Applying diffusion with these parameters to the ring image should not deteriorate the rotation invariance. It should be altered only by some small amount of isotropic diffusion caused by the parameter c_1 (for analytical results see [11]). Figure 3 shows the results for the upper right quadrant. The other quadrants look similar. For small wave numbers, all schemes perform well. For larger wave numbers, however, the standard scheme introduces severe blurring artifacts for all directions except for the directions of the coordinate axes. The nonnegativity discretization shows similar dissipative effects. However, it also performs well along the grid diagonals. For the new scheme dissipative effects or deviations from rotational invariance cannot be observed. To demonstrate the importance of rotation invariance, we apply our three implementations in order to reduce Gaussian noise that has been added to the test image (cf. Fig. 2(b)). The Gaussian noise has zero mean, and the standard deviation has the same magnitude as the signal amplitude. Figure 4 shows the upper right quadrant using the same parameters as before. Only the new scheme reconstructs the signal satisfactory for all orientations and frequencies.

In order to demonstrate that directional errors should not be neglected for real data either, we applied the three algorithms to a 206×160 image of a peacock. The general impression from Figure 5 is that the new scheme produces the sharpest and most detailed results. As in Fig. 3 the standard and nonnegativity schemes show blurring artifacts for nongrid directions.

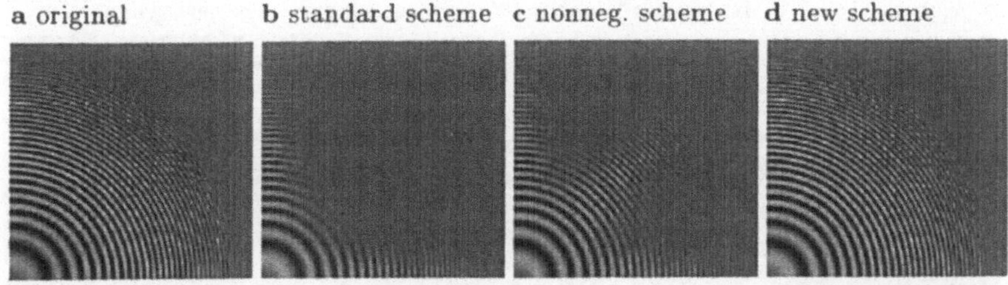

Fig. 3. Rotation invariance and dissipativity test: the upper right quadrant of the ring image after applying three schemes for coherence-enhancing diffusion filtering.

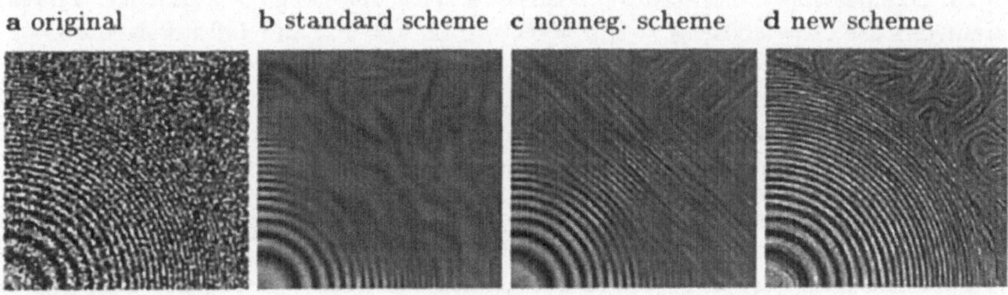

Fig. 4. Restoration of the upper right quadrant of the noisy ring image from Fig. 2(b).

4.2 Efficiency and stability

Let us now evaluate the efficiency of our method in comparison with explicit standard and nonnegativity discretizations, and an AOS-stabilized semi-implicit standard discretization [13]. We did not display results for the latter scheme in the previous experiments, because they were visually identical with those from the underlying explicit standard discretization.

The total efficiency of an iterative method is the product of the computational cost for one iteration and the number of iterations that are required for reaching a fixed diffusion time T. The iteration number depends on the largest time step size under which the scheme is stable. Unfortunately, no theoretical stability bounds are available, since neither the von Neumann stability using the Fourier transform nor stability reasonings based on maximum–minimum principles can be applied.

Therefore, we have to perform experimental stability measurements. As a stability criterion we use the temporal evolution of the variance of the filtered image, which has to decrease monotonically [12]. Thus, if the variance is increased from one step to the next, it is a clear sign of instabilities. As an upper estimate for an experimentally stable behaviour we have searched for the largest time step size for which the variance decreases monotonically.

The results of our efficiency analysis are depicted in Table 1. These stability bounds are overestimated, as instabilities may arise before the monotony of the variance is violated. To be on the safe side we recommend to use time step size 0.25 for the explicit standard or nonnegativity schemes, and step size 1 for the

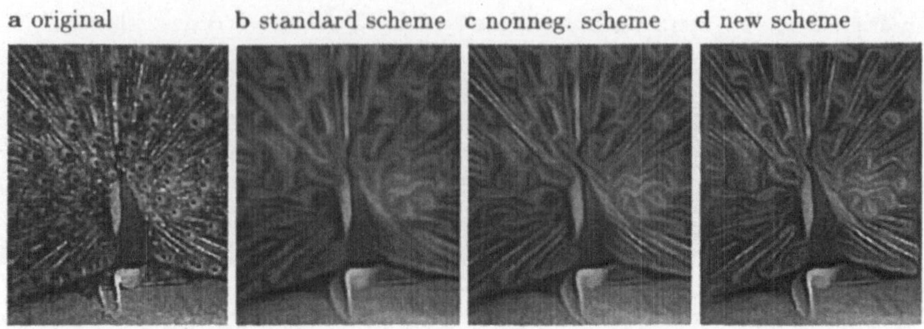

Fig. 5. Dissipativity illustrated by means of a 206 × 160 image of a peacock. The filter parameters are $c_1 = 0.001$, $c_2 = 1$, $\sigma = 0.6$, $\rho = 2$, $\tau = 0.2$, and 100 iterations.

Table 1. Efficiency of the different methods on a PC (Pentium III, 700 MHz). All algorithms were implemented in a comparable way using ANSI C, and we used the peacock image and the filter parameters from Fig. 5.

discretization	CPU time t_{CPU} per iteration	stability bound τ_{max}	recommended step size τ	efficiency τ/t_{CPU} $[s^{-1}]$
explicit, standard	0.0906 s	0.5	0.25	2.76
explicit, nonnegativity	0.0938 s	0.5	0.25	2.67
AOS-stabilized, standard	0.0996 s	2.1	1.0	10.04
new scheme	0.1093 s	2.1	1.0	9.15

AOS-stabilized and our novel scheme. This shows that our novel scheme is not only accurate, but also quite efficient: it is almost as fast as the semi-implicit AOS-stabilized scheme and more than three times more efficient than the other explicit techniques. For further information on stability, quantitative errors and possible modifications of the new algorithm we refer to [11, 15].

5 Summary and Conclusions

We have introduced an explicit discretization for coherence-enhancing anisotropic diffusion filtering that uses optimized first-order derivative approximations. In a comparison with existing schemes we have shown its superior directional performance. This point is very important for anisotropic diffusion techniques, since directional errors introduce visible smoothing artifacts. We have also shown that our scheme, which comes down to averaging over 5 × 5 masks, allows to use four times larger time step sizes than conventional explicit schemes that perform 3 × 3 averaging. With this efficiency gain it is almost as efficient as an AOS-stabilized semi-implicit technique. These performance characteristics render it appealing in all situations where a simple anisotropic diffusion algorithm is needed that combines good quality with high efficiency.

References

1. G.-H. Cottet, M. El Ayyadi, *A Volterra type model for image processing*, IEEE Trans. Image Proc., Vol. 7, 292–303, 1998.
2. G.-H. Cottet, L. Germain, *Image processing through reaction combined with nonlinear diffusion*, Math. Comp., Vol. 61, 659–673, 1993.
3. W. Förstner, E. Gülch, *A fast operator for detection and precise location of distinct points, corners and centres of circular features*, Proc. ISPRS Intercommission Conf. on Fast Processing of Photogrammetric Data (Interlaken, June 2–4, 1987), 281–305, 1987.
4. B. ter Haar Romeny, L. Florack, J. Koenderink, M. Viergever (Eds.), *Scale-Space Theory in Computer Vision*, Lecture Notes in Computer Science, Vol. 1252, Springer, Berlin, 1997.
5. B. Jawerth, P. Lin, E. Sinzinger, *Lattice Boltzmann models for anisotropic diffusion of images*, J. Math. Imag. Vision, Vol. 11, 231–237, 1999.
6. B. Jähne, *Performance characteristics of low-level motion estimators in spatiotemporal images*, W. Förstner (Ed.), DAGM-Workshop Performance Characteristics and Quality of Computer Vision Algorithms, Braunschweig, September 18, 1997.
7. B. Jähne, H. Scharr, S. Körkel, *Principles of Filter Design*, B. Jähne, H. Haußecker, P. Geißler (Eds.), Handbook on Computer Vision and Applications, Vol. 2: Signal Processing and Pattern Recognition, Academic Press, San Diego, 125–152, 1999.
8. M. Nielsen, P. Johansen, O.F. Olsen, J. Weickert (Eds.), *Scale-Space Theories in Computer Vision*, Lecture Notes in Computer Science, Springer, Berlin, Vol. 1682, 1999.
9. T. Preußer, M. Rumpf, *An adaptive finite element method for large scale image processing*, J. Visual Comm. Image Repr., Vol. 11, 183–195, 2000.
10. H. Scharr, S. Körkel, B. Jähne, *Numerische Isotropieoptimierung von FIR-Filtern mittels Querglättung*, E. Paulus, F.M. Wahl (Eds.), Mustererkennung 1997, 367–374, Braunschweig, Springer, 1997.
11. H. Scharr, *Optimal Operators in Digital Image Processing*, PhD thesis, Interdisciplinary Center for Scientific Computing, University of Heidelberg, Germany, 2000.
12. J. Weickert, *Anisotropic Diffusion in Image Processing*, Teubner, Stuttgart, 1998.
13. J. Weickert, *Nonlinear diffusion filtering*, B. Jähne, H. Haußecker, P. Geißler (Eds.), Handbook on Computer Vision and Applications, Vol. 2: Signal Processing and Pattern Recognition, Academic Press, San Diego, 423–450, 1999.
14. J. Weickert, *Coherence-enhancing diffusion filtering*, Int. J. Comput. Vision, Vol. 31, 111–127, 1999.
15. J. Weickert, H. Scharr, *A scheme for coherence-enhancing diffusion filtering with optimized rotation invariance*, Report 4/2000, Computer Science Series, Dept. of Mathematics and Computer Science, University of Mannheim, Germany, 2000. To appear in J. Visual Comm. Image Repr.

Compatibilities for Boundary Extraction

Josef Pauli and Gerald Sommer

Christian-Albrechts-Universität zu Kiel,
Institut für Informatik und Praktische Mathematik,
Preußerstraße 1–9, D-24105 Kiel,
`www.ks.informatik.uni-kiel.de/~jpa{~gs}`,
`jpa{gs}@ks.informatik.uni-kiel.de`

Abstract. The work presents a methodology contributing to boundary extraction in images of approximate polyhedral objects. We make extensive use of basic principles underlying the process of image formation and thus reduce the role of object-specific knowledge. Simple configurations of line segments are extracted subject to geometric-photometric compatibilities. The perceptual organization into polygonal arrangements is based on geometric regularity compatibilities under projective transformation. The combination of several compatibilities yields a saliency function for extracting a list of most salient structures. Based on systematic measurements during an experimentation phase the adequacy and degrees of compatibilities are determined. The methodology is demonstrated for technical objects of electrical scrap located in cluttered scenes.

1   Introduction

Computer Vision procedures are based on expectations whose spectrum stretches from general assumptions, e.g. ramp profiles of gray-value edges, to specific models for object recognition, e.g. relational structures of geometric entities. *Which expectations can be applied reasonably along the chain of processing and how are they acquired ?* This question is confronted with the *variance/bias dilemma*. If expectations are too general then the number of possible interpretations of image contents will increase dramatically. Otherwise, if expectations are too specific and do not comply with the variability of possible situations then relevant structures can hardly be detected. We propose a methodology of treating the dilemma for the task of boundary extraction. The characteristics are the following.

First, the theoretical concept of *invariance* (well-established in Computer Vision [9, pp. 95-160]) is relaxed into the practical concept of *compatibility*. The use of compatibilities reduces the amount of object-specific knowledge for medium-level vision tasks like attention control and *boundary extraction*. Second, we maximally exploit those kind of compatibilities which originate and are inherent in the *three-dimensional nature* of objects and in the *image formation principles*. Compatibilities between geometric and photometric features and between elementary and structured geometric entitities are considered. The related work in [10] uses *geometric quasi-invariants* for curved objects, but doesn't treat the gap between geometry and photometry. Third, the compatibilities are determined on the basis of *statistical measurements* which must be taken during an *experimentation phase* prior to application (importance repeatedly stressed in [3]). Systematic experiments are needed for *quality assessment* and *threshold setting* of procedures of line extraction and perceptual grouping. Fourth, we integrate a series of gestaltic cues spanning over *signal level*, *primitive level*, *structural level*, and *assembly level* (four-level classification proposed in [5]).

We present a catalogue of propositions each describing a compatibility. They depend on thresholds δ_i which must be determined in an experimentation phase.

2 Geometric-photometric compatibilities

The propositions in this section describe compatibilities between global geometric entities and local gray-value structures in the image.

2.1 Orientation compatibility between lines and edges

The *orientation-deviation* between orientation ϕ of an object boundary line in the image (assuming polar form representation) and the orientations $\mathcal{I}^O(p_i)$ of all gray-value edges along the points $(p_1, \cdots, p_N)$ of a segment $\mathcal{L}$ of the image line is defined by

$$D_{LE}(\phi, \mathcal{L}) := \frac{1}{N} \cdot \sum_{i=1}^{N} D_{OL}(\phi, \mathcal{I}^O(p_i)) \tag{1}$$

$$D_{OL}(\phi, \mathcal{I}^O(p_i)) := \frac{\min\{|\phi - \mathcal{I}^O(p_i)|, |\phi - \mathcal{I}^O(p_i) + 180°|, |\phi - \mathcal{I}^O(p_i) - 180°|\}}{90°} \tag{2}$$

Proposition 1. *Given δ_1 as permissible orientation-deviation. The line-edge orientation compatibility holds subject to image formation if $D_{LE}(\phi, \mathcal{L}) \leq \delta_1$.*

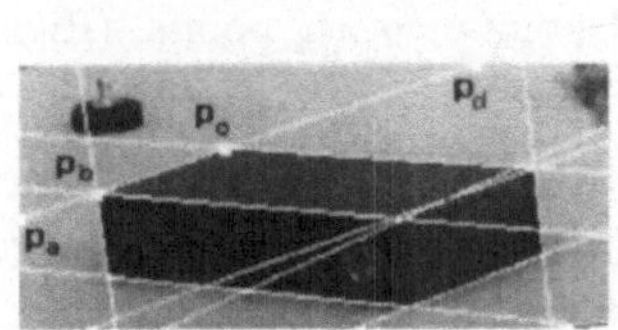
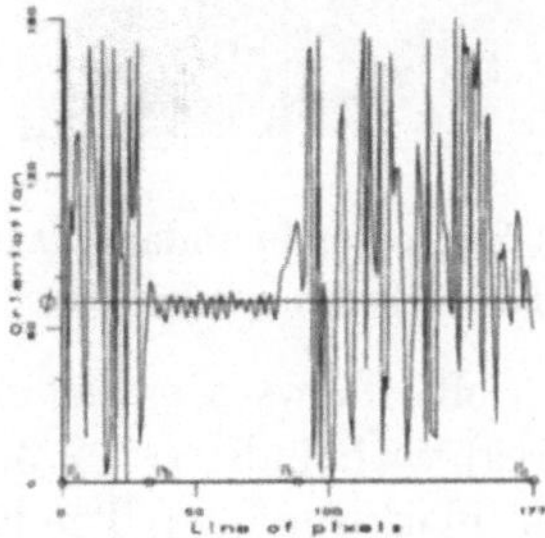

Fig. 1. (Left) Black box, boundary lines. (Right) Edge orientations along a line.

Figure 1 (left) shows a black box and candidate boundary lines which have been extracted by Hough transformation. For one of them, going through points $\{p_a, p_b, p_c, p_d\}$, we show the course of edge orientations (right), which are the local gradient angles. In consensus with Proposition 1, just for the boundary segment $(p_b, \cdots, p_c)$ the course is close to the line orientation.

2.2 Junction compatibility between pencils and corners

A *pencil* is a simple configuration of M line segments meeting at one common *pencil point* [1, pp. 8,17]. At the gray-level corner located nearest to a pencil point the two-dimensional gray-value structure will be considered. The *junction-deviation* between a pencil at pencil point p_l with line orientations $\mathcal{A} := (\alpha_1, \cdots, \alpha_M)$ and a collection of edge sequences meeting at corner point p_c with local orientations $\mathcal{B} := (\beta_1, \cdots, \beta_M)$ is defined by

$$D_{PC}(p_l, p_c, \mathcal{A}, \mathcal{B}) := \omega_1 \cdot D_{JP}(p_l, p_c) + \omega_2 \cdot D_{JO}(\mathcal{A}, \mathcal{B}) \tag{3}$$

$$D_{JP}(p_l, p_c) := \frac{\|p_l - p_c\|}{I_d} \tag{4}$$

$$D_{JO}(\mathcal{A}, \mathcal{B}) := \frac{1}{180° \cdot M} \cdot \sum_{i=1}^{M} \min\{|\alpha_i - \beta_i|, |\alpha_i - \beta_i + 360°|, |\alpha_i - \beta_i - 360°|\} \tag{5}$$

It is a weighted summation of two components, i.e. the Euclidean distance between pencil point and corner point (normalized by the constant diagonal I_d of a standard image size, e.g. 512×512 pixel), and the deviation between the orientation of a pencil line and of a corresponding edge sequence (averaged over all such pairs).

Proposition 2. *Given δ_2 as permissible junction-deviation. The pencil-corner junction compatibility holds subject to image formation if $D_{PC}(p_l, p_c, \mathcal{A}, \mathcal{B}) \le \delta_2$.*

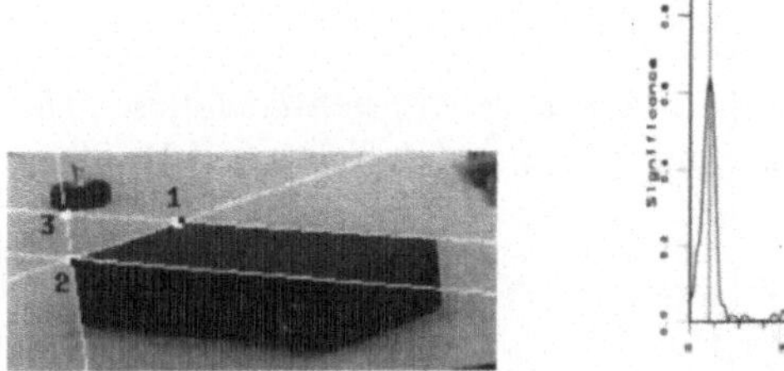
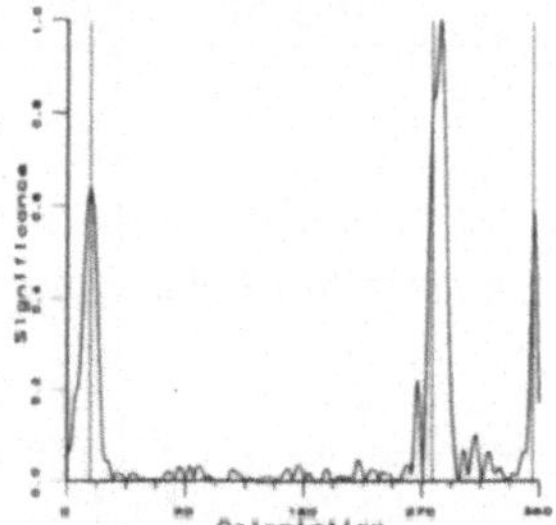

Fig. 2. (Left) Subset of boundary lines, pencil points, corner points. (Right) Orientation-dependent significance measurements for edge sequences at point 2.

Figure 2 (left) shows a subset of four boundary lines, three pencil points (white squares) with indices $1, 2, 3$, and a subset of three nearest gray-value corner points (black squares). The latter are extracted by the SUSAN operator [7]. For example, the pencil-corner junction compatibility holds for point 2, where we have a pencil of three lines. The diagram on the right shows the characterization of the local gray-value structure, i.e. orientation-dependent significance measurement for the occurrence of edge sequences, which is computed by a steerable wedge filter [6]. The three peaks, which indicate the occurrence of three edge sequences for certain orientations, are close to three vertical diagram lines, which indicate the orentations of the pencil lines. This kind of compatibility holds as well for point 1 but not for point 3 (not shown in the right diagram).

2.3 Phase compatibility between parallels and ramps

The *local phase* characterizes the type of gray-value edges, i.e. ascending or descending ramps, and top or bottom directed roofs [2, pp. 258-278]. Being a one-dimensional concept, we show the phase behavior exemplary by scanning the virtual, vertical line in Figure 3 (left) from top to bottom. At the first and second intersection points with the object boundary the ramps are descending, and at the third point the ramp is ascending. This behavior is in consensus with the quantitative course of the polar angle (representing the local phases), as shown on the right. In particular, the sign of the local phase at the first boundary line is converse to the sign at the opposite boundary line of the object. Generally, this is true if all gray values of the object are lower or higher than the gray values of the local background. Based on this observation and assumption, a criterion for the detection of opposite boundary lines of an object is proposed.

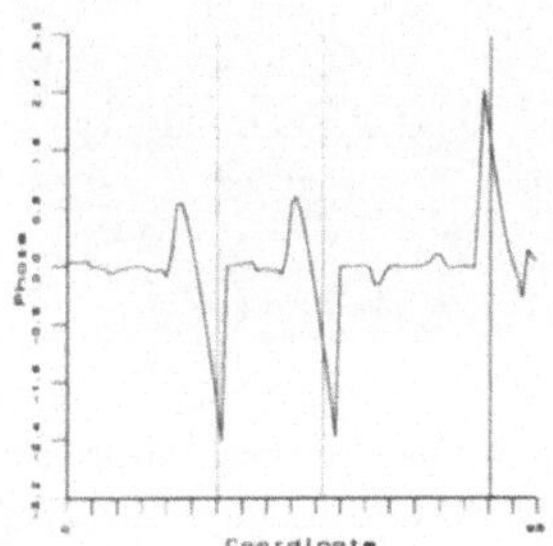

Fig. 3. (Left) Virtual line. (Right) Local phases along the line.

Let $\mathcal{L}_1$ and $\mathcal{L}_2$ be two approximate parallel line segments. The two mean values of the local phases along these segments (computed orthogonal to the line orientations) are denoted by $f^{ph}(\mathcal{L}_1)$ and $f^{ph}(\mathcal{L}_2)$. We define the *phase-similarity* between the two mean phases such that the similarity between equal phases is 1 and the similarity between phases with converse signs is 0.

$$D_{PR}(\mathcal{L}_1, \mathcal{L}_2) := \left| 1 - \frac{|f^{ph}(\mathcal{L}_1) - f^{ph}(\mathcal{L}_2)|}{\pi} \right| \tag{6}$$

Proposition 3. *Given δ_3 as permissible deviation from 0. The parallel-ramp phase compatibility holds subject to image formation if $D_{PR}(\mathcal{L}_1, \mathcal{L}_2) \leq \delta_3$.*

The presented geometric-photometric compatibilities are the foundation for applying the following list of pure geometric compatibilities.

3 Geometric compatibilities for perceptual organization

The propositions in this section describe compatibilities between elementary and structured geometric entitites which are subject to the process of image formation, i.e. approximate perspective transformation.

3.1 Patterns of Hough peaks for approximate-parallel lines

Based on polar parameters r and ϕ of straight lines we apply *Hough transformation* for line extraction. The horizontal and vertical axes of the Hough image are taken correspondingly. The Hough transformation of parallel image lines (having identical value ϕ) yields a horizontal sequence of peaks in the Hough image. Under projective transformation, two parallel lines in 3D remain almost parallel in the image, i.e. there is a small *angle-deviation* $D_{OL}(\phi_1, \phi_2)$.

Proposition 4. *Given δ_4 as permissible angle-deviation. The parallelism compatibility of two lines holds subject to image formation if $D_{OL}(\phi_1, \phi_2) \leq \delta_4$.*

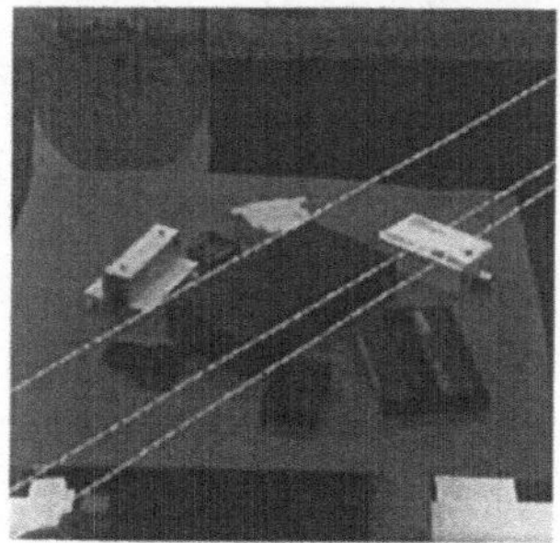 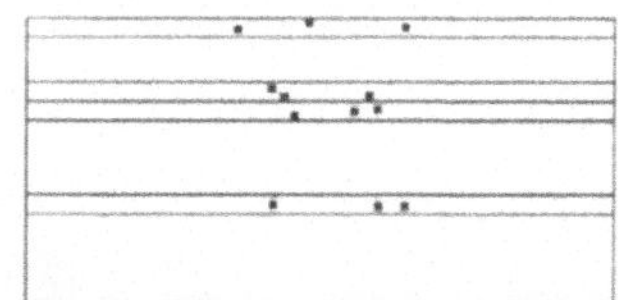

Fig. 4. (Left) Subset of three approximate parallel boundary lines for the black box object. (Right) Hough image and peaks marked by black squares.

Considering Proposition 4, parallel 3D lines occur as peaks in the Hough image located within a horizontal stripe of height δ_4 (In Subsection 3.3, the vanishing-point compatibility introduces further constraints). Figure 4 shows the Hough image on the right when applying Hough transformation to the image on the left. We restricted the process to a quadrangle image window around the black box and selected 12 peaks which are organized in four stripes of three peaks, respectively. For example, three *approximate parallel lines* are shown on the left, which are specified by the peaks in the third stripe of the Hough image.

3.2 Regularity compatibilities for polygons

Approximate parallel line segments may occur in *approximate regular polygons.* The basic component for describing polygon regularities is a *polyline.* We specify a polygon as the union of two non-overlapping polylines $\mathcal{G}_1$ and $\mathcal{G}_2$, possibly including single line segments located at the end of each polyline, respectively. Figure 5 shows two regular polygons, the left one contains a pair of reflected polylines, the right one a pair of parallel polylines. The angle-deviation $D_{OP}(\mathcal{G}_1, \mathcal{G}_2)$ between two approximate parallel polylines is defined as the mean value of angle-deviations between the constituting approximate parallel line segments.

Proposition 5. *Given δ_5 as permissible angle-deviation. The parallelism compatibility of two polylines holds subject to image formation if $D_{OP}(\mathcal{G}_1, \mathcal{G}_2) \leq \delta_5$.*

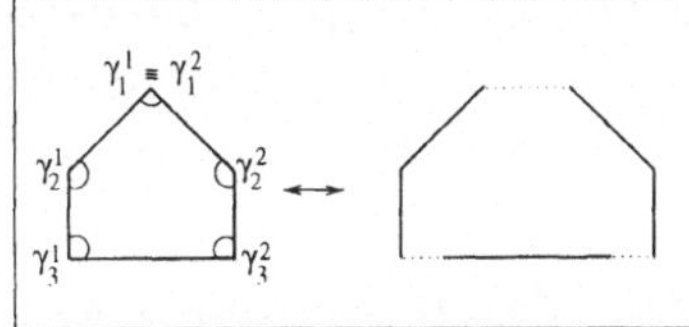 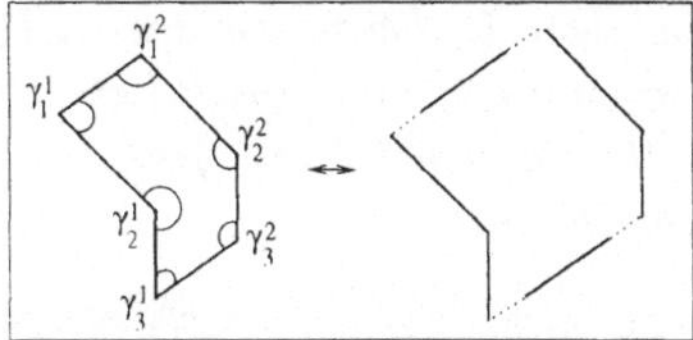

Fig. 5. Examples of regular polygons.

Similar propositions can be formulated for *reflection compatibility* and *right-angle compatibility*. They are based on permissible deviations from exact reflections or exact right-angles, respectively.

3.3 Vanishing-point compatibility of boundary lines

The projective transformation of parallel boundary lines yields image lines whose extensions should meet in one vanishing-point (see Figure 6). This imposes certain qualitative constraints on the courses of Hough peaks within a horizontal stripe, which we summarize as the *vanishing-point compatibility*. A similar constraint was formulated in [8] but under slope/intercept parameterization of lines.

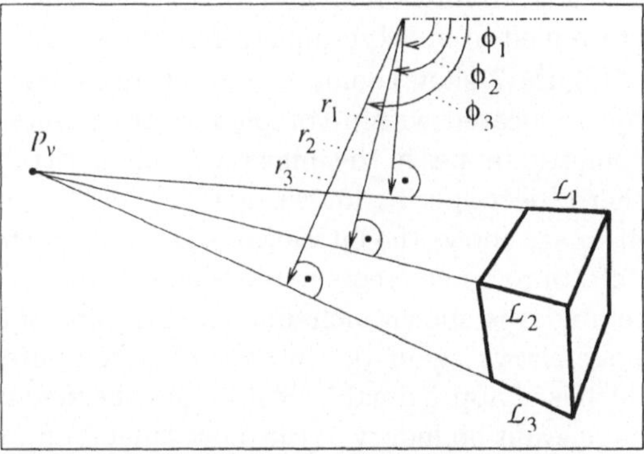

Fig. 6. Projected parallelepiped, van. point.

Proposition 6. *Let $\{\mathcal{L}_1, \cdots, \mathcal{L}_V\}$ be a set of approximate parallel line segments in the image, which originate from projective transformation of parallel line segments of the 3D object boundary. The extensions of the image line segments meet at a common vanishing point p_v and can be sorted according to the strong monotony $r_1 < \cdots < r_i < \cdots < r_V$ of the parameter r. For this arrangement there is a weak monotony of the angle parameter,*

$$\phi_1 \geq \cdots \phi_i \geq \cdots \geq \phi_V \quad or \quad \phi_1 \leq \cdots \phi_i \leq \cdots \leq \phi_V \tag{7}$$

The vanishing-point compatibility can be examined for the Hough image in Figure 4 (right). Proposition 6 holds for the third and fourth stripe but not for the first and second stripe. To make it completely valid, we must apply a strategy which slightly modifies parameters r and ϕ of the relevant image lines.

3.4 Pencil compatibility of meeting boundary lines

The most prominent corner type of man-made objects is a pencil of three lines. For a subset of corners all three boundary lines are visible. In the case that these image lines are extracted, we can impose the following *pencil compatibility*.

Proposition 7. *Let us assume a 3D pencil and the pencil point of three meeting boundary lines of an approximate polyhedral object. The projective transformation of the 3D pencil must yield just one pencil in the image plane, i.e. just one 2D pencil point.*

For example, Figure 2 (left) shows three lines intersecting at point 2. Actually, according to Proposition 7 just one intersection point is accepted which must be considered in the process of line extraction.

4 Experiments on boundary extraction

The presented compatibilities are the foundation for several mechanisms which make up our procedure for boundary extraction. The approach is general in the sense that an application-dependent combination can be configured by weighting the compatibilities individually. Prior to the applications, the thresholds δ_i are determined in an experimentation phase.

Figure 7 shows some results of extracted boundaries which originate from objects located within complex environments. The procedures look for certain geometric shapes in the images by taking certain compatibilities into account. No other object-specific knowledge has been applied for boundary extraction. The left image shows the interior of a computer containing an electronic board which is of approximate rectangular shape. A small set of most salient, approximate rectangles is shown including the relevant boundary of the board. The middle image shows again the interior of a computer containing an electronic board which is of approximate, right-angled, hexagonal shape. The procedure extracted the relevant boundary as the most salient, approximate hexagon. The right image shows a set of 3D objects including the black box (see previous figures), which is of approximate, right-angled, parallelepiped shape. The relevant arrangement of polygons has been extracted in spite of complex background and low gray-value contrast between neighboring faces of the object.

By applying verified compatibilities instead of object-specific knowledge, the procedures extracted reasonable boundaries (despite of complex shape and background, and low face contrast). The boundaries can be used subsequently in strategies of visual attention, e.g. for the purpose of local object recognition.

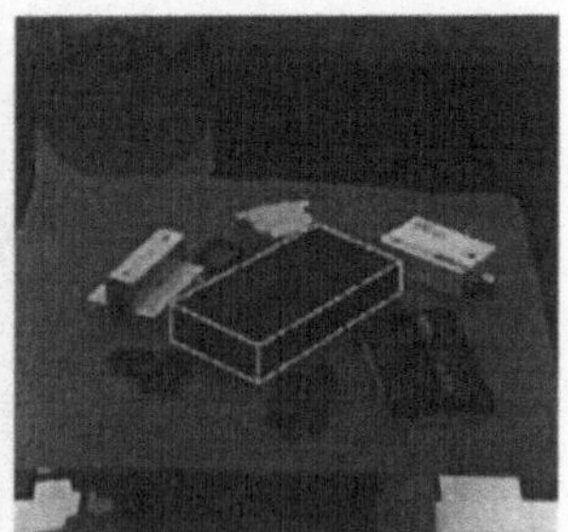

Fig. 7. Examples of extracted object boundaries.

5   Summary

The novelty of our methodology is that we maximally apply compatibilities for extracting necessary information from images. Compatibilities are degradations of invariants and are based on the actual effects of image formation. For the task of boundary extraction it is convenient to consider compatibilities between global geometric entities and local gray-value features, as well as compatibilities between elementary and structured geometric entitites.

On the basis of systematic measurements during an experimentation phase one *approximates* the performance of certain procedures statistically and determines *degrees of compatibilities* thereof. For example, estimation errors concerning the orientation of gray-value edges can be approximated by a Gaussian. The Gaussian support is used to define threshold parameter δ_1, which quantifies the orientation compatibility between lines and gray-value edges (see Proposition 1).

The experimentally acquired compatibilities are regarded as a compromise of the variance/bias dilemma which is inherent in the design of Computer Vision procedures. In our opinion, there is no way to determine desired levels of performance with certainty, however, systematic application-relevant experiments constitute the best foundation for the development of robust systems.

For a detailed description of our mechanisms for boundary extraction and the mechanisms of determining threshold parameters, the interested reader is refered to [4].

References

1. O. Faugeras. *Three-Dimensional Computer Vision*. The MIT Press, Cambridge, Massachusetts, 1993.
2. G. Granlund and H. Knutsson. *Signal Processing for Computer Vision*. Kluwer Academic Publishers, Dordrecht, The Netherlands, 1995.
3. R. Haralick, R. Klette, S. Stiehl, and M. Viergever. Evaluation and validation of Computer Vision algorithms. Technical Report Number 204, Seminar Number 98101, Schloß Dagstuhl Seminars, 1998.
4. J. Pauli. Development of autonomous camera-equipped robot systems. Technical Report Number 9904, Christian-Albrechts-Universität zu Kiel, Institut für Informatik und Praktische Mathematik, 2000.
5. S. Sarkar and K. Boyer. Perceptual organization in Computer Vision – A review and a proposal for a classificatory structure. *IEEE Transactions on Systems, Man, and Cybernetics*, 23:382–399, 1993.
6. E. Simoncelli and H. Farid. Steerable wedge filters for local orientation analysis. *IEEE Transactions on Image Processing*, 5:1377–1382, 1996.
7. S. Smith and J. Brady. SUSAN – A new approach to low level image processing. *International Journal of Computer Vision*, 23:45–78, 1997.
8. T. Stahs and F. Wahl. Recognition of polyhedral objects under perspective views. *Computers and Artificial Intelligence*, 11:155–172, 1992.
9. H. Wechsler. *Computational Vision*. Academic Press, San Diego, 1990.
10. M. Zerroug and R. Nevatia. Quasi-invariant properties and 3D shape recovery of non-straight, non-constant generalized cylinders. In *Image Understanding Workshop*, pages 725–735, 1993.

Variational Image Motion Computation: Theoretical Framework, Problems and Perspectives

Christoph Schnörr and Joachim Weickert

Computer Vision, Graphics, and Pattern Recognition Group
Dept. of Math. and Comp. Science, University of Mannheim
68131 Mannheim, Germany
`{Christoph.Schnoerr,Joachim.Weickert}@ti.uni-mannheim.de`

Abstract. Many differential methods for the recovery of the optic flow field from an image sequence can be expressed in terms of a variational problem where the optic flow minimizes some energy. Typically, these energy functionals consist of two terms: a data term, which requires e.g. that a brightness constancy assumption holds, and a regularizer that encourages global or piecewise smoothness of the flow field. In this paper we present a systematic classification of rotation invariant convex regularizers by exploring their connection to diffusion filters for multichannel images. This taxonomy provides a unifying framework for data-driven and flow-driven, isotropic and anisotropic, as well as spatial and spatio-temporal regularizers. While some of these techniques are classic methods from the literature, others are derived here for the first time. We conclude by pointing out some important research issues related to variational optic flow computation.

Keywords: optic flow, differential methods, variational regularization, diffusion filtering

1 Introduction

Motion computation in image sequences is key problem in computer vision. An important concept in this context is optic flow, the displacement field of corresponding pixels in subsequent frames of an image sequence. It provides not only a basis for motion-based image sequence interpretation but also for second generation video algorithms and numerous applications in, for instance, experimental fluid dynamics, meteorology, and medical imaging. Surveys of the state-of-the-art in motion computation can be found in papers by Mitiche and Bouthemy [24], and Stiller and Konrad [39]. For a performance evaluation of some of the most popular algorithms we refer to Barron *et al.* [4].

An important class for image motion computation constitute variational approaches, as pioneered by Horn and Schunck [18]. These approaches use a global smoothness term in order to compute an optic flow field from sparse local motion information. The use of a global smoothness constraint has often been criticized in the literature, in particular by researchers investigating local approaches to optic flow. These authors advocate to compute optic flow only at locations where the aperture problem can be solved by local window averaging, and the resulting sparse local motion information should be interpolated somehow at a later processing stage. It should be noted that variational approaches just make this implicit way of smoothing more explicit and simultaneously solve the interpolation problem.

The smoothness term usually requires that the optic flow field should vary smoothly in space [18]. Such a term may be modified in an *image-driven* way in order to suppress smoothing at or across image boundaries [1, 26]. As an alternative, *flow-driven* modifications have been proposed which reduce smoothing across flow discontinuities [5, 8, 9, 20, 31, 34, 42]. Most smoothness terms require only *spatial* smoothness. *Spatio-temporal* smoothness terms have been considered to a much smaller extent [25, 27, 45].

Minimizing continuous energy functionals leads in a natural way to partial differential equations (PDEs): applying gradient descent, for instance, yields a system of coupled diffusion–reactions equations for the two flow components. The fastly emerging use of PDE-based image restoration methods [14, 30], such as nonlinear diffusion filtering and total variation denoising, has motivated many researchers to apply similar ideas to estimate optic flow [1, 3, 8, 9, 17, 20, 29, 31, 34, 42]. A systematic framework that links the diffusion and optic flow paradigms, however, has not been studied so far.

Furthermore, from the framework of diffusion filtering it is also well-known that anisotropic filters with a diffusion tensor have more degrees of freedom than isotropic ones with scalar-valued diffusivities. These additional degrees of freedom can be used to obtain better results in specific situations [41]. However, similar nonlinear anisotropic regularizers have not been considered in the optic flow literature so far.

In the present paper, we present a theoretical framework for a broad class of regularization methods for optic flow estimation. For the reasons explained below (Section 2), we focus on models that allow a formulation in terms of convex and rotation invariant continuous energy functionals. We consider image-driven and flow-driven models, isotropic and anisotropic ones, as well as models with spatial and spatio-temporal smoothing terms (Section 3). Our taxonomy includes not only many existing models, but also interesting novel ones. For more details and proofs of our results we refer to [47]. Finally, we briefly discuss several open research problems in Section 5.

2　Variational Approach

2.1　Basic structure

Let us consider a real-valued image sequence $f(x, y, \theta)$, where (x, y) denotes the location within the image domain $\Omega \in \mathbb{R}^2$, and the time parameter $\theta \in [0, T]$ specifies the frame. The optic flow field $(u_1(x, y, \theta), u_2(x, y, \theta))$ describes the displacement between two subsequent frames θ and $\theta + 1$. If the spatial and temporal sampling is sufficiently fine, the common assumption of conserved grey values yields:

$$f_x u_1 + f_y u_2 + f_\theta = 0, \tag{1}$$

where the subscripts x, y and θ denote partial derivatives. This so-called *optic flow constraint (OFC)* forms the basis of many differential methods for estimating the optic flow. Numerous generalizations to multiple constraint equations and/or different "conserved quantities" (replacing intensity) exist; see e.g. [11, 40]. In the present paper, however, we confine ourselves to (1).

The basic idea underlying variational approaches is to recover the optic flow as a minimizer of some energy functional of type

$$E(u_1, u_2) := \int_\Omega \left((f_x u_1 + f_y u_2 + f_\theta)^2 + \alpha\, V(\nabla f, \nabla u_1, \nabla u_2) \right) dx\, dy \tag{2}$$

where $\nabla := (\partial_x, \partial_y)^T$ denotes the spatial nabla operator, and $u := (u_1, u_2)^T$. The first term in the energy functional is a *data term* requiring that the OFC be fulfilled, while the second term penalizes deviations from (piecewise) smoothness. The *smoothness term* $V(\nabla f, \nabla u_1, \nabla u_2)$ is called *regularizer*, and the positive smoothness weight α is the *regularization parameter*.

It is a classic result from the calculus of variations that – under mild regularity conditions – a minimizer (u_1, u_2) of some energy functional

$$E(u_1, u_2) := \int_\Omega G(x, y, u_1, u_2, \nabla u_1, \nabla u_2)\, dx\, dy \tag{3}$$

necessarily satisfies the so-called *Euler–Lagrange equations*

$$\partial_x G_{u_{ix}} + \partial_y G_{u_{iy}} - G_{u_i} = 0, \quad \partial_n u_i = 0 \text{ on } \partial\Omega, \quad i = 1, 2\,,$$

which can be regarded as the steady state $(t \to \infty)$ of the diffusion–reaction system

$$\partial_t u_i = \partial_x G_{u_{ix}} + \partial_y G_{u_{iy}} - G_{u_i}\,, \quad i = 1, 2\,. \tag{4}$$

A classification of regularizers $V(\nabla f, \nabla u_1, \nabla u_2)$ and the underlying diffusion processes according to eqn. (4) will be presented in Section 3.

2.2 Continuous problem formulation, rotational invariance, and convexity

Modeling the optic flow recovery problem in terms of *continuous* energy functionals such as (2) offers the advantage of having a formulation that is as independent of the pixel grid as possible. A correct continuous model can be *rotation invariant*, and the use of well-established numerical methods shows how this rotation invariance can be approximated in a mathematically consistent way.

From both a theoretical and practical point of view, it can be attractive to use energy functionals that are *convex*. They have a unique minimum, and this global minimum can be found in a stable way by using standard techniques from convex optimization, for instance gradient descent methods. Having a unique minimum allows to use globally convergent algorithms, where every arbitrary flow initialization leads to the same solution: the global minimum of the functional. This property is an important quality of a robust algorithm. *Nonconvex* energy functionals, on the other hand, may have many local minima, and it is difficult to find algorithms that are both efficient and converge to a global minimum. Typical algorithms which converge to a global minimum (such as simulated annealing [21]) are computationally very expensive, while methods which are more efficient (such as graduated non-convexity algorithms [6]) may get trapped in a local minimum.

A discussion of approaches lacking these properties (e.g., [3, 5, 7–9, 16, 20, 23, 25, 31]) is not within the scope of the present paper.

3 Convex Regularizers: Theoretical Framework

In this section, we present a systematic classification of regularizers for optic flow computation by exploring their connection to multichannel diffusion filtering. Our taxonomy includes not only interesting re-formulations of existing models but also novel anisotropic flow–driven regularizers which have not been considered in the literature so far.

3.1 Classification

Homogeneous regularization. In 1981 Horn and Schunck [18] pioneered the field of regularization methods for optic flow computations. They used the regularizer

$$V_H(\nabla f, \nabla u_1, \nabla u_2) := |\nabla u_1|^2 + |\nabla u_2|^2. \tag{5}$$

Schnörr [32] has established well-posedness by showing that this functional has a unique minimizer that depends continuously on the input data f. Recently, Hinterberger [17] proved similar well-posedness results for a related model with a different data term.

According to eqn. (4), we observe that the underlying diffusion process in the Horn and Schunck approach is the linear diffusion equation

$$\partial_t u_i = \Delta u_i = \operatorname{div}(g\,\nabla u_i) \tag{6}$$

with $g := 1$ and $i = 1, 2$. This equation is well-known for its regularizing properties and has been extensively used in the context of Gaussian scale-space; see [38] and the references therein. It smoothes, however, in a completely homogeneous way, since its diffusivity g equals 1 everywhere. As a consequence, it also blurs across semantically important flow discontinuities. This is the reason why the Horn and Schunck approach creates rather blurry optic flow fields. The regularizers described in the sequel are attempts to overcome this limitation.

Isotropic image–driven regularization. It seems plausible that motion boundaries are a subset of the image boundaries. Thus, a simple way to prevent smoothing at motion boundaries consists of introducing a weight function into the Horn and Schunck regularizer that becomes small at image edges. This modification yields

$$V_{II}(\nabla f, \nabla u_1, \nabla u_2) \ := \ g(|\nabla f|^2) \left(|\nabla u_1|^2 + |\nabla u_2|^2\right), \tag{7}$$

where g is a decreasing, strictly positive function. This regularizer has been proposed and theoretically analyzed by Alvarez *et al.* [1].

The underlying diffusion process is

$$\partial_t u_i = \mathrm{div}\left(g(|\nabla f|^2)\,\nabla u_i\right) \qquad i = 1, 2\,. \tag{8}$$

It uses a scalar-valued diffusivity g that depends on the image gradient. Since the diffusivity does not depend on the flow itself, the diffusion process is linear.

Homogeneous regularization arises as a special case of (7) when $g(|\nabla f|^2) := 1$ is considered.

Anisotropic image–driven regularization. An early anisotropic modification of the Horn and Schunck functional is due to Nagel [26]; see also [2, 28, 32, 33, 37]. The basic idea is to reduce smoothing across image boundaries, while encouraging smoothing along image boundaries. This is achieved by considering the regularizer

$$V_{AI}(\nabla f, \nabla u_1, \nabla u_2) \ := \ \nabla u_1^T D(\nabla f)\nabla u_1 + \nabla u_2^T D(\nabla f)\nabla u_2. \tag{9}$$

$D(\nabla f)$ is a regularized projection matrix perpendicular to ∇f:

$$D(\nabla f) := \frac{1}{|\nabla f|^2 + 2\lambda^2} \left(\nabla f^\perp \nabla f^{\perp T} + \lambda^2 I\right), \tag{10}$$

where I denotes the unit matrix.

The underlying diffusion process is

$$\partial_t u_i = \mathrm{div}\left(D(\nabla f)\,\nabla u_i\right) \qquad i = 1, 2 \tag{11}$$

The usage of a diffusion tensor $D(\nabla f)$ instead of a scalar-valued diffusivity allows a direction-dependent smoothing behaviour. This behaviour is very similar to edge-enhancing anisotropic diffusion filtering [41]. In contrast to edge-enhancing anisotropic diffusion, however, Nagel's optic flow technique is linear because the diffusion tensor depends on the image f but not on the unknown flow. Well-posedness for this model has been established in [32].

Homogeneous and isotropic image-driven regularizers are special cases of (9), where $D(\nabla f) := I$ and $D(\nabla f) := g(|\nabla f|^2)I$ are chosen.

Isotropic flow–driven regularization. Image-driven regularization methods may create oversegmentations for strongly textured objects: in this case we have much more image boundaries than motion boundaries. In order to reduce smoothing only at motion boundaries, one may consider using a purely flow-driven regularizer. This, however, is at the expense of refraining from quadratic optimization problems. In earlier work [34, 42], the authors considered regularizers of type

$$V_{IF}(\nabla f, \nabla u_1, \nabla u_2) \ := \ \Psi \left(|\nabla u_1|^2 + |\nabla u_2|^2 \right), \tag{12}$$

where $\Psi(s^2)$ is a differentiable and increasing function that is convex in s.

The underlying diffusion process is

$$\partial_t u_i = \mathrm{div} \left(\Psi'(|\nabla u_1|^2 + |\nabla u_2|^2) \, \nabla u_i \right) \qquad i = 1, 2 \,, \tag{13}$$

where Ψ' denotes the derivative of Ψ with respect to its argument. In general, the diffusion process is nonlinear now. Since the nonlinear diffusivity is decreasing in its argument, smoothing at flow discontinuities is inhibited.

For the specific choice $\Psi(s^2) := s^2$, homogeneous regularization with diffusivity $\Psi'(s^2) = 1$ is recovered again.

Anisotropic flow–driven regularization. To complete our taxonomy, we consider anisotropic flow-driven regularizers next. To our knowledge, this has not been done in the literatur so far. The motivation comes from nonlinear diffusion filtering, where it was shown that anisotropic models with a diffusion tensor instead of a scalar-valued diffusivity offer advantages for images with noisy edges or interrupted structures [43].

We propose the following novel class of regularizers:

$$V_{AF}(\nabla f, \nabla u_1, \nabla u_2) \ := \ \mathrm{tr}\, \Psi \left(\nabla u_1 \nabla u_1^T + \nabla u_2 \nabla u_2^T \right). \tag{14}$$

For this definition to make sense, we have to extend the scalar-valued function $\Psi(s)$ to a matrix-valued function $\Psi(J)$. Let J denote some symmetric $n \times n$ matrix with orthonormal eigenvectors $v_1,...,v_n$ and corresponding eigenvalues $\mu_1,...,\mu_n$. Then we define:

$$\Psi(J) \ := \ \sum_i \Psi(\mu_i) \, v_i v_i^T. \tag{15}$$

The argument in (14),

$$J := \nabla u_1 \nabla u_1^T + \nabla u_2 \nabla u_2^T \,, \tag{16}$$

is a symmetric and positive semidefinite 2×2 matrix. Hence, there exist two orthonormal eigenvectors v_1, v_2 with corresponding nonnegative eigenvalues μ_1, μ_2. These eigenvalues specify the contrast of the vector-valued image (u_1, u_2) in the directions v_1 and v_2, respectively. This concept has been introduced by Di Zenzo for edge analysis of multichannel images [10]. It can be regarded as a generalization of the structure tensor [12], and it is related to the first fundamental form in differential geometry [19].

The diffusion process underlying (14) can be shown to be [47]

$$\partial_t u_i = \operatorname{div}\left(\Psi'\left(\nabla u_1 \nabla u_1^T + \nabla u_2 \nabla u_2^T\right)\nabla u_i\right) \qquad i = 1,2\,, \tag{17}$$

where Ψ' is a matrix-valued function (cf. (15)).

There is an interesting connection between anisotropic and isotropic flow-driven regularization [47]. Isotropic flow-driven regularization (12) is recovered by just exchanging the trace operator and the penalty function Ψ:

$$V_{IF}(\nabla f, \nabla u_1, \nabla u_2) = \Psi\left(\operatorname{tr}\left(\nabla u_1 \nabla u_1^T + \nabla u_2 \nabla u_2^T\right)\right)\,. \tag{18}$$

3.2 Unifying framework

Table 1 gives an overview of the smoothness investigated so far.

Table 1. Classification of regularizers for optic flow models.

	isotropic	anisotropic
image-driven	$g(\lvert\nabla f\rvert^2)\sum_{i=1}^{2}\lvert\nabla u_i\rvert^2$	$\sum_{i=1}^{2}\nabla u_i^T D(\nabla f)\nabla u_i$
flow-driven	$\Psi\left(\sum_{i=1}^{2}\lvert\nabla u_i\rvert^2\right)$	$\operatorname{tr}\Psi\left(\sum_{i=1}^{2}\nabla u_i\nabla u_i^T\right)$

This result suggests the following general regularizer comprising all these models [47]:

$$V(\nabla f, \nabla u) := (1-\beta)\,\Psi\left(\operatorname{tr}\nabla u^T D(\nabla f)\nabla u\right)\; +\; \beta\,\operatorname{tr}\Psi\left(\nabla u\, D(\nabla f)\nabla u^T\right) \tag{19}$$

Here, we used the compact notation $\nabla u := (\nabla u_1, \nabla u_2)$, and parameter $\beta \in [0,1]$ determines the anisotropy.

4 Extensions

4.1 Spatio-temporal regularizers

Using our results from the previous section it is straightforward to extend the smoothness constraint into the temporal domain. Instead of calculating the optic flow (u_1, u_2) as the minimizer of the two-dimensional integral (2) for each time frame θ, we now minimize a single three-dimensional integral whose solution is the optic flow for *all* frames $\theta \in [0, T]$:

$$E(u) := \int_{\Omega\times[0,T]} \left((f_x u_1 + f_y u_2 + f_\theta)^2 + \alpha\, V(\nabla_\theta f, \nabla_\theta u)\right) dx\,dy\,d\theta \tag{20}$$

where $\nabla_\theta := (\partial_x, \partial_y, \partial_\theta)^T$ denotes the spatio-temporal nabla operator.

The corresponding diffusion–reaction systems of spatio–temporal energy functionals have the same structure as the pure spatial ones that we investigated so far. The only difference is that the spatial nabla operator ∇ has to be replaced by its spatio-temporal analogue ∇_θ. Thus, one has to solve 3D diffusion–reaction systems instead of 2D ones.

Our model includes as special cases the anisotropic image-driven smoothness constraint of Nagel [27], and the isotropic flow-driven spatio-temporal regularizers studied by the authors in [45].

4.2 A design principle for anisotropic regularizers

There is an interesting relation between anisotropic flow-driven regularizers and isotropic flow-driven ones: the anisotropic regularizer $\mathrm{tr}\,\Psi(J)$ can be expressed by means of the eigenvalues μ_1, μ_2 of J as

$$V_{AF}(\nabla f, \nabla u_1, \nabla u_2) \;=\; \Psi(\mu_1) + \Psi(\mu_2), \tag{21}$$

while its isotropic counterpart $\Psi(\mathrm{tr}\,J)$ can be written as

$$V_{IF}(\nabla f, \nabla u_1, \nabla u_2) \;=\; \Psi(\mu_1 + \mu_2). \tag{22}$$

This observation motivates us to formulate the following design principle for rotationally invariant anisotropic flow-driven regularizers:

Design Principle (Rotationally Invariant Anisotropic Regularizers)
Assume that we are given some isotropic regularizer $\Psi(\sum_i |\nabla u_i|^2)$ with a non-quadratic function Ψ, and a decomposition of its argument

$$\sum_i |\nabla u_i|^2 = \sum_j \rho_j, \tag{23}$$

where the ρ_j are rotationally invariant expressions. Then the regularizer $\sum_j \Psi(\rho_j)$ is rotationally invariant and anisotropic.

An early example is given by the regularizer proposed by Schnörr [34, 35]:

$$V_{AFS}(\nabla f, \nabla u_1, \nabla u_2) \;:=\; \Psi\left(\mathrm{div}^2 u\right) + \Psi\left(\mathrm{rot}^2 u\right) + \Psi\left(\mathrm{sh}^2 u\right) \tag{24}$$

with $u := (u_1, u_2)^T$, $\mathrm{rot}\,u := u_{2x} - u_{1y}$, and $\mathrm{sh}\,u := \sqrt{(u_{2y} - u_{1x})^2 + (u_{1y} + u_{2x})^2}$. Applying the design principle, one can derive this expression from the identity

$$|\nabla u_1|^2 + |\nabla u_2|^2 = \tfrac{1}{2}\left(\mathrm{div}^2 u + \mathrm{rot}^2 u + \mathrm{sh}^2 u\right). \tag{25}$$

Using the regularizer (24) in the functional (2) leads to a highly anisotropic diffusion–reaction system (see [47]) which has no counterpart in the literature on multichannel diffusion filtering.

Based on the design principle proposed above, we are currently investigating the existence of other useful anisotropic regularizers.

5 Open problems

In this section, we describe some important research issues related to variational optical flow computation.

Efficient algorithms. Although the numerical solution of variational approaches poses no problems on current PCs, considerable research efforts are still necessary in order to achieve computation times close to the frame rate.

Two lines of research are attractive in this context (cf. [46]). The first one concerns the application of domain decomposition and multi-level approaches to the variational models described above. In this context, the notion "multi-level" refers to a research area of numerical mathematics (cf., e.g., [15]) and should not be confused with coarse-to-fine techniques used to cope with the large-motion problem (see [36] and the references therein, for example). The second line of research concerns the application of efficient numerical schemes developed for diffusion filtering [44] to the diffusion equations derived from variational approaches (see Section 2).

Another important question is how to modify these numerical algorithms so as to obtain optimal performance on a cluster of low-cost PCs running in parallel.

Computation of input data, amount of smoothing. In order to solve the variational problem (2), the input data f_x, f_y, f_θ have to be computed in a pre-processing step. Usually this involves some low-pass filter like the Gaussian, for example. On the other hand, the global smoothness term in (2) also implicitly takes into account spurious deviations of the input data. This becomes most noticeable in the case of spatio-temporal regularization [45].

Apparently, the relationship and dependency between these two types of regularization has not been thoroughly investigated so far.

Beyond convexity. In Sections 2.2 and 3, we emphasized the twofold relevance of convexity in for variational optimization. Firstly, it defines a framework for modeling various regularizers for optical flow computation and, secondly, it provides a mathematically clear basis for robust and efficient algorithms.

Concerning the design of computer vision systems, one surely has to abandon the former aspect as one moves towards higher level processing stages. At these stages, for example, one wishes not only to achieve piecewise smoothing of image data but a partitioning of the image section into (hopefully) meaningful subsets. Thus, some discrete-valued decision variables have to be introduced leading to difficult combinatorial optimization problems.

In this context, we are well aware of many *non-convex* approaches for variational optical flow computation (see the citations in Section 2.2), many of which aim at coping with these more involved problems. It should be noted, however, that these approaches give up *both* aspects of convexity mentioned above.

At present, it's not clear to us whether this necessarily has to hold true. Taking a look at the field of combinatorics [22], for example, shows that powerful problem relaxations exist making even the hardest combinatorial problems manageable. A key observation thereby is that these problems can often be approximated by convex optimization problems and efficiently be solved by corresponding polynomial-time algorithms. Furthermore, results with respect to classical graph problems [13] show that the approximation quality obtained in this way can be remarkably good.

In our future work, we will try to pursue this line of research in the context of early computational vision.

6 Conclusion

The goal of this paper was to derive a diffusion theory for optic flow functionals. Our corresponding classification of regularizers helped us not only to classify existing methods within a unifying framework, but also to identify gaps, where no models are available in the current literature.

One important novelty along these lines was the derivation of regularizers that can be related to anisotropic diffusion filters with a matrix-valued diffusion tensor. This also enabled us to propose a general design principle for anisotropic regularizers.

We hope that our systematic taxonomy provides a unifying platform for algorithms for the entire class of convex variational optic flow methods. Our future plans are to use such a platform for a detailed performance evaluation of the different methods in this paper. Furthermore, we will focus on the open points described in Section 5.

References

1. L. Alvarez, J. Esclarín, M. Lefébure and J. Sánchez, *A PDE model for computing the optical flow*, Proc. XVI Congreso de Ecuaciones Diferenciales y Aplicaciones (C.E.D.Y.A. XVI, Las Palmas de Gran Canaria, Sept. 21–24, 1999), 1349–1356, 1999.
2. L. Alvarez, J. Weickert, J. Sánchez, *Reliable estimation of dense optical flow fields with large displacements*, To appear in International Journal of Computer Vision.
3. G. Aubert, R. Deriche, P. Kornprobst, *Computing optical flow via variational techniques*, SIAM J. Appl. Math, Vol. 60, 156–182, 1999.
4. J.L. Barron, D.J. Fleet, S.S. Beauchemin, *Performance of optical flow techniques*, Int. J. Comput. Vision, Vol. 12, 43–77, 1994.
5. M.J. Black, P. Anandan, *The robust estimation of multiple motions: Parametric and piecewise smooth flow fields*, Computer Vision and Image Understanding, Vol. 63, 75–104, 1996.
6. A. Blake, A. Zisserman, *Visual reconstruction*, MIT Press, Cambridge (Mass.), 1987.
7. L. Blanc–Féraud, M. Barlaud, T. Gaidon, *Motion estimation involving discontinuities in a multiresolution scheme*, Optical Engineering, Vol. 32, No. 7, 1475–1482, 1993.
8. I. Cohen, *Nonlinear variational method for optical flow computation*, Proc. Eighth Scandinavian Conf. on Image Analysis (SCIA '93, Tromsø, May 25–28, 1993), Vol. 1, 523–530, 1993.
9. R. Deriche, P. Kornprobst, G. Aubert, *Optical-flow estimation while preserving its discontinuities: A variational approach*, Proc. Second Asian Conf. Computer Vision (ACCV '95, Singapore, December 5–8, 1995), Vol. 2, 290–295, 1995.

10. S. Di Zenzo, *A note on the gradient of a multi-image*, Computer Vision, Graphics, and Image Processing, Vol. 33, 116–125, 1986.

11. D.J. Fleet, A.D. Jepson, *Computation of component image velocity from local phase information*, Int. J. Comput. Vision, Vol. 5, 77–104, 1990.

12. W. Förstner, E. Gülch, *A fast operator for detection and precise location of distinct points, corners and centres of circular features*, Proc. ISPRS Intercommission Conf. on Fast Processing of Photogrammetric Data (Interlaken, June 2–4, 1987), 281–305, 1987.

13. M.X. Goemans, D.P. Williamson. Improved approximation algorithms for maximum cut and satisfiability problems using semidefinite programming. *J. ACM*, Vol. 42:1115–1145, 1995.

14. B. ter Haar Romeny, L. Florack, J. Koenderink, M. Viergever (Eds.), *Scale-space theory in computer vision*, Lecture Notes in Computer Science, Vol. 1252, Springer, Berlin, 1997.

15. W. Hackbusch, editor. *Multigrid Methods V: Proc. Fifth European Multigrid Conference*, Stuttgart, Oct. 1-4 1998. Springer.

16. F. Heitz, P. Bouthemy, *Multimodal estimation of discontinuous optical flow using Markov random fields*, IEEE Trans. Pattern Anal. Mach. Intell., Vol. 15, 1217–1232, 1993.

17. W. Hinterberger, *Generierung eines Films zwischen zwei Bildern mit Hilfe des optischen Flusses*, M.Sc. thesis, Industrial Mathematics Institute, University of Linz, Austria, 1999.

18. B. Horn, B. Schunck, *Determining optical flow*, Artificial Intelligence, Vol. 17, 185–203, 1981.

19. E. Kreyszig, *Differential geometry*, University of Toronto Press, Toronto, 1959.

20. A. Kumar, A.R. Tannenbaum, G.J. Balas, *Optic flow: a curve evolution approach*, IEEE Trans. Image Proc., Vol. 5, 598–610, 1996.

21. P.J.M. van Laarhoven, E.H.L. Aarts, *Simulated annealing: theory and applications*, Reidel, Dordrecht, 1988.

22. L. Lovász, A. Schrijver. Cones of matrices and set–functions and 0–1 optimization. *SIAM J. Optimization*, Vol. 1, No. 2:166–190, 1991.

23. E. Mémin, P. Pérez, *Dense estimation and object-based segmentation of the optical flow with robust techniques*, IEEE Trans. Image Proc, Vol. 7, 703–719, 1998.

24. A. Mitiche, P. Bouthemy, *Computation and analysis of image motion: a synopsis of current problems and methods*, Int. J. Comput. Vision, Vol. 19, 29–55, 1996.

25. D.W. Murray, B.F. Buxton, *Scene segmentation from visual motion using global optimization*, IEEE Trans. Pattern Anal. Mach. Intell., Vol. 9, 220–228, 1987.

26. H.-H. Nagel, *Constraints for the estimation of displacement vector fields from image sequences*, Proc. Eighth Int. Joint Conf. on Artificial Intelligence (IJCAI '83, Karlsruhe, August 8–12, 1983), 945–951, 1983.

27. H.-H. Nagel, *Extending the 'oriented smoothness constraint' into the temporal domain and the estimation of derivatives of optical flow*, O. Faugeras (Ed.), Computer vision – ECCV '90, Lecture Notes in Computer Science, Vol. 427, Springer, Berlin, 139–148, 1990.

28. H.-H. Nagel, W. Enkelmann, *An investigation of smoothness constraints for the estimation of displacement vector fields from images sequences*, IEEE Trans. Pattern Anal. Mach. Intell., Vol. 8, 565–593, 1986.

29. P. Nesi, *Variational approach to optical flow estimation managing discontinuities*, Image and Vision Computing, Vol. 11, 419–439, 1993.

30. M. Nielsen, P. Johansen, O.F. Olsen, J. Weickert (Eds.), *Scale-space theories in computer vision*, Lecture Notes in Computer Science, Springer, Berlin, Vol. 1682, 1999.

31. M. Proesmans, L. Van Gool, E. Pauwels, A. Oosterlinck, *Determination of optical flow and its discontinuities using non-linear diffusion*, J.-O. Eklundh (Ed.), Computer vision – ECCV '94, Lecture Notes in Computer Science, Vol. 801, Springer, Berlin, 295–304, 1994.

32. C. Schnörr, *Determining optical flow for irregular domains by minimizing quadratic functionals of a certain class*, Int. J. Comput. Vision, Vol. 6, 25–38, 1991.

33. C. Schnörr, *On functionals with greyvalue-controlled smoothness terms for determining optical flow*, IEEE Trans. Pattern Anal. Mach. Intell., Vol. 15, 1074–1079, 1993.

34. C. Schnörr, *Segmentation of visual motion by minimizing convex non-quadratic functionals*, Proc. 12th Int. Conf. Pattern Recognition (ICPR 12, Jerusalem, Oct. 9–13, 1994), Vol. A, IEEE Computer Society Press, Los Alamitos, 661–663, 1994.

35. C. Schnörr, R. Sprengel, B. Neumann, *A variational approach to the design of early vision algorithms*, Computing, Suppl. 11, 149–165, 1996.

36. E.P. Simoncelli. Bayesian multiscale differential optical flow. In B. Jähne, H. Haußecker, and P. Geißler, editors, *Handbook of Computer Vision and Applications*, volume 2, chapter 14, pages 297–422. Academic Press, San Diego, 1999.

37. M.A. Snyder, *On the mathematical foundations of smoothness constraints for the determination of optical flow and for surface reconstruction*, IEEE Trans. Pattern Anal. Mach. Intell., Vol. 13, 1105–1114, 1991.

38. J. Sporring, M. Nielsen, L. Florack, P. Johansen (Eds.), *Gaussian scale-space theory*, Kluwer, Dordrecht, 1997.

39. C. Stiller, J. Konrad, *Estimating motion in image sequences*, IEEE Signal Proc. Magazine, Vol. 16, 70–91, 1999.

40. J. Weber, J. Malik, *Robust computation of optical flow in a multi-scale differential framework*, Int. J. Comput. Vision, Vol. 14, 67–81, 1995.

41. J. Weickert, *Anisotropic diffusion in image processing*, Teubner, Stuttgart, 1998.

42. J. Weickert, *On discontinuity-preserving optic flow*, S. Orphanoudakis, P. Trahanias, J. Crowley, N. Katevas (Eds.), Proc. Computer Vision and Mobile Robotics Workshop (CVMR '98, Santorini, Sept. 17–18, 1998), 115–122, 1998.

43. J. Weickert, *Coherence-enhancing diffusion of colour images*, Image and Vision Computing, Vol. 17, 199–210, 1999.

44. J. Weickert, B. ter Haar Romeny, M.A. Viergever. Efficient and reliable schemes for nonlinear diffusion filtering. *IEEE T.–Image Proc.*, Vol. 7, No. 3:398–410, 1998.

45. J. Weickert, C. Schnörr, *Räumlich–zeitliche Berechnung des optischen Flusses mit nichtlinearen flußabhängigen Glattheitstermen*, W. Förstner, J.M. Buhmann, A. Faber, P. Faber (Eds.), Mustererkennung 1999, Springer, Berlin, 317–324, 1999.

46. J. Weickert, J. Heers, C. Schnörr, K.-J. Zuiderveld, O. Scherzer, and H.-S. Stiehl. Fast parallel algorithms for a broad class of nonlinear variational diffusion approaches. *Real–Time Imaging*, 2000. In press.

47. J. Weickert, C. Schnörr. A theoretical framework for convex regularizers in PDE–based computation of image motion. Computer Science Series 13/2000, Dept. Math. and Comp. Science, University of Mannheim, Germany, June 2000. Submitted.